고려중요처도 영남 해안 일대 군시지도_전북 고창군 성송면 진주강씨 소장

해동팔도봉화산악지도 고려대학교도서관 소장

우리 터 우리 혼

옛 이동통신 봉수

※ 이 책은 한국출판문화산업진흥원의 출판지원사업의 지원을 받아 발행되었습니다.

우리 터 우리 혼

옛 이동통신 봉수

펴 낸 날 2014년 11월 30일 1판 1쇄

글 · 사진 최진연

펴 낸 이 강유균
교정·교열 노은정 · 이교숙
디 자 인 차정아 · 김대수

임프린트 도서출판 강이
펴 낸 곳 리드리드출판(주)
출판등록 1978년 5월 15일(제13-19호)
주 소 서울 마포구 큰우물로 76(고려빌딩 210호)
전 화 (02) 719-1424
팩 스 (02) 719-1404
이 메 일 gangibook@naver.com

ISBN 978-89-7277-308-5 03910

이 도서의 국립중앙도서관 출판예정도서목록(CIP)은 서지정보유통지원시스템 홈페이지(http://seoji.nl.go.kr)와 국가자료공동목록시스템(http://www.nl.go.kr/kolisnet)에서 이용하실 수 있습니다.
(CIP제어번호: CIP2014032121)

우리 터 우리 혼

옛 이동통신 봉수

글·사진 최진연

강이

| 추천사 |

절로 머리가 숙여지는 고된 열정의 산물

봉수는 烽횃불과 燧연기로 국경과 해안의 안위安危를 약정된 신호전달 체계에 의해 본읍·본영·본진이나, 중앙의 병조兵曹에 전하던 군사적 목적의 통신수단이었다. 봉수의 신호전달 방법은 낮에는 연기晝煙, 밤에는 횃불夜火로서 하의상달下意上達이 목적이었다. 때로 비雨가 오거나 바람風이 심하게 부는 등 신호전달이 용이하지 않을 때에는 봉수군烽燧軍이 직접 다음 봉수로 달려가 알리도록 했다. 이외에 징, 꽹과리 등의 악기나 깃발旗 등 시각과 청각에 의한 보조수단이 활용되기도 하였다.

이러한 봉수제는 삼국시대에 원시적인 형태로 활용되기 시작해 고려시대에 정례화되었다. 이후 조선 세종대에 크게 정비되어 국가경영의 기간 통신망으로 유지되었다. 그러나 고종 31년1894 갑오경장甲午更張 때 철폐되고, 이듬해 칙령으로 전국 각 처의 봉대烽臺와 봉수군이 최종 철폐되기에 이르렀다.

봉수는 해안가 또는 육지의 산지에 위치하는 관계로 접근이 용이하지 않다. 그리고 봉수제의 철폐 이후 120년이 지나면서 그 존재가치마저 잊혀가는 상태이다. 현재 한반도 남한에 약 500여 기의 봉수 터가 동·남·서해 연안의 만灣이나 곶串뿐만 아니라, 도서島嶼 혹은 육지의 산정상에 소재하고 있다. 반면 북한에는 약 650여 기가 소재하는 것으로 추정되고 있다. 하지만 남북으로 분단된 현실에서 북한 지역의 봉수 현황은 아직 제대로 밝혀진 바 없다.

이와 같은 때에 반가운 소식을 접하게 되었다. 최진연 선생이 20년 넘게 남한 지역 곳곳에 산재한 봉수 210여 기를 직접 답사해 사진을 찍고 글을 정리해 일반 독자들을 대상으로 한 《옛 이동통신 봉수》를 출간했다. 봉수를 전문으로 연구해 온 필자로서는 너무나 반가운 일이다.

최 선생은 비록 봉수를 연구조사 하는 전문학자는 아니지만 수십 년 동안 집요하게 성곽, 봉수, 옛 다리 등 버려진 우리의 유적들을 사진으로 기록해 책을 낸 바 있는 국내에서 유일한 독보적인 사진가다.

그의 사진세계는 일관성 있는 주제들로 이뤄졌는데, 한결같이 평생에 걸쳐 작업해야 할 대형 프로젝트들이다. 선조들의 호국의지의 표상인 봉수대를 사진 찍기 위해 그가 흘렸을 땀방울을 생각하면 절로 머리가 숙여진다.

그동안 최 선생과 의기투합해 틈만 나면 봉수 현장에 답사를 다닌 지도 20년이 훌쩍 넘었다. 그의 열정은 여전히 식지 않고 있음을 이번 도서를 통해 충분히 짐작이 간다. 바라건대 남들이 관심을 갖지 않는 선조들이 남긴 유적에 더 깊은 애정으로 접근하기를 기대한다. 끝으로 본 도서를 통해 일반인들의 봉수에 대한 인식이 제고되기를 바라며 추천사에 대신하고자 한다.

김 주 홍

발로 뛰며 찾아낸 봉화 터

삼국시대부터 조선 후기까지 국가안위를 책임졌던 우리나라 봉수는 현재 얼마나 남아 있을까? 봉수가 그동안 소수 연구자들의 학위논문 자료 또는 일부 지역 향토사가들의 활약으로만 발표되었을 뿐, 광복 이후 지금까지 단 한 번도 정부 차원에서 전국적인 조사가 이루어진 적이 없기 때문에 정확한 숫자는 알 길이 없다.

우리나라 봉수는 시기적으로 약간씩 차이가 있으나 조선 후기에 발간한 《증보문헌비고》에는 전국에 676기가 설치됐다고 전한다. 하지만 문헌에 등장하지 않는 것까지 합하면 얼마가 될지 알 수 없다.

봉수전문 학자들에 따르면 한반도에는 남북한 통틀어 1,150여 기가 있으며, 북한에 650여 기, 남한에는 500여 기가 파악되고 있는데, 이 중에서 400여 기는 지금까지 흔적이 남아 있다고 한다.

하지만 대부분의 봉수는 산 정상에 축조돼 있기 때문에 실제로 조사하기란 여간 힘들고 어려운 일이 아니다. 또한 오랜 세월이 흐르면서 자연 유실되거나 위치를 찾지 못하는 경우도 많다.

필자는 1980년대 중반부터 지금까지 전국 각지에 산재한 성곽과 봉수를 직접 발로 뛰면서, 남아 있는 유적들을 생생하게 사진과 글로 기록해 왔다. 현재까지 조사한 우리나라 봉수는 최전방 DMZ 인근에 위치한 도라산봉수부터 제주도의 오소포연대까지 210여 곳이다. 오래전에 답사한 장소는 다시 찾아갔다. 30여 년이 흐르는 동안 봉수가 축조된 봉우리는 잡목이 무성해 접근조차 불가능한 곳이 많았다. 산림녹화로 인해 초목은 무성해졌지만 수백 년 동안 이 땅을 지켜 온 봉수는 관리 소홀로 훼손 방치되어 붕괴되고 잊혀가고 있었다.

지금까지 필자가 조사한 봉수 가운데 축조 당시의 상태로 고스란히 보존된 곳은 한 곳도 없었다. 일부가 파괴되거나 석축이 절반 정도 남은 곳은 60기였다. 봉수를 둘러싼 담장인 방호벽만 남은 곳은 70기, 복원된 곳 55기, 멸실된 곳은 25기나 됐다.

봉수는 새천년시대가 열리면서 가장 큰 수난을 당했다. 전망 좋은 곳은 해맞이 장소로 관광 상품화가 됐고, 지자체 이벤트 행사로 몸살을 앓았다. 몰지각한 지역의 수장들은 타 지역 봉수축제에 영향을 받아 여론몰이에 동승해 봉수를 복원한다며 멀쩡하게 남아 있던 유적을 마구잡이로 파헤쳤다. 이 과정에서 고증절차 없이 정체불명의 봉수로 변질되었다. 지금도 호국의지의 표상인 봉수는 문화재 지정 유무를 떠나 복원, 미복원할 것 없이 훼손 방치돼 원형을 잃어가고 있는 실정이다.

경북 영덕의 대소산봉수는 원형이 잘 남아 있었으나 2001년 복원할 때 원래 모습이 사라졌다. 관방유적 전문가가 없는 업체가 공사를 했기 때문이다. 경남과 부산 지역은 인근의 복원한 봉수를 모델로 삼아 천편일률적으로 공사를 해 봉수의 정체성을 잃어버리고 말았다.

또한 어느 세도가 때문에 훼손된 봉수도 있다. 울산에 위치한 소산봉수는 국회의원을 지낸 분이 산을 매입한 후 봉수 내부에 원래 있던 민묘를 이장하고 부친의 묘를 이곳에 옮겼다. 2011년 본인도 타계하자 부친 묘 아래에 안장됐다. 조상들이 쌓은 호국유적에 호화판 묘지가 조성된 것이다. 더구나 오솔길을 파괴하고 묘지까지 자동차가 들어갈 수 있도록 길을 넓히기도 했다. 묘지 조성은 외부에 알려지지 않았지만 두고두고 눈살을 찌푸리게 하고 있다.

그런가 하면 가슴 찡한 이야기도 있다. 경북 영덕군의 오지인 대리마을에는 예부터 매년 사월 초파일이 되면 촌로들이 봉수에 올라가 산신에게 국태민안을 위한 고사를 지내고 있어 각박한 세태에 미담이 되고 있다.

최근 들어 산등성이에 쓸쓸히 누워 있는 봉수를 찾는 발길이 많아지고 있다. 역사의 향기를 맡으면서 산행도 즐기고, 봉우리에서 조망되는 절경을 바라보며 마음을 치유해 줄 힐링 장소로서 봉수만큼 좋은 곳이 없기 때문이다.

하지만 여름 산행은 조심해야 한다. 생태계 보호 구역이 늘면서 말벌과 뱀의 출몰이 많기 때문이다. 특히 해안가와 도서島嶼 지역이 심하다. 여수 안도상산봉수에서는 짚단만한 구렁이와 마주쳐 혼비백산했던 기억이 생생하다.

이 책은 봉수전문연구서가 아니다. 누구나 쉽게 접근할 수 있도록 봉수의 간략한 역사와 주변 환경 등 우리의 자연을 소상하게 정리한 책이다. 역사적인 고증은 국내 유일의 봉수전문가인 김주홍 박사가 쓴 《조선시대 봉수연구》를 참고했다. 필자는 김 박사와 20여 년 동안 틈만 나면 봉수 흔적을 찾기 위해 산봉우리를 헤치고 다녔다.

최첨단의 무기가 범람하는 이 시대에 연기와 횃불을 피워 올리던 봉수의 존재는 이제 무의미하다. 하지만 목숨 걸고 이 땅을 지켜 준 옛 군인들의 예지銳智가 번뜩이던 거화선은 산등성이에 홀로 남아 자신을 찾아 줄 사람을 그리워하고 있다. 그곳에는 지금 산불 감시초소가 세워져 세월의 무상함만 더해 주고 있다.

최 진 연

| 차 례 |

1
묵묵히 역사의 현장을 지켜보다
서울·인천·경기 지역의 봉수 _ 17기

2
일출의 장관과 굽이치는 산세의 절경을 맛보다
강원·대구·경북 지역의 봉수 _ 18기

5

청량한 숲길을 걸으며 전설을 떠올리다

부산·울산 지역의 봉수 _ 12기

6

그림 같은 남해안의 풍광과 충무공의 충정을 가슴에 품다

경남 해안과 도서 지역의 봉수 _ 21기

9

잡목 속에서 잊혀진, 그러나 여전히 빛나는

그 외의 봉수 _ 70기

최전방 연변봉수에서 한양의 경봉수까지

봉수는 성격에 따라 경봉수京烽燧, 연변봉수沿邊烽燧, 내지봉수內地烽燧, 권설봉수權設烽燧로 구분된다. 경봉수는 수도에 위치한 중앙 봉수로서 전국의 모든 봉수가 이곳으로 집결되었는데, 서울 목멱산봉수木覓山烽燧가 경봉수다. 연변봉수는 국경이나 해안가 및 도서 등의 최전방에 설치되어 적의 침입을 가장 먼저 알리는 역할을 하였다. 내지봉수는 육지의 내륙에 설치되어 연변봉수와 경봉수를 연결하는 역할을 하였다.

봉수는 대응 봉수와의 신호를 받고 보내기 좋은 산 정상이나 능선에 주로 설치했다. 상호연락이 가능한 거리는 10㎞ 내외로, 한양까지 도착하는 데 걸리는 시간은 대략 12시간이었다. 특히 산꼭대기에는 기상변화가 많아 횃불이나 연기로 신호전달이 곤란할 때는 봉수군이 다음 봉수로 직접 달려가 그 사실을 알려야 했다. 이외에 봉수마다 북, 징, 꽹과리 등과 백기, 상방고초기 등의 깃발旗을 비치함으로서 청각聽覺과 시각視覺에 의한 모든 신호전달 수단이 활용되었다.

조선시대 전국의 봉수 노선은 다섯 갈래의 직봉直烽을 중심으로 전개된다. 직봉 사이에는 중간의 신호불통을 우려하여 직봉으로 전달되는 작은 갈래의 간봉間烽이 있는데, 간봉은 각처의 군사 정보를 수집해 직봉으로 알렸다.

직봉은 북한에 3곳, 남한에 2곳이 있었다. 이 길의 최종 집결지는 서울 목멱산봉수였다. 하지만 조선 후기에는 수원의 화성봉돈처럼 독자적으로 운용된 경우도 있었다. 정조가 이곳에 행궁을 세우면서 자체적으로 운영한 권설봉수이기 때문이다. 또한 도서 지역에도 권설봉수가 축조됐는데, 이들 봉수는 대체적으로 문헌에 기록이 없는 경우가 많다.

조선시대 발간 지지에 기록된 전국의 봉수 노선은 다음과 같다.

제1로 : 함경도 경흥 → 강원도 → 경기도 → 양주 아차산봉수

제2로 : 동래 다대포 → 경상도 → 충청도 → 경기도 → 성남 천림산봉수

제3로 : 평안도 강계 → 황해도 → 경기도 → 서울 무악동봉수

제4로 : 평안도 의주 → 황해도 → 경기도 → 서울 무악서봉수

제5로 : 전남 순천 → 충청도 → 경기도 → 서울 개화산봉수

이후에 조선은 봉수제를 국가적으로 운영하면서 드러나는 문제점을 지속적으로 보완하면서 시설과 보완책을 마련하였다. 평상시에는 평안화平安火를 상징하는 1거의 봉수불을 매일 피우되, 나머지 4거는 적정에 따라 차등하여 올리도록 했다.

봉수 용어

경봉수 봉수가 운영되던 고려·조선시대에 전국의 모든 봉수가 집결하던 중앙봉수

내지봉수 연변봉수와 경봉수를 연결하는 내륙의 봉수

연변봉수 국경과 해변에 설치되어 달리 연대로 통칭되는 봉수

권설봉수 조선 후기 군사 요충지인 영진營鎭에서 자체적으로 설치하여 운영하던 봉수

요망대 높은 곳에서 적의 동태를 관찰하기 위해 설치한 시설물. 거화 기능도 함께했다.

연대 해안의 연변봉수에서 항시적으로 1거 또는 비상시 거화를 위해 설치한 높이 3m 내외의 토축 또는 석축 시설물

연통 봉수가 거화를 위해 연대 상부에 설치된 굴뚝

연조 불을 피우는 시설물로, 아궁이 또는 달리 봉조라 부르기도 한다.

연소실 연변봉수의 연대 상부에서 봉수가 거화를 하기 위해 마련된 방형 혹은 원형의 시설물

1

묵묵히 역사의 현장을 지켜보다

서울·인천·경기 지역의 봉수_17기

500년 도읍지의 수호신

서울 목멱산봉수

"황혼 무렵 서울거리로 나선 나그네의 시선은 남산에 멎게 된다. 어둠 속에 묻힌 산은 마법에서 풀린 듯 갑자기 꼭대기에서 별 네 개를 토해 낸다. 산봉우리에서 반짝이는 별 네 개를 볼 때면 자신도 모르게 어떤 전율을 느끼리라. 다른 세상에서 오는 빛이라고 생각될 만큼 타오르는 빛은 실은 별이 아니다. 봉화다. 모든 일이 잘돼 가고 있음을 알리는 신호용 횃불인 것이다.

봉화는 꼭 위험을 경고하는 것만은 아니다. 평상시 조선 전역을 통해 만사가 평화롭다는 신호로도 사용된다. 각 지방에서 올라오는 전갈들을 서울 장안에 알리기 위해 약 15분 정도 타오르다가 다시 어둠 속으로 사라져 간다. 남산봉수는 전국 방방곡곡에 뻗쳐 있는 봉화들의 집결지로서 소위 횃불 전신술의 마지막 지점이다."

이 글은 1884년 조선을 방문한 미국의 천문학자 퍼시벌 로웰Percival Lowell이 《조선, 고요한 아침의 나라》에서 밝힌 내용이다. 그리고 4년 후에 방문한 스물다섯 살의 영국 화가 새비지 랜도어Savage Landor는 그의 저서에서 서울의 남산을 이렇게 소개했다.

"남산 꼭대기에 감시인이 살고 있는 보잘 것 없는 오두막집이 자리하고 있다. 이 앞에는 다섯 개의 돌무더기가 세워져 있는데, 그 위로 횃불이 조선왕국의 한쪽 끝에서부터 다른 한쪽 끝단까지 전달된다. 즉 고요한 아침의 나라의 안전이 이 다섯 더미의 돌에 달려 있다.

어두워진 밤, 적막 속에서 타오르는 불을 지켜보는 것은 아름답고 기묘한 모습이었다. 조선 전역에 지정된 모든 산봉우리에서 이와 같은 횃불 신호를 보내면 왕은 수도로부터 수백 마일 떨어진 곳에서 무엇이

복원한 목멱산봉수

제5노선 목멱산봉수 도착지 터로 추정되는 남산 분수대

일어나고 있는지를 계속 파악하고 있다."

그의 눈에 비친 남산봉수의 모습이다. 조선이 쇠퇴의 길로 들어설 때 서울을 방문한 외국인의 눈에 비친 목멱산의 봉수. 그들은 봉화가 올라가는 야릇한 광경을 본 느낌을 이렇게 글로 남겼다.

남산은 조선을 개국한 태조 이성계가 한양을 도읍으로 정할 때 풍수지리상 남쪽을 지키는 주작朱雀에 해당되는 중요한 산이었다. 당시 이름은 목멱산이었지만 도성都城 남쪽에 있어 남산으로 더 알려졌다.

이곳에 봉수가 설치된 것은 조선 세종 5년1423이다. 봉수는 병조지금의 국방부의 요청에 따라 남산 등성이를 따라 모두 5곳에 설치되었다. 이는 전국에서 출발하는 다섯 갈래의 횃불 종착역이 남산이며 도착하는 위치가 각각 달랐기 때문이다.

함경도에서 출발한 제1노선의 봉화 도착지는 남산 동쪽 1봉인 현재 미군 통신탑 부근이다. 부산에서 출발한 제2노선 봉화는 남산골 한옥

마을이 내려다보이는 2봉에 도착했다. 평안도 내륙을 따라온 제3노선의 봉화는 현재의 봉수가 있는 자리다. 제4노선은 평안도 해안을 경유해 도착한 곳이 남산케이블카 종점 부근이다. 제5노선은 전라도 여수를 출발해 서해안을 타고 올라와 남산분수대 주변에 도착했는데, 일제강점기 때 조선신궁이 있던 곳이다. 이들 봉화의 도착지는 왕궁에서 볼 때 한눈에 보이는 장소다.

제2노선 목멱산봉수 도착지 터로 추정되는 붕괴된 석축

목멱산봉수는 전국의 모든 봉수가 이곳에 집결해 임금에게 보고되기 때문에 경봉수라는 명칭이 붙었다. 하지만 목멱산봉수는 임진왜란 이후부터 제대로 횃불을 올리지 못했고 기능이 마비돼 갔다. 그 후 1885년 전신·전화 등의 근대적인 통신이 도입되면서, 고종 32년1895 왕명으로 500년 도읍지를 지켜 온 목멱산봉수는 역사 속으로 사라졌다.

그때까지 남아 있던 5개소의 봉수시설은 일본 사람들이 남산 중턱에 조선신궁을 조성하면서 모두 파괴시키고 말았다. 현재 남산 팔각정 아래 복원된 봉수는 수원화성의 봉돈을 참고해 1993년에 세웠다. 이제 목멱산봉수는 서울 한양도성과 함께 수많은 국내외 관광객들의 기념사진을 찍는 장소로 남산의 대표적인 문화유산이 됐다. 이곳에서는 매일 오전 한 시간 동안 전통 봉수의식이 재현되고 있다.

위치 서울특별시 중구 회현동 남산(262m) **형태** 경봉수
지정 서울시기념물 제14호 **시대** 조선 세종 5년 **상태** 복원

한성부 소속의 마지막 횃불선이 엉망이 되다

서울 무악동봉수

서울 서대문형무소를 병풍처럼 감싸고 있는 안산은 모양이 말안장처럼 생겼다 해서 길마재로도 불렸으며, 정상에 봉화대가 있어서 봉우재로 부르기도 했다. 역사적으로는 조선 인조 2년1624에 이괄이 반란을 일으켰을 때 관군과 반란군의 전장이었고, 6·25전쟁 때도 서울 수복을 위해 전투가 치열했던 곳이다. 안산 정상 동·서쪽에는 70m의 거리를 두고 2개의 봉우리가 있는데 국내에서 유일하게 산 하나에 2개의 봉수가 설치되어 있다. 이곳에 봉수가 세워진 것은 조선 초다.

동쪽 봉수는 평안도 강계에서 출발해 내륙의 산을 타고 넘으며 남쪽으로 내려오다가 고양 독산봉수에서 접선해 온 제3노선이며, 서쪽 봉수는 평북 의주를 출발해 서쪽해안을 따라 내려와 고양 고봉산봉수에서 접선한 제4노선이다. 두 봉수는 한성부 소속으로 목멱산봉수와 함께 매우 중요한 요충지였다.

봉수 시설물은 일제강점기와 6·25전쟁을 거치면서 모두 파괴돼 원형은 찾아볼 수 없다. 동봉수는 서울정도 600년 기념 이벤트로 사용하기 위해 1994년 연조 하나와 방호벽을 복원했는데 정확한 고증절차 없이 복원해 굴뚝 모양이 되고 말았다.

서봉수는 1960년대 군부대가 주둔하면서 현재까지도 접근이 불가능해 유적의 실태조차 파악이 어렵다. 두 봉우리 사이의 말안장처럼 움푹 들어간 평탄지가 옛 봉수군들의 숙소 터로 추정된다. 이곳에서 봉수군들이 양쪽의 봉수를 관리했다.

무악봉수는 진경산수화의 대가인 겸재 정선의 그림에도 등장한다. 그가 양천 현령으로 재임할 당시 강 건너 무악의 저녁풍경을 보며 그린

복원한 무악동봉수

군부대가 주둔해 있는 무악서봉수

실경산수화 한 폭이 현재 간송미술관에 소장된 《경교명승첩》에 포함되어 있는 것이다.

봉수 아래쪽은 숱한 애환이 서린 무악재가 있다. 이 고개는 서대문구 현저동에서 홍제동으로 넘는 고개다. 옛날에는 이곳에 호랑이가 자주 출몰해 사람들이 모여서 넘었다고 한다. 그리고 산 아래는 한국불교 태고종의 총본산인 봉원사가 있다. 이 절은 극락왕생을 비는 영산재로 유명하다.

대웅전에서 안산 정상으로 가는 산등성이에는 정성껏 빌면 소원이 이루어진다는 치성바위가 있다. 높이 2m 정도의 이 바위는 서남쪽을 향해 있는데 '까진바위'로도 부른다. 생김새가 마치 검은색을 띤 남성 성기 모양이다. 앞쪽은 핏줄처럼 선이 바위 중간 위치에서 위에서부터 아래로 흘러 있다. 머리 부분에는 굵은 테가 둘러져 있어 남성의 성기가 발기된 것처럼 보인다. 사진을 찍고 있는데 등산 온 여성들이 낄낄대며 힐끗힐끗 훔쳐보며 지나간다.

자연의 섭리는 참으로 묘하다. 까진바위 하단은 영락없는 여성 엉덩이다. 주변에 있는 바위에도 인위적인 구멍이 수도 없다. 성혈性穴로 부르는 이 구멍은 무수한 세월 동안 여성들의 한 맺힘이 뚝뚝 떨어져 있다. 이 암반 꼭대기에 봉수가 자리 잡았다.

정상에서는 청와대와 북악산, 남산 등 서울의 도심이 거침없이 조망

복원한 동봉수 방호벽

된다. 인근 지역 주민들의 등산 코스로 그만이다. 하지만 주민들은 봉수에는 관심이 없고 하염없이 도심만 조망하고 있다. 워낙 봉수가 못생겼으니 쳐다볼 일이 없을 게다. 내려오는 길에 우리 민족의 자존과 자주정신을 일깨워 주는 서대문형무소가 있다. 함께 둘러본다면 더없이 좋은 역사문화 탐방코스가 될 것이다.

동봉수로 가는 길은 여러 갈래가 있으나 어떤 곳은 산세가 무척 가파르다. 가장 안전하고 완만한 등산로는 봉원사 뒤쪽 코스이다. 그곳에서 까진바위까지 올라가면 봉수가 바로 눈앞에 보인다.

위치	서울 서대문구 봉원동 안산(290m)			형태	내지봉수
지정	서울시기념물 제13호	시대	조선 초기	상태	복원

복원한다더니 영락없는 납골당

서울 아차산봉수

우리 땅에 현존하는 봉수 중에는 문헌에 나오지 않는 것도 있다. 대체적으로 조선시대 때 설치한 봉수는 기록이 남아 있지만 그 이전의 것은 기록이 거의 전무하기 때문이다. 문헌에는 있지만 위치를 찾지 못하는 경우도 있는데 아차산봉수가 그랬다. 한동안 서울 광진구 워커힐 호텔 뒷산 아차산성의 정상을 아차산봉수로 알고 있었는데, 최근 들어 《대동여지도》를 통해 제 자리를 찾는 수치스러운 일이 있었다.

《대동여지도》에는 아차산봉수가 이곳에서 북쪽으로 5km 정도 떨어진 먹골배로 유명한 중랑구청 뒤쪽 봉화산옛 가구산으로 기록되어 있었다. 그리고 《세종실록지리지》에서도 가구산이 양주부의 남쪽에 위치해 있으며, 북쪽 대이산봉수와 서쪽 목멱산봉수서울 남산로 응한다고 했다.

이 내용으로 미루어볼 때 봉화산의 원래 이름은 가구산이며, 세종 때부터 봉수가 있었다는 사실이 입증된 것이다. 하지만 아차산봉수의 숙소 터나 창고 등 봉수 석축 시설물들은 현재 전혀 남아 있지 않다. 옛 문헌에는 4개의 석축 연조시설이 있었다고 했으나 일제강점기 때 인위적으로 모두 파괴된 것으로 보인다.

현재의 높다란 방호벽과 연조시설은 서울 정도 600년 되던 해인 1994년에 복원한 것이다. 복원한 연조는 희뿌연 화강암을 전기톱으로 다듬어 세웠다. 모양이 마치 납골당 형태이며 하단에는 불을 지피는 연소실을 만들었다. 봉수지 바닥에는 석재를 깔고 방호벽도 양옥집 담장같이 높게 올렸다. 봉수

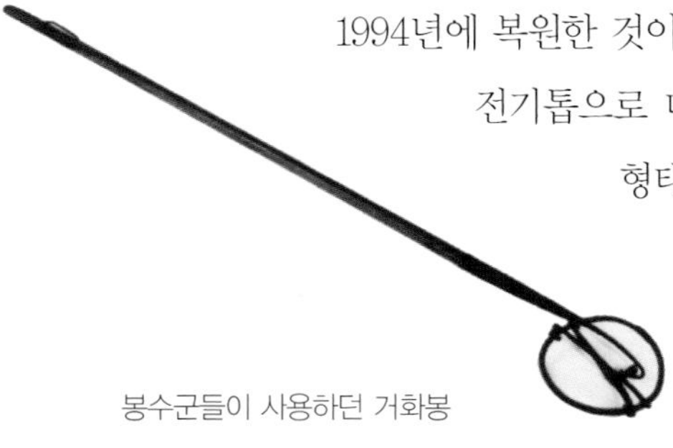

봉수군들이 사용하던 거화봉

납골당처럼 복원한 아차산봉수

원래 모습은 사라지고 호화판 음택 같은 느낌이 든다.

아차산봉수는 제1노선 직봉의 내지봉수로 함경도를 출발해 북쪽 남양주 대이산봉수에서 신호를 받아 목멱산봉수 2봉으로 전달했다. 세종29년 3월 4일 《세종실록》에는 '봉수 상단에는 가옥을 지어 병기兵器 와 아침 저녁으로 공급하는 물과 불을 담는 데 필요한 그릇을 보관한다'고 적혀 있는 것을 볼 때 연대와 가까운 거리에 건물이 있었던 것으로 보이며, 현재 봉수 옆 산신각 자리가 옛날 봉수군들이 쓰던 건물로 추정된다.

산신각은 어느 시기에 건립했는지 알 수 없지만, 예부터 봉수 주변에는 무속인들의 출입을 엄격하게 통제했다는 기록이 있다. 제사나 점치는

봉화산 8부능선에 축조된 보루성

행위로 인해 화재 또는 불길이 솟아오르면 봉홧불로 오인할 수가 있어 국법으로 다스려 책임자는 사형에 처하기까지 했다. 현재의 산신각은 인근 주민들이 도당굿과 산신제를 지내기 위해 세웠는데 봉수 제도가 사라진 후 설치된 것으로 추정된다. 산신각은 1992년 여름 화재로 소실됐고 지금은 한옥 건물이 들어서 있다. 당초 건물 안에는 불상이 있었다고 한다. 하지만 언제부터인지 고깔에 옷을 입힌 산신할머니로 바뀌었다.

봉화산은 높지 않지만 주변에 큰 산이 없기 때문에 봉홧불을 올리면 눈에 잘 띄는 곳이다. 이곳에서는 북쪽으로 불암산과 양주 방면, 동쪽은 아차산 능선, 남쪽과 서쪽은 한강과 남산 일대가 한눈에 조망된다.

봉화산 8부 능선에는 고구려 때 쌓은 것으로 추정되는 석축보루가 있다. 둘레가 약 200m 정도이며 높이는 2m 남짓하다. 성벽은 화강암을 다듬질해 올렸는데 거무스레한 빛깔에서 세월의 더께가 켜켜이 묻

망우산에서 본 봉화산 전경

어난다. 성벽은 온전하지 못하고 멸실된 구간이 많다. 예전에는 우리나라 야산에 쌓은 산성들은 군 참호나 민가의 축대로 쓰이기 위해 성벽이 뜯기고 수난당하는 일이 허다했기 때문이다.

봉화산 기슭은 까만마을 또는 먹골로 불렸다. 조선시대 때 이 산에서 자라는 나무로 참숯을 만들어 먹을 제조했다고 하는데, 먹을 만드는 과정에서 마을은 물론 개울물도 까맣게 흘러 먹골이 됐다는 얘기다. 봉화산까지는 중랑구청 뒤쪽 등산로를 따라 20분 정도 소요된다.

위치 서울 중랑구 묵동 봉화산(160m)
형태 내지봉수
지정 서울시기념물 제15호
시대 조선 초기
상태 복원

서해 바다 이양선을 감시하던
인천 백운산봉수

영종도가 세상에 알려진 것은 2001년 3월 인천국제공항이 개항되면서다. 이 섬 한가운데 솟은 백운산에 올라가면 국내에서 가장 긴 인천대교와 송도국제도시, 청라신도시, 김포와 강화의 마니산 등이 조망될 만큼 사방이 탁 트였다.

150여 년 전, 이 산의 정상에는 인천 해안에 출몰하는 이양선을 감시하던 요망대가 있었다. 조선 영조 때 발간된《여지도서》사찰조에 '산꼭대기에 비바람을 피할 수 있는 장막을 쳐 놓고 구담사의 승려 3명이 이곳에 상주해 해안으로 들어오는 배를 살폈다'는 기록만 있을 뿐 요망대는 고지도나 문헌 어디에도 전혀 등장하지 않는다.

헬기장으로 변한 백운산봉수 터

봉수에서 내려다본 북한 지역

에게 묘를 돌볼 수 있도록 해 주었다. 아들은 아버지에 대한 그리움 때문에 매일 묘 앞에 엎드렸는데, 그 자리에는 지금까지 손, 무릎 자국이 선명하게 남아 있다.

이 산성에서 서쪽으로 300m 정도 내려가면 화개산봉수가 있다. 서해에서 강화를 지나 한강으로 들어가는 길목이 한눈에 들어오는 지형이다. 무너진 봉수는 최근에 보수했는데 둘레가 약 28m, 높이는 1.5m 정도 된다.

처음 설치된 시기는 고려시대이며, 제5노선 직봉의 연변봉수다. 외포리 망산봉수에서 신호를 받아 동쪽 하음산봉수로 전달했으며, 46명의 군사가 배치되어 있었다.

화개산봉수에서는 북한 연백평야가 손에 잡힐 듯 가깝다. 진달래도 볼 겸, 북한 연백평야에서 불어오는 상큼한 바람도 마실 겸, 봉수를 만나러 떠나 보자. 봉수대로 가려면 강화와 교동연륙교를 이용해 교동면사무소에 자동차를 주차하고 등산로를 따라 30분 정도 걸으면 된다.

위치 인천광역시 강화군 교동면 고구리 화개산(260m) 형태 연변봉수
지정 강화향토유적 제29호 시대 고려시대 상태 원형 일부

봉수에서도 졸병은 초가집, 간부는 기와집

강화 망산봉수

강화는 섬 전체가 항전의 요새다. 성곽 13개소, 진과 보가 12개소, 돈대 54개소, 봉수와 요망대는 15개소나 된다. 지금까지 확인된 관방 유적만 94개소이며, 앞으로 얼마가 더 나올지 알 수가 없다. 국내에서 가장 많은 유적이 강화도에만 집중해서 쌓인 것은 밀물과 썰물의 차가 심한 서해안에서 큰 배가 다닐 수 있는 곳이 강화가 유일하기 때문이다. 뿐만 아니라, 한강이 강화에 접해 있어 삼국시대부터 군사들의 이동수단으로는 요충지에 해당되었다. 또한 강화도를 차지하는 세력이 한반도를 차지하기 때문에 공략의 거점이 된 것이다. 고려의 임시 도읍지가 강화도에 정착했고, 조선의 도읍지 한양도 지척에 있어 역사의 고비마다 강화도는 혈전의 무대가 되었다.

외포리 해안과 석모도가 한눈에 조망하는 덕산 정상에 망산봉수가 있다. 처음 설치된 시기는 고려시대이며 조선시대 때는 봉화가 다니는 다섯 갈래 길 중에서 5노선 직봉의 연변봉수로, 동쪽 진강산봉수에서 신호를 받아 서쪽 화개산봉수로 전달했다.

봉수는 산 정상부를 판판하게 고른 후 석축을 1m 정도로 높이고 그 위에 연대를 세웠다. 연대 둘레는 20m 정도이며, 높이는 3m가 넘는다. 연대 위로 올라가는 돌계단도 잘 남아 있다. 봉수는 5기의 연조까지 보존되어 있는데, 연조는 각각 5m의 거리를 두고 쌓았으며, 연조 1기의 둘레가 7m 정도다.

현재 연조는 대부분 바닥만 남았지만 당시의 봉수시설을 연구하는 데 좋은 자료가 된다. 연조 앞 양지바른 곳에는 봉수군의 숙소 터, 무기와 곡식을 보관하던 창고 터가 남아 있다. 당시의 간부 숙소는 기와

연대 아래쪽에 남아 있는 4개소의 연조 시설

집이고, 졸병의 숙소는 초가집이었다고 한다.

망산봉수는 최근에 발굴조사를 했는데, 강화 지역 봉수 중에서 원형이 가장 잘 보존된 것으로 밝혀졌다. 강화군에서는 복원보다는 현 상태로 유적을 보존하기로 결정했다고 한다. 지자체마다 봉수를 이벤트 행사장으로 만드는 것에 비하면 참 다행스럽다.

망산봉수가 위치한 덕산의 산행 길은 호젓해서 사색하기에도 그지없

강화도에서 원형이 가장 잘 보존된 망산봉수 연대

이 좋다. 정상에서 내려다본 외포리와 석모도 등의 해질 무렵 해안풍경은 붉은 융단을 깔아놓은 듯 장관이다. 산 아래는 강화의 새로운 명소 덕산휴양림이 조성되어 있으며 50년생 전나무 숲길도 이색적이다.

봉수대까지는 강화군 내가면 강화유스호스텔에서 자동차를 주차하고 임도를 따라 가면 된다. 비교적 등산로가 잘 정비되어 있으며, 곳곳에 망산 정상으로 가는 이정표가 붙어 있어 30분이면 족히 도착할 수 있다.

위치 인천광역시 강화군 내가면 황청리 덕산(280m) **형태** 연변봉수
지정 인천광역시 기념물 제64호 **시대** 고려시대 **상태** 원형

천신에게 제사지내던 봉천대에 올린 횃불

강화 하음산봉수

단군 이야기가 무수한 강화에는 하늘에 제사를 지내는 제단이 두 곳이나 있다. 하나는 해마다 전국체육대회 때 성화 점화로 유명한 마니산 참성단이고, 또 하나는 그것보다 규모는 작지만 하점면 하음산 정상에 위치한 봉천대다.

봉천대는 고려 중기 하음 봉씨 후손들이 조상을 도와준 천신에게 제사를 지내기 위해 쌓은 석축이다. 봉천대는 참성단만큼 아득한 역사는

하늘에 제사를 지내던 봉천대

복원하면서 출입계단도 만들지 않은 연대

없지만 후손들이 이곳에 올라 정성껏 소원 성취를 바라던 무대였다. 조선 숙종 때 발간한《강도지》에 고려 때 제천의식을 행하던 장소였는데, 조선시대부터 봉홧불을 올리는 연대로 사용했다는 기록이 있다.

이 봉천대는 규모와 축조 형태가 독특하다. 화강암을 다듬어 석축을 네모지게 쌓아 올렸는데 둘레가 약 34m 정도다. 석축은 위로 갈수록 좁아지며 높이도 5m가 넘는다. 그런데 봉천대는 어디를 살펴도 위로 올라가는 계단시설이 없다. 제천의식이나 횃불을 올리려면 사람이 올라갈 수 있는 계단이 분명 있어야 하는데도 말이다. 1970년대에 무너진 봉천대를 해체하고 다시 세웠다는 이야기가 있다. 공사과정에서 무슨 이유로 출입구를 만들지 않았는지 의문이 생긴다.

봉천대에서 100m 정도 올라가면 화음산 정상이다. 현재 정자가 들어서 있지만 이곳에 옛날 당집이 있었다고 한다. 정자 주변에는 널브러진 돌들이 보이는데 횃불을 올리던 5기의 연조 터 자리다. 연조 간의 거리는 10m 정도이며 주변에는 기와·토기 조각이 널려 있고, 정상 밖에도 토·석축의 방호벽이 드문드문 드러나 있다.

하음산봉수는 정상에서 남쪽 아래 봉천대까지 연결되어 있다. 봉수

하음산 정상에 남아 있는 연조시설

시설물들은 현재 대부분 붕괴되었지만 강화에서는 규모가 가장 큰 봉수였다. 처음 설치된 시기는 이웃에 있는 별립산봉수가 폐지되면서 조선 중기에 새로 쌓았다. 봉수 노선상 제5노선 연변봉수로 교동의 화개산봉수에서 신호를 받아 강화 남산봉수로 전달했다. 주둔한 군사는 수장 1명과 감관 5명 등 23명의 봉수군이 배치되었으며 강화유수가 이들을 관리했다.

봉수대까지는 강화군 하점면사무소 주차장에서 등산로를 따라 30분 정도 소요된다. 가파른 산길이지만 등산로가 잘 정비되어 있다. 정상 팔각정에 올라서면 황해도 연백군과 개풍군이 손에 잡힐 듯해 실향민들의 발길이 끊어지지 않는 곳이다. 특히 강화도 전 지역이 조망된다. 해질 무렵의 서해바다에 떠오르는 낙조는 그야말로 천하장관이다.

위치 인천광역시 강화군 하점면 신봉리 하음산(291m) 형태 연변봉수
지정 인천광역시 기념물 제18호 시대 조선 중기 상태 원형 일부

관광 명소로 손색없는

강화 어류정요망대

강화도는 섬 전체가 관방유적지다. 삼국시대부터 고려, 조선시대까지 수많은 외침을 당하면서 축조한 산성, 봉수, 돈대 등이 섬 곳곳에 즐비하다. 그 중 도서 경관과 해상 풍광이 뛰어나고 아름다운 산들로 어우러진 석모도가 강화의 서쪽 바다 위에 길게 붙어 있다. 이 섬의 남쪽 끝인 어류정 주변에 알려지지 않은 봉수 하나가 붕괴된 채 외롭게 누워 있다.

이곳은 1970년대부터 군부대가 주둔하면서 출입통제 구역이 되어 봉수는 잊혀지고 말았다. 2000년대 들어 군부대는 철수했지만 당시의 참호와 벙커들이 곳곳에서 흉물처럼 남아 있다. 더구나 오랫동안 등산객들의 발길이 끊어져 등산로는 잡목들이 무성해 접근이 불가능할 정도다.

석모도는 서해를 통해 연평도를 거쳐 한강으로 들어가는 길목에 해당되는 뱃길이다. 그런 이점 때문에 조선 후기부터 석모도 해안은 영국과 프랑스 등 서양 선박들의 출몰이 급증했다. 이 선박들은 크고 모양도 이상해 이양선으로 불렀다.

서양인들은 해안측량 또는 통상을 목적으로 우리 해안에 불법으로 접근해 왔다. 서양 선박들의 출몰이 잦아지자 백성들의 민심도 덩달아 흉흉했다. 당시 실세인 흥선대원군은 이 시기에 외교보다는 호국이 중요하다며 열강들의 통상요구를 거절하며 쇄국을 선언했다.

이때 이양선의 출몰을 감시할 목적으로 설치한 것이 요망대다. 요망대는 봉수보다는 규모가 작고 인근 진영에서 관리했던 초소 형태로 대부분 해안이나 섬에 설치되었다. 요망대는 연대 형태로 쌓아올렸는데 전체 둘레는 어림잡아 35m, 높이는 2m 정도다.

붕괴된 어류정요망대

봉홧불을 피우던 연소실은 지금도 웅덩이가 파여 있으나 전문가가 아니면 구분하기가 어려울 정도다. 요망대 아래에는 봉수군들의 건물터로 보이는 평탄지 흔적도 남아 있다. 하지만 요망대는 자연석을 견고하게 축조하지 않고 포개듯이 허술하게 쌓아 전체가 붕괴되고 돌무더기로만 보인다.

마을 사람들은 이 산을 봉화산으로 부른다. 예전에는 봉화대에 올라 고기잡이 나간 가족의 배가 돌아오기만을 기다릴 정도로 전망이 좋았다고 한다. 요망대에서 내려다본 해안 풍경은 크고 작은 섬들로 인해 장관을 이룬다.

어류정요망대에서 내려다본 해안 전경

조상들이 남긴 관방유적 장소는 요즘 세계적으로 유행하는 힐링 트레킹 장소로 그만이다. 등산로를 개발하고 잡목을 정리하면 강화도의 또 다른 관광명소가 탄생될 것이다.

어류정요망대로 가려면 강화도 외포리항에서 석모도 석포리 선착장까지 가야 한다. 이때 자동차도 함께 승선할 수 있다. 선착장에서 내린 후 500m 정도 가다가 좌회전하면 좌우에는 과거에 염전 밭이었던 간척지가 드넓게 펴져 있다. 요망대는 어류정 주변의 석모정횟집 뒤편 구릉에 있는데, 자동차를 이곳 주차장에 세우고 능선을 따라 20분 정도 올라가면 요망대가 나온다. 등산로가 없어 통행하기가 만만치 않다.

위치 인천광역시 강화군 삼산면 매음리 봉화산(52m) **형태** 권설봉수
지정 비지정 **시대** 조선 후기 **상태** 원형

한국 봉수의 최고봉

수원 화성봉돈

세계문화유산에 등재된 수원화성에는 우리나라 봉수 중 독특한 구조를 가지고 있는 봉수가 있다. 우선 위치로 볼 때 대부분의 봉수가 산봉우리에 있는데 비해 화성봉돈은 평지에 축조되어 있다. 이름도 봉수가 아닌 봉돈으로 부른다. 이는 유사시에 봉홧불만 피우는 것이 아니라 돈대 기능도 겸했기 때문이다. 돈대는 성벽에 구멍을 내 대포를 쏠 수 있는 구조물이다.

봉돈이 위치한 곳은 화성 동쪽 창룡문동문에서 성벽을 따라 남쪽으로 가다 보면 성벽 일부가 하늘로 돌출된 육중한 시설물이 봉돈이다. 봉돈은 검은 벽돌로 쌓았는데 성벽보다도 높다. 이곳에 올라서면 사방이 뚫려 화성 전체가 조망된다. 팔달산의 서장대와 임금이 머무는 행궁도 마주 보인다. 화성봉돈은 다른 봉수에서는 볼 수 없는 특징이 있다. 군사들의 숙소와 무기고 등 모든 시설이 봉돈 내부에 구축되어 있는데, 이는 유사시 군사들이 즉시 투입될 수 있도록 기능을 갖춘 것이다. 즉 현대판 5분 대기조다.

봉수를 피우는 연조는 5기를 세웠는데, 검은 벽돌로 쌓았지만 곡선미가 뛰어나다. 각 연조 간의 거리는 평균 2m이지만 한가운데 연조는 좌우가 4m나 된다. 높이도 3m로 어른 키보다 훨씬 높다. 연조의 화구아궁이는 서로 마주 보고 있지만 중앙의 화구는 한쪽만 보고 있다. 왜 그렇게 설계했는지 알 수 없지만 미관상 그렇게 축조한 게 아닐까 추정된다. 봉돈 출입문도 전돌로 쌓은 홍예문무지개 모양이다.

화성봉돈은 국내 모든 봉수의 기본이다. 규모나 시설 면에서도 단연코 우리나라의 대표적인 봉수이며, 현존하는 봉수 중에서 축조 당시

우리나라 봉수 중 가장 독특하게 축조된 화성봉돈

안쪽에서 본 화성봉돈

의 원형이 보존된 유일한 봉수다. 6·25전쟁 때 일부 파괴되긴 했지만 1970년대 중반 박정희 대통령의 관방유적 정비사업 때 보수 후 원형을 찾았다.

사람이나 자동차가 다닐 때도 길이 있듯이 봉수도 다니는 길이 있다. 하지만 화성봉돈은 전국을 경유하는 다섯 갈래의 봉수에 포함되지 않는다. 우리나라 모든 봉화의 종착지는 임금이 살고 있는 왕궁이다. 하지만 화성봉돈은 정조가 화성 축성 후 이곳에서 집무를 보기 위해 행궁을 지었기 때문에 서울의 궁궐까지 횃불이 갈 이유가 없었다. 그래서 화성봉돈은 화성과 인접한 용인 석성산봉수, 화성 서쪽의 흥천산봉수,

6·25전쟁 때 파괴된 화성봉돈

서봉산봉수, 건달산봉수에서만 신호를 받았다. 즉 자체적으로 사용하기 위해 설치한 권설봉수였으며 정조에게 직접 변방의 안위를 알리는 현대판 전화기였다.

조선 22대 정조 임금은 수원에서 조선의 새로운 개혁을 꿈꿨다. 할아버지 영조에 의해 비참하게 죽은 아버지 사도세자에 대한 효심이 화성축성에 작용되었다고 한다. 하지만 또 다른 이유로는 쇠퇴의 길로 가고 있는 나라와 자신의 정치적 포부, 왕권강화를 위해 수원에 강력

화성봉돈 200주년 거화 재현장면

한 국방 요새를 세웠다고 주장하는 학자들도 있다.

수원화성과 봉돈은 정조의 야심찬 카리스마의 결과물이다. 그는 화성 축조의 전 과정과 경위, 제도와 의식 등을 기록한 《화성성역의궤》를 만들어 후세에 남겼다. 우리나라 성곽 양식에서 유일한 시설물이다.

위치 경기도 수원시 팔달구 남수동 7-1 **형태** 권설봉수
지정 사적 제3호(화성에 포함된 유적) **시대** 조선 후기 **상태** 원형

10년간 방치되다
성남 천림산봉수

1990년대 중순부터 봉수유적이 남아 있는 각 지자체에서는 봉수를 매개체로 한 봉화축제가 유행처럼 번졌다. 성남문화원도 향토사가들이 등자동 인릉산에 봉화둑이 있다는 건의를 받고 봉화축제를 개최하게 된다.

그런데 이 행사를 지켜본 한 주민이 금토동 마을 뒷산에도 봉수가 있다는 제보를 해 왔다. 두 번째 축제부터는 금토동 봉수에서 행사가 열리기 시작했다. 봉수가 위치한 장소는 얕은 구릉인 데다 사람들의 접근도 용이했고 유적시설도 잘 남아 있어 참석자 모두에게 만족스러웠다. 하지만 이 장소가 문헌에 등장한 천림산봉수인지는 밝히지 못한 채 현재까지 천림산봉수로 명칭을 사용하고 있다.

천림산봉수는 《세종실록지리지》에 '천천산봉수'로 처음 등장한다. 이후 조선 후기 헌종 12년1846 홍경모가 편찬한 《중정남한지》에도 '천림산봉수'가 대왕면 천천현에 있다는 기록이 등장한다. 천림산봉수는 천천현봉수, 월천현봉수로 명칭이 변천돼 왔지만 정확한 위치가 밝혀지지 않았다.

이 봉수는 제2노선 직봉의 내지봉수로 용인 석성봉수에서 신호를 받아 서울의 목멱산봉수 전달했던 2노선의 마지막 봉수다.

2001년 성남시는 토지박물관에 발굴조사 용역을 맡겼다. 발굴 당시에 봉수 내부와 건물지에서 조선시대 생활자기인 토기·백자 조각과 상평통보 등의 유물이 출토되었다. 조사 결과 봉수 규모와 구조는 내지봉수의 형태를 갖춘 것으로 드러났다. 내지봉수에서 필수적인 봉화를 올리는 5기의 연조가 나란히 배치되었으며, 봉수를 에워싼 방호벽의 실체도 드러났다. 방호벽은 적이나 짐승의 출입을 막고자 설치한 돌로 쌓은 담장 시설이다. 방호벽 전체 둘레는 85m 정도이며, 이곳에서 남쪽

발굴 조사 당시의 천림산봉수

발굴 조사 후 복토한 현재의 천림산봉수

으로 50m 떨어진 양지바른 곳에 봉수군들의 숙소 터도 발견되었다.

그러나 발굴조사까지 마친 이 봉수는 지금까지 복원도 못한 채 방치되어 있다. 봉홧불을 피우던 연조는 흙더미에 묻혀 있고, 방호벽이 축조된 곳에는 철책 가림막을 설치해 출입을 통제하고 있다. 당시는 여론에 밀려 발굴조사하고 금세 복원할 것처럼 서둘더니 지자체장이 바뀌자 복원은커녕 관리도 제대로 못하고 있다.

지자체 실시 이후 우리나라 행정은 일관성이 없어졌다. 성남시청 문화재 담당자는 2012년 하반기에 복원 준비를 위한 용역을 전문가에게 맡길 계획이라고 밝혔으나 현재까지 오리무중이다.

봉수대로 가려면 경부고속도로 양재IC에서 하나로클럽 방향으로 지방도로를 따라 3km 정도 지점에서 오른쪽에 있는 고속도로 굴다리까지 간다. 이곳을 통과하면 청계산 아래 옛골마을이다. 여기서 판교 방향으로 500m 정도 가면 달래내 고개가 나온다. 고개를 넘어서면 오른쪽에 천림산봉수 이정표가 있는데 여기서부터 등산로를 따라 5분 정도 가면 봉수를 볼 수 있다.

위치 경기도 성남시 수정구 금토동 산32 천림산(170m) 형태 내지봉수
지정 경기기념물 제179호 시대 조선 초기 상태 원형

아이들 서울 구경하던
성남 인릉산봉수

인릉산은 성남 서울공항 정문 맞은편 공군아파트 뒤쪽에 있다. 옛 대왕면소재지 진산이며, 지금의 강남구 개포동과 수서동, 세곡동이 대왕면에 속했다. 이 산의 정상에 봉화둑으로 알려진 봉수 터가 있다. 인릉산의 원래 이름은 천림산이다. 이름이 바뀐 것은 조선 23대 순조의 인릉 때문이라고 한다.

1960년대의 인릉산 아래 사는 아이들은 서울이 보고 싶으면 봉화둑으로 올라갔다. 이곳에서는 남산과 한강철교가 빤히 보였다. 철교 위를 달리며 검은색 화통에서 뿜어져 나오는 흰 연기의 기관차는 아이들에게는

잡목이 울창한 인릉산봉수 석축

신기한 동심의 세계였다. 당시 아이들은 더 높은 곳에서 기차를 보기 위해 올라선 곳이 어른 키보다 높은 봉홧불을 피우던 돌무더기였다.

돌무더기 안쪽은 웅덩이가 파여 바닥에 잿가루도 있었다고 한다. 그런데 1972년 서울공항이 들어서고 이곳에 군인들이 주둔하면서 이 돌무더기는 사라졌다.

인릉산 정상에는 지금 헬기장이 들어서 있는데 헬기장이 바로 봉수자리다. 이곳에 돌덩어리가 듬성듬성 보이고 정상에는 현재 잡목이 울창해 사방이 막혀 있다. 나무만 벌목하면 성남과 서울 강남 일대가 훤하게 조망되는 지형이다. 봉수 노선상 남쪽으로 용인 석성산봉수와 북쪽 서울 목멱산봉수가 한눈에 들어오는 제2노선 직봉의 내지봉수다.

1987년 한국보이스카우트 대원들이 전국의 관방유적을 조사할 때

헬기장으로 변해 버린 인릉산봉수

방호벽 출입구

《신증동국여지승람》 산천조에 청계산, 천천현 등의 문헌자료를 통해 위치를 파악한 결과 천림산봉수가 지금의 인릉산과 일치된다고 밝히기도 했다.

마을 주민들은 금토동 달래내고개에 있는 봉수를 성남시에서 천림산봉수로 부르고 있는데 잘못된 이름이라고 한다. 인릉산의 봉수가 원래 천림산봉수라고 주장하고 있다. 하지만 전문가들은 인릉산봉수가 조선 어느 시기에 폐지되고 달래내고개에 봉수를 신설한 것으로 추정하고 있다.

천림산봉수는 문헌에 천천현봉수, 월천현봉수로 명칭이 변천되어 오면서 정확한 위치는 물론 옮겼다는 기록이 남아 있지 않아 누구도 이의제기를 못하고 있다.

인릉산은 알려지지 않아 호젓하다. 봉수대로 가려면 세곡동사거리에서 서울공항을 지나 등자동 경로당을 통해 산길을 따라 올라간다. 등자리저수지가 나오면 이곳에 자동차를 주차하고 오른편 등산로를 따라 쉬엄쉬엄 가도 40분이면 도착한다.

위치 경기도 성남시 고봉3동 인릉산(326m)		형태 내지봉수
지정 비지정	시대 조선시대	상태 멸실

호젓한 산길 역사향기 가득한 곳

화성 염불산봉수

남양반도의 지형은 굽이굽이마다 곶이다. 땅의 생김새가 마치 입을 내밀듯 바닷가로 삐죽이 뻗어 있다. 화량만 전곡리 해안도 삐죽하다. 산줄기를 따라 들어가면 입구는 좁지만 안쪽으로 들어갈수록 호리병처럼 넓다. 지금은 약 3km의 드넓은 평야가 됐지만 조선 후기까지만 해도 포구로 유명세가 붙었던 곳이다.

간척사업으로 현재 당성일대는 육지로 변했지만 당시만 해도 크게 달랐다. 삼면이 바다였고 송산면소재지 방향만 육지와 연결되어 밀물 때는 당성이 있는 산은 섬이 되었다. 당성과 연결된 염불산만 남기고

염불산봉수 연대

좌우가 바다였던 셈이다. 그 섬 끄트머리 정상에 염불산봉수가 있다.

제부도 인근 해안으로 침입하는 적선을 감시할 목적으로 축조한 염불산봉수는 신라의 관문이었던 당성에서 약 1.5km 떨어진 거리다. 처음 설치된 시기는 고려시대이며, 제5노선 직봉의 연변봉수로 남쪽 흥천산봉수에서 신호를 받아 동쪽 해운산봉수로 전달된 거화선의 중간 지점이다.

봉홧불은 아무데나 다니는 것이 아니다. 국가에서 지정해 준 길만 따라 가야 한다. 반칙을 하면 사형에 준하는 벌을 받아야 했다.

염불산봉수는 봉화산 등성이를 따라 쌓았으며 가장 높은 곳에 토·석축의 연대를 세웠다. 연대는 봉수에서 가장 핵심 시설이다. 연기나 횃불을 늘 피워 변방이 안전하다는 것을 보내는 옛날의 통신이다.

연대는 현재 흙더미 상태로 남아 있는데 둘레가 약 27m, 높이는 2.5m 정도다. 연대 위에는 옛날 봉수군들이 횃불을 올렸던 웅덩이가 지금도 움푹 파여 있다. 연대 아래로 4기의 연조시설이 남쪽능선을 따

봉화를 피우던 연소실

라 약 5m 간격을 두고 쌓여 있다. 하지만 흙더미에 묻혀 있어 전문가가 아니면 알아보기 힘들 정도다. 연대는 망대 역할도 했다. 이곳에 서면 사방이 탁 트여 있다. 동북쪽은 당성, 서북쪽은 화량진성, 동쪽은 해운산봉수가 아련히 보인다. 화량진성은 조선시대 때 좌도수군 첨절제사영이 주둔했던 산성이다.

당성에서 염불산봉수 가는 길에 신흥사가 있다. 이 절에는 석조관세음보살상이 있는데 필자와 인연이 깊다. 1988년 가을 당성 취재를 갔을 때 이 석불은 당성 입구 계곡에 목이 잘린 채 누워 있었다. 훼손 방치와 도난 우려가 있어 현장 사진을 찍고 면사무소에 제보를 했다. 고려시대 때 이곳에 큰 절이 있었는데 폐사되었다고 한다. 그때 불상이 지금 신흥사에 와 있다. 비록 석불의 머리는 다른 것으로 이어졌지만 참 반가웠다.

신흥사 석불

염불산봉수는 아직까지 잠에서 깨어나질 못하고 있다. 당국의 손길을 기다리고 있지만 누구 하나 돌보지 않는다. 봉수는 옛 군사들의 당시 생활상을 체험할 수 있는 프로그램을 개발할 수 있는 좋은 아이템이다. 역사 관광자원으로 활용하면 훌륭한 콘셉트가 될 수 있다.

염불산봉수 답사는 신라 최고의 무역항을 통제하던 당성을 답사한 후 서문지에서 토성을 따라 내려가면 신흥사가 나온다. 신흥사를 지나 봉화산까지 등산로가 잘 정비돼 있다. 봉화산 입구에도 어느 세력이 쌓았는지 알 수 없는 토루가 고갯마루까지 이어져 있다. 만물이 소생하는 봄날 호젓한 산길을 1시간 정도 걸으며 역사향기에 듬뿍 취해 보자.

위치 경기도 화성시 서신면 상안리 봉화산(170m) **형태** 연변봉수
지정 비지정 **시대** 고려시대 **상태** 원형

무수한 콘텐츠가 있는

화성 흥천산봉수

수도권의 화성시는 개발의 속도가 매우 빠르다. 야트막한 구릉들은 아파트나 공장이 들어서면서 상전벽해桑田碧海가 된 곳도 부지기수다. 흥천산봉수가 있는 봉화산도 77번국도가 관통되면서 절반이 잘렸다. 남은 것도 언제 사라질지 알 수 없다.

이 봉화산에는 특이한 형태의 봉수가 있다. 연조 형태가 오래된 공동묘지 봉분처럼 보이는데, 마치 후손이 없어 훼손 방치된 채 쓸쓸하게 누워 있는 것 같다. 연조는 능선을 따라 약 100m 정도 이어져 있는데, 북쪽으로 가면서 10m 간격을 두고 연조 5기가 배치되어 있다. 맨 마지막 연조는 북쪽으로 50m 정도 떨어진 구릉 위에 설치했는데 연조 상부가 만두처럼 반질반질하다.

연대는 남쪽에 있는데, 둘레가 약 26m, 높이는 3m 정도다. 연대 위에는 봉홧불을 피우던 웅덩이가 지금도 움푹 파여 있다. 연대 서쪽 아래는 봉수군들의 숙소 터와 창고 터가 있으며 주변에는 토성 형태도 보인다.

흥천산봉수는 시설규모나 주둔 군사가 타 봉수에 비해 많았던 것으로 추정된다. 처음 설치된 시기는 고려시대다. 제5노선 직봉의 연변봉수로서 평택 괴태곶봉수에서 신호를 받아 북쪽 염불산봉수로 이어져 목멱산까지 전달했던 역사가 꽤나 깊은 봉수다.

흥천산봉수는 조선 후기 정조가 화성을 축조하면서 노선이 변경되었다. 정조가 행궁에 머물 때를 대비해 흥천산봉수에 새로운 연대를 축조한 것이다. 원래 흥천산봉수는 화성봉돈을 경유하지 않고 한양으로 가던 거화선이었다. 하지만 정조가 화성에서 국사를 보는 날이 많아지자 노선을 바꿔 화성봉돈으로 신호를 보내게 된 것이다. 그리고 서봉

흙과 돌을 혼합해 봉분처럼 쌓은 흥천산봉수 연대

봉홧불을 피우던 연조시설

가장 북쪽에 위치한 연조시설

산봉수와 건달산봉수도 새로 신설하게 되었다. 흥천산봉수에서 화성봉돈까지의 거리가 멀어 중간 지점에 간봉을 축조한 것이다.

화성시에서는 흥천산봉수에 대해 발굴조사 계획을 수립 중에 있다고 한다. 내친 김에 이웃한 염불산봉수도 함께했으면 한다. 염불산봉수도 형태가 잘 남아 있다. 이들 봉수는 문헌자료가 전무한 고려시대의 것으로 그시대의 봉수 축조법을 얻을 수 있는 좋은 기회가 될 것이다.

옛 전화기인 봉수는 최첨단시대에 볼 수 없는 콘텐츠를 갖고 있다. 잘만 활용하면 역사 관광자원이 된다. 요즘은 국내 관광의 트렌드가 체험관광으로 바뀌고 있다. 봉수군들의 일상인 봉화 올리기나 수마석 던지기 등 체험활동은 다양하게 개발할 수 있다. 거기에는 옛것에 대한 향수와 무수한 얘기들이 널려 있다.

봉수대로 가려면 화성시 우정읍 두레자연중고등학교 내부까지 자동차가 진입할 수 있으니 이곳에서 등산로를 따라 5분 정도 들어가면 된다.

위치 경기도 화성시 우정읍 화산리 692-11 봉화산(61m) 형태 연변봉수
지정 비지정 시대 고려시대 상태 원형

28년 동안 발굴 안 하고 훼손 방치

평택 괴태곶봉수

고려시대 때 축조된 평택 괴태곶봉수가 향토문화재로 지정된 지 28년이 넘도록 발굴조사조차 못하고 방치되어 있다. 남양만과 아산만이 한눈에 조망되는 위치에 있는 이 봉수는 야트막한 구릉 정상을 판판하게 다진 후 2중구조로 방호벽을 조성했다. 하단은 전체 둘레가 239m, 상단은 138m로 국내 최대 규모다. 봉수 시설로는 봉수를 올리는 연조 4기, 군사들의 건물 터, 출입 시설 3개소가 남아 있다.

붕괴되어 흔적만 남아 있는 괴태곶봉수 내부

봉수 아래에서는 항만 개발 당시 삼국시대 초기로 추정되는 조개무덤, 생선뼈무늬, 파도문기와 조각 등이 발견되었다. 특히 삼국시대의 토기와 고려 광종 7년965년에 해당되는 '건덕 3년'이란 글씨가 새겨진 기와가 발견되어 괴태곶봉수 일대는 삼국시대부터 사람들이 집단적으로 살았던 것으로 추정된다.

13대째 봉수 아랫마을에 살고 있는 토착민 전명수 서평택환경위원회 위원장은 '40년 전만 해도 봉화대는 주변 초등학교 학생들의 단골 소풍 장소였다'고 한다. 당시만 해도 이곳에는 봉수 축대가 남아 있었으며, 불에 그슬린 돌덩어리가 나뒹굴고 있었다고 덧붙였다. 봉수를 안내한 전씨는 어릴 적부터 봉수에 관심이 많았다고 한다.

괴태곶봉수 표지석

2005년도에는 봉수전문가들을 초빙해 학술세미나를 열었는데, 발제자인 김주홍 박사는 '타 지역의 봉수는 한 곳의 신호를 받아 전달하는데, 괴태곶봉수는 두 곳에서 올라온 신호를 받아 한양으로 전달했던 군사 요충지였으며, 주둔 군사만도 100명이 넘었다'고 밝히기도 했다.

괴태곶봉수는 제5노선 연변봉수로서 고려시대와 조선시대 전 시기에 걸쳐 운영되었다. 직산의 망해산봉수를 거쳐 북상하는 직봉과 전북 옥구의 화산에서 갈라져 보령·서산·당진을 거쳐 올라온 간봉과 만나는 지점이다.

백종오한국교통대학교 교수는 '괴태곶봉수의 종합적인 정비계획이 시급하며, 해군기지가 들어설 때 유적 일부가 원형을 잃었는데 더 이상 훼손은 막아야 된다고 했다. 특히 백 교수는 그 동안 잊고 있었던 옛 군사들이 이용했던 봉수에 다시 관심을 가지고 섣부른 복원보다는 정밀 발굴조사 후, 후세에 부끄럽지 않은 유적으로 보존해야 한다고'도 말했다.

평택 지역에는 현재까지 14개소의 산성과 2개소의 봉수지가 현존하고 있는데 이중 복원된 유적은 농성 한 곳밖에 없다. 평택시청 문화재 담당자는 도지정문화재로 승격되어야만 복원이 가능하다고 답변했다. 이에 대해 전 위원장은 '눈에 보이는 민원만 해결할 것이 아니라 선조들의 숨결이 묻어 있는 봉수도 미래의 관광자원이므로, 평택시에서 열정을 가지면 발굴조사는 물론 복원도 할 수 있다'고 지적했다. 현재 괴태곶봉수는 해군 제2함대사령부가 주둔하면서 일반인들의 출입이 통제되고 있지만, 관심 있는 사람이면 언제든지 현장을 방문할 수 있다.

위치 경기도 평택시 포승읍 원정리 109-54 봉화산(83m) **형태** 연변봉수
지정 향토유적 제1호 **시대** 고려시대 **상태** 원형

작은 학교의 운동장 닮은

고양 독산봉수

고양은 1990년대 중순 일산신도시가 들어서면서 상전벽해가 된 곳이다. 수도권에 접해 있어 곳곳에 산업단지가 건설되어 산과 들이 파헤쳐지고 지형마저 변했다. 개발이 되자 원주민들은 조상대대로 살던 거주지를 떠나면서 지역의 문화유산들에 대한 소재 파악이 어려워지고 있다. 일산구 문봉동과 사리현동 경계에 있는 독산봉수도 한동안 위치를 찾지 못했다. 잊혀졌던 독산봉수가 알려진 것은 1990년대 중순이다. 산 아래 사는 토착민의 제보가 계기가 되었다.

독산봉수는 높지 않는 산 정상부를 판판하게 다듬고 학교 운동장처럼 돌아가며 방호벽을 쌓았다. 둘레가 약 75m, 높이는 2.5m 정도다.

학교 운동장 같은 독산봉수 전경

방호벽에는 계단식 출입구도 3개소나 냈다. 내부에는 물을 저장하는 집수시설이 있으며, 봉화를 올리던 연조는 남쪽 방호벽에서 외곽으로 4m 정도 떨어진 평탄지에 축조되어 있다. 총 5기의 연조 중 3기는 석축으로 상태가 좋으며, 2기는 붕괴되어 흔적만 유지하고 있다.

연조 간의 간격은 3m 정도이며, 연조 밖에는 또 하나의 방호벽이 1.2m 높이로 쌓여 있다. 이러한 시설물은 전형적인 내지봉수 형태지만 연조를 방호벽 밖에 나란히 배치한 것은 국내에서 보기 드문 특이한 형태다. 독산봉수에서는 검은색의 옹기 아가리, 청백색 접시, 사발 등 주로 조선시대 유물이 발견되었다.

봉수 내부 저수시설

2

일출의 장관과 굽이치는 산세의 절경을 맛보다

강원·대구·경북 지역의 봉수_18기

천신에게 비나이다

삼척 가곡산봉수

정월대보름이나 사월초파일 등 특별한 날이 되면 마을 사람들은 봉수에서 제사를 지내기도 한다. 정성스레 음식을 차린 뒤 천신에게 마을의 액운을 막고 풍년을 기원하는 의식이다. 삼척 지역에는 천제당이 있는 마을이 많다. 예부터 천신을 마을의 최고 신령으로 모신 것이다.

가곡산에도 천제당이 있었다. 1916년 출간된 《삼척군지》에는 갈령葛嶺을 안일왕산安逸王山으로 불렀으며, 그 동쪽에 있는 봉수산 연대 터에 성황사를 세우고 마을에서 제사를 지냈다는 기록이 있다.

1910년대에 봉화대 옛터가 마을신앙의 대상물로 정했음을 알 수 있다. 원래는 '성황사'였으나 언제부턴가 '천제당'으로 이름이 바뀌었다. 하지만 천제당은 풍우에 붕괴되면서 오래전에 헐리고 말았다. 그래도 월천3리 마을 사람들은 매년 정월대보름 자정에 봉수에 제사를 지내고 있다. 비록 당집은 없어졌지만 판판한 돌 위에 제물을 차리고 금줄까지 둘렀다. 지금도 봉수에서 제사를 지내는 곳이 몇 곳 있다. 이들 마을은 대부분 산간오지에 위치하고 있다. 영덕 대소산봉수, 제천 오현봉수, 제주의 당포연대 등이 그곳이다.

조선시대에는 봉수 주변에서 제사나 무속 행위를 하는 것을 법으로 엄격하게 다스렸다. 푯대를 세워 백 걸음 안에서 거짓 봉화나 방화가 일어나면 관할 병조에서 단속하고, 백 걸음 밖이면 해당 진영에서 단속하게 했는데 위법자는 사형에 처했다. 인근 마을 사람들이 봉수에서 제사를 지내는 유래에 대해서는 정확한 기록이 없지만 조선 후기 봉수제도가 사라지고 나라가 쇠퇴기에 접어들 때 생긴 것으로 추정된다.

가곡산봉수가 처음 설치된 시기는 고려시대다. 봉수 노선은 남쪽 울

동해를 굽어 보는 가곡산봉수 소나무

진 항출도산봉수에서 신호를 받아 북쪽 임원산봉수로 전달했다. 현재 봉수에는 석축의 연대, 봉수군들의 숙소, 군 창고 터, 적의 침입에 대비해 투석용으로 쓰던 수마석 등이 주변에 남아 있다. 연대 둘레는 약 30m, 높이가 3m 정도 된다. 연대로 올라가는 돌계단도 흔적이 남아 있다. 연대는 오랜 세월이 흐르면서 붕괴되긴 했지만 전체적인 윤곽은 또렷하다.

봉수대까지는 삼척 원덕읍 월천3리 마을회관 뒤쪽으로 임도가 개설되어 자동차로 근처까지 갈 수 있다. 정상에서 보면 임원항과 2015년에 완공될 대규모 국책사업인 천연가스발전소가 한눈에 조망된다.

위치 강원도 삼척시 원덕읍 월천3리 가곡산(85m) 형태 연변봉수
지정 비지정 시대 고려시대 상태 원형

정동진까지 조망되는

동해 어달산봉수

망망대해가 한눈에 조망되는 어달산봉수 아래는 예전에 '어달'로 불렸다. 어달은 고구려와 관계된 지명이다. 어달산봉수는 고려 의종 3년 1149 두만강유역에 살던 동여진의 침입에 대비해 서북병마사 조진약의 건의로 쌓았다. 《세종실록》에 어을달봉수로 처음 등장하며, 《신증동국여지승람》에는 어달산봉수로 소개되었다.

복원 전 어달산봉수 연대 석축

남쪽 삼척 광진산봉수에서 신호를 받아 북쪽 강릉 오근산봉화로 전달한 간봉의 연변봉수다. 하지만 18세기 중엽부터 강원 지역에서는 봉수의 존립 자체가 중요하지 않아 폐지되고 말았다. 봉수는 2000년에 발굴조사하면서 기존의 연대를 해체하고 다시 복원했는데, 연대 외곽으로 도랑을 파고 중앙에 네모 형태로 3단의 석축 연대만 쌓다가 말았다.

필자는 1987년 9월 어달산봉수를 취재한 일이 있다. 당시의 연대는 해안 쪽만 석축 일부가 남아 있었고, 다른 구간은 석재들이 포개져 있어 마치 무덤같이 보였다. 연대 높이는 약 2m, 둘레는 30m 정도였다.

복원 전 어달산봉수 연대

기존 연대를 해체하고 다시 복원한 연대

어달산봉수에 오르면 망산해수욕장과 정동진이 한눈에 내려다보이고, 드넓은 바다에서 넘실거리는 파도와 물보라가 거침없이 조망된다.

봉수대로 가려면 동해고속도로 망상 톨게이트에서 오른쪽으로 300m 정도 가서 왼편에 어달산봉수 이정표를 확인한 뒤 포장된 도로를 따라가면 된다. 자동차가 산 중턱까지 갈 수 있으며, 자동차를 주차한 뒤 등산로를 따라 오르면 10분 정도 소요된다.

위치 강원도 동해시 대진동 산 24-4 어달산(185m) **형태** 연변봉수
지정 강원도기념물 제13호 **시대** 고려시대 **상태** 복원

천년 묵은 구렁이가 사는

정선 고성산성봉수

이름 없는 옛 성
신라의 성인가 고구려의 성인가
성벽은 높고 웅장한데
석축만이 오랜 역사 간직했네
천봉만학千峯萬壑 둘렀고
장강이 에웠으니
일부당관의 요새지에
난공불락의 철벽성일세

영남길 구레기고개
하늘높이 솟았고
관북 가는 뱃나루 남한강이 창일하네
반도를 경영하는 자 먼저 한수를
차지하여야 하네
활 쏘고 창 쓰던 그날이 언제던가
한낮의 닭 울음소리만이 평화롭기만 하네

《정선군지》에 나와 있는 고성의 음吟으로 전해지는 구절이다. 삼척에서 시작된 강줄기가 아우라지에서 동강을 따라 정선과 영월을 지나 서울까지 간다. 1970년 초순까지 정선 지역에서 벌채된 뗏목도 이 강을 타고 마포나루까지 왔다. 삼국시대부터 이 강은 군사들의 이동 통로로서 매우 중요한 수로였다.

고성산성 정상에 축조된 봉수 연대

고성리에는 고구려가 남진하면서 쌓았다는 오래된 산성이 있다. 삼국시대 때부터 남한강을 사이에 두고 고구려와 신라가 치열하게 항전했던 곳이다. 마을 사람들은 이 산성이 고구려의 옛터라고 믿고 있지만 정작 산성에서는 대부분 신라와 고려시대의 유물들이 발견되고 있다. 고성산성은 1997년부터 지금까지 다섯 번에 걸쳐 보수·복원이 이루어졌다. 이 산성 정상에는 문헌에도 등장하지 않은 봉수가 있는데, 원주민들은 고성산봉수로 부른다. 봉수는 사각으로 쌓은 석축 연대 하나와 그 위에 봉화를 피우던 연소실이 있다. 연대 둘레는 약 25m, 높이가 1.5m 정도다. 한쪽 벽에는 불에 그슬린 흔적이 지금도 남아 있고 연소실 옆에는 웅덩이가 파여 있다.

봉수는 언제 어느 세력이 쌓았는지 알 수 없으나 영월과 단양 일대의 봉수 축조 방법과 닮은 점으로 미루어 신라가 북진하면서 설치한 것으로 추정된다. 원주들은 맞은편에 위치한 칠목령산성의 봉수와 횃불을 주고받았다고 한다. 봉수는 정해진 노선이 없는 자체에서 운영된 간봉

언제 어느 세력이 쌓았는지 알 수 없는 고성산성

의 권설봉수다. 그리고 산성에는 예부터 짚단만한 구렁이가 가끔 나타나는데, 주민들은 천년은 묵은 구렁이가 산성을 지켜 준다고 믿고 있다.

정선은 가장 한국적인 정서를 간직한 고장이다. 우리의 자연과 우리 역사가 오롯이 묻어 있는 인문학이 숨 쉬는 곳이다. 조선시대 때는 동강을 끼고 있는 덕천리와 연포일대에 5일장이 들어설 정도로 큰 마을이었으며, 평창과 영월을 잇는 교통의 중심지이기도 했다.

봉수대까지는 정선군 신동읍에서 고성리로 가는 재를 넘고 예미초등학교 고성분교에서 자동차를 주차한 뒤 등산로를 따라 20분 정도 오르면 된다.

위치 강원도 정선군 신동읍 고성리 고성산(425m) **형태** 권설봉수
지정 비지정 **시대** 삼국시대 **상태** 원형

설악산에 솟은 접선봉
속초 권금성봉수

고려 고종 40년[1253], 고려는 몽고군이 지나간 전주·충주·춘천은 초토화되었다. 당시 고려는 몽고군의 이동 예상 지역에 긴급히 산성을 쌓도록 하고 백성들을 그곳으로 피난시켰는데, 권금성도 이때 축조되었다. 고려시대 때 권 장군과 김 장군이 쌓았다는 권금성은 대청봉에서 북쪽으로 뻗은 화채능선 정상부와 북쪽 산 끝을 에워싸고 있는 천혜의 요새다. 성벽은 접근이 가능한 암벽에만 석축을 올렸으며 나머지는 절벽이 성벽이 되었다.

뾰족한 접선봉 봉우리에 축조된 권금성봉수

봉수대 아래 성벽

현재 권금성은 케이블카 승강장 아래에 일부가 남아 있으며, 등산로를 따라 10분 정도 올라가다 보면 오른쪽에 2단으로 쌓은 석축이 20m 정도 보존되어 있다. 이곳에서 조금 더 올라가면 밧줄을 잡고 올라가는 뾰쪽한 봉우리가 봉화를 피우던 곳이다. 봉수는 횃불이 모인다는 뜻에서 접선봉으로 불렸다. 이곳 봉수에는 10여 명이 올라가면 발 디딜 틈이 없을 만큼 비좁은 공간이다. 이 봉수는 문헌에도 등장하지 않고 노선도 없는 자체에서 운영한 권설봉수다. 접선봉 아래 절벽 위에도 성벽이 쌓여 있지만 위험구간이라 출입을 통제하고 있다.

위치 강원도 속초시 설악동 설악산(860m)		형태 권설봉수
지정 비지정	시대 고려시대	상태 원형

추억과 낭만이 가득했던

대구 법이산봉수

대구 남쪽 지역을 병풍처럼 감싸고 있는 산성산과 안산 사이에 법이산이 있다. 이 산 정상에는 조선 초기에 설치한 봉수가 있는데, 1425년에 발간된 《경상도지리지》 등 각 문헌에 빠짐없이 등장되는 봉수다. 제2노선 간봉의 내지봉수로 남쪽 청도 팔조현봉수에서 신호를 받아 북쪽 경산 성산봉수로 전달했다.

법이산봉수는 정상부를 평탄하게 다듬고 외곽으로 돌아가며 방호벽을 쌓았는데, 둘레가 87m에 동쪽과 북쪽구간에서 석축이 잘 남아 있다. 남쪽은 급경사로 인해 방호벽을 따로 쌓을 필요가 없는 구간이다.

비교적 보존 상태가 양호한 법이산봉수 방호벽

방호벽 출입구

서쪽의 방호벽은 붕괴되었으며, 동서쪽 구간의 방호벽에는 출입구가 나 있다. 하지만 등산객들이 드나들면서 방호벽은 훼손이 심하다.

봉수 내부의 연조시설은 멸실되었으며 최근에 수성구에서 돌탑 하나를 세워놓았다. 봉수 외곽에는 소나무가 무성하며 평탄지에는 체육시설이 조성되어 있다. 산 아래는 순환도로가 법이산 줄기를 관통해 소음이 심한 편이다. 봉수 아래는 대구의 상징인 수성 못이 한눈에 내려다보인다. 이 못은 1925년 일제강점기 때 논밭에 물을 공급하기 위해 조성된 인공 못이다.

1980년대 후반부터는 인근 지산동과 범물동 일대가 아파트단지로 개발되면서 수성못은 농업용에서 벗어나 대구시민들의 유흥가로 변질되고 말았다. 이제 수성못은 추억과 낭만을 남긴 채 기성세대들의 뇌리에서 잊혀가고 있다.

봉수대는 대구 수성못을 지나 지산목련아파트 6동 뒤편 골목에 자동차를 세운 후 등산로를 따라 30분 정도 걸린다.

위치 대구광역시 수성구 파동 산23 법이산(334m) **형태** 내지봉수
지정 비지정 **시대** 조선 초기 **상태** 원형

울진에서 가장 큰

울진 표산봉수

울진군 봉수 중에서 가장 큰 표산봉수는 발굴조사 중에 있다. 이 봉수는 해안과 인접해 있으며 고지가 낮아 산행도 쉽다. 복원되면 역사 관광지로 각광받을 것으로 울진군은 기대하고 있다.

표산봉수는 《세종실록지리지》에 처음 등장하지만, 2008년 발굴조사 때 봉수 외곽을 둘러싼 방호벽 아래에서 고려시대 유물이 발견되어 처음 설치된 시기가 고려시대 또는 그 이전으로 올라갈 수도 있을 것으로 기대하고 있다. 표산봉수는 조선시대 때 평해군 소속이었다. 초기에는 북쪽 기성면 사동산봉수에만 전달하던 단일 노선이었으나, 이후 남쪽 평해읍 후리산봉수에도 신호를 보내는 새로운 노선이 설치되었다. 하지만 1760년 이전에 봉수 기능이 폐지된 것으로 추정된다.

하늘에서 본 표산봉수 연대 실측 모습

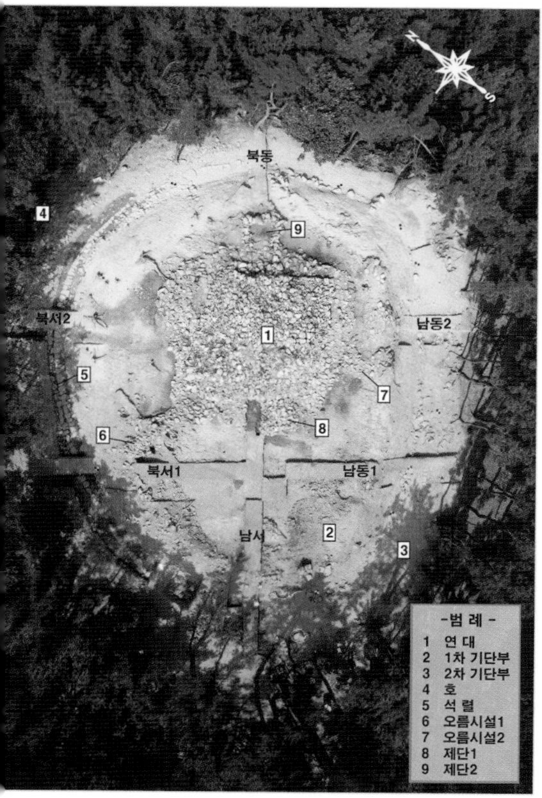

봉수는 봉우리를 판판하게 다듬고 사각의 석축 연대를 세웠다. 연대 둘레는 30m, 높이가 2.4m 정도다. 연대로 올라가는 계단을 나선형으로 만들

원형이 보존된 표산봉수 연대

었으며, 봉화를 올리던 연소실은 지금까지 흔적이 남아 있다. 연대외곽은 토·석축의 방호벽을 둘렀는데 규모가 약 70m 정도다.

외곽에는 어느 시기에 세웠는지 알 수 없는 성황당 터가 남아 있다. 현재 봉수 주변에는 30~40년 이상 된 소나무가 울창하게 자라고 있어 주변을 조망하기가 어려울 정도다.

봉수대로 가려면 후포 방면에서 7번국도를 따라 울진 방면으로 가다가 울진공항 가는 길로 내려간다. 봉산1리 봉수마을 안내판이 보이면 마을에 자동차를 주차하고 마을 뒤쪽 산책로를 따라 10분 정도 올라가면 된다. 봉수마을은 배밑동마을로도 불린다.

위치 경북 울진군 기성면 봉산리 배밑동마을 봉산(78m) 형태 연변봉수
지정 비지정 시대 고려시대 상태 원형

한 장의 사진으로만 남은

영덕 대소산봉수

한 장의 사진은 어떤 글보다 강하다. 국적과 언어가 달라도 메시지를 전달할 수 있는 도구 중 사진만큼 큰 매력덩어리가 없다. 사진은 또한 잃어버린 옛 향수를 들춰내기도 한다. 천년 역사를 지켜 온 조상들의 혼이 서린 호국간성護國干城 봉수가 어느 날 멸실됐다. 25년 전 필자가 찍은 한 장의 사진만 홀로 남아 봉수를 연구하는 사람들 사이에 화제가 되고 있다.

조선시대 연변봉수의 전형을 볼 수 있는 대소산봉수가 사라진 것은 2001년 9월부터 2002년 2월까지 복원 지표조사를 위해 경북의 어느 문화재 학술기관에 용역을 의뢰하면서다. 당시 우리나라는 새천년을 맞아 전국이 요란했다. 특히 전망 좋은 봉수는 해맞이 장소로 안성맞춤이었다. 그때 몰지각한 일부 지역의 수장들은 타 지역 봉수축제에 영향을 받아 여론몰이에 동승했다. 석축 일부라도 남아 있던 봉수를 다시 복원한다며 마구잡이로 파헤쳐 버렸다. 그리고 복원 과정에서 고증절차 없이 정체불명의 봉수로 변질시켜 버렸다. 대소산봉수도 그렇게 천추의 한을 남기고 변질된 것이다.

당시 조사팀은 발굴하면서 연대·연조·연소실

복원하면서 사라져 버린 대소산봉수의 옛 모습(1987년)

연대 상부의 연소실

등 봉수의 핵심시설을 헐어버리고, 연대와 방호벽을 새로 축조했다. 명칭도 연대를 연조로, 방호벽을 연대부로 잘못 사용하는 결과도 드러냈다. 어느 봉수전문가는 대소산봉수 조사를 맡은 학술기관에 관방유적을 연구하는 전문가가 한 사람도 없었고, 특히 외부의 전문가도 전혀 참여하지 상태에서 조사를 했다고 밝혔다. 그는 멀쩡했던 대소산봉수를 왜 복원을 했는지 의문이 생긴다며, 특히 한번 멸실된 유적은 원형복구가 어렵다고 덧붙였다. 군청 관계자는 당시 발굴팀에서 돌무더기를 봉수시설과 상관없는 예비군의 참호라고 판단해 헐어 버렸다고 한다.

필자는 1980년대 후반 전국의 봉수를 취재한 일이 있는데 대소산봉수는 1989년 가을에 취재했다. 당시 봉화산 정상에는 KT기지국이 있었다. 봉수와 기지국 사이에는 철조망이 처져 있었는데, 그때 철조망

복원으로 원형이 사라진 대소산봉수(2003년)

옆 기지국 초소에 올라가 봉수 전경을 카메라에 담았다.

당시 봉수는 산 정상부를 판판하게 다지고 한가운데 연대를 세웠다. 연대는 일부 훼손되기는 했지만 원형이 잘 남아 있었다. 둘레는 약 25m, 높이가 2.7m 정도였다. 연대 아래는 연조5기가 일부 훼손되기는 했지만 또렷하게 남아 있었다. 연조 간의 거리는 3m 남짓했다. 25년이 지난 지금 대소산봉수의 옛 모습은 필자가 찍은 사진이 유일한 기록이 되고 말았다.

대소산봉수가 처음 설치된 시기는 고려시대 때다. 초기에는 토축으로 축조했다가 조선시대 때 석축으로 개축했으며, 남쪽 영덕 별반산봉수에서 신호를 받아 북쪽 평해 후리산봉수와 서쪽 영해 대리 광산봉수로 전달했다. 제2노선 간봉으로 안동도 창녕도호부가 관장했다.

대소산봉수에 오르면 동해안 방향은 경사가 급하며, 서북쪽 아래는

봉수에서 본 영덕 해안 블루로드 둘레길

광활한 곡창지대다. 그곳에 서면 눈이 시리도록 푸른 바다와 어우러진 축산항이 한 폭의 그림으로 다가온다. 영덕군이 마련한 둘레길에 포함돼 있다. 이 길은 영양 남씨 발상지에서 출발해 대소산봉수, 목은 이색 유적지, 괴시리 전통마을을 지나 대진해수욕장, 고래불해수욕장까지 이어지는 '역사와 함께 산책하는 길'이다.

봉수대로 가려면 7번국도 영덕아산병원에서 축산항 방면으로 가다 왼쪽에 대소산봉수 이정표가 나오면 산 입구에 있는 영명사란 작은 절까지 간다. 절에서 임도를 따라 자동차로 15분 정도 가면 봉수대다.

위치 경북 영덕군 축산면 도곡리 봉화산(282m) **형태** 연변봉수
지정 경북기념물 제37호 **시대** 고려시대 **상태** 일부 복원

국태민안 비는 오지마을

영덕 광산봉수

경북 영덕군 영해면 묘곡에서 대리마을 가는 길은 8km나 되는 첩첩 산중이다. 좁은 계곡에 골개천과 나란히 붙은 흙길 하나가 마을로 가는 유일한 통로다.

2003년 5월, 봉수전문가 김주홍 박사와 필자가 봉수에서 고사를 지낸다는 제보를 받고 현지를 찾아간 것이다. 저녁 무렵 마을회관에 도착하자 마을 이장부터 노인들까지 무슨 소원이라도 해결해 줄 위인이라도 되는 듯 호기심 가득 찬 눈빛으로 반겨 주었다. 마을회관에 여장을 푼 우리는 마을 사람들과 막걸리를 마셔가며 많은 얘기를 나눴다. 1970년대 초반부터 마을 일을 맡아오고 있다는 박만종66세 이장은 언제부터 고사를 지내 왔는지 유래는 알 수 없다고 했다.

광산봉수에서 지내는 고사 모습

태백산 산신께 국태민안 고사를 지내는 마을주민들

광산봉수 석축연대

봉수에서 지내는 고사나 동제는 대부분 봉수 제도가 폐지된 후 일제강점기 전후로 보고 있다. 원래 봉수 주변은 국법으로 일반인의 접근을 엄격히 통제했다. 이런 것으로 미루어볼 때 대리마을의 고사도 일제강점기 때 행해진 것이 아닐까 추정된다.

박 이장은 1960년대에는 새벽닭이 울면 출발했는데 손전등이 없던 시절이라 볏짚단에 불을 붙여 봉화산으로 올라가면 반나절이 걸렸다고 한다. 그렇게 힘들게 올라갔던 봉화산을 2000년에 산불진압용 임도가 개통되면서 이제는 한 시간이면 오른다고 했다.

마을 사람들은 조상 대대로 사월초파일이면 한 해도 거르지 않고 지금까지 봉수에 올라가 태백산 산신령에게 고사를 지낸다. 오지마을의 고사는 이곳 사람들에게는 공동체 삶의 정신적 지주이자 상징이 되었다. 이제는 연로한 촌로들만 모여 초라하게 고사를 지내지만, 1980년대 중순까지만 해도 소 한 마리를 제물로 바칠 정도로 7개 부락의 큰 잔칫날이었다.

박 이장은 마을 일을 보면서 어른들로부터 들은 중요한 얘기는 수첩에 메모하는 습관이 몸에 배었다고 했다. 이 날은 봉화산에 얽힌 특별한 내용을 수첩을 뒤져가며 공개했다. 봉화대의 마지막 봉수군은 권낙돌이란 사람인데, 그는 봉홧불을 피우던 일이 끊어지자 마땅히 갈 곳이 없었다. 어쩔 수 없이 나라에서 준 둔전을 경작하며 봉수군 숙소에 눌러 앉았다. 그를 걱정한 마을에서는 봄가을로 곡식을 모아 올려 보내기도 했다. 일제에서 해방이 되자 그는 마을로 내려와 관청을 오가며 동장 일까지 도맡아 보다가 일생을 마쳤다고 한다.

광산봉수 연대 상부 연소실

광산봉수 방호벽

봉수가 축조된 봉화산은 북쪽으로는 영양·봉화로 이어지는 태백산 능선이, 동쪽은 백암산 줄기가 영해까지 이어지는 첩첩산중에 속하는 지형이다.

봉수는 산 정상을 판판하게 다지고, 돌아가며 방호벽을 둘렀는데, 어림잡아 60m, 높이는1m 정도다. 봉화를 피우던 연대는 둘레가 약 25m, 높이는 동쪽이 1.3m이고 서쪽은 3.8m 정도다. 봉수 내부에는 기와 조각이 널브러져 있으며, 연대와 맞붙은 암벽 아래는 동굴이 뚫려 있다.

광산봉수가 처음 설치된 시기는 고려시대다. 봉수 노선은 제2노선 간봉이며, 봉수 제도가 폐지될 때까지 대소산봉수에서 신호를 받아 진보 신법산봉수로 신호를 전달했다.

위치 경북 영덕군 영해면 대리2리 봉화산(409m)
형태 연변봉수
지정 비지정
시대 고려시대
상태 원형

풍력날개에 주눅 든

영덕 별반산봉수

영덕의 상징이 된 풍력발전소 내부의 야트막한 구릉에 위치한 별반산봉수는 800여 년 동안 영덕 일대를 지켜왔다. 하지만 지금은 느릿하게 돌아가는 수십 개의 거대한 발전기 날갯소리에 그만 주눅이 들었다. 해안에서 불어오는 바람을 이용한 무공해 전력을 만들어 내는 발전소가 2005년 문을 열면서다.

별반산봉수가 처음 설치된 시기는 고려시대이다. 조선시대 때는 제2노선 간봉의 연변봉수로 초기에는 동쪽 황석산봉수에서 신호를 받아 북쪽 대소산봉수로 전달했으며, 후기에는 포항 도이산봉수에서 신호를 받아 대소산봉수로 봉수 제도가 폐지될 때까지 운영되었던 유서 깊은 봉수다.

봉수는 봉우리를 평탄지로 조성하고 토·석축의 연대를 세웠다. 둘레

토·석축으로 쌓은 별반산봉수 연대

는 35m 정도이며, 높이가 3.5m나 된다. 연대 위에는 둘레 6m 정도의 연소실이 남아 있으며, 주먹만 한 돌멩이들이 흙더미에 묻혀 있다. 이는 유사시 적이 접근하면 빠르게 공격할 수 있는 무기로 사용하기 위해서다. 보잘것없는 돌멩이지만 옛 군사들은 이 돌을 무기로 사용했다는 사실에 웃음이 절로 터지지만 당시에는 최첨단의 현대판 미사일이었다.

연대 위 흙더미에 묻혀 있는 투석용 강돌

연대 아래로 호를 파 해자처럼 방호벽을 구축했는데, 방호벽 폭은 2.5m, 높이가 2m, 둘레가 약 60m 정도다. 방호벽 주변에는 깨진 기와 조각이 널브러져 있어 건물이 있었던 것으로 추정된다. 연대 서쪽에는 연대와 방호벽을 연결하는 길쭉한 통로 시설이 있다. 이런 시설물은 부산 아이봉수와 고흥 장기산봉수 등 해안 지역의 일부 봉수에서 나타나고 있는데 대부분 고려시대 봉수에서 발견된다. 봉수에서 서쪽 200m 거리의 삿갓봉에는 시대 미상의 산성이 있다.

영덕군에서는 매달 마지막 주 토요일이면 해안가의 해맞이공원에서부터 삿갓봉까지 달빛산행을 열고 있다. 이왕이면 산행할 때 눈에 보이는 곳도 중요하지만 호국의지의 표상인 봉수와 산성도 연계하고 안내판도 세웠으면 좋겠다.

봉수대로 가려면 영덕 강구항에서 20번 지방도로를 따라 축산항 방향으로 가다가 해맞이 공원에서 좌회전한다. 다시 풍력발전소 방향을 따라 끝까지 포장도로를 따라가면 왼편에 봉수가 있다.

위치 경북 영덕군 영덕읍 창포리 풍력발전소 내 봉산(182m) **형태** 연변봉수
지정 비지정 **시대** 고려시대 **상태** 원형 일부

이 땅에서 가장 오래된 옛길 바라보는

문경 탄항봉수

경북 문경에서 증원 미륵사지를 넘는 고갯길은 천년의 역사를 가진 이 땅에서 가장 오래된 길이다. 신라는 한수 이북에 자국의 깃발을 꼽는 것을 최대의 목표로 삼았다. 서라벌에서 진격의 선봉대가 한강으로 진출하는 데 가장 쉽고 빨리 갈 수 있는 첫 번째 교두보가 바로 계립령 하늘재이었다. 이 재만 넘으면 충주 땅이다. 충주부터 서울까지는 남한강의 수로가 거침없이 흘러 모든 군수물자를 신속히 보낼 수 있었다. 삼국은 예 부터 이 고개를 차지하기 위해 치열한 쟁탈전을 벌였다.

경북 문경읍 관음리와 충북 상모면 미륵리 경계에 포암산과 탄항산이 마주보고 있다. 이 계곡 사이에 하늘 아래서 가장 높다는 하늘재가 있다. 고개 좌우에는 격전의 흔적인 산성이 지금도 남아 있다. 이곳에서 탄항

연변봉수의 연대처럼 내부에 웅덩이가 파인 탄항봉수

산 방향으로 등산로를 따라 올라가면 하늘재를 감시하던 봉수가 있다.

석축의 연대시설

봉수는 정상에서 동쪽으로 210m 아래에 있는데, 조망권이 우수해 굳이 정상에 봉수를 쌓을 필요가 없었다. 탄항산봉수가 처음 설치된 시기는 고려시대다. 《세종실록지리지》에는 현의 북쪽에 있으며, 제2노선 간봉의 내지봉수로 남쪽 호계 선암봉수에서 신호를 받아 북쪽 마골재봉수로 전달했는데 조선시대 전 시기 동안 노선이 변경되지 않은 유일한 봉수다.

봉수는 다듬지 않은 막돌로 방호벽을 쌓았으며, 둘레가 약 84m 정도다. 방호벽 중앙에는 연변봉수의 연대처럼 둥글게 석축을 쌓아 올렸는데 둘레가 20m, 높이는 2m 정도 된다. 연대 위에는 연소실로 추정되는 웅덩이 2개가 있다. 서쪽 방호벽 밖에는 건물 터로 보이는 평탄지가 있으며, 남쪽 외곽에도 봉수군들의 숙소 터로 추정되는 석축시설이 남아 있다. 그리고 봉수 내부에는 조선시대 기와 조각과 깨진 도자기들이 널브러져 있다. 현재 봉수 주변은 잡목이 울창해 외부 조망이 어려울 정도다.

봉수대까지는 문경읍에서 901번 지방도로를 타고 동로 방향으로 가다가 갈평리에서 하늘재로 진입해, 하늘재 입구에 자동차를 세우고 왼쪽 탄항산 방향 등산로를 따라 20분 정도 가면 된다.

위치 경북 문경시 문경읍 관음리 탄항산(649m)
형태 내지봉수
지정 비지정
시대 고려시대
상태 원형

봉수에 시신 없는 무덤이

안동 신석리봉수

우리나라 봉수 내부에는 민묘가 조성된 곳이 많다. 봉수 제도가 폐지된 후 명당자리에 묘를 쓰면 후손이 잘 된다는 속설 때문이다. 죽은 조상의 몸을 이용해 덕을 보겠다는 생각이다. 풍수는 음택과 양택이 있다. 음택은 무덤이고 양택은 주택이다.

안동대학교가 내려다보이는 남선면 신석리 납뜰마을 봉화산 정상의 봉수에는 진천 송씨 송원현의 묘가 있다. 함께 동행한 마을 송병연 이장은 무덤의 주인이 5대 조상인데 조선 후기에 관청에서 근무를 했으며, 어떤 이유인지는 모르지만 돌아가신 후 시신을 찾지 못해 해방 후 이곳에 위패만 모셨다고 한다.

방호벽에서 신석리봉수에 관해 설명하는 주민들

신석리봉수는 인근의 신석산성과 함께 고려 공민왕이 홍건적의 난을 피해 안동에 왔을 때 쌓은 것이라 한다. 하지만 봉수시설을 보면 외곽에 석축 방호벽과 내부에 연조가 있는 조선시대의 축조술을 띤 내지봉수다.

주인 없는 민묘가 조성돼 있는 봉수 내부

이 봉수는 《세종실록지리지》 등 문헌에 빠짐없이 등장하며 처음 설치된 시기부터 마지막까지 운영되었던 봉수다. 제2노선 간봉의 내지봉수로 동쪽 약산봉수에서 신호를 받아 서쪽 남산봉수로 전달했다.

봉수를 둘러싼 방호벽은 직사각형으로 둘레가 76m, 높이는 1.5m 정도다. 방호벽은 서벽이 잘 남아 있으며 동벽은 일부 구간만 석축이 남아 있다. 출입구는 방호벽 남쪽과 북쪽 두 곳에 나 있다.

봉수는 민묘가 조성되면서 내부시설이 파괴되었으며, 봉수 내부 남쪽 흙더미에 아래 3기의 연조시설 흔적이 보인다. 이곳에서 기와·토기 조각이 널려 있는데 건륭갑신乾隆甲申1764년에 구웠다는 글씨가 새겨진 기와가 발견되기도 했다.

마을 주민들은 봉수 복원을 위해 애쓰고 있다. 안동시에서는 최근 봉수를 연결하는 둘레길도 조성했다. 봉화산 주변에는 소나무와 철쭉이 군락을 이루어 학생들의 자연학습장으로 자주 이용하는 곳이다.

봉수대로 가려면 안동 시내에서 34번국도를 타고 가다가 안동대학교 앞에서 다리를 건너면 신석리마을까지 간다. 마을 끝에서 등산로를 따라 40분 정도 올라가면 봉수가 있다.

위치	경북 안동시 남선면 신석리 봉화산(304m)			형태	내지봉수
지정	비지정	시대	조선 초기	상태	원형

몸통 없는 시신들이 아직도

의성 영니산봉수

한반도 최초의 사화산인 금성산은 전설의 명산이다. 원삼국시대 조문국의 산성과 대궐 터, 가마병의 훈련장까지 갖춘 호국 성지가 이곳에 있다. 정상에는 기도하면 소원이 이뤄진다는 제단이 있었으나 일제가 파괴시켰다. 특히 이곳에 묘를 쓰면 3년 안에 부자가 된다는 속설 때문에 시신 일부만 암장하는 일이 자주 생겼다. 그럴 때마다 주변 30리는 가뭄에 시달려 주민들이 정상에서 기우제를 지내기도 했다.

산성으로 안내를 해 준 이장근 의성군 문화해설가는 '가뭄이 심하면 마을 사람들은 암매장한 시신을 파낸 후 그 자리에 인분을 뿌려 놓는다'고 했다. 1980년대 초까지 묘를 쓰는 일이 비일비재 했는데, 지금도 분화구 주변에는 암매장한 시신이 있을 거라는 것이다.

무수한 얘기가 있는 금성산성의 성벽은 오랜 세월이 흐르면서 대부분 멸실되었지만, 일부 구간과 정상 등성이에는 아직도 흔적이 남아 있다. 주차장에서 30분 정도 올라가면 세월의 더께가 눌러 붙은 성벽이 있다. 성벽은 안쪽과 바깥을 동시에 쌓아올렸는데 높이가 2m 정도다. 금성산성에서 가장 잘 남아 있는 구간이다. 정상을 향해 가다 보면 철 계단 구조물 주변으로 병마훈련장도 볼 수 있다. 이곳은 산성 내부와 성 밖이 한눈에 조망되는 지형이다.

금성산 정상은 7천만 년 전 화산 폭발로 형성된 분화구가 그대로 있는데, 분화구 안에는 억새풀이 가득하다. 정상에서 북쪽 능선을 따라가면 토·석축의 성벽이 이어진다. 금성산성은 계곡을 감싼 포곡식산성이며 비봉산 능선까지 에워싸고 있다. 산성 길이만 어림잡아 4km 정도로 대규모다. 경사가 급한 지형은 토·석축으로 쌓았으며 완만한 곳

마치 철옹성처럼 견고해 보이는 영니산봉수

은 석축만 겹으로 올렸다. 《의성현지》에는 신라군사 2천 명과 맞서 혈전을 펼쳤던 조문국 최후의 산성으로 기록되어 있다. 처음 세워진 것은 문헌, 축조 방법, 입지조건으로 미루어 볼 때 조문국에서 신라를 거쳐 고려까지 사용된 것으로 추정하고 있다.

네 번째 봉우리의 능선에 영니산봉수가 있다. 이 봉수는 《세종실록지리지》에 처음 등장하지만 어느 세력이 쌓았는지 알지 못한다. 봉수 노선상 제2노선 직봉의 내지봉수로 남쪽 의흥 승목산봉수에서 신호를 받아 북쪽 마산봉수로 전달했으나, 조선 중기 때 새로운 노선이 신설되면서 봉홧불도 멈춰 버렸다. 그리고 수백 년 동안 방치되다가 2009년 7월 의성군에서 발굴조사 후 복원했다.

봉수시설로는 성벽과 연결한 방호벽이 있는데, 방호벽 둘레는 약 80m 정도이며, 높이는 7m 정도로 국내 봉수 중에서 방호벽이 가장 높다. 봉화를 올리는 연조시설은 남아 있지 않으나 통일신라와 고려시대

영니산봉수의 내부

의 기와 조각이 다량으로 발견되고 있는 것으로 보아 내부에 군사들의 숙소가 있었던 것으로 추정된다.

400년 동안 독자적인 문화를 가졌던 조문국은 신라 천년을 꽃 피울 수 있도록 기반을 만들어 준 국가였다. 산성 아래는 조문국의 경덕왕릉과 240여 기의 크고 작은 고분군이 분포되어 있다. 하지만 2천여 년 전의 역사 기록이 전무해 옛 왕국의 실체는 미스터리로 남아 있다.

봉수대로 가려면 의성읍에서 28번국도를 타고 가다가 금성면소재지에서 산운마을 뒤쪽으로 들어간다. 금성산 주차장에서부터 시작해 금성산 정상을 지나 네 번째 봉우리에 봉수가 있는데 두 시간 정도 등산을 해야 한다.

위치 경북 의성군 금성면 수정리 금성산(445m) **형태** 내지봉수
지정 비지정 **시대** 시대 미상 **상태** 원형

조부모를 홀로 두고 떠나는 심정

경주 하서지봉수

하서지봉수는 양남에서 읍천 사이의 하서리 해안가 진리마을 뒤편에 있다. 나지막한 봉화산 정상을 판판하게 다듬고 둥글게 돌로 연대를 쌓았다. 연대 둘레는 약 40m, 높이가 4.5m 정도로 규모가 큰 편에 속한다. 연대 위에는 연소실이 있는데 둘레만 5m 정도다. 연대에서 해안 방향으로 5기의 연조도 설치되어 있다. 그리고 연대를 감싼 도랑호이 축조되어 있는데 이런 축법은 대부분 고려시대의 봉수로 분류된다. 연대 아래는 너른 평탄지가 조성되어 있다. 남쪽에 건물 지대석이 있는 것으로 볼 때 꽤 큰 규모의 건물이 있었던 것으로 추정된다. 주변에서 기와·도자기·수마석 등이 발견되고 있다.

하서지봉수 석축연대

하서지 연대 아래 방호벽

하서지봉수는 《경상도지리지》와 《세종실록》 등의 문헌에 등장할 정도로 비중이 큰 봉수다. 처음 설치된 시기는 고려시대이며, 봉수 노선상 제2노선 간봉의 연변봉수로 남쪽 울산 남목봉수에서 신호를 받아 북쪽 경주 독산봉수로 전달했으며 서쪽으로는 대점봉수로 이어진다.

이 봉수는 전형적인 연변봉수로 현재 봉홧불을 올리던 시설물이 붕괴되기는 했지만 흔적이 잘 남아 있다. 봉수전문가들은 하서지봉수에 대해 발굴조사를 기대하고 있지만 경주시는 남의 집 불구경 하듯 무관심하다. 필자는 하서지봉수 현장을 다섯 번이나 답사했지만 갈 때 마다 훼손이 심해지고 있다.

봉수 아래 해안에는 '동해의 꽃'이라 부르는 부채꼴 주상절리가 있어서 밤에도 관광객들이 끊임없이 찾아오고 있지만 봉수는 우리에게서 멀어져 가고 있어 안타깝기만 하다.

봉수대로 가려면 양남면소재지에서 31번국도를 타고 읍천항 방향으로 가다가 국도변 금바다모텔 맞은편 임도를 따라가면 된다. 봉수까지 자동차가 진입한다.

위치 경북 경주시 양남면 하서리 봉화산(71m) **형태** 연변봉수
지정 비지정 **시대** 고려시대 **상태** 원형

밤이 우글거리는

포항 뇌성봉수

뇌성봉수는 우성산 정상을 돌아가며 축조된 뇌성산성 안에 있다. 산성 둘레는 약 1.6km 정도이며 성벽은 대부분 멸실되었다. 서북 방향에는 옹성의 성문지와 성벽이 남아 있다. 성벽 위에는 아직도 예비군 참호가 그대로 있고, 안쪽에는 집수시설과 우물이 남아 있다.

산성 정상에서 해안 방향으로 조금 내려오면 평탄지를 에워싼 봉수의 방호벽이 있다. 방호벽은 흙으로 도랑을 판 곳도 있고, 안쪽에는 돌로 쌓은 방호벽도 있는데 고려시대와 조선시대 때 각각 사용한 봉수로 추정된다. 흙으로 판 방호벽 둘레는 약 100m 정도다. 돌로 쌓은 방호벽은 둘레가 작지만 높이는 약 1.5m 정도다.

방호벽 담장 위에는 연조시설인지 군 참호인지 확인이 불가능한 돌무더기가 있다. 봉수 안에는 민묘 하나와 잡풀이 무성하다. 또한 방호

고려·조선시대의 봉수시설이 공존하는 뇌성봉수 방호벽

방호벽에 설치된 출입계단

벽에는 계단식 출입구가 동쪽과 서쪽 두 곳에 있다.

뇌성산봉수가 처음 설치된 시기는 고려시대이다. 제2노선 간봉의 연변봉수로 남쪽 복길봉수에서 신호를 받아 북쪽 발산봉수로 전달했다. 봉수는 구룡포와 모포리 일대의 동해바다를 한눈에 감상할 수 있는 최고의 명소다. 산성과 봉수 돌무더기에는 맹독을 품은 독사가 우글거리므로 여름철 답사 때는 특히 조심해야 한다. 그리고 우성산은 국내에서 유일하게 전통목조건물 단청에 필요한 뇌록지가 발견된 곳이다. 봉수에서 4km 떨어진 곳에는 조선 초기에 쌓은 장기읍성과 대원군의 척화비 등이 남아 있다.

봉수대는 포항시 구룡포에서 31번국도 영포 방면 중간에 있다. 모포리에스오일 구포주유소에 자동차를 세우고 주유소 뒤쪽 등산로를 따라 30분 정도 오르면 봉수가 나온다.

위치 경북 포항시 남구 장기면 모포리 우성산 **형태** 연변봉수
지정 비지정 **시대** 고려시대 **상태** 원형

월항면 대성사 주지스님 사비로 복원 뜻 밝혀

성주 각산봉수

조선 초기에 설치된 것으로 추정되는 각산봉수는 경북 성주군 월항면과 칠곡군 기산면 경계의 봉화산 정상에 있다. 봉수 노선상 제2노선 간봉의 내지봉수로 남쪽 고령 성산봉수에서 신호를 받아 북쪽 칠곡의 박집산봉수로 전달했다.

각산봉수 방호벽

《경상도지리지》에는 상주도 성주목 소속의 봉수로서 성주 북쪽에 있다고 기록되어 있다. 또한 조선시대 각종 문헌에 빠짐없이 등장하는 것으로 볼 때 초기 축조부터 봉수가 멈춰진 조선 말기까지, 노선 변동 없이 횃불을 올렸던 중요한 요충지였던 것으로 추정된다.

각산봉수 건물지

하지만 각산봉수는 100여 년의 세월이 흐르는 동안 돌보지 않아 잡목 속에서 붕괴되고 있다. 필자가 힘들게 찾아간 봉수는 봉화산 정상부 남쪽 끝부분에 자리 잡고 있었는데, 봉우리를 편편하게 다진 후 남북으로 길쭉하게 방호벽으로 에워싸고 있었다.

각산봉수는 내지봉수로, 시설물은 대부분 멸실된 상태이다. 방호벽은 남동쪽 구간이 붕괴되었지만 출입구는 남아 있다. 서쪽 방호벽은 토, 축으로 쌓았는데 경사가 매우 급하다. 방호벽 바깥쪽에는 조선시대 도자

각산봉수에서 발견된 유물

기 조각들이 흙더미에 묻혀 있다. 내부에는 연조시설로 보이는 흔적이 3기가 있는데 잡목과 칡넝쿨이 덮여 있어 접근이 불가능하다.

각산 봉수로 안내를 해 준 대성사 주지스님은 20년 전만 해도 연조와 불에 그슬린 연소실, 우물터가 또렷이 보였다고 한다. 그런데 지금은 봉수를 답사하는 사람이 없다 보니 등산로마저 잡목에 묻혀 버렸다. 대성사 주지스님은 군청에서 복원을 못하면 내가 사비를 들여서라도 복원하고 싶다고 밝힐 정도였다.

봉수와 이어진 용각산성은 정상에서 8부 능선까지 쌓은 테뫼식산성으로 성벽 전체 둘레가 약 2.5km 정도나 되는 대규모 산성이다. 성의 서북쪽은 경사가 급해서 자연지형을 최대한 이용해 윗부분에만 돌을 쌓았고, 동남쪽은 지대가 완만해 토·석축을 혼합해 쌓았다. 성 내부에서 삼국~조선시대의 토기 조각들이 수습되는 것으로 보아 산성이 처음 설치된 시기는 삼국시대로 추정된다. 산성 아래는 가야시대 것으로 추정되는 대형 고분군이 능선을 따라 11기가 분포되어 있다. 그 아래로 50여기의 소형 고분도 널려 있는데, 이중 대형 고분 1기는 도굴범 때문에 원형을 잃고 말았다. 고분군은 현재 문화재로 지정되어 보호를 받고 있다.

봉수대까지는 상주군 월항면 용각리 산 중턱에 있는 대성사에서 등성이를 따라 약 40분 정도 소요된다. 하지만 등산로가 없기 때문에 접근이 매우 어렵다.

위치 경북 성주군 월항면 용각리 산 47-1봉화산(468m) **형태** 내지봉수
지정 비지정 **시대** 조선시대 **상태** 원형 일부

원시림 속을 뚫고

고령 의봉산봉수

고령에서 성주 방향으로 가다 보면 운수면사무소가 있다. 면사무소 북쪽에 여성의 젖가슴처럼 우뚝 솟은 산이 의봉산이다. 마을 사람들은 유방산으로도 부른다. 이 산 정상에 올라서면 남쪽으로는 대가야, 동쪽으로는 낙동강 일대가 한눈에 조망된다. 삼국시대부터 고려·조선시대에 이르기까지 의봉산은 중요 요충지였다.

의봉산 8부 능선에는 어느 세력이 처음 쌓았는지 알 수 없는 테뫼식 산성이 있다. 둘레가 약 1km, 높이는 지형에 따라 다르지만 가장 높은 곳은 3m나 된다. 남·서·북쪽은 자연절벽을 성으로 이용했으며, 동남

의봉산봉수 방호벽

의봉산봉수 연조시설

쪽 평탄지에만 석축을 쌓았는데 대부분 붕괴되었다. 의봉산은 산세가 험해 사람의 발길이 끊어진 지 오래되어 산성에 들어서면 마치 원시림 속에 온 기분이다.

산성을 지나면 운동장처럼 판판하게 다듬은 평탄지가 나오는데, 의봉산봉수 자리다. 평탄지 외곽에는 돌아가며 약 80m 정도의 방호벽을 쌓았는데 동서쪽이 잘 남아 있고 남쪽은 무너졌다. 출입구 흔적도 남아 있다. 방호벽 높이는 1.5m, 봉수 내부에 연조시설의 돌무더기 3기가 또렷하게 남아 있다.

의봉산봉수는 상주목 소속의 봉수다. 제2노선 간봉의 내지봉수로서 남쪽 망산봉수에서 신호를 받아 북쪽 성산봉수로 전달했다. 의봉산봉수는 문헌에 빠짐없이 등장하며 폐지될 때까지 운영되었다.

봉수대까지는 고령읍에서 9km 떨어진 운수면 봉평2리 마을회관을 지나면 산 중턱까지 개설된 임도를 따라가면 된다. 이곳에 자동차를 세우고 왼편 묘지 방향으로 올라가면 등산로가 희미하게 나 있다. 이 길을 따라 40분 정도 산행을 해야 하는데, 안내자가 없으면 정상까지 접근이 어렵다.

위치 경북 고령군 운수면 신간리 산1 의봉산(551m) **형태** 내지봉수
지정 비지정 **시대** 조선시대 **상태** 원형

운무를 감상하려면
청도 남산봉수

청도 남산은 청도읍, 하양읍, 각남면 3개소의 행정구역을 안고 있는 거산이다. 봄이면 진달래와 산 중턱까지 만개한 복숭아꽃으로 무릉도원으로 부를 만큼 절경이다. 특히 등산마니들에게 인기 있는 산이다. 가을날 서걱거리는 억새소리와 운무에 휩싸인 동양화는 한 폭의 그림같이 아름답다.

"오산 동쪽 골짜기에는 하늘에서 장차 바람이 일거나 비가 오려면 먼저 울음소리를 낸다. 구름이 솟아서 골짜기 안으로 들어가면 비가 오고, 골짜기 밖으로 나오면 바람이 분다."

청도 남산의 옛 이름은 오산이다. 《여지도서》 등 문헌에 자주 등장하는데 오산이라 불렸던 것은 관아의 동헌에서 바라보았을 때 줄줄이 이어진 능선이 마치 자라 머리와 등판처럼 연상되기 때문이라고 한다.

방호벽이 잘 남아 있는 남산봉수

방호벽에 나 있는 출입계단

관아의 남쪽 10리, 남산중턱에 위치한 남산봉수는 청도의 명물이다. 처음 설치된 시기는 고려시대다. 조선시대 봉수 노선은 제2노선 간봉의 내지봉수로 남쪽 밀양 분항봉수에서 신호를 받아 북쪽 팔조현봉수로 연결되었다.

봉수는 오랜 세월이 흐르는 동안 방치되다가 청도군에서 1990년 보수했다. 방호벽과 연대 역할을 동시에 하는 남산봉수는 둘레가 약 50m, 외벽 높이는 2.5m, 내벽은 1m 정도다. 방호벽 동서쪽에 계단식 출입구를 설치하고 방호벽 내부는 빈 공간으로 두었다. 연조시설은 연대 동쪽 아래에 5기가 남아 있으며 연조간의 거리는 약 4m 정도다.

연대에서 남쪽으로 100m 떨어진 계곡에는 봉수군들의 숙소 터와 우물이 잘 남아 있다. 이 우물은 지금도 등산객들이 식수로 이용할 정도다. 남산봉수는 산이 높아 봉수군들이 통행하는 데 고행이었다. 그러던 중 봉수의 노선이 변경되자 조선 후기에 청도읍 남쪽 아래 송읍리로 봉수를 옮기고 말았다.

동쪽 방호벽이 높게 쌓여 있는 남산봉수

봉수대로 가려면 남산 중턱 청도읍에서 신둔사까지 자동차로 진입할 수 있으니 여기에 주차를 한다. 신둔사 대웅전 뒤로 난 등산로를 따라가면 50분 정도 소요된다. 봉수는 정상에서 동쪽으로 뻗어 내린 7부 능선에 축조되어 있다.

위치 경북 청도군 화양읍 범곡리 남산(870m)
형태 내지봉수
지정 비지정
시대 고려시대
상태 원형

전설 속에서 만나는

봉화 용점산봉수

안동 사람들이 영주를 오갈 때 지름길로 이용했던 옛길이 봉화군 상운면 문촌리 첩첩산중에 지금도 흔적을 남기고 있다. 옛길이라고 하지만 그 길은 겨우 토끼나 다닐 정도의 좁은 길이다. 그 고갯길 봉우리에 알려지지 않은 조선 초기에 축조한 봉수가 있다.

이 봉수는 《세종실록》 등 각종 지리지에 기록이 없었는데 《경상도속찬지리》에 용점상봉수로 등장했다. 기존의 봉수 노선이 폐지될 때 새롭게 축조된 봉수로 추정하고 있다. 봉수 노선상 제2노선 직봉의 내지봉수로 남쪽 창팔래봉수에서 신호를 받아 서쪽 안동 당북산봉수로 전달했다.

용점산봉수 출입구

용점산봉수 석축 방호벽

봉수는 문촌2리 무진장골 서쪽 봉화재로 부르는 봉우리에 폐허 속에 방치되어 있다. 산 정상을 운동장처럼 판판하게 다지고 외곽으로 돌아가며 돌과 흙으로 방호벽을 쌓았는데, 둘레가 약 60m, 높이는 지형에 따라 다르지만 평균 1.5m 이내다. 서쪽은 급경사로 외부에서 접근하기 어려운 지형이다. 방호벽에는 남북 방향 두 곳에 출입구가 있는데 북쪽은 심하게 훼손되었고, 남쪽은 둔덕 같은 형태로 남아 있다.

봉수 아래 고갯길 초입에는 100년이 넘은 작은 교회가 아담하게 자리를 지키고 있다. 예전에는 거주하는 마을 주민들이 많았지만 대부분 타 지역으로 떠나고 현재 교회는 빈 공간으로만 남았다. 교회를 지키고 있는 이영세78세 장로는 목수였던 부친이 이곳에 정착해 교회를 지었다고 한다.

이 장로의 따르면 1980년대 중순까지 추석이 되면 백발노인이 한 해도 거르지 않고 봉수를 찾아와 제사를 지냈는데, 그 노인의 고조부가 마지막 봉수군이라고 했다. 임진왜란 때는 왜군들이 봉수를 급습해 근무 중이던 봉수군 전원이 전사했다는 이야기도 노인으로부터 들었다고 했다. 그 후 전사한 봉수군들의 후손들이 대를 이어 봉수에서 근무를 했다는 내용도 전해 주었다.

용점산봉수 방호벽 내부

이 장로는 6·25전쟁 때 소백산 죽령고개에 미군폭격기들의 폭탄을 투하하는 장면을 보기 위해 형과 함께 봉수에 올라오기도 했다고 덧붙였다. 80년대 초만 해도 봉수 주변은 민둥산이었으며, 봉화 읍내와 안동 지역까지도 훤하게 보였다고 했다. 봉수 안에는 작은 우물과 횃불을 올리던 연조가 남아 있었는데 민묘를 쓰면서 파괴되었다고 한다.

이 장로는 가슴 아픈 가정사도 이야기해 주었다. 봉수 주변에는 옛부터 노루가 무리를 지어 서식하고 있었는데, 1965년 어느 봄날, 마당 한켠에 있는 우물 속에 노루 한 마리가 빠졌는데 온 식구들이 노루를 잡아 포식했다고 한다. 그런데 한 달 후 멀쩡하던 부친이 이유도 없이 시름시름 앓다가 돌아가셨다고 했다. 그 후 또 한 마리의 노루를 가족들과 잡아먹었는데 이번에는 이 장로의 부인이 똑같은 증세로 사망했다는 이야기였다. 그 뒤부터 마을 사람들은 노루만 나타나도 피해 다닐 정도로 신경과민증에 시달린다고 말했다.

봉수대까지는 봉화읍에서 915번 지방도를 따라 상운면소재지에서 문촌리로 들어가 이영세 씨 집에 자동차를 세우고 산길을 따라 20분 정도 가면 된다. 하지만 주변의 민가나 등산로가 없어 접근이 불가능하다.

위치 경북 봉화군 상운면 문촌2리 봉화재(400m) **형태** 내지봉수
지정 비지정 **시대** 조선 초기 **상태** 원형

3

고갯마루에 올라 황금 들판을 바라보다

충북 내륙 지역의 봉수_11기

납골당처럼 복원된
충주 주정산봉수

온천 휴양지 수안보를 한눈에 내려다보는 주정산은 충주와 괴산군의 경계에 있다. 이 산은 4개의 봉우리를 형성하고 있는데 이중 하주정산 정상에 봉수가 축조되어 있다. 봉수가 처음 설치된 시기는 고려시대로 추정되며, 봉수 노선은 제2노선 간봉의 내지봉수로 동쪽 마골재봉수에서 신호를 받아 북쪽 충주 대림산봉수로 전달했다.

주정산봉수는 타 지역의 봉수와 축조 방법이 다르다. 산봉우리를 에워싼 방호벽 둘레는 약 50m, 높이는 지형에 따라 다르지만 1.5~4.5m 정도다. 방호벽에는 3개의 출입구가 있는데 그중 남쪽 출입구는 신라 산성에서 나타나는 현문 형태다. 방호벽 안에는 봉화를 피우는 5기의 연조를 설치했다. 하지만 다른 지역의 연조처럼 일렬로 배치하지 않고 지그재그로 배치했으며, 높이도 1m 전후로 각각 높이가 다르다.

방호벽 안에 연조시설 축조

복원한 주정산봉수

내부에서 조선시대 유물인 수저와 명문이 새겨진 그릇 뚜껑, 철기, 기와 조각 등이 다량으로 출토되었다. 수습된 유물을 보면 봉수뿐만 아니라 기우제를 지낼 때 사용된 것으로도 추정된다. 주정산봉수는 6·25전쟁 때 파괴된 것을 1995년도 발굴조사하고 1997년에 복원을 했다. 하지만 복원한 봉수의 모습은 마치 납골당을 연상케 한다.

봉수가 위치한 주정산은 힐링 코스로 제격이다. 등산로 주변에는 운치 있는 송림과 숲들이 군락을 이루고 있어 평일에도 주민들이 자주 찾는 곳이다. 산 아래는 수질이 좋기로 소문난 온천이 있다. 수안보온천

방호벽 북쪽 출입구

은 우리나라에서 자연적으로 용출된 최초의 온천수로서 《조선왕조실록》에는 태조 이성계가 욕창을 치료하기 위해 자주 찾았다고 한다.

봉수대는 수안보 일양유스호스텔 맞은편 돌다리를 건너 마을 안쪽에 자동차를 주차하고 등산로를 따라 약 40분 정도 올라간 주정산 정상에 있다.

위치	충북 충주시 수안보면 온천리 산 47-2 주정산(440m)	형태	내지봉수
지정	충북기념물 제113호 시대 조선 고려시대	상태	복원

하늘재와 미륵사지가 조망되는

충주 마골재봉수

경북과 충북 경계에는 옛 사람들의 애환이 스며 있는 수많은 고갯길이 있다. 특히 미륵사지 동쪽에는 우리 땅에서 가장 오래된 길의 역사가 개통된 하늘재가 있으며, 서쪽에는 지릅재가 있다. 지릅재는 지름재·제름재 등으로 부르기도 하는데, '지름재'는 질러서 간다는 뜻이다. 이 지릅재를 한눈에 내려다보는 지점에 마골재봉수가 있다.

봉수는 산성과 연결되어 있는데, 성벽 일부 구간이 봉수의 방호벽으로 이용되고 있다. 높이는 1~2m이며, 방호벽의 전체 둘레는 80m 정도다. 봉수 안쪽에는 폭 5m, 높이 1m의 석축 시설이 있는데, 연조가

성벽과 이어진 마골재 방호벽

방호벽 형태가 잘 보존된 마골재봉수

있던 곳으로 추정된다. 봉수 안쪽에는 시기를 알 수 없는 성황당으로 추정되는 석축이 붕괴된 채 남아 있다.

마골재봉수는 조선시대 연풍현 소속으로 제2노선 간봉의 내지봉수이며, 남쪽 탄항봉수에서 신호를 받아 북쪽 수안보 주정산봉수로 전달했다. 봉수 주변에는 조선시대 유물인 깨진 기와, 토기 조각들이 널브러져 있다.

봉수와 연결된 마골점산성은 마폐봉을 지나 조령산성 제3관까지 이어졌는데, 축법과 발견되는 유물을 볼 때 신라시대 산성이며, 전체 길이가 2km에 달하는 큰 산성이다. 봉수 아래 지릅재 주변에도 토성 흔

봉수대 가장 높은 곳에 위치한 성황당

적이 있는데, 마골점산성의 부속산성으로 추정된다. 마골재봉수에 올라서면 스산한 바람과 함께 아득한 옛 사람들의 무언의 소리가 곳곳에서 들려오는 듯하다.

봉수대는 고갯길 정상에서 오른쪽 마폐봉 방향 능선을 따라 10분 정도 올라가면 된다. 하늘재가 한눈에 조망되는 곳이다.

위치	충북 충주시 수안보면 미륵리 마폐봉(640m)			형태	내지봉수
지정	비지정	시대	조선 초기	상태	원형

사형수들이 넘던 마즈막재

충주 심항산봉수

"심항산에도 봉수가 있었네요. 탐방객들에게 소개할 내용이 또 하나 생겼습니다."

충주호가 한눈에 조망되는 충주 심항산에서 만난 숲 해설가 김순희 씨는 필자에게 기쁜 표정을 감추지 못했다. 김씨에게는 심항산에 도시숲 공원이 조성되면서 숲 해설가라는 일자리가 생겼다. 주 업무는 산에서 볼 수 있는 모든 숲의 가치를 등산객들에게 알려주는 일이다.

"때론 유치원 아이들과 숲에서 이것저것 관찰하며 놀기도 하고, 숲의 생태와 소중함, 숲의 가치에 대해 얘기해 줍니다. 성인들에게는 식물이나 곤충을 관찰할 때, 좀 더 가까이에서 자세히 보면 지금까지 보지 못했던 것들도 볼 수 있다고 알려드리지요."

심항산봉수는 8부 능선에 있는데, 현재 방호벽만 일부 구간 남아 있다. 봉수 내부에는 조선시대 유물인 깨진 그릇 조각들이 널려 있으며 한가운데는 민묘 1기가 조성되어 있다.

봉수 내부에 조성되어 있는 민묘

심항산봉수가 처음 설치된 것은 고려시대다. 당시에는 심항산 뒤쪽에 위치한 계명산 정상에 있었다. 산세가 험하고 높아 봉수군들의 통행에 어려움이 있고 안개도 자주 끼어 시야 확보도 어렵게 되자, 조선시대 때 심항산으로 옮기게 된 것이다. 《전국유적목록》에는 '심항산봉수는 마즈막재를 넘어 동쪽 심항산에 있으며, 남쪽과 동쪽 일대가 한눈에 조망되는 지형'이라고 소개했다.

일부구간에 남아 있는 방호벽

봉수 노선은 단양죽령을 넘어 서울 목멱산으로 연결되는 제2노선 직봉의 내지봉수다. 동쪽 청풍 오치봉수에서 신호를 받아 서쪽 마산봉수로 연결했다. 이곳에는 별장 1명, 감관 5명 등 100여 명의 군사가 주둔했다.

심항산봉수는 남쪽으로 충주산성이 지척에 있으며, 오른쪽 아래는 충주로 가는 마즈막재가 한눈에 들어온다. 조선시대 때는 중죄를 지은 사형수들이 이 고개를 넘어 충주관아의 사형장으로 끌려갔는데, 이 고개가 생사를 결정짓는 마지막고개였다고 한다.

충주 시내에서 15분 거리에 있는 심항산 도시숲 공원은 2005년도에 조성되어 주민들의 휴양과 힐링을 위한 최적의 산행장소가 되었다. 산정상 팔각정에서 내려다보는 월악산 영봉과 충주호에 투영되는 일출은 장관이다.

봉수대로 가려면 충주로부터 마즈막재 정상에서 왼쪽 방향으로 1km 정도 들어간다. 심항산 도시숲 공원이 나오면 그곳에 자동차를 주차하고 15분 정도 걸으면 봉수대에 이른다.

위치 충북 충주시 종민동 심항산(384m) 형태 내지봉수
지정 비지정 시대 조선시대 상태 원형 일부

달천을 바라보는

충주 대림산봉수

대림산은 충주시 직동과 살미면 향산리에 걸쳐 있다. 《동국여지지》에는 충주 읍성 남쪽에 있으며 충주의 진산이라고 기록되어 있는데, 산의 서쪽 면은 급경사이며 아래쪽으로는 달천의 본류가 흐르고 있다. 암벽이 거의 없고 흙으로 덮여 있는 토산이다. 이 산 정상에는 삼국시대 때 축조한 산성과 봉화를 올리던 봉수가 있다. 조선 중기의 명장 임경업이 어린 시절 무예를 닦던 삼초대와 삼국시대 때 건립된 월은사지도 있었다. 문헌에서는 대림산 남쪽 골짜기에 창골이라 부르는 마을이 있는데 충주 읍성에서 필요한 물자를 비축하는 창고가 있었다고 전한다.

원형으로 남은 동쪽 방호벽

지금도 성안에는 창골이란 마을이 있는데, 밖에서 볼 때 안쪽이 전혀 보이지 않는다. 창골은 대림산성 성문으로 이용되었다. 대림산성은 창골에서부터 능선을 타고 넘으며 흙과 돌을 혼합해 성벽을 쌓았다. 산성 둘레는 약 4km 정도로, 높이는 지형에 따라 다르지만 2~4m 남짓하다. 성벽은 안과 밖을 함께 쌓아 올렸는데 윗부분의 폭도 5m나 된다.

축조 방법을 볼 때 신라시대의 산성이며, 성벽은 오랜 세월이 흐르면서 북쪽과 동쪽은 대부분 붕괴되었고, 남쪽에만 석축 일부가 남아 있다. 산성 시설물로는 치와 옹성, 성문지가 남아 있다.

고려 고종 40년1253에 몽고군이 충주로 쳐들어오자 산성에 주둔해 있던 고려 군사는 70일 동안 몽고군과 대치하며 남진을 저지시켰던 산성이다. 대림산성 정상에는 봉수가 축조되었는데 제2노선 간봉의 내지봉

연조는 모두 멸실되고 방호벽만 남은 대림산봉수

창골 뒤쪽으로 삼국시대 산성과 봉수가 남아 있는 대림산

수로서, 동쪽 연풍 주정산봉수에서 신호를 받아 서쪽 이륜의 마산봉수로 전달했던 충주목 소속의 봉수대다.

봉수는 봉우리를 판판하게 다듬고, 봉수 안쪽에 단을 높여 연조를 설치했다. 하지만 연조는 현재 모두 멸실되었으며 방호벽만 흔적을 남기고 있다. 방호벽 둘레는 70m, 높이가 1.5m 정도다. 봉수 한가운데는 민묘 2기가 조성되어 있으며, 내부에는 토기·기와 조각이 널려 있다.

봉수대까지 가려면 충주에서 구 3번국도를 타고 수안보 방향으로 달천을 따라가다 왼쪽에 향산 사슴농장과 대림산성 안내판이 보이면 창골 마을에 자동차를 주차한다. 거기서부터 등산로를 따라 40분 정도 거리다.

위치 충북 충주시 살미면 향산리 대림산(490m) **형태** 내지봉수
지정 비지정 **시대** 조선시대 **상태** 원형 일부

따 오티로 불린다. 이들 고개에는 서낭당이 있는데 지금은 도로 개설로 해너물재·흰티재·구실재는 평탄지가 되고 말았다.

별신제는 마을의 공동체문화를 이끄는 민간신앙으로서 마을지킴이 역할로 전승된 민속이다. 별신제 유래는 마을이 형성된 시기에 시작된 것으로 보아 400년으로 추정된다고 어느 민속학자는 밝히고 있다. 오티리마을의 역사적 배경을 볼 때 오티별신제가 봉수와 관련이 있다는 것이다.

하지만 우리나라 봉수가 있는 곳에서 치러지는 동제 대부분이 봉수제도가 폐지된 일제강점기를 전후한 어수선한 시기에 행해진 것으로 사학자들은 보고 있다. 이때부터 무속인들이 봉수에서 굿판을 벌였다는 것이다. 원래 봉수 주변은 국법으로 일반인의 접근을 엄격히 통제했다. 조선 세종 때는 표석을 세워 거짓 횃불이나 방화가 일어나면 관할 병조가 단속하고 위법자는 사형에 처했다.

방호벽 출입구

붕괴된 방호벽

오티리마을 뒷산 정상에 오현봉수가 있다. 이곳은 조선 후기까지 안동·영주·풍기 등 주로 경북 지역의 사람들이 서울로 넘나들던 고개다. 조선 초기에 설치된 오현봉수는 돌로 방호벽을 쌓았지만 오랜 세월이 지나면서 대부분 무너졌다. 방호벽 둘레는 약 80m 정도이며, 봉홧불을 올리던 연조도 멸실된 상태다. 방호벽에는 출입구가 남아 있으며 봉수 아래는 군사들의 건물 터가 잡목에 덮여 있다. 오현봉수는 부산 응봉봉수에서 출발한 제2노선 직봉의 내지봉수로, 동쪽의 단양 소이산봉수에서 신호를 받아 서쪽 충주 심항산봉수로 전달했던 요충지다.

봉수 내부에는 당집이 있는데, 스산하고 적막한 모습이 마치 '전설의 고향'에서나 볼 수 있는 분위기다. 이 당집이 오티별신제의 발원지라고 하는데 언제 건립됐는지는 알 수가 없지만 당집은 최근 기와집으로 다시 지었다.

봉수대까지 가려면 청풍문화단지에서 82번도로를 따라 수산면 오티리의 굽이굽이 산길을 따라간다. 봉화산 이동통신 송신탑까지 자동차가 진입할 수 있으며, 봉수에서 보면 청풍의 비봉산과 충주의 남산이 조망된다.

위치 충북 제천시 수산면 오티리 봉화산(426m) **형태** 내지봉수
지정 비지정 **시대** 조선 초기 **상태** 원형 방호벽

봉화지기의 흥미진진한 얘기

단양 소이산봉수

충주에서 36번국도를 따라 단양으로 가는 드라이브 길은 한국 최고의 경관을 자랑하는 호안湖岸이다. 내륙의 바다로 불릴 만큼 장대한 충주호 주변에는 구담봉·제비봉·장군봉 등 우리에게 낯익은 암봉들이 호반을 내려다보고 있다. 호안의 비경이 끝나는 지점인 단성면 중방리에 우뚝 솟은 봉산이란 산이 요즘 충주호를 감상하는 새로운 명소로 떠오르고 있다. 이곳을 한번 오른 사람들은 산이 주는 매력에 끌려 수시로 찾는다고 한다.

소이산봉수 방호벽

연대 앞 재단

이 뾰족한 봉우리에는 천 년을 한결같이 국가안위를 위해 봉홧불을 올리던 봉수가 있다. 등산객들은 빼어난 주변 전망에 입이 벌어지고 천 년 전의 유적이 있다는 사실에 또 한 번 감동한다.

소이산봉수가 처음 설치된 것은 고려시대다. 제2노선 직봉의 내지봉수로 동쪽 죽령봉수에서 신호를 받아 서쪽 오현봉수로 전달했다. 봉수는 산 정상을 판판하게 다듬고 그 위에 봉화를 올리는 연대를 세웠는데, 연대는 잡풀이 무성해 접근이 어렵다. 둘레는 약 37m, 높이가 1m 정도로 추정된다. 연대를 둘러싼 방호벽은 약 85m인데 워낙 급경사 지대라 접근이 어렵다. 연대 앞에는 판판한 바위가 하나 있는데 마을 사람들은 제단 터로 부른다.

산 중턱에 봉수군들이 거주했던 마을이 있다. 할아버지가 마지막 봉화지기를 했다는 박대식 씨는 아버지로부터 들은 이야기기를 이렇게 전했다. 봉화대에는 3칸의 기와집이 있었고 봉수군들이 교대로 당번을 섰는데, 그들의 하루 일과 중 가장 힘든 일은 식수를 길러 마을까지 내려갔다 오는 일이었다고 한다. 산이 워낙 가파르고 우물이 없었기 때문이다.

그리고 봉화지기의 일과는 솔가지, 버들잎, 소나 말의 똥을 수거해 말리는 것이고, 솔가지와 창호지를 함께 말아 봉화를 올리는 데 사용했으며, 비올 때를 대비해 하루 세 번을 피울 수 있는 재료를 준비해 놓고 검열까지 받았다고 한다. 봉산마을은 봉수군들의 집단 주거지였고 주변 경작지도 대부분 군량을 위해 나라에서 준 둔전이었다.

박씨는 일제강점기 때 봉수가 폐지되자 건물을 헐고 목재와 기와를 뜯어다가 마을 앞에 성황당을 지었는데 1972년 폭우로 무너지고 말았다고 한다. 이곳에서 15년째 산불감시원으로 근무하는 박종운 씨는 등산객들이 가끔씩 찾아오는데, 한 번 왔던 사람은 주변 풍광에 반해 계속해서 이곳을 찾는다며 껄껄 웃었다.

봉산은 때 묻지 않은 원시림과 울창한 숲이 잘 보존돼 있어 힐링에 제격이다. 정상에서 보면 옛 단양군 소재지와 적성산성, 죽령봉수와 오현봉수, 산 아래로 굽이굽이 돌아가는 충주호, 남쪽으로는 도락산성 등 단양 일대가 파노라마처럼 펼쳐진다.

봉수대로 가려면 수산면에서 36번국도를 따라 단양군청으로 가다가 봉산마을 이정표가 나오면 마을로 진입한다. 마을에 자동차를 세우고 등산로를 따라 20분 정도 소요된다.

위치 충북 단양군 단성면 중방리 봉산마을 봉산(360m) 형태 내지봉수
지정 비지정 시대 고려시대 상태 원형

1500년 전에도 죽령을 지켰던

단양 공문산봉수

추풍령·계립령과 함께 영남을 넘나드는 3대 관문 중 하나인 죽령은 신라 아달라왕158년 때 길이 개통되었다. 죽령은 영남·충청·강원도를 잇는 교통의 요충지로서, 예나 지금이나 국방·경제 등 모든 산업의 운송이 오갈 정도로 변함없는 곳이다. 죽령을 한눈에 내려다볼 수 있는 봉우리에는 산성과 봉수가 곳곳에 쌓여 있다. 이들 유적은 대부분 신라가 북진할 때 쌓은 것으로 지금도 흔적이 잘 남아 있다.

죽령산성과 용부원산성·공문산성·적성산성 등에는 1500년 전의 요새들이 3km 남짓한 거리를 두고 각각 쌓여 있는데, 지금까지 외부에

공문산봉수 연대 위에 있는 강돌

연대 아래 평탄지의 연조시설

공개된 적이 없는 공문산성에는 이름도 알 수 없는 봉수가 있다. 마을 사람들이 '성재'라 부르는 공문산은 죽령과 계립령에서 넘어오는 길이 합치는 삼각지점이다.

봉수는 산성 가장 높은 봉우리에 쌓여 있으며 연대가 잘 남아 있다. 연대 방호벽은 산성과 맞물려 있으며 석재들이 붕괴되어 아래로 쏟아져 내려와 있다. 연대 상단의 석축면석은 다듬질되어 있는데 신라산성에서 볼 수 있는 축법이다. 연대 하단 둘레는 약 22m로 위로 갈수록 좁아지며, 상단 둘레는 7m 정도다. 공문산봉수는 영춘 의풍봉수·용부원봉수 등과 축법이 동일하다. 특히 이들 봉수가 산성과 함께 쌓여 있는 것도 주목해야 한다. 연대에서 30m 정도 떨어진 길쭉한 평탄지에는 4기의 연조시설이 잡목에 덮여 있다. 연조 간의 거리는 약 5m 정도다.

봉수에 올라서면 죽령 방향의 신기봉수·용부원봉수와 북쪽의 소이산봉수까지 조망된다. 특히 죽령과 공문산성 사이에는 산성과 봉수가 3곳이나 쌓여 있는데, 이는 안개와 구름이 자주 발생하는 죽령 일대의

봉수 아래 농지에서 농사를 짓는 주민들

시야 확보 때문에 짧은 거리에 축조한 것으로 판단된다. 이곳의 봉수는 산성 자체의 필요에 따라 설치된 권설봉수로 추정된다.

공문이라는 명칭을 언제부터 사용했는지는 알 수 없으며, 옛날에는 공문성貢文城으로 불렸다 하는데 그 기록을 찾을 수 없다. 1909년 일제강점기 때 발간된 《조선보물고적조사자료》에 공문公文이라는 기록이 문헌에 딱 한 번 등장한다. 원주민들은 공문이라는 이름이 구전으로만 전해질 뿐 지금은 잊혀가고 성재로 부른다고 한다.

공문봉수 북쪽 4km 거리에 적성산성이 마주 보인다. 원주민들은 적성을 큰집으로, 공문성을 작은집으로 부른다고 한다. 이곳에서 서쪽 방향 7km 거리에 신라의 대규모 산성인 도락산성이 있다.

봉수대는 단양군 대강면사무소 맞은편 두음마을등골 뒷산에 있다. 산 아래까지 자동차가 진입할 수 있으나 등산로가 없어 불편하다.

위치	충북 단양군 대강면 두음리 공문산(360m)			형태	권설봉수
지정	비지정	시대	신라시대	상태	원형

죽령고개를 한눈에 감시했던

단양 용부원봉수

영주와 단양을 연결한 죽령은 백두대간을 관통하는 고갯길이다. 죽령을 개척한 세력은 신라다. 한때는 백제와 고구려의 영토였으나 신라가 북진하면서 차지하게 되었다. 단양에서 영주로 가는 고갯마루에 보국사지가 있다. 이 절이 언제 폐사되었는지는 알 수 없지만 주변에 지대석, 목이 잘린 석불, 청운의 꿈을 안고 과거 보러가던 선비들이 즐겨 찾던 주막 터 등, 지금도 옛 풍경이 희미하게 남아 있다.

이곳에는 길손들이 오가던 죽령계곡을 한눈에 감시했던 산성이 여러 곳에 쌓여 있는데 이름도 없는 소규모의 보루들이다. 보국사지 뒤쪽

용부원봉수 연대

연대 상부 연소실

봉우리에도 산성이 있다. 성벽은 대부분 무너지고 계곡을 타고 올라오는 바람소리만 스산하게 산성을 맴돌고 있다.

산성은 등성이를 따라 약 250m이어졌는데 반달처럼 쌓여 있다. 동쪽에 성문지가 있으며 산성 정상에는 단양 방향을 내려다보는 위치에 봉수가 있다. 봉화를 올리던 연대는 둘레가 30m, 높이는 2m 정도인데 내부는 빈 공간이며 둘레가 약 5m 정도로 움푹 파여 있다.

이 봉수는 문헌에 등장하지 않아 마을지명을 따라 용부원봉수로 부른다. 봉수가 처음 설치된 것은 신라시대로 추정된다. 죽령에는 삼국시대의 옛길, 1960년대 개설한 5번국도, 2001년 중앙고속도로까지 개통돼 시대를 달리하는 3개의 도로가 각각 다른 모습으로 역사의 뒤안길을 장식하고 있다. 봉수대는 단양에서 죽령으로 가는 5번국도에서 도보로 10분 거리에 있다. 하지만 초행자는 찾기가 쉽지 않다.

위치 충북 단양군 대강면 용부원리 해발(488m) **형태** 권설봉수
지정 비지정 **시대** 신라시대 **상태** 원형

국내 최초 신라시대 봉수를 지켜 준 구렁이

단양 의풍봉수

조선시대 지지地誌에 등장하지 않는 의풍봉수 취재를 위해 필자는 윤수경 향토사학자전 단양군 의원 김주홍 박사와 함께 단양군 영춘면 의풍리 봉수가 있는 현장을 방문했다.

"1500년 전 신라시대 때 쌓은 봉수가 확실합니다. 축조 방법도 신라산성과 같고요."

동행한 윤 선생은 20여 년 전부터 단양 지역의 관방유적을 일일이 답사하며 찾아낸 의풍봉수에 대해 남다른 관심을 가지고 있다.

"의풍봉수는 조선시대 봉수의 조잡한 수법과 확실히 다릅니다. 내부면석의 다듬질이나 봉수 상단에 드러난 사각뿔 모양의 견치석犬齒石 등

신라시대 것으로 추정되는 의풍봉수

방호벽 실측 모습

봉수 상부의 견치석

이 신라시대 성벽에서나 볼 수 있는 형태입니다. 이 봉수는 신라가 삼국통일을 위해 북진할 때 교통로를 장악하기 위해 짧은 기간 동안 사용됐던 봉수로 추정됩니다." 김주홍 박사 역시 흥미진진한 표정을 지으며 조사한 내용을 설명했다.

의풍봉수는 산 정상을 판판하게 다진 후 남북 방향이 긴 장방형으로 돌을 쌓아올렸다. 지대가 높은 남쪽 외벽에만 일부 구간에 석축이 남아 있다. 높이는 1.5m 이내이며 다른 곳은 높이를 알 수 없을 정도로 붕괴되었다. 지형상 남쪽을 제외한 3면은 경사가 급하고 출입은 남쪽에서만 가능했다. 내벽은 1m 높이로 돌을 다듬어 올렸는데 내부에 공간을 두었다.

공간 길이는 약 5.7m, 폭이 4m 정도다. 이곳에서 이동하는 적의 동태를 감시했던 것으로 보인다. 봉수 전체 둘레는 약 40m이며, 방호벽과 연대 기능을 동시에 축조한 특이한 봉수다. 축조 방법은 크고 작은 석재를 위 아래로 섞어 사용했으며, 석재 사이는 주먹 크기의 작은 돌로 채웠다. 축조에 사용된 석재는 강돌과 백색 화강암으로 돌이끼가 끼어 있어 장구한 세월의 더께를 한눈에 알아볼 수 있다.

의풍봉수가 세상에 알려진 것은 어은동마을 이장을 지낸 김천수 씨로 인해서이다. 김씨는 어릴 때 노인들로부터 앞산에서 봉홧불을 피웠다는 말을 전해 듣고 자랐다. 때마침 단양군 직원으로 근무하면서 90년대 중반부터 틈틈이 산성을 찾아다닌 윤수경 선생에게 제보를 한 것이 알려지는 계기가 되었다. 윤 선생은 단양향토문화연구회를 발족해 문헌에도 없는 산성과 봉수를 답사해 실측 조사하고 책도 출간했다.

하지만 학계에서는 윤 선생을 비문전가로 취급했고 인정도 해 주지 않았다. 그는 늦은 나이에 대학에서 문화재학을 전공하고 '소백산 일원의 산성연구'로 석사학위를 받았다. 그는 필자에게 '더 늦기 전에 단양군에서 원형보존이 잘된 봉수와 산성을 발굴조사하고 가치에 따라 문화재로 등록하는 것이 자신의 소임'이라고 말했다.

윤 선생은 성곽이나 봉수의 석축이 파괴된 시기는 일제강점기에서 근대화 물결이 시작될 때라고 보았다. 다행히 의풍봉수가 지금까지 잘 남아 있었던 것은 봉수에 짚단만한 구렁이 한 쌍이 살고 있었기 때문이라고 한다. 구렁이가 무서워 마을에서 누구도 접근할 수가 없었다. 신고를 받은 일본순사가 현장을 확인하고 구렁이를 총으로 쏴 죽였다.

의풍봉수가 위치한 계곡은 소백산과 태백산의 중간지점인 험준한 고갯길이다. 어린 나이에 왕권을 빼앗긴 조선 단종의 복위운동을 하던 밀사들의 은밀한 통로였으며, 영남과 충청을 오가는 보부상들의 고달픈 삶의 정취가 배어 있는 곳이기도 하다. 조선 후기까지 사람과 물자가 분주히 오가던 양백지간兩白之間은 이제 잊혀가는 고갯길이 되었다.

봉수대까지 가려면 단양군 영춘면사무소에서 935번 지방도로를 따라 의풍리 인근에 자동차를 주차하고 등산을 해야 하는데, 안내자가 없으면 찾기가 어렵다.

위치 충북 단양군 영춘면 의풍리 마구령(513m) 형태 권설봉수
지정 비지정 시대 신라시대 상태 원형

대청호의 풍광이 한눈에

옥천 고리산봉수

환산성은 옥천읍에서 4번국도를 따라 대전 방향으로 가다가 이백삼거리 오른쪽에 우뚝 솟은 봉우리에 있다. 경부선 철도와 고속도로가 나란히 붙은 지하통로를 빠져나가 포장된 도로가 나오면 빈 공터에 자동차를 세우고 오른쪽 등산로를 따라가면 급경사의 산행이 시작된다. 30분 정도 숨 가쁘게 산을 오르다가 오른쪽 방향으로 접어들면 환산성 1보루를 만난다.

남쪽 방호벽 석축

경사가 완만한 산비탈에 석축이 무너진 옹성 형태의 북문 터가 있다. 성문을 들어서면 높은 봉우리가 망대 터다. 동쪽은 급경사 지대이고, 성벽 아래로 내려가면 몸을 지탱하기가 힘들 정도다. 성벽은 자연석을 반 정도 다듬어 암벽과 연결해 차곡차곡 쌓았다. 성벽은 축성 당시의 것으로 잘 보존되어 있으며, 바깥면만 석축을 하고 안쪽은 흙으로 채웠다. 성 내부 등성이에는 성황당으로 보이는 석축이 쌓여 있는데 내부는 비어 있다.

1보루에서 정상을 향해 1km 정도 오르면 봉우리마다 보루堡壘가 쌓여 있다. 이들 보루는 옥천과 대전의 길목을 조망하는 위치에 해당된다.

고리산봉수 내부

세 번째 봉우리에 3보루가 있는데 정상에 고리산봉수가 축조되어 있다. 처음 설치된 것은 조선 초기이며 제2노선 간봉의 내지봉수로 남쪽의 옥천 월이산봉수에서 신호를 받아 서쪽 계족산봉수로 전달했다.

봉수 형태는 직사각의 석축 방호벽이 둘러져 있으며 둘레가 87m, 높이는 2m 정도다. 방호벽 동쪽은 경사가 급하고 남쪽은 석축이 높게 쌓여 있다. 내부는 넓고 판판하게 조성되어 있으나 봉화를 올리던 연조 시설은 남아 있지 않다. 방호벽 남·북쪽에 출입구가 있지만 등산로로 이용되면서 석축이 무너졌다. 《여지도서》에는 100여 명의 군사가 주둔했다고 기록되어 있다.

고리산봉수에서 내려다보면 대전에서 옥천으로 가는 길목이 탁 트여 있다. 국도에 늘어선 트럭, 고속도로를 달리는 수많은 자동차, 경부선을 질주하는 육중한 열차소리에 방호벽이 진동하는 것을 느낄 수 있다. 강성대국을 꿈꿨던 백제 성왕의 혼령이 이 산성 어디쯤에서 떠나질 못하고 있는 것 같다. 산성 아래로는 신라 때 가설한 청석교, 당시 관리들과 나그네들이 묵었던 찰방역 일대는 지금까지도 성왕과 함께 비참한 최후를 맞은 3만 백제 군사들의 무수한 이야기가 떠돌고 있다.

봉수대까지는 대전에서 4번국도를 따라 옥천으로 가다가 군북면 이백삼거리에서 경부선 철도 굴다리를 지나자마자 빈 공터에 자동차를 세우고 오른쪽 등산로를 따라 1시간 정도 걸린다.

위치 충북 옥천군 군북면 증약리 환산(523m) **형태** 내지봉수
지정 비지정 **시대** 조선 초기 **상태** 원형

4

서해안의 낙조를 바라보며 상념을 떨쳐내다

충남·전북 지역의 봉수_10기

오랑캐 침실에서 연인의 원수를 갚은 낭자

아산 연암산봉수

연초록 신록이 짙어가는 5월 초 아산의 연암산을 찾았다. 기암괴석이나 능선을 타고 넘는 묘미도 없는 산이다. 그래서 봉우리가 급하지 않아 누구나 쉽게 오를 수 있다. 연암산은 봉우리가 두 곳 있는데, 아산만이 조망되는 서쪽 봉우리에는 둘레가 약 300m, 높이 1.5m 정도의 작은 테뫼식 석축산성이 있다. 성벽은 바깥만 돌로 쌓고 안쪽은 흙으로 채웠다.

연암산봉수 방호벽

오랜 풍파에 성벽은 거의 붕괴돼 북쪽 방향으로 약 30m 정도의 석축이 보존되어 있고, 서쪽으로는 일부 구간만 조금 남아 있다. 정상에는 망루로 추정되는 석축이 흙더미에 덮여 있는데 고려시대 때의 토기 조각이 발견된다.

이곳에서 약 500m 정도 떨어진 동쪽 봉우리에도 또 하나의 석축산성이 있다. 둘레가 약 450m 정도이며, 성벽은 대부분 멸실되었고 동남쪽에만 일부 남아 있다. 그리고 일부 구간에서 후대에 쌓은 것으로 추정되는 성벽도 남아 있으며, 남쪽 성벽 안쪽에는 건물 터로 보이는 평탄지가 조성되어 있다. 규모로 보아 동쪽의 산성이 주성이고 서쪽은

복원한 연암산봉수 연조시설

봉수대 출입구

부속성으로 추정된다. 산성을 처음 쌓은 세력은 알 수 없으나 축성법으로 보아 백제 때의 산성으로 추정된다. 그 후 고려시대부터 조선시대까지 사용했다.

동쪽 산성 정상에는 조선시대 때 쌓은 봉수가 있다. 봉수를 둘러싼 방호벽의 둘레는 약 70m, 높이는 1.5m 정도다. 방호벽 남쪽에는 내부로 들어가는 계단식 출입구가 있다. 연암산봉수는 방호벽만 옛 모습이며, 봉화를 피우던 연조5기는 최근에 복원했다. 그런데 연조 간의 간격을 너무 가깝게 붙여 복원해, 한눈에 보아도 고증 절차 없이 만든 정체불명의 봉수가 되고 말았다.

연암봉수는 제5노선 직봉의 내지봉수로서 처음 설치된 시기는 조선 중기다. 남쪽 천안 대학산봉수에서 신호를 받아 북쪽 평택 망해산봉수로 전달했다.

연암산성 서쪽 봉우리에는 제비집 모양의 큰 바위가 있는데 '제비바위' 또는 '연암'으로 부른다. 이 바위에는 애달픈 전설이 내려오고 있다.

옛날 음봉 땅에 살던 한 처녀가 오랑캐에게 부모를 잃었는데, 오갈 데 없던 처녀는 산성의 장수와 사랑에 빠졌다. 그런데 훗날 오랑캐가 다시 산성을 공격해 왔을 때 사랑했던 장수마저 전사하고 말았다. 처녀는 부모와 장수의 원수를 갚기 위해 꾀를 부렸다. 오랑캐의 소굴로 들어가 적장의 침실 청소를 자원한 것이다. 때마침 적장과 단둘이 침실에 있을 기회를 얻은 그녀는 장수를 살해하는 데 성공했으나 그만 현장에서 체포되어 처형당하고 말았다. 오랑캐들이 물러간 후 마을에서는 못다 이룬 이들의 애틋한 사랑을 기리는 뜻에서 처녀와 장수를 합장했다. 그러던 어느 날 이 무덤에서 한 쌍의 제비가 나와 바위에 둥지를 틀었다. 그 후 마을 사람들은 이 바위를 제비바위로 이름 붙였다고 한다.

연암산봉수 방호벽을 밟아 본다. 돌 하나하나에서 그들의 옛 이야기가 무수하게 들려오는 것 같다.

봉수대까지 가려면 둔포면소재지에서 45번국도를 따라 음봉으로 가다가 원남리삼거리에서 좌회전해 직진한다. 소동2리 마을회관 앞 인근 느티나무식당에서 우회전한 뒤, 대진공장 정문에서 다시 좌회전한다. 산길을 따라 산성 아래까지 자동차가 들어갈 수 있으며 이곳에서 걸어서 10분 거리에 봉수가 있다.

위치 충남 아산시 음봉면 소동리 연암산(294m) 형태 내지봉수
지정 비지정 시대 조선 중기 상태 복원

왜구가 진을 쳤던
아산 도고산봉수

도고산봉수는 아산만과 천안이 한눈에 조망이 되는 곳에 위치하고 있다. 서해안에서 침입하는 적을 감시할 목적으로 산 정상에 봉수를 세웠는데, 처음 설치된 것은 고려시대로 추정하고 있다. 봉수 노선은 제5노선 간봉의 내지봉수다.

고려 공양왕 2년1390에 서해안으로 침입한 왜구가 도고산에 진을 쳤다. 이때 고려장군 윤사덕이 왜구를 공격해 물리치고 수많은 전리품을 거두었다. 그리고 1392년 이성계가 조선을 세운 후 고려의 무관 김질에게 벼슬자리를 주었으나 거절하고 도고산에 은둔했다는 이야기도 있다.

도고산봉수 전경

석축연대가 잘 남아 있는 도고산봉수

봉수에는 석축 연대 하나와 주변에 군사들의 건물 터가 있다. 연대는 2단의 석축으로 쌓았으며 1단 높이는 1m, 2단은 2m 정도다. 연대로 올라가는 계단이 지금도 잘 남아 있으며, 연대 주변에는 기와와 토기 조각이 널브러져 있다. 연대 아래 북쪽에는 연조자리로 보이는 터가 있다.

봉수대로 가려면 아산 도고초등학교에서 우측으로 들어가 시전리마을까지 간다. 마을에서 계곡을 따라 끝까지 들어가면 임도가 있다. 이곳에 자동차를 세우고 등산로를 따라가면 40분 정도 소요된다.

위치 충남 아산시 도고면 시전리 연암산(482m) **형태** 내지봉수
지정 비지정 **시대** 고려시대 추정 **상태** 원형

독립만세 외쳤던

당진 안국산봉수

우리나라에는 문헌에 등장하면서도 명칭을 잃어버린 봉수가 더러 있다. 안국산봉수가 그런 곳이다. 봉수 좌우에는 봉화산으로 이름 붙은 봉우리가 두 곳이 있다. 850m 정도 떨어진 북쪽 봉화산과 남쪽으로 90m 거리에 봉화산이 있다. 남쪽 봉화산은 은봉산과 같은 명칭으로도 부른다. 이들 두 봉화산에는 봉수가 없다. 그런데도 봉화산으로 명칭이 붙은 것이 미스터리다.

안국산봉수는 두 봉화산 사이에 있는 봉우리에 쌓여 있다. 남북 방향이 시원하게 조망되는 지형이다. 안국산봉수가 처음 설치된 시기는 조

복원한 안국산봉수 연대

안국산봉수 전경

선시대이며, 제5노선 간봉의 내지봉수로 서쪽 서산 주산봉수에서 신호를 받아 북쪽 당진 고산봉수로 전달했다. 이 봉수가 문헌에 등장한 것은《세종실록지리지》충청도 홍주목 해미현조에 안국산에 봉수가 있다고 기록되어 있다.

안국산봉수는 당진시에서 1999년에 석축 연대 하나를 복원했다. 연대 아래로 방호벽 일부가 남아 있으며, 평탄지에는 봉수군들의 건물터가 있다. 이곳에서 기와·토기 조각이 발견되고 있다.

안국산봉수 계곡 아래에는 백제 말기에 창건된 안국사지가 있다. 이곳은 2011년 발굴조사를 하던 중 고려시대 것으로 추정되는 발가락을 가진 석불이 땅속에서 발견되어 세상을 놀라게 했던 절이다. 불상은 3개가 나란히 세워져 있는데 사각모를 쓴 가운데 불상은 표정이 없는 얼굴이다. 또한 가느다란 팔과 두툼한 발가락이 얼굴과는 묘한 대조를 이루고 있다.

봉수대는 안국사지에서 임도를 따라 곰두리 고갯마루에 자동차를 세우고 오른쪽 능선을 따라 올라가면 10분 거리에 있다.

위치 충남 당진시 정미면 수당리 산102 봉화산(281m)		형태 내지봉수
지정 비지정	시대 조선시대	상태 복원

아산만을 굽어보는

당진 창택산봉수

송산면 봉화산은 낮은 산이지만 주변에 높은 산들이 없어 우뚝 솟아 보인다. 이 산의 정상에는 너른 평탄지가 있는데 공원같이 조성해 놓았다. 이곳에 봉수가 설치된 것은 조선 초기이며 제5노선 간봉의 내지봉수로서 남쪽 고산봉수에서 신호를 받아 북쪽 괴태곶봉수로 전달했다.

창택산봉수는 2008년 복원했는데 연대는 정사각형의 석축을 2단으로 높이고, 그 위에 연조 하나를 세웠다. 전체 높이는 약 6m, 동쪽으로 계단식 출입구를 설치했다. 창택산봉수 역시 고증 절차 없이 복원해 원형을 잃고 말았다.

복원한 창택산봉수 연대

연대로 올라가는 계단시설

연대에서 본 연조 터

봉화산은 송산 주민들이 즐겨 찾는 산책로이며 아이들의 소풍 장소로도 인기 있다. 산 아래 삼월리에는 500년 묵은 회화나무가 한 그루 있다. 천연기념물 317호로 지정되었는데, 조선 중종 때 좌의정을 지낸 이행이 귀향해 심었다고 한다. 예로부터 집안에 회화나무를 심으면 큰 학자가 배출된다는 전설이 있다.

봉수대로 가려면 당진에서 633번 지방도로를 따라 가다가 삼월삼거리를 지나, 율곡어린이집 앞에서 우측으로 들어간다. 천연기념물인 회화나무를 지나 자동차가 봉수대까지 들어갈 수 있다.

위치 충남 당진시 송산면 삼월리 산102 봉화산(99m) **형태** 내지봉수
지정 비지정 **시대** 조선시대 **상태** 복원

조선 태종의 훈련 장소

서산 도비산봉수

1416년, 조선 3대 임금인 태종이방원은 그의 아들 충녕대군세종과 함께 7천 명의 군사를 이끌고 한양에서 서산 도비산으로 사냥을 나왔다. 단순한 사냥이 아니라 왕이 참관하는 군사훈련의 일종인 무예를 보여 주는 날이었다. 사냥 장소로 특별히 도비산을 택한 이유는 이 일대에 왜구의 침입이 잦았기 때문이다.

훈련이 끝난 후 임금과 충녕은 도비산 아래에 위치한 해미현에서 하루를 묵었다. 태종은 이날 덕산에 주둔한 충청병마절도사영을 해미로 옮기는 결정을 내리고, 이듬해인 1417년부터 역사적인 해미읍성의 축

토·석축의 도비산봉수 연대

성이 시작되었다. 해미읍성 축성이 이곳에서 결정된 것이다.

해미와 천수만 일대가 한눈에 조망되는 도비산 정상에는 고려시대 때 처음 설치된 봉수가 있다. 도비산봉수는 제2노선 간봉의 연변봉수로 동쪽 성산봉수에서 신호를 받아 북쪽 백화산봉수로 전달되었다. 봉수 형태는 토·석축의 연대를 세웠는데 둘레가 약 30m, 높이는 5m 정도다. 연대 위에는 봉화를 피우던 연소실 흔적이 남아 있다. 연대 아래는 돌아가며 호를 파 놓았다. 동쪽 평탄지에는 석축의 연조 시설이 남아 있고, 주변에는 기와·토기 조각이 널려 있다.

도비산봉수에서 본 태안반도 석양

봉수 아래 산 중턱에 있는 부석사는 고려 말 충신 유금헌이 나라 잃은 한을 달래며 이곳에서 살았다고 한다. 부석사는 신라 문무왕 17년 677에 의상 대사가 창건하고, 그 뒤 무학 대사가 중건했다. 특히 사찰 주변은 절경으로 소문나 있다.

최근 일본으로 유출된 국보급 불상 '관세음보살좌상'을 훔쳐 우리나라에 다시 들여온 해외 원정 문화재 절도단이 경찰에 붙잡힌 사건이 있었다. 이 불상은 원래 부석사에 보관됐던 고려시대 금동관음보살상으로, 1370년경 서산을 자주 침입했던 왜구들이 약탈해서 일본 쓰시마섬 관음사에 봉안해 왔다.

금동관음보살상은 1330년 고려 충선왕 즉위년 즉위일에 부석사 당

봉수 아래에 위치한 부석사

주로 봉안하기 위해 조성된 것으로 밝혀졌다. 보살상은 고려 말 보살상 중 최고 수준의 걸작으로 원래 봉안장소인 서산 부석사로 귀환되기를 바라고 있다. 현재 보살상은 소유권 반환문제를 둘러싼 논란 속에 국립문화재연구소가 보관하고 있다.

봉수에서는 천수만 일대 간척지와 부남호, 그 너머 안면도가 한눈에 들어오는데 특히 초가을 날 태안반도의 낙조는 붉은 융단을 깔아놓은 듯 장관을 이룬다. 봉수대로 가려면 서산에서 649번 지방도로를 따라가다가 부석면소재지에서 좌회전해서 차로 부석사까지 진입한다. 이곳에서 산책로를 따라 도보로 10분이 소요된다.

위치 충남 서산시 부석면 취평리 도비산(351m) **형태** 연변봉수
지정 비지정 **시대** 고려시대 추정 **상태** 원형 일부

이 일대에서 원형이 가장 잘 남아 있는

공주 쌍령산봉수

공주시에서 23번국도를 따라 천안 방향으로 가다 보면 차령고개가 병풍처럼 막고 있다. 예부터 쌍고개로 알려진 곳이다. 조선시대 때 공주 남쪽의 조세와 진상품이 이 고개를 통해 아산의 공세포와 한양으로 운반되었던 길이다.

이 쌍고개는 공주와 천안의 경계 지점에 있는데 정상에 봉화산이 있다. 《신증동국여지승람》에는 조선 초기에 축조한 쌍령봉수가 공주 북쪽 50리에 있으며, 제5노선 간봉의 내지봉수로 남쪽 고등산봉수에서 신호를 받아 북쪽 천안의 대학산봉수로 전달했다.

연대와 이어진 방호벽

연대 상부

봉수 내부 끝에 있는 연대

쌍령산봉수는 공주 지역에서 원형이 가장 잘 남아 있는 유적이다. 봉수가 설치된 지형은 반월 형태이며 비스듬히 기울어진 정상의 경사면을 그대로 이용했다. 고지가 높은 곳에 연대를 세웠고 방호벽 일부가 연대로 사용되었다.

연대 둘레는 약 25m이다. 연대 바깥쪽은 돌출된 구간은 2m 정도이며, 안쪽의 높이는 1.5m이다. 연조는 현재 흔적만 남았고, 연조 아래로 평탄지가 조성되어 있는데, 봉수군들의 숙소 터로 추정된다. 봉수를 둘러싼 방호벽 둘레는 93m 정도다. 오랜 세월이 흐르면서 방호벽은 대부분 붕괴되었다. 출입구는 방호벽 남쪽에 있다. 쌍령산봉수는 축조 방법이나 시설 규모를 볼 때 인근의 고등산봉수와 매우 유사하다.

봉수대까지는 쌍고개 아래 천안추모공원을 지나면 봉화산으로 올라가는 임도가 잘 정비되어 있다. 자동차가 정상까지 들어갈 수 있다.

위치 충남 공주시 정안면 인풍리 산 36-1 봉화산(324m) **형태** 내지봉수
지정 향토문화유적 제14호 **시대** 조선시대 **상태** 원형

CNN이 뽑은 한국의 '아름다운 섬'

보령 외연도봉수

'우리나라에서 가장 아름다운 섬'은 어딜까? 미국 뉴스채널 CNN은 충남 보령의 외연도를 꼽았다. 안개에 가려진 섬이라 해 외연도란 지명이 붙었는데, 하얀 해무가 섬을 감쌀 때가 가장 아름답다. 2007년 문화체육관광부의 '가고 싶은 섬' 중 한 곳으로 선정된 외연도는 지금 개발이 한창이다.

마을 뒷산 능선 위에는 아름드리 후박나무를 비롯해 동백나무·팽나무·고로쇠나무 등 원시림 군락지로 숲이 울창하다. 이 상록수림은 50년 전 천연기념물로 지정되었으며, 130여 가구에 5백여 명의 주민들이 거주하며 어업에 종사하는 전형적인 어촌 마을이다.

외연도 봉수연대

봉수에서 본 외연도 전경

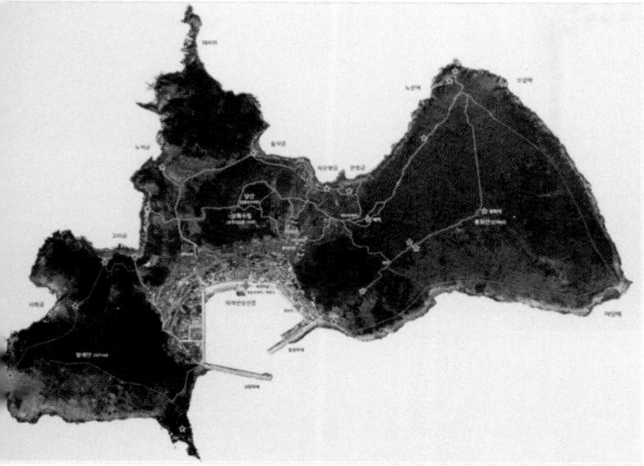

하늘에서 본 외연도 지형

풍광이 절경인 이 섬에도 봉수가 있다. 외연도봉수가 문헌에 등장한 것은 조선 숙종 3년1677이다. 처음 설치된 시기는 조선시대 후기이며, 자체에서 운영했던 권설봉수다. 권설봉수는 본진과 수영 등 인근 지역의 위험에 대비해 설치한 봉수로서 주로 해안 지역에 연대 형태로 축조했다. 서쪽의 군산 어청도봉수에서 신호를 받아 동쪽 16km 떨어진 녹도봉수로 전달한 것으로 추정된다.

외연도봉수는 봉화산 정상을 판판하게 다듬고 그 위에 연대를 설치했는데, 오랫동안 사람의 발길이 없었기 때문에 보존이 잘된 편이다. 연대 둘레는 약 27m, 높이가 2m 정도다. 봉수로 들어가는 출입구는 V자 형태이며, 봉홧불을 피우던 연소실도 남아 있다. 봉수군들의 무기인 강돌도 연소실 주변에 널려 있다. 연대를 둘러싼 방호벽과 연대 남쪽에는 봉수군들의 건물 터도 뚜렷하게 남아 있다.

외연도봉수에 올라서면 횡견도·대청도·중청도·당산도·무마도 등 외연열도의 모든 섬이 파노라마처럼 펼쳐진다. 한국보다는 중국이 가까워 바람이 잔잔한 새벽이면 중국에서 닭 우는 소리가 들릴 정도라고 한다.

외연도 가는 뱃길은 평일에는 오전 10시 1회, 주말과 휴일은 오전 8시와 오후 2시 대천항에서 출항한다. 외연도까지는 약 3시간 소요된다. 봉수까지는 외연초등학교 뒤쪽으로 나 있는 등산로를 따라 30분 정도 올라가면 된다.

위치	충남 보령시 오천면 외연도리 봉화산(273m)			**형태**	권설봉수
지정	비지정	**시대**	조선 후기	**상태**	원형

하늘 아래 첫 동네

진안 태평봉수

우리나라 봉수 중에서 가장 높은 곳에 위치한 봉수는 어딜까? 하늘 아래 첫 동네로 이름 붙은 전북 진안의 태평봉수다. 봉수가 위치한 곳은 주천 대불리 진안고원의 끝머리인 운주산 성재봉이다. 나는 새도 넘기 힘들 만큼 산세가 웅장하고 기골이 장대해 보기에도 위풍당당하다.

첩첩산중을 한눈에 내려다보는 태평봉수는 필자가 25년 전인 1989년 11월에 취재한 일이 있다. 지프를 몰고 전주에서 비포장 산길을 굽이굽이 돌아 산간 오지마을을 찾아갔던 기억이 지금도 생생하다.

가파른 연대 출입계단

보수 전 진안 태평봉수 연대

당시 공무원으로 처음 발령받았다는 주천면사무소 여직원과 마을 이장의 안내로 대불리마을에서 출발했는데 그때는 지금처럼 잡목이 무성하지 않아 쉽게 올라갈 수 있었다. 1시간 정도 산행한 후 봉수에 도착한 일행은 봉수를 보는 순간 할머니 이야기 속에서나 등장할 전설 속의 유적을 보는 것 같아 코끝이 찡했었다. 세상에 아직도 이런 곳이 있나 싶을 정도로 아득한 옛사람들의 정취와 애환이 묵은 고서처럼 스산하게 남아 있었다. 첩첩산중을 한눈에 내려다보는 봉수는 천혜의 암반 위에 돌을 다듬어 차곡차곡 연대를 쌓아올렸는데 석축은 검푸른 빛에 세월의 더께가 더덕더덕 붙어 있어 장구함이 배어 있었다. 함께 간 그 직원은 당시 23살의 어린 나이인데도 당차게 산행을 했으며, 난생처음 보는 유적 앞에서 감탄해하던 모습이 지금도 아른거린다. 이제는 어디에서 근무하는지 알 수 없지만 아마도 평생 잊지 못할 추억으로 남았을 것이다.

보수 후 태평봉수 연대

태평봉수는 석축 일부가 붕괴되긴 했어도 보존상태가 무척 좋았다. 연대 석축의 각 모서리 부분도 곡선으로 다듬어 쌓았고, 연대 위로 올라가는 계단 흔적도 남아 있었다. 연대 상단 연소실에는 흙과 잔돌이 채워져 있었고 돌탑도 있었다. 연대 둘레는 31m, 높이는 지형에 따라 다르지만 낮은 곳은 2.7m, 높은 곳은 10m가 넘는다.

태평봉수는 천혜의 암반 위에 돌을 다듬어 사각으로 차곡차곡 연대를 쌓아올렸다. 높이는 지형에 따라 다르지만 3~5m, 둘레는 약 31m 정도다. 주변의 공간이 좁아 연대 1기만 축조했을 뿐 우물이나 봉수군의 건물터도 발견되지 않는다.

기자는 2003년 2월에 다시 한 번 태평봉수를 찾았다. 그런데 멀쩡했던 봉수가 2000년도에 복원과정을 거치면서 옛 모습이 사라지고 말았다. 연대 모서리는 각이 지고, 연대로 올라가는 계단도 가파르게 복원을 했다. 천년 세월 동안 풍우에도 끄떡없이 버티던 봉수가 하루아침에 변형된 것이다. 복원에 신중을 기해야 하는데도 추진 절차를 무시한 채 공사를 강행한 지자체가 참 한심스러웠다. 성벽 쌓는 기술은 아직까지도 옛사람들의 손재주를 따라가지 못하는데, 지금 그 형태를 볼 수 없게 된 게 너무 아쉬울 뿐이다.

태평봉수는 언제 어느 세력이 설치했는지 기록이 없다. 구전으로는 백제 때 쌓았다고 전해지지만 고증할 방법이 없다. 이게 사실이라면 국내에서 가장 역사가 깊은 봉수이다. 태평봉수는 남쪽의 성재산성과 정보를 주고받았다는 설과, 조선시대 때 전주감영으로 신호를 보냈다는 설이 있다. 봉수가 들어선 입지 조건을 보면 자체에서 운영했던 권설봉수로 추정되지만 실체는 아직까지도 미스터리다.

성재봉 남쪽으로 뻗은 봉우리에는 난공불락의 석축 산성이 둘러져 있다. 4km나 되는 이 산성은 오랜 세월이 흐르면서 성벽은 대부분 유실되고 현재 약 700m 정도만 남아 당시의 위용은 찾아볼 수 없다. 이 일대는 백제와 신라의 혈투장이었고, 6·25전쟁 때는 공비들이 운장산과 대둔산을 오가며 만행을 저질렀던 길목이다. 그리고 지금도 우리 군의 특수부대가 산악훈련장으로 사용하고 있을 만큼 천혜의 요충지다.

봉수대로 가려면 주천면사무소에서 대불리 중리마을로 들어서 굽이굽이 임도를 돌아 두릅재로 오르는 작은 싸리재까지 간다. 4륜구동만 진입할 수 있는 고개다. 여기서 오른쪽 등산로를 따라 40분 정도 소요된다.

위치 전북 진안군 주천면 대불리 31-2 성재봉(803m) **형태** 권설봉수 추정
지정 전북기념물 제36호 **시대** 삼국시대 **상태** 복원

갯벌이 상전벽해가 되다

부안 계화리봉수

부안에서 계화면으로 가다 보면 끝없이 펼쳐지는 광활한 농경지를 볼 수 있다. 1962년 시작된 제1차 경제개발 5개년으로 조성된 국내 최대의 간척지다. 방조제가 완공되자 농경지가 조성되고 1978년부터 쌀이 생산되면서 '계화미'란 브랜드로 전국적인 명성을 얻었다. 계화도는 간척하기 전에는 작은 섬이었다. 그런데 바다가 육지로 변하자 관광지

복원한 계화리봉수 연대

봉수에서 본 새만금간척지

가 되고 많은 사람이 모여들었다. 농촌은 소득이 늘어났고 주변의 도시 경제가 살아났다. 1970년 후반부터 1989년까지의 우리나라 농촌의 모습이다.

이런 계화도의 변천과정을 수백 년 동안 묵묵히 지켜본 봉수가 있다. 섬 한가운데 우뚝 솟은 봉화산 정상에 터를 잡고 있는 계화리봉수다. 동진만을 거쳐 내륙으로 오고가던 선박들을 감시했던 중요한 요충지에 축조된 계화리봉수가 처음 설치된 시기는 고려시대다. 봉수 노선은 전국의 다섯 횃불선 중 5노선 직봉의 연변봉수로서, 남쪽의 점방산봉수에서 신호를 받아 북쪽 옥구 화산봉수로 전달했던 전라우수영 소속이었다.

마을 사람들의 말에 따르면 개화기 때 인근 절의 주지가 봉수 터에 암자를 지으면서 봉수를 파괴시켰다고 한다. 원래의 봉수는 연대 위에 둘레 약 6m, 높이 3m의 횃불을 올리던 연조가 있었다. 마을에서는 6·25전쟁 전까지 매년 삼일절이면 이곳에서 봉화를 올렸으며, 가뭄이

해안에서 본 계화리 봉화산 전경

심하면 봉화산에서 기우제를 지냈다. 그런데 돌무더기만 남아 있던 것을 1995년 부안군에서 새롭게 복원했다. 하지만 고증 절차를 밟지 않고 마구잡이로 복원해서 원래의 모습을 망쳐 버렸다. 연대 위로 올라가는 출입시설도 만들지 않은 것이다. 올라가는 계단 시설이 없으니 꼭대기에 올라가 먼발치를 볼 수가 없다.

봉수 남쪽은 간척 사업으로 일궈 놓은 광활한 들녘이 끝없이 조망된다. 계화도는 영화 '실미도'의 촬영지이기도 하다. 부안에서 14번도로를 따라 계화면 입구에 닿으면 허허벌판 끝머리에 봉긋하게 봉화산이 솟아 있다.

봉수대 가는 길은 계화리 양지마을 뒤편까지 자동차가 들어가며 이곳에서 도보로 30분이면 봉수에 도착한다.

위치 전북 부안군 계화면 계화리 봉화산(246m)
형태 연변봉수
지정 부안 향토유적 제9호
시대 고려시대
상태 복원

아담한 포구가 한눈에
부안 월고리봉수

격포진이 한눈에 내려다보이는 봉화산 정상에는 적선의 침입에 대비해 쌓은 봉수가 있다. 월고리봉수에서 봉화가 오르면 계화리봉수에서 불이 올라 한양으로 올라가던 봉수다.

봉수는 인근 마을 사람들의 부역으로 축조되었다. 봉수군도 주민들을 중심으로 뽑았는데 지역에 따라 다르지만 대체적으로 10여 명이 한 조가 되어 10일씩 교대근무를 했다. 그들은 바다와 건너편 봉수를 하루 종일 쳐다보며 불빛만 살폈다. 근무를 마치고 내려와도 나라에서 주는 둔전屯田에서 농사를 지어 자급자족했다. 비바람과 눈보라가 몰아쳐 봉수가 기능을 발휘하지 못할 때는 봉수군이 다음 봉수까지 달려가 전달했다.

그런데 봉수 제도가 폐지되자 월고리봉수도 돌무더기로만 남게 되었다. 그렇게 한동안 방치되었던 돌무더기를 1995년 부안군에서 복원했다. 석축 연대를 2단으로 세우고, 꼭대기에는 연조를 올렸으며, 연대로 올라가는 출입 계단도 만들었다. 하지만 마을 사람들 얘기로는 예전에는 연대 둘레가 약 20m 정도였는데, 복원한 연대는 너무 크게 세웠다고 한다. 고증 절차 없이 추진했기 때문이다.

마을 사람들은 이 봉수를 격포리봉화대로 부르지만 문헌상의 명칭은 월고리봉수다. 처음 설치된 시기는 고려시대이며 전국의 횃불선 중에서 제5노선 직봉의 연변봉수다. 남쪽 소응포봉수에서 신호를 받아 북쪽 점방산봉수로 전달했다.

격포항은 봉화산과 닭이봉이 에워싸고 있어 바다에서는 포구를 들여다볼 수 없는 지형으로 전라우수영에서 수군을 주둔시켰던 해안 요

복원한 월고리봉수 연대

봉수에서 본 격포항

충지다. 격포항 오른쪽은 바닷물에 침식되어 퇴적한 절벽이 마치 수만 권의 책을 쌓아놓은 듯한 채석강이 있다.

당나라 시인 이태백이 뱃놀이를 즐기며 술을 마시다가 강물에 뜬 달을 보고 달을 잡으려다 그만 빠져 죽었다는 중국의 채석강 같다 해서 지어진 이름이라 한다. 주변의 위도·고군산군도·홍도 등 서해안 도서와 연계된 해상교통의 중심지다. 청정해역에서 잡히는 주꾸미·갑오징어·전어·백합 등을 파는 횟집과 음식점들이 즐비하게 들어서 있다. 격포에 관광객이 몰려들자 2004년 국가 명승지로 지정됐다.

봉수대까지는 격포항 야외전시장 끝에서 잘 조성된 등산로를 따라가면 30분 정도 소요된다.

위치	전북 부안군 변산면 격포리 봉화산(174m)			**형태**	연변봉수
지정	비지정	**시대**	고려시대	**상태**	복원

5

청량한 숲길을 걸으며 전설을 떠올리다

부산·울산 지역의 봉수_12기

복원 과정에서 정체성 잃은

부산 황령산봉수

동래의 금정산과 함께 도심 속의 명산으로 손꼽히는 황령산에서는 부산의 야경을 한눈에 조망할 수 있다. 해운대와 광안리 앞바다를 잇는 광안대교의 야경, 특히 분수처럼 포물선을 그리는 불꽃축제를 감상하는 데 최고의 장소다. 이처럼 바다와 내륙의 시계가 탁 트여서인지 옛날부터 적의 침입을 알리는 봉수가 산 정상에 축조되었다. 황령산봉수가 처음 설치된 시기는 고려시대로 추정되며, 문헌에 등장한 것은 세종 7년1422부터다. 이 봉수는 전국의 다섯 갈래 봉홧불 노선 중에서 제2노선 직봉의 연변봉수다. 조선 초기에는 서쪽 석성봉수에서 신호를 받아 동쪽 간비오봉수로 횃불을 전달했으며, 후기에는 서쪽 구봉봉수에서 북쪽 계명산봉수로 연결되었다.

황령산봉수는 동래부에서 관리했으며 100여 명의 군사가 주둔했다.

복원하면서 정체성 잃은 황령산봉수

임진왜란 때는 부산에서 가장 먼저 봉화를 올리는 등 이 지역의 중심봉수 역할을 했다. 황령산 봉수는 봉홧불이 멈춰버린 후 100여 년 동안 훼손 방치된 것을 부산시에서 1976년에 복원했는데, 고증 없이 복원해 봉수 원래의 모습이 사라지고 말았다. 이후 1992년, 1995년, 1996년 세 차례에 걸쳐 추가로 보수했지만 복원한 국내 봉수 중에서는 가장 졸작이 되었다. 부산시는 매년 새해 아침이면 산신제와 봉화제 등 이벤트를 봉수에서 개최하고 있다. 2009년에는 전망대 시설 및 주변에 공원도 꾸몄지만 봉수는 제자리를 찾지 못했다.

조잡한 형태로 복원된 봉수

봉수대에서 본 시가지와 해안

황령산은 남구·수영구·연제구·부산진구의 4개구가 연결돼 있는 부산에서 두 번째 높은 산이다. 일제강점기 때는 구리와 금을 캐는 큰 광산이기도 했다. 또한 황령산은 '반보기산'으로도 불렸다. 출가한 여인네들의 슬픈 전설의 산이라고 한다. 친정 나들이가 쉽지 않았던 옛 여인들은 떠나온 친정집 부모형제가 그리울 때면 이 산에 올라 친정 쪽을 바라보며 마음을 달래곤 했다. 더러는 친정 식구들과 이 산에서 몰래 만나 비록 반나절이지만 시집살이의 고달픔을 털어버렸다고 해 반보기산이라는 이름이 붙여졌다고 한다. 구구절절한 수많은 이야기가 널려 있는 황령산봉수는 언제 다시 제 모습을 찾을까?

봉수대는 광안리 해변 인근에 있는 남부산우체국물류센터에서 자동차를 타고 황령산 정상 KT전화국 앞까지 진입하면 된다.

위치	부산광역시 남구 대연동 황령산(427m)	형태	연변봉수
지정	비지정	시대 고려시대 추정	상태 복원

옛날에도 군사 기밀이 알려지면 국방 유적은 '폐쇄'

부산 석성봉수

부산시민들은 부산 지역 봉수에 관해 더 늦기 전에 발굴조사와 더불어 체계적인 관리를 해야 한다는 우려의 목소리가 높아지고 있다. 흔적이 남아 있는 부산 지역의 봉수는 임랑포봉수·천성보봉수·석성봉수 등 11곳에 이른다. 이중 기장군의 아이봉수와 남산봉수만 관리를 받고 있을 뿐, 다른 봉수들은 지난 1976년 고증 절차 없이 마구잡이로 복원 정비해 유적 가치를 잃고 말았다.

고증 없이 복원한 석성봉수 연대

천마산의 석성봉수와 기장군의 임랑포봉수는 기단석 일부가 남아 있어 옛 흔적을 희미하게나마 유지하고 있다. 석성봉수는 부산에서 가장 오래된 봉수로 주변에는 봉수군의 숙소 터와 기와 조각도 발견되고 있다. 그러나 문화재로 등록되지 못한 봉수들은 지자체의 무관심으로 인해 제대로 관리가 안 되는 실정이다. 이 때문에 석성봉수는 인근 주민들의 기억에서도 사라지고 있다.

석성봉수가 축조된 천마산은 부산 서구 남부민동과 사하구 감천동의 경계에 솟아 있는 산이다. 현재 석성봉수에 세워진 약 2m 높이의 연조는 지난 1971년 천마산악회가 세운 것인데,

석성봉수에서 본 남포동과 부산항 야경

고증 없이 복원해 정체성을 잃었다. 《경상도지리지》에는 '석성봉수는 동쪽으로 30리 거리의 황령산봉수와 서쪽 110리 거리의 김해봉수를 바라본다'고 기록되어 있다.

그리고 《동래부지》 산천조에는 석성봉수가 구봉산으로 옮겨가고 그곳에는 터만 남아 있다는 기록을 볼 때, 현재의 천마산이 옛날에는 석성산으로 불렸음도 알 수 있다. 당시 이 산의 넓은 초원에는 말을 방목했는데, 말들의 탈출을 막기 위해 쌓은 석축이 지금도 남아 있다. 석성봉수는 어느 세력이 축조했는지 기록이 전무하다. 부산 지역 대부분의 봉수가 고려시대 때 쌓은 것으로 볼 때 이 봉수 역시 고려로 추정해 본다. 봉수 노선상 제2노선 간봉의 연변봉수로 성화예산봉수에서 신호를 받아 황령산봉수로 전달했다. 하지만 조선 영조 때 석성봉수에 비치된 각종 군사기밀이 외부로 노출되자 그만 구봉산으로 봉수를 옮기고 말았다.

세계적인 명소가 된 감천문화마을

활엽수가 우거진 천마산은 사철 푸른빛을 낸다. 정상에 오르면 문화마을로 유명세가 붙은 감천동 달동네가 한눈에 내려다보이며, 부산 앞바다의 전경이 탁 트여 장쾌한 감동을 느낄 수 있다. 특히 밤에는 부산의 다운타운인 남포동, 부산항 밤바다의 푸른빛과 도심의 형형색색 불빛이 보석을 흩뿌려 놓은 듯 황홀한 풍경을 만들어 낸다. 문화체육관광부는 '2014 사진 찍기 좋은 명소'로 천마산을 선정했다. 올해까지 전국 25곳이 선정됐는데 부산에서는 천마산이 유일하다. 하지만 진작부터 보존해 왔어야 할 봉수는 지금도 관할 부산시청으로부터 천대받고 있는 실정이다. 봉수대까지는 부산 감정초등학교 뒤쪽에 자동차를 주차하고 정신요양원 옆으로 난 임도를 따라 30분 정도 걸린다.

위치	부산광역시 서구 암남동 천마산(315m)			형태	연변봉수
지정	비지정	시대	시대 미상	상태	복원

고려 청자가 발견된 국내 최대 규모 봉수

부산 남산봉수

부산광역시 기장군 죽성리 일대는 왜구의 침입에 대비해 진과 봉수가 일찍부터 축조되었다. 죽성리를 한눈에 조망하는 봉대산 정상에는 남산봉수가 있다. 조선 초기에 축조된 것으로 알려져 왔던 봉수가 최근 두 차례의 발굴조사 결과, 고려청자 조각이 발견되는 등 고려시대에 처음 쌓은 것으로 밝혀지며 학계에 비상한 관심을 끌고 있다. 발굴조사로 드러난 연소실 구조는 조선 후기 봉수가 폐기되기 직전의 모습이었다. 연대와 건물 터는 3차례나 보수·개축한 흔적도 밝혀졌다. 연대뿐 아니라 적의 침입이나 맹수의 습격으로부터 군사들을 보호하는 토·석축의 방호벽, 성문 터, 봉수군들의 숙소와 건물 터, 연대로 올라가는 출입 계단 등 다양한 시설이 발견되었다. 이런 시설물은 조선시대 연변봉수에서만 볼 수 있는 특징들이다.

고려시대 봉수로 밝혀진 남산봉수대

국내 봉수 중 연대가 가장 큰 남산봉수

봉수의 핵심시설인 연대는 높이가 5m, 봉수 외곽 둘레는 220m 정도다. 또 건물 터를 측량한 결과 규모가 정면 3칸, 측면 1칸으로 규모에서도 지금까지 조사된 연변봉수 중에서 가장 크다. 특히 부속건물 터에서는 기단부, 벽체, 초석, 온돌 시설 등이 발견되어 지금까지의 봉수 발굴조사에서 유례를 찾아볼 수 없을 정도로 온전하게 드러났다. 그리고 건물 터 아래층에서는 이전 시기의 건물 터와 관련된 것으로 추정되는 석렬·기단·유물 등이 발견되었으며, 이 유물 중에 고려시대의 대표적인 어골문기와·고려청자 등이 발견되어 아래층은 고려시대의 건물이 있었을 가능성이 높다. 지금까지 고려시대 봉수에서 건물의 흔적이 남아 있는 것이 남한에서 발견된 예가 없었다.

이번 조사에서는 비상시에 사용하는 연대 주변에 있어야 할 연조시설은 발견하지 못했다. 이는 암반으로 인해 축조가 불가능했을 것으로 추정되며 발굴조사 지역 외곽에 위치할 가능성도 있다.

조사 결과, 남산봉수는 초기축조와 개축한 흔적으로 볼 때 고려 성종 4년985에 봉수를 설치하고, 조선 세종 때 보수를 했으며, 임진왜란 때 소실됐다가 개축한 후 조선 후기 고종 31년1894 갑오경장 때 폐기된 것

연대 상부 연소실

으로 보인다. 정확한 남산봉수의 성격을 파악하기 위해서는 추가 발굴 조사가 필요하고 그 결과를 토대로 고증 절차를 밟아 복원해야 한다. 복원이 이뤄진다면 향후 연변봉수의 정비 복원에 중요한 지표가 될 수 있다. 문화재청 관계자는 '기장 남산봉수는 연변봉수 중에서 지금까지 발굴된 남한의 봉수 가운데 규모가 가장 크고 양호한 상태'라고 밝혔다.

남산봉수는 제2노선 간봉의 연변봉수로 조선 전기에는 남쪽 간비오 봉수에서 신호를 받아 북쪽 임랑포봉수로 전달했다. 후기에는 임랑포 봉수가 폐지된 후 아이봉수와 봉홧불을 주고받았다. 기장군에서는 완벽한 복원 계획과 봉수를 국가사적으로 지정할 채비를 하고 있다. 기장 남산봉수에 올라서면 해안과 내륙이 사방으로 탁 트여 보인다. 주변 명소들과 연계하면 역사관광지로 최적지가 될 것이다.

봉수대로 가려면 기장군청 뒤쪽으로 들어가서 죽성리까지 간 다음 원죽1구 마을회관 주변에 자동차를 세우고 등산로를 따라 30분 정도 가면 된다.

위치 부산광역시 기장군 기장읍 죽성리 봉대산(225m) **형태** 연변봉수
지정 비지정 **시대** 고려시대 **상태** 원형

고리원전을 품고 있는
부산 아이봉수

경상도 지역은 동남쪽 해안을 끼고 있어 국내서 가장 많은 봉수가 설치되어 있다. 직봉과 간봉을 합해 170여 개소, 문헌에 등장하지 않은 권설봉수까지 합하면 얼마가 될지 헤아릴 수 없을 정도다. 부산과 울산 경계에 있는 아이봉수가 처음 설치된 시기는 고려시대다. 제2노선 간봉의 연변봉수로 남쪽 남산봉수에서 신호를 받아 울산·경주·영덕 등의 여러 봉수를 거쳐 직봉인 안동 봉지산봉수에서 합쳐져 서울 목멱산봉수에 전달되었다.

연대 뒤쪽으로 동해바다가 보이는 아이봉수

아이봉수는 1997년 부산시립박물관에서 발굴조사 후 연대와 방호벽 일부를 복원했다. 당시 발굴조사에서 연대와 남쪽 방호벽 사이의 간격이 다른 곳보다 넓은 것으로 미루어 건물 터가 있었을 것으로 추정했다. 봉수는 외곽을 돌아가며 약 80m 정도를 흙으로 쌓았는데 높이는 1.5m 정도이고, 호壕 안쪽으로도 석축의 방호벽을 돌아가며 쌓았다. 중앙에 연조를 설치했으며 높이가 2.4m 정도다. 연대 상부에는 봉화를 올리던 연소실도 남아 있다.

개방형태인 방호벽 출입구

봉대산의 지형은 동서 방향은 급경사이며 남북은 완만한 경사를 이뤘다. 방호벽은 현재 갈대가 무성해 연대의 윤곽만 확인될 정도다. 고리원전을 품고 있는 아이봉수는 원자력시설 보호를 위해 사전에 고리원전 홍보실의 출입허가를 받아야 출입이 가능하다. 자동차가 봉수까지 진입할 수 있으며, 봉수 위에 오르면 고리원전과 광활한 동해바다가 한눈에 조망된다.

위치	부산광역시 기장군 장안읍 효암리 봉대산(129m)			형태	연변봉수
지정	부산기념물 제38호	시대	고려시대	상태	원형 부분 복원

일본군 요새가 된 가덕도, 봉수의 미스터리

부산 천성보봉수

부산 가덕도는 일본과 가장 가까운 섬이다. 이 섬 한가운데 우뚝 솟은 연대봉에는 바다로 출몰하는 적선의 동태를 내륙으로 알리던 천성보봉수가 있다. 고려 때 쌓은 것으로, 제2노선 간봉의 연변봉수다. 초기에는 북쪽 성화예산봉수에만 횃불을 보냈으나, 이후 서쪽의 웅천 사화랑산봉수로 보내는 노선이 새로 설치되었다. 천성보봉수는 1996년 부산 강서구에서 연조 1기를 복원하고 연조 앞에 제단 터도 만들었는데, 원래 자리에서 15m 정도 남쪽으로 떨어진 곳에 복원해 놓았다. 봉수가 처음 세워진 것은 연대봉 정상으로 현재 산불 감시초소가 있는 곳이다. 지금도 이곳에는 돌무더기가 널브러져 있다. 무슨 이유로 제자

원래 봉수가 있던 자리

복원한 천성보봉수

상부에 연조가 있는 암봉

리에 봉수를 복원하지 않았는지 의문스럽다. 정상에서 50m 정도 떨어진 해안가 봉우리에도 언제 쌓았는지 알 수 없는 연조 하나가 외롭게 서 있다.

봉수에서 내려다보면 해안풍경과 바다 위에 점점이 떠 있는 거제도의 크고 작은 섬들이 한 폭의 그림같이 아름답다. 천성동 마을 한가운데는 조선 중종 39년1544에 조선 수군이 주둔했던 평지성이 있는데, 현재 마을 뒤쪽 경작에 잘 남아 있다. 천성진성은 규모는 작지만 조선 중기 축성 양식을 알 수 있는 중요한 성곽이다. 가덕도 외양포에는 일제강점기 때 일본군이 구축한 진지와 일본식 주거지가 지금도 생생하게 보존되어 있다. 이들 건축물은 100여 년 전 일본군이 지은 것으로 헌병막사, 무기창고, 장교사택, 사병생활관 등이다.

마을 뒤쪽 산기슭에는 일본군 포진지가 시선을 끈다. 1904년에 구축한 외양포진지는 일본군이 러일전쟁 승전 후 진해만으로 들어오는 적을 막기 위해 구축한 것이다. 이곳에는 지금도 포대사령부의 비문, 콘크리트 진지, 탄약고, 지하벙커 등의 시설들이 그대로 있다. 그리고 해

봉수에서 본 천성항 뒤쪽으로 보이는 거제도

안 쪽에는 일본식 전통가옥을 볼 수 있는데, 우리 근대사의 아픈 기억을 생생히 보여 주는 역사의 현장이다.

부산에서 가장 큰 가덕도는 자연경관이 수려하기로 소문난 섬이다. 뱃길만이 유일했던 가덕도에 관광객이 몰려들기 시작한 것은 거제도를 잇는 길이 약 8km의 거가대교2010년가 개통되면서다.

봉수대까지 가려면 가덕도 선착장에서 우측 외양포 가는 방향으로 가면 되는데, 연대봉으로 올라가는 안내판이 있는 곳에 자동차를 주차하고 등산로를 따라가면 40분 소요된다. 등산로가 잘 정비되어 있으며, 연대봉 일대는 산림유전자원 보호구역이다.

위치 부산광역시 강서구 천성동 연대봉(460m) **형태** 연변봉수
지정 비지정 **시대** 고려시대 **상태** 복원

가락국 김수로왕이 이곳에서 인도 공주 를 맞다

부산 성화예산봉수

부산 성화예산봉수는 철새도래지로 유명한 을숙도와 부산 신항만 등이 한눈에 조망되는 위치에 있다. 특히 우리나라 봉수역사의 시원이 되는 진해 망산도까지 시야에 들어온다. 망산도는 가락국 김해 김씨의 시조인 김수로왕의 이야기가 무수히 떠도는 전설의 섬이다.

그 옛날 김수로왕이 아유타국의 공주 허황옥을 왕비로 맞았던 역사의 현장이다. 허황옥은 2천여 년 전 인도에서 태어나 열여섯 나이에 가락국의 왕과 혼인을 위해 20여 명의 일행과 함께 배를 타고 머나먼 항해 길에 올랐다. 망산도에서는 김수로왕의 신하 유천간이 그들을 기다렸다. 공주를 기다리던 그는 어렴풋이 보이는 남서쪽 해상에서 펄럭이는 붉은 깃발을 발견하고는 횃불을 올려 배를 맞이했다. 먼 길을 오는 공주 일행이 무사히 도착할 수 있도록 불을 밝혔던 것이 우리나라 봉수의 시원이 된 것이다. 공주를 맞은 김수로왕은 망산도와 왕궁의 중간 지점인 명월산에 장막을 치고 첫날밤

복원한 성화예산봉수

봉수에서 본 가덕도 방향 해안노을

연대 아래 봉수군들의 숙소 터

을 치렀다. 이후 허 왕후는 157세의 나이로 죽을 때까지 열 명의 왕자와 두 명의 공주를 낳았다.

망산도에는 자식 없는 사람이 일정기간 이곳에서 치성을 드리면, 자식을 얻는다는 신기한 소문이 나돌고 있어 무속인들의 발길이 끊이지 않는 곳이다. 가락국의 역사는 지금도 미스터리로 남아 있다. 망산도는 간척공사로 그 모습을 잃어버렸지만 예전에는 제법 큰 섬이었다. 현재는 거북등을 닮은 바위와 글씨가 새겨진 비석만이 애처롭게 남아 있다. 우리나라에서 가장 오래된 봉수로 알려진 성화예산봉수는 현재 봉화산 정상 암반 위에 1991년 부산시에서 연조 1기를 복원했는데, 옛 모습은 찾을 길이 없다. 봉수 아래 대나무 숲에 조개껍질과 토기 조각이 널브러져 있는 걸로 보아 봉수군들의 숙소가 이곳에 있었을 것으로 추정된다.

성화예산봉수는 제2노선 간봉의 연변봉수로 남쪽의 가덕도 천성보 봉수에서 신호를 받아 북쪽의 김해 분산성봉수로 전달했다. 동쪽의 다대포 응봉봉수, 천마산 석성봉수와도 봉화를 주고받았으며, 봉화산 아래 위치한 금단곶보에 주둔한 군사들이 봉수를 관장했다. 마을 사람들은 예전부터 가뭄이 들면 봉화산에 올라와 기우제를 지냈으며 지금도 매년 10월 3일이면 봉수제를 지내고 있다.

봉수대까지는 산양마을회관에 자동차를 세우고 마을 끝까지 올라가면 되는데, 봉수로 올라가는 임도가 잘 정비되어 있다. 걸어서 30분 정도면 쉽게 오를 수 있다. 이곳에서 보는 을숙도와 가덕도 등의 일몰 풍경은 장관이다.

위치 부산광역시 강서구 녹산동 산61 봉화산(328m) **형태** 연변봉수
지정 비지정 **시대** 시대미상 **상태** 복원

임진왜란 때 부산성 봉홧불만 제대로 올렸어도

부산 응봉봉수

1592년 4월 13일 오후 4시경 왜선 100여 척이 부산포로 침입한다는 긴급 상황이 지역의 봉수군 별장에게 전달됐다. 보고를 접한 책임자는 재빨리 봉홧불을 올리도록 명을 내렸다. 하지만 봉화는 북쪽 성화예산 봉수로 가야 하는데 남쪽 가덕도 천성보봉수로 전해졌다. 당황한 봉수군이 반대 방향으로 신호를 보냈던 것이다. 한양으로 가야 될 횃불은 결국 반대 방향에서 사라졌다. 궁궐 임금에게는 4월 17일 아침, 부산이 함락된 지 3일 만에 임진왜란 발발이 보고된 것이다. 그나마 경상좌수사 박홍이 이웃 봉수로 말을 타고 가 알렸기 때문이다. 왜군은 거침없었고, 15일 만에 한양은 왜군의 수중에 들어갔다. 봉홧불은 부산에서 한양까지 제대로만 가면 12시간 내로 도착하는데 엄청난 과오를 저지른 것이다. 하지만 임진왜란 이전부터도 봉홧불은 시간이 지체되거나 두절되는 일이 많았다. 봉수군들의 근무태만과 관리소홀 때문이었다.

복원한 응봉봉수 연조

응봉봉수는 초기대응 미숙으로 임진왜란 때 역사의 큰 상처를 남긴 봉수다. 승전보다 쓰라린 패전의 아픔을 많이 남긴 곳이기도 하다.

왜군은 부산진성을 점령한 뒤 곧바로 서평포와 다대포를 함락시켰다. 이때 다대포 첨사였던 윤흥신과 동생 윤흥제가 왜군과 혈전을 벌이다가 전사했다. 현재 다대동 주공아파트 입구에 윤흥신 등을 추모하는 '윤공단'이 있다. 1983년에도 북한 무장공비가 다대포로 침투해 우리 군과 교전을 벌이기도 했다.

복원한 방호벽

부산 다대포해수욕장 뒤쪽 아미산 정상에 응봉봉수가 있다. 처음 설치된 시기는 미상이지만 고려시대로 추정된다. 조선시대 전국에 봉수가 다니는 다섯 갈래 길 중에서 두 번째의 직봉 출발지로서 상징성이 매우 큰 유적이다. 낙동강 하구 일대와 다대포진 해상으로 출몰하는 적선을 감시하면서 서남쪽에서 오는 신호를 받아 동쪽 석성봉수와 서쪽 성화예산봉수로 전달했다. 응봉봉수는 다대포진 관할로 6명의 별장과 감독관 1명, 100명의 군사가 배치되었다.

다대포는 적의 출몰이 잦아 응봉봉수와 군사정보를 주고받는 진영이 설치되어 있었으며,압록강변의 만포진과 함께 중요한 국방 요충지였다. 세종은 이곳에 수군만호영을 설치했으며, 성종 때는 높이 4m, 둘레 560m 정도의 다대포진을 축성했다. 현재 부산시는 멸실된 응봉봉수를 2010년 연조 1기와 방호벽을 고증 절차 없이 복원해 놓았다. 봉수에서 내려다보면 몰운대와 남쪽의 가덕도·을숙도가 한눈에 조망된다.

봉수대로 가려면 다대중학교 옆 임도를 따라 8부 능선까지 자동차로 진입한 후 그곳에서 도보로 10분 정도 걸으면 된다.

위치 부산광역시 사하구 다대동 아미산(233m) **형태** 연변봉수
지정 비지정 **시대** 시대미상 **상태** 복원

호국 유적인 봉수가 호화판 묘지로

울산 소산봉수

호국 유적에 호화판 묘지를 조성해 문화재를 아끼는 사람들로부터 원성이 자자한 봉수가 있다. 조선 초기에 축조한 울산 소산봉수다. 울산 지역에서 16대 국회의원을 지낸 고 권기술 씨가 이곳 봉화산을 매입한 후 자신의 부친 묘를 봉수 터에 안장한 것이다. 그리고 2011년 그가 타계하자 자손들이 부친 아래쪽에 안장했다. 이런 사실은 지금까지 외부에 알려지지 않았지만 최근 필자의 현장 취재로 밝혀졌다. 필자는 2000년대에 두 번이나 현장을 답사했다. 그때까지만 해도 봉수에는 초라한 민묘 1기가 있었는데, 민묘가 감쪽같이 사라지고 호화판 묘지

민묘가 조성되기 전 소산봉수

호화판 묘지로 변해 버린 봉수 내부

로 둔갑한 것이다. 호젓했던 산길도 묘지를 조성하면서 자동차까지 들어갈 수 있도록 산을 깎아 새로 길을 냈다. 관할 면사무소 직원조차 호국의 표상인 봉수에 지역 국회의원까지 지낸 분이 왜 묘를 썼는지 도무지 이해할 수 없다고 했다.

해안을 끼고 있는 울산 지역은 타 지역보다 많은 봉수가 축조되어 있다. 현재까지 밝혀진 것만 8개소이다. 그런데 유적 상태가 양호한 것과 흔적만 남은 것까지 대부분 울산시에서 문화재로 지정하면서 유독 소산봉수만 지정하지 않은 것이 이해가 되지 않는다. 전국의 봉수에는 민묘가 조성된 곳이 더러 있다. 봉수대는 사방을 조망할 수 있고 담장까지 둥글게 쌓여 풍수지리상 묘지로는 최상의 조건을 갖추었다. 봉수제도가 사라진 이곳에 묘를 쓰면 후손이 잘 된다는 속설 때문이다. 즉 죽은 조상을 이용해 덕을 보겠다는 생각에서다.

봉수대는 지역마다 또는 산 지형에 따라 형태가 다르다. 울산 소산봉수 역시 설계 자체가 특이하다. 산등성이 경사지에 직사각형의 방호

방호벽 안쪽에 용도가 불투명한 석축시설

벽을 둘렀는데, 남쪽 방향만 트여 있다. 둘레는 약 80m, 높이는 1.3m, 폭이 1.6m 정도다. 방호벽 안쪽에 2단 석축이 방호벽과 나란히 이어진 것도 특이하다. 다른 봉수에서 볼 수 없는 유일한 시설물이다. 봉홧불을 올리는 연조는 묘지 조성으로 현재 멸실된 상태다. 방호벽 뒤쪽에는 용도를 알 수 없는 돌무더기가 남아 있다. 이 봉수가 처음 설치된 시기는 조선 초기이며, 제2노선 직봉의 내지봉수로서 남쪽 부로산봉수에서 봉홧불을 받아 북쪽 고의산봉수로 전달했다. 이곳에는 100여 명의 군사가 주둔했다.

봉수대는 언양에서 경주 방향 35번국도를 따라 자동차로 약 10분 거리인 금화주유소와 두서면사무소 중간쯤인 자동차부품 생산업체인 비엔에프테크 뒷산에 있다. 이 공장을 끼고 300m 정도 들어가면 방말이란 마을이 나오는데 마을로 들어가기 전 왼편 산으로 난 차도를 따라 200m 올라가면 봉수다.

위치 울산광역시 울주군 두서면 서하리 방말마을 봉화산(247m) **형태** 내지봉수
지정 비지정 **시대** 조선 초기 **상태** 원형

연소실 원형이 잘 남아 있는

울산 이길봉수

우리나라 봉수 중에는 정확한 명칭을 알지 못해 행정구역의 지명을 이용하는 경우도 있다. 울산시의 이길봉수가 그런 곳이다. 한동안 '서생 나사봉수'로 부르다가 2010년에 원래 이름을 되찾았다. 이길봉수가 처음 설치된 것은 고려시대다. 제2노선 간봉의 연변봉수로, 조선 초기에는 북쪽의 하산봉수와 연락했으나 이후 가리봉수와 서쪽 아이봉수로 연결되는 노선이 신설된 후 아이봉수에서 신호를 받아 북쪽 하산봉수로 전달했다. 이길봉수는 조선 초기부터 각종 읍지에 빠짐없이 등장한 봉수다. 명칭도 소길·이길·시길곶 등으로 명칭 변경이 유별나게 많았다. 봉수가 위치한 곳은 부산 기장에서 울산 방면으로 가는 31번국도

원형으로 보존된 이길봉수 연대

잘 보존된 연대 상부의 연소실

서생면 간절곶 주변이다. 울산 지역에서 원형이 가장 잘 남아 있는 것 중의 하나다.

봉수는 봉화산 정상부의 경사지를 판판하게 다듬고, 해안 방향을 제외한 3면으로 해자 형태의 도랑을 움푹 파 방호벽을 만들었다. 가장 높은 봉우리에 석축 연대를 세웠는데 둘레가 약 30m, 높이는 2.5m 정도다. 남쪽의 석축은 보존이 잘된 편이고, 동쪽은 일부 붕괴되었다. 연대로 올라가는 출입구도 일부 무너졌지만 흔적이 잘 남아 있다. 연대 위에는 봉화를 피우던 연소실이 지금도 또렷하게 남아 있는데, 국내에서 보기 드물게 보존이 양호하다. 연소실 둘레는 약 5m, 높이가 1m 정도다.

그리고 봉수군들이 연대에서 숙소나 창고로 다닐 수 있는 통로도 담장같이 만들어 놓았는데, 이런 시설은 남해 대방산봉수와 고흥 장기산봉수에서도 볼 수 있다. 그런데 우리나라 지자체는 문화재 지정에는 신경을 쓰면서 문화재로 지정된 후에는 관리가 엉망이다. 이길봉수도 호, 연대, 통로, 건물 터 등이 관리소홀로 인해 대나무 숲과 잡목으로 뒤덮여 있으며, 겨울철은 그나마 다닐 수 있지만 봄부터 가을까지는 접근이 불가능하다.

이처럼 우리나라의 문화유산들은 천대받는 곳이 한둘이 아니다. 문화재 지정 유무를 떠나 사람들 눈에 잘 띄는 문화재는 잘 관리하지만 인적이 없는 유적은 무방비로 방치되고 있다.

봉수대로 가려면 서생면사무소에서 울산 방면 31번국도를 따라가면 된다. 31번국도변 나사해수욕장 왼쪽 구릉에 봉수가 있다. 자동차가 현장까지 진입할 수 있는 임도가 나 있지만 울퉁불퉁 파여 있어 승용차로는 다니기 힘들다.

위치 울산광역시 울주군 서생면 나사리 산 36 봉대산(210m) **형태** 연변봉수
지정 울산시기념물 제15호 **시대** 고려시대 **상태** 원형

봉수군들의 생활비품 목록이 발견된

울산 부로산봉수

경부고속도로 언양읍에서 부산 방면으로 가다 보면 서울산IC 오른쪽에 야트막한 산이 솟아 있다. 풍향계가 서 있는 곳이 봉화산인데, 이 산 정상에 부로산봉수가 있다. 봉수는 정상을 판판하게 다지고 외곽으로는 석축의 방호벽을 둘렀다. 전체 둘레가 약 70m, 높이는 1.5m 정도다. 봉수 내부에는 지름 3m의 둥근 저수시설이 있다. 처음 설치된 시기는 조선 초기이며, 제2노선 직봉의 내지봉수로 남쪽 양산 위천봉수에서 신호를 받아 북쪽 소산봉수로 전달했다. 6·25전쟁 때는 빨치산 감시를 위해 전투경찰이 주둔하기도 했다. 현재 봉수 내부는 억새풀과

부로산봉수 방호벽

억새풀에 덮힌 부로산봉수

흙이 덮여 있어 연대나 연조시설 등은 확인이 어려울 정도다.

일제강점기 때 발간한 《언양본현지》에는 봉수군 5명이 한조가 되어 근무를 했으며, 표주박·물독·대야·수저·사발 등을 지급했다는 기록이 있다. 봉수에 근무한 군사들의 생활비품과 관련된 품목을 기록해 놓은 문헌이 남아 있는 것은 극소수다. 지금까지 봉수군들의 생활상의 비품을 정리해 기록이 남아 있는 봉수는 울산 남목봉수, 양산 위천봉수 등 7개소이며, 대부분 경남 지역에서 발견되고 있다.

봉수대까지는 울주군 삼북면 등억리 화춘당한약방 뒤쪽 임도를 따라 가다가 산 중턱에 차를 주차하고 등산로를 따라 20분 정도 소요된다.

위치 울산광역시 울주군 삼남면 교동리 산 75 봉화산(391m) **형태** 내지봉수
지정 울산광역시기념물 제16호 **시대** 조선시대 **상태** 원형

봉수 명칭이 바뀐
울산 남목봉수

동해안을 따라가다 보면 울산 지역 곳곳에 연변봉수가 줄지어 축조되어 있다. 그중 대표적인 봉수가 주전봉수다. 이 봉수는 시대에 따라 명칭이 다양하게 기록되었다. 목봉화, 남목천봉수, 남옥봉수, 남목봉수 등으로 불렸는데, 원래 이 지역의 지명이 남목南木이었기 때문이다.

그런데 지금은 동네 이름을 따라 주전봉수로 고쳐 부르고 있는데, 학자들은 어느 분의 발상인지는 몰라도 대단한 실수라고 안타까워한다. 옛 별장이 살아 있다면 형벌을 면치 못할 큰 죄다. 남목봉수는 울산 동구 주전동 봉대산 봉호사 경내에 있다. 처음 설치된 시기는 고려시대이며, 제2노선 간봉의 연변봉수로 남쪽 천내봉수에서 신호를 받아 북쪽 유포봉수로 전달했다. 봉수는 지대석만 남은 채 멸실되었으나, 1976년 복원하면서 연대로 올라가는 출입 계단을 만들지 않고 복원했다. 그러다 2000년에 출입 계단과 연대 위의 연소실을 추가로 복원했다.

연대는 석축으로 둥글게 쌓았으며 둘레가 약 40m, 높이는 6m나 되는 규모가 큰 봉수다. 연대 아래쪽 봉호사가 봉수군들의 숙소와 창고터 자리다. 이곳에는 100여 명의 군사가 주둔했다. 필자는 1989년 4월, 이곳에서 마지막 봉화지기 박명대의 손자 박호수 봉호사 주지를 인터뷰했다. 그가 목멱산봉수의 운영 실태를 작성한 문서 목록을 보관하고 있다는 제보를 듣고 취재를 갔었는데, 그때 봉수 관련 고문서 13점을 사진으로 담아 지금까지 보관하고 있었다. 문서 내용은 철종 9년1858부터 고종 33년1896년에 제작된 것으로 모두 한지韓紙에 기록되어 있다. 고문서에는 울산부에서 내려준 조총·장총·환도 등 각종 무기, 오방고초기깃발·소고·징 등 신호비품을 기록해 놓은 것으로 박명대가 점

남목봉수 연대

검해 울산도호부에게 친필로 보고한 내용들이다. 특히 봉수 별장의 사인과 큼직하게 찍은 도장이 눈길을 끌었다.

또한 울산부사가 박춘복·박명대 부자에게 내린 주전봉수 별장 첩지, 인근 주민으로부터 군량으로 거두어들인 곡물과 돈의 내역을 기록한 문서, 주전봉수에서 소유하고 있는 주전동 일원의 경작지를 기록한 문서도 있다. 고문서에 기록된 내용을 정리해 보면 주전봉수는 울산부사의 관할이었으며, 적이 침입했을 때 봉수군은 군사로 동원되기도 했다는 것을 확인할 수 있다. 특히 봉수 인근 주민들이 봉수군을 담당하고 군

마지막 별장 박명대의 손자 박호수

남목봉수대 비치목록 고문서

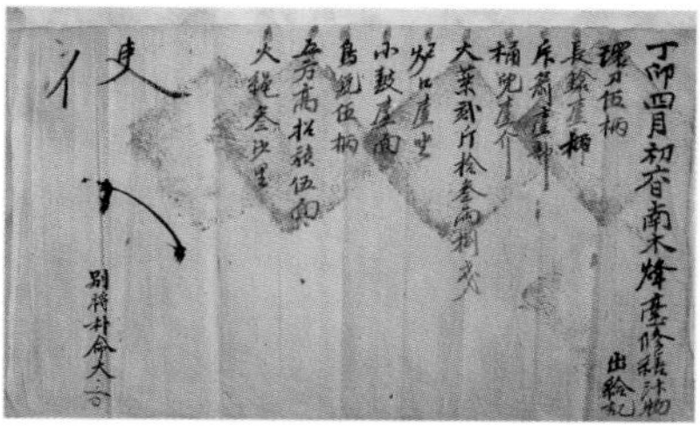

봉수지기의 사인이 눈길을 끄는 고문서

량 등 운영경비도 일부 부담하였음을 알 수 있다. 이 고문서에서는 조선 후기 봉수의 운영에 관한 실태를 기록하고 있었다.

1. 거화시설 : 연대·연굴·망덕·화약·화통·싸리·홰·말똥·쇠똥 등
2. 방호시설 : 장전·편전·놋쇠장·작은북·말목 등
3. 방호무기 : 창·조총·백기·도끼·방패·사다리·삼혈총·색표기 등
4. 생활용품 : 초가·기와집·곳집·표주박·가마·밥솥·물독·숟가락 등

관방유적의 기록이 전무한 우리나라에서 봉수와 관련된 이런 고문서는 사료적 가치가 매우 높다.

봉수대로 가려면 남목에서 주전동 해안가로 가는 길 고개 정상에 있는 봉수 안내판을 찾은 다음 이 길을 따라 1.2km 정도 간다. 이 길은 현대중공업에서 올라오는 길과 합쳐지는데 이곳에서 좌측으로 오르면 군부대 가는 길과 우측으로 내려가는 봉호사 갈림길이 나온다. 봉수는 봉호사 뒤쪽에 있다.

위치 울산광역시 동구 주전동 산193 봉대산(192m) **형태** 연변봉수
지정 울산시기념물 제3호 **시대** 고려시대 **상태** 복원

국내 최대 규모의 방호벽

울산 유포봉수

국내 봉수 중에서 방호벽 둘레가 가장 큰 봉수는 단연코 유포봉수다. 이 봉수는 우가산 정상에 있는데 방호벽 전체 둘레가 216m, 높이는 1.5m 정도다. 학교 운동장만큼 넓게 다진 중앙에 연대 1기를 세웠다. 연대는 반 정도 무너졌으나 형태는 또렷하게 남아 있다. 연대 둘레는 44m에 높이가 3m가 넘는다. 연대로 올라가는 출입 계단과 봉홧불을 올리던 연소실 흔적이 남아 있다. 봉수 동쪽은 바다 쪽으로 뻥 뚫려 있고 뒤쪽은 산이 가로막혀 있다. 방호벽은 해안 방향으로 일직선이며, 뒤쪽은 둥글게 쌓았다. 연대 주변에는 투석용 수마석이 뒹굴고 있다. 수마석 중에는 불에 검게 그을린 돌도 더러 보인다.

유포봉수가 처음 설치된 시기는 고려시대이며, 제2노선 간봉의 연변

울산지역에서 규모가 가장 큰 유포봉수 연대

학교 운동장처럼 넓은 유포봉수

봉수 울타리인 방호벽

봉수로 남쪽 주전봉수에서 신호를 받아 북쪽 경주 하서지봉수로 전달했다. 유포봉수가 문헌에 등장한 것은 1425년에 발간된 《경상도지리지》다. 당시 명칭은 유등포봉화로 불렸다. 하지만 봉홧불은 마지막까지 존속하지 못하고 1749년경 노선이 변경되면서 폐지되었다. 방호벽의 출입구는 서쪽과 남서쪽에 있는데 높이가 1m, 폭은 1.8m 정도다. 봉수군들이 자급자족을 위해 농사를 짓던 경작지도 있다.

산 아래에 있는 현대중공업 강동축구장 관리인은 봉수 관리가 엉망이라고 했다. 울산시에서는 봉수를 문화재로 지정만 해놓고 돌보지 않는다는 것이다. 이곳에 견학 오는 학생들과 일반인들이 유적지 탐방을 할 때마다 안내판 하나 없다며 불평을 쏟아낸다고 한다. 그러면서 축구장 관리인뿐만 아니라 가는 곳마다 울산시청의 봉수 관리가 허술하다고 하소연을 했다.

봉수대로 가려면 당사항에서 왼쪽으로 난 도로를 따라 현대중공업 강동축구장까지 간 다음, 이곳 주차장에 차를 세우고 도보로 10분쯤 가면 된다.

위치 울산광역시 북구 당사동 210 우가산(173m) **형태** 연변봉수
지정 울산시기념물 제3호 **시대** 고려시대 **상태** 원형

6

그림 같은 남해안의 풍광과 충무공의 충정을 가슴에 품다

경남 해안과 도서 지역의 봉수_21기

반복되는 붕괴, 도대체 왜

거제 강망산봉수

강망산봉수는 붕괴된 채 1년이 넘도록 방치되어 있었다. 2011년 필자가 거제 지역의 관방유적지 취재에 나섰다가 발견했는데, 연대 서쪽 벽의 석축이 10m 정도가 무너져 연대 아래로 돌들이 쏟아져 내렸다. 거제시청 담당자는 복원한 연대 서쪽 하단부가 경사지인데 폭우로 지반이 내려앉으면서 석축이 이탈된 게 붕괴의 원인이라고 했다. 그는 특히 관리 소홀이나 시공업체의 부실 공사가 아닌 자연재해라고 주장했다. 하지만 2007년에도 연대를 복원한지 1년 만에 붕괴된 적이 있다. 그때도 붕괴된 구간을 긴급 보수했지만 또다시 같은 구간에서 붕괴된 것이다. 두 번이나 연대 석축이 무너졌다는 것은 원인 규명을 제대로 하지 않았다는 증거다. 복원할 때 연대 하단 경사지에 석축을 보강했더라면 붕괴는 막을 수 있었을 텐데, 담당자는 필자와의 전화통화에서 도청의 지원을 받아 2012년 상반기 중에는 보수를 완료할 계획이며, 이때 문화재전문위원들의 자문도 받겠다고 답변했다.

하지만 강망산봉수는 지금도 붕괴된 채 방치되고 있다. 더구나 남아 있는 연조의 석축도 틈이 벌어지고 있는 것이 목격되었다. 봉수가 있는 곳은 등산객들이 발길이 뜸한 한적한 곳이다. 눈에 보이는 것만 급하게 보수하는 거제시청의 업무처리가 참 한심스럽다.

강망산봉수는 경남 창원시 소재의 동아세아문화재연구원에서 2005년 발굴조사를 시행했다. 그리고 그 다음해에 거제시에서 예성건설이란 문화재 건축업체에 용역을 의뢰해 복원했다. 하지만 복원과정에서 전문가에게 고증을 위한 자문은 없었다고 연구원은 밝혔다.

김주홍 박사는 지금까지 복원한 국내 봉수 중에는 원형으로 복원된

붕괴된 강망산봉수 연대

연대 상부 연소실 아궁이

곳이 한 곳도 없는데, 멀쩡한 봉수를 왜 해체하고 복원했는지 이해가 안 된다고 했다. 필요하다면 무너진 일부 구간만 보수하면 될 유적을 원형마저 상실시켰다며 매우 안타까워했다.

강망산봉수가 처음 설치된 것에 대한 기록은 없지만, 발굴조사 결과 15세기에 축조해 18세기에 개축된 것으로 밝혀졌다. 봉수의 원래 명칭은 《대동여지도》에 표기된 율포의 가을곶봉수로 추정되고 있으며, 봉수 노선은 제2노선 간봉의 연변봉수다. 연대 둘레는 약 35m에 높이가 지형에 따라 다르지만 평균 4.5m 정도다. 연대로 올라가는 출입 계단은 나선형으로 북동쪽에 설치했으며, 연대 위의 연소실은 웅덩이가 파여 있다. 연대 아래 북서쪽 능선에는 봉홧불을 피우던 연조가 각각 5m 거리를 유지한 채 6기가 축조되어 있다.

봉수대까지는 거제 덕포사거리에서 산기슭으로 난 철 난간을 따라 30분 정도 소요된다.

위치	경남 거제시 덕포동 강망산(228m)			**형태**	연변봉수
지정	경남기념물 제202호	**시대**	조선 중기	**상태**	복원

학교 운동장 같은 봉수

거제 지세포봉수

아름다운 해안풍경 으로는 자연석을 포개듯이 돌아가며 방호벽을 쌓아 올렸다. 방호벽 형태는 장타원형이며 길이가 22.5m, 넓이는 17m 정도다. 방호벽 바깥 높이는 약 2m, 안쪽은 1m 이내다.

방호벽 위에는 2개의 연조 흔적이 있지만 또렷하지는 않다. 출입구는 계단식으로 남, 북쪽 두 곳에 냈는데, 이곳에서 자기, 토기 조각, 몽돌 모양의 투석용 강돌이 발견되고 있다. 남서쪽 외곽에는 축조 당시의 우물터가 남아 있다. 지세포봉수는 조선 철종 7년1856에 간행된 《여도비지》와 고종 원년1864에 간행된 《대동지지》에만 등장하는 것을 볼

내부가 텅 빈 지세포봉수

때 지세포봉수는 조선 중기에 축조되어 거제 본진에만 알리던 권설봉수로 추정된다. 지세포봉수에서 해안 방향으로 능선을 타고 내려가면 선창마을이 한눈에 조망되는 위치에 지세포성이 있다.

봉수대로 가려면 일운면소재지에서 와현해수욕장으로 가는 고갯마루의 와현애펜션 앞에서 좌회전해서 한국석유공사 경비초소까지 간다. 이곳에서 맞은편 소로를 따라가면 안내판이 보이는데, 이곳에 자동차를 주차하고 등산로를 따라 가면 10분 정도 소요된다.

위치 경남 거제시 일운면 지세포리 봉대산(214m) **형태** 권설봉수
지정 경남기념물 제242호 **시대** 조선 중기 **상태** 복원

봉수대에서 본 지세포 해안

거제의 비경 이곳에서

거제 와현봉수

거제도에서 가장 아름다운 와현해변을 한눈에 조망하는 와현봉수는 한국석유공사 경내에 있다. 망산 정상을 돌아가며 방호벽을 쌓고, 한가운데 석축 연대를 세웠다. 연대 둘레는 33m, 높이가 3m 정도이며, 연대 위로 올라가는 계단이 잘 남아 있다. 방호벽에서 남쪽 해안 방향에는 연조 4기와 숙소 터가 흙더미에 덮여 있어 세월의 무상함을 엿볼 수 있다.

하늘에서 본 와현봉수 동쪽 전경

하늘에서 본 와현봉수 서쪽 전경

와현봉수는 거제 지역에서 가장 잘 보존되어 있다. 복원보다는 무너진 구간만 잘 보수해 역사 관광자원으로 활용하면 더없이 좋은 명소다. 최첨단 통신문화를 접하고 있는 이 시대에 봉수의 존재는 마치 전설 속 얘기로만 들릴 뿐, 힘겨웠던 봉수군들의 생활은 누구도 깨닫지 못하고 있다. 연기나 횃불 전달이 어려울 때 그들은 북과 나팔로 산 아래 위치한 진·보에 급보를 알렸으며, 어떤 때는 봉수군이 직접 다음 봉수까지 말을 타고 달려가서 알리기도 했다. 봉수군은 고독한 직책이었다. 횃불이 꺼지는 날은 일백 대의 매를 맞거나 심하면 사형에 처하기도 했다. 횃불이 풍우에 꺼지지 않도록 산속을 헤매며 늑대 똥과 솔잎 등을 채취해 연료를 만들어야만 했다. 통신수단이 없었던 시절 봉홧불로 호국을 생각했던 조상들의 혜안이 참으로 존경스럽다.

해안가에 위치한 와현봉수 전경

봉수대로 가려면 거제 일운면소재지에서 와현해수욕장으로 가는 고갯마루의 와현애펜션 앞에서 좌회전해서 한국석유공사 경비초소까지 간다. 석유공사 초소 뒤쪽 소로를 따라 자동차로 5분 정도 들어가면 봉수 안내판이 있다. 이곳에 자동차를 세우고 등산로를 따라가면 20분 정도 소요된다.

위치	경남 거제시 일운면 지세포리 망산(300m)			형태	연변봉수
지정	경남기념물 제243호	시대	조선 중기	상태	원형

섬 바다 물이 하나가 된 곳

통영 미륵산봉수

바다에 떠 있는 500여 개의 섬 풍경과 화려한 일출을 볼 수 있는 '동양의 나폴리' 통영은 항구 도시로, 한해 100만 명 이상 관광객이 찾는 명소다. 섬과 바다가 하나 된 풍광을 한눈에 감상하는 장소로는 미륵산이 으뜸이다. 높지 않은 산이지만 울창한 수림, 갖가지 기암괴석, 정상에서 조망되는 다도해 풍경은 한 폭의 그림처럼 다가온다. 절대 열세의 군사와 함선으로 왜군을 맞아 대승을 거둔 충무공 이순신 장군의 한산도대첩 격전지, 서쪽 능선에는 고려 최영 장군이 쌓았다는 당포성, 사량도를 비롯한 주변 도서 연안이 통영 주변에 몰려 있다. 통영은 300여 년간 조선시대 수군이 주둔했던 삼도수군 통제영의 군사 도시다.

미륵산 정상에는 6개의 암봉이 저마다 각기 다른 방향으로 두 눈을 부릅뜬 채 해안을 감시하는 봉수가 쌓여 있다. 이중 가장 남쪽 봉우리가 핵심봉수의 연대 자리다. 연대에는 5m 정도의 석축이 남아 있으며, 북쪽에도 석축 일부가 현존하고 있다. 연대 위에는 약 8m 정도의 평지와 돌무더기가 남아 있는데, 1999년 발굴조사 당시 그릇 조각과 수마석이 발견되어 건물이 있던 곳으로 추정된다. 두 번째 봉우리는 현재 태극기 게양대가 있는 곳인데

통영 미륵산봉수 제2봉 연대

암반으로 된 제5봉

봉수에서 본 동양의 나폴리 통영항

미륵산 정상이다. 이곳에서 조선시대 기와 조각과 통일신라의 도장무늬토기 조각이 발견되고 있다. 이로 미루어볼 때 미륵산 정상은 예부터 국가안위를 기원하던 제단이 있던 곳이다. 세 번째 봉우리에도 석축 일부가 드러나 있으며, 네 번째와 다섯 번째 봉우리 사이에는 등산로가 뚫려 있다. 크고 작은 이 봉우리들은 유사시 봉홧불을 올리던 천혜의 연조시설이 되기도 했다. 미륵산봉수가 처음 설치된 시기는 고려시대이며, 제2노선 간봉의 연변봉수로서 동쪽의 가라산봉수에서 신호를 받아 북쪽 도산면 우산봉수로 전달했다. 조선 세조 13년1467 당포 미륵산의 봉수군인 오중산이 해안에 왜선이 나타나자 신속히 진으로 알렸다는 기록이 있을 정도로 매우 중요한 봉수였다.

하지만 봉수는 몰지각한 관광객들의 통행으로 남아 있는 석축이 붕괴되고 있다. 통영시는 관광수입에만 몰두할 뿐 선조들의 호국정신이 깃든 봉수를 보존은커녕 관리 소홀로 훼손이 되고 있다. 통영은 국내

한 폭의 그림 같은 풍광

통영 주봉봉수

주봉봉수 연대석축

사량도는 통영에서 서쪽 방향으로 바다에 떠 있는 크고 작은 도서 가운데 두 섬으로 구분되는 곳이다. 옛 이름은 박도로서 큰 섬은 상박도이고 작은 섬은 하박도다. 두 섬 사이에는 가늘고 긴 바닷물이 흐르는데, 마치 물길이 뱀처럼 구불구불한 형세로 보여 사량蛇梁으로 부르고 있다. 조선 성종 21년 수군진이 이곳에 설치되었으며, 임진왜란 때는 호남과 영남을 잇는 조선 수군의 주요 거점이었다. 그 후 통제영이 설치된 이래 군사 216명과 거북선 1척, 병선 1척이 배치되어 작은 섬은 군사도시가 되었다.

하도에는 조선 후기 때 왜선의 출몰을 감시하던 봉수가 축조되었는데, 칠현산 동쪽 망봉에 위치하고 있다. 주봉봉수로 명칭이 붙은 이 봉수는 주변에서 일어나는 군사정보를 위해쌓은 사량진 소속의 권설봉수다. 하도에는 주봉봉수 말고도 2개소의 봉수가 더 있다. 주봉봉수에서는 동쪽과 서쪽 해안이 칠현산 능선에 가로막혀 관찰이 어렵게 되자, 이곳 동쪽과 서쪽 두 곳에 요망대를 설치했다. 하지만 요망대는 등산로가 없어 접근이 불가능하다. 토착민들은 이 요망대가 이순신 장군이 망을 본 장소라 해 이망봉으로 부른다. 주봉봉수는 제2노선 간봉의 연

봉수에서 본 사량도항

변봉수로 통영 우산봉수에서 횃불을 받아 고성 좌이산봉수로 전달했다.

동쪽의 요망대

봉수는 칠현산에서 동쪽으로 세 번째 봉우리에 쌓았다. 형태는 석축 연대를 둥글게 세웠는데, 연대 남서쪽은 경사가 매우 가팔라 석축 아래 또 하나의 보축석벽을 쌓아 튼튼하게 보강했다. 현재 연대는 축조 당시의 옛 모습으로 남아 있는데, 둘레가 약 30m, 높이는 2.5m 정도다. 연대 위에는 봉홧불을 올리던 연소실이 잘 보존되어 있다. 연대 남쪽의 석축은 일부 허물어졌지만 출입 계단은 잘 남아 있다. 사량도를 찾아오는 등산객들 대부분이 상박도의 옥녀봉 능선으로만 산행을 하는데, 주봉봉수가 있는 칠현산에서 보는 사량도의 풍광이 더 절경이다.

서쪽의 요망대

주봉봉수대는 통영시 도산면 여객터미널에서 사량도까지 뱃길로 30분 거리에 있다. 하박도 덕동 여객선터미널에서 내려 왼쪽으로 1km 정도 가면 칠현산 등산로가 나온다. 등산로는 잘 정비되어 있으며 봉수까지 50분 정도 소요된다.

위치 경남 통영시 사량면 읍덕리 칠현산(320m)　**형태** 권설봉수
지정 비지정　**시대** 조선 후기　**상태** 원형

충무공 이순신의 고뇌

통영 별망산봉수

한산섬 달 밝은 밤에 수루에 혼자 앉아
큰 칼 옆에 차고 깊은 시름하는 차에
어디서 일성호가는 남의 애를 끊나니

충무공 이순신 장군이 지은 '한산도가'다. 달 밝은 밤에 수루에 홀로 앉아 바다를 내려다보는 장군의 인간적 고뇌가 담겨 있는 시로 유명하다. 이 시는 4백 년이 지난 오늘날까지도 수루를 찾는 사람들의 심금을 울리고 있다. 한산도는 한려해상국립공원의 출발지로서 섬 전체가 역사 유적지다. 절대 열세의 병력과 함선으로 적을 맞은 조선 수군은 한산도 인근 바다로 적을 유인해 적선 70척 중 66척을 격파하는 대승을 거둔 한산대첩으로 유명세가 붙은 역사의 현장이다.

한려수도를 한눈에 조망할 수 있는 망산 정상에는 별망산봉수가 있다. 임진왜란 이후 자주 출몰하는 왜구의 침입에 대비하기 위해 축조된 것으로 당포진 소속의 봉수였다. 조선 후기 군사 정보를 목적으로 간행된 《여도비지》에는 한배곶 봉수로 기록되기도 했다. 이 봉수는 제2노선 간봉의 연변봉수로 동쪽의 거제 가라산봉수에서 신호를 받아 서쪽 통영미륵산봉수로 전달했다. 봉수가 있는 정상은 남북 방향에서 동서 방향으로 굽어지는

별망산봉수 건물 터

별망산봉수 정상 연조시설

봉수에서 본 한려해상국립공원

능선이다. 능선 따라 연조, 건물 터, 망루 터 등이 있는데, 이들 시설물은 대부분 훼손되었지만 봉홧불을 올리는 연조는 3기가 흔적이 남아 있다. 연조에서 서쪽으로 약 10m 정도 떨어진 경사지 아래쪽에 봉수군들의 숙소와 창고 터로 추정되는 네모반듯한 웅덩이가 있다. 돌로 쌓은 이 웅덩이의 안쪽 벽면은 길이 17m, 폭은 16m, 높이가 2m 정도다. 연조와 이어진 정상에는 적의 출몰을 감시하기 위해 세웠던 망루 터도 흔적이 남아 있다.

한산도에는 크고 작은 도서들이 즐비하며, 특히 해질 무렵의 낙조는 붉은 융단을 깔아 놓은 듯 장관을 이룬다. 별망산봉수대 가는 길은 통영항에서 뱃길로 한산도까지 약 30분 정도 소요된다. 한산도에는 1시간 간격으로 섬 전체를 일주하는 버스가 있다. 한산면소재지 한산농협에서 내리면 망산 입구 안내판이 있는데, 이곳에서 등산로를 따라 1시간 정도 올라가면 봉수가 나온다. 가파르지 않는 호젓한 산길을 따라 가다 보면 마치 바다 위에 떠 있는 기분이다.

위치 경남 통영시 한산면 하소리 망산(293m) 형태 연변봉수
지정 비지정 시대 조선 후기 상태 원형

특이한 구조물

양산 위천봉수

우리가 거주하고 있는 주택의 구조가 각각 다르듯이 봉수도 지형에 따라 쌓은 형태가 다르다. 양산의 위천봉수가 그런 곳이다. 위천봉수는 방호벽 안에 모든 시설이 다 들어 있다.

연조가 설치된 서쪽은 지대는 낮지만 조망권이 뛰어나고, 동쪽은 지대가 높은데도 시계가 좋지 않아, 봉수군들의 숙소와 창고 등의 건물이 들어서 있다. 대부분의 봉수가 봉홧불을 올리는 시설과 건물이 들

복원한 위천봉수대

위천봉수 건물 터

어선 장소가 서로 떨어져 있는데 위천봉수는 한 곳에 모여 있다. 이 봉수는 1991년에 복원했는데, 방호벽 둘레는 53m, 높이는 지형에 따라 다르지만 평균 2m 정도다. 연조는 방호벽 안쪽에 장방형의 석축 단을 만들고, 그 위에 5기의 연조를 세웠다. 그런데 연조 간의 간격이 너무 다닥다닥 붙어 있어 정체성을 잃고 말았다. 발굴조사에 드러난 봉수군들의 주거지는 정면 3칸, 측면 2칸 목조의 맞배지붕 기와집에 온돌을 깔았던 것으로 확인되었다.

위천봉수는 《경상도속찬지리》언양현조에서 원적산봉수로 기록되었는데, 조선 후기 《양산읍지》부터 위천渭川봉수로 명칭이 변경되었다. 처음 설치된 시기는 조선시대이며, 제2노선 직봉의 내지봉수로 남쪽 부산 계명산봉수에서 신호를 받아 북쪽 언양 부로산봉수로 전달했다. 1760년 발간된 《여지도서》에는 경상도 지역 153개소 봉수 중에서 금성봉수와 함께 봉수 운영에 필요한 각종 시설 및 비치물목을 기록해 놓았다.

봉수대로 가려면 양산시 상북면사무소 뒤쪽 경부고속도로 아래 굴다리를 지나 오른쪽에 위치한 양산오토캠핑장까지 간 다음, 이곳에서 비포장도로를 따라가면 안내판이 나온다. 자동차가 봉수까지 진입한다.

위치 경남 양산시 상북면 석계리 산 20-21 원적산(325m) **형태** 내지봉수
지정 경남기념물 제118호 **시대** 조선시대 **상태** 복원

진달래 군락지가 아름다운
밀양 남산봉수

진달래 군락지로 유명한 밀양의 진산인 종남산은 밀양 남쪽에 위치하고 있다고 해서 남산으로 부른다. 그런데 종남산으로 이름이 바뀐 데는 몇 가지 설화가 전한다. 그중 하나는 옛날 이 고을에 큰 해일이 일어나 산꼭대기만 종지만큼 남았다고 해 종지산으로 불렸다는 설과, 또 하나는 종남이라는 의적이 이 산에 숨어 살았다고 해서 종남산이 되었다는 설이 있다. 조선 영조 때 출간된 《여지도서》에는 '영현은 종남산으로 부르는데, 부의 서남쪽 15리에 있으며, 이곳에 기우제단이 있다'고 기록되어 있다.

이 종남산 두 번째 봉우리에는 언제 어느 세력이 쌓았는지 알 수 없는 봉수가 있다. 봉수는 오랜 세월이 흐르면서 붕괴되고, 돌무더기와 깨진 기와 조각만 남은 것을 밀양시에서 2000년 방호벽과 연조를 복원했다.

고증 없이 복원한 남산봉수

봉수대 주변 밀양 8경 종남산 진달래 군락지

방호벽 내부의 연조시설

남산봉수는 제2노선 간봉의 내지봉수로서, 임진왜란 이전에는 남쪽 김해 자암산봉수에서 신호를 받았으나 거리가 멀어 효종 5년1654부터는 신설된 밀양 하남읍 백산봉수에서 신호를 받아 추화산봉수로 전달했다.

발굴조사 때 통일신라의 회청색 경질토기 조각과 마형토우의 머리 부분이 출토되자, 봉수가 처음 설치된 시기를 두고 학자들 사이에 논란이 일었다. 하지만 이 유물들은 봉수와 관련된 유물이라기보다는 당시 높은 산에서 지내던 제사용 유물로 추정된다는 견해가 나왔다. 그리고 봉수와 관련된 유물은 발견되지 않았다.

봉수가 있는 곳은 어디나 할 것 없이 조망권이 압도적이다. 밀양시가지가 한눈에 내려다보이는 종남산은 해마다 봄이면 만발한 진달래를 감상하기 위해 수많은 등산객들이 몰려든다. 봉수대까지 가는 등산로가 여러 곳에 있지만, 밀양시 초동면 덕산리에서 방동저수지로 가는 길이 가장 빠르다. 이곳에서 10분 정도 종남산 방향으로 자동차를 타고 올라가면 남동마을, 여기서 조금 더 올라가면 작은 절 미덕사가 나온다. 이곳에 자동차를 세우고 등산로를 따라 30분 정도 올라가면 봉수를 만난다.

위치	경남 밀양시 상남면 남산리 종남산(663m)			형태	내지봉수
지정	경남기념물 제227호	시대	시대 미상	상태	복원

추화산성은 밀양의 정신적 지주
밀양 추화산봉수

추화는 밀양의 옛 이름이다. 밀양 시내와 인접한 추화산에는 신라와 가야가 낙동강을 사이에 두고 대치하던 시기에 쌓은 삼국시대 초기의 산성이 있다. 이 산성은 밀양 사람들에게는 정신적 지주다. 《여지승람》에는 고려 때 고을의 호족 광리군 손긍훈 장군이 추화산 성황신이 되어 산성에서 적을 막았다는 기록이 전해진다. 추화산성은 신라시대에서 조선 초기까지 행정을 맡아보던 추화의 치소治所였으며, 조선 성종 10년1479에 지금의 밀양읍성이 축조되면서 산성에서 이전하게 되었다.

산성의 형태는 테뫼식으로 8부 능선을 따라 흙과 돌을 혼합해 쌓았는데 둘레가 약 1.4km 정도다. 현재 성벽은 대부분 붕괴되고, 최근에 서남쪽만 복원했는데, 길이 300m, 높이는 5m 정도다. 성은 동·서·남쪽에 성문을 만들고 북쪽 평지에는 우물·연못·부속건물을 배치했다.

고증 없이 복원한 추화산봉수

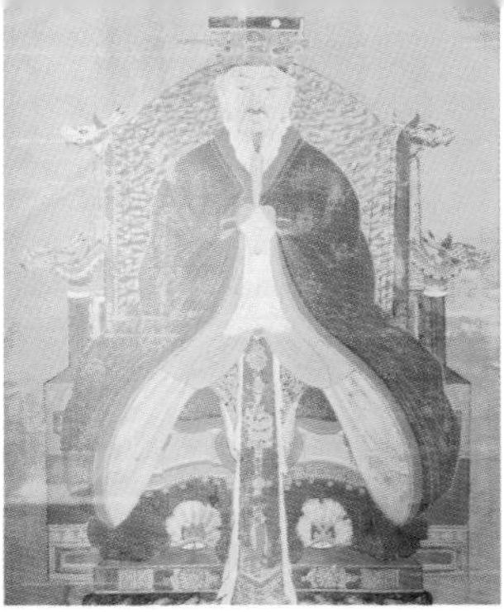

추화산성 성황신

봉수 주변 추화산성

성벽은 토·석축 혼합으로 쌓았으며, 경사면 기단부는 돌로 쌓고 안쪽은 흙으로 채웠다. 성벽 위쪽은 안과 밖을 돌로 올렸다. 성안에서는 기와·토기·분청사기·백자 조각 등 많은 유물이 발견되는 것으로 볼 때 신라시대에서 조선시대까지 산성이 운영되었음을 알 수 있다.

산성 아래는 밀양에서 청도로 통하는 국도와 밀양 시내로 흘러가는 남천강과 경부선 철도가 개설되어 있다. 밀양은 양산·언양·김해·청도에 둘러싸인 내륙지방으로 청도와 대구를 잇는 주요 교통로의 길목이다. 이로 미루어 볼 때 삼국시대에는 백제와 신라의 전투, 고려 때는 삼별초의 난과 관련된 산성으로 추정된다.

이처럼 오랜 세월 동안 밀양을 수호해 온 추화산성 북쪽 봉우리에는 언제 어느 세력이 설치했는지 알 수 없는 봉수가 있다. 이 봉수는 2001년 석축의 방호벽과 연조 1기를 복원했다. 추화산봉수는 제2노선 간봉의 내지봉수다. 남쪽 남산봉수에서 신호를 받아 북쪽 분항봉수로 전달했다는 기록이 《여지승람》에 있다. 추화산성보전회는 1990년부터 해마다 정월대보름에 이곳에서 봉수제를 올린다.

봉수대로 가려면 밀양 시내에서 밀양대로를 따라 경부고속도로 밀양 IC 방향으로 가다가 교동교차로에서 오른쪽으로 나온다. 추화산 정상까지 자동차로 진입할 수 있다.

위치 경남 밀양시 교동 추화산(243m) **형태** 내지봉수
지정 비지정 **시대** 시대 미상 **상태** 복원

수로왕릉이 한눈에

김해 분산성봉수

가락국의 시조 수로왕릉과 을숙도 철새도래지가 한눈에 조망되는 분산성은 산 정상을 에워싼 테뫼식 석축산성이다. 성안에서는 가야와 신라시대의 토기 조각이 발견되는 것으로 볼 때 처음 설치된 시기는 가야나 신라로 추정하고 있다. 고려 말 김해부사 박위가 왜구의 침입에 대비해 산성을 개축했고 조선 후기에도 보수를 했다는 기록이 있다.

분산성 남쪽 끝에는 어느 세력이 세웠는지 알 수 없는 봉수가 있다. 조선 예종 원년1469에 간행된 《경상도지리지》에 산성봉수로 《대동지지》에는 분산봉수로 기록되어 있다. 분산봉수가 처음 설치된 시기는 기록상으로는 조선 초기이지만, 부산 인근의 다른 봉수들이 대부분 고려 때 쌓은 것으로 볼 때 분산봉수도 고려시대로 추정이 가능하다.

분산봉수는 1999년 연대·연조·방호벽·출입 계단을 복원했다. 봉수에 올라서면 광활한 김해평야와 낙동강의 물줄기가 시원하게 조망된다. 제2노선 간봉의 연변봉수로 남쪽 성화예산봉수에서 신호를 받아

분산성봉수 연대

분산성봉수 전경

북쪽 양산의 위천봉수로 전달했다.

봉수 왼쪽 암벽에는 흥선대원군의 친필 만장대萬丈臺란 글씨가 새겨져 있다. 왜적을 물리치는 전진기지로 '만 길'이나 되는 높은 '대'라는 뜻이다. 분산성봉수는 김해 시민들에게 '만장대'라는 이름으로 더 친숙하다. 산성 안에 작은 절 해운사가 있는데 가락국의 허왕후가 인도에서 왔던 것을 기념해 세웠다고 한다. 이곳에는 조선시대 때 그린 김수로왕과 허왕후의 영정이 모셔져 있다.

그리고 분산성의 수축내력을 기록한 4기의 비석이 보존된 충의각도 있다. 1기는 '정국군박공위축성사적비'로 고려 말 분산성을 보수한 박위 장군의 업적과 내력을 기록한 것인데, 김해부사 정현석이 고종 8년1891에 세웠다. 다른 2기는 '흥선대원군만세불망비'로 김해부사 정현석이 분산성을 보수한 후 이를 허가해 준 흥선대원군의 뜻을 기리기 위해 세웠는데, 고려 말 정몽주가 쓴 분산성 관련 글도 새겨져 있다. 마지막 1기는 '부사통정대부정현석영세불망비'로 분산성을 보수하여 쌓은 김해부사 정현석의 공을 잊지 않고 기리기 위해 고종 11년1874에 세운 것이다. 충의각에서는 매년 10월 28일이면 외적의 침략을 물리치기 위해 힘쓴 선조들을 기리는 제례를 지내고 있다.

사적 제66호로 지정된 분산성은 지난 2000년부터 2015년까지 성벽·창고 터·우물 터 등을 복원해 역사탐방 관광자원으로 활용하고 있다. 분산성에 올라 주변을 내려다보면 가슴이 탁 트이면서 심신의 피로가 확 풀린다.

봉수대는 김해IC에서 인제대학교를 지나 김해가야테마파크에 자동차를 주차하고 등산로를 따라 약 20분 거리에 있다.

위치 경남 김해시 어방동 분성산(330m) **형태** 연변봉수
지정 비지정 **시대** 시대 미상 **상태** 복원

몽고군에 점령됐던 봉수

마산 가을포봉수

가을포봉수가 처음 설치된 시기는 고려시대이며, 제2노선 간봉의 연변봉수로 남쪽 고성 곡산봉수에서 신호를 받아 함안 파산봉수로 전달했다. 봉수는 1986년에 복원했는데 원래 모습이 사라지고 말았다. 방호벽 둘레는 60m이고 방호벽 내부에 석축 연대를 세웠다. 연대 둘레는 25m이며, 봉화를 올리던 연소실과 연대 앞에는 제단 터도 만들어 놓았다. 그리고 방호벽 바깥 서쪽에 4기의 연조가 있는데 형태가 또렷하지는 않다. 연조 간의 간격은 4m 정도다. 연조는 축조 당시의 원형으로 추정된다.

안개 속의 가을포봉수 연대

가을포봉수 방호벽

김주홍 박사는 고려 때 일시적으로 몽고군에 의해 관리되었던 봉수가 가을포봉수로 추정된다고 말한다. 고려 원종 13년1272 삼별초가 합포마산에 침입해 전함 20척을 불태운 뒤 봉수를 점령하고 있던 몽고군 4명을 생포했다는 기록이 고려사에 남아 있다.

하지만 역사의 격랑을 겪은 가을포봉수 역시 관리 소홀로 잡풀에 뒤덮여 신음하고 있다. 봉수대는 진동면 광암마을회관 건너편에서 등산로를 따라 20분 거리에 있다.

위치 마산시 합포구 진동면 요장리 광암마을 봉화산(125m) **형태** 연변봉수
지정 경남기념물 제169호 **시대** 고려시대 **상태** 복원

봉수 내부에 공룡발자국이

고성 좌이산봉수

경남 고성군청에서 약 30km 정도 거리에 위치한 좌이산은 봉우리 전체가 암반이다. 중생대 말기 화산분화로 용암이 흘러내리면서 삼각형의 암봉이 형성되었다. 암반에는 공룡 발자국이 지금도 선명하게 남아 있는데, 고성군 일대가 공룡이 집단으로 서식했음을 알려주는 증거다.

좌이산봉수 전경

이 암반을 에워싸고 있는 좌이산봉수가 처음 설치된 시기는 조선 초기다. 제2노선 간봉의 연변봉수로, 남쪽의 통영 우산봉수에서 봉화를 받아 사천 각산봉수로 전달했다. 유사시에는 산 아래 조선시대 수군이 주둔했던 소을비포성으로도 군사정보를 전달했던 요충지다.

좌이산봉수는 정상을 돌아가며 방호 형태인 연대를 쌓았는데 그 내부에 연조 흔적이 남아 있다. 연대 아래쪽에도 암반을 에워싼 방호벽이 있는데, 방호벽 둘레는 약 73m, 높이는 바깥이 2.5m이고 안쪽은

봉수 아래 소을비포성

1m 정도다. 내부에는 군사들의 숙소와 창고 터가 있었는데 지금은 공룡 발자국만 그곳을 지키고 있다. 좌이산봉수의 방호벽은 지금도 잘 보존되어 있다. 일부 석축이 붕괴되긴 했지만 1999년 연대와 방호벽을 보수해 옛 모습을 되찾았다.

공룡발자국을 확인하고 있는 군청직원들

깎아지른 절벽 위에 설치된 봉수는 바다를 굽어보고 있으며, 이곳에 올라서면 탁 트인 해안 풍경에 매료되어 많은 등산객이 즐겨 찾는 곳이다. 산 형태가 귀를 닮았다는 좌이산은 높지 않지만 남쪽으로 고성 앞바다와 통영의 사량도, 그리고 서쪽으로는 하이면의 상족암과 삼천포 앞바다, 북쪽으로는 수태산과 무이산이 손에 잡힐 듯하다.

봉수에서 본 한려해상국립공원

봉수대로 가려면 가리미재에 자동차를 주차하고 등산로를 따라 오르면 되는데, 두 번째 봉우리에 봉수가 있으며 약 50분 정도 소요된다.

위치 경남 고성군 하일면 송천리 좌이산(392m) **형태** 연변봉수
지정 경남기념물 제138호 **시대** 조선 초기 **상태** 복원

남해 최고의 명소
남해 금산봉수

연간 200만 명 넘게 찾는 남해 최대의 관광명소 금산은 한려해상국립공원 중 유일한 산악공원이다. 산 전체가 기암괴석들로 뒤덮인 절경이며 금산삼십팔경이라 불릴 정도로 일대가 장관을 이룬다. 이곳에는 강화도 보문사, 낙산사 홍련암과 더불어 우리나라 3대 기도처의 하나인 보리암이 자리하고 있다.

금산에는 마을 사람들이 망대로 부르는 봉우리가 있는데, 이곳에 고려시대 때 처음 설치된 봉수가 있다. 봉수는 암반 위에 석축의 연대를 세웠는데, 둘레가 26m, 높이는 4.5m 정도다. 연대의 북서쪽 9m 지점

천혜의 비경인 금산에 축조된 봉수

봉수거화 재현을 하고 있는 군인들

에는 5기의 연조가 나란히 배치되어 있다. 연대 옆에는 횃불을 피운 후 재를 모아 두었던 잿더미도 남아 있다.

봉수군들의 숙소는 연대 앞 안내 표지판이 서 있는 곳으로 추정된다. 금산봉수는 원형 보존이 잘된 국내의 몇 안 되는 봉수 중 하나이다. 이 봉수는 제2노선 간봉의 연변봉수로서 남쪽 설흘산봉수에서 봉화를 받아 북쪽 대방산봉수로 전달했다.

남해군에서는 1999년에 지표조사를 했는데, 봉수는 암반을 기단부로 인근의 자연석을 모아 축조했으며 연조와 방호벽의 유구 흔적은 보이지 않는다고 한다. 하지만 최근 들어 남해의 관방유적 전체를 조사한 문부경예비군 중대장 향토사가는 연조와 건물 터가 남아 있다고 밝혔다.

연변봉수의 특징은 연대와 4~5기의 연조로 구분된다. 연대로 올라가는 계단은 나선형이나 직선형이고 방호벽은 대부분 없다. 그리고 내지봉수의 특징은 평면에 4~5기의 연조가 있지만 대부분 연대가 없고 방호벽을 축조했다.

암반 위에 축조한 남해 금산봉수 연대

남해 관할의 봉수는 연변봉수로서 연대와 연조가 구분된다. 금산봉수, 설흘산봉수, 원산봉수, 대방산봉수는 연변·내지봉수 혼합형이고, 미조봉수, 망기산봉수, 망운산봉수, 대국산봉수, 성현봉수는 연조 없이 연대만 축조했다.

봉수대로 가려면 금산 아래쪽 주차장에서 보리암에서 운영하는 미니버스를 타고 정상 주차장에 내리면 되는데, 이곳에서 도보로 10분 거리에 봉수가 있다.

위치	경남 남해군 상주면 상주리 257-3 금산(681m)			형태	연변봉수
지정	경남기념물 제87호	시대	고려시대	상태	복원

원형은 사진으로만 남아

남해 대방산봉수

대방산에 오르면 남해의 동북쪽 비경을 한눈에 감상할 수 있다. 이 산은 높지 않지만 급한 경사지가 많아 쉬엄쉬엄 올라가야 한다. 정상에 오르면 남해 제4경에 속하는 창선교와 삼천포대교, 통영의 사량진까지 한눈에 조망된다.

해안을 끼고 있는 도서 지역은 전망 좋은 산꼭대기에 으레 봉수가 설치되어 있다. 대방산에도 변방의 위급함을 알리던 봉수가 있다. 그런데 정상에서 북동쪽으로 250m 정도 떨어진 봉우리에 봉수가 쌓여 있는데 이곳이 정상보다 조망권이 뛰어나기 때문이다.

대방산봉수가 처음 설치된 시기는 조선 초기다. 《경상도속찬지리지》에는 진주도 진주목 소속의 대방산연대봉화라는 명칭으로 남쪽 흥선도남해에 위치하며 북쪽으로 각산연대봉화로 응한다고 기록되어 있다. 봉수 노선은 제2노선 간봉의 연변봉수로 남쪽 금산봉수에서 신호를 받아 사천 각산봉수로 전달했으며, 봉홧불이 폐지될 때까지 노선 변동 없이 운영되었다.

대방산봉수 형태는 경사진 능선을 판판하게 다진 뒤 삼각형 모양의 방호벽을 두르고 북쪽 끝머리에 석축 연대를 세웠다. 연대는 둥글게 축조했는데 둘레가 약 30m, 높이는 2.6m 정도다. 연대로 올라가는 계단은 나선형이다. 석축은 남쪽 벽면이 일부 붕괴되었지만 대체적으로 보존이 잘된 편이다.

방호벽은 연대 아래쪽과 연결해 양쪽 팔을 벌려 놓은 것처럼 남쪽 공간을 에워쌌다. 둘레는 연대를 포함해서 약 70m 정도이고, 높이는 1m 나 된다. 봉수군들의 숙소와 창고 터는 방호벽 내부에 있었을 것으로 추정된다. 연대 아래는 횃불을 올리던 토·석축의 연조 5기가 있는데 처음 설치된 시기에 생긴 것으로 보인다. 그리고 연대 북동쪽 공터에도 후대에 설치한 것으로 보이는 토·석축의 연대 5기가 있는데 규모도 초기 연조보다 크다. 대방산봉수는 방호벽과 연대, 그리고 연조 10기가 만들어진 국내서 보기 드문 봉수다.

복원 전 대방산봉수 연대

하지만 멀쩡하던 대방산봉수는 2007년 연대를 해체하고 다시 쌓으면서 옛 모습이 사라지고 말았다. 유적의 복원은 신중하게 검토해야 하는데도 마구잡이로 헐어 버린 것이다. 지자체의 한심한 결정으로 봉수를 아끼는 사람들의 분노가 가라앉지 않고 있다. 다행인지 모르지만 복원 전 필자가 촬영한 봉수의 원형이 유일한 기록이 되었다.

복원 후 봉수 연대

봉수대로 가려면 창선면소재지에서 2km 정도 가서 왼쪽에 있는 상신마을 입구까지 간 다음 이곳에서 산으로 난 포장도로를 따라가면 운대암이다. 여기에 자동차를 세우고 저수지 댐 아래로 내려가면 등산로가 나오는데 급경사를 타고 50분 정도 오르면 된다.

위치 경남 남해군 창선면 옥천리 산 75 대방산(468m)		형태 연변봉수	
지정 경남기념물 제248호	시대 조선 초기	상태 복원	

남해 일출은 이곳에서

남해 설흘산봉수

최근 남해에서 일출 감상이 뛰어난 곳으로 유명세가 붙은 설흘산에는 요즘 연간 50만 명이 넘는 등산객이 찾아올 정도로 인기가 높다. 설흘산 정상에 오르면 깊숙하게 들어앉은 앵강만이 한눈에 들어오고 《구운몽》으로 소설문학의 선구자가 된 서포 김만중의 유배지인 노도가 아련히 조망된다.

설흘산봉수 연대

연대 아래 연조를 실측하는 향토사가들

연대로 올라가는 계단 시설

전망이 뛰어난 이곳에는 고려시대 때 처음 설치된 당시의 원형이 잘 보존된 봉수가 있다. 제2노선 간봉의 연변봉수로서, 초기에는 서쪽 망운산봉수에서 봉화를 받기만 하다가 훗날에는 동쪽 금산봉수와 북쪽의 원산봉수에 봉화를 보냈다.

봉수가 쌓여 있는 지형은 동쪽만 능선이 완만하고 나머지 3면은 급경사다. 봉수는 자연암반 위에 석축의 연대를 쌓아올렸는데 높이는 6m, 폭은 7m, 둘레가 25m 정도다. 연대 위에는 움푹 파인 웅덩이가 있는데, 연소실로 추정되지만 훼손이 심하다. 연대로 올라가는 계단은 빙글빙글 돌아가는 나선형이다.

연대 아래 경사지에는 연대를 중심에 두고 서북쪽과 동북쪽에 각각 5기의 연조를 설치했다. 서북쪽은 여수 돌산도봉수 방향을 바라보고 있고, 동북쪽은 원산봉수 방향이다. 이들 연조는 모두 2m 이내의 간격을 두고 둥글게 쌓아올렸는데, 모두 붕괴된 채 쓸쓸히 바닥에 널브러져 있다. 설흘산봉수는 1기의 연대와 10기의 연조를 설치했는데 이웃의 대방산봉수와 시설물이 유사하다. 설흘산봉수는 방호벽을 축조하지 않았다. 연대에서 해안 쪽으로 100m 떨어진 대나무 숲에 봉수군들의 숙소와 창고 터가 남아 있다.

설흘산봉수는 원형이 잘 남아 있었는데도 2007년 연대를 보수하면

연대 상부의 연소실

서 원형을 훼손시키고 말았다. 봉홧불을 올리던 연조 복원이 더 시급한데도, 남해군청은 거들떠보지 않은 채 우뚝 솟은 연대만 눈요깃감으로 정비한 것이다. 이뿐만 아니다 주변의 원산봉수·대방산봉수도 그렇게 정체성 없이 복원을 하고 말았다. 멀쩡했던 이들 봉수를 왜 복원했는지 의문점투성이다.

봉수대로 가려면 가천마을에서 산기슭 포장길을 따라 1.5km 올라간다. 이곳 주차장에서 도보로 약 30분 거리에 봉수가 있다.

위치 경남 남해군 남면 홍현리 산 237-1 설흘산(488m) **형태** 연변봉수
지정 경남기념물 제247호 **시대** 고려시대 **상태** 연대 보수

지붕바위에 쌓은

남해 원산봉수

호랑이를 닮았다는 호구산은 지리산의 호랑이가 건너와 살았다는 전설의 산이다. 그런데 산의 형태는 원숭이 모습처럼 보여 원산으로 부르기도 한다. 정상에 오르면 광양·여수·하동·통영까지 조망된다. 산 중턱에는 임진왜란 때 승군들이 주둔했던 용문사가 있으며, 그들이 사용했던 세 개의 포신을 겹쳐 만든 작은 대포인 삼혈포가 소장되어 있다.

호구산의 정상 봉우리는 높이가 30m의 암반으로 이루어져 있다. 봉수는 이 암반 위에 쌓았는데 석축의 연대 1기와 5기의 연조가 나란히

보수한 남해 원산봉수 연대

연조시설 뒤쪽에 있는 연대

암반 위에 축조한 원산봉수

배치되어 있다. 처음 설치된 시기는 조선 중기이며, 제2노선 간봉의 연변봉수다. 동쪽 금산봉수에서 신호를 받아 남쪽 설흘산봉수로 전달했다. 연대 둘레는 약 25m이며 높이는 지형에 따라 다르지만 가장 높은 곳은 2.7m 정도다. 연조는 대부분 붕괴된 채 흔적만 남았다. 원산봉수는 방호벽이 없다. 연변봉수의 특징이기도 하지만 30m 높이의 수직암반이 방호벽 역할을 하기 때문이다.

암반 아래에 있는 대나무 숲이 봉수군들의 숙소 터다. 원산봉수는 반쪽 자리 봉수로 2005년 남해군에서 연대만 복원했는데 그 모습이 참으로 실망스럽다.

봉수대로 가려면 이동면 용문사에서 왼쪽 포장도로를 따라 300m 정도 올라가 염불암까지 간 다음, 거기서 다시 200m 정도 올라간다. 그곳이 연화암인데, 연화암에 자동차를 주차하고 암자 오른쪽으로 가면 등산로가 있다. 금경사의 너널지대를 40분 정도 올라가면 봉수다.

위치 경남 남해군 이동면 다정리 호구산(627m) **형태** 연변봉수
지정 비지정 **시대** 조선 중기 **상태** 복원

하늘 아래 첫 봉수

남해 망운산봉수

"지금 물에는 골라서 쓸 수 있는 수군이 있고, 성곽에는 국경을 지키는 날카로운 망루가 있다. 뿐만 아니다. 또한 주야로 눈을 부릅뜬 봉수가 있어, 이제는 흉악한 적을 막고 백성을 보호하는 데 문제 없을 것이다."

고려 말 문신 문정공 정이오가 남해 망운산봉수에 올라 드넓은 바다를 내려다보며 호국의지를 불태우며 한 말이다.

망운산에는 우리나라에서 가장 높은 고지대에 축조된 봉수가 있다. 봉수에 올라서면 마치 하늘에 떠 있는 기분이다. 바다 위에 점점이 떠

가장 높은 곳에 축조한 망운산봉수 연대

있는 작은 섬들과 강진만, 청정해역의 바다와 여천공단, 삼천포와 지리산까지 가물가물 조망된다. 망운산봉수가 처음 설치된 시기는 고려시대다. 봉수 노선상 제2노선 간봉의 연변봉수로서 조선 초기에 잠시 진주 금양부곡의 양둔에만 봉홧불을 보낸 것이 유일하다. 남해현의 망운산봉수가 산이 험준해 군사들이 주둔하기에 부적절하므로 폐지하는 게 좋다는 전라·충청·경상도 체찰사의 건의에 따라, 단종 2년1454에 병조의 요청을 받아들여 짧은 기간 동안 운영되었던 봉수다.

정상에는 연대 하나만 쌓여 있는데, 둘레는 약 40m이며, 높이는 지형에 따라 다르지만 밖으로 노출된 석축만 대체적으로 1.5m 정도다. 연대 위에는 후대에 쌓은 것으로 보이는 원뿔형 돌탑이 있는데 둘레가 약 4m, 높이는 2.5m 정도 된다. 연대에 사용한 돌은 천년 세월 동안 풍우에 시달려 표면이 깎이고 세월의 더께가 눌러 붙어 고색창연하다. 연대를 보고 있으면 선조들의 숨결과 무언의 소리가 들려오는 듯 머리가 절로 숙여진다.

이 봉수는 1971년 KBS중계소가 세워지면서 일반인들의 통제구역이 되어 원형이 잘 보존된 것으로 보인다. 이곳에서 보내는 KBS 전파는 남해안 일대와 멀리 동남아까지 송신된다. 그 옛날 봉홧불처럼 세상을 밝혀주고 있다.

봉수 북동쪽 방향 300m 정도 아래의 운암골 언덕에는 미공군 전몰 기념비가 있다. 1945년 8월 7일 제2차 세계대전 당시 여수에 주둔한 일본군 군수공장을 폭격하고 돌아가던 미 공군 폭격기가 추락한 곳이다. 당시 탑승한 미군 11명은 모두 전사했다. 사고가 나자 남해읍 주민들이 시신과 유품을 수습해 매장해 주고, 그 자리에 기념비까지 세워 준 것이다. 지금도 매년 이날이 되면 미 공군에서 찾아와 추모행사를 가진다고 한다.

KBS 송신탑 옆의 봉수대

남해의 최고봉 망운산은 유명세가 붙은 금산에 가려 외부로 잘 알려지지 않았다. 하지만 망운산을 아끼는 등산객들은 자연의 훼손방지를 위해 외부에 알려지는 것을 꺼리고 있다.

정상에는 기우제를 지냈던 흔적과 제관이 앉았던 돌로 된 의자도 놓여 있다. 남해에 비가 오지 않을 경우 제일 먼저 이곳에서 기우제를 지내고, 그래도 비가 오지 않을 경우 상주리 앞바다 세존도에서 기우제를 지냈다고 한다. 해마다 5월이 되면 철쭉 군락지를 보러 오는 가족들

봉수에서 본 여수 이순신대교

과 동호인 등의 모임에서 많이 찾는다. 정상까지는 1시간 30분 정도 소요된다.

봉수대까지는 자동차로 남해군 서면 중리에서 동네 가운데로 나 있는 망운산중계소 안내판을 따라 3.6km를 올라가면 된다. 중계소 직원의 안내를 받아야 출입이 가능하다.

위치 경남 남해군 서면 연죽리 망운산(786m)			**형태** 연변봉수
지정 비지정		**시대** 고려시대	**상태** 원형

경남 지역 봉수들의 복원 모델이 된

사천 각산봉수

삼천포항을 병풍처럼 감싸고 있는 각산 서쪽 봉우리에 설치된 각산봉수는 고려 원종 때 산성과 같이 축조되었다. 고려 말 왜구의 침입이 빈번해지자 산성 아래 굴항 부근에 구라량영을 설치하고 수군을 주둔시켰다. 그러나 수군이 철수하자 또다시 왜구가 침범해 각산산성까지 올라와 불을 지르기도 했다.

각산봉수는 제2노선 간봉의 연변봉수로서 남해 대방산봉수에서 신호를 받아 사천 안점산봉수로 신호를 보냈다. 봉수는 오랜 세월이 흐

각산봉수 방호벽

각산봉수 전경

르면서 방호벽 일부만 남긴 채 대부분 붕괴된 것을 1990년 복원했다. 복원된 석축 연대는 둘레 약 30m, 높이가 2.3m 정도다. 연대 위에는 연조를 세웠다. 연대 하단에는 봉수군들의 건물 터 흔적도 남아 있다. 방호벽은 동남 방향 지대가 완만한 곳에만 석축을 쌓았는데 길이가 약 40m, 높이는 1.5m 정도다. 그 외에는 급경사로 인해 방호벽을 축조하지 않은 것으로 보인다.

각산봉수는 오래전에 진주·김해·거제·남해 등 경남 지역 모든 봉수의 복원 모델이었다. 그런데 각 지자체들은 정확한 고증 절차 없이 복원된 이 봉수를 본보기로 삼아 천편일률적으로 복원을 한 것이다. 사

대나무 숲에 둘러쌓인 각산봉수

천시청 김상일 학예사는 복원과정에서 지표나 시굴조사는 없었던 것으로 판단되며, 연대 규모도 복원 시 서쪽 부분이 확장된 것으로 보인다며, 복원과정에서 실수가 있었음을 인정했다.

봉수에 올라서면 사천만, 진주만 일대의 한려수도가 한눈에 들어온다. 사천시는 조망권이 우수한 각산산성과 봉수를 연계하는 역사탐방로를 계획 중에 있다. 봉수대까지는 산 아래 대방사에 자동차를 주차한 다음 각산산성을 지나 등산로를 따라 약 40분 정도 소요된다.

위치 경남 사천시 대방동 각산(398m) **형태** 연변봉수
지정 경남문화재자료 제96호 **시대** 고려시대 **상태** 복원

산 중턱에 자리 잡은

하동 금오산봉수

하동에서 남해 방향으로 가다 보면 우측 편에 높이 솟은 금오산이 있다. 이 산은 3개면이 이어진 거산이다. 정상에서는 하동의 8경 중 하나인 일출과 일몰을 동시에 볼 수 있다. 남쪽으로는 한려수도에 떠 있는 크고 작은 섬들이 한 폭의 수채화처럼 다가오고, 북쪽으로는 지리산의 장대한 능선이 끝없이 펼쳐진다. 동서남북을 막힘없이 한눈에 조망할 수 있는 명산이다. 높은 산임에도 불구하고 아직 잘 알려지지 않은 것은 그동안 군사시설 때문에 정상을 오를 수 없었기 때문이다. 지금은 군부대가 철수해 올라가는 데는 불편함이 없지만 통신 시설이 남아 있

금오산 중턱에 봉수대로 지정한 석축시설

금오산 정상의 봉수대로 추정되는 지형

어 봉우리 접근은 불가능하다. 봉우리 주변에 봉수 흔적인 방호벽 석재들이 일부 노출되어 있는 걸로 보아 이곳이 봉수 자리로 추정된다.

금오산에는 고려 때 축조한 봉수가 있었다고 전한다. 그런데 하동군에서 정상부에 있어야 할 봉수가 산 중턱에 위치해 있다고 알려주었다. 왜 이곳에 봉수가 설치되었는지 미스터리로 남는다. 정상에서 산 아래로 20분 정도 너널지대로 내려가면 석굴암이란 작은 암자가 있다. 마을 사람들은 이 주변을 봉수로 부르고 있다.

그런데 금오산봉수는 형태가 특이하다. 방호벽으로 보이는 석축의 둘레가 약 200m나 되는데, 마치 절간을 둘러싼 담장 같다. 봉홧불을 올리는 연소실 앞에는 출입구가 있으며 높이가 1m, 길이는 2m 정도다. 하지만 연소실로 보기에는 석연치 않다. 고려시대 때부터 조선시대 때까지 사용했던 봉수였다면 불에 그슬린 흔적이 있어야 하는데 그렇지 않다. 석굴 안에는 한 평 정도의 기도실이 두 개 있는데 봉수군들의 숙소라고 한다. 금오산봉수가 처음 설치된 시기는 고려시대로 추정되며 제5노선 간봉의 연변봉수다.

봉수대 가는 길은 군부대가 주둔할 때 사용한 군사용 도로가 잘 포장되어 있다. 자동차로 약 8km 정도 가면 정상에 도착한다. 그곳에 자동차를 주차하고 석굴암 안내판을 따라 20분 정도 산 중턱으로 내려가면 봉수다.

위치	경남 하동군 금남면 중평리 산 100-3(875m)			형태	연변봉수
지정	경남기념물 제122호	시대	고려시대	상태	원형

험준 지형에 위치한
함안 파산봉수

함안의 진산인 여항산 동쪽 봉화산 정상에 조선 때 축조한 파산봉수가 있다. 봉화산 일대는 산세가 험하고 경사가 급하다. 정상에서는 남쪽의 진동만과 대현관문 일대가 한눈에 조망되며 동쪽으로는 함안성과 점산성이 북쪽은 아라왕궁지와 봉산산성이 손에 잡힐 듯하다. 봉수 아래는 남쪽의 진동 해안가를 통해 내륙으로 이어지는 주요 교통로상의 길목이다.

복원 전 파산봉수 연대

파산봉수는 제2노선 직봉의 간봉으로서 진해의 가을포봉수에서 신호를 받아 북쪽 의령 가막산봉수로 연결하는 연변봉수다. 특히 《경상도읍지》와 《함주지》 등에 나타나는 봉수의 비치 목록이 전해지는 7개소의 봉수 중 하나다. 현재 연대 1기와 건물 터 2곳만 확인되고 있다. 조선 중기까지는 별장과 봉수군이 10여명 주둔했으나 후기 들어 100여명이 배치되어 조총·화살·화약 등을 소지한 채 봉수를 관리했다는 기록이 있다.

발굴조사 때 높이 2.7m의 연대 1기와 5기의 연조가 드러났다. 연대는 자연암반에서 뜯어낸 석재를 다듬지 않고 허술하게 쌓았으며 연대 위에 연소실은 훼손된 상태였다. 연대 서쪽에는 출입 계단이 일부 남아 있다. 방호벽은 원형을 유지하고 있는데, 남북이 135m, 동서가 44m로 국내에서 조사된 봉수 중에서 규모가 가장 크다. 남쪽의 양지바른 곳에 봉수군들의 건물 터가 있다. 수습된 유물은 조선 전기의 분청사기를 비롯해 백자·기와·옹기 조각 등이 다량으로 발견되는 점으로 보아, 처음 설치된 시기가 15세기경이고 19세기 말 봉수 기능이 폐지될 때까지 운영된 것으로 추정된다.

봉수대까지는 진동면소재지에서 79번국도를 이용해 여항면사무소로 방향으로 가다가 봉곡동 진고개가든에 자동차를 주차하고 등산로를 따라간다. 1시간 정도 산행을 해야 하는데 산세가 가파르고 험하다.

위치	경남 함안군 여항면 내곡리 산 188 봉화산(660m)			**형태**	내지봉수
지정	경남기념물 제220호	**시대**	조선시대	**상태**	원형

7

사각거리는 억새풀 밟으며 천혜의 비경을 내려다보다

전남 해안과 도서 지역의 봉수_26기

진도를 한눈에 감시하던

진도 첨찰산봉수

소리의 고장 진도는 남도 가락의 진수를 볼 수 있는 곳이다. 구성지게 넘어가는 들노래가 있고, 강강술래나 진도아리랑을 선창하면 누구나 서슴없이 노랫말을 받아 낸다. 서너 사람만 모여도 민요로 어깨가 덩실거릴 만큼 애향심도 대단하다. 그리고 개인의 소망을 넘어 역사의 굽이굽이마다 나라를 지켜 온 의로운 정신도 녹아 있다. 진도아리랑고개를 따라 첨찰산봉수를 만나러 간다.

뾰족할 첨尖과 살필 찰察, 뾰족한 봉우리에서 위풍당당하게 진도를 지키는 봉수가 있다. 첨찰산봉수가 처음 설치된 시기는 조선 세종 때이며 전라우수영에서 관장했다. 여귀산봉수에서 신호를 받아 해남 황

첨찰산봉수 연대 상부의 연소실

원성봉수로 전달했던 제5노선 직봉의 연변봉수다. 첨찰산봉수의 형태는 암반 위에 자연석을 적당히 다듬어 석축으로 연대를 쌓았는데, 둘레가 약 30m, 높이는 2m 정도다. 연대 위에는 현재 등산객들이 하나둘 돌탑을 쌓아 놓았다. 봉수군들의 숙소는 연대 아래 대나무 숲이 있는 곳인데, 봉수군의 건물이 있던 주변은 산짐승, 추위, 강풍 등으로부터 보호받기 위해 대나무를 심어 울타리를 조성해 놓았다.

진도의 진산 첨찰산봉수 전경

첨찰산봉수에서 내려다보는 다도해 풍경은 장대하다. 북쪽으로는 기암괴석의 금골산과 진도대교, 임진왜란의 격전지인 우수영 앞바다가 조망되며, 동쪽은 수반에 떠 있는 수석 같은 삼마도와 해남의 두륜산이 가물거린다. 남쪽 여귀산 너머로 펼쳐지는 망망대해도 장관이고, 맑은 날에는 제주도까지 조망된다. 붉은 융단을 깔아 놓은 듯한 세방낙조도 이곳에서 볼 수 있다. 고려 말 삼별초의 주둔지 용장산성도 지척에 보인다. 사방이 뻥 뚫려 마치 하늘 위에 서 있는 기분이다. 봉수가 자리한 곳은 명당 아닌 곳이 없다. 변방의 위급함을 알리던 유적은 이제 관광자원이 되어 우리 곁에 서 있다.

봉수대 가는 길은 운림산방에서 동쪽으로 난 도로를 따라 아리랑고갯마루 왼쪽 진도기상대로 올라가는 임도다. 기상대 입구에서 오른쪽 소로로 접어들면 첨찰산 정상이다. 이곳에 자동차를 세우고 도보로 5분 정도 오르면 진도 전체를 한눈에 조망할 수 있는 봉수가 나온다.

위치	전남 진도군 고군면 고성리 첨찰산(485m)			형태	연변봉수
지정	비지정	시대	조선 초기	상태	원형

원형이 잘 보존된

진도 상당곶봉수

진도 최남단에 위치한 오봉산은 다섯 개의 작은 봉우리로 형성되어 있다. 마치 새가 삐죽이 입을 내밀듯 바닷가로 뻗어 있는 모양새다. 이 산 정상에는 조선 후기에 쌓은 봉수가 있는데, 오봉산봉화대로 부르기도 한다. 봉수의 형태는 남북으로 길게 이어진 가파른 절벽 북쪽 끝 암반 위에 반 정도 치석한 돌로 연대를 세웠다. 연대 둘레는 약 22m, 높이가 2.5m 정도다. 마을 사람들의 말에 따르면 해방 전까지는 연대 높이가 3.5m나 되었다고 한다.

상당곶봉수 연대

연대 위에는 횃불을 올렸을 때 타고 남은 잿가루가 지금도 남아 있다. 연대 서쪽 방향에는 붕괴된 석축이 널브러져 있는데, 이 돌무더기는 유사시 봉화를 피우던 연조시설이다. 연조는 4기를 쌓았으며 연조 간의 간격은 각각 3.5m 정도다. 연대와 맞물려 쌓은 석축의 방호벽도 남아 있다. 방호벽은 높이 1m, 둘레가 약 60m 정도다.

상당곶봉수는 조선 후기에 편찬된 《여지도서》에 전라도 진도군 소속의 상당곶연대로 처음 소개되었다. 《대동지지》에는 상당곶봉수는 권설봉수이며, 굴라포연대와 사구미연대와 함께 여귀산봉수에서 합쳐진다고 기록되어 있다. 《증보문헌비고》에는 제5노선 간봉 1노선의 봉수로 여귀산봉수에 응한다고 되어 있다.

상당곶봉수 앞의 연조시설

연대 상부 뒤쪽의 여귀산봉수

연소실에 봉홧불 잿가루

상당곶봉수는 해안에서 일어나는 군사정보를 뒤쪽에 위치한 여귀산봉수로 보내는 역할을 했다. 진도에 있는 6개의 봉수 중에서 상당곶봉수가 원형이 가장 잘 남아 있다. 봉수의 남쪽은 바다가 거침없이 탁 트여 있고, 뒤쪽은 병풍처럼 산등성이가 길게 늘어져 있다. 이 산등성이 제일 높은 봉우리에 여귀산봉수가 위치해 있다. 상당곶봉수의 동쪽에는 금갑리연대가 있으며, 서쪽 굴포리마을에는 백동리연대가 솟아 있다. 이들 연대는 여귀산봉수에 속한 보조 연대로서 봉수고유의 신호전달 기능도 했지만 해안 감시도 함께했던 군사요충지다.

상당곶봉수는 지금 역사 관광자원으로 다시 태어날 채비를 하고 있다. 봉수 주변은 절경이다. 관광객들이 쉽게 접근할 수 있도록 암반의 등산로 정비가 시급하다. 봉수시설을 해치지 않는 공간에 전망대도 필요하다. 봉수에서 내려다보면 망망대해에 떠 있는 작은 섬들과 귀성리 포구 풍경은 한 폭의 동양화다.

봉수대로 가려면 진도군 임회면 남도석성을 지나 동령개삼거리에서 우측 임도를 따라가다 산 중턱에 자동차를 주차한 후 이곳에서 10분 정도 걸으면 된다.

위치 전남 진도군 임회면 귀성리 오봉산(200m)
지정 비지정
시대 조선 후기
형태 권설봉수
상태 원형

천혜의 요새
진도 금갑리연대

금갑리는 맑고 깨끗한 바닷물과 고운 모래밭으로 명성이 자자한 피서지다. 시원한 그늘과 편의 시설이 잘 조성되어 있으며, 기암괴석이 어우러진 해변풍경은 절경으로 꼽는다. 하지만 이곳이 아비규환의 살육장이었다는 사실은 잘 알려지지 않고 있다. 고려 때 몽고군에 대항한 삼별초의 피 끓는 젊음들의 혼이 서려 있는 곳이다. 조선시대 때는 수군의 진지도 있었다.

금갑리연대

연대 출입계단

이곳은 조선시대까지 남해와 서해를 잇는 해상 교통로이자 중국과 일본을 연결하는 무역 항로의 중요한 길목이었다. 이 교통로를 한눈에 감시했던 금갑리에는 금갑진성과 봉수가 쌓여 있다. 이들 유적은 해상으로 침범하는 왜구에 대비해 고려 때 쌓은 것으로 추정하고 있다. 금갑리 앞바다는 접도와 황범도 등 크고 작은 섬들이 옹기종기 떠 있는데, 바다에서 바라다볼 때 금갑리 포구는 이들 섬에 가린 천혜의 요충지로 알려졌다.

금갑리연대가 축조된 연대산은 구릉이지만 봉우리가 뾰족해 봉화를 올리는 장소로 적격이다. 정상을 적당하게 다듬고 돌로 둥글게 연대를 쌓았는데, 둘레가 약 23m, 높이는 2m 정도다. 위로 올라가는 출입구는 나선형 돌계단으로 설치했다. 봉화를 올리던 연소실은 남아 있지 않다. 연대 아래는 돌아가며 호를 파서 담장처럼 흙을 쌓아올렸다. 둘레는 약 70m 정도다. 이 봉수는 상당곶봉수와 함께 해안의 군사정보를 여귀산봉수로 보내는 제5노선 간봉의 권설봉수로서 보조 역할을 했다.

봉수대로 가려면 진도군 임회면에서 의신면 송정리로 가다가 금갑리 삼거리에서 해안 방향으로 들어간다. 파도소리횟집이 나오면 이곳에 자동차를 주차하고 산책로를 따라 10분 정도 가면 된다.

위치 전남 진도군 의신면 금갑리 연대산(80m) **형태** 권설봉수
지정 비지정 **시대** 고려시대 **상태** 복원

연대에서 본 해안

우수영 길목을 지키던
해남 관두산봉수

해남에서 진도 전라우수영으로 가는 뱃길 왼쪽에 관두산이 있다. 산 정상에는 고려시대 때 처음 축조된 것으로 추정되는 봉수가 있는데 전라우수영과 남해바다를 한눈에 조망할 수 있는 위치다. 산 아래는 한때 제주도와 중국을 오가는 사신들과 무역선들이 정박하던 국제항 관두량이 있던 곳이다.

관두산봉수는 제5노선 직봉의 연변봉수로 진도 첨찰산봉수에서 신호를 받아 해남 갈두산봉수로 전달했던 봉수다. 하지만 오랜 세월이 지나면서 유적은 대부분 멸실되고 연대의 기단석만 남아 세월의 무상함을 보여 준다. 남아 있는 흔적으로 미루어볼 때 연대 둘레는 약 26m 정도이며 형태는 둥글게 쌓은 것으로 추정된다.

이 봉수는 원래 이웃 화산 《세종실록지리지》에 있었으며, 조선 문종 14년1451에 화산봉수에서 피어오르던 연기가 민가의 연기와 섞여 혼동

관두산봉수 방호벽

잡풀 속에 묻힌 연소실

이 생긴다는 이유로 현재의 관두산으로 이전하면서 《신증동국여지승람》에서는 관두산봉수로 명칭이 변경되었다.

마을 주민들은 6·25전쟁 때도 봉수에서 횃불을 피웠다고 한다. 1957년 마을에서 봉수에 대해 보수까지 했지만, 안타깝게도 1965년 연대 아래에 헬기장을 조성할 때 돌들이 헐렸다고 한다. 봉수에서 200m 아래 너럭바위가 있는 평탄지가 봉수군들의 숙소 터로 추정된다. 특히 너럭바위에서 바닷가로 500m 정도 떨어진 곳에는 한 쌍의 용이 살았다는 전설의 풍혈風穴이 있다. 보통의 풍혈은 서늘한 바람이 나오는데 이 풍혈은 한겨울에도 김이 모락모락 피어오른다. 풍혈은 바다와 접한 곳에 넓게 분포해 있다. 풍혈 인근 봉우리에는 연조시설로 보이는 돌무더기 5기가 있는데, 이들은 각각 5m 간격을 두고 쌓여 있으며 중앙에는 웅덩이가 파여 있어 봉화를 올리던 연조시설로 추정된다.

봉수대로 가려면 화산면소재지에서 고천암 방면 813번 지방도로를 타고 관동리 방향으로 간다. 봉우사 안내판이 나오면 봉우사에 자동차를 세우고 임도를 따라 50m 정도 가면 왼편에 등산로가 있다. 이곳에서부터 봉수까지 약 20분이 소요된다.

위치 전남 해남군 화산면 관동리 성지동 관두산(179m) 형태 연변봉수
지정 비지정 시대 고려시대 상태 원형

남도의 금강산

해남 달마산봉수

천년고찰 미황사는 오랜 세월 동안 단청 채색이 되지 않은 절집으로 유명하다. 고색창연한 절 뒤쪽에는 공룡 등줄기처럼 울퉁불퉁한 암봉이 병풍처럼 둘러쳐져 있는 달마산이 있다. 이 산 정상 달마봉에는 고려시대 때 쌓은 봉수가 있다. '불을 켜는 봉'이라 해 '불썬봉'으로도 부른다. 달마산봉수는 하늘로 치솟은 암봉 위에 축조되어 있다. 석축의 연대는 잘 보존되어 있으며, 연대 위에는 뿔 모양의 돌탑도 있으며, 연대로 올라가는 돌계단도 잘 남아 있다. 연대 높이는 3m, 둘레가 30m 정도다. 특히 연대 뒤쪽 30m 아래는 알려지지 않은 석축의 요망대가

달마산봉수 연대봉에 오른 등산객들

달마산연대 뒤쪽의 요망대

설치되어 있다. 연대 앞 암봉 사이에는 좁은 평탄지가 있어 이곳이 봉수군들의 숙소 터로 추정된다. 달마산봉수는 동쪽 완도봉수에서 신호를 받아 서쪽 해남 관두산봉수로 전달했던 제5노선 직봉의 연변봉수다.

산 아래로 이진진성과 달량진성이 있고, 북쪽에는 해남읍성이 있다. 해상에서 일어나는 군사 정보를 달마산봉수가 각각의 이들 성에 알려주는 것이 주 임무다. 마을 주민들은 가뭄이 심할 때 이곳에서 기우제를 지내기도 했다. 연대 위에서는 사방이 뚫려 있어 광활한 풍광이 가슴을 탁 트이게 한다. 8부 능선쯤에서 보이는 미황사와 그 앞쪽으로 바다에 떠 있는 올망졸망한 섬들이 파노라마처럼 펼쳐진다. 북쪽의 두륜산, 동쪽의 완도, 서쪽의 진도까지 다도해의 절경을 보고 있으면 피로에 지친 심신이 한순간에 날아가 버린다. 바위능선과 상록수가 어우러진 달마산은 국내 봉수 중 최고의 명당자리다.

봉수대까지는 미황사 주차장에서 미황사 앞 왼쪽으로 나 있는 등산로를 따라간다. 사람 키가 넘는 산죽이 양쪽으로 도열해 있는데 도사들이나 다닐 법한 길처럼 호젓하고, 돌무더기의 너덜지대도 통과해야 한다.

위치 전남 해남군 송지면 서정리 달마산(489m) **형태** 연변봉수
지정 비지정 **시대** 고려시대 **상태** 원형

자생약초가 널려 있는

완도 삼문산봉수

우리나라에서 자생약초가 가장 많이 난다는 완도의 약산은 이제 섬이 아니다. 섬을 잇는 큰 다리가 놓이면서 자동차 행렬이 길어지고 있다. 낚시모임, 약초 채취, 등산동호회 등 한가롭던 섬은 손님맞이에 분주하다. 지자체에서 꽃길을 만들고 다도해를 감상할 수 있는 등산로도 정비하고 있다.

삼문산은 약산면의 최고봉이다. 언뜻 보기에는 평범하지만 토끼바위·쟁기바위·부엉이바위 등 특이한 모양의 암봉들이 즐비하다. 산 중턱에는 철쭉 군락이 봄이면 분홍색 자태를 뽐내며 산자락을 뒤덮는다.

삼문산봉수 연대

바다 가운데 점점이 떠 있는 섬들을 바라보며 자연 속에서 휴식을 취할 수 있는 공원도 조성되어 있다.

삼문산이란 지명은 산마루에 세 군데나 되는 고갯마루 움먹재·파래밭재·큰새밭재가 산악 지대와 해안지대를 연결하는 통로門 역할을 했다 하여 붙여졌다. 삼문산의 매력은 봉수가 위치한 정상에서 보아야 제 맛을 알 수 있다. 사방으로 펼쳐지는 남해 바다의 올망졸망한 다도해가 한 폭의 그림 같다. 맑은 날은 쪽빛바다 물빛을 제대로 보여 준다.

삼문산봉수 연대 출입구

이 산 정상에는 국내 봉수 중에서 이름하나 끼지 못한 봉수가 있다. 마을 사람들이 망봉으로 부르는 삼문산봉수는 석축 연대와 4기의 연조 터가 남아 있는데, 처음 설치된 시기는 조선 중기로 고금진의 망덕산봉수와 완도 상황봉봉수, 장흥 천관산봉수로 봉화를 보내던 제5노선 간봉의 연변봉수다. 현재 연대는 암벽 사이에 돌을 쌓아 올렸는데 둘레가 25m, 높이는 2m 정도다.

봉수대로 가려면 완도가 아닌 강진군의 마량으로 가야 한다. 고금도와 연결하는 대교를 지나고 조약도의 약산대교를 지나 삼문산 진달래 공원까지 자동차가 진입한다. 여기서 도보로 40분 거리에 있다.

위치 전남 완도군 약산면 관산리 삼문산(397m)		형태 연변봉수
지정 비지정	시대 조선 중기	상태 원형

망망대해를 지키는

완도 여서도요망대

여서도는 완도와 제주도의 중간 지점에 있는 작은 섬이다. 완도에서 뱃길로 3시간 정도 걸린다. 제주해녀들이 이곳에 소라·전복·미역을 따러왔다가 풍랑을 만나 돌아가지 못하고 그만 눌러앉아 결혼까지 했다는 이야기도 있다. 한번 들어가면 나올 수 없다는 여서도가 요즘 바깥세상에 알려지기 시작했다. 낚시꾼들의 입소문과 영화 촬영 장소로 등장하면서다. 섬 전체를 천연기념물로 지정해도 손색이 없을 만큼 풍광이 수려하다.

여서도에 사람이 살기 시작한 것은 1690년대 진주 강씨가 처음이다. 일제강점기에는 태랑도로 불렸는데 1945년 광복 이후부터 여서도라 부르고 있다. 초등학교 분교가 하나 있었지만 지금은 아이들이 없어 폐교되었다. 섬 중앙에 솟아 있는 산이 여서산인데 경사가 급하게 해안까지 뻗어 있다. 이 여서산에는 세상에 알려지지 않은 봉수 2개소가 있다.

봉수 조사를 위해 마을 이장이 소개해 준 주민 김해숙57 씨와 함께 여서산에 올랐다. 아주머니는 이 섬에서 태어나 앞집 총각과 결혼해 3남매를 두었다고 한다. 이 마을 사람들은 집

여서도를 지키는 요망대

요망대 안에서 설명하고 있는 부녀회 회장

집마다 소를 키우는데 봄이면 소를 산에 방목했다가 11월에 집으로 몰고 온다며, 자신도 어릴 적부터 소몰이를 다녀서 섬 전체가 안방이나 다름없기 때문에 산을 안내하는 데 자신이 있단다. 아주머니는 산행을 하면서 마을의 유래부터 현재의 삶까지 많은 얘기를 들려주었다. 예전에는 300가구 넘게 살았는데 80년대부터 젊은 사람들이 하나둘 섬을 떠나 버려 이제는 겨우 50여 가구만 남았다고 한다.

구불구불한 돌담길을 출발한 지 50분 만에 첫 번째 목적지에 도착했다. 산 정상보다 500m 아래에 있는 봉우리다. 이 봉우리에 석축의 요망대를 세웠는데 둘레가 약 20m, 높이 1.5m 정도다. 그런데 이곳에는 다른 지역의 봉수에서 볼 수 없는 온돌이 요망대 밑바닥에 깔려 있다. 봉수군들이 추운 겨울을 견디기 위해 깔아놓은 것이다. 망대 50m 아래에는 봉수군들이 살던 집터와 돌담이 남아 있는데 잡목과 수풀이 무성해 헤집고 다니기 힘들 정도다.

두 번째 봉수는 이곳에서 동쪽으로 약 500m 정도 떨어진 정상에 있다. 봉수시설로는 5기의 연조를 쌓았는데, 연조 간의 간격은 3~10m

봉수군들의 숙소 터

정도다. 하지만 연조는 현재 흔적만 유지하고 있다. 이곳에서 내려다 보면 남쪽으로 망망대해가 끝없이 펼쳐지고, 동쪽은 거문도, 북쪽은 청산도, 서쪽은 추자도가 조망된다.

마을 주민 한유태87세 씨는 광복 직전까지 요망대에서 망을 보았다고 한다. 본래는 큰형님이 망대 근무를 했는데, 큰형님의 건강이 나빠지면서 자신이 대신 근무를 하게 되었다면서 당시의 얘기를 들려주었다. 7명이 한 팀이 되어 24시간씩 근무하고 집을 나설 때는 하루 동안 먹을 끼니를 챙겨야 했다. 이들이 하는 일은 바다로 지나가는 배를 발견하면 마을로 쏜살같이 내려가 일본 순사에게 알리는 일이었다. 보통 때는 40분 걸리는데 긴급 상황 때는 10분 만에 지서에 도착했다고 한다. 추운 겨울이면 망대 바닥이 너무 차가워 불을 지펴 온돌을 데웠다. 요망대는 눈비를 막기 위해 네 모퉁이에 기둥을 세우고 주변의 싸리나무나 억새를 모아 띠를 엮어 원두막처럼 지붕을 만들었다. 망보는 일은 두 사람이 하고 나머지는 아래에 있는 숙소에서 대기했다. 그 당시 일행 중 한 사람이 독사에 발목이 물려 며칠 만에 사망했다고 한다. 실

산 정상 여서도봉수 연조터

제 이 산에는 온도가 높고 수분이 많아 지금도 뱀이 많다.

여서산봉수는 조선 후기 대원군 시절 열강들의 틈바구니에서 혹시 출몰할지 모르는 이양선을 감시하기 위해 설치한 권설봉수다. 당시 정상에서 동쪽 해상의 조망이 어려워서 아래쪽에 요망대를 새로 설치한 것으로 보인다. 여서도는 섬 전체 둘레가 10km이다. 마을 주변에는 동백나무와 후박나무가 군락을 이루고 있다. 민가는 선착장 인근에만 집단으로 모여 있으며, 바닷바람이 워낙 사나워 집집마다 돌담을 처마 아래까지 높게 쌓았다. 돌담에는 밖을 내다볼 수 있는 구멍을 한 자 정도 크기로 뚫어놓았다.

마을은 돌담과 돌다리가 어우러져 마치 성곽으로 둘러싸인 산성마을을 연상케 한다. 이곳의 특산품은 자연산 김과 미역이다. 하지만 그것보다는 할머니들이 항아리에 누룩을 담가 발효시킨 전통막걸리가 일품이다. 천혜의 비경을 간직한 여서도는 완도항에서 청산도를 경유해 하루에 한 번 왕래하는 여객선이 있지만 풍랑이 일면 운항이 중단된다. 외딴 섬의 숙명이다. 여서도요망대는 한때 망망대해를 지키는 부릅뜬 눈이었다.

위치 전남 완도군 청산면 여서도 여서산(300m) **형태** 권설봉수
지정 비지정 **시대** 조선 후기 **상태** 원형

신라 김유신의 첫사랑 천관녀가 숨은 곳

장흥 천관산봉수

신라 김유신 장군의 첫사랑 천관녀가 숨어 살았다는 전설의 천관산은 호남의 명산이다. 산등성이 곳곳에 솟은 기암괴석이 마치 천자天子의 면류관을 빼닮았다는 이 산은 천풍산天風 또는 지제산支提山으로도 불렸으며, 높은 지형 때문에 가끔 흰 연기 같은 이상한 기운氣雲이 정상 연대봉 주변에 서려 신산神山이라고도 했다.

이 연대봉에는 석축의 연대 1기가 외롭게 서 있다. 천관산봉수로 부르는 이 봉수는 남해군의 망운산봉수와 함께 우리나라에서 가장 높은 곳에 속한다. 언제 어느 세력이 쌓았는지 알 수는 없지만 고려시대로 추정하고 있다.

기암괴석의 천관산

등산객들이 즐겨 찾는 천관산봉수 연대

봉수 제도가 정립된 조선시대 때는 제5노선 직봉의 연변봉수로서 동쪽의 전일산봉수에서 신호를 받아 서쪽 강진 원포봉수로 전달했던 전라우수영 소속의 봉수다. 이 봉수는 오랜 세월 풍우에 시달려 석축의 기단석만 남긴 채 무너지고 부서졌다. 지금의 봉수는 훼손 방치된 것을 늘 안타깝게 여기던 장흥 사람들이 1986년에 새로 복원한 것이다. 복원한 연대는 돌로 네모반듯하게 쌓았는데 둘레가 27m, 높이는 2.6m 정도다. 연대 위로 올라가는 계단도 만들었다.

천관산봉수도 문헌과 역사 이야기가 전무하다. 매서운 칼바람이 몰아치는 엄동설한에도 기약 없이 봉수를 지켜야 했던 옛 군사들의 고단한 삶이 봉수 주변을 맴돌고 있을 뿐이다. 최근에 연대 아래에 '벼락이 머물다 간 자리'라고 써 놓은 비석이 하나 세워졌다. 1975년부터 1979년까지 이곳에 전투경찰 초소가 설치되어 있었다. 비문에는 '1976년 5월 7일 새벽 두 사람이 경계 근무 중이던 이 초소에 느닷없이 벼락이 떨어졌다. 천둥벼락에도 경찰은 살아남았다. 꿋꿋이 살아남은 이들처럼 사나운 비바람에도 꺾이지 않는 억새처럼 험난한 세파를 이겨내자'고 쓰여 있다. 봉수도 그들처럼 더 이상 붕괴되지 말고 세세손손世世孫孫 우뚝 서 있기를 염원한다.

천관산봉수 연대 출입구

천관산 아래로 내려다보이는 끝없이 펼쳐진 다도해의 풍광은 장쾌하기까지 하다. 특히 가을날 능선에 펼쳐지는 은빛 억새물결은 더욱 환상적이다. 이곳에 오르면 사방이 탁 트이고 세상이 발아래에 있다. 동쪽은 고흥의 팔영산, 남쪽은 완도의 약산도, 맑은 날은 한라산이 아스라이 보이며, 북쪽은 대둔산·월출산 등이 손에 잡힐 듯하다. 천혜의 비경에 매료돼 천관산은 언제나 등산객들로 넘친다.

봉수대까지는 10여 곳의 등산로가 나 있다. 어디서 출발해도 정상으로 연결되며 그중 가장 빠른 길은 천관산문학공원 위쪽에 있는 탑신사에서 출발하는 길이다. 비교적 가파르지 않아 1시간이면 정상에 도착할 수 있다.

위치 전남 장흥군 관산읍 농안리 산 51-4 천관산(723m) **형태** 연변봉수
지정 비지정 **시대** 고려시대 **상태** 복원

벼락이 떨어진 봉우리

장흥 억불산봉수

우리의 산은 참 묘하다. 뒷동산에서부터 민족의 영산 백두산까지 산은 우리 민족과 친근한 존재다. 도적 떼나 산짐승이 나타나는 등 민심이 흉흉해지면 산신이 있어 우리를 지켜주었고, 전란이 터지면 산으로 들어가 후일을 도모하거나 결사로 항전했다. 오천 년의 역사를 통틀어 산성과 봉수만큼 우리 민족의 환희와 비애를 깊이 새기고 있는 곳은 없을 것이다. 우리네 산은 그 자체가 역사다.

장흥은 천관산·제암산·사자산 등 기세 좋은 산들이 감싸고 있다. 그중 기암괴석이 부처의 형상 같다는 억불산 정상은 암봉의 뾰족 산이다. 이곳은 오르면 사방이 탁 트여 조망권이 뛰어나다. 대청마루 정도의 좁은 암봉 위에 봉수 연대가 설치되어 있다. 둘레는 약 25m, 높이는 지형에

억불산봉수 연대

억불산봉수 연대 상부 연소실

따라 서쪽이 3m, 남쪽은 1m 정도다. 조상들의 혜안이 존경스럽다.

고려시대 때 축조한 억불산봉수는 제5노선 간봉의 연변봉수로서 전일산봉수에서 신호를 받아 북쪽의 강진 수인산봉수로 전달했던 중요한 요충지다. 하지만 연대는 등산객들의 통로로 이용되면서 무너지고 있다. 억불산은 봉우리가 워낙 뾰족해 조선 명종 14년1559 이곳에 벼락이 떨어져 연대가 무너졌다는 기록이 있을 정도다.

봉수로 올라가는 중턱에는 보호수로 지정된 소나무 한 그루가 솟아 있었다. 봉수군이 매일같이 국태민안을 위해 기도를 했다는 전설의 소나무다. 하지만 안타깝게도 2004년 태풍 때 벼락으로 고사되고 말았다. 억불산에는 삼나무와 50년 넘은 아름드리 편백나무가 20여만 평 정도 군락을 이루고 있다. 산책로를 따라 걸으면 건강이 치유된다는 소문 때문에 전국에서 사람들이 몰려오고 있으며, 힐링 장소로 제격이다.

봉수대까지는 산 중턱에 있는 천문과학관까지 자동차가 진입할 수 있으며 여기서부터 나무데크 길을 설치해 놓아 누구나 쉽게 정상까지 올라갈 수 있다. 30분 정도 소요된다.

위치	전남 장흥군 장흥읍 우목리 억불산(518m)			형태	연변봉수
지정	비지정	시대	고려시대	상태	원형

만호성을 감시하던

강진 원포봉수

강진 마량면 봉대산 정상에는 조선 초기에 처음 설치된 한 원포봉수가 있다. 이 봉수는 산 아래 만호성을 한눈에 내려다보며 전라도의 핵심 요충지인 병영성으로 군사 정보를 전달했던 유서 깊은 요충지다. 《세종실록지리지》에는 거차산봉수로 문헌에 처음 등장한다. 《신증동국여지승람》에서는 남원포봉수 《여지도서》에서는 원포봉수로 명칭이 변경되었다. 원포봉수는 제5노선 직봉의 연변봉수로 장흥 천관산봉수에서 신호를 받아 해남 좌곡산봉수로 전달했다.

봉수는 현재 원형이 붕괴된 채 훼손 방치되어 있는데, 봉홧불을 올리던 연대는 둘레가 약 40m 정도다. 연대 동쪽의 석축만 2m 높이로 남아 있으며, 나머지 구간은 대부분 붕괴되었다. 연대 위에는 원뿔 형태의 석축이 있는데, 원래 것인지는 알 수 없으나 80cm 정도 높이로 남

원포봉수 연대

고흥군 유일의 고려시대 봉수

고흥 장기산봉수

고려시대 때 축조된 장기산봉수

고흥과 장흥 사이의 해로가 보성만이고, 이 입구를 통제하는 위치에 장기산이 있다. 이 산에서는 서쪽으로 장흥과 완도, 북쪽은 보성의 득량만이 조망된다. 남쪽에는 조선시대 만호진이 있던 녹동과 소록도, 그 너머로 거금도·초도군도 등 크고 작은 섬들과 해안까지 한눈에 내려다보인다. 이곳에 고려시대 때 설치한 장기산봉수가 있다. 제5노선 직봉의 연변봉수로서 동쪽 천등산봉수에서 신호를 받아 서쪽 보성 정흥사봉수로 전달한 전라좌수영 관할의 봉수다.

장기산봉수는 산 정상에 축조되지 않고, 산 능선을 내려오다가 전망 좋은 둔덕 같은 평탄지에 축조되었다. 한가운데 토·석축 연대를 세웠는데, 둘레가 20m 정도에 높이는 지형에 따라 다르지만 3m 남짓하다. 외곽은 둥글게 호를 파서 웅덩이를 만들었다. 호 둘레는 약 100m, 높이가 7m, 깊이는 3m 정도다. 마치 작은 보루의 토성처럼 보인다. 특히 남쪽과 동쪽까지 이어지는 통로는 축법이 특이하다. 길이가 14m, 폭이 3m, 높이는 1m 정도인데, 봉수군들이 쉽게 연대와 숙소를 오갈 수 있도록 만든 것으로 추정된다.

필자는 2000년 봄에 현장을 취재한 일이 있다. 당시에는 봉수 시설물들을 육안으로도 쉽게 구별할 수 있었다. 하지만 15년여 년이 지난 현재 장기산봉수는 형태를 구분할 수 없을 정도로 잡초더미에 덮여

연대 외곽 방호벽

있다. 고흥군에는 20여 개소가 넘는 봉수가 있지만 고려시대 봉수는 장기산봉수가 유일하다.

높지 않은 장기산은 주민들이 즐겨 찾는 산책 코스다. 봉수 앞산에는 우주천문과학관도 개관되어 관광명소가 되었다. 천체망원경을 갖추는 등 국내 최고 수준이다. 야외 전망대에서는 밤이면 성운과 성단 등 각종 별자리를 관측할 수 있고, 낮에는 태양흑점을 관측할 수 있다. 특히 우주천문과학관 앞마당에서는 일몰 때 바다 위로 떠오르는 붉은 낙조와 어우러진 거금대교의 풍광이 장관이다. 이왕에 과학관까지 왔으니 내친 김에 장기산봉수를 답사할 수 있도록 고흥군에서는 산행 길과 유적 안내판을 세워 불편함이 없도록 정비하면 어떨까? 그 옛날 변방의 위급한 소식을 횃불로 알리던 봉수군은 만날 수 없겠지만, 고려시대의 봉수 형태라도 보고 간다면 좋은 역사관광지 홍보를 할 수 있는 기회가 아닐까 싶다. 혹여 옛 군사들의 혼령이 있어 그들이 감격의 눈물을 흘릴지 누가 알랴.

봉수대로 가려면 녹동 차경사거리에서 우주천문과학관 방향으로 들어서서 용정리 저수지를 지나 500m 정도 올라간다. 오른편에 있는 KT송신탑까지 자동차가 진입하며, 이곳에 주차하고 걸어서 200m 거리에 봉수가 있다.

위치	전남 고흥군 도양읍 용정리 장기산(227m)			**형태**	연변봉수
지정	비지정	**시대**	고려시대	**상태**	원형

난공불락의 요새 같은

고흥 가내포봉수

경칩이 지난 어느 봄날 자정, 해안에서 검은 물체들이 움직였다. 봉수에서 경계를 서던 봉수군의 두 눈이 번뜩거렸다. 물체를 발견한 봉수군은 옆에서 졸고 있는 동료 봉수군을 흔들었다. 잠결에 눈을 부비며 앞을 내다 본 동료 봉수군의 눈도 동그래졌다.

"헉! 적선이다."

긴장한 봉수군은 재빠르게 봉수에 불을 붙였다. 까만 밤하늘을 뚫고 횃불이 피어올랐다. 가내포봉수에서 시작된 봉화는 순식간에 이웃의 가화봉수로 전달되었다. 해남 달마산봉수를 따라 진도를 거쳐 부안 계화산봉수를 지나 양천의 개화산, 서울 목멱산 5봉수에 도착되었다. 긴급 보고를 접한 임금은 조선 전 지역에 전투 준비 명령을 내린다.

이것은 조선시대 봉수군들의 변방 근무 태세를 가상으로 만들어 본 시나리오다. 실제로 봉수군들의 근무태만 때문에 국가안위에 큰 영향을 끼쳤던 사건이 더러 있었다. 1510년 삼포왜란과 1513년 왜적이 인천·충청·전라 지역에 침입했을 때 봉화를 올리지 않아 피해가 엄청났던 사건이 있었다.

전남 고흥은 해안에 접해 있어 봉수가 타 지역에 비해 많이 축조되어 있다. 천등산봉수, 팔전산봉수, 청석산봉수 등 현재까지 발견된 것만도 20여 개소가 넘는다. 고흥반도의 서남쪽 도화면 해안가에 위치한 봉화산은, 거금도와 지죽도 사이의 해로를 조망하는 장소로는 최상의 조건을 갖췄다. 봉수가 쌓인 남쪽은 암반 지형의 절벽으로 높이가 100m를 넘는다. 깎아지른 절벽 위에는 봉화를 올리던 직사각형 형태의 석축 연대가 있다. 연대 둘레는 25m 남짓하며 내부는 텅 비어

전쟁영화의 요새 같은 가내포봉수

가내포봉수 건물 터

있다. 높이는 1.8m로 축조 당시 원형 상태로 남아 있다. 연대 외곽으로는 길이 약 45m 정도의 방호벽이 능선을 따라 이어져 있는데, 높이가 1.5m 정도다. 해안 쪽 방호벽의 일부 구간은 붕괴되었다. 연대 아래쪽 절벽 위에는 건물 터로 보이는 평탄지가 조성되어 있다.

가내포봉수 주변은 전쟁 영화에서나 볼 수 있는 요새를 연상케 한다. 현존하는 국내 봉수 중에서 주변 경관이 가장 아름다운 곳이다. 답사를 해 본 사람은 평생 잊을 수 없는 추억을 간직하게 될 것이다.

이 봉수가 처음 설치된 시기는 기록에 없지만 조선 중기 연산군 때 신설된 사화랑봉수가 설치될 당시로 추정된다. 봉수 노선은 동쪽 소포봉수에서 신호를 받아 서쪽 가화봉수로 전달한 제5노선 간봉의 연변봉수다. 유사시에는 서쪽의 유주산 아래 발포만호성으로도 군사 정보를 전달했다.

가내포봉수 연대 상부 연소실

가내포봉수가 위치한 봉화골은 고흥 사람들조차 잘 알지 못할 만큼 오지다. 산 아래는 예전에 포구가 있었다고 한다. 간척사업으로 지금은 농경지로 변해 있지만 군사들이 주둔할 당시만 해도 저잣거리는 주막집들로 흥청거렸을 것이다.

가내포봉수 방호벽

봉수대로 가려면 구암리에서 지죽도 방면으로 가다가 왼편 가인동으로 내려가 봉화골까지 간다. 그곳에서 해안 방향으로 내려가면 민가 뒤쪽으로 등산로가 있지만, 사람이 다니지 않아 접근이 불편하다. 약 30분 정도 산행을 하면 봉수를 만난다.

위치 전남 고흥군 도화면 구암리 가인동 봉화산(125m) **형태** 연변봉수
지정 비지정 **시대** 조선 중기 **상태** 원형

풍남항을 굽어보던 요충지

고흥 천등산봉수

고흥군 풍양면·도화면·포두면의 3개면에 걸쳐 있는 천등산은 정상에서 내려다보아야만 그 매력을 제대로 느낄 수 있다. 이 산에는 고흥반도 최남단에서 조선시대 수군만호가 주둔했던 풍남항과 다도해의 여러 도서들을 한눈에 감시했던 봉수가 설치되어 있다. 이 봉수는 조선 초기에 설치되었는데 초기에는 보성군 소속이었지만 세종 23년1441 행정개편으로 고흥군에 편입되었다. 제5노선 직봉의 연변봉수로서 조선 초기

천등산봉수 연대

에는 팔영산봉수에서 신호를 받아 북쪽 장기산봉수로 전달했고, 중기에는 동쪽의 마북산봉수, 남쪽의 유주산봉수, 서쪽의 장기산봉수로 신호를 보냈던 요충지다. 봉수는 암반을 다듬고 그 위에 돌로 연대를 세웠다. 연대 둘레는 22m이며 높이가 1.5m 정도다. 연대 외곽은 돌아가며 석축으로 약 70m 정도 에워쌓았는데 높이가 2.5m 정도 되는 곳도 있다. 방호벽과 연대 사이의 폭은 남쪽이 6.5m, 북쪽은 10m 정도다.

천등산봉수는 붕괴된 것을 2009년 고흥군에서 봉수 유적을 보수할 때 함께 정비되었다. 동북쪽을 제외한 나머지 구간은 새로 쌓은 것이다. 연대 위의 연소실은 남아 있지 않다. 연대로 올라가는 출입계단도 나 있

천등산봉수 연대 석축

연대로 올라가는 출입계단　　　연대 상부 모습

다. 연대에서 30m 정도 떨어진 평탄지가 봉수군들의 숙소 터로 추정된다. 가뭄이 심할 때면 마을 사람들이 봉수에서 기우제를 지내기도 했다.

천등산에도 무수한 전설이 전한다. 봉우리가 하늘에 닿는다는 설, 옛날 승려들이 정상에 올라 천 개의 등불을 바쳤다는 설, 금탑사 스님들이 수도를 위해 밤이면 수많은 등불을 켰다는 설 등이다.

동쪽 계곡 쪽에 신라 선덕 여왕 때 원효 대사가 창건했다는 금탑사가 있는데 절 주변에는 비자나무가 울창하다. 팔영산과 적대봉에 이어 고흥에서 세 번째 높은 천등산은 일출과 일몰 등 다도해 풍광을 감상하려는 등산 마니아들에게 인기가 많은 산이다.

봉수대로 가려면 송정리에서 임도를 따라 약 2km 정도 올라가 7부 능선에 있는 주차장에서 등산로를 따라 30분 정도 가면 된다.

위치 전남 고흥군 풍양면 송정리 천등산(550m)　**형태** 연변봉수
지정 비지정　**시대** 조선 초기　**상태** 원형

병사들의 숙소와 우물 보니 가슴이 울컥

고흥 유주산봉수

고흥반도는 서해안을 끼고 있어 왜선의 출몰이 많았다. 이런 이유로 적의 침입을 신속히 알려야 하는 고대 통신인 봉수를 많이 쌓았다. 고흥 지역의 봉수는 저마다 독특한 형태를 지니고 있다. 깎아지른 절벽이나 산봉우리에 쌓다 보니 생김새도 산을 닮았다. 펑퍼짐한 산에 있는 봉수는 둥글둥글하게 쌓았고, 절벽 위에 있는 봉수는 석축도 각이 지게 쌓은 것이다.

다도해와 거금도가 한눈에 조망되는 유주산 정상에도 봉수가 있다. 이곳에서 내려다보면 바다에 떠 있는 크고 작은 섬들이 한 폭의 수채화

주변이 절경인 유주산봉수 연대

연대로 올라가는 좁은 출입계단

를 연상케 한다. 유주산은 알려지지 않았지만 이곳을 한 번 찾은 등산객은 주변 풍광에 매료되어 또다시 찾게 된다고 한다. 하지만 초행길인 사람들은 철저한 준비가 필요하다. 마을 어귀부터 가는 길이 복잡할 뿐만 아니라, 잡목이 울창하고 곳곳에 독사가 득실거려 여름철 등산은 피하는 게 좋다.

또한 산 중턱쯤에는 너덜지대가 가득하다. 이 돌들은 봉수 시설을 쌓는 재료로도 이용되었다. 중턱에 올라서면 옛 군사들의 숙소 터가 나온다. 국내에서 가장 완벽하게 남은 건물 터다. 건물 터는 양지바른 곳에 자리 잡았는데 외곽으로 돌아가며 벽을 쌓았다. 그리고 반으로 나눠 안쪽을 숙소로 사용하고, 바깥쪽은 무기 보관창고로 썼다. 작은 마당 한쪽에는 군사들이 마시던 우물이 그대로 있다. 수백 년 전에 조상들이 마시던 물이라고 생각하니 가슴이 뭉클해졌다.

이곳에서 200m 정도 올라가면 마치 노루등처럼 가늘고 긴 유주산 정상을 만날 수 있다. 이 좁은 암반 위에 봉수를 설치했다. 연대는 둘레가 30m, 높이는 3m 정도다. 석축 중앙에 연대로 올라가는 계단이 있는데 경사가 급하다. 불을 때던 연소실은 현재 남아 있지 않다.

필자는 이곳에 두 번 취재를 왔었다. 10년 전에는 석축 일부가 무너져 있었는데 최근에 보수를 했지만 어쩐지 옛 맛이 나질 않는다. 제대로 보수했으면 좋았을 텐데 왜 손을 댔는지 안타깝다. 그리고 막대한 재정을 투입해 보수했으면 사람들이 쉽게 찾아갈 수 있도록 등산로도 정비하고 안내판도 세워야 하는데 그러지 못한 것도 아쉬웠다.

봉수가 처음 설치된 시기는 기록이 없지만 고려시대로 추정된다. 제5노선 간봉의 연변봉수로서 동쪽의 마북산봉수에서 신호를 받아 서쪽 천등산봉수로 전달했다. 하지만 조선 초기에 전라도 관찰사가 유주산봉수와 마복산봉수를 폐지시켰다. 그러나 어린 단종이 즉위하면서부터 왜구들은 조선을 무시하고 끊임없이 침략을 일삼았다. 예종은 변방의 방어 상태를 점검토록 했지만 왜구의 침입과 백성들의 피해는 끊이지 않았다. 성종 때부터는 경남과 전남 해안 일대 전역에 걸쳐 피해가 극심했다. 성종 원년에는 고흥 발포 주변에서 뱃사공 7명이 살해당하는 사건이 터졌다. 이때 왜구의 출몰에 대비해 유주산과 마북산에 봉수를 다시 설치했다.

봉수 아래 봉수군들의 숙소 터

해질 무렵 유주산봉수에서 다도해를 내려다보았다. 붉은 융단을 깔아 놓은 듯 노을이 장관이었다. 감정이 무딘 사람도 이런 광경을 보면 시 한 수가 절로 나올 것 같다. 옛 군사들은 서해로 지는 낙조를 보면서 무슨 생각을 했을지 궁금해졌다.

봉수대로 가려면 구암리 하동마을에서 고개 넘어 사동마을까지 들어가 훼밀리농장 청소년수련원에 자동차를 세우고 산행을 해야 한다. 등산로 입구가 잘 보이지 않으니 산에 오르기 전 마을 사람에게 자세히 물어보는 것이 좋다.

위치	전남 고흥군 도화면 구암리 유주산(417m)			형태	연변봉수
지정	비지정	시대	고려시대 추정	상태	원형

나로호가 이곳에서

고흥 봉래산봉수

나로호 3차 발사를 앞둔 2013년 1월 30일, 봉래산 일대에서 경계 근무 중이던 육군 이모 일병이 소총을 들고 탈영했다가 4시간 만에 검거된 사건이 있었다. 필자가 2012년 9월 봉래산봉수에 답사 갔을 때, 산 중턱에서 근무 중이던 특전사 대원들로부터 검문을 받은 일이 있었다. 당시는 철저한 신원파악 후 출입허가를 받을 수 있었기 때문이다. 산 정상, 봉수 주변에도 병사들이 참호 속에서 경계 근무를 하고 있었다. 이곳에서도 역시 신분확인 후 통과를 해야 했다. 그리고 봉수 사진을 찍을 때마다 파인더를 확인받았다. 그렇게 철통 근무를 하더니 발사일이 연기되고 병사들의 군 기강이 해이해지면서 탈영사건이 일어난 것이다. 군대나 사회나 생활의 긴장이 풀리면 정신까지 무너진다는 것은 옛날이나 지금이나 다르지 않다. 봉수에서 근무하던 봉수군들도 요즘과 같이 많은 문제가 발생한다. 근무태만으로 국가의 안위에 큰 영향을 끼치면 곤장 100대를 맞거나 심하면 사형에 처해지기도 했다.

봉래산봉수 연대

봉래산봉수 연대 상부 연소실

봉래산 봉수는 산 정상에 석축 연대를 쌓았는데, 둘레가 약 25m에 높이는 3m 조금 넘는다. 방호벽은 경사지로 내려가는 능선까지 축조했지만 대부분 붕괴되었다. 일부 남아 있는 방호벽은 높이가 1m, 폭은 1.3m 정도이며 겹으로 쌓아 올렸다.

연대에서 내려다본 봉래산

봉래산봉수 방호벽

봉수가 처음 설치된 시기는 조선시대이며, 여수의 개도 봉화산에서 신호를 받아 서쪽 고흥 가내포봉수로 전달했던 제5노선 간봉의 연변봉수이거나, 일시적으로 운영되던 권설봉수로 추정된다. 봉래산은 가파르지 않아 누구나 산행하기가 편하다. 그리고 섬이 바다로 돌출되어 있어 마치 바다 위를 걸어가는 듯한 착각에 빠진다. 봉래산의 명칭은 중국 사신들이 이곳을 내왕하며 아름다운 경치에 반해, 중국에서 가장 아름다운 봉래산과 견줄 만하다고 해서 그렇게 불렸다고 한다. 산 중턱에는 3만 주가 넘는 삼나무와 편백나무 숲이 장관이고, 야생화인 복수초가 군락을 이루고 있다. 고흥반도의 아름다운 풍경과 더불어 지죽도·거금도·소록도는 물론 멀리 여수의 돌산도와 금안도 등도 한눈에 들어온다.

봉수대로 가려면 우주과학관에서 우측으로 들어가 비포장도로 임도를 따라 약 1km 정도 산을 오른다. 주차장이 나오면 차를 세우고 여기서부터 등산로를 따라 30분 정도 거리에 봉수대가 있다.

위치 전남 고흥군 봉래면 하반리 봉래산(410m) **형태** 권설봉수 추정
지정 비지정 **시대** 조선시대 **상태** 원형

왜군들이 포기했던
고흥 마북산봉수

마북산은 여기저기 솟아 있는 바위산이 아름다워 금강산과 설악산에 견줄 만한 고흥의 명산이다. 물개바위와 거북바위 등 기암괴석이 즐비한 경관 때문에 마북산은 소개골산으로도 불렸다. 마북산 정상에는 세종 6년1424 봉수가 축조되었다. 《신증동국여지승람》에 마북산봉수는 동쪽 팔영산봉수에서 신호를 받아 서쪽 천등산봉수로 전달했던 제5노선 간봉의 연변봉수라고 처음 등장한다. 능선을 감싼 방호벽은 현재 대부분 무너지고 일부 구간에서만 석축이 약 70cm 정도로 담장을 이루고 있다. 방호벽 한가운데에 돌로 쌓은 연대가 있는데 둘레가 약 27m, 높

마북산봉수 연대

마북산봉수 연대 출입계단

이는 3.5m 정도다. 연대가 처음 설치된 당시에는 큰 돌로 쌓았으나 북벽 구간은 작은 돌이 채워져 있다. 이는 후대에 보수한 것으로 추정된다. 연대 위로 올라가는 출입계단은 소라껍질처럼 빙빙 돌아가는 나선형이다. 이 구간에도 일부 보수한 흔적이 나타난다. 연대는 일부 무너졌던 것을 2000년 초에 다시 보수했다. 봉수군들의 숙소와 건물 터는 연대 주변에서 찾아볼 수 없다.

마북산에는 왜군과 관련된 전설이 있다. 임진왜란 때 왜군들은 고흥군 상포항으로 상륙했다. 그런데 상포항에서 마복산을 바라보니 수천 마리 군마가 매복하고 있는 것처럼 보여 왜군들은 침입을 포기했다고 한다. 지금도 포두면 상포리 쪽에서 산을 바라보면 말이 웅크리고 있는 것처럼 보인다.

기암괴석이 즐비한 마북산

봉수에서 조망되는 해창만

마북산봉수에서 내려다보면 남쪽 아래로 해창만의 드넓은 곡창지대가 한눈에 내려다보인다. 해창만은 1963년 공사를 시작해 포두면 오도와 영남면 금사리를 잇는 길이 3,462m의 제방을 막아 광대한 갯벌을 농경지화한 곳이다. 친환경 곡창지대로 잘 알려진 해창만 간척지 쌀은 국내 최고의 품질을 자랑하고 있다. 또한 해창만 조류지는 베스낚시와 붕어낚시로 유명해 낚시꾼들의 발길이 끊이지 않는다.

봉수대로 가려면 포두면 소재지에서 외나로도 방면으로 가다가 내산삼거리에서 500m 정도에 있는 마북사 입구까지 간다. 거기에서 오른쪽 임도를 따라 중턱의 마북사까지 자동차로 진입해 그곳에서 등산로를 따라 40분 정도 가야 한다.

위치 전남 고흥군 포두면 차동리 마북산(540m) **형태** 연변봉수
지정 비지정 **시대** 조선 초기 **상태** 원형

해맞이 장소

여수 백야곶봉수

백야도는 최근 백야대교가 개통되면서 육지와 이어졌다. 섬 모양이 바다로 튀어나와 곶으로 부른다. 이곳 봉화산 정상에 봉수가 있는데 암반을 다듬고 석축 연대를 세웠다. 오랜 세월 방치되어 무너진 것을 1997년 여수문화원에서 다시 쌓았다. 복원한 연대 둘레는 30m, 높이가 9. 5m로 높게 올렸다. 연대로 올라가는 출입계단은 직선이고, 연소실은 복원 과정에서 사라졌다. 마을 사람들의 말에 따르면 복원하기

복원한 백야곶봉수 연대

백야곶봉수 연대

연대 상부 연소실

전의 연소실은 돌로 네모지게 쌓여 있었다고 한다. 연대 아래 평탄지는 봉수군들의 숙소 터다. 이곳에서 투석용 수마석 200여 개가 무더기로 발굴되었는데 봉수를 다시 쌓을 때 사용했다고 한다. 북쪽으로 50m 떨어진 곳에 우물 터가 남아 있다.

이 봉수는 제5노선 직봉의 연변봉수로서 바다 건너 돌산봉수에서 신호를 받아 오른쪽 고흥의 팔영산봉수로 전달했다. 봉수 주변에 봉오 또는 봉골 등으로 부르는 지명들이 있는데, 봉수군들이 거주했던 마을이다. 백야곶봉수에 올라서면 한려수도부터 고흥의 외나로도까지 조망되며 일출 감상에 최적의 장소다.

봉수대까지는 화양면 화동리 산전마을과 원포마을에서 시작된 임도가 8부 능선까지 연결되어 있어 자동차로도 진입할 수 있다. 장등마을 쪽에는 등산로가 개설되어 있다.

위치 전남 여수시 화양면 장수리 봉화산(370m) **형태** 연변봉수
지정 비지정 **시대** 조선 초기 **상태** 복원

늙은 구렁이가 사는

여수 안도 상산봉수

여수에서 34km 정도 떨어진 안도는 섬의 형태가 마치 기러기를 닮았다고 해서 붙여진 명칭이다. 다도해 해상국립공원으로서 해안 풍경이 뛰어난 곳이다. 동쪽 백금포해수욕장은 하얀 모래사장이 일품이어서 가족 단위로 많이 찾는다. 안도중계소에서 10여 분 거리에 있는데 망망대해에서 밀려오는 시원한 파도가 더위를 식혀 주어 여름 피서지로는 최고로 꼽는다. 섬 한가운데 솟은 상산 정상에는 어느 시기에 설치했는지 알 수 없는 봉수가 있다. 제5노선 간봉의 연변봉수로서 바로 앞에 보이는 연도에 있는 팔봉산봉수에서 신호를 받아 금오도 망산봉수로 전달했다. 봉수는 정상을 판판하게 다지고 돌로 둥글게 연대를

안도 상산봉수 연대 상부

자연석으로 쌓은 연대 석축

세웠는데 둘레가 약 50m, 높이는 2m 정도다. 석축은 주변의 돌들을 이곳으로 옮겨와 포개듯이 얹어 놓았다. 출입 계단은 연대 동쪽에 있는데 윤곽이 또렷하지 않다.

주민들의 말에 따르면 제2차 세계대전 때 일본 군인들이 이곳에 진지를 구축하면서 연대 위에 콘크리트를 깔았는데 그때 봉수 시설이 훼손되었다고 한다. 연대 아래에는 봉화를 올리던 연조 흔적이 남아 있다. 현재 대나무 숲이 있는 곳이 봉수군들의 숙소 터다. 규모가 큰 봉수로 추정되고, 봉수군들이 농사를 짓던 경작지도 남아 있다.

상산봉수는 적선을 가장 가까이에서 발견할 수 있는 최전방 전초기지로서 중요한 역할을 했던 요충지다. 그리고 이곳은 필자가 어느 초가을에 답사를 왔다가 연대 위에서 낮잠을 즐기던 구렁이와 마주쳐 혼비백산 도망갔던 일이 두고두고 잊히지 않는 곳이다. 오랫동안 방치된 봉수를 팔뚝만한 구렁이가 지키고 있었을 줄은 꿈에도 생각 못했다.

봉수대로 가려면 여수에서 여객선을 이용해야 한다. 금오도에서 하선한 후 안도 우학리로 이동해야 한다. 우학리에서 봉수까지 도보로 30분 소요된다.

위치 전남 여수시 남면 우학리 상산(210m)			**형태** 연변봉수
지정 비지정		**시대** 시대 미상	**상태** 원형

호랑이가 사람을

여수 남면 망산봉수

금오도는 돌산항에서 뱃길로 30분 정도 거리에 있는데, 예전에는 숲이 울창해 사슴들이 떼를 지어 살았다 한다. 조선 후기 고종 때 명성황후가 이곳을 목장으로 지정하고 사람들의 출입과 벌채를 금했다. 1903년에는 호랑이에게 사람이 잡아먹히는 사건이 일어나기도 했다. 그때부터 이런 호환虎患을 막기 위해 주민들은 정월 대보름이면 당제를 지내기 시작했는데 지금까지 이어지고 있다.

섬 동쪽의 옥녀봉에는 선녀들이 달밤에 베를 짜다가 무더위를 피해 바다에서 날이 새는 줄도 모르고 목욕을 하다가 승천하지 못하고 소나무로 변했다는 전설이 전해진다. 이외에도 섬 곳곳에 수많은 전설이 전해지고 있다. 해안 일주도로가 완공되면 호국 유적지로 제격일 거 같다는 생각이 든다. 예나 지금이나 옥녀봉 주변은 울창한 소나무가

넓은 평탄지에 축조한 남면 망산봉수 연대

연대로 올라가는 출입계단

연대 상부 연소실

봉수 아래 봉수군들의 숙소 터

빼곡하게 군락을 이루고 있다.

이 옥녀봉을 한눈에 내려다보는 남쪽 망산 정상에 봉수가 있다. 봉수는 정상을 넓게 다지고 외곽에는 돌을 쌓아 방호벽을 둘렀다. 그리고 중앙에 연대를 세웠는데 무너진 것을 1996년 남면사무소에서 새로 쌓았다. 둘레가 30m, 높이는 5m 정도로 규모가 큰 편에 속한다. 연대로 올라가는 출입계단은 나선형이다. 남쪽 아래에는 봉수군들의 숙소 터와 돌담이 널브러져 있다. 이곳에 우물 터가 있는데 지금도 물이 흐르고 있다. 이곳에도 구렁이가 살고 있었다. 여수 지역은 열대성 기후라 뱀이 많이 서식한다. 봉수군들은 주야로 근무하기 때문에 필요한 양식은 직접 농사를 지어 해결했다. 봉수마다 나라에서 경작지를 내주었는데 이곳의 경작지도 큰 편이다.

망산봉수가 처음 설치된 시기는 고려시대이며 제5노선의 출발지인 돌산봉수로 신호를 보내던 요망대다. 고려 말 왜선이 바다에 나타나자 봉화를 올렸다는 이야기를 마을 사람들을 통해 들을 수 있었다.

봉수대로 가려면 돌산읍 신기항에서 여객선을 이용해 금오도 여천마을에 하선한 후, 이곳에서 장지마을로 가면 되는데, 망산으로 가는 등산로가 잘 정비되어 있다. 도보로 40분 정도 소요된다.

위치 전남 여수시 남면 심장리 산 199번지 망산(340m) 형태 연변봉수
지정 비지정 시대 고려시대 상태 복원

제2노선 호남의 핵심 봉수

여수 돌산봉수

여수 돌산도 해안의 작은 포구에는 왜적들이 수시로 출몰했다. 이로 인해 백성들의 피해가 줄을 잇자, 참다못한 조정은 중종 18년1523 '방답진'을 설치하고 전라좌수영 소속의 수군 1,620명을 주둔시켰다. 그 후 고종 30년1896까지 약 370여 년 동안 돌산도는 수군이 떠나지 않았다. 당시 성안에는 관아가 즐비했다고 한다. 하지만 서슬 퍼런 그때의 위용은 사라지고, 지금은 군내리교회 뒷산 중턱에 성벽의 자취만 초라하게 남아 있다. 옛날 관아의 동헌東軒은 그 자리에 남아 있지만 현재는 읍사무소 회의실로 사용되고 있다.

연대 아래 암반에 파인 돌확

제5노선 핵심 출발지였던 돌산도봉수

돌산봉수 연대 전경

연대로 올라가는 출입계단

봉수는 봉우리를 판판하게 다진 후 외곽으로 돌아가며 방호벽을 쌓았는데, 지금은 이전하고 없지만 군부대가 주둔할 때 대부분 파괴되고 말았다. 방호벽 한가운데에 석축 연대를 세웠는데 둘레가 약 30m, 높이는 6m 정도다. 연대로 올라가는 출입계단은 여수 지역 대부분의 봉수처럼 나선형이다. 연대 상부에는 현재 연소실이 없지만 예전에는 사각의 연조 2기가 있었다고 한다. 연대도 서남쪽 일부는 옛 모습으로 남아 있고, 북쪽만 무너졌던 것을 2003년에 복원했다.

연대 아래로 이어진 방호벽

방호벽에서 연대까지는 10m 정도의 담장을 연결했는데 높이는 60cm 정도다. 연대 남쪽에서 봉수군들이 무기로 사용했던 투석용 수마석과 기와·토기 조각 등이 발견되고 있다. 봉수 노선상 제5노선 간봉의 내지봉수로 자체 방어를 위해 설치한 권설봉수다. 남쪽의 북봉연대와 순천부·전라좌수영으로 신호를 주고받았다. 연대 위에는 사방이 뚫려 있어 왜적의 출몰이 많은 남해군·통영·광양만 등을 한눈에 내려다볼 수 있다.

봉수 북쪽 능선에는 20여만 평의 진달래 군락지이며, 천성산 아래에는 임진왜란 때 승병들이 활동했다는 만흥사의 옛터가 있다.

봉수대로 가려면 여수 만흥동 남해화학 사택아파트 앞 사거리 건너편에서 비포장도로를 따라 약 2km 정도 올라간다. 봉화산 편백나무 군락지가 나오면 이곳에 자동차를 세우고 정상까지 올라가는 데 20분 정도 소요된다.

위치 전남 여수시 만흥동 봉화산(460m) **형태** 권설봉수
지정 비지정 **시대** 시대 미상 **상태** 일부 복원

충무공의 마지막 혈전장

여수 묘도 봉화산봉수

여수와 광양 사이에 위치한 작은 섬 묘도는 500여 년 전 남양 홍씨가 들어와 살기 시작했다. 임진왜란이 발발했을 때는 수군연합사령부가 주둔하면서 거북선이 여수와 남해를 수시로 드나들었다. 그리고 거북선의 화포 발사 훈련을 이곳에서 했다. 선조 31년1598 임진왜란 7년 전쟁에 종지부를 찍은 노량해전의 주요 격전지가 바로 묘도 앞이다. 충무공 이순신 장군이 적의 유탄에 맞아 전사한 노량 앞바다를, 두 눈 부릅뜨고 내려다보았던 봉수가 지금도 살아 있다.

봉수는 묘도 북서쪽에 솟은 봉화산 정상에 있다. 그 중앙에 석축 연대를 세웠다. 연대 높이는 2.5m이며 전체 둘레가 30m 정도다. 연대 위로 올라가는 출입구도 흔적이 또렷하며 연조시설도 남아 있다.

묘도 봉화산봉수는 2012년 초에 전남문화재연구소에서 발굴조사를 했는데 통일신라의 토기 일부가 발견되기도 했다. 그리고 충주 단월동

발굴 중인 묘도 봉화산봉수 연대

연대 주변의 방호벽

출토된 유물들

고려묘, 고려분묘와 진도 용장산성에서 발견되는 것과 같은 고려시대의 제사 유구와 관련된 토제마, 철제마, 정화통보 등도 수습되었다. 따라서 이 유물들은 고려시대 전기11~12세기 것으로 추정하고 있다.

연구소 측은 묘도의 봉화산은 통일신라 때 제사 장소로 처음으로 이용되었으며, 제사 유구를 통해 미루어볼 때 고려시대에는 건물을 짓고 바다의 풍어와 무사 항해를 기원하는 장소로 이용된 것으로 보인다고 했다. 그리고 조선 초기 제사를 지내던 그곳에 봉수를 설치한 것이다.

봉수는 제5노선 간봉의 권설봉수로 남쪽 진례산봉수에서 신호를 받아 북쪽 광양 건대산봉수로 전달했다. 연대에 사용된 석재는 구들장처럼 다듬어서 쌓았고, 연대 상부는 붕괴되어 원래 모습을 알 수 없다. 연대 동쪽에서는 조선시대의 기와·도자기 조각들이 대량으로 출토되고 수마석과 돌확도 발견되었다.

1980년대 중순까지도 어른들이 방 구들장으로 쓰기 위해 봉수의 돌을 헐었다고 산에서 만난 마을 청년이 말해 주었다. 지금은 여수 묘도와 광양 금호동을 잇는 이순신대교가 개통되면서 묘도는 섬에서 육지가 되었다. 장구미선착장에서 묘도봉수로 가던 여객선은 이제는 추억으로만 남게 된 것이다. 봉수대로 가는 봉화산은 등산로가 개설되지 않아 접근이 쉽지 않다.

위치 전남 여수시 묘도동 봉화산(246m) **형태** 권설봉수
지정 비지정 **시대** 조선 초기 **상태** 원형

순천만을 감시하던

순천 성황당산봉수

순천은 동서남북을 돌아가며 광양·구례·보성·여수 등이 접해 있는 육상 교통의 요지다. 광양만과 순천만으로 통하는 해상교통 역시 편리해 일찍부터 상업이 발달했던 고장이다. 고려 성종 14년995에도 연해군 절도사가 주둔할 정도로 매우 중요시했다. 사람들이 모여들자 더불어 왜구들의 노략질이 심해졌다. 이들의 출몰을 막기 위해 순천 일대는 검단산성 등 호국 유적만 10여 개소 넘게 축조되었다. 이중에서도 순천의 모든 것을 눈으로 지켜보았던 봉수가 성황당산 정상에 있다.

복원한 성황당봉수 연대

방호벽 출입구

연대로 올라가는 출입계단

봉수는 산 정상에 축조했는데, 외곽에는 석축 방호벽을 70m 정도 둘렀다. 방호벽에는 출입구를 두 곳에 냈다. 그리고 한가운데는 돌을 쌓아 봉화를 올리는 연대를 만들었다. 봉수 아래쪽 건물 터에서는 백제·통일신라·고려시대의 다양한 유물들이 수습되었다.

성황당산봉수가 처음 설치된 시기는 조선 중기로 보고 있다. 동쪽 광양 건대산봉수에서 신호를 받아 서쪽에 있는 순천부로 신호를 보냈던 제5노선 간봉의 연변봉수다. 이곳에는 30여 명의 군사가 주둔했다. 순천시는 봉화산 일대를 둘레길로 조성해 시민들의 체력향상과 휴식 공간 등 역사문화 산림공원 정비 계획을 세웠다.

봉수대로 가려면 순천 용담동 대주피오레아파트 113동 옆 작은 저수지 옆으로 나 있는 임도를 따라 자동차를 타고 2km 정도 간다. 이곳 정자에서 도보로 10분 정도 소요된다.

위치 전남 순천시 동의동 성황당산(355m) **형태** 연변봉수
지정 비지정 **시대** 조선 중기 **상태** 복원

중국 사신이 머물렀던
신안 상라산봉수

흑산도의 명칭은 산과 바다가 푸르다 못해 검게 보인다고 해서 붙여졌다. 목포항에서 뱃길로 약 93㎞ 정도 떨어진 곳에 위치하는데, 다도해해상국립공원에 속한 빼어난 경관을 자랑하는 섬이다. 섬 전체를 감상할 수 있는 일주도로가 2010년에 개통되어 많은 사람이 즐겨 찾는 곳이다. 이중에서도 가장 손꼽는 명소는 뱀이 똬리를 틀듯 구불구불 열두 굽이를 이어져 올라가는 흑산도에서 가장 높은 상라봉이다.

상라봉 전경

상라봉에서 내려다본 흑산항 전경

정상에 올라서면 사방이 탁 트여 서쪽으로 길게 늘어진 장도와 기암괴석으로 유명한 홍도가 조망되고, 북쪽으로는 다물도와 대문도 등의 크고 작은 섬들이 바다 위에 떠 있는 풍광이 한 폭의 동양화를 보는 것 같다. 더불어 해와 달이 뜨고 지는 아름다운 비경까지 감상할 수 있다. 흑산도에 사람이 살기 시작한 것은 통일신라시대부터다. 해상왕 장보고 장군이 완도에 청해진을 설치한 뒤, 서해로 출몰하는 왜구를 막기 위해 전초기지로 삼고 여기에 산성을 쌓은 것이 시초가 되었다.

상라봉 정상에는 어느 세력이 설치했는지 문헌에도 등장하지 않는 연변봉수가 현존한다. 다듬지 않은 막돌을 이용해 쌓은 연대 하나가 9부 능선에 있다. 연대 뒤쪽은 암반을 이용했고, 나머지 3면은 석축으로 쌓았다. 연대 높이는 지형에 따라 차이가 나지만 바깥쪽 가장 높은 곳은 약 3m, 안쪽은 1m가 조금 넘는다. 전체 둘레는 암반까지 포함해 약 20m 정도다. 암반과 석축 사이에 연대 출입 통로를 냈으며, 연대 내부에는 좁은 공간의 평탄지가 있다. 하지만 연대가 들어선 입지를 볼 때 원래부터 있던 자리가 아닌 것으로 추정된다. 봉수는 산 정상에 세우는 것이 정석인데, 이 봉수가 바다 쪽은 막혀 있고 흑산면소재지

상라봉봉수에서 본 일주도로

방향을 보고 있기 때문이다. 해안의 세찬 바람을 피해 정상을 등지고 있는 것으로 미루어 이 자리는 봉수군들의 숙소 터로 보인다.

"송나라 사신이 흑산도에 진입하면 상라봉에서 봉홧불을 올리고 섬에서 섬으로 받아 개경에 알렸다."

상라산봉수가 《고려도경》에 기록된 내용이다. 봉수군이 이곳에서 바다를 조망하다가 흑산도 앞바다에 중국 사신들이 탄 배가 들어서면 봉홧불을 밝혔던 것이다.

흑산도는 송나라 사신과 상인들이 개경에 들어가기 전 잠시 여장을 풀었던 곳으로, 송나라로 가는 가장 빠른 무역 항로에 위치해 있다. 그들은 수도 개경을 나와 고려 최고의 무역항인 예성강의 벽란도를 거쳐서 흑산도에 도착한 후, 잠시 쉬었다가 송나라로 돌아갔던 것이다.

"흑산도는 가운데가 오목하게 들어가 있어 배를 감출만 하다. 배가 닿으면 산 정상에서 봉홧불을 밝힌다."

송나라의 문신 서긍이 처음 만나는 고려의 땅 흑산도를 본 첫 소감을 표현한 내용이다. 그는 또 흑산도에 송나라 사신들을 맞이하는 관사가 있다는 기록도 남겼다.

봉수대가 있는 흑산도는 홍어로 유명하며, 목포항에서 2시간이 걸린다. 바닷가 해안일주도로를 따라 관광하면 좋은 추억으로 남는다. 신들의 정원인 진리 처녀당, 석주대문, 다산의 형 정약전 유배지 등 곳곳에 명소가 즐비하다.

위치	전남 신안군 흑산면 진리 상라봉(226m)			**형태**	연변봉수
지정	비지정	**시대**	시대 미상	**상태**	복원

지금도 옛 모습을 간직하고 있는

제주 좌가연대

제주 동쪽 지역 해안마을은 지금도 옛 모습을 간직하고 있다. 한동리가 그런 곳이다. 좌가연대로 가는 길은 평대어촌계를 지나 해안도로에서 왼쪽 시멘트 길로 700m 정도 들어가면 소나무가 빼곡한 구릉 위에 있다.

복원한 좌가연대

이 연대는 일부 붕괴된 것을 2005년에 복원했는데, 둘레는 약 32m에 높이가 3.4m다. 모서리마다 각을 내지 않고 원래의 모습으로 쌓았다. 횃불을 올리던 연소실도 복원했다. 이 연대는 별방진에서 약 3km 거리에 있는데 별방진 소속이었다. 동쪽 왕가봉수와 서쪽 무주연대로 신호를 주고받았다. 처음 설치된 시기는 조선 중기로 보고 있다.

연대 주변에는 소나무가 무성해 시야가 막혀 있다. 나무를 벌채하면 예전에 서로 응했던 연대까지 조망이 가능한데 안타깝다. 연대 아래 해안에는 한동환해장성과 행원환해장성이 있다.

위치 제주시 구좌읍 한동리 1683-1번지 **시대** 조선 중기
지정 도기념물 제23-15호 **상태** 복원

다른 지역과 달리 형태가 둥근

제주 왜포연대

복원한 왜포연대

조천읍 신흥리 해안으로 뾰족한 구릉 위에 국방유적인 왜포연대가 있다. 먹구름 속에서 갑자기 햇살이 비췄다. 구름 속의 유적이 마치 세월의 두께를 말해 주는 듯 묘한 느낌이 든다. 이곳은 조천진 소속으로 주둔 군사 18명이 배치되어 제주의 북쪽을 감시했던 곳이다.

왜포연대는 제주 지역에 분포된 다른 연대와 형태가 다르다. 대부분 사각형으로 축조했는데 이 연대는 동그랗게 쌓았다. 석축도 이중으로 쌓았으며 높이가 1m나 된다. 외곽으로 방호벽을 둘렀으며 방호벽과 연대 사이에는 2개의 통로를 설치했다. 연대 둘레는 약 20m이며, 높이가 2.8m에 이른다. 위로 올라가는 출입 계단은 직선으로 설치했다. 이 연대는 제주시에서 2004년에 복원했다고 하는데 멀쩡하게 남아 있던 연대를 왜 헐고 다시 복원했는지 참 한심하다.

위치 제주시 조천읍 신흥리 784번지 **시대** 조선시대
지정 도기념물 제23-13호 **상태** 복원

제주의 관문
제주 조천연대

복원한 조천연대

제주도로 부임한 관리들이 연복정에 올라와 한양을 바라보며 임금에게 무사히 도착했음을 알렸던 조천성은 제주의 관문이었다. 이 성에서 해안도로를 따라 북동쪽으로 300m 정도 가면 오른쪽 구릉에 현무암을 다듬어 쌓은 석축이 바로 조천연대다. 마을 사람들은 이곳을 '연대동산'으로 부른다. 조천진 소속의 이 연대에는 18명의 군사가 주둔했으며, 동쪽 왜포연대와 서쪽 원당봉수로 횃불을 주고받았다. 처음 설치된 시기는 조선 중기로 조천포구로 드나들던 선박들을 조망하며 진성으로 군사 정보를 보내던 요충지다.

이 연대는 훼손 방치된 것을 1975년에 복원했다. 연대 둘레는 약 30m 정도에, 높이가 4m 남짓하다. 연소시설은 복원하지 않았으며, 올라가는 출입계단은 직선으로 만들었다. 연대 주변에는 너른 평탄지를 조성해 놓았는데 제주에서는 가장 큰 규모다.

위치	제주시 조천읍 조천리 2980-4번지	시대	조선 중기
지정	도기념물 제23-5호	상태	복원

매년 해신제를 지내는
제주 별도연대

복원한 별도연대

제주시에서 동쪽으로 7km 떨어진 별도연대는 화북진에 소속된 연대다. 동쪽 원당봉수와 서쪽 사라봉수로 불을 주고받았으며, 동쪽 조천연대와 서쪽 수근연대로도 군사 정보를 전한 중요한 요지다. 처음 설치된 시기는 조선 중기로 추정되며, 주둔 군사는 별장 6명, 봉수군 12명이 배치되어 24시간 교대로 근무했다. 이 연대는 지대석만 남기고 사라진 것을 1998년에 복원했는데 횃불을 올리던 연소실은 원래의 모습이 아니다. 방호벽 둘레는 약 80m이며, 높이는 2.5m 정도다.

연대 인근에는 제주의 모든 특산물이 육지로 나가던 화북포구가 있으며, 이곳에서 안전조업을 기원하는 해신제가 조선 후기부터 매년 1월 5일 열리고 있다. 특히 삼별초의 제주 입도를 막기 위해 고려정부에서 쌓은 화북환해장성, 삼양환해장성, 별도환해장성, 곤을동환해장성이 연대 주변에 포진하고 있다. 이 성들은 관군이 삼별초와 싸움에서 밀려나자 한때 삼별초가 사용하기도 했다. 현재의 성벽은 대부분 조선 시대 때 개축한 것이다.

위치 제주시 화북동 1537번지　　**시대** 조선 중기 추정
지정 도기념물 제23-9호　　**상태** 복원

풍광이 좋아 연인들이 즐겨 찾는

제주 수근연대

복원한 수근연대

제주시에서 서쪽 6.7km 떨어진 수근연대는 용담포구에서 해안도로를 따라 300m 정도 가면 왼쪽 공원에 있다. 주변의 풍광이 좋아 연인들이 즐겨 찾는 곳이다. 이 연대는 제주목 소속으로, 동쪽 사라봉수와 서쪽 도원봉수로 횃불을 주고받았으며, 동쪽 별도연대와 서쪽 조부연대로도 정보를 보냈다. 처음 설치된 시기는 조선 중기로 추정된다. 1978년에 복원했는데 규모가 작고 아담하다. 불 올리던 연조는 복원하지 않았다. 둘레가 약 20m 정도이며, 높이는 3m가량 된다. 주둔 군사는 18명이 배치되어 3교대로 24시간 근무했다.

위치 제주시 용담3동 2290번지
지정 도기념물 제23-8호
시대 조선 중기 추정
상태 복원

해안과 내륙을 관찰하던

제주 조부연대

마을 민가에 있는 조부연대

마이못으로 유명한 연대마을 한가운데 조부연대가 있다. 제주목에 소속되어 동쪽 수근연대와 서쪽 남두연대로 횃불과 연기를 주고받았으며, 도원봉수와 수산봉수에도 신호를 전달했다. 해안과 내륙을 관찰하던 조부연대는 일제강점기 때부터 주변에 민가가 들어서서 바깥을 내려다보기가 어렵게 되었다. 연대 위에는 1970년대 새마을운동 때 망루대라는 콘크리트 정자를 세우기도 했으나 2010년에 정자를 철거했다.

이 연대는 돌의 크기가 다르다. 동남쪽 하단에는 큰 돌로 쌓았으나 서쪽은 작은 돌로 쌓은 것을 보면 후대에 보수한 것으로 보인다. 연대 둘레는 23m 정도에, 높이가 3m가량 된다. 연대 중앙에 출입계단이 있으며 외곽으로 방호벽이 둘러져 있다.

위치 제주시 외도2동 1974-1번지 **시대** 조선시대
지정 비지정 **상태** 복원

올레길이 조성되어 있는

제주 남두연대

복원한 남두연대

구엄리에서 애월항으로 가는 해안도로를 따라가다 보면 CS빌리지를 지나 오른쪽 구릉 위에있는 석축이 남두연대다. 처음 설치된 시기는 조선 중기이며 애월진 소속의 연대다. 동쪽 수산봉수에서 서쪽 고내봉수로 불을 주고받았으며, 조부연대와 애월연대와도 신호 정보를 보냈다.

남두연대는 1977년에 복원했다. 형태는 대부분의 제주 지역의 연대처럼 네모지게 쌓았다. 둘레가 약 30m이며 높이는 4m 정도 된다. 연대로 올라가는 출입구는 따로 설치되지 않았으며 석축을 잡고 올라가야 한다. 연대 하단에는 보축을 한 석재가 널려 있다. 연대 주변에는 소나무 군락지다. 해안 방향에는 올레길이 조성되어 있고 아래는 천혜의 절벽이다.

위치 제주시 애월읍 신엄리 2780-1번지
지정 도기념물 제23-7호
시대 조선 중기
상태 복원

제주의 다른 연대보다 규모가 큰

제주 애월연대

복원한 애월연대

삼별초의 숨결이 배어 있는 애월진성에서 내륙으로 500m 떨어진 구릉에 애월연대가 있다. 이 연대는 애월진에 소속된 연대로서 동쪽 남두연대와 고내봉수, 서쪽의 귀덕연대와 횃불, 연기를 주고받았다. 처음 설치된 시기는 정확한 문헌 기록이 없지만 제주 지역의 연대가 설치될 때 동시 축조되었다.

애월연대는 제주의 다른 연대보다 규모가 크고 높다. 위로 올라가는 출입시설은 계단이 설치되지 않아, 암벽을 타듯이 수직의 석축을 잡고 올라가야 한다. 둘레는 약 35m이며, 높이는 4.8m다. 연대 형태는 사각형으로 쌓았으며 연대 하단에는 보축을 했다. 이곳에도 18명의 군사가 주둔했다.

위치 제주시 애월읍 애월리 1970–2번지
지정 도기념물 제23–17호
시대 조선시대
상태 일부 보수

지대석만 남아 있는

제주 귀덕연대

복원한 귀덕연대 토축

귀덕연대는 해안에서 내륙으로 3km 정도 떨어진 귀덕초등학교 본관 뒤편에 있다. 이 연대는 명월진성 소속으로 동쪽 애월연대와 서쪽 우지연대와 서로 신호를 주고받았다. 처음 설치된 시기는 조선 중기로 추정된다. 초창기에는 높이가 3m 정도로 구릉 위에 세워졌으나 현재 지대석만 남고 사라졌다.

위치 제주시 한림읍 귀덕리 1178-2번지
지정 도기념물 제23-18호
시대 조선 중기 추정
상태 복원

원형이 잘 남아 있는

제주 우지연대

방호벽에서 본 우지연대

우지연대는 귀덕초등학교에서 일주도로를 따라 서쪽 1.6km 거리에 있다. 도로에서 해안 방향으로 70m 정도 들어가면 구릉 위에 평탄지를 조성해 사각으로 쌓아올렸다. 명월진 소속으로 동쪽 귀덕연대와 서쪽 죽도연대로 신호를 주고받았다. 처음 설치된 시기는 조선 중기이며, 1976년에 석축 일부를 보수했으며 원형이 잘 남아 있는 연대다.

둘레가 약 25m 정도에 높이는 2.7m다. 평지에 석축의 단을 쌓고 그 위에 연대를 축조했다. 연대로 올라가는 계단이 있으며, 외곽에는 방호벽을 둘렀다. 우지연대는 해안과 300m 정도 떨어져 있으며, 마을 사람들은 연대를 '망밭'으로 부르고 있다.

위치 제주시 한림읍 귀덕 2리 3977번지
시대 조선 중기
지정 도기념물 제23-16호
상태 일부 보수

오랜 세월이 흐르면서 석축이 붕괴된

제주 배령연대

배령연대는 금능리 '철호농장'에서 해안 방향으로 민가 끝부분에 위치해 있다. 명월진에 소속된 연대로서 동쪽 마두연대와 만조봉수, 서쪽 대포연대로 신호를 주고받았다. 처음 설치된 시기는 조선 중기로 추정된다.

이 연대는 오랜 세월이 흐르면서 석축이 붕괴되었는데, 1996년 조사 때 둥근 형태였으며 불 피우던 연소실도 있었다. 둘레가 약 20m, 높이도 2m 정도의 작은 규모였다. 하지만 2011년 복원 과정에서 사각형으로 쌓고, 둘레와 높이도 확장해 이상한 복원이 되고 말았다. 현재 연대 주변에는 올레길이 조성되어 있으며 맞은편 바다에는 화산 분출로 만들어진 신비의 섬 비양도가 조망된다.

복원한 배령연대

위치 제주시 한림읍 금능리 1603번지
지정 도기념물 제23-19호
시대 조선 중기 추정
상태 복원

한라산과 주변의 해안 풍경이 한눈에 조망되는

제주 두모연대

복원한 두모연대

두모포구는 작고 아름답다. 앞으로 펼쳐진 쪽빛바다 위에 풍력발전기의 회전날개가 어우러져 그림 같은 풍경을 만든다. 이 포구를 한눈에 감시하는 지형에 두모연대가 있다. 명월진 소속의 이 연대는 조선 중기에 설치되었으며 초기 이름은 부포연대로 불렸다. 동쪽 한포연대와 서쪽 우두연대로 횃불과 연기를 주고받았으며, 이곳에 주둔한 군사는 13명이 근무했다.

두모연대는 평탄지를 조성한 후 석축의 단을 쌓고 한 가운데 연대를 설치했는데 일제강점기 때 등대로 사용하면서 시설이 파괴되었다. 훼손 방치된 것을 2004년에 복원했으며, 연대 둘레는 25m에 크지 않지만 높이가 4m로 망대처럼 올렸다. 연대에 올라서면 한라산과 주변의 해안 풍경이 한눈에 조망된다.

위치 제주시 한경면 두모리 2605번지 **시대** 조선 중기
지정 도기념물 제23-20호 **상태** 복원

멸실된 것을 고증절차 없이 복원한

제주 사라봉수

복원한 사라봉수

제주시에서 동쪽으로 3km 떨어진 사라봉184m은 성산일출봉과 함께 영주 10경 중 하나다. 이곳에 오르면 서쪽으로는 제주 도심, 북쪽으로는 망망대해가 펼쳐지고 남쪽으로는 웅장한 한라산이 조망된다. 특히 해질 무렵 일몰은 장관이다.

이 봉우리 정상에 사라봉수가 있다. 봉수는 조선 초기에 설치했으며 제주읍성과 지척에 위치한다. 동쪽 원당봉수와 서쪽의 도원봉수로 횃불과 연기를 주고받았으며, 별도연대와 수근연대로도 정보를 보냈던 요충지다. 이곳에는 36명이 주둔했다. 사라봉수는 멸실된 것을 고증 절차 없이 1989년에 석축 연대 1기만 복원해 원래의 형태가 상실되었다.

위치 제주시 건입동 387-1번지 사라봉(184m)　시대 조선 초기

지정 비지정　상태 복원

바다와 가장 인접한

서귀포 서림연대

복원한 서림연대

모슬포에서 해안도로를 따라 수월봉 방향으로 가는 길에 서림연대가 있다. 제주 지역에서 바다와 가장 인접한 연대다. 봉수가 산봉우리에 있다면 연대는 해안 주변에 축조되어 있어 낮에는 연기로, 밤에는 횃불을 올려 인근의 성이나 진에 적선의 출몰을 알렸다. 최첨단 스마트폰을 사용하는 요즘에야 한낱 웃음거리가 되겠지만 당시에는 가장 빠른 수단이었다.

서림연대는 모슬진 소속이며, 대정현의 군사 18명이 주둔했다. 연대가 설치된 시기는 조선 중기이며, 북쪽 우두연대와 남쪽 무수연대로 신호를 주고받았다. 숱한 세월에 밀려 허물어진 것을 1977년 보수했다. 연대는 네모반듯하게 쌓았으며 둘레가 약 30m에 높이는 3.9m나 된다. 연대에 올라서면 망망대해의 쪽빛바다와 해안에 널브러진 까만색의 현무암이 장관이다. 연대 뒤편에는 영화에서나 등장할 만한 멋진 주택들과 해안도로가 그림같이 펼쳐진다.

위치 서귀포시 대정읍 일과리 1288-4번지
지정 도기념물 제23-22호
시대 조선 중기
상태 일부 보수

제주 봉수 중 풍광이 가장 빼어난

서귀포 산방연대

복원한 산방연대

제주에는 38개소의 연대가 설치되었으나 안타깝게도 13개소는 멸실되고 25곳만 남았다. 현존하는 연대 중에서 주변 풍광이 가장 좋은 곳이 산방연대다. 한라산 다음으로 관광객이 많다. 산방산과 용머리해안, 화순금모래해변이 연대 주변에 몰려 있다.

산방연대는 산방산 제주기념사휴게소 도로 건너편에 있다. 모슬진 소속의 연대로 대정현의 군사 18명이 주둔했다. 동쪽 당포연대와 서쪽 무수연대로 신호를 주고받았다. 연대의 처음 설치된 시기는 기록이 없으며, 조선 중기 제주 지역의 연대를 쌓을 때 함께 축조된 것으로 보인다. 연대 지대석만 남아 있었는데 2000년 12월에 복원했다. 연대 둘레는 약 27m 정도이며, 높이는 3m 남짓하다. 연대로 올라가는 출입계단은 중앙에 설치했으며 연소실은 사라졌다.

위치 서귀포시 안덕면 사계리 산33-2
지정 도기념물 23-21호
시대 조선 중기 추정
상태 복원

연대 한 모퉁이에 당집이 있는

서귀포 당포연대

복원한 당포연대

당포연대 안덕계곡 삼거리에서 해안도로에 접어들면 예래포구 뒤편 구릉에 있다. 제주 지역 연대 중에서 가장 높은 지형이다. 이곳에는 유일하게 당집이 연대 한 모퉁이에 있다. 원래 봉수와 연대 주변에는 무당의 접근이 엄격히 통제되었는데 이해가 되지 않는다. 연대의 처음 설치된 시기는 조선 중기로 추정되며, 대정현 소속의 군사들이 주둔했다. 동쪽 별로천연대와 서쪽의 산방연대가 서로 신호를 주고받았다.

당포연대는 제주민주항쟁 때 석축을 빼내어 마을 앞에 탑을 세웠다고 한다. 붕괴된 것을 1999년 2월에 복원했으며, 연대 둘레는 약 30m이고 높이는 4m다. 연대 중앙에 올라가는 계단을 만들었으며 불 올리던 연소실은 복원하지 않았다. 당포연대 주변에는 소나무가 무성해 사방이 막혀 있다. 주변 20m 정도는 벌채를 해야 신호를 주고받던 이웃 연대가 조망된다.

위치 서귀포시 하예동 1729번지 **시대** 조선 중기 추정
지정 도기념물 제23-11호 **상태** 복원

옛 모습 그대로 고색창연한

서귀포 천미연대

보수한 천미연대

표선읍 소재지에서 신산리 방향으로 가다 보면 신천리어촌계 입구에 천미연대가 있다. 연대는 민가에 숨어 있어 잘 보이지 않는다. 처음 설치된 시기는 조선 중기이며 정의현 소속의 군인 18명이 근무했다. 연대는 사각형으로 쌓았는데 둘레가 약 30m에 높이도 3.6m나 된다. 천미연대는 옛 모습 그대로 남아 있어 고색이 창연하다.

연대로 올라가는 계단은 만들지 않았다. 근무자가 올라갈 때는 암벽타듯이 했을 것이다. 불을 올리던 연소실이 일부 남아 있다. 이 연대는 동쪽 말등포연대와 서쪽 소마로연대로 신호를 주고받았다.

30m 떨어진 곳에는 '현씨일월당'이라는 신목이 있다. 전설에는 마을 현씨 집안에 가난한 남매가 살았는데, 누이가 무병을 앓다가 심방이 되었고 오빠는 어부로 살았다. 어느 날 고기잡이 나갔던 오빠가 배가 침몰하면서 빠져 죽는 것을 연대 위에서 굿을 하던 누이가 이 비참한 광경을 보고 오빠를 부르다가 그만 누이도 떨어져 죽고 말았다. 집안에서는 이 남매의 장례를 치러주고 혼을 조상신으로 모시고부터 부자가 됐다는 얘기가 전해 오고 있다. 연대 뒤쪽 밭에는 남매의 무덤이 지금도 있다.

위치 서귀포시 성산읍 신천리 267번지
지정 도지정기념물 23-3호
시대 조선 중기
상태 원형

각 모서리를 큰 돌로 쌓아 안정감을 준

서귀포 말등포연대

원형이 보존된 말등포연대

신산리중학교에서 온평초등학교 가는 길에 말등포연대가 있다. 처음 설치된 시기는 조선시대이며, 정의현 소속의 군사 18명이 배속되어 교대로 지켰다. 동쪽 협자연대와 서쪽 천미연대로 신호를 주고받았다.

말등포연대는 제주 지역 25개의 연대 가운데 옛 모습이 가장 잘 남아 있다. 각 모서리는 큰 돌로 쌓아 안정감을 주며 위로 갈수록 작은 돌을 올렸다. 연대 둘레는 약 35m 정도이며 높이는 3.6m이다. 연대로 올라가는 계단은 뒤쪽에 있는데 산 뿌리가 계단까지 연결돼 있어 쉽게 올라갈 수 있다. 상부는 잡풀이 무성해 연조시설이 눈에 보이지 않는다. 연대는 해안가에서 내륙으로 600m 정도 거리에 있다. 연대 위에서는 남쪽해안의 온평환해장성과 바다가 조망된다.

위치 서귀포시 성산읍 온평리 1355-1번지 **시대** 조선시대
지정 도지정기념물 23-1호 **상태** 원형

주변 경관이 뛰어난

서귀포 협자연대

혼인지에서 성산일출봉 가는 길 왼편에 바다로 뾰족이 내민 섭지코지 정상에 협자연대가 있다. 이 연대는 정의현 소속의 별장 6명과 연군 12명이 주둔했다. 처음 설치된 시기는 조선 중기이며, 동쪽 성산봉수와 서쪽 말등포연대로 신호를 주고받았다. 사각의 연대 석축은 옛 모습을 간직하고 있으며 둘레가 약 25m, 높이는 3m 정도다. 연대 위로 올라가는 계단이 없어 담장 오르듯이 해야 한다. 상부의 연소실은 확인하기 어렵다.

보수한 협자연대

협자연대가 있는 해안은 절벽과 푸른 바다, 선돌바위 등 주변 경관이 뛰어나다. 이곳은 제주를 찾는 관광객이 한번은 들를 정도로 명소다. 특히 드라마 〈여명의 눈동자〉, 영화 〈단적비연수〉 등이 이곳에서 만들어졌다. 성산일출봉 전경도 장관이다.

위치 서귀포시 성산읍 고성리 57번지
지정 도지정기념물 23-2호
시대 조선 중기
상태 원형

남쪽으로 우도가 보이는

서귀포 오소포연대

복원한 오소포연대

오소포연대는 성산일출봉에서 조가비박물관으로 가다가 성산고등학교 앞 해안가에 있다. 처음 설치된 시기는 조선 중기이며, 정의현 소속의 별장 6명과 연군 12명이 밤낮으로 근무했다. 연대는 원래의 석축은 무너지고 2001년에 복원했다. 석축의 둘레는 약 32m이며 높이가 3.5m 정도다. 북쪽 종달연대와 남서쪽 협자연대, 성산봉수와 신호를 주고받았다. 오소포연대는 올레길에 인접해 있으며, 남쪽 바다 앞에는 소가 누워 있는 형태로 보이는 우도가 있다. 연대 주변에는 휴식할 수 있는 시설도 조성해 놓았다.

위치 서귀포시 성산읍 오조리 390번지
시대 조선 중기
지정 도지정 기념물 제23-23호
상태 복원

9

잡목 속에서 잊혀진, 그러나 여전히 빛나는

그 외의 봉수_70기

외포리해안이 한눈에

강화 진강산봉수

진강산봉수 연대시설

강화에서 다섯 번째 큰 진강산은 혈구산과 마니산 사이에 있다. 정상에 봉수가 있는데 처음 설치된 시기는 고려시대로 추정된다. 봉수 노선상 제5노선 직봉의 연변봉수로서 불은면 대모산봉수에서 신호를 받아 망산봉수로 전달했다.

망대를 세운 흔적과 봉우리 남쪽 아래는 봉수군들의 숙소와 건물 터가 잘 남아 있다. 건물의 담장으로 보이는 석축이 40m 정도 남아 있으며, 봉홧불을 올리던 연조 4기가 각각 4m 간격을 두고 흙더미에 묻혀 있다. 연조 끝에는 물을 저장하던 웅덩이도 있다.

진강산 정상에 오르면 사방이 탁 트여 보인다. 외포리와 석모도, 마니산과 전등사가 한눈에 들어온다. 산 중턱에는 붕괴되긴 했지만 윤곽이 또렷한 산성이 있는데, 조선시대 때 목장성이 있었던 것으로 추정된다.

봉수대까지는 양도면사무소를 지나 군부대 뒤편으로 올라가는 길이 가장 빠르다. 4륜 자동차는 산 중턱까지 갈 수 있다. 등산로가 개설돼 있어 정상까지 1시간 정도 소요된다.

위치 인천광역시 강화군 양도면 삼흥리 하일리 진강산(443m) **형태** 연변봉수
지정 비지정 **시대** 고려시대 추정 **상태** 원형 일부

봉수는 언제 복원하나

김포 수안산봉수

돌탑만 세워 둔 수안산봉수 터

강화도가 한눈에 조망되는 김포 대곶면 수안산성 정상에 봉수가 있다. 이 봉수는 일제 강점기 때 공동묘지가 조성되고 1960년대 군부대가 들어서면서 시설은 완전히 멸실됐다. 최근에 공원을 조성하고 돌탑을 세웠다.

이곳에 봉수가 설치된 시기는 조선 초기이며, 제5노선 직봉의 연변봉수로서 서쪽 강화 대모산봉수에서 신호를 받아 남쪽 인천 백석산봉수로 전달했다. 주민들에 따르면 8·15 광복 전에는 봉홧불을 피우던 연조 4기가 있었다고 한다.

수안산 주변에는 김포 둘레길과 대명나루, 덕포진이 있어 산성이 복원되면 좋은 관광명소가 될 것으로 본다. 봉수대로 가려면 김포에서 강화 방향으로 352번도로를 따라 대곶사거리에서 우회전해서 삼성ENG공장까지 간다. 이 공장 뒤쪽 산기슭으로 들어가면 수안산가든 방향이다. 이곳에서 임도를 따라 오르면 정상 주차장까지 승용차가 진입할 수 있다. 산성까지는 도보로 5분 정도 소요된다.

위치 경기도 김포시 대곶면 율생리 수안산(158m) 형태 연변봉수
지정 경기도기념물 제159호 시대 조선 초기 상태 멸실

바다에 뜬 해운산

화성 해운산봉수

해운산봉수 연조시설

바다에 떠 있는 구름의 산으로 부르는 해운산에는 고려시대 때 설치된 봉수가 있다. 봉수 시설물은 대부분 붕괴되었지만 돌무더기들이 남아 있다. 봉수가 있는 곳은 정상을 판판하게 다지고 외곽으로 돌아가며 흙과 돌로 축대를 세웠다. 그리고 축대 중앙에 2m 높이로 석축 단을 쌓아 그 위에 봉화를 피우던 연조 5기를 설치했다.

봉수군들의 숙소와 창고 터도 남아 있지만 잡목이 무성해 접근이 어렵다. 해운산봉수는 조선 초기 북쪽 안산의 무응고리봉수에 대응하다가 조선 중기부터는 남쪽 염불산봉수에서 신호를 받아 시흥 오질이도 봉수로 전달하던 5노선 직봉의 연변봉수다. 해운산봉수와 마주보이는 작은 섬 형도에도 봉수가 있었지만 안타깝게도 채석장이 들어서면서 봉수가 사라졌다. 해운산봉수에 올라서면 조망이 뛰어나다. 동쪽으로 시화호의 드넓은 갈대 습지가 시원스럽게 펼쳐진다. 남쪽으로는 염불산봉수와 화량진성이 한눈에 조망된다. 역사 관광자원으로 최상의 조건을 갖췄지만 잊혀가고 있다.

봉수대까지는 독지2리 마을회관에서 형도 방향으로 가다가 포부대가 주둔했던 임도를 따라가면 되는데, 이곳에 주차할 공간이 있다. 이곳에서 오른쪽 산기슭을 따라 20분 정도 올라간다.

위치 경기도 화성시 송산면 독지2리 산 3-2 해운산(126m) **형태** 연변봉수
지정 비지정 **시대** 고려시대 **상태** 원형

큰 바위들이 모여 봉수가 된

화성 서봉산봉수

서봉산봉수 정상

우리나라 봉수 형태는 지역에 따라 가지각색이다. 석축으로 쌓은 네모반듯한 것이 있는가 하면, 원통 모양으로 쌓은 것도 있다. 또한 무덤 같은 형태도 있고, 화성 서봉산봉수처럼 자연암반을 이용한 봉수도 있다.

서봉산봉수는 능선을 따라 연소실로 이용한 큰 바위들이 무더기로 5곳에 퍼져 있다. 남쪽 산 중턱에는 봉수 재료와 군수물자를 보관했던 건물 터가 있다.

봉수는 1796년 수원화성이 세워질 때 축조됐다. 봉수 노선이 따로 없는 권설봉수로 흥천산봉수와 화성봉돈의 신호 전달이 어렵게 되자 중간에 새로 설치한 것이다. 그래서 서봉산봉수는 역사가 길지 않다. 흥천산봉수에서 수원화성 봉돈까지 거리가 멀어 잠시 운영되었기 때문이다. 그리고 1821년 건릉이 조성되면서 서봉산이 시야를 가리자 맞은편 건달산으로 봉수가 이전되면서 폐지되었다.

서봉산은 《여지대전도》부터 고지도에 빠짐없이 등장할 정도로 수원부에서는 중요한 산이었다. 융건릉을 보호하는 그린벨트에 해당하는 능역陵域에 포함됐기 때문이다.

봉수대까지는 해병대 관사아파트 입구 경비실에서 뒤로 난 등산로를 따라 20분 정도 소요된다.

위치 경기도 화성시 정남면 문학리 서봉산(250m)
형태 권설봉수
지정 비지정
시대 조선시대
상태 원형

조선의 마지막 봉수대

화성 건달산봉수

건달산봉수는 화성 지역 봉수 중에서 주변 전망이 가장 좋은 위치에 있다. 북쪽의 염불산봉수와 남쪽의 서봉산봉수가 지척에 있으며, 동쪽으로는 화성봉돈이 손에 잡힐 듯하다. 건달산봉수도 자연암반을 이용했는데 서봉산봉수와 형태가 닮았다. 정상 부근의 큰 바위부터 남쪽능선을 따라가며 바위 덩어리를 연조로 사용했다. 이 구간은 약 75m 정도 된다.

건달산봉수는 조선 후기 순조 21년1821 건릉을 이장할 때 건달산이 능원경계에 들어오자 조정에서 봉수대를 설치하도록 했다. 봉수노선이 따로 없으며 수원화성에서 운영한 권설봉수다. 남쪽 서봉산봉수에서 신호를 받아 화성봉돈으로 전달했다. 이곳에도 20명이 주둔했으며, 조선시대 마지막으로 설치했던 봉수다.

건달산봉수 연대

서봉산봉수 전경

건달산 명칭 유래는 두 가지 설이 있는데, 하나는 산에 돌이 많고 나무가 적어 '건달'로 불렸다는 설과 또 하나는 산 형태가 멀리서 보면 잘 생겼으나 가까이서 보면 난봉을 부리는 남정네 같다 하여 건달로 불렸다는 설이 있다. 6·25전쟁 때 마을사람들이 이곳에 올라와 인천상륙작전의 전경을 봤다고 한다.

건달산에는 다양한 조류와 자연생태계가 잘 보존돼 있는 청정지역으로 주민들이 즐겨 찾는 등산코스가 있다. 정상에서는 서해에 떠있는 크고 작은 섬들과 어우러진 낙조가 장관이다. 봉수대 가는 길은 흰돌산기도원 주차장에서 30분 소요되며, 등산로가 잘 정비돼 있다.

위치 경기도 화성시 정남면 문학리 서봉산(250m) 형태 권설봉수
지정 비지정 시대 조선 후기 상태 원형

육사생도들의 전투장이 된

포천 잉읍점봉수

잉읍점봉수 내부

포천에 자리 잡은 잉읍점봉수는 넙재 오른쪽 구릉에 있다. 넙재는 6·25전쟁 때 졸업을 앞둔 육사 1기와 입교한 지 20일 된 2기생 650여 명이 육사 창설 최초로 전투에 참가한 곳으로 생도 150여 명이 희생된 장소다.

제1노선 직봉의 내지봉수로 북쪽 독산봉수에서 신호를 받아 남쪽 대이산봉수로 전달했다. 정상에서는 포천에서 진접으로 내려오는 도로가 훤하게 조망된다. 이 봉수는 현재 잡풀 속에 묻혀 있으며, 주민들이 칡뿌리를 캔다며 방호벽을 파괴시키고 있다.

연대와 연조, 방호벽의 흔적은 뚜렷이 남아 있다. 연대는 가장 높은 곳에 쌓았는데 듬성듬성 석재가 노출돼 있다. 연대 위에 봉홧불을 피우던 연소실은 웅덩이가 파여 있다. 연대 아래는 4곳의 연조 흔적이 3m의 간격을 두고 배치돼 있고, 이곳에 백자 토기 조각이 널려 있다. 방호벽은 둥근 형태로 둘레가 약 70m 정도다.

봉수대까지는 포천시 내촌면사무소에서 87번도로를 따라 가산면사무소 방향으로 가다가 넙재 오른쪽 구릉 육사생도 6·25 참전기념비가 조성된 공원에 자동차를 주차한 후 등산로를 따라 10분 정도 가면 봉수에 이른다.

위치 경기도 포천시 가산면 우금리 86-1 봉화산(290m) **형태** 내지봉수
지정 비지정 **시대** 조선 초기 **상태** 원형 일부

철원평야가 한눈에 보이는

포천 할미산봉수

군사시설로 파괴된 할미산봉수

할미산은 포천에서 고석정으로 가는 도로 오른쪽에 우뚝 솟은 산이다. 원래 삼국시대 산성이 축조된 자리에 조선시대 때 봉수를 설치한 것으로 추정된다. 봉수 내부는 군 참호가 설치되면서 원형이 멸실되고 말았다. 이곳에서 신라와 조선시대의 기와·토기 조각이 발견되었다. 봉수의 북쪽 방향은 드넓은 철원평야가 끝없이 펼쳐지고, 동북쪽 아래쪽은 대교천이 자연 해자를 형성하고 있다.

봉수가 위치한 할미산은 군사 요충지로 남북을 오가는 모든 군수물자를 한눈에 관찰할 수 있는 지형이다. 흐릿하게 남아 있는 산성의 둘레는 약 250m, 성벽은 대부분 멸실돼 높이를 확인할 수 없을 정도다.

위치 경기도 포천시 관인면 냉정리산 225-6 할미산(170m) **형태** 내지봉수
지정 비지정 **시대** 조선시대 추정 **상태** 멸실

야산에 우뚝 솟은

포천 미로곡봉수

미로곡봉수의 붕괴된 연대

미로곡봉수는 철원에서 내려오는 43번도로 길목이 한눈에 보이는 야트막한 봉화산에 축조되었다. 봉수 남쪽으로 1km 거리에는 삼국시대 때 축성된 성동리 산성이 있다. 현재 봉수는 멸실되었으며 시멘트 조각과 봉수에 사용되었던 돌이 섞여 있다. 마을 주민들은 6·25전쟁 이전에는 봉수가 잘 남아 있었으나, 전쟁 때 이곳에 군 참호시설이 들어서면서 파괴되었다고 한다.

봉수 뒤쪽 산잔등에 연조가 있을 것으로 추정되는데 잡목이 무성해 확인이 어렵다. 밭도랑에는 백자 그릇 조각들이 뒹굴고 있다.

봉수대는 영종면에서 철원 방향 38선휴게소를 지나 쇳골마을사거리 맞은편 늘푸른사슴목장 뒤쪽에 있다. 사슴목장 진입로를 따라 자동차가 봉수 아래까지 접근할 수 있다.

위치 경기도 포천시 영북면 야미리 봉화산(133m)　　형태 내지봉수
지정 비지정　　시대 시대 미상　　상태 멸실

묻히고 잊혀가는

남양주 대이산봉수

대이산봉수 연대

대이산은 진접읍 연평리와 오남읍 양지리 경계에 있다. 길게 늘어진 능선 중간쯤에 위치한 대이산봉수가 처음 설치된 시기는 고려시대다. 조선시대 때 함경도 경흥에서 출발한 제1노선 직봉의 내지봉수이며, 북쪽 잉읍점봉수에서 신호를 받아 남쪽 아차산봉수로 전달했다. 연대는 현재 흙더미에 묻혀 있으며 서벽에서 석재가 일부 노출돼 있다.

연대 둘레는 약 20m 정도이며, 연대 아래 경사면에는 낮게 쌓은 특이한 석축 구조물이 봉우리를 감싸고 있다. 2단 높이의 축대는 4곳이 있는데, 길이가 약 30m이고 축대 사이 간격은 5m 정도다. 봉우리 아래쪽에 건물 터가 있는 것으로 보아 축대는 경사면에서 흐르는 토사 방지를 위한 시설물로 추정된다.

봉수대로 가려면 서울외곽순환도로 구리IC를 통과해 퇴계원에서 47번국도를 따라 밤섬유원지 앞 다리를 건넌다. 남연평사거리에서 우회전해 궁의문아파트 입구에 있는 한다리식당을 지나면 오른쪽으로 등산로가 잘 정비돼 있다. 식당 주차장에서 30분 정도 소요된다.

위치 경기도 남양주시 진전읍 연평리 산 29 대이산(173m) 형태 내지봉수
지정 비지정 시대 고려시대 상태 원형 일부

60년간 통제된 서부전선
파주 도라산봉수

도라산봉수

군사분계선 최북단 도라산전망대 근처의 도라산봉수는 반세기가 넘도록 민간인 통제구역이다. 필자는 군부대 협조로 봉수를 답사했지만 잡목이 무성해 연대 접근은 불가능했다. 방호벽으로 추정되는 곳에는 석재들이 널브러져 있으며, 연대 위에는 군사 시설이 설치돼 있다.

도라산봉수는 조선 초기에 축조돼 제3노선 내지봉수의 직봉으로 개성 송악산봉수에서 신호를 받아 파주 대산봉수로 전달했다. 이 봉수는 《세종실록지리지》에 경기 임진현 소속의 도라산봉수로 문헌에 처음 등장하면서 각종 읍지에 빠짐없이 나타나는 중요한 유적이 되었다. 정상에서 보면 개성 시내와 송악산이 한눈에 조망된다.

위치 경기도 파주시 장단면 도라산리 도라산(167m) 형태 내지봉수
지정 비지정 시대 조선 초기 상태 원형

난개발로 외딴 섬이 된

안성 진재봉봉수

진재봉 정상에는 구전으로만 전해진 봉수 터가 남아 있다. 구수리마을 사람들은 천안에서 신호를 받아 안성 비봉산으로 전달했다고 한다. 옛 군사들이 적이 나타나면 징을 쳤다고 해서 진재라는 명칭이 붙었다고 한다. 봉수 터는 명당으로 소문나, 이곳에 묘를 쓰면 후손이 잘된다는 속설 때문에 암장하는 사람들도 많다.

진재봉봉수 터

이 산에는 삼국시대에 축성된 것으로 추정되는 토축 산성이 있다. 전체 둘레는 약 300m이고, 구릉 같은 작은 산이지만 주변에 높은 산이 없어 우뚝 솟아 보인다. 성벽은 오랜 세월이 흐르면서 자연 붕괴돼 흔적만 남아 있다. 산성에는 3개소의 성문 터와 건물 터가 있다. 남서쪽에 있는 성문 터는 옹성 형태로 비교적 윤곽이 또렷하다.

임진왜란 당시 홍계남·이덕남 장군이 3천여 명의 의병을 조직해 서운산성과 진재봉산성에서 활동했다는 기록이 전한다. 산성 아래쪽은 현재 미양산업단지 조성 공사가 한창이다. 옛사람들이 다니던 진재봉 고갯길은 찾는 사람이 없어 잊혀가고 있다.

봉수대까지는 안성에서 57번국도를 따라 서운면소재지로 가기 전 이덕남 장군 묘소에 차를 세우고 등산로를 따라 20분 정도 가면 된다.

위치 경기도 안성시 미양면 구수리 산 85-1 진재봉(125m) **형태** 내지봉수
지정 비지정 **시대** 시대 미상 **상태** 멸실

공양왕의 슬픈 전설

여주 봉우재봉수

봉우재봉수 내부

여주를 끼고 도는 남한강변 삼합리는 은빛 모래로 알려진 곳이다. 고려에서 조선 후기까지 강원도 내륙 원주·횡성 등지에서 거둬들인 세곡을 보관했다가 뱃길로 서울까지 운반했던 '흥원창'이 있었다. 원주에서 여주를 이어주던 창남나루가 90년대 후반까지 있었는데, 장날이면 소를 실어 나를 정도로 큰 나루였다고 한다.

이 나루를 한눈에 감시하던 토축 산성에는 한가운데에 흙으로 둑을 쌓아 올린 봉수가 있다. 둘레는 약 40m 정도의 작은 규모이며 연대나 연조시설은 전혀 흔적이 없다.

마을 주민들은 이 산을 봉우재로 부른다. 고려 마지막 왕인 공양왕이 이곳에 사냥을 왔다는 설도 전한다. 3·1운동 때는 마을 사람들이 이곳에서 횃불을 올리다가 일본순사에 잡혀가기도 했다고 한다.

봉수대까지는 삼합2리 마을회관에서 대우마을 고개를 넘기 전 비닐하우스 옆에 나 있는 등산로를 따라 30분 정도 걸린다.

위치 경기도 여주군 점동면 삼합리 **형태** 권설봉수
지정 비지정 **시대** 시대 미상 **상태** 멸실

금강산이 눈앞에

고성 술산봉수

석축이 붕괴된 술산봉수 연대

술산봉수는 《여지도서》에 처음 설치된 시기가 신라시대 것으로 기록돼 있다. 연대 주변에 널브러진 이끼 낀 돌무더기 곳곳에 장구한 세월의 더께가 더덕더덕 묻어 있다. 봉수 노선은 알 수 없지만 18세기 이전까지 북쪽 고성 구장천봉수에서 신호를 받아 남쪽 정양산봉수로 전달했던 연변봉수다.

봉수 시설인 연대는 무너지고 봉수군들의 숙소와 창고 터, 연대 주변을 둥그렇게 감싸며 파 놓은 호가 잘 남아 있다. 무너진 연대 돌무더기로 보아 둘레가 약 40m 정도에 높이는 2m가 넘을 듯하다. 연대 남쪽 아래쪽 평탄지에는 건물 터의 방호벽이 남아 있다. 해안 쪽에는 경작지가 넓게 조성돼 있는 것으로 보아 둔전屯田이 있었을 것으로 추정된다. 봉수 주변은 잡목이 무성해 해안가와 금강산이 코앞에 있는 데도 볼 수가 없다. 벌채를 하고 등산로도 개설해 역사 관광자원으로 활용하면 좋은 명소가 될 것으로 본다.

봉수대까지는 고성군 통일전망대를 지나 2km 정도 가면 쑥고개 고갯마루에서 오른쪽으로 봉화산 등산로를 따라 10분 정도 가면 된다. 산불 감시초소 뒤쪽에 왕릉처럼 생긴 큰 돌무더기가 봉수다.

위치 강원도 고성군 현내면 마차진리 봉화산(133m) **형태** 연변봉수
지정 비지정 **시대** 신라시대 추정 **상태** 원형

봉수 해변이라는 이름이 허망할 뿐

고성 삼포리봉수

군참호로 인해 파괴된 삼포리봉수

속초에서 고성 가는 길은 해변이 끝없이 펼쳐지는데 이름도 갖가지다. 그 중에 봉수해변이란 곳이 있다. 하지만 그곳에는 봉수가 존재하지 않는다. 마을 주민에게 주변에 봉수가 있느냐고 물어도 잘 모른다고 했다. 그런데 왜 봉수해변이라는 지명이 붙었는지 이해가 되지 않는다. 주민들에게 지명에 대한 홍보가 부족하고, 누구의 발상인지 모르지만 지명을 이용한 상업적인 이벤트성이 강하다.

삼포리봉수는 군사 작전 지역에 속해 있어 참호를 구축하면서 파괴됐다. 연대 둘레는 약 30m 정도로 둥글게 쌓았지만 훼손 방치돼 있다. 봉수는 어느 시기에 설치했는지 기록이 없으며 봉수 노선도 분명치 않다. 축조 형태로 보아 고려시대로 추정한다. 봉수에서는 끝없는 동해의 푸른 물결과 북쪽으로는 술산봉수와 금강산까지 조망된다.

봉수대까지는 흔한 안내판 하나 세우지 않아 삼포리봉수 찾아가는 길은 혼란스럽다. 봉수는 해변에서 반대쪽 내륙에 위치해 있다. 해안에 있는 삼포코레스코콘도 앞 7번국도 지하도를 지나면 황토방민박집이 나온다. 이곳에서 우측 산길을 따라 200m 정도 가면 반야사란 절이 있다. 절 뒤편에 자동차를 세우고 오른쪽 구릉을 따라 100m 정도 가면 봉수를 볼 수 있다.

위치 강원도 고성군 죽왕면 삼포리 봉화산(133m) **형태** 연변봉수
지정 비지정 **시대** 고려시대 추정 **상태** 원형 일부

바다내음과 솔향기 가득한

삼척 광진산봉수

목책에 둘러싸인 광진산봉수 연대

광진산봉수는 문헌에 등장하지 않는다. 처음 설치된 시기는 고려시대로 추정되며 남쪽 양야산봉수에서 신호를 받아 북쪽 어달산봉수로 전달한 연변봉수다. 현재 봉수는 석축 연대 하나와 연대를 감싼 호가 둘러져 있다. 연대는 큰 돌로 기단석을 세우고 위로 갈수록 작은 돌로 올렸다. 둘레는 약 4m이고 높이가 3m 정도지만 석축은 바닥만 남고 붕괴돼 있다.

산등성이에 오르면 아름드리 소나무가 산잔등에 빼곡하다. 봉수 주변에 체육시설과 휴식할 수 있는 작은 공원이 조성돼 있다. 바다내음과 솔향기가 상큼해 삼척 시민들이 즐겨 찾는 산책코스다.

봉수대로 가려면 삼척세무서 건너편 광진길을 따라 올라간다. 구름다리가 나오면 주변에 자동차를 주차하고 구름다리를 건너 10분 정도 오르면 봉수다.

위치 강원도 삼척시 교동 광진산(108m)　　형태 연변봉수
지정 비지정　　시대 고려시대 추정　　상태 원형

참 한심한 지자체

삼척 임원산봉수

잡풀에 덥힌 임원산봉수 연대

동해와 임원항을 한눈에 굽어보는 임원산봉수는 언제 설치했는지 문헌 기록이 없으나, 인근 다른 봉수와 함께 같은 시기에 쌓았을 것으로 추정된다. 가곡산봉수에서 신호를 받아 북쪽 양야산봉수로 전달한 연변봉수다. 봉수에서는 삼척에서 영덕까지 조망된다.

임원산봉수는 해안 방향 봉우리에 있는데, 토·석축의 연대 1기와 방호벽으로 들어가는 출입구가 남아 있다. 연대는 훼손 방치돼 있으며, 둘레는 약 27m이고 높이는 2.5m 정도다. 방호벽은 연대와 봉수군들의 숙소를 에워싸고 있는데 둘레가 약 50m 정도다. 연대 밖에 봉수군들의 숙소 터가 있다.

현재 연대 주변은 잡풀이 무성해 시설을 제대로 볼 수 없을 정도다. 해맞이공원에는 갖가지 조형물을 세우면서 천년세월을 지켜온 봉수는 천대를 받고 있다. 눈에 보이는 것만 치장하는 참 한심한 지자체다.

봉수대는 어항 명소로 유명한 임원항 해안가의 남화산 정상에 있다. 2011년 해맞이공원이 조성되면서 자동차로 정상까지 갈 수 있다.

위치 강원도 삼척시 원덕읍 남화산(140m) **형태** 연변봉수
지정 비지정 **시대** 고려시대 추정 **상태** 원형 일부

산허리에 떠오른 달을 보다

강릉 월대산봉수

축조시기가 불투명한 월대산봉수 기단석

월대산봉수는 문헌에 전혀 등장하지 않는 것으로 보아 오래전 그 기능이 정지된 것으로 추정된다. 봉수가 설치된 자리는 해안에서 강릉 내륙으로 들어오는 길목이다. 현재 봉수 시설물로는 바위 무더기가 둥글게 2단으로 남아 있다. 연대 위는 흙으로 가득 채워져 있으며 둘레는 약 30m 정도다. 봉수 남쪽에서 청동기시대의 민무늬 토기 조각과 신라시대 토기 조각이 발견되는 것으로 보아 처음 설치된 시기는 삼국시대로 추정된다.

월대산의 명칭은 둥근달이 떴을 때 달이 산허리에 걸쳐 있는 것처럼 보인다고 해서 불리게 되었다고 한다. 봉수에서 북쪽으로 500m 떨어진 곳에는 남대천이 흐르고 있다. 봉수대로 가려면 산 중턱 두산배수지까지 차로 들어가서 도보로 5분 정도 가면 된다.

위치 강원도 강릉시 두산동 38-1 월대산(69m) 형태 연변봉수
지정 비지정 시대 삼국시대 추정 상태 원형 일부

각 지리지에 빠짐없이 나타나는

충주 마산봉수

마산봉수 방호벽

충주에서 서울 방향으로 3번국도를 따라 10분 정도 가면 달천교가 나온다. 이 다리를 건너면 왼쪽에 야트막한 산이 솟아 있는데, 정상에 시대 미상의 봉수가 있다. 영남지방에서 죽령을 넘는 제2노선의 직봉과 조령을 넘는 간봉이 합쳐지는 장소다. 동쪽 직봉의 심항산봉수와 간봉의 대림산봉수에서 신호를 받아 서쪽 음성의 가섭산봉수로 전달했다.

마산봉수는 《세종실록지리지》에 처음 등장한 후 각 지리지에 빠짐없이 나타난다. 봉수 형태는 봉우리를 판판하게 다지고 돌아가며 흙과 돌을 섞어 방호벽을 둘렀는데 둘레가 약 62m, 높이는 2m 정도다. 봉수 동남쪽은 경사가 완만하지만 북쪽은 급경사다. 동서 방향이 긴 타원형으로 연조는 서쪽에 있었던 것으로 추정되지만 예비군참호를 설치하면서 원형들이 훼손됐다. 그리고 방호벽도 주민들의 산책로로 이용되면서 훼손이 심하다. 봉수군들의 숙소와 창고 터는 봉수 아래 평탄지에 있으며 이곳에서 주둔한 군사는 별장 1명, 감관 5명, 봉수군 등 126명이었다. 봉수대로 가려면 대소원초등학교 건너편 동원충전소에 자동차를 세우고 250m 정도 올라가면 정상에 봉수가 있다.

위치 충북 충주시 이류면 금곡리산 봉화산(150m) **형태** 내지봉수
지정 비지정 **시대** 고려시대 추정 **상태** 원형 일부

대청호반이 한눈에

청원 소이산봉수

대청호의 은빛 햇살과 문화단지가 한눈에 조망되는 봉화산 정상에 소이산봉수가 있다. 처음 설치된 시기는 조선시대로 제2노선 간봉의 내지봉수다. 남쪽 계족산봉수에서 신호를 받아 북쪽 것대산봉수로 전달했다.

토·석축의 소이산봉수대

소이산봉수는 산 정상을 판판하게 다진 후 둥글게 방호벽을 둘렀는데 전체 둘레는 약 75m 정도다. 현재 방호벽은 대부분 붕괴되었고, 평탄지 한가운데는 봉홧불을 올리던 연조 흔적이 남아 있다. 주민들이 봉화제 행사를 하면서 돌탑을 세워 놓았지만 원래 위치가 아니다. 방호벽 아래쪽의 민묘는 봉수군들의 숙소와 창고 터로 추정된다.

봉수가 있는 정상은 잡목들이 울창해 외부 조망이 어렵다. 잡목을 벌채하면 동쪽의 팔봉 능선과 남쪽 대청호반의 절경을 감상할 수 있는 최적의 장소다.

봉수대로 가려면 문의IC에서 산 아래까지 자동차로 들어가서 등산로를 따라 도보로 20분 정도 가면 된다.

위치 충북 청원군 문의면 문사리 봉화산(221m) 형태 내지봉수
지정 비지정 시대 조선 상태 원형 일부

군인들에 의해 파괴된 봉수
단양 죽령봉수

죽령 능선에 군인들이 봉수의 석재를 빼다가 참호로 사용하면서 멸실된 봉수가 있다. 처음 설치된 시기는 조선 초기이며 봉수 노선상 제2노선 직봉의 내지봉수다. 《세종실록지리지》에 처음 등장하며 경상도 순흥도호부 소속의 죽령산봉화로 기록되어 있다. 남쪽 풍기 망전산봉수에서 신호를 받아 북쪽 단양 화산봉수로 연결했다. 《경상도속찬지리지》에는 안동도 풍기군에 속한 죽령산연대봉화로, 서쪽 충청도 단양 소이산연대봉화로도 응한다고 기록되어 있다.

붕괴된 죽령봉수

군참호로 둔갑된 방호벽 석재

《신증동국여지승람》에는 경상도 풍기군에 속한 죽령봉수로 서쪽 단양 소이산봉수와 동쪽 망전산봉수가 서로 연결된다고 했다. 조선 후기에 편찬된 《여지도서》에는 안동진관 풍기군에 속한 봉수를 순흥에 이속시켰다고 기록되어 있다. 이곳에는 100여 명의 군사가 주둔했다.

단양향토문화연구회 회장인 윤수경 전 군의원은 단양군에 소재한 관방유적 33여 곳을 직접 조사한 향토사학자다. 그는 죽령봉수와 산성터는 군부대가 주둔하면서 사라졌다고 밝히면서, 조상들의 숨결이 배어 있는 유적을 지표조사 한번 못해 보고 허무하게 파괴된 것이 너무 안타깝다고 했다.

봉수대는 죽령휴게소에서 우측 도솔봉 방향으로 올라가는 산 능선에 있다. 지금은 대공포가 설치돼 있어 일반인 통제구역이다.

위치 충북 단양군 대강면 용부원리 죽령 능선(722m) 형태 내지봉수
지정 비지정 시대 조선 초기 상태 멸실

어상천을 지켰던 봉수

단양 임현봉수

신라시대 것으로 추정되는 임현봉수

단양군 북쪽에 있는 어상천면은 전체가 소백산맥의 험준한 산지로 둘러싸여 있다. 소재지 임현리는 조선시대 때 영춘현의 속현이었다. 연산군 때 영춘현을 이곳으로 옮길 계획을 세웠으나 농토가 부족하고 주민들의 원망 때문에 포기했다는 기록이 전한다.

어상천면소재지를 한눈에 내려다보는 양짓말 뾰족한 산이 재건산이다. 정상에 신라시대 때 쌓은 것으로 추정되는 봉수가 있는데 석축의 둘레는 약 25m, 높이는 1m 정도다. 봉홧불을 피우던 연소실이 움푹 파여 있으며 내부 둘레는 3m 정도다. 이 봉수는 1500년이란 세월이 흐르는 동안 풍우에 시달려 훼손이 심하다.

임현봉수는 단양 영춘의 만종리 농우재에서 신호를 받아 어상천 석교리 가창산으로 전달한 권설봉수다. 봉수 아래쪽에 경작지가 있는데 조선시대 때의 관청 터다. 지금도 건물 지대석과 기와 조각들이 널려 있다.

봉수대는 어상천면치안센터 뒷산에 위치해 있지만 매우 가파르고 등산로도 개설되지 않아 접근하기가 쉽지 않다.

위치 충북 단양군 어상천면 임현리 양짓말 재건산(352m) **형태** 권설봉수
지정 비지정 **시대** 삼국시대 **상태** 원형

지금은 사라진 유서 깊은 유적
음성 가섭산봉수

정상에 설치된 봉수 모형

충북에서 가장 높아 거산으로 부르는 가섭산은 음성을 병풍처럼 가린다. 정상에는 군사 시설, 방송 송신탑, 이동통신 기지국 등 3개의 국가 통신시설이 설치돼 있다. 이곳은 군사 요충지여서 고려시대부터 봉수가 축조되었다. 지금은 사라지고 없는 가섭산 봉수는 원래 토·석축으로 방호벽이 둘러져 있었으며 둘레가 55m, 높이는 약 1m 정도다. 내부는 판판하게 다지고 봉화를 올리던 연조가 있었는데 6·25전쟁 후 군사 시설이 들어서면서 파괴되고 말았다. 현재 송신탑 봉우리에 연조 하나를 형식적으로 복원해 놓았는데 원래 자리가 아니다.

가섭산봉수는 봉수 제도가 폐지될 때까지 사용했던 유서 깊은 유적이다. 제2노선 직봉의 내지봉수로 충주 마산봉수에서 신호를 받아 북쪽 음성 망이산봉수로 전달했다. 《세종실록지리지》와 《호서읍지》 등 옛 문헌에 빠짐없이 등장한다. 100여 명의 군사가 이곳에 주둔했다. 정상 아래 가섭사는 옛 군사들의 숙소와 창고가 있던 곳이다. 봉수대가 있는 가섭산 정상까지 자동차가 진입할 수 있다.

위치 충북 음성군 음성읍 용산리 가섭산(710m) **형태** 내지봉수
지정 비지정 **시대** 고려시대 **상태** 멸실

금강이 조망되는

영동 박달라산봉수

박달라산봉수 내부

박달라산봉수가 처음 설치된 시기는 문헌 기록에 없다. 주변에서 발견되는 토기·기와 조각들이 대부분 조선시대 것이지만, 고려 때의 유물도 가끔 출토되어 고려시대로 추정하고 있다. 제2노선 간봉의 내지봉수로 동쪽의 황간 소이산봉수에서 신호를 받아 서쪽의 옥천 월이산봉수로 전달했다. 100여 명의 군사가 주둔했다.

《세종실록지리지》에는 박달라산봉수로 등장하지만 《영동군지》에는 박달산봉수로 소개된다. 외곽으로 돌아가며 방호벽을 안과 밖으로 올려 쌓았는데 둘레가 80m, 높이는 약 2.3m 정도다. 내부에는 봉화를 올리던 연조 5기가 있다고 하지만 잡풀로 뒤덮여 있어 파악이 어렵다. 방호벽 북동쪽의 평탄지는 군사들의 숙소 터로 보인다.

박달라산 정상에서도 기와·토기 조각들이 발견되는데, 봉수와 관련된 망루 시설이 있었던 것으로 추정된다. 박달라산봉수는 정상 아래쪽의 봉우리에 있다. 그리고 지대가 높은 곳에는 마을에서 남근석을 세워 놓았다.

봉수대 가는 길인 율리2리 마을회관에서 봉오둑골까지 자동차가 진입할 수 있다. 이곳에서 걸어서 30분 정도 소요되는 거리지만 등산로가 없어 접근이 어렵다.

위치 충북 영동군 용산면 율리 봉화봉(322m) **형태** 내지봉수
지정 비지정 **시대** 고려시대 추정 **상태** 원형

삼국의 접경지 산성에 축조된
음성 망이산봉수

흔적만 남은 망이산봉수

충북 음성과 경기도 안성의 경계인 망이산 정상에 망이산봉수가 있다. 이곳에는 백제 때 쌓은 테뫼식 토성의 내성과 신라·통일신라·고려 때까지 사용된 포곡식 석성의 외성이 있다. 외성은 통일신라 때 대대적으로 개축되었으며, 고려 초기에도 성벽 등의 보수가 있었던 것으로 발굴조사를 통해 밝혀졌다.

백제의 내성 중심부에 축조된 망이산봉수가 처음 설치된 시기는 알 수 없지만 《세종실록지리지》에 처음 등장한다. 이 봉수는 충주목에 소속이고 음성 가섭산봉수에서 신호를 받아 용인 건지산봉수에 전달하던 제2노선 직봉의 내지봉수다. 특히 소백산맥의 계립령과 추풍령을 넘어오는 간봉도 이곳에서 합쳐져 안성·용인·광주를 거쳐 서울의 목멱산

봉수대 아래의 신라시대 산성

봉수대 아래에서 발견된 철제갑옷

봉수로 전달됐던 중요한 요충지였다. 이곳에는 별장 1명, 감관 5명, 봉수군 100여 명이 주둔했다.

이 봉수를 단국대학교박물관에서 발굴 조사했는데, 봉수를 둘러싼 석축 방호벽이 확인됐다. 그런데 대부분의 봉수가 원형 또는 타원형을 이루는 것과 대조적으로 석축은 동서가 긴 직사각형이다. 전체 둘레는 68m 정도로 안과 밖을 쌓아 올렸으며, 내벽 높이는 약 1.5m, 외벽은 2~3m 이내다. 연조는 남아 있지 않고 흔적만 확인됐다. 동벽 암층 위에는 돌계단의 출입구도 있다.

봉수 정상에서 내려다보면 중부고속도로와 더불어 음성군과 진천군 일대의 평원이 한눈에 조망된다. 산이 물을 만든다고 했다. 망이산에서 흐르는 물길이 진천·청주·연기를 지나 금강의 발원지가 되었다.

봉수대는 중부고속도로 일죽IC에서 4km 거리에 있다. 망이산 8부 능선 매산사 아래까지 자동차로 갈 수 있다.

위치 충북 음성군 삼성면 양덕리 망이산(472m) **형태** 내지봉수
지정 미지정 **시대** 조선시대 **상태** 멸실

공주 지역 봉수 중에서 규모가 가장 큰

공주 월성산봉수

월성산 봉수 방호벽 밖에 행사용 연조 복원

공주 남쪽을 병풍처럼 둘러싼 월성산은 공주의 진산이다. 주변 마을 사람들은 봉우재로 부르기도 하는데 정상에 조선시대 때 설치한 봉수가 있다. 공주 지역 3개 봉수 중에서 규모가 가장 크다. 제5노선 간봉의 내지봉수로 남쪽 논산 노성산봉수에서 신호를 받아 북쪽 정안의 고등산봉수로 전달했다.

봉수는 정상을 판판하게 다진 후 연대와 연조를 쌓았으나 오랜 세월이 흐르면서 시설물은 멸실되고 방호벽 일부만 남아 있다. 둘레는 약 80m이고 남쪽과 북쪽에 출입구가 있다.

월성산에는 백제시대 것으로 추정되는 작은 토성이 있으며 산기슭에는 고분군이 분포돼 있다. 정상에서는 북쪽으로 공산성과 금강이 한눈에 들어온다. 봉수대까지는 옥룡동 대웅아파트에서 등산로를 따라 40분 정도 소요된다.

위치 충남 공주시 소학동 산69번지 월성산(312m) 형태 내지봉수
지정 향토문화유적 제15호 시대 조선시대 상태 원형 일부

인근 지역 중심에 위치한

공주 고등산봉수

방호벽 출입구에서 본 연대

고등산봉수는 정안면 북계리와 의당면 두만리의 경계인 봉화산 정상에 있다. 처음 설치된 시기는 조선 초기이다. 봉수 노선상 제5노선 간봉의 내지봉수로 남쪽 월성산봉수에서 신호를 받아 북쪽 쌍령산봉수로 전달했다.

방호벽을 연대 석축으로 사용했으며 연대 상부에 봉화를 피우던 연소실이 있다. 연대 앞쪽 평탄지는 봉수군들의 건물 터로 추정되며, 모든 시설이 방호벽 안에 축조돼 있다. 봉수 전체 둘레는 약 78m, 방호벽 중에서 가장 높은 곳은 3m 정도다. 방호벽 남쪽에 출입구 흔적이 있으며 폭이 2m 정도다. 인근에 위치한 쌍령산봉수와 축조 방법이 동일하다.

고등산봉수는 공주 지역에 남아 있는 3개의 봉수를 이어 주는 중간 지점에 위치한다. 주변에 높은 산이 없어 봉화산이 우뚝 솟아 보인다.

봉수대로 가려면 북계2리 노인회관에서 농로를 따라 산 중턱까지 자동차가 간 다음 이곳에서 20분 정도 걸으면 된다.

위치 충남 공주시 정안면 북계리 산 36-1 봉화산(184m) 형태 내지봉수
지정 향토문화유적 제13호 시대 조선 초기 상태 원형 일부

천혜의 비경
서산 삼길산봉수

붕괴된 삼길산봉수

봄부터 가을까지 뱅어잡이로 유명한 삼길포는 어시장이 형성된 지 오래다. 삼길포를 한눈에 내려다보는 삼길산 정상에는 어느 시기에 축조했는지 문헌 기록이 없는 봉수가 있다. 조선시대 때 포구 주변에 평신진이 설치된 것으로 보아 군사정보를 주고받았던 요망대로 추정된다. 삼길산은 높지 않지만 사방이 뚫려 있어 적의 동태를 감시하는 지형으로는 요지에 해당된다. 현재 봉수 시설은 연조 하나를 복원했으며, 연조 아래쪽은 원래 있었던 봉수 석재들이 널브러져 있다.

삼길포 일대는 절경이라 시인 묵객들의 발길이 끊이지 않았다고 한다. 뜸부기 쌀로 유명한 대호간척지·대난지도·소난지도 등 크고 작은 섬들이 바다 위에 둥둥 떠 있는 천혜의 비경이다. 봉수대까지는 임도가 잘 정비돼 있으며 8부 능선까지 자동차가 진입한다. 이곳에서 등산로를 따라 정상까지는 5분 정도 소요된다.

위치	충남 서산시 대산읍 화곡리 산 1-1 삼길산(166m)			형태	권설봉수
지정	비지정	시대	시대 미상	상태	복원

산성 내부에 설치된

태안 백화산봉수

태안 읍내를 감싸고 있는 백화산 정상에는 백제시대 때 축조한 테뫼식 석축 산성이 있다. 전체 둘레는 730m이나 대부분 멸실되고 현재 100m 정도의 석축이 남아 있다. 이중 높이 3m의 서쪽 성벽은 약 20m가 남아 있다. 백화산성은 삼국시대에서 조선 초기까지 사용한 것으로 알려졌다.

이 산성 정상에 조선 중기에 축조된 봉수가 있다. 봉수 노선상 제5노선 간봉의 연변봉수로 남쪽 도비산봉수에서 신호를 받아 북쪽 주산봉수로 전달했다. 봉수는 남쪽성벽과 나란히 배치되어 있는데 고증 없이

백화산봉수 연대시설

견고하게 축조한 백화산성

복원해 원래 모습이 많이 훼손됐다. 현재 토·석축의 연대 하나가 있는데 둘레가 18m, 높이는 5.4m 정도다.

연조시설은 확인이 불가능하고 주변에는 기와 조각이 널려 있다. 봉수에 대한 자세한 기록이 없어서인지 복원된 모습이 왕릉의 봉분 형태다. 사방이 확 트인 정상에서 조망되는 해질 무렵 서해안의 낙조가 장관이다.

백화산 중턱에는 마애삼존불로 유명한 태을암이 있다. 삼존불은 좌우의 불상이 중앙의 것보다 크게 만들어졌다. 봉수대로 가려면 태안교육청을 지나 현대블루핸즈공장 맞은편에 포장도로를 따라 태을암까지 자동차가 진입한 다음 이곳에서 10분 정도 가면 된다.

위치 충남 태안군 태안읍 동문리 산 41-2 백화산(284m) 형태 연변봉수
지정 비지정 시대 조선 중기 상태 복원

기우제를 지낼 때 헐어 버린

보령 조침산봉수

복원한 조침산봉수 연대

조침산봉수는 보령 전 지역을 조망할 수 있는 요충지다. 제5노선 간봉의 연변봉수로, 남쪽 옥미봉봉수에서 신호를 받아 북쪽 흥양곶봉수로 전달했다.

봉수는 주변 환경을 조망하기 매우 좋은 장소에 축조됐다. 정상을 판판하게 다져 넓은 공간을 조성하고 연대와 연조시설을 세웠으나 오랜 세월 풍우에 붕괴되고 말았다. 일제강점기 때는 무너진 봉수에서 마을 주민들이 기우제를 지내면서 남아 있던 석축마저 헐어 버렸다.

최근에 행사 목적으로 연대 하나를 복원했는데 원래 모습과는 판이하게 다르다. 복원한 연대는 둘레가 약 13m로 연소실과 연조를 만들었으나 정체성을 잃고 말았다. 복원 전에는 일직선상 연조시설이 남아 있었는데 그나마 공원을 조성하면서 모두 멸실되고 말았다.

정상에 오르면 남쪽으로는 보령 시내와 옥미봉봉수의 능선이 한눈에 들어온다. 서쪽으로는 안면도·원산도·삽시도 등과 북쪽으로는 보령 충청수영이 조망된다. 봉수대까지는 송학초등학교 뒤쪽으로 나 있는 등산로를 따라 30분 정도가 소요된다.

위치 충남 보령시 주교면 송학리 봉대산(229m) 형태 연변봉수
지정 비지정 시대 고려시대 상태 복원

소나무 숲길 따라
보령 옥미봉봉수

잔미산 정상에는 고려시대 때 쌓은 수부리산성과 대천리산성이 있다. 옛 사람들은 성城을 우리말로 '잣' 또는 '재'로 불렀다. 이 잣이란 이름을 편하게 부르면서 '잔미'가 되었고, 이 산에 산성이 있어 잔미산이 된 것이다. 지금도 산 아래 마을 두룡리는 윗잔미, 그 아래는 아랫잔미로 부른다.

복원한 옥미봉봉수

잔미산 정상에 옥미봉봉수가 있다. 수부리산성을 지나 200m 정도 위에 설치됐다. 봉수는 2000년에 연대·연조·방호벽을 새로 쌓았는데 고증 없이 복원해 옛 모습이 사라지고 말았다. 복원된 연대 둘레는 10m, 높이가 2m 정도다. 이 봉수도 한때 기우제 장소로 사용되었다. 복원된 조침산봉수와 동일하게 연대를 올린 것으로 보아 같은 건축업자가 공사를 한 것으로 추정된다.

옥미봉봉수가 처음 설치된 시기는 18세기 중엽이며, 제5노선 간봉의 연변봉수로 남쪽 비인현 칠지산봉수에서 신호를 받아 북쪽 조침산봉수로 전달했다.

봉수대까지는 남포 경찰묘지에서 등산로를 따라 45분 정도 소요된다. 산 중턱부터 아름드리 소나무 숲이 원시림을 방불케 할 정도로 군락을 이루고 있다.

위치 충남 보령시 남포면 옥서리 잔미산(417m) 형태 연변봉수
지정 비지정 시대 조선 후기 상태 복원

봉수 지키는 후박나무

보령 녹도봉수

녹도는 외연도와 인접해 있다. 섬에는 5개의 봉우리가 있는데, 봉수는 오른쪽에서 두 번째 봉우리에 위치해 있다. 봉수대로 가는 길은 잡목이 울창해 접근이 어렵다. 녹도봉수는 연대 하나와 연대로 올라가는 돌계단이 있으며 방호벽 일부가 남아 있다. 연대 옆에는 300년 묵은 후박나무 한 그루가 봉수군이 떠난 자리를 지키고 있다. 봉수 규모는 작지만 연대와 방호벽, 건물지 등이 원형으로 잘 보존돼 있다.

이 봉수도 외연도봉수와 동일한 시기에 설치한 권설봉수로서 서쪽 외연도봉수에서 봉화를 받아 동쪽 원산도봉수로 전달했다. 그리고 이곳에서 서쪽능선을 따라 1km 정도 가면 요망대가 있는데 등산로가 없어 접근이 불가능하다.

녹도봉수에서 발견된 봉수군들의 무기 강돌

우측에서 두번째 봉우리에 있는 봉수

정상에 올라서면 외연도 전경뿐 아니라 횡견도·대청도·중청도·무마도 등 외연열도의 모든 섬이 파노라마처럼 펼쳐진다. 보령 지역에는 4개소의 권설봉수와 8개소의 연변봉수가 설치되었다. 그 중 원형으로 보존된 것은 원산도·녹도·외연도봉수뿐이다 나머지 6곳은 멸실되었으며 2곳은 2000년도에 보령시에서 고증 없이 복원해 정체성을 잃었다.

녹도 가는 뱃길은 평일 1회 오전 10시, 주말과 휴일은 2회 오전 8시. 오후 2시 대천항에서 출항한다. 녹도까지는 약 1시30시간 소요되며, 봉수는 녹도항에서 뒤쪽으로 난 등산로를 따라 30분 거리에 있다.

위치	충남 보령시 오천면 녹도리 봉화산(90m)		형태 권설봉수
지정	비지정	시대 조선 후기	상태 원형

황산벌이 한눈에

논산 황화산봉수

황화산봉수 내부

논산 시내에서 약 2㎞ 떨어진 등화동 황화산에는 형태가 잘 보존된 토성이 있다. 이 산은 구릉이지만 주변에 산이 없기 때문에 우뚝 솟아 보인다. 이곳은 백제의 수도 사비성과 은진현 일대를 호위했던 요충지다. 산성 서북쪽은 급경사이고 정상에서는 황산벌이 한눈에 조망된다. 토성 둘레는 840m, 동서남북에 각각 성문 터가 있다.

산성 북쪽 외곽에는 조선시대 때 봉화를 올리던 봉수 터가 있다. 화산 분지처럼 웅덩이가 파여 있으며 둘레가 약 80m, 높이는 2.6m 정도다. 이 봉수는 남쪽 채운산봉수에서 신호를 받아 북쪽 노성산봉수로 전달한 내지봉수다. 《신증동국여지승람》 은진현봉화조에 등장하는데, 마을 주민들은 황화대 또는 봉우재로 부른다. 백제의 계백과 신라의 김유신 두 명장이 혈전을 벌였던 황화산성은 많은 사람이 즐겨 찾는 역사탐방 코스다.

봉수대로 가려면 논산 대건중학교에서 소로를 따라가면 황화산성 입구에 도착한 다음 여기서 능선을 따라 5분 정도 걸어가면 된다.

위치 충남 논산시 등화동 산 2 황화산(71m) **형태** 내지봉수
지정 비지정 **시대** 시대 미상 **상태** 원형

선녀의 슬픈 전설

논산 강경대봉수

복원한 강경대봉수

어느 세력이 쌓았는지 알 수 없는 봉수가 강경 읍내 뒤쪽에 솟은 옥녀봉에 설치돼 있다. 제5노선 간봉의 내지봉수로 남쪽 익산 용안면 광두원봉수에서 신호를 받아 북쪽 황화산봉수로 전달했다. 발굴조사나 고증 절차 없이 2007년 복원하면서 화강암을 전기톱으로 다듬어 연조 하나를 세웠는데 마치 공장의 굴뚝처럼 보인다.

옥녀봉에는 내려오는 전설이 있다. 옥황상제 외동딸이 이곳에 내려와 목욕을 하다가 절경에 심취해 그만 하늘로 올라가는 것조차 잊고 말았다. 어느 날 갑자기 하늘로 올라오라는 나팔소리에 그녀는 옷도 제대로 챙기지 못한 채 가슴을 드러내고 올라가다가, 하늘에서 이 모습을 내려다본 옥황상제에게 발각되어 땅으로 쫓겨나고 말았다. 그녀는 매일 하늘만 쳐다보며 돌아가게 해달라고 기도했지만 받아들여지지 않았고, 결국 죽고 말았다는 것이다. 그때부터 마을 사람들은 봉우리를 옥녀봉으로 부르고 있다.

위치 충남 논산시 강경읍 북옥리 강경산(50m) 형태 내지봉수
지정 비지정 시대 시대 미상 상태 복원

노성산성의 지킴이

논산 노성산봉수

노성산봉수 방호벽

노성산은 논산과 부여 일대를 한눈에 조망할 수 있는 요충지로 삼국시대부터 산성이 축조됐다. 산성의 둘레는 1km이며 삼국시대부터 조선시대까지의 다양한 토기·기와 조각이 발견되고 있다.

노성산성 중턱에 조선시대 때 봉수가 축조됐다. 제5노선 간봉의 내지봉수로 남쪽 황화산봉수에서 신호를 받아 공주 월성산봉수로 전달했다. 봉수 시설로는 약 65m 정도의 방호벽이 남아 있으며 내부로 들어가는 통로에 돌다리가 놓여 있다. 방호벽 안에는 봉화를 피우던 연조의 흔적이 남아 있다. 노성산 아래에는 조선 숙종 때 학자 윤증의 고택이 보존돼 있다.

봉수대까지는 노성면소재지에서 산성까지 임도가 잘 정비돼 있어 자동차가 쉽게 진입할 수 있다.

위치 충남 논산시 노성면 송당리 산 1번지 노성산(348m) 형태 내지봉수
지정 비지정 시대 조선시대 상태 원형 일부

산성은 복원하면서 봉수는 뒷전

서천 운은산봉수

서천 읍내, 서천 읍성, 서해안의 비인만·장구만 등 고군산군도까지 한눈에 내려다보이는 곳에 남산성이 있다. 《신증동국여지승람》에는 영취성으로 기록돼 있다. 산 정상부를 판판하게 다진 후 돌아가며 토성을 쌓고, 그 외곽을 다시 넓혀서 석축의 외성을 두른 이중산성이다.

운은산봉수 뒤쪽의 연대

외성은 전체 둘레가 약 620m, 높이는 지형에 따라 다르지만 대체적으로 2m 내외다. 성벽 남쪽과 서쪽에 성문 터가 훼손된 채 남아 있으며, 성벽 안쪽에는 군사들이 유사시 이동할 수 있는 6~9m 넓이의 도로가 성벽을 따라 조성돼 있다. 성안 동쪽에는 건물 터로 보이는 넓은 평탄지가 있는데, 이곳에서 삼국시대 토기와 기와가 발견되고 있다. 남산성이 처음 설치된 시기는 삼국시대로 추정되며 고려 때는 서림군의 치소관청가 있던 곳이다.

남산성은 이 일대의 요충지로서 일반적으로 많이 알려진 산성이다. 남산성 서쪽 방향 약500m 정도 떨어진 거리에는 마을 주민들이나 알 정도로 잊혀가는 운은산봉수가 있다. 봉수는 현재 잡목과 잡풀에 덮여 있어 전문가가 아니면 확인이 불가능할 정도로 훼손 방치돼 있다.

운은산봉수가 문헌에 등장하는 시기는 조선 중기지만 축조 형태는 고려시대의 형태를 닮았다. 봉수가 설치된 지형은 해안 방향의 서쪽이 높고 내륙 방향의 동쪽이 낮다. 이 산의 정상을 판판하게 흙으로 다진 후 평탄지를 만들고 내부에 봉수시설을 세웠다. 지형이 높은 서쪽에 봉화를 올리던 석축의 연대를 구축했지만 대부분 붕괴되어 흙더미처럼 보인다. 연대 둘레는 약 30m 정도이며, 맨 위에 볼을 피우던 연소실의 흔적이 남아 있다.

봉수 전체를 둘러싼 방호벽은 흙으로 쌓았으며 동쪽과 서쪽에 출입구가 있다. 특히 서쪽에는 폭 4m 정도의 구덩이를 이중으로 파놓았는데, 적이 침입할 때를 대비해 방어 효과를 높이기 위한 것으로 추정된다. 운은산봉수의 노선은 남쪽 옥구 점방산봉수에서 신호를 받아 북쪽 서천 칠지산봉수로 전달했던 제5노선 간봉의 연변봉수다.

남산성과 봉수를 안내한 서천군 박수환 향토사학자는, 남산성 발굴에 소요되는 예산이 확보됨에 따라 금년에 복원을 마무리할 계획이라고 밝히며 말했다.

"남산성은 성벽과 성문이 잘 남아 있습니다. 특히 여러 시대에 걸쳐 쌓은 축성수법 등 건물지의 변화 과정을 한곳에서 살펴볼 수 있는 중요한 유적이며, 이를 복원해 역사관광지로 활용하면 좋은 산업자원이 될 것입니다."

하지만 바로 옆에 위치한 봉수는 관심 밖으로 밀려 발굴 대열에도 끼지 못했다. 옛 봉수군들의 일상이었던 봉홧불 체험 프로그램을 개발해 활용하면 서천군의 브랜드를 높일 수 있는 기회도 만들 수 있을 텐데 안타까웠다.

봉수에서 산성으로 가는 능선에는 서낭당의 돌무덤이 쓸쓸하게 누워 있다. 마을 사람들의 삶의 신앙이었던 이 돌무더기는 옛것에 대한 향수로만 이제 남았다.

위치 충남 서천군 마서면 남산리 산22-1(146m) **형태** 연변봉수
지정 비지정 **시대** 조선시대 **상태** 원형

주민들이 보수한

울진 죽변곶봉수

죽변곶봉수는 고려시대 때 설치했으며, 봉수노선 상, 제2노선 간봉의 연변봉수다. 북쪽 항출도산봉수에서 봉화를 받아 남쪽 죽진산봉수로 전달했다.

죽변곶봉수 연대

봉수는 야트막한 구릉 위에 있는데, 구릉을 판판하게 다듬고 그 위에 토·석축의 연대를 세웠다. 연대축대는 현재 거의 유실되었으며 밑단을 돌아가며 수박만한 돌로 에워 쌓다. 둘레는 약 35m 정도에 높이가 1m 정도 남았다. 연대로 올라가는 출입구는 흔적만 남았다.

연대는 민가지역에 들어 있어 아이들의 놀이터 장소가 되었다. 마을사람들이 수차례 손을 보았을 뿐 지금까지 방치되어 있다. 봉수 주변에는 현재 소나무와 대나무가 울창해 시야를 가리고 있다. 해안으로 내려가는 능선에는 용도를 알 수 없는 토축 흔적이 보인다. 봉수대 가는 길은 봉수동 열린몬테소리 어린이집에서 해안 끝까지가서 공터에 자동차를 세우고 걸어가면 5분 거리에 봉수대가 있다.

위치 경북 울진군 죽변면 봉수동 봉산(30m)		형태 연변봉수
지정 비지정	시대 고려시대	상태 원형

보부상이 다니던 고갯길
울진 사동산봉수

사동산봉수가 처음 설치된 시기는 고려시대다. 조선 전기에는 북쪽 근남면 산포리의 전반인산봉수에만 신호를 보내던 단일 노선이었으나, 중기에는 남쪽 기성면 봉산리의 표산봉수로 전달하는 새로운 노선이 신설되었다. 제2노선 간봉의 연변봉수다.

사동산봉수는 해양경찰서 사동출장소에서 망양 해변으로 넘어가는 강굿태목재 옛 고개 오른편 정상에 있다. 이 길은 보부상들이 지름길로 이용했던 고갯마루다. 현재 봉수는 돌무더기만 있으며 잡풀이 무성

잡목에 덮힌 사동산봉수 연대

해 연대 접근이 어려울 정도다. 그리고 주변도 잡목이 울창해 밖을 내다볼 수 없을 정도다. 정상을 판판하게 다진 후 중앙에 석축 연대를 세웠다. 연대는 사각형이고 전체 둘레는 30m, 높이가 2.7m 정도다. 연대로 올라가는 출입구는 서쪽에 있다. 외곽은 도랑이 에워싼다. 둘레가 약 60m, 높이는 1.5m 정도다. 폭은 지형에 따라 다르지만 1~4m 정도다. 봉수군들의 숙소와 창고 터는 연대 아래 대나무 숲으로 추정된다.

봉수대까지는 2011년에 도로가 개통되면서 새로 뚫린 터널 입구에 자동차를 주차하고 등산로를 따라 5분 정도 소요된다.

위치 경북 울진군 기성면 사동리 봉화산(94m) **형태** 연변봉수
지정 비지정 **시대** 고려시대 추정 **상태** 원형

봉수 아래 동해안

정겨운 회룡포를 굽어보는

예천 비룡산봉수

낙동강 상류 안동·예천·영주 지역에는 강물이 용처럼 굽이굽이 휘돌아가는 곳에 마을이 많다. 그 절경 중에서도 가장 아름다운 곳이 회룡포다. 원래 이곳에는 의성 김씨들이 오래전부터 정착해 살아서 의성포로 불렸는데 최근부터 회룡포라 불린다.

회룡포는 가을에 빛을 발한다. 황금들판과 은빛 모래를 에워싼 강줄기, 한가운데 옹기종기 모여 있는 민가들, 산 위에서 내려다보는 마을은 정겹다 못해 한 폭의 그림 같다. 이른 새벽녘 안개 속에서 만나는 일출도 장관이다.

복원하면서 정체성을 잃어버린 비룡산봉수

이 회룡포 일대를 한눈에 조망하는 위치에 봉수가 있다. 처음 설치된 시기는 어느 세력이 쌓았는지 알 수 없지만, 《세종실록 지리지》와 《경상도 지리지》에는 상주도 용궁현 소속의 유일한 봉화이며, 현의 남쪽에서 5리 정도 떨어진 곳에 위치한다고 기록되어 있다.

비룡산봉수 아래 회룡포

봉수 노선상 제2노선 간봉의 내지봉수로, 동쪽 예천 서암산봉수에서 신호를 받아 북쪽 상주목 산양현 소산봉수로 전달했다. 《신증동국여지승람》에는 예전의 동쪽과 북쪽으로 이어지던 노선에 덧붙여 남으로 다인현에 위치한 소이산봉수로 연결되는 노선이 새로 신설되었다고 기록되어 있다. 하지만 비룡산봉수는 임진왜란 이후 봉수 노선이 변경되면서 폐지되고 말았다. 2000년에 예천군은 축조 당시의 모습은 알 수 없지만 봉수가 있던 옛터에 고증 절차 없이 하나를 복원했는데 자연석에 시멘트를 혼합해 세웠다. 둘레는 약 25m, 높이가 2.7m 남짓하지만 정체성을 잃고 말았다.

봉수대는 회룡포전망대에서 능선을 따라 5분 정도 가면 볼 수 있다. 등산로를 따라 1km 정도 들어가면 삼국시대 때 쌓은 것으로 추정되는 산성이 허물어진 채 쓸쓸하게 누워 있다.

위치 경북 예천군 용궁면 향석리산 54 비룡산(240m) **형태** 내지봉수
지정 비지정 **시대** 시대 미상 **상태** 복원

공동묘지에 들어선
포항 오봉봉수

일제 때 공동묘지가 조성되면서 파괴된 오봉봉수

오봉봉수는 포항시 흥해읍 칠포해변에서 해안도로를 따라 월포해변 방면으로 가는 오도1리 마을 뒤편 봉화산 정상에 있다. 오봉봉수가 처음 설치된 시기는 고려시대이며, 봉수 노선상 제2노선 간봉의 연변봉수로 남쪽 지을봉수에서 신호를 받아 북쪽 도이산봉수로 전달했다.

봉수는 봉우리를 판판하게 다진 후 외곽을 돌아가며 흙과 돌을 섞어 방호벽을 쌓았다. 둘레가 약 60m, 높이는 2m 정도다. 봉수 안에 토축연대를 세웠는데 억새풀이 무성해 눈으로 확인이 어려울 정도다.

봉수 주변은 일제 때 조성된 공동묘지로 인해 거의 붕괴되고 말았다. 봉우리에 올라서면 사방이 한눈에 조망된다. 봉수대까지는 해안도로에서 오도모텔 맞은편 등산로를 따라 20분 정도 소요된다.

위치 경북 포항시 북구 흥해읍 오도1리 봉화산(116m) **형태** 연변봉수
지정 비지정 **시대** 고려시대 **상태** 원형 일부

구룡포가 발 아래

포항 대곶봉수

토축으로 된 포항 대곶봉수 연대

구룡포가 한눈에 조망되는 대곶봉수가 처음 설치된 시기는 고려시대다. 봉수 노선상 제2노선 간봉의 연변봉수로 남쪽 뇌성산 봉수에서 신호를 받아 북쪽 사지봉수로 전달했으나 1765년 봉수 노선이 변경되면서 폐지되었다.

봉수는 완만한 구릉을 판판하게 다진 후 방호벽을 이중으로 쌓았는데 둘레가 약 70m이며 높이는 1.5m, 폭이 3m 정도다. 방호벽 한가운데에는 흙과 돌을 혼합해 연대를 둥글게 세웠는데 둘레가 약 30m, 높이는 2m 정도다. 방호벽에는 출입구가 남아 있으며 봉화를 피웠던 연소실도 흔적이 보인다. 봉수군들의 숙소 터는 주변에 경작지가 조성되면서 사라졌다. 지금은 마을 이장이 중심이 되어 봉수 복원 계획을 세우고 있다고 한다.

봉수대로 가려면 구룡포항에서 호미곶 방향 925번도로를 따라가다가 석병교차로에서 왼편 임도로 올라가야 한다. 봉수까지 자동차가 진입할 수 있다.

위치 경북 포항시 남구 구룡포읍 석병리 봉화산(140m)　　형태 연변봉수
지정 비지정　　시대 고려시대　　상태 원형

헬기장으로 변한

포항 도이산봉수

군 헬기장이 조성되면서 붕괴된 도이산봉수

도이산봉수는 야트막한 구릉에 축조되었지만 주변 조망이 뛰어나다. 봉수는 1960년대에 군부대 헬기장이 조성되면서 멸실되었다. 방호벽 동쪽으로 일부 석재와 토기 조각이 널려 있다. 처음 설치된 시기는 고려시대이며, 제2노선 간봉의 연변봉수로 남쪽 오봉봉수에서 신호를 받아 북쪽 영덕 별반산봉수로 전달했다. 봉우리를 평탄지로 다지고 외곽을 돌아가며 흙과 돌을 섞어 방호벽을 쌓았다.

봉수대는 조사리해변에서 해안도로를 따라 화진 방향으로 가다가 주은하이츠빌라 옆에 자동차를 세우고 등산로를 따라 10분 정도 가면 된다.

위치 경북 포항시 북구 송라면 방석리 봉화산(110m) **형태** 연변봉수
지정 비지정 **시대** 고려시대 **상태** 원형 일부

잊혀가는 봉수는 언제 복원하나

의성 마산봉수

의성 마산봉수의 방호벽

마산봉수가 처음 설치된 시기는 조선시대이며 제2노선 직봉의 내지봉수다. 《경상도지리지》와 《세종실록지리지》에는 안동도 의성현에 위치한 봉수로, 남쪽 영니산 봉화에서 신호를 받아 북쪽 일직현 감곡산 봉화로 전달했다고 기록되어 있다. 그리고 《신증동국여지승람》에는 남쪽 고성산봉수가 증설되면서 이에 응한다고 했고, 《여지도서》에서는 고성산봉수와 마산봉수 사이에 다시 계란산봉수가 증설되어 신호를 전달했다고 기록되어 있다. 그 후 마산봉수는 고종 31년 1894에 봉수 제도가 폐지될 때까지 변동 없이 같은 노선이 유지되었다.

봉수는 봉우리를 사각으로 판판하게 다지고 돌아가며 석축으로 방호벽을 쌓았는데 둘레가 약 60m 정도다. 자연 절벽인 북쪽을 제외한 나머지 구간은 흙으로 둑을 또 올렸는데 높이는 3m 정도다. 출입구는 남쪽 방호벽에 있으며 높이가 1.5m, 폭은 2.5m 정도다.

봉수 내부에는 민묘 1기가 있는데, 묘를 조성하면서 연대와 연조시설이 파괴된 것으로 보인다. 봉수대로 가려면 안동에서 의성 사이의 5번국도에서 점곡 방향으로 미천을 따라 관덕리까지 간다. 관덕1리 마을회관에서 3층 석탑이 있는 사자골로 들어가면 봉화산이 나오는데 정상에 마산봉수가 있다.

위치 경북 의성군 단촌면 관덕리 사자골 봉화산(244m) 형태 내지봉수
지정 비지정 시대 조선 초기 상태 원형 일부

칡넝쿨 속에 갇힌

청도 송읍리봉수

청도읍에서 대구 부산 고속도로 톨게이트 부근에 송읍리가 있다. 송읍은 바깥솔골과 안솔골의 두 마을이 있는데 안솔골 뒷산으로 자동차가 올라가면 임도가 있다. 끝 지점에 자동차를 세우고 도보로 5분 거리에 군사들의 숙소 터가 있다. 정상 봉우리에서 남쪽으로 7부 능선에 해당되는 곳이다.

건물 터는 경사지를 판판하게 다듬고 돌아가며 방호담장을 쌓았다. 남서쪽 방호벽은 석축이 잘 남아 있으나 출입구가 있는 남쪽은 무너

송읍리봉수 방호벽

칡넝쿨에 덮여 있는 송읍리봉수 내부

졌다. 북쪽은 석출이 멸실되었다. 방호벽 담장 둘레는 50m 정도에, 높이가 1.5m, 폭이 2.5m다.

현재 내부는 잡풀과 잡목이 무성해 접근이 불가능하다. 사람들의 발길이 사라지자 고라니들의 서식처가 되었다. 길을 안내한 마을주민은 이곳은 옛날 군사들의 건물 터이며, 해방 전까지도 사람이 살았다고 한다.

정상 봉우리에는 봉홧불을 올리던 남봉대가 있다고 했지만 아카시아 나무와 잡목 등이 무성해 접근이 불가능했다. 예전에는 정상에서 밭농사를 지었지만 지금은 농사 지을 사람이 없어 나무만 자라 봉수대가 숲으로 덮여 있다.

《청도읍지》에는 남산봉수는 높은 지형 때문에 봉수군들이 오르기가 힘들어 조선 후기 이곳으로 봉수를 옮겼다고 한다. 송읍리봉수는 제2노선 간봉의 내지봉수로 남쪽 분황산봉수에서 봉화를 받아 북쪽 팔조령봉수로 전달했다. 송읍리봉수는 관리소홀로 붕괴 직전에 있다. 안내판만 세워놓고는 사람들이 찾아오지 않자 관심을 두지 않는 것이다.

위치 경북 청도군 청도읍 송읍리 봉화산(262m) **형태** 내지봉수
지정 비지정 **시대** 조선시대 **상태** 원형

인형을 세워 놓은 것처럼 복원한
부산 구봉산봉수

작은 인형처럼 복원한 구봉산봉수 연조

구봉산봉수는 부산 지역 12개소의 봉수 중에서 가장 늦게 축조되었다. 조선 영조 원년1725 동래부사 이중협의 건의로 인근 석성봉수를 폐지하고 세운 것이다. 봉수 노선상 제2노선 직봉의 연변봉수로서 서쪽 응봉봉수에서 신호를 받아 동쪽 황령산봉수로 전달했다. 부산포·감만포·다대포 일대의 바다를 조망하며 왜선의 동태를 감시했다. 봉수 축조 시기가 300년도 채 안 되지만, 시설물이 형태도 없이 모두 사라진 걸 보면 자연 유실보다는 인위적으로 파괴된 것으로 추정된다.

멸실된 봉수는 가덕도 천성보봉수를 모델로 해서 2002년에 설치했는데 정상 뒤쪽에 숨겨져 있다. 마치 인형을 세워 놓은 것 같다. 봉수 주변에는 공원이 조성되었는데 원래 봉수 터다. 매년 10월 중순이면 부산동구청에서 구봉산 정상까지 등반대회와 봉화재현 행사를 거행한다. 하지만 그런 행사보다는 봉수를 원래 자리에 세우는 것이 더 시급하다고 본다.

봉수대까지는 부산 구덕도서관 옆 대신공원에서 도보로 1시간 정도 소요된다. 자동차로 봉수 아래까지 진입할 수 있지만 통제 구역이다. 산기슭에 편백나무와 낙엽송 등 수만 그루의 나무가 군락을 이루고 있어 삼림욕과 숲길을 산책하는 사람들에게 큰 인기를 얻고 있다.

위치 부산광역시 동구 초량4동 구봉산(408m) **형태** 연변봉수
지정 비지정 **시대** 조선 후기 **상태** 복원

해운대가 한눈에
부산 간비오봉수

조선시대 때 해운대만호진을 지킨 간비오산봉수는 부산의 석성봉수·황령산봉수와 함께 고려시대 때 설치된 것으로 추정하고 있다. 하지만 군부대가 주둔하면서 봉수 시설이 멸실되고, 현재의 봉수는 1976년 부산시에서 고증 절차 없이 일괄적으로 복원한 것이다. 화강석을 다듬어 쌓은 복원 연대 둘레는 약 32m, 높이가 1.5m 정도다. 연대 외곽에는 호가 파여져 있으며 동북쪽 바깥은 급한 경사지다. 동쪽에 원래 봉수의 석재들이 박혀 있는데 연조 기단석으로 추정된다.

화강석으로 복원한 봉수대

제2노선 간봉의 연변봉수로 서쪽 황령산봉수에서 신호를 받아 동쪽 기장남산봉수로 전달했다. 간비오봉수는 경상좌수영에서 관리했으며 100여 명의 군사가 주둔했을 만큼 군사 요충지였다. 봉수는 해운대 뒤쪽의 장산 능선을 타고 해안으로 내려오면서 마지막 봉우리에 있다. 이곳에서 보는 광안대교의 야경은 장관이다. 마린시티와 해운대해수욕장 등이 한눈에 들어온다. 봉수대는 해운대롯데아파트에서 걸어서 10분 정도 거리에 있다.

위치 부산광역시 해운대구 우1동산 111 간비오산(147m)　형태 연변봉수
지정 비지정　시대 고려시대 추정　상태 복원

범어사를 품고 있는
부산 계명산봉수

정체불명이 된 계명산봉수

범어사 뒤쪽 계명봉 능선에 있는 계명산봉수가 처음 설치된 시기는 조선 세종 원년1455이다. 제2노선 간봉의 내지봉수로 황령산봉수에서 신호를 받아 양산 위천봉수로 전달했다. 현재의 봉수는 1976년 복원했는데, 간비오봉수와 똑같이 대리석으로 연대를 쌓았다. 연대 주변에는 잡목이 무성해 사방이 막혀 있다. 동쪽 아래쪽은 군사들의 숙소 터로 보이는 평탄지가 있다. 건물 기단석으로 추정되는 길이 20m, 높이 1m 정도의 석축이 남아 있다.

범어사를 창건하기 전 의상대사가 봉수에 올라 절을 지을 장소를 물색하던 중 닭 우는 소리가 들리는 자리에 절을 지은 것이 현재의 계명암鷄鳴庵이라 한다. 봉수대까지는 범어사를 통해 들어가 청련암 입구에서 우측으로 가파른 계단을 따라가면 계명암이 나온다. 계명암 뒤쪽 등산로를 따라가면 봉수까지 10분 정도 걸린다. 아래쪽에는 범어사에서 양산 동면 사송리로 넘어가는 옛길 사배고개가 있다.

위치 부산광역시 금정구 노포동 봉우리 (504m) **형태** 내지봉수
지정 비지정 **시대** 조선 초기 **상태** 복원

임량천을 굽어보는
부산 임량포봉수

봉수 기단석을 확인하고 있는 기장군청 학예사

임량천을 한눈에 내려다보는 구릉 정상에 고려시대 때 축조한 임량포봉수가 있다. 봉수는 일광에서 해안도로를 따라 월래 방향으로 가다가 임량교를 건너기 직전 왼쪽 야트막한 구릉 위에 있는데, 오랜 세월이 흐르는 동안 시설물은 대부분 멸실됐다.

현재 연대는 바닥으로 석축 한 줄이 일부 있으며 둘레는 약 20m, 높이가 2m 정도 남아 있다. 연대 외곽에는 폭 3m, 높이 1.5m 정도의 호가 둘러져 있다. 연대의 생김새는 각이 없는 네모난 모양이다. 이 봉수는 제2노선 간봉의 연변봉수로 남쪽 기장의 남산봉수에서 신호를 받아 북쪽 아이봉수로 전달했다.

봉수대는 도로변에서 10분 정도면 갈 수 있는 거리지만 잡목이 무성해 접근이 어렵다.

위치	부산광역시 기장군 장안읍 문등리			**형태**	연변봉수
지정	비지정	**시대**	고려시대	**상태**	원형

대나무 숲길 따라
울산 하산봉수

원형이 잘 남아 있는 하산봉수

하산봉수가 처음 설치된 시기는 고려시대이며, 제2노선 간봉의 연변봉수로 남쪽 이길봉봉수에서 신호를 받아 북쪽 가리봉수로 전달했다. 조선 초기에는 북쪽의 가리봉수로 전달하는 단일노선이었으나, 16세기 초 서쪽 이길봉수의 노선이 신설된 후 조선 후기까지 변동이 없었다.

현재 봉수는 토·석축의 연대가 잘 남아 있고, 연대 앞 대나무 숲이 봉수군들의 숙소 터다. 봉수 뒤쪽은 산 능선으로 막혀 있지만 나머지는 바다로 트여 있다.

봉수대로 가려면 온산공단해안가에 인접한 신한기계공장 정문 맞은편에서 소로를 따라 올라가면 되는데, 이곳에 이르면 금어사란 작은 절이 있다 여기에 자동차를 세우고 절 뒤로 난 등산로를 따라 10분 정도 가면 된다.

위치 울산광역시 울주군 온산읍 강양리 산 66 봉화산(132m) **형태** 연변봉수
지정 울산시기념물 제36호 **시대** 고려시대 **상태** 원형

온산 산업단지 내에 있는

울산 가리봉수

가리봉수 방호벽

가리봉수가 처음 설치된 시기는 고려시대다. 봉수 노선상 제2노선 간봉의 연변봉수로 하산봉수에서 신호를 받아 천내봉수로 전달했다. 봉수는 현재 온산산업단지 해안도로를 끼고 있는 SK가스기지 내에 있어 출입이 불가능하다.

봉수 시설물은 군부대가 주둔하면서 대부분 멸실되었고, 정상에서 동쪽 해안가에 일부 석축이 보이지만 방호벽인지 연대 석축인지는 확인할 수 없다. 정상 일대는 군 진지와 억새풀이 덮여 있어 조사도 어렵다. 정상에서는 사방이 조망된다. 봉수 제도가 폐지될 때까지 존속되었던 봉수다.

위치	울산광역시 남구 남화동 봉대산(130m)			형태	연변봉수
지정	비지정	시대	고려시대	상태	원형 일부

섣부른 복원에 울다

울산 천내봉수

토·석축으로 축조한 천내봉수 연대

천내봉수는 울산 동쪽을 굽어보는 곳에 있는데 처음 설치된 시기는 고려시대다. 제2노선 간봉의 연변봉수로 남쪽 가리산봉수에서 신호를 받아 북쪽 남목봉수로 전달했다. 조선 초기에는 남목봉수에만 신호하던 단일노선이었으나 이후 서쪽 가리봉수로 통하는 노선이 신설된 후 변동 없이 유지되었다. 울산의 관문을 감시하던 봉수다.

봉수 형태는 토·석축의 연대와 상부에 연소실이 있는데 원래 형태는 멸실된 상태다. 연대 둘레는 약 55m이고 토축으로 둥글게 쌓은 방호벽 호의 둘레는 약 80m 정도다. 호 외곽에는 봉수군들의 숙소와 창고터 흔적이 남아 있다.

천내봉수는 흙과 돌을 혼합해 쌓았기 때문에 형태가 또렷하지 않지만, 방호벽은 비교적 축조 당시의 모습으로 잘 보존되어 있다. 앞으로 연구가 더 많이 이뤄지고 고증자료를 확보한 다음 주변 여건과 연계해 복원하는 것이 바람직하다고 본다.

봉수대로 가려면 울산과학대학교 정문을 통해 끝까지 들어가 울산장례식장이 나오면 그곳에 자동차를 주차하고 뒷문을 통해 걸어서 5분 정도 산행을 하면 된다.

위치 울산광역시 동구 화정동 산 100-2 봉화산(120m) **형태** 연변봉수
지정 울산시기념물 제14호 **시대** 고려시대 **상태** 원형

마산항이 한눈에

마산 성황당봉수

성황당봉수 연대 내부

성황당봉수가 처음 설치된 시기는 고려시대다. 제2노선 간봉의 연변봉수로 남쪽 웅천 고산봉수에서 신호를 받아 북쪽 함안 안곡산봉수로 전달했는데, 봉수 제도가 폐지될 때까지 운영되었다. 1996년에 연대를 복원하고 출입구도 만들었다. 내부는 빈 공간인데 봉수 원래 모습과는 거리가 멀게 복원했다. 연대 아래쪽 민묘가 있는 곳이 봉수군들의 숙소 터다. 연대 위에 오르면 마산항과 남쪽 바다가 한눈에 조망된다.

주민들은 해마다 음력 8월 17일이면 봉화제를 열어 화합을 다지고 있다. 봉수대까지는 봉화여성경로당에서 등산로를 따라 30분 정도 소요된다.

위치 경남 창원시 마산회원구 회원동 봉화산(265m) 형태 연변봉수
지정 경남기념물 제157호 시대 고려시대 상태 복원

방호벽 내부에 남근석이

거제 능포봉수

능포봉수 방호벽

능포봉수는 장승포항을 지나 성수아파트 뒷산 능선 끝부분에 있는데 거제시청 문화재 담당자도 모를 정도로 외부에 알려지지 않았다. 처음 설치된 시기는 문헌에 기록이 없다. 임진왜란 당시 옥포 조라진의 별망으로 가덕도와 남해안을 조망하며 왜구의 침입에 대비해 쌓았다. 봉수 노선은 제2노선 간봉으로 연변봉수다.

봉수는 2000년에 등산로를 개설할 때 복원했다. 석축의 방호벽 전체 둘레는 46m, 높이가 약 1m 정도다. 내부는 빈 공간이며 한 가운데 남근석을 세워 놓았다. 봉수에서 조망되는 바다는 한가롭기 그지없다.

봉수대까지 가려면 능포동 성수아파트에 자동차를 주차하고 등산로를 따라 20분 정도 가면 된다.

위치 경남 거제시 능포동 봉대산(178m) **형태** 연변봉수
지정 비지정 **시대** 조선시대 추정 **상태** 복원

대마도와 마주한

거제 옥녀봉봉수

복원한 옥녀봉봉수

옥녀봉 정상에서 능선을 타고 내려오다가 연대골 봉우리에 옥녀봉봉수가 있다. 15세기 무렵 왜구를 감시할 목적으로 설치되었으며, 봉우리는 높지 않지만 주변에 장애물이 없어 시야가 탁 트였다. 맑은 날이면 멀리 대마도까지 보일 정도다. 이곳은 산 아래 옥포진을 감시하는 요충지다. 봉수 노선상 제2노선 간봉의 연변봉수로 남쪽 와현봉수에서 신호를 받아 북쪽으로 강망산봉수로 전달했다.

현재의 봉수는 1995년에 복원한 것이다. 하지만 고증 절차 없는 복원으로 원형을 상실했다. 봉수 아래는 대우조선소다.

봉수대로 가려면 옥포에서 장승포항으로 가다가 대우조선소 건너편 산으로 난 임도를 따라 주차 공간이 있는 곳까지 간다. 이곳에서 고개를 들면 봉수가 빤히 보인다.

위치	경남 거제시 일운면 지세포리 옥녀봉(226m)			형태	연변봉수
지정	경남기념물 제129호	시대	조선 중기	상태	복원

대나무 숲에 가린

고성 천왕점봉수

천왕점봉수 연대

천왕점봉수가 처음 설치된 시기는 고려시대다. 제2노선 간봉의 연변봉수로 통영 우산봉수에서 신호를 받아 고성 곡산봉수로 전달했다. 봉수 형태는 석축의 방호벽을 둥글게 쌓고, 그 안에 각각 3m 거리를 두고 연조 3기를 세웠다. 현재는 기단석만 남아 있는데 이중 2기의 연조는 한쪽이 뚫려 있는 걸로 보아 불을 피우던 연소실로 추정된다. 연조 안에는 불에 탄 잿가루가 남아 있다.

방호벽 전체 둘레는 68m 정도이고, 외곽에는 석재들이 널려 있다. 방호벽의 서쪽 50m 거리에 우물이 옛것으로 남아 있다. 봉수에서는 상평통보와 숫돌, 계란 정도 크기의 수마석이 발견된다. 현재 봉수는 대나무 숲이 무성해 훼손이 심하다.

봉수대까지는 대가면사무소 옆 임도를 따라 충효테마파크공원에 자동차를 주차하고 등산로를 따라 가면 30분 정도 소요된다. 일대는 소나무 군락지이고 등산로가 잘 정비되어 있다.

위치 경남 고성군 대가면 양화리 봉화산(353m) **형태** 연변봉수
지정 경남기념물 제221호 **시대** 고려시대 **상태** 원형

봉수 주변에 산성이

고성 곡산봉수

곡산봉수 연대

내곡리 봉화산은 동봉과 서봉 2개의 봉우리가 있는데, 곡산봉수는 서봉에 축조되었다. 봉수에서는 서북쪽으로 당항만이 보이고, 동쪽으로는 철마산성, 남쪽으로는 거류산성이 일대를 감싸고 있다. 제2노선 간봉의 연변봉수로 서남쪽 천왕점봉수에서 신호를 받아 북쪽 마산 가을포봉수로 전달했다.

봉수는 방호벽을 둥글게 쌓고 동쪽에 출입계단을 만들었는데 둘레가 약 70m 정도다. 방호벽 내부에는 5기의 연조를 세웠는데 흔적만 남아 있고, 바닥에는 불에 탄 잿가루가 가득 차 있다. 외곽에는 봉수군들의 경작지와 숙소 터가 있다. 현재 봉수는 발굴조사만 한 채 흙으로 덮어 놓은 상태이며, 관리소홀로 내부와 주변에 풀이 무성하다.

봉수대로 가려면 내곡리 뒷당골에서 산행을 해야 하는데 등산로가 개설되지 않아 접근이 불가능하다.

위치 경남 고성군 동해면 내곡리 봉화산(316m) 형태 연변봉수
지정 경남기념물 제236호 시대 고려시대 상태 원형

멧돼지 놀이터
사천 안점산봉수

방호벽 안에 연조시설이 설치된 안점산봉수

와룡산에서 뻗어 내린 산줄기 끝 봉우리 봉대산에 안점산봉수가 있다. 고려시대의 성황당봉수를 폐지하고 조선 세종 때 새로 축조했다. 제2노선 간봉의 연변봉수로 남쪽 사천 각산봉수에서 신호를 받아 북쪽 진주 망진산봉수로 전달했다.

현재 석축 방호벽과 연조 5기가 복원됐다. 방호벽 둘레는 약 100m, 높이는 1.5m 정도다. 연조는 3m 간격을 두고 세웠는데 둘레가 약 3m, 높이는 1.5m 정도다. 방호벽 외곽의 평탄지가 봉수군들의 건물터로 추정된다. 안점산봉수는 평탄지만 남은 것을 1994년 복원했는데, 고증 절차 없이 복원해 원래 모습을 상실했다.

봉수대까지는 산 아래의 약수암에서 가파른 등산로를 따라 20분 정도 소요된다.

위치 경남 사천시 용현면 신복리 봉대산(310m) **형태** 연변봉수
지정 경남기념물 제175호 **시대** 고려시대 **상태** 복원

봉분처럼 복원한
사천 우산봉수

봉분 모양의 우산봉수 연대

우산봉수는 제2노선 간봉의 연변봉수로, 남쪽 각산봉수에서 신호를 받아 북쪽 진주 망진산봉수로 전달했다. 봉수에서는 남해안의 아기자기한 섬들이 한눈에 조망되고, 해안으로 들어오는 왜선을 신속히 감지할 수 있었다.

봉수는 봉우리를 판판하게 다지고, 한가운데에 토축 연대를 세웠다. 하지만 세월을 이겨내지 못하고 멸실된 것을 1994년에 복원했다. 평탄지 한쪽에 쌓은 석축 연대는 마을 주민들이 진해 망진산봉수를 본떠서 세웠다. 중앙에 복원한 토축 연대는 왕릉의 봉분처럼 둔덕을 이룬다. 연대 둘레는 약 50m, 높이가 3m 정도다.

우산봉수는 조선 초기에 편찬된 《경상도속찬지리지》에 곤양현 남쪽에 있으며 처음으로 봉홧불을 올렸다는 기록이 있다. 하지만 그 후 문헌에 등장하지 않는 것으로 보아 조선 중기에 폐지된 것으로 추정된다.

봉수대까지는 곤양IC에서 좌회전해 100m 거리의 오리식당 근처에 자동차를 주차하고 등산로를 따라 20분 정도 소요된다. 등산로 주변에는 대나무 숲이 울창하다.

위치 경남사천시 곤양면 남문외리 남산(105m) 형태 연변봉수
지정 경남기념물 제176호 시대 고려시대 상태 복원

진주성을 지키던

진주 망진봉수

복원한 망진봉수 연대

진주는 임진왜란 때 7만여 명이 순절한 아비규환의 전장이었다. 왜군의 침입을 알리던 망진봉수도 그때 무참히 파괴되었다. 그 후 방치된 봉수를 3·1운동 때 사용했으나 일제강점기에 또다시 파괴되고 말았다.

망진봉수는 제2노선 간봉의 연변봉수로 남쪽 안점산봉수에서 신호를 받아 북쪽 광제산봉수로 전달했다. 봉수에서는 진주성과 남강이 한눈에 조망된다. 광복 50주년인 1995년 통일기원 전국 봉화제 때 복원이 되었다. 석축 연대와 연소실, 출입계단을 만들었지만 고증 절차 없이 급하게 복원하면서 정체불명이 되었다.

봉수대로 가려면 망산동 현대부자주유소 맞은편 소로를 따라 올라가야 하는데, 정법사란 절에서 봉수까지 자동차로 진입할 수 있다.

위치 경남 진주시 망산동 망진산(172m) **형태** 연변봉수
지정 비지정 **시대** 조선시대 **상태** 복원

진주 광제산봉수

광제산봉수 건물 터

광제산봉수는 조선 세종 때 설치했다. 제2노선 간봉의 연변봉수로 남쪽 망진산봉수에서 보낸 봉홧불을 받아 북쪽 단성 입암산봉수로 전달했다. 돌무더기만 남아 있던 봉수는 2004년에 복원했는데 경남 지역의 다른 봉수들보다는 옛 모습에 가깝다.

광제산봉수는 산 정상을 판판하게 다듬고 외곽으로 돌아가며 70m의 방호벽을 둘렀다. 그리고 방호벽 중간에 일직선으로 담장을 설치해 공간을 둘로 나누었다. 공간 안쪽 높은 곳에는 횃불을 올리는 3개소의 연조를 세웠는데, 연조둘레는 각각 3m이며, 높이는 1.5m 정도 된다.

아래 공간에는 봉수군들의 숙소와 창고를 만든 것으로 추정된다.

광제산봉수 연조시설

이곳에서는 조선시대 옹기와 백자편이 다량 출토되었으며, 특히 철부와 철편이 발견되기도 했다.

광제산은 진주 사람들이 즐겨 찾는 등산코스다. 산 초입부터 소나무가 군락을 이뤄 솔향기에 취할 정도다. 산행도 가파르지 않으며, 부드러운 흙길이 정상까지 이어진다. 정상에 올라서면 지리산 천황봉과 겹겹이 쌓인 능선의 장대함을 볼 수 있다.

봉수대 가는 길은 진주 시내에서 자동차로 15분 정도 가면 명석면 계화리 주차장에 도착한다. 이곳에서 등산로를 따라 50분 정도 소요된다.

위치 경남 진주시 명석면 덕곡리 산1 광제산 (420m) **형태** 내지봉수
지정 경남기념물 제158호 **시대** 조선 초기 **상태** 복원

연변봉수의 마지막 지점
함안 안곡산봉수

연대 내부의 빈 공간

안곡산봉수는 제2노선 간봉으로 연변봉수의 마지막 장소다. 마산 성황당봉수에서 신호를 받아 창녕 소산봉수로 전달했다. 봉수는 안국산성 서북쪽 봉우리에 있다. 석축 연대 하나가 있는데 둘레가 약 30m, 높이는 2m 정도다. 연대 위에는 깊이 1.5m 정도의 웅덩이가 파여 있다. 1960년대 무렵 마을 사람들이 기우제를 지내기 위해 파놓은 것이다.

봉수군들의 숙소와 창고 터는 연대 주변 평탄지에 있다. 봉수 주변에는 잡목과 칡넝쿨이 무성해 접근이 매우 어렵다. 산 아래로는 중부내륙고속도로가 뚫려 있으며 남쪽과 북쪽이 시원스럽게 조망된다.

봉수대로 가려면 안기동마을회관에서 산 중턱에 있는 작은 절까지 자동차로 진입한 다음, 절 아래 있는 민가를 지나 등산로를 따라 30분 정도 가면 된다.

위치	경남 함안군 칠서면 회산리 안곡산(344m)			형태	연변봉수
지정	비지정	시대	고려시대 추정	상태	원형

우리나라 봉수 역사의 시원

망산도비문

망산도비

망산도 암봉 위에는 비석이 하나 서 있다. 인도 아유타국 허황옥 공주의 도착지임을 기념해 근래에 세운 망산도비문이다.

망산도는 가락국 시조 김수로왕의 왕비인 허황옥과 관련된 전설의 섬으로, 우리나라 봉수 역사의 시원이 되는 유래 깊은 곳이다.

《삼국유사》 가락국기에는 수로가 왕이 된지 7년, 그때까지도 왕비가 없자 신하들은 왕에게 왕비를 맞이할 것을 청했다는 기록이 있다. 그러자 왕은 왕비는 하늘이 정해 줄 것이라고 말했다. 그리고 신하 유천간을 용원동 앞 바다의 섬으로 보내 기다리게 했다. 그러던 어느 날, 바다 서남쪽 해상에서 붉은색 깃발을 단 돌배가 나타나자, 유천간은 횃불을 이용해 그 배를 망산도로 인도했다. 배에는 허황옥 공주 일행이 타고 있었다. 이 소식을 들은 왕은 직접 섬으로 찾아가 공주를 맞이했다. 그때 횃불을 밝혀 신호를 보낸 것이 봉화의 시원이 되었다고 한다.

위치 경남 창원시 진해구 용원동 산 197 **형태** 봉수 시원기념비묘
지정 경남기념물 제89호 **시대** 가락국

땅끝 마을
해남 갈두산봉수

땅끝마을이 개발되기 전의 갈두산봉수 연대

육지 최남단 해남의 갈두산 정상에는 남해 바다를 한눈에 조망하는 봉수가 있다. 오랜 세월이 흐르면서 기단석만 남아 있던 것을 관광지로 개발하면서, 현재의 모습으로 고증 절차 없이 연대를 복원해 놓았다. 갈두산봉수가 처음 설치된 시기는 고려시대다. 동쪽 좌곡산봉수에서 신호를 받아 서쪽 관두산봉수로 전달했던 제5노선 직봉의 연변봉수다.

땅끝마을이 알려지기 시작한 것은 1986년 국민관광지로 지정되고 전망대를 건립하면서부터다. 땅끝전망대는 한반도에서 유일하게 일출과 일몰을 한 장소에서 볼 수 있는 곳이다. 전망대에 올라가면 다도해의 빼어난 풍광과 진도의 붉은 노을빛이 선명히 다가온다.

위치	전남 해남군 송지면 갈두리	형태	연변봉수
지정	비지정	시대	고려시대
상태	원형		

완도의 지붕

완도 상황봉봉수

완도의 진산 상황봉봉수 연대

완도 상황봉 정상에는 설치된 시기가 문헌에 등장하지 않는 봉수가 있다. 완도에 기라포진이 설치될 때 자체적 운영을 위해 동망산·서망산·남망산봉수와 함께 축조된 것으로 추정된다. 봉수는 석축의 연대 하나를 복원했으며, 연대 아래쪽에는 봉수군들의 숙소 터가 있다.

상황봉은 201개의 섬을 거느리는 완도의 지붕이다. 정상에 오르면 사방으로 뺑 뚫려 다도해 절경이 장대하게 펼쳐진다. 산자락에는 가시나무·동백나무·돈나무 등의 상록활엽수와 단풍나무가 어우러져 어느 코스로 오르든 식물원에 들어선 느낌이다.

봉수대까지는 완도읍 화흥리 오봉산관광농원에서 임도를 따라 약 2km 정도 가면 관음사지 입구까지 자동차가 진입할 수 있다. 이곳에 자동차를 주차하고 걸어서 30분 정도 소요된다.

위치 전남 완도군 완도읍 대신리 상황봉(640m) **형태** 권설봉수
지정 비지정 **시대** 조선시대 추정 **상태** 복원

완도읍이 한눈에

완도 서망산봉수

복원한 서망산봉수 출입계단

동망산·남망산봉수보다 높은 고지에 축조돼 완도 읍내와 가리포진이 한눈에 조망되는 서망산봉수는 군내리 서망산 정상에 있다. 처음 설치된 시기는 문헌 기록에 없으며, 이웃한 동망산·남망산봉수와 함께 조선 명종 때 설치된 것으로 추정된다. 자체적에서 운영된 권설봉수로 규모가 큰 편이다.

봉수 아래 산 중턱에는 완도객사가 있다. 봉수가 훼손 방치된 것을 1990년에 복원했다. 하지만 네모난 연대 위에 연소실을 세웠는데 옛 모습은 상실되었다.

봉수대까지는 완도객사에서 걸어서 20분 정도 소요되며 등산로가 잘 정비되어 있다.

위치	전남 완도군 완도읍 군내리 서망산(177m)			형태	권설봉수
지정	비지정	시대	조선시대 추정	상태	복원

완도 동쪽 지킴이

완도 동망산봉수

동망산봉수 연대

동망산봉수는 공원으로 잘 조성한 완도의 명물 완도타워 뒤쪽에 있다. 처음 설치된 시기는 조선시대 명종 7년 가리포진 설치 때 구축한 것으로 추정하고 있다. 가리포진 주변의 남망산·서망산봉수와 유사시 서로 군사정보를 주고받았다. 봉수 시설로는 연대 하나와 연대로 올라가는 출입계단이 있다.

봉수에 올라서면 해남 달마산봉수와 여서도봉수, 고흥의 사화랑봉수까지 조망된다. 각지에서 수많은 관광객이 찾아오지만 봉수를 알리는 안내판은 어디에도 없다.

봉수대는 완도타워주차장에 자동차를 세우고 걸어서 5분 정도 거리에 있다.

위치 전남 완도군 완도읍 동망산(159m) **형태** 권설봉수
지정 비지정 **시대** 조선시대 추정 **상태** 원형

완도 남쪽 지킴이

완도 남망산봉수

남망산봉수 전경

남망산봉수는 완도 KT송신탑 뒤쪽에 있다. 처음 설치된 시기는 문헌 기록이 없지만 조선 명종 때 가리포진을 설치하면서 함께 쌓은 것으로 추정된다.

현재 봉수는 석축 연대 하나를 복원했는데 칡넝쿨로 뒤덮여 있어 접근이 불가능하다. 왜구의 침입에 대비해 주변의 연대와 함께 가리포진으로 군사정보를 주고받으며 자체적으로 운영한 권설봉수다.

연대 위에는 산불감시초소가 있다. 봉수대까지는 KT송신탑 주차장에서 걸어서 5분 정도 소요된다.

위치 전남 완도군 완도읍 성내리 남망산(120m) **형태** 권설봉수
지정 비지정 **시대** 조선시대 추정 **상태** 원형

고아가 된 봉수

고흥 망산봉수

고흥반도의 남쪽 해안에 돌출된 망산 정상에 있는 봉수다. 망산봉수는 봉우리를 판판하게 다지고 외곽을 둥글게 돌로 방호벽을 쌓았다. 둘레는 137m, 높이는 대부분 무너져 확인이 어렵지만 돌무더기를 볼 때 1.5m 정도는 된다.

방호벽 안쪽 중앙에 사각의 연대를 세웠는데, 서쪽이 일부 무너졌고 나머지는 상태가 좋은 편이다. 둘레는 약 27m, 높이는 일정하지 않지만 2m 정도다. 연대 위에는 1.5m 정도의 연소실이 움푹 파여 있다. 봉수군의 숙소 터는 잡목이 무성해 접근이 어렵다.

고흥 망산봉수 연대

망산봉수는 문헌에 등장하지 않는다. 필요에 따라 봉홧불을 올리다가 중간에 폐지된 것으로 추정된다. 봉수 노선상 제5노선 간봉의 연변봉수다. 망산봉수는 풍양 망매산 다고두봉수에서 신호를 받아 동일면 덕흥리 소포봉수로 전달한 것으로 보인다.

봉수대는 15번도로 나로1대교 건너기 전 우측 도화 방면으로 가면 익금리포구와 마주보이는 야트막한 산 정상에 있다. 도로에서 까치목골 골짜기로 들어가면 걸어서 20분 정도 소요되지만 잡목이 울창해 접근이 불가능하다.

위치 전남 고흥군 도화면 봉산리 망산(160m)
형태 연변봉수
지정 비지정
시대 시대 미상
상태 원형

연대 상부 연소실

초읽기에 들어선 봉수의 붕괴
고흥 소포봉수

붕괴 직전의 소포봉수 연대

삼면이 바다로 둘러싸여 있는 소포봉수에 올라서면 고흥반도 동남쪽 해안선을 따라 조망하기가 매우 좋다. 처음 설치된 시기는 기록은 없으나 조선 중기 고흥 지역에 설치한 6개 봉수 중 하나로 추정된다. 봉수 노선은 제5노선 간봉의 연변봉수로 가내포봉수에서 신호를 받아 동쪽 사도진과 북쪽 여도진에 전달했다.

이 봉수는 산 정상을 적당히 다지고 방호벽을 둘렀는데 대부분 흙더미에 덮여 유실된 상태다. 방호벽 안쪽 중앙에 연대를 둥글게 쌓았으며, 남서쪽으로 석축 일부가 남아 있다. 둘레가 약 28m, 높이는 3m 정도다. 연대에서 북쪽 방향 50m 지점에 봉수군들의 숙소 터 석축이 남아 있다.

봉수는 바다와 인접해 있지만 잡목이 울창해 시계가 가려 있다. 그리고 나무뿌리 때문에 석축이 무너지고 있다. 관리 소홀도 문제지만 찾는 사람도 없어 붕괴는 초읽기다. 이대로 두면 소포봉수는 멀지 않아 붕괴되고 말 것이다.

봉수대까지는 고흥에서 외나로도 방면 나로1대교를 건너면 덕흥리삼거리에서 왼편으로 들어간다. 덕흥리 구룡마을회관에서 마을 주민들에게 안내를 받아야 접근이 가능할 정도다.

위치 전남 고흥군 동일면 덕흥리 깃대봉(244m) **형태** 연변봉수
지정 비지정 **시대** 조선 중기 추정 **상태** 원형

왜군이 점령했던

여수 월암산성봉수

월암산성은 새해 해맞이 장소로 유명한 여수 돌산 향일암 가는 길목에 있다. 이 좁은 통로는 예부터 군사들의 전략적인 요충지였다. 이곳을 한눈에 통제할 수 있는 입지에 산성이 자리하고 있다.

이 산성은 정상 능선을 따라 쌓은 테뫼식 석축산성이다. 둘레가 250m, 높이는 4m, 폭이 2m 정도인 보루 형태의 산성이다. 성문 터가 3곳 있고, 성 안에 건물 터가 있지만 잡목이 무성해 출입이 불가능하다. 주변에서는 백제의 토기 조각들이 발견되지만 성벽의 축조 방법은 신라시대 산성에서나 볼 수 있는 기법이다.

월암산봉수 연대

월암산봉수 주변의 월암산성

산성에서 동쪽으로 150m 정도 떨어진 봉우리에 산성의 망대 역할을 했던 봉수가 있다. 처음 설치된 시기는 조선시대이며, 제5노선 간봉의 연변봉수로 초기에는 순천의 진례산 봉수와 신호를 주고받았으나, 임진왜란 때는 여수 시내에 있는 북봉연대로 신호를 보냈다.

산 정상을 판판하게 다진 후 석축 연대를 세웠는데 둘레가 약 20m, 높이는 2.5m 정도다. 최근 일부 보수하면서 연대 밑바닥이 변경되었다. 연대로 올라가는 출입계단은 나선형이다. 조금 떨어진 남동쪽 평탄지에 봉수군의 숙소와 우물 터가 남아 있다.

봉수대까지 두 곳의 등산로가 나 있다. 북쪽 무슬목에서 출발하는 코스와 남쪽 월암마을에서 가는 코스다.

위치 전남 여수시 돌산읍 둔전리 대미산(360m) **형태** 연변봉수
지정 비지정 **시대** 조선 초기 추정 **상태** 원형

흑산도에 버려진

신안 대봉산봉수

흑산도 대봉산봉수 전경

흑산면소재지 동쪽 방면 대봉산에는 쓸모없는 처량한 모습으로 방치된 대봉산봉수가 있다. 봉수는 세월에 밀려 이제는 잡목과 수풀 속에 묻혀 잊혀버린 지 오래다. 흑산도 KT송신탑이 서 있는 바로 앞에 봉수가 있는데, 정상을 판판하게 다진 후 흙과 돌을 섞어 연대 하나를 세웠지만 형태를 알아볼 수 없을 만큼 파괴되었다. 그 옆에는 봉홧불을 올리던 연조시설 돌무더기가 널려 있는데 역시 형태를 확인하기 어렵다.

연조 간의 거리는 각 3m 정도로 일직선으로 배치되어 있다. 이곳에서 약 50m 정도 떨어진 곳에 봉수군들의 주거지인 석축의 건물 터가 주인을 잃은 채 쓸쓸히 남아 있다.

봉수대로 가려면 흑산항에서 기상대 입구까지 자동차로 진입할 수 있다. 그곳에서 왼쪽 등산로를 따라 10분 정도 소요되는데 잡목 때문에 접근이 불가능하다.

위치 전남 신안군 흑산면 예리 대봉산(126m) 형태 연변봉수
지정 비지정 시대 시대 미상 상태 원형 일부

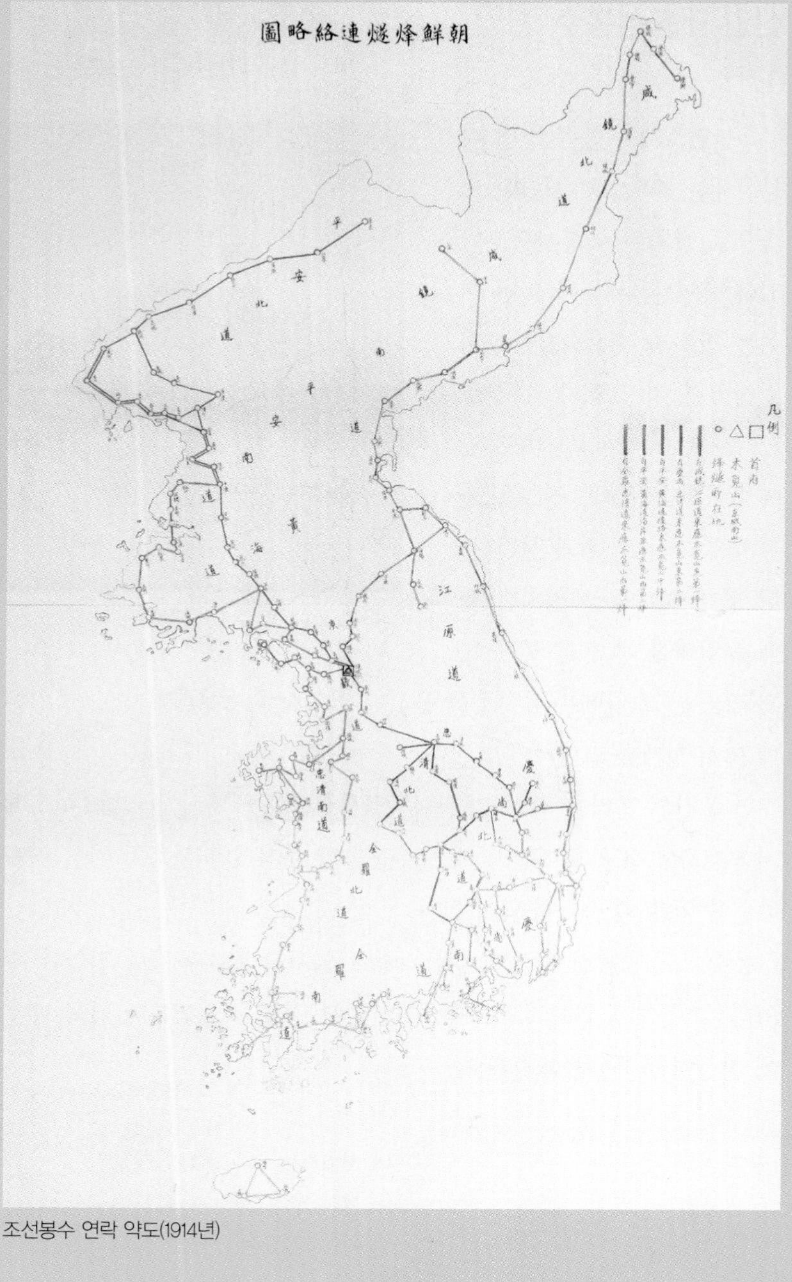

조선봉수 연락 약도(1914년)

조선 후기 전국 봉수지도 《증보문헌비고》

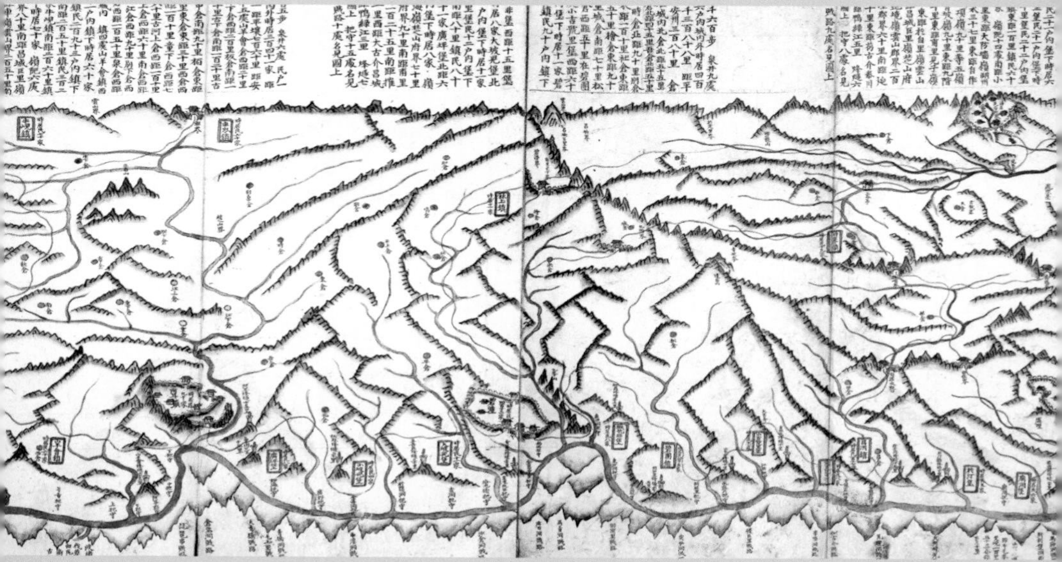

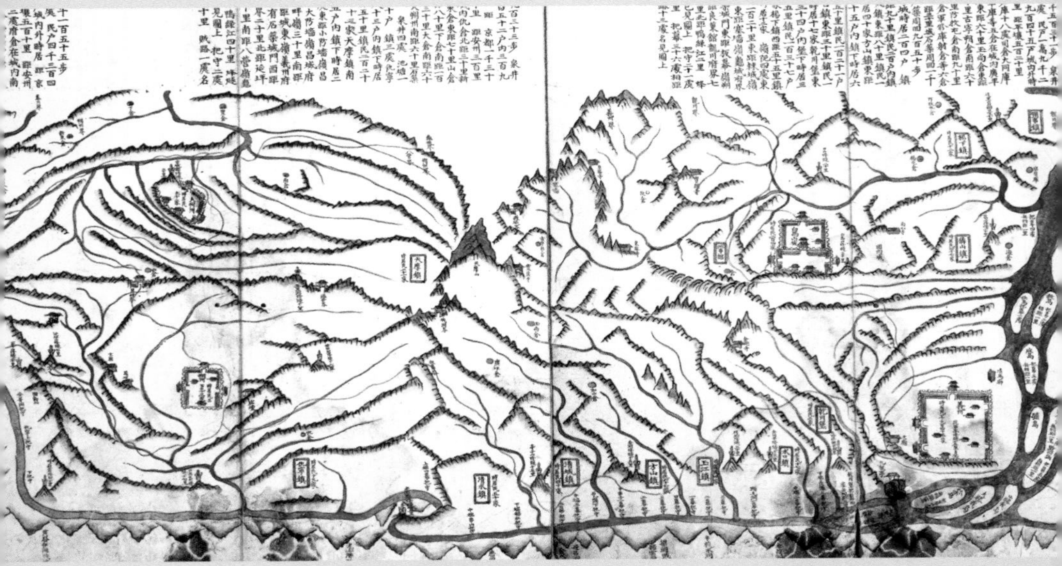

청북변성도 압록강 국경지대 군사지도_전북 고창군 성송면 진주강씨 소장

쇼펜하우어 vs 니체

세창출판사
프레너미
시리즈

세창프레너미Frenemy 006

쇼펜하우어 vs 니체

초판 1쇄 인쇄 2020년 8월 27일
초판 1쇄 발행 2020년 9월 7일

–

지은이 이서규
펴낸이 이방원
편 집 정조연 · 김명희 · 안효희 · 윤원진 · 정우경 · 송원빈 · 최선희
디자인 양혜진 · 손경화 · 박혜옥 **영 업** 최성수

–

펴낸곳 세창출판사
신고번호 제300-1990-63호
주 소 03735 서울시 서대문구 경기대로 88 냉천빌딩 4층
전 화 02-723-8660 **팩 스** 02-720-4579
이메일 edit@sechangpub.co.kr **홈페이지** http://www.sechangpub.co.kr/
블로그 blog.naver.com/scpc1992 **페이스북** fb.me/scp1008 **인스타그램** @pc_sechang

–

ISBN 978-89-8411-972-7 93160

이 도서의 국립중앙도서관 출판시도서목록(CIP)은 서지정보유통지원시스템 홈페이지(http://seoji.nl.go.kr)와
국가자료공동목록시스템(http://www.nl.go.kr/kolisnet)에서 이용하실 수 있습니다. CIP제어번호: CIP2020035173

세창프레너미Frenemy 006

쇼펜하우어 vs 니체

이서규 지음

세창출판사

끝없이 자신의 존재를 펼쳐 내는 무한한 우주 속에서 유한하게 주어진 인간의 삶이 지닌 의미는 무엇일까? 쇼펜하우어와 니체는 소위 삶의 철학Lebensphilosophie을 정초하면서 인간의 유한한 삶이 지닌 다양한 의미들을 밝혀내려고 한다. 쇼펜하우어와 니체는 인간의 삶과 세계를 이끌어 가는 원리가 의지Wille라고 주장하면서 독창적인 의지의 형이상학을 전개한다. 이들은 의지의 형이상학을 통해서 전통철학에서 왜곡되었던 인간과 세계의 관계를 새롭게 해석한다. 특히 쇼펜하우어와 니체는 인간존재를 이성적인 동물animal rationale로 규정하는 이성중심주의를 비판하면서 유한한 인간이 지닌 삶의 다양한 모습들을 그려 내고 있다. 여기에서 쇼펜하우어와 니체는 인간과 세계의 역동적인 관계를 영혼과 육체, 진리와 비진리, 실체와 양태, 이성과 감성, 선과 악, 순간과 영원, 주관과 객관, 보편과 특수와 같은 개념의 대립쌍에 의해서 이분법적으로 변질시켜 버린 전통철학을 비판한다. 이들은 끊임없이 생성하고 소멸하는 세계 속에서 전개되는 인간의 삶을 모든 존재를 관통하는 '살려는 의지Wille zum Leben'와 '힘에의 의지Wille zur Macht'로써 파악한다. 쇼펜하우어와 니체는 전통철학이 제시한 다양한 주장들을 새로운 시각에서 논의하면서 자신들의 '의지의 형이상학'을 전개한다.

물론 여기에서 쇼펜하우어와 니체의 철학 사이에는 많은 차이점이 존재한다는 점을 부인할 수는 없다. 지멜G. Simmel은 쇼펜하우어 철학의 목표를 삶을 거부하는 것이라고 평가하는 반면 니체철학은 삶을 원하는 것이라고 특징짓는다.[1] 이러한 지멜의 구분은 쇼펜하우어가 삶을 고통스럽게 만드는 맹목적인 의지로부터 벗어나기 위해서 '살려는 의지'를 부정할 것을 주장하는 반면에 니체는 어떤 상황에서라도 의지의 적극적인 긍정, 즉 '힘에의 의지'를 강조한다는 점에서 비롯된다.

서양철학사에서는 쇼펜하우어철학을 염세주의로 그리고 니체철학의 목표를 이러한 염세주의를 극복하는 것으로 해석하면서 두 철학자의 주장을 서로 구분하기도 한다. 그러나 이러한 구분에도 불구하고 우리는 쇼펜하우어와 니체의 철학이 세계의 본질을 의지로 규정하고 전통철학에 거슬러서 이러한 의지가 지닌 인식론적-존재론적 의미 그리고 형이상학적 의미를 적극적으로 제시한다는 점에서 서로의 긴밀한 연관성을 확인할 수 있다.

1 Georg Simmel, *Schopenhauer und Nietzsche*, Leipzig 1920, 195쪽.

쇼펜하우어는 맹목적인 살려는 의지가 모든 존재를 이끌어 가는 근본원리라고 주장하는데, 그에 따르면 무기물에서부터 식물과 동물 그리고 인간의 삶에 이르기까지 철저하게 의지가 지배한다. 즉 쇼펜하우어에 따르면 모든 존재는 의지가 객관화된 것이다. 또한 여기에서 인식 작용도 의지가 객관화된 몸Leib의 일부분인 두뇌의 작용으로 해석된다. 이러한 쇼펜하우어의 주장들은 인식론, 존재론, 미학, 윤리학, 자연철학의 문제들과 관련하여 전통철학과는 다른 입장들을 전개한다.

니체 또한 힘에의 의지를 바탕으로 인간의 삶과 세계의 존재를 해석한다. 그는 관점주의, 신의 죽음, 허무주의, 가치전도, 초인, 영원회귀, 운명애를 중심으로 왜곡된 인간이해에서 야기된 데카당스로서의 전통철학을 해체하면서 새로운 세계경험을 다양한 방식으로 제시한다. 특히 니체는 전통철학에서 최고의 가치라고 여겨진 것들을 해체하고 새로운 가치를 창조하는 초인의 삶을 제시하면서 우리가 추구하여야 할 인간적인 삶의 가치가 무엇인지를 그려 내고 있다.

이 책은 삶의 철학을 전개한 쇼펜하우어와 니체의 중심사상을 소개하고 있다. 이성에서 출발하는 거대담론에 집착했던 서양철학을 의지의 철학을 통해 해체하면서 인간과 세계의 본질에 대한 논의를 새로운 시각에서 제시하는 쇼펜하우어와 니체철학을 소개하는 것이 이 책의 우선적인 목적이라고 할 수 있다. 삶의 의미에 대해 진지한 성찰들을 전개하는 쇼펜하우어와 니체의 철학을 통해서 무의미와 가치의 진공상태에 빠져 버린 현대인들이 자신들의 삶을 되돌아 보고 소중한 삶의 가치들을 다시 음미해 볼 수 있기를 기대해 본다.

고독의 섬에서

2020년

이서규

차례

제1장

생애

아르투어 쇼펜하우어(1788-1860)와 프리드리히 니체(1844-1900)는 서양역사에서 격동기였던 19세기를 살아갔던 철학자들이다. 쇼펜하우어는 니체와 마찬가지로 어린 나이에 아버지를 여의고 어머니와 살았다는 점에서 어린 시절의 공통점을 지니고 있다. 쇼펜하우어는 감수성이 예민한 어린 나이에 아버지의 권유로 유럽 곳곳을 여행하면서 많은 것을 경험하고 배우게 된다. 유럽 곳곳을 여행하는 중에 목격한 많은 사건은 쇼펜하우어로 하여금 부조리한 삶에 대한 깊은 성찰을 하도록 했다. 쇼펜하우어 특유의 염세적인 분위기와 비장함은 아마도 어릴 적의 이러한 경험에서 비롯된 것이라고 할 수도 있을 것이다. 아버지의 죽음 이후에 쇼펜하우어는 어머니와 거리를 두게 되고 갈등도 겪게 된다. 쇼펜하우어는 사교적인 어머니의 삶에 대해 거부감을 가지게 되었고 자신만의 경험세계를 그려 나갔다. 아마도 어머니에 대한 거리감은 아버지에 대한 어머니의 무관심에서 비롯된 것으로 보인다. 물론 어머니의 사교적인 모임에서 괴테를 만나 영향을 받기도 했지만 쇼펜하우어에게 어머니의 자유

분방한 삶의 방식은 수용하기 어려운 것이었다. 이후에 쇼펜하우어는 결국 어머니와 결별하고 독립적인 삶을 전개한다. 쇼펜하우어에게도 니체처럼 누이동생이 있었으나 형식적인 교류 이외에는 별로 영향을 주지 못한다.

쇼펜하우어는 사교적인 삶에 대해서 부정적이었다. 그가 염세적인 성향을 지닌 것도 하나의 이유가 되겠지만 무엇보다도 삶의 고통에서 벗어나려는 입장이 고독 속에서 은둔적인 삶을 이어 가도록 만들었을 것이다. 이런 점에도 쇼펜하우어는 사상적으로 근대의 정신 자체를 받아들일 수 없었다. 쇼펜하우어는 당시의 독일정신이 제시하는 낙관주의적인 것과는 다른 삶의 방향을 추구하였다. 특히 독일관념론이 지배하는 당시의 철학의 분위기는 쇼펜하우어에게는 받아들이기 어려운 것이었다. 쇼펜하우어가 직접 베를린대학에서 경험한 철학의 방향성은 그로 하여금 더 이상 강단철학에 미련을 갖지 않게 만든다.

몇 번의 왕래 후에 베를린을 떠나 프랑크푸르트에 정착한 뒤에 쇼펜하우어는 자신의 철학에 대한 확신 속에서 살아가게 된다. 그는 죽기 전까지 자신의 의지철학에 대한 확신 속에서 저술 활동을 하면서 살아가게 된다. 이러한 쇼펜하우어의 삶은 어떤 점에서는 반사회적인 것이라고 볼 수 있겠지만, 인간과 세계의 존재가 맹목적인 의지에 의해서 이끌려 가는 고통 자체라고 생각한 쇼펜하우어에게 이러한 삶의 방식은 어쩌면 당연한 것이었다고 할 수 있다.

니체는 쇼펜하우어보다도 어렸을 적에 아버지를 여의게 된다. 목사였던 아버지의 죽음 이후에 니체는 어머니가 돌보게 된다. 그러나 쇼펜하우어와는 달리 그는 어머니의 보살핌 속에서 자신의 재능을 드러내었다. 특히 어머니의 이러한 보살핌은 니체가 바젤대학 교수 활동을 하면서 병이 든 이후에까지 지속된다. 뿐만 아니라 어머니 사후에는 니체의 누이동생이 병든 니체를 돌봐 준다. 쇼펜하우어가 자신의 가족과 거리를 두었던 것과는 달리 니체는 가족과는 어느 정도 호의적인 관계를 유지한 것으로 보인다.

니체는 쇼펜하우어가 어릴 적부터 삶의 고뇌에 사로잡혀 있던 것과는 다른 삶을 살았다. 그는 어릴 적부터 예술적인 감성을 지녔고 문학적인 자질도 두드러졌다. 니체는 쇼펜하우어가 상인이었던 아버지에 의해서 상인 교육을 받았던 것과는 다른 분위기 속에서 성장하였다. 특히 슐포르타에서의 생활은 탁월한 고전 교육을 통해서 니체로 하여금 이후에 자신만의 독창적인 세계관을 형성하는 데 도움을 주는 정신적인 자양분을 가져다주었다. 니체의 저서 『비극의 탄생』에서 드러나는 문학적인 그리고 예술적인 서술들은 니체의 이러한 역량들을 잘 드러내 주고 있다. 니체의 저서 전반에서 드러나는 아포리즘적인 표현 방식들은 니체의 문학적-예술적 체험들이 그대로 드러난 것이라고 할 수 있다. 특히 니체는 쇼펜하우어의 저작과 바그너 음악의 경험을 통해서 당대의 분위기와는 다른 방식으로 사유의 길을 걷게 된다. 자신에게 주어진 삶의 의미에 대한 진지한 문제 제기는 니체로 하여금 자신에게 고유한 사유의 길을 걷게 하기 때문이다. 이처럼 니체의 삶에서 드러나는 독특한 사유방식들은 쇼펜하우어가 그랬던 것처럼 니체의 사상을 전통철학의 방식과는 다른 길로 이끌어 간다.

1 | 쇼펜하우어의 생애

1) 쇼펜하우어의 유년기와 아버지

아르투어 쇼펜하우어는 1788년 2월 22일 단치히Danzig에서 태어난다. 단치히는 현재 폴란드의 그단스크Gdansk이다. 아버지는 무역상인 하인리히 플로리스 쇼펜하우어이고 어머니는 문필가인 요한나 쇼펜하우어이다. 쇼펜하우어의 부모는 1793년에는 함부르크로 이주하여 생활한다. 그리고 4년 후인 1797년에는 쇼펜하우어의 여동생인 아델레 쇼펜하우어가 태어난다. 이즈음 쇼펜하우어는 아버지와 함께 여행하는데, 파리를 거쳐 르아브르Le Havre에서 2년여 동안 생활을 하게 된다. 그러다가 1799년에는 다시 함부르크로 되돌아온다. 이후에 쇼펜하우어는 이후 약 4년 동안 룽게Runge사립학교에서 교육을 받는다.

1803년, 쇼펜하우어는 자신의 부모와 함께 다시 유럽여행을 떠나게 되는데, 이것은 쇼펜하우어가 상인인 아버지의 뒤를 잇는 상업

교육을 받기로 약속한 대가였다. 아버지는 쇼펜하우어가 학자가 아니라 상인으로서 성장하길 원했기 때문이다. 어린 쇼펜하우어는 네덜란드, 프랑스, 영국, 스위스, 오스트리아의 여행에서 세계와 삶에 대한 다양한 경험을 얻게 된다.

1804년, 여행을 마치고 돌아온 뒤 쇼펜하우어는 당시의 유능한 상인들에게서 교육을 받게 된다. 그러나 1805년 아버지의 갑작스러운 죽음으로 쇼펜하우어는 충격을 받게 된다. 명확하게 밝혀지지는 않았지만 아버지의 죽음은 자살로 보인다. 유럽을 여행할 때 항상 옆에서 든든한 후원자 역할을 했던 아버지의 갑작스러운 죽음은 이후에 쇼펜하우어로 하여금 자신의 삶과 미래에 대해 고뇌하게 한다. 특히 쇼펜하우어는 아버지의 죽음으로 인해 이후에 어머니와 많은 갈등을 겪게 된다.

2) 어머니와의 관계

쇼펜하우어의 어머니는 남편이 죽은 뒤에 쇼펜하우어와 여동생 아델레와 함께 바이마르로 이주한다. 원래 사교적이었던 어머니 요한나 쇼펜하우어는 바이마르에서 문학 살롱을 열어 저명인사들과 지속적인 교류를 했고, 이때 괴테와도 친분을 갖게 된다. 쇼펜하우어도 문필가인 어머니 덕분에 몇몇 인사들과 교류하게 된다. 특히 이때 괴테와의 만남은 쇼펜하우어에게 많은 영향을 주는 계기가 된다. 그러나 쇼펜하우어는 아버지의 죽음으로 인해 어머니에 대한 반감을 갖게 된다. 쇼펜하우어는 사교 활동에 매진해 있는 어머니의 삶의 방식을 부정적으로 바라봤고, 쇼펜하우어는 바이마르에서도 어머니와 함께 살지는 않는다. 쇼펜하우어는 어머니와 갈등적인 관계를 지속하다가 1809년에 아버지의 유산을 물려받게 되자 어머니로부터 경제적으로도 독립하여 자신만의 생활을 하게 된다.

3) 괴팅겐대학 시기

쇼펜하우어는 1809년 김나지움 과정을 졸업한 후에 괴팅겐대학에 입학한다. 처음에 쇼펜하우어는 처음에는 괴팅겐대학에서 의학과 자연과학 그리고 철학을 공부하게 된다. 특히 쇼펜하우어는 괴팅겐대학에서의 스승이었던 슐체G.E. Schulze의 권고로 플라톤철학과 칸트철학에 집중적으로 관심을 갖게 된다. 그러다가 쇼펜하우어는 1811년 가을에 베를린대학으로 옮겨 간다. 쇼펜하우어는 괴팅겐대학에 있을 때 피히테의 철학에 관심을 가졌는데, 이 점은 대학을 옮기게 된 이유이기도 하다. 당시의 베를린대학에서 피히테의 영향은 매우 컸다. 젊은 쇼펜하우어는 피히테의 강의를 직접 들어 보고자 했던 것이다. 자아Ich의 역동적인 행위Tathandlung에 근거하여 세계를 해석하는 피히테의 주관적 관념론이 혼란스러운 세계를 살아가는데 도움이 될 것처럼 보였기 때문이다. 피히테는 자아의 활동을 통해서 비아Nicht-Ich의 저항을 극복하여 절대적 자아로 나아가는 길을 제시했는데, 이러한 주관주의적 입장과 정신의 능동적인 힘을 강조하는 것은 호응을 불러일으키기 충분한 것이었다. 쇼펜하우어는 베를린대학에서 피히테뿐만 아니라 슐라이어마허 등의 강의를 듣게 된다. 그러나 쇼펜하우어에게 베를린대학에서의 생활은 예상했던 것과는 달리 공허한 것이었다.

4) 베를린대학의 사강사 시기

쇼펜하우어는 베를린대학에서 1813년까지 공부를 한 후 박사학위논문을 작성하기 위해서 작은 도시인 루돌슈타트로 간다. 베를린이 전쟁의 혼란스러움에 빠져 있었기 때문에 바이마르에 잠시 머물다가 어머니와 불화를 겪게 되고 루돌슈타트로 가게 되었던 것이다. 쇼펜하우어는 1813년 11월 즈음에 박사학위논문을 완성하는데, 제목은 『충분근거율의 네 가지 뿌리에 관하여』이다. 쇼펜하우어는 이 논문을 완성한 뒤에 다시 바이마르로 돌아가는데, 이때 괴테와 색채론Farbenlehre에 대해서 심도 있게 논의하게 된다. 쇼펜하우어는 1813년 예나Jena대학에서 박사학위를 받는다. 그러나 쇼펜하우어는 1814년에는 어머니와 심한 불화를 겪으면서 결별하게 되었고, 이후 쇼펜하우어는 바이마르를 떠나 드레스덴에 거주한다.

1818년에 쇼펜하우어는 그의 주저 『의지와 표상으로서의 세계』를 완성하여 1819년 1월에 브록하우스에서 출판한다. 1820년에는 이미 출판된 저서로 베를린대학에서 교수자격논문에 통과한다. 이때에 쇼펜하우어는 베를린대학의 강사에 응모하여 강의를 시작한다.

쇼펜하우어의 시험강연에는 헤겔이 참석하여 질문을 하기도 한다. 쇼펜하우어의 강의는 1820년부터 시작되었지만, 수강생의 수는 아주 적었다. 이후에도 강의가 매 학기 고지되었지만, 실질적인 강의는 한 차례만 행해졌을 뿐이다. 이후에는 베를린을 떠났다가 다시 돌아오기를 반복하다가 1831년, 콜레라가 번진 베를린을 떠나서 프랑크푸르트로 간다. 그리고 쇼펜하우어는 1833년 이후에는 프랑크푸르트에 정착하여 1860년에 사망할 때까지 살게 된다.

5) 프랑크푸르트 체류 시기

쇼펜하우어는 프랑크푸르트에서 비교적 안정적인 생활을 보낸다. 아버지의 유산 덕분에 그리 큰 경제적인 어려움을 겪지 않고 노년에 이르기까지 안정적인 생활을 할 수 있었기 때문이다. 이 시기에 쇼펜하우어는 소위 대학철학 또는 강단철학의 분위기를 완전히 벗어나서 독창적인 사유의 길을 걷는다. 특히 쇼펜하우어는 베를린 대학에서의 경험에서 사변철학에 대한 비판적인 입장을 지속적으로 유지하게 된다. 피히테의 철학, 셸링의 철학, 헤겔의 철학이 그 비판의 주요 대상이 되었다. 쇼펜하우어는 1835년에는 『의지와 표상으로서의 세계』 2부의 내용을 보완하여 『자연에서의 의지에 관하여』를 출간한다. 쇼펜하우어는 이 책에서 그의 형이상학적 토대인 의지가 자연 속에서 드러나는 방식에 대해서 상세하게 논의한다. 또한 쇼펜하우어는 1839년에는 「인간의지의 자유에 관하여」라는 제목으로 노르웨이학술원의 현상 논문에 응모하여 상을 받는다. 이어서 1840년에도 「도덕의 기초에 관하여」라는 제목으로 덴마크학술원의 현상 논문에 응모하지만 수상하지는 못한다. 쇼펜하우어는 이 논문에서 자유의지에 근거한 전통적인 윤리학을 비판하면서 새로운 윤리학의 지평을 제시하고 있다.

쇼펜하우어는 1851년에는 자신의 사상을 대중들에게 제시하기 위해서 다양한 주제들에 대한 글을 모아 『소품과 부록Parerga und Paralipomena』이라는 제목으로 2권짜리 저서를 출판한다. 프랑크푸르트에서 일상을 은둔과 고독 속에서 살아가던 쇼펜하우어는 이즈음에는 그의 독창적인 사상 덕분에 명성을 얻기 시작한다. 곳곳에서 쇼펜하우어철학에 대한 강의와 논의들이 진행되기도 한다. 1856년에 라이프치히대학에서는 쇼펜하우어철학에 대한 현상공모가 진행되기도 했다. 그리고 1857년에는 본대학과 브레슬라우Breslau대학에서 쇼펜하우어철학에 대한 강의가 행해지기도 한다. 노년의 쇼펜하우어는 자신의 사상이 점점 영향력을 발휘하는 것을 느끼면서 1860년 9월 21일, 프랑크푸르트에서 삶을 마감한다.

2
니체의 생애

1) 니체의 유년기

니체는 1844년 10월 15일 뤼첸Lützen 근처의 작은 마을인 뢰켄Löcken에서 목사인 아버지 카를 루트비히 니체Karl Ludwig Nietzsche와 어머니 프란치스카Franziska 사이에서 삼 남매 중 첫째로 태어났다. 그러나 니체의 아버지는 니체가 태어난 지 5년 뒤인 1849년에 사망한다. 이후에 어머니는 니체와 그의 여동생을 데리고 나움부르크Naumburg로 이주한다.

니체는 어렸을 때 어머니로부터 피아노를 선물 받기도 했다. 이 덕분에 니체는 어릴 적부터 음악적인 감성을 갖게 된다. 가족들은 니체가 자신의 아버지처럼 목사가 될 것이라고 기대했다. 니체의 여동생에 따르면 어린 시절에 니체는 "작은 목사"라고 불리기도 했다.

니체의 문학적이고 철학적인 문제의식은 비교적 어린 나이에도 확인된다. 니체는 이미 1856년 12살의 나이로 「악의 근원에 대하여Vom Ursprung des Bösen」에 대해서 쓰기도 한다. 니체는 1858년에는 나움부르크 근처의 슐포르타Schulpforta 입학 시험에 합격하고 이곳에서 교육을 받게 된다. 슐포르타는 고전 교육으로 잘 알려진 엘리트 학교이다. 니체는 이곳의 생활에서 탁월한 문학적인 능력을 드러내기도 한다. 또 이곳에서 파울 도이센Paul Deussen과 친교를 맺기도 한다. 파울 도이센은 인도철학을 연구하였으며 나중에 1912년에는 쇼펜하우어학회를 설립하기도 한다.

2) 본대학 시기

니체는 1864년 본Bonn대학에 입학한다. 그는 여기에서 신학과 고전어를 공부한다. 이곳에서 니체는 리츨Ritschl 교수의 강의를 듣는다. 리츨 교수는 고전문헌학 분야에서 탁월한 역량을 발휘하던 교수였는데, 니체는 얼마 후 리츨 교수가 라이프치히대학으로 옮겨 가자 자신도 그곳으로 대학을 옮기게 된다. 니체는 본대학 시절에 에르빈 로데Erwin Rohde와 친교를 맺기도 한다.

니체는 본대학에서의 짧은 시간을 지낸 뒤에 리츨 교수를 따라서 라이프치히로 옮겨간다. 그리고 라이프치히의 한 고서점에서 쇼펜하우어의 『의지와 표상으로서의 세계』를 구입하여 집중적으로 읽고 그의 철학에 빠져들게 된다. 이때 경험한 쇼펜하우어의 의지철학은 이후에 니체의 철학 전개에 중요한 영향을 주게 된다. 이성의 역할을 비판하면서 세계의 본질을 의지로서 파악하는 쇼펜하우어의 철학은 니체의 사상 전개에 많은 영향을 주었다.

니체는 1868년 작곡가인 리하르트 바그너Richard Wagner와 만나게 된다. 바그너의 음악은 니체의 사상 전개에 많은 영향을 주게 된다.

물론 이후에 니체는 바그너와 결별하지만 어릴 적부터 음악에 관심을 드러냈던 니체에게 바그너의 음악세계는 많은 영감을 불러일으키는 역할을 한다.

3) 바젤대학의 교수 시기

니체는 1869년 2월 아직 박사학위나 교수자격논문을 통과하지 않은 상태에서 바젤대학의 교수로 초빙된다. 이것은 한편으로는 스승인 리츨 교수의 노력 덕이었지만, 다른 한편으로는 고전문헌학에 대한 니체의 탁월한 능력 덕분이었다고 할 수 있다. 물론 니체는 이 해에 박사학위를 받았고, 이 시기에 종종 바그너와 그의 부인인 코지마를 방문하기도 했다.

니체는 1869년 5월 28일에 취임강연으로 "호메로스의 인격성에 대하여Über die Persönlichkeit Homers"를 행한다. 또한 이 시기에 야코프 부르크하르트Jacob Burckhardt와 친교를 맺기도 한다. 역사와 문화 전반에 대한 부르크하르트의 견해들은 니체가 서양철학 전반에 대한 비판적 입장을 갖도록 하는 데 영향을 주게 된다. 니체는 1870년에는 프란츠 오버베크Franz Overbeck와 친분을 맺기도 한다. 또 이해에 독일과 프랑스 사이에서 전쟁이 일어나자 위생병으로 참전하기도 한다. 그러나 얼마 되지 않아 병이 발병하여 다시 바젤로 돌아오게 된다.

니체는 1872년 그의 첫 저서인 『음악정신으로부터의 비극의 탄생』을 출간한다. 바그너는 니체의 이 저서를 높이 평가한다. 니체는 이 당시 자주 아팠으며 이 때문에 1872년에는 교수직을 그만두려고 생각하기도 한다. 또 1873년에는 그리스철학에 대한 글들을 발표한다. 「그리스의 비극 시대의 철학Philosophie im tragischen Zeitalter der Griechen」, 「비도덕적 의미에서의 진리와 거짓에 대하여Über Wahrheit und Lüge im außermoralischen Sinne」가 이 시기에 작성된 글들이다. 그러나 이즈음에 니체는 줄곧 몸이 아팠으며 그렇기 때문에 때때로 바젤을 떠나서 휴양을 취하기도 하다가 1879년에는 병 때문에 강의를 중단하게 된다. 결국 니체는 바젤을 떠나서 곳곳으로 옮겨 가며 생활한다. 니체는 요양을 위해서 베니스, 실스마리아, 니스Nizza 같은 곳을 찾기도 하지만, 건강상태는 점점 더 나빠지게 된다.

이러한 상황에서도 니체는 『반시대적 고찰』, 『서광』, 『즐거운 지식』과 같은 저서를 집필한다. 1883년부터는 『차라투스트라는 이렇게 말했다』를 집필하기 시작해 1885년에 4부를 마지막으로 『차라투스트라는 이렇게 말했다』가 완성된다. 1886년에는 『선악의 저편』을 집필하기도 했다. 또한 니체는 이때에 비록 완성되지는 않았지만 네 권으로 된 『힘에의 의지』의 집필을 계획하기도 한다. 1888년에는 『우상의 황혼Götzendämmerung』, 『안티크리스트Antichrist』를 완성했고 『바그너의 경우Der Fall Wagner』도 이때에 출간된다. 1888년 말에는 『이 사람을 보라Ecce homo』가 인쇄된다. 그러나 이 무렵 니체의 건강은 극도로 쇠약하게 된다.

4) 병과 투쟁하는 노년기

니체의 건강은 점점 더 회복하기 어려운 상태에 도달한다. 이 점은 쇼펜하우어가 노년을 비교적 건강하게 보냈던 것과는 대조적이라고 할 수 있다. 결국 니체는 1889년 토리노에서 채찍을 맞는 말을 목격하고 다가가 말의 목을 껴안고 울다가 쓰러지게 된다. 이 시기에 니체의 정신과 육체는 완전히 붕괴된다. 오버베크에 의해서 니체는 바젤의 신경정신병원에 보내지지만, 어머니가 다시 니체를 예나로 데려간다. 1890년에 어머니는 니체를 다시 나움부르크로 데려가서 돌본다. 니체는 작가이면서 활발한 사교 활동을 했던 어머니와의 왕래를 거부하고 혼자 살아갔던 쇼펜하우어와는 다르게 어머니의 보살핌을 받는다. 그러다가 1897년 어머니가 사망하자 누이동생이 대신 니체를 돌보게 된다. 이후에 니체는 힘겨운 투병 생활을 하다가 결국 1900년 8월 25일 사망하게 된다.

제2장

인식론

쇼펜하우어의 인식론적 입장은 칸트의 인식론으로부터 많은 영향을 받는다. 이 점은 칸트의 보편타당성에 근거한 인식행위를 비판한 니체의 입장과는 구분된다. 쇼펜하우어는 칸트가 『순수이성비판』에서 제시한 인식론의 영향을 받으면서 인식의 대상이 표상 Vorstellung이라는 점을 강조한다. 즉 우리가 인식하는 세계는 다른 것이 아니라 인식주관에 의해서 만들어진 표상인 것이다. 그러나 쇼펜하우어는 칸트의 인식론이 지니는 한계를 명확하게 지적한다. 칸트는 직관과 오성 그리고 이성의 작용을 통해서 현상에 대한 보편타당한 인식이 성립된다는 점을 강조했지만, 쇼펜하우어는 이러한 인식의 대상을 표상세계에 국한시킨다. 이처럼 세계를 표상세계로서 인식하는 것은 네 가지 형태의 충분근거율에 의해서인데, 쇼펜하우어는 인식주관이 충분근거율을 통해서 표상과 표상을 결합하면서 세계를 인식한다고 주장한다. 그러나 쇼펜하우어는 세계를 표상으로서 인식하는 것이 세계에 대한 단편적인 앎만을 제공한다고 주장한다. 물론 표상세계에 대한 인식이 전적으로 무의미하다는 것은 아니다. 표상에 대한 인식은 우리로 하여금 개념과 학문의 구축을 가능하게 하기 때문이다.

여기에서 쇼펜하우어는 전통철학의 해체를 위해서 인식의 문제를 논의하지만 본래의 의도는 지성에 의한 인식행위는 세계에 대한 유한한 경험만을 제공한다는 점을 지적하는 것이다. 왜냐하면, 인식행위가 근거하는 충분근거율은 주관에 그 기원을 가지고 있고, 표상들 사이에만 적용되기 때문이다. 쇼펜하우어에게 인식은 충분근거율을 매개로 해서 세계를 표상으로서 경험하는 것이다. 쇼펜하우어는 인식에서 오성과 이성의 작용을 몸의 일부분인 두뇌의 작용이라고 주장하는데, 이 점은 이성의 탁월한 역할을 강조한 전통철학과 거리를 두고 있다.

니체도 인식의 문제와 관련하여 전통철학의 입장들을 비판한다. 특히 니체는 인식 문제와 관련된 이성의 역할에 대해 비판한다는 점에서 쇼펜하우어와 긴밀한 연결 고리를 형성하고 있다. 왜냐하면, 이들에게 이성의 역할은 이차적이거나 부정적인 것이기 때문이다. 특히 니체는 인식의 문제를 힘에의 의지와 연관 지어서 설명하는데, 니체에게 모든 인식행위는 힘에의 의지를 드러내는 것이다. 즉 인식은 단지 대상을 파악하는 추상적인 행위가 아니라 힘에의 의지를 드러내는 방식이다. 전통적인 인식론을 해체하는 니체의 인식론적인 입장은 인식행위를 힘에의 의지와 연관 짓는다는 점에서 인식을 의지의 드러남으로 파악하는 쇼펜하우어와 깊은 관련성을 지닌다. 쇼펜하우어에게서 인식은 의지에 기여하는 것이기 때문이다. 특히 니체는 자신의 관점주의Perspektivismus를 통해서 각각의 인식주관에 고유한 관점들이 대상을 다양한 방식으로 경험하게 한다는 점을 강조한다. 즉 사물을 인식하는 것은 사물에 대한 인식주관의 다양한 관점들을 반영하는 역동적인 행위인 것이다. 인식은 각자의 삶을 이끌어 가는 힘에의 의지를 반영한 것이기 때문이다. 그렇기 때문에 니체는 전통철학에서 주장하는 것처럼 사물에 대한 획일적인 인식이나 보편타당한 인식은 불가능하다고 본다. 특히 니체는 쇼펜하우어와 마찬가지로 인식에 있어서 개념 또는 개념적 사유가 지닌 한계를 분명하게 제시한다. 삶의 방식으로서의 인식행위는 결코 이성을 통해서 개념에 의해서 이루어지는 것이 아니라 각각의 존재를 이끌어 가는 힘에의 의지를 드러내는 것에 의해서 가능하기 때문이다. 이런 이유에서 니체는 전통철학에서 인식의 문제와 관련되어 사용되는 개념들을 비판한다. 니체에게서 인식은 인간이 자신의 힘에의 의지를 강화시키기 위해서 세계를 해석하는 행위 또는 창조하는 행위인 것이다.

1
쇼펜하우어의 인식론

1) 칸트의 영향

쇼펜하우어의 인식론은 칸트가 『순수이성비판』에서 제시한 인식론에 많은 영향을 받았다. 쇼펜하우어가 『의지와 표상으로서의 세계』 서문에서 자신의 철학을 이해하기 위해서는 플라톤철학과 함께 칸트철학에 대한 우선적인 이해를 강조한다는 것이 이 점을 뒷받침해 준다. 특히 인식의 문제와 관련하여 칸트의 영향은 매우 크게 작용한다. 칸트에 대한 쇼펜하우어의 이러한 태도는 니체와는 구분된다. 니체는 칸트철학을 전적으로 부정하기 때문이다. 이와 달리 쇼펜하우어는 자신의 사상을 올바르게 이해하기 위해서는 칸트철학에 대한 선이해를 다음과 같이 요구한다. "그러므로 칸트철학이야말로 여기에서 사상을 펼쳐 보일 때 철저히 알아야 하는 전제가 되는 유일한 철학이다."[2] 쇼펜하우어는 '코페르니쿠스적 전회'에서 출발하여 인식의 가능성과 그 한계를 명확하게 제시하는 칸트의 철학을 다음과 같이 평가한다. "다른 사람들이 이미 그런 말을 했듯이,

2 아르투어 쇼펜하우어(홍성광 옮김), 『의지와 표상으로서의 세계』, 을유문화사, 2009, 13쪽.

사실 칸트의 주저를 읽은 사람이 그로 인해 정신에 받는 영향은 장님이 내장안 수술을 받은 것에 비유할 수 있을 것이다."[3]

쇼펜하우어는 칸트 이후에 전개된 독일관념론, 특히 헤겔의 철학이 칸트철학의 정신을 왜곡시키면서 궤변에 사로잡히게 되었으며 칸트철학이 『순수이성비판』에서 이성비판을 통해 제시한 인간과 세계에 대한 의미 있는 철학적 탐구들을 외면해 버렸다고 비판한다. 쇼펜하우어는 헤겔학파에서 파악한 칸트철학은 어처구니없으며 공허한 내용일 뿐이라고 비판한다. "일찍부터 그들은 공허하기 짝이 없는 쓸데없는 말을 철학사상이라 간주하고, 빈약하기 짝이 없는 궤변을 예지라고 생각하며, 어리석은 망상을 변증법이라 여기는 데 익숙해졌다. 그리하여 무언가를 생각하기 위해 헛되이 정신을 고문하고 혹사시키는 미친 듯한 단어의 조합을 받아들임으로써 이들의 정신은 망가져 버렸다. 이들에게는 이성비판은 아무런 쓸모가 없고, 철학이 필요치 않은 것이다."[4]

물론 쇼펜하우어가 칸트철학의 전제들과 내용을 전적으로 수용하지는 않는다. 그가 『의지와 표상으로서의 세계』의 부록에서 칸트

3 아르투어 쇼펜하우어(홍성광 옮김), 『의지와 표상으로서의 세계』, 12쪽. 쇼펜하우어는 칸트철학의 역할을 다음과 같이 강조하고 있다. "나는 이미 초판의 서문에서 나의 철학이 칸트철학에서 출발했으며, 따라서 독자가 칸트철학을 철저히 알고 있다는 것을 전제로 삼는다고 설명했는데, 이런 사실을 여기에서 다시 되풀이하고자 한다. 칸트의 철학은 그것을 파악한 모든 사람들의 머리를 근본적으로 변화시키는데, 그 변화가 너무 커서 정신적인 재탄생이라고 일컬을 만하다." 아르투어 쇼펜하우어(홍성광 옮김), 『의지와 표상으로서의 세계』, 27쪽.

4 아르투어 쇼펜하우어(홍성광 옮김), 『의지와 표상으로서의 세계』, 28쪽.

철학 비판을 다루고 있듯이, 그는 칸트철학의 장점과 단점을 분명하게 구분하고 있다. 쇼펜하우어는 공간과 시간의 선험성을 강조하는 칸트의 선험적 감성론Transzendentale Ästhetik의 주장들을 긍정적으로 평가하지만 이와 달리 범주론Kategorienlehre에 대해서는 비판적으로 평가한다. 특히 쇼펜하우어는 칸트가 제시하는 12개의 범주 중에서 인과성의 범주 이외에 다른 범주들은 "격자 없는 창"이라고 비판한다. 쇼펜하우어는 칸트가 시간과 공간을 감성의 형식으로 규정하면서 우리의 세계경험이 이러한 감성에 전적으로 의존한다고 주장하는 것을 높이 평가한다. 이에 따르면 우리 앞에 존재하는 세계는 시간과 공간이라는 우리의 감성 형식에 의해서 파악되는 세계인 것이다. 이러한 시간과 공간의 감성 형식을 벗어난 세계는 인식할 수 없는 세계이다.

특히 쇼펜하우어는 자신의 박사학위논문인 『충분근거율의 네 가지 뿌리에 관하여』 4장 23절에서 인과개념의 선천성에 대한 증명을 논박하면서 칸트를 비판하고 있다. 쇼펜하우어에 따르면 "모든 경험에 적용되는 인과법칙의 보편타당성과 선천성, 그리고 바로 이 성질에서 귀결하는 것으로서, 인과법칙이 경험의 가능성에 제한되어야 한다는 것"[5]이 칸트의 주장이다. 그러나 쇼펜하우어는 칸트처럼 인과법칙의 선험성은 인정하지만, 그것의 증명 방법에는 동의하지 않

5 아르투어 쇼펜하우어(김미영 옮김), 『충족이유율의 네 겹의 뿌리에 관하여』, 나남, 2010, 113쪽.

는다. 그는 칸트의 『순수이성비판』 경험의 제2 유추 그리고 제3 유추에서 논의되는 내용을 비판한다.

그러나 쇼펜하우어는 전반적으로 칸트의 이성비판을 의미 있게 평가하며, 특히 인식의 대상인 현상을 물자체와 구분한 것에 주목한다. 쇼펜하우어는 칸트가 현상과 물자체를 구분하는 것을 칸트철학의 최대 업적이라고 평가한다. 쇼펜하우어에 따르면 칸트는 인식을 현상세계에만 국한시킴으로써 관념론과 실재론 사이의 논쟁을 해결하려고 하였으며 동시에 인식의 기원에 대한 합리론과 경험론의 대립을 중재하는 역할을 하였기 때문이다.

칸트철학의 영향은 무엇보다도 『의지와 표상으로서의 세계』 부록에서 잘 드러난다. 쇼펜하우어는 이 부록에서 칸트의 『순수이성비판』에서의 논의를 해석하면서 칸트철학의 특징과 문제점들을 제시하고 있다. 쇼펜하우어는 우선적으로 칸트가 인식능력으로서 감성Sinnlichkeit과 오성Verstand을 강조하고 이 둘의 결합에 의해서 세계를 인식한다는 주장을 받아들인다. 감성과 오성은 칸트에 따르면 인간의 인식능력의 두 가지 줄기이다. 세계인식은 이 두 가지 인식능력을 필요로 한다. 특히 쇼펜하우어는 인간의 세계경험이 감성, 즉 시간과 공간에 의존한다는 점을 강조한 것은 칸트의 중요한 발견이라고 평가하는데, 여기에서 인식의 대상은 물자체가 아니라는 점이 밝혀진다. 또한 칸트의 오성은 인과성을 파악하는 능력이며 이를 통해서 현상세계에 대한 올바른 경험이 이루어진다. 여기에서 칸트의 감성과 오성은 쇼펜하우어의 인식론에서 세계를 표상세계로서 파악하는 역할을 한다. 즉 감성과 오성에 의해서 제약된 현상세계를 인식의 대상으로 삼는 칸트의 입장은 쇼펜하우어로 하여금 인식을 표상세계로 제한하게 한다. 쇼펜하우어는 칸트처럼 우리가 인식할 수 있는 세계를 표상의 세계로 제한하고 있다. 그러나 칸트가 현상세계의 인식을 보편타당한 인식으로 규정하면서 적극적인 의미를 부여하는 반면에 쇼펜하우어는 표상세계의 인식이 세계에 대한 단편적인 인식이라는 점을 강조한다.

그러나 칸트와 쇼펜하우어의 근본적인 차이는 오성의 능력을 인간에게서만 인정하는 칸트와는 달리 쇼펜하우어는 동물들에게서도 오성의 능력을 인정한다는 점인데, 이것은 동물들도 인과 현상을 인식한다는 것을 의미한다. 물론 동물들이 인간처럼 개념을 사용하지는 않지만, 직관적인 인식을 통해서 사물들의 다양한 작용 사이의 인과관계를 파악하기 때문이다. 이런 점에서 쇼펜하우어는 오성의 역할을 인과관계를 설정하는 능력으로서 규정한다. 쇼펜하우어는 이 점을 다음과 같이 설명한다. "오성은 원인과 결과의 관계를 직접 인식하는 단 하나의 기능을 가질 뿐이다."[6]

또한 칸트와 구분되는 쇼펜하우어의 입장은 오성의 역할과 이성의 역할을 근본적으로 두뇌 현상으로서 파악한다는 점이다. 개념을 사용하여 판단을 만들어 내고 추론을 전개하는 오성과 이성의 작용은 전적으로 두뇌의 작용일 뿐이라는 것이 쇼펜하우어의 주장이다.

6 아르투어 쇼펜하우어(홍성광 옮김), 『의지와 표상으로서의 세계』, 97쪽.

의지가 객관화된 것인 몸Leib의 일부분인 두뇌의 작용이 오성과 이성의 기능인 것이다. 특히 쇼펜하우어는 칸트와는 달리 이성의 역할을 제한적으로 해석하고 있다. 오성은 표상세계에 대한 직관적인 인식을 제공하는 반면에 이성은 추상적인 인식을 가져온다. 그러나 쇼펜하우어는 이성에 의해서 주어지는 추상적인 인식을 비판적으로 해석하고 있다. 예를 들면 우리가 모자이크 그림을 자세하게 관찰하면 돌 사이의 경계가 드러나듯이, 개념들만의 결합으로 이루어진 이성의 추상적인 인식은 사물의 본래적인 모습을 드러내기에 부족하다는 것이다. 왜냐하면 이성은 직관적 인식에 의해서 주어진 개념들을 결합하는 수동적인 역할을 할 뿐이기 때문이다. 이런 점에서 전통철학에서 볼 수 있는 이성의 우월성은 이성에 대한 의지의 우월성을 주장하는 쇼펜하우어에게서는 허용되지 않는다. 쇼펜하우어철학과 칸트철학의 근본적인 차이점은 바로 여기에 존재한다. 이러한 이성의 기능에 대한 쇼펜하우어의 비판은 니체의 입장과 같다고 할 수 있다.

칸트철학의 영향에도 불구하고 쇼펜하우어가 칸트철학으로부터 벗어날 수 있었던 이유는 그가 이성의 기원에 대해서 집중적으로 논의했기 때문이다. 비록 쇼펜하우어에 따르면 칸트도 『순수이성비판』에서 이성의 올바른 사용과 역할에 대해서 논의하지만, 이성의 기원과 존재 방식에 대한 궁극적인 물음은 제기하지 않는다. 결국 칸트는 이성의 역할을 인식과 관련해서는 현상세계의 경험에 제한하며, 일반형이상학metaphysica generalis과 특수형이상학metaphysica specialis

을 구분한다. 이와 달리 쇼펜하우어는 당시의 생리학과 자연과학의 영향 속에서 이성의 기원에 대한 비판적인 물음을 제기한다. 의지의 형이상학을 강조한 쇼펜하우어는 이성의 기원이 의지의 객관화와 관련이 있다고 보았다. 즉 그에게 이성은 의지가 객관화된 것인 몸의 일부분인 두뇌의 작용으로 해석된다.

쇼펜하우어에 따르면 이성은 이전의 철학에서 설명하는 것과는 달리 의지가 몸을 통해서 자신의 존재를 유지하기 위한 두뇌의 작용인 것이다. 이성의 역할은 개체를 유지하기 위한 의지작용에 속한다. 즉 이성은 의지가 있는 곳에서 비로소 작용하는 것이다. 의지가 이성을 조정하며 이끌어 간다. 의욕을 드러내는 의지에 의해서 비로소 이성은 생겨난다는 것이다. 만약 이러한 의지가 작용하지 않는다면 이성은 존재할 수 없다.

2) 충분근거율의 네 가지 형태

쇼펜하우어는 『의지와 표상으로서의 세계』에서 충분근거율을 언급한다. 그는 이 충분근거율이 세계를 인식하는 데 중요한 원리라는 점을 강조한다. 충분근거율은 인간이 세계를 경험하는 데 있어서 필요한 근본원리이다. 이미 쇼펜하우어는 박사학위논문인 『충분근거율의 네 가지 뿌리에 관하여』에서 표상들을 결합하는 원리로서의 충분근거율에 대해 자세하게 언급한 바 있다. 그는 여기에서 이 충분근거율이 "모든 학문의 기초"[7]라는 점을 강조한다.

이러한 충분근거율은 다양한 형태로 제시되면서 이미 오래전부터 존재했던 것이다. 쇼펜하우어는 플라톤의 『필레보스』에서 나온 다음의 언급에 주목한다. "발생하는 모든 것은 필연적으로 어떤 원인에 의해 발생한다. 어떻게 이것이 없이 발생할 수 있겠는가?"[8] 쇼펜하우어에 따르면 이러한 플라톤의 언급에서도 충분근거율의 소박한 형태가 드러나 있다. 또한 쇼펜하우어는 아리스토텔레스에게서도 충분근거율이 언급된다는 점을 주목한다. 쇼펜하우어는 아리스토텔레스의 『형이상학』 5권 1장을 다음과 같이 인용한다. "이론적 방식이거나 어떤 식으로든 이론적인 것과 관련 있는 모든 지식은 이유와 원칙에 관련된 것이다."[9] 여기에서 쇼펜하우어는 어떤 것이 왜 존재하는지를 묻는 충분근거율은 모든 학문의 어머니라고 설명한다.

충분근거율은 오래전부터 학문의 토대를 정초한 원리이다. 즉 충분근거율은 이전의 철학자들이 앎의 체계를 구축하기 위해 필수적인 것으로 생각해 왔다. 쇼펜하우어는 이러한 충분근거율의 가장 일반적인 형태를 볼프Christian von Wolff의 다음과 같은 언급에서 확인한다. "왜 그것이 존재하는지라는 이유 없이 존재하는 것은 아무것

7 아르투어 쇼펜하우어(김미영 옮김), 『충족이유율의 네 겹의 뿌리에 관하여』, 18쪽.

8 아르투어 쇼펜하우어(김미영 옮김), 『충족이유율의 네 겹의 뿌리에 관하여』, 21쪽 재인용. 쇼펜하우어는 플라톤이 『티마이오스』 편에서 다음과 같이 말한 것에도 주목한다. "발생하는 모든 것은 반드시 어떤 원인에 의해 발생해야 한다. 왜냐하면 어떤 것도 원인이 없이 존재하기 시작할 수는 없기 때문이다." 앞의 책, 같은 곳.

9 아르투어 쇼펜하우어(김미영 옮김), 『충족이유율의 네 겹의 뿌리에 관하여』, 19쪽 재인용.

도 없다Nihil est sine ratione cur potius sit, quam non sit."

그런데 충분근거율에 대한 논의에서 중요한 것은 쇼펜하우어가 인식근거Erkenntnisgrund와 원인Ursache을 구분하는 아리스토텔레스의 입장에 주목했다는 점이다. 쇼펜하우어는 아리스토텔레스가 『분석론 후서』에서 어떤 것이 있다는 사실에 대한 인식과 왜 어떤 것이 있는지에 대한 인식을 어느 정도 구분한 것을 높이 평가한다. 물론 쇼펜하우어에 따르면 아리스토텔레스가 인식근거와 원인을 엄밀하게 구분하지는 않았다. 그러나 이러한 문제점에도 불구하고 쇼펜하우어는 아리스토텔레스가 "존재는 사물의 본질에 속하지 않는다"라고 말한 것에 많은 의미를 부여한다. 왜냐하면 이후에 전개되는 철학의 논쟁들은 모두 이러한 아리스토텔레스의 경고를 무시하는 데서 생겨난다고 보았기 때문이다.[10]

쇼펜하우어에 따르면 서양철학의 역사는 인식근거와 원인의 혼동의 역사였다. 다소 어렵게 들리는 이 표현은 사실은 인식과 존재를 둘러싼 철학의 논쟁을 잘 드러내 주는 용어들이다. 이러한 논쟁에서는 세계가 인식하는 대로 그대로 존재하는지가 문제인데, 이 문제는 사유와 존재의 관계가 어떻게 설명되는가를 의미한다. 우리가 사유하는 그대로 세계가 존재하는지 또는 아닌지에 대한 물음은 서양철학사를 관통하는 중요한 근본물음이다. 쇼펜하우어에 따르면 근대의 데카르트에게서도 인식근거와 원인은 명확하게 구분

10 아르투어 쇼펜하우어(김미영 옮김), 『충족이유율의 네 겹의 뿌리에 관하여』, 32쪽.

되지 않는다. 비록 데카르트는 『성찰』에서 인식의 이유와 원인을 구분하는 것 같지만 결국은 서로를 뒤섞어 놓았다는 것이 쇼펜하우어의 지적이다. 쇼펜하우어는 이러한 혼동을 "마술사의 속임수 Taschenspielertrick"[11]라고 비판한다. 여기에서 쇼펜하우어는 아리스토텔레스가 『분석론 후서』 2권 7장에서 "한 사물의 정의와 그 현존에 대한 증명은 상이하고 영원히 분리된 두 문제"라고 강조하는 것을 높이 평가한다.

쇼펜하우어는 스피노자 역시 인식근거와 원인을 혼동했다고 본다. 쇼펜하우어는 스피노자가 데카르트의 정신과 물질의 이원론을 극복하려 했다는 점을 높이 평가하지만, 인식근거와 원인의 혼동 때문에 범신론으로 빠질 수밖에 없다고 비판한다. 스피노자는 『에티카』 1부 정리8 주석2에서 다음과 같이 말한다. "존재하는 모든 사물에는 그 사물을 존재하게 하는 특정한 원인이 있다는 사실이 주목되어야 한다. 그리고 어떤 사물을 존재하게 하는 원인은 존재하는 사물의 고유한 본성과 정의 안에 포함되어 있거나, (그 원인은 그 사물이 존재하려는 본성 자체에 속하므로) 사물의 외부에 주어져 있어야 한다는 사실이 주목되어야 한다."[12] 쇼펜하우어는 이러한 스피노자의 언급

11 아르투어 쇼펜하우어(김미영 옮김), 『충족이유율의 네 겹의 뿌리에 관하여』, 26쪽. 쇼펜하우어에 따르면 인식근거와 원인 사이의 혼동의 대표적인 예는 신의 존재론적 증명이다. 안젤름과 데카르트에게서 발견되는 존재론적 증명은 "매우 사랑스러운 익살극"일 뿐이다.

12 아르투어 쇼펜하우어(김미영 옮김), 『충족이유율의 네 겹의 뿌리에 관하여』, 29쪽 이하.

에서 전자는 인식근거에 대해서 그리고 후자는 원인에 대해서 언급한다고 말한다. 그러나 스피노자는 궁극적으로는 인식근거와 원인을 동일시함으로써 신과 세계를 동일하게 파악하려는 의도를 드러냈다고 비판한다.

쇼펜하우어는 다른 철학자들과 달리 흄에 대해서는 높이 평가했다. 특히 그는 충분근거율의 정당성에 관련한 흄의 비판에 주목하여 흄이 경험 이전에 이미 충분근거율이 주어졌다는 점을 의심한 것을 긍정적으로 평가한다. 흄은 소위 영원한 진리로서의 인과법칙의 존재에 대해서 회의적으로 생각한다. 쇼펜하우어는 이러한 흄에 대해서 다음과 같이 말한다. “흄은 도대체 어디에서 인과성의 이 법칙이 그 전지성을 갖는가 하는 물음을 떠올렸고, 그것의 신임장을 요구한 최초의 철학자다.”[13] 잘 알려졌듯이, 흄은 인과법칙이 경험을 구성하는 것이 아니라 경험이 비로소 인과성을 만들어 낸다고 주장했다. 사물들의 변화를 설명하는 인과성은 지속적인 경험에 의해서 습관화된 것에 불과하다는 것이 흄의 입장이다. 쇼펜하우어에 따르면 이러한 흄의 비판적인 입장은 칸트로 하여금 버클리적인 관념론을 벗어나서 선험적 관념론을 구축하도록 영향을 주었다. 그리고 이러한 선험적 관념론은 “우리가 개별적으로 세계에 의존하듯이 세계는 전체적으로 우리에게 의존한다는 확증”[14]을 제시한다. 칸트의

13 아르투어 쇼펜하우어(김미영 옮김), 『충족이유율의 네 겹의 뿌리에 관하여』, 39쪽.

14 아르투어 쇼펜하우어(김미영 옮김), 『충족이유율의 네 겹의 뿌리에 관하여』, 39쪽.

선험적 관념론이 우리의 인식과 독립적으로 존재하는 대상이 존재할 수 없다는 점을 증명했다는 것이 쇼펜하우어의 평가이다.

쇼펜하우어는 전통철학에서 언급된 충분근거율을 정리하면서 이에 대한 논의에서 드러나는 두 가지의 특징을 제시한다. 첫째, 충분근거율은 인식근거와 원인으로 구분된다는 점이다. 그러나 실제로 철학자들이 이러한 구분을 엄격하게 지키지 않기 때문에 다양한 문제들이 발생한다고 지적한다. 둘째, 전통철학에서 논의된 충분근거율은 증명될 수 없다는 점이다. 왜냐하면 증명 자체가 하나의 근거를 필요로 하는데, 오히려 이러한 증명의 시도는 이미 충분근거율의 존재를 인정하는 것이 되기 때문이다. 쇼펜하우어는 이런 점에서 다음과 같이 말한다. "그래서 어떤 증명, 즉 근거율의 근거에 대한 설명을 요구한다면, 바로 이를 통해서 근거율을 참인 것으로 이미 전제하여서, 그 요구는 바로 이 전제에 의지하게 된다. 따라서 그는 어떤 증명을 요구하는 권리의 증명을 요구하는 순환논증에 처하게 된다."[15]

충분근거율의 의미와 역할은 『의지와 표상으로서의 세계』 5장에서 분명하게 제시된다. 쇼펜하우어는 충분근거율이 우리가 경험하는 세계에 대해서 "왜?"라고 물을 권리를 제공해 주는 원리라고 본다. 그는 표상세계에 대해서 충분근거율이 적용된다는 것을 인정한다. 이에 따르면 충분근거율은 인식을 가능하게 하는 원리이다. 그

15 아르투어 쇼펜하우어(김미영 옮김), 『충족이유율의 네 겹의 뿌리에 관하여』, 43쪽.

런데 여기에서 주목할 것은 주관과 객관은 충분근거율보다 앞서 있는 것이며, 충분근거율을 어떤 경우에도 결코 주관과 객관 사이의 관계에 적용할 수 없다는 점이다. 왜냐하면 인식은 이미 주관과 객관을 전제하기 때문이다. 인식을 구성하는 원리인 충분근거율은 주관과 객관 사이에 적용할 수 없다.

그러나 쇼펜하우어는 흄처럼 충분근거율의 한 형태인 인과율이 비로소 경험에 의해서 만들어진다고 생각하지는 않는다. 흄과는 달리 충분근거율은 경험 이전에 주어진 것이다. 충분근거율은 이미 직관과 경험에 선행하는 것이라는 점이 쇼펜하우어의 주장이다.

충분근거율은 표상세계를 구성하는 원리이다. 쇼펜하우어에 따르면 "세계는 있는 그대로의 모습으로, 즉 표상으로, 그것도 일련의 표상들로 모습을 드러내는데, 그것의 공통적인 연결 고리Band가 근거율이다."[16] 충분근거율은 인식주관으로 하여금 세계를 표상으로서 경험하게 하는 원리이다. 즉 인식주관은 충분근거율에 의해서 표상세계를 경험하게 된다. 충분근거율은 감성, 오성, 이성 그리고 의욕을 통해서 표상세계를 경험하게 하는 원리이다.

쇼펜하우어는 이러한 충분근거율의 형태를 네 가지로 구분하여 설명한다. 그것은 첫 번째로 생성의 근거율, 두 번째로는 인식의 근거율, 세 번째로는 존재의 근거율, 네 번째로는 행위의 근거율이다. 쇼펜하우어는 『충분근거율의 네 가지 뿌리에 관하여』에서 생성의

16 아르투어 쇼펜하우어(홍성광 옮김), 『의지와 표상으로서의 세계』, 58쪽 이하.

근거율principium rationis sufficientis fiendi은 인과법칙으로서 나타난다고 말한다. 그는 생성의 근거율을 상세하게 설명하면서, 이것이 전적으로 "물질적 상태의 변화"에만 적용되는 근거율이라는 점을 강조한다. 여기에서 우리는 '물질적materiell'이라는 표현에 주목해야 하는데, 이것은 인과관계가 오로지 경험세계에만 적용된다는 것을 의미한다. 쇼펜하우어는 여기에서 "말하자면 인과법칙은 시간 안에서 나타나는 외적 경험의 대상들의 변화에 대한 진자시계이다"[17]라고 말한다. 쇼펜하우어는 최초의 원인 또는 자기원인causa sui을 밝혀내려는 철학자들을 비판한다. 왜냐하면 이전의 철학자들이 주장하는 최초의 원인은 공간이나 시간이 끝나는 곳 또는 존재하지 않는 곳에 있어야 하는데, 이러한 최초의 원인은 존재할 수 없기 때문이다. 따라서 시간과 공간을 넘어서 있는 것으로서의 최초의 원인이라는 표현은 '형용 모순'일 뿐이다.

다음으로 인식의 근거율principium rationis sufficientis cognoscendi은 하나의 판단은 충분한 근거를 가진다는 원리이다. 이 인식의 근거율은 한 판단이 다른 판단에 근거하고 있다는 것을 말해 주는 원리이다. 쇼펜하우어에 따르면 인식의 근거율은 하나의 판단을 진리로 드러나게 한다. 여기에서 인식의 근거율에 따른 진리는 네 가지로 구분되는데, 그것은 각각 논리적 진리, 경험적 진리, 선험적 진리, 메타논리적 진리이다.[18]

17 아르투어 쇼펜하우어(김미영 옮김), 『충족이유율의 네 겹의 뿌리에 관하여』, 57쪽.

존재의 충분근거율principium rationis sufficientis essendi은 공간과 시간이 표상들의 존재의 근거라는 점을 말해 준다. 공간은 표상들의 관계를 위치로서 파악하면서 기하학을 정초하게 한다. 시간은 표상들의 관계를 순서로서 파악하면서 산술학을 정초한다. 쇼펜하우어에 따르면 인식주관은 위치와 순서를 통해서 표상들의 존재를 규정한다. 이에 따르면 공간과 시간이라는 직관은 선천적으로 주어진 것으로서 표상들을 결합하는 원리가 된다.

마지막으로 행위의 충분근거율principium rationis sufficientis agendi은 동기Motiv의 근거율이라고도 불리는데, 이것은 인간의 다양한 행위들의 근거를 설명해 주는 충분근거율이다. 쇼펜하우어는 여기에서 동기가 인과성의 세 번째 형식이라는 점을 강조하는데, 동기의 근거율은 인간의 다양한 행위의 내적인 원인을 논의한다는 점에서 첫 번째 근거율인 생성의 근거율과 관련이 있다. 인간의 행동에 동기를 부여하는 인과법칙이 바로 행위의 근거율인 것이다. 이러한 행위의 근거율은 다른 것이 아니라 "우리 자신 안에서 지각된 의지"[19]가 모든 행동의 근거가 된다는 것을 밝혀 주는 원리이다. 행위의 근거율은 인식하는 주체와 의욕하는 주체의 동일성을 전제로 주어진다. 즉 행위의 근거율은 인식하는 주체가 의욕하는 주체로서 동일시되는 경우에만 적용되는 원리인 것이다.

18 이 네 가지 진리에 대한 각각의 설명은 『충족이유율의 네 겹의 뿌리에 관하여』 30절, 31절, 32절, 33절을 참고.

19 아르투어 쇼펜하우어(김미영 옮김), 『충족이유율의 네 겹의 뿌리에 관하여』, 183쪽.

쇼펜하우어는 니체처럼 개념, 이성, 학문에 대해 비판적인 입장을 제시한다. 그러나 니체와 달리 쇼펜하우어는 충분근거율에 대한 상세한 논의를 통해 표상세계를 파악하는 데 있어서 개념과 이성이 어떻게 적용되는지를 설명한다. 쇼펜하우어에 따르면 모든 학문은 충분근거율에 의존한다. 충분근거율은 모든 설명의 원리이며, 세계를 경험한다는 것은 표상들에 충분근거율을 적용시킨다는 것을 의미한다. 여기에서 충분근거율은 표상세계를 경험하게 하는 근본적인 원리라고 할 수 있다. 그런데 이때 주목할 것은 충분근거율은 '세계 자체'를 경험하게 하는 것이 아니라 '표상으로 주어진 세계'를 경험하게 한다는 점이다. 또한 충분근거율은 주관과 객관 사이에 적용되는 것이 아니라 객관들 사이, 즉 표상들 사이에 적용된다는 점이 간과되어서는 안 된다. 충분근거율은 항상 이미 주관과 객관의 관계를 전제하기 때문이다. 쇼펜하우어는 이런 점에서 다음과 같이 말한다. "근거율은 사실 어떤 종류의 것이든 모든 표상을 서로 결합시켜 주며, 결코 표상을 주관과 결합시키거나 혹은 주관과 객관도 아닌 것과 결합시키는 일이 없고, 단지 객관의 근거일 뿐이다."[20] 이러한 충분근거율은 모든 표상에 앞서서 선천적으로 지성에 주어진 원리인데, 쇼펜하우어에 따르면 이러한 충분근거율의 선험성은 표상세계의 상대성과 유한성을 드러내 준다.

20 아르투어 쇼펜하우어(홍성광 옮김), 『의지와 표상으로서의 세계』, 59쪽.

3) 표상으로서의 세계

쇼펜하우어는 오성과 이성을 통해서 세계를 표상Vorstellung으로서 파악한다고 주장한다. 그는 "세계는 나의 표상"이라는 점을 강조한다. 세계는 인식주관에 의해서 표상되어진 세계라고 할 수 있다. 세계는 충분근거율에 의해서 파악된 표상의 세계이다. 쇼펜하우어는 『의지와 표상으로서의 세계』의 1부와 3부에서 표상의 세계를 다루는데, 1부에서는 충분근거율에 의해서 제약된 표상세계를 다루고 있으며, 3부에서는 충분근거율에 제약을 받지 않는 표상세계에 대해서 논의하고 있다. 물론 쇼펜하우어가 『의지와 표상으로서의 세계』에서 궁극적으로 주장하고자 하는 것은 세계의 본질이 의지라는 점이다. 그러나 우리가 파악하는 세계는 표상으로서의 세계일 뿐이다.

그런데 여기에서 세계가 표상이라는 것은 세계가 인식의 대상인 한에서 주관에 대한 객관, 즉 표상이라는 말이다. 쇼펜하우어는 객관과 표상이 서로 같은 말이라는 점을 강조하는데, 이것은 세계가 주관과 상관적으로 존재한다는 것을 의미한다. 즉 표상으로서의 세계는 주관 없이는 존재하지 않는다. 이런 점에서 쇼펜하우어는 다음과 같이 말한다. "세계에 속하고 속할 수 있는 모든 것은 불가피하게 주관에 의해 이러한 제약을 받게 되며, 주관을 위해서만 존재하는 것이다. 세계는 표상이다."[21]

[21] 아르투어 쇼펜하우어(홍성광 옮김), 『의지와 표상으로서의 세계』, 40쪽.

물론 쇼펜하우어가 세계를 이처럼 표상으로서 파악하는 것이 새로운 것은 아니다. 이것은 이미 이전의 철학자들이 세계를 파악한 방식이었기 때문이다. 데카르트의 경우에서도 이 점을 발견할 수 있는데, 데카르트의 방법적 회의를 통해서 주어진 코기토 명제, 즉 "나는 생각한다. 그러므로 존재한다cogito ergo sum"라는 명제가 바로 그것이다. 쇼펜하우어는 데카르트의 이 코기토 명제를 존재가 전적으로 오로지 사유 작용을 통해서 드러난다는 것으로 해석한다. 즉 존재가 주관의 사유 작용에 의존한다는 말이다. 그러나 쇼펜하우어는 이러한 입장을 명확하게 제시한 사람은 버클리라는 점을 강조한다. "존재는 지각이다esse est percipi"라는 버클리의 주장은 세계가 주관에 의존한다는 것을 명확하게 말해 준다는 것이다. 버클리에 따르면 지각되지 않는 것은 어떤 경우에도 존재할 수 없다. 존재하는 모든 것은 주관에 의해서 지각된 것이다. 쇼펜하우어는 버클리가 자신의 주장이 지닌 의미를 적극적으로 파악하지 못했다고 보지만 그 누구보다 세계와 주관의 관계를 적극적으로 파악하고 있다는 점은 인정한다. 그런데 쇼펜하우어에 따르면 주관과 세계의 이러한 의존적인 관계는 이미 고대 인도의 베단타철학에서도 언급되었다. 쇼펜하우어는 베단타철학의 입장이 존재와 지각 가능성이 같다는 것을 주장하는 것이라고 본다.

쇼펜하우어는 주관과 세계의 긴밀한 관계를 칸트의 용어인 경험적 실재성empirische Realität과 선험적 관념성transzendentale Idealität이라는 용어를 통해서 설명한다. 본래 칸트에게서 이 용어들은 감성의 형식인 공간과 시간의 존재특성을 드러내 주는 것이지만 쇼펜하우어는 이 용어를 표상으로서의 세계가 지닌 인식론적-존재론적 의미를 드러내는 것으로 사용하고 있다. 그에 따르면 표상으로서의 세계는 그것이 주관에 의해서 제약된다는 점에서 선험적 관념성을 지니고 있다. 그러나 동시에 표상으로서의 세계는 우리의 세계경험에서 실재한다는 점에서 경험적 실재성을 갖고 있다. 여기에서 선험적 관념성은 표상세계가 주관이 충분근거율을 통해서 파악한 세계라는 점을 말해 준다. 또한 경험적 실재성은 비록 표상세계가 절대적 실재성absolute Realität을 지닌다는 것을 의미하지 않고 주관에 의존하는 세계라는 점을 말해 주지만 주관이 세계를 경험하는 한에서 표상으로서 경험된 세계가 실재한다는 것을 말해 준다. 이때에 선험적 관념성은 표상세계의 주관적 타당성을 드러내 주고 경험적 실재성은 표상세계의 객관적 타당성을 드러내 준다고 볼 수 있다. 그러나 여기에서 선험적 관념성이든 경험적 실재성이든 간에 표상세계가 인식주관과의 관계 속에서 존재한다는 것은 의심의 여지가 없다.

여기에서 우리는 주관의 적극적인 역할을 확인할 수 있다. 쇼펜하우어는 이 점을 다음과 같이 설명한다. "모든 것을 인식하면서도 어느 것에 의해서도 인식되지 않는 것이 주관이다. 따라서 주관은 세계의 담지자이며, 모든 현상과 모든 객관의 일반적이고, 항상 전제가 되는 조건Bedingung이다. 왜냐하면, 존재하는 것은 항상 주관에 대해서만 있기 때문이다."[22] 그러나 이러한 언급은 표상세계에서 주관만이 중요하다는 것을 의미하지는 않는다. 왜냐하면 표상세계는 주관뿐만 아니라 객관과의 관계를 필요로 하기 때문이다. 즉 주관과 객관이 만났을 때 비로소 표상세계가 주어지기 때문이다. 정확하게 말하자면 주관은 객관의 관계 속에서 비로소 주관으로서의 의미를 지니며, 객관은 주관과의 관계 속에서 비로소 객관으로서의 의미를 가질 뿐이다.

쇼펜하우어는 세계를 표상으로 규정함으로써 전통철학에서의 중요한 논쟁거리였던 실재론Realismus과 관념론Idealismus 그리고 회의론의 논쟁을 해결한다고 생각한다. 쇼펜하우어는 전통철학에서 끊임없는 논란거리였던 외부세계의 실재성에 대한 논쟁이 사실은 주관과 객관 사이에 충분근거율을 적용시키기 때문에 일어난 것이라고 본다.[23] 쇼펜하우어에 따르면 객관을 원인으로 삼는 실재론과 객관을 주관의 결과로 삼는 관념론 그리고 세계의 실재성에 대해서 의심하는 회의론 모두가 충분근거율을 주관과 객관 사이에 적용시킬 때 일어나는 오류일 뿐이다. 실재론은 객관을 주관의 원인으로 그리고 관념론은 주관을 객관의 원인으로 생각한다. 그러나 주관과 객관 사이에는 근거율이 적용될 수 없다. 이 점을 간과하기 때문에 실재론과 관념론은 끊임없이 대립하였던 것이다.

충분근거율은 주관이 객관을 만날 때 주어지는 표상들 사이에만 적용되는 원리이다. 즉 쇼펜하우어에 따르면 외부세계의 실재성에

22 아르투어 쇼펜하우어(홍성광 옮김), 『의지와 표상으로서의 세계』, 43쪽.

23 쇼펜하우어는 이러한 실재성의 문제가 인식의 근거율과 생성의 근거율을 혼동하기 때문에 생겨난다고 주장한다.

대한 논쟁은 충분근거율의 적용 범위에 대한 오해에서 비롯된 것이다. 쇼펜하우어에 따르면 회의론자들은 바로 이 점을 공격하였으며, 흄은 근거율, 특히 인과율은 경험을 통해서 습득할 수 없다고 주장하기에 이른다. 흄에 따르면 인과율은 시간적인 전후 관계에서 일어나는 두 개의 사건에 대해서 마음의 상상력을 통해서 주어진 습관이다. 쇼펜하우어는 이런 점에서 다음과 같이 말한다. "외부세계의 실재성에 대한 논쟁은 바로 근거율의 타당성을 주관에까지 잘못 확장해서 적용한 데서 기인한다."[24]

쇼펜하우어는 여기에서 무엇보다도 객관과 표상은 다른 것이 아니라 동일한 것이라는 점을 강조한다. 그는 이 점을 통해서 주관의 표상 외부에 어떤 사물의 존재를 가정하는 것은 무의미한 일이라는 점을 밝혀낸다. 외부세계의 실재성에 대한 논란은 이성이 길을 잃고 헤매다가 생겨난 것이라고 쇼펜하우어는 말한다. 쇼펜하우어는 이성이 범하는 이러한 오해는 첫 번째로 근거율의 본질을 간과하고, 두 번째로 주관과 객관 사이의 관계, 세 번째로는 감각적인 직관의 본성에 대한 논의가 제대로 수행되지 않기 때문에 생겨난 오해일 뿐이다. 하지만 쇼펜하우어는 외부세계의 실재성에 관련된 논란에 대한 이러한 '사변적인 기원' 말고 경험적인 기원이 있다는 것을 강조한다. 외부세계의 실재성을 문제 삼는 것은 꿈과 현실을 구분하는 것과 같다는 것이 쇼펜하우어의 입장이다. 외부세계의 실재성을 파

24 아르투어 쇼펜하우어(홍성광 옮김), 『의지와 표상으로서의 세계』, 57쪽.

악하는 것은 꿈과 현실을 구분하는 문제와 관련이 있다는 것이다. 즉 이 문제는 꿈과 현실을 구분하는 확실한 기준에 대해서 묻는 것과 관련이 있는 입장이다.

그런데 쇼펜하우어는 꿈과 현실을 구분하는 것이 쉽지 않다는 것을 강조한다. 현실에서와 마찬가지로 꿈속에서의 개별적인 표상들도 근거율에 따라서 존재하기 때문에, 꿈과 현실에서 경험하는 표상들 사이의 차이를 구분할 수 없다는 것이다. 현실에서의 표상들 사이에 근거율에 따른 관계가 성립하듯이 꿈속에서의 표상들 사이에서도 근거율에 따른 관계가 성립할 수 있기 때문이다. 그렇기 때문에 쇼펜하우어는 칸트가 꿈과 현실을 구분하는 것이 인과관계에 따른 연관성Zusammenhang이라고 주장하는 것을 받아들이지 않는다. 우리는 꿈속에서 경험하는 표상들도 인과관계 속에서 파악할 수 있으며, 그리고 현실 속에서 경험하는 모든 표상들을 인과관계 속에서 파악하는 것은 불가능하기 때문이다.[25] 쇼펜하우어는 이런 이유에서 꿈과 현실 사이를 구분하는 기준은 깨어 있음Erwachen이라는 경험적인 것das empirische일 뿐이라고 주장한다. 여기에서 꿈과 현실 사이에 근거율을 적용시키지 못하기 때문에 우리가 깨어 있다는 이러한 경험적인 기준이 꿈과 현실을 구분하는 유일한 방법이다. 그러나 자신이 깨어 있다는 사실을 자각하지 못하는 만약의 누군가는 꿈과 현실을 구분하지 못하게 된다. 이런 이유에서 쇼펜하우어는 "삶과 꿈

25 Arthur Schopenhauer, *Vorlesung über die gesamte Philosophie*, München 1986, 248쪽 이하.

은 같은 책의 페이지와 같은 것이다"라고 주장한다.[26] 주관에게 세계는 오로지 표상으로서 존재한다는 것이 이러한 논의에 제시할 수 있는 유일한 답이라는 게 쇼펜하우어의 생각이다.

쇼펜하우어는 외부세계의 실재성에 대한 논의의 필요성에 대해서 부정적이다. 그는 외부세계의 실재성에 대한 논란은 인식의 근거율과 생성의 근거율 사이의 혼동에서 생기는 오해라고 보기 때문이다. 또한 쇼펜하우어는 외부세계의 실재성에 대한 논의는 인간의 인식능력에 대한 오해에서 비롯된다는 점을 강조한다. 이미 칸트는 주관과 객관의 숙명적인 관계에 주목하면서 소위 물자체로서의 세계에 대한 인식 가능성을 차단시키는데, 쇼펜하우어도 우리가 인식하는 세계는 충분근거율이 적용되는 표상의 세계일 뿐이라는 점을 강조한다. 그렇기 때문에 쇼펜하우어는 다음과 같이 묻는다. "이 직관적인 세계가 나의 표상이 아니고 무엇이겠는가?"[27]

쇼펜하우어에 따르면 세계가 나의 표상이라는 말은 세계의 존재가 주관의 제약성 속에 놓여 있다는 것을 의미한다. 만약 한 사람이 죽는다면 그 사람에게 표상으로서의 세계는 존재하지 않게 된다. 쇼펜하우어가 강조하듯이 표상하는 주관의 능력은 단순히 두뇌 기능Gehirnfunktion이기 때문에 죽음 뒤에는 두뇌작용이 소멸하므로 인식주관에게 표상세계는 더 이상 존재하지 않게 되는 것이다. 앞서

26 아르투어 쇼펜하우어(홍성광 옮김),『의지와 표상으로서의 세계』, 63쪽.
27 아르투어 쇼펜하우어(홍성광 옮김),『의지와 표상으로서의 세계』, 64쪽.

쇼펜하우어는 표상세계의 실재성을 칸트의 용어를 빌려서 경험적 실재성과 선험적 관념성이라는 말로 설명하였는데, 이것은 결국 표상으로서의 세계가 주관 없이는 존재할 수 없다는 것을 의미한다. 인식하는 주관, 즉 표상하는 주관 없는 세계를 생각할 수 없다는 점이 『의지와 표상으로서의 세계』 1권에서의 주장이다. 그런데 우리는 표상세계에 대한 이러한 쇼펜하우어의 이해가 관념론자의 입장을 드러내고 있음을 인정해야 할 것이다. 비록 쇼펜하우어는 실재론과 관념론 사이의 오래된 논쟁을 비판하지만, 세계를 표상으로서 파악한다는 점에서 쇼펜하우어의 입장도 관념론적 입장을 지닌다는 비판을 부인하기는 어려워 보인다.[28]

세계를 표상으로서 규정하는 쇼펜하우어에 의해서 확인되는 중요한 입장들은 다음과 같이 요약할 수 있다. 첫째, 주관은 세계를 표상으로서 경험한다는 점이다. 둘째, 주관 없이 표상세계는 존재하지 않는다는 점이다. 그러나 이러한 주장들과 함께 고려해야 할 것은 표상으로서의 세계는 그것의 실재성을 주관이 보증한다는 점이다. 여기에서 세계가 주관에 의해서 표상된 세계라는 점은 표상세계의 존재가 주관에 의존한다는 것을 말해 주지만, 그러나 이때에 주관에 의존하는 세계의 실재성을 얼마만큼 확실한 것으로 받아들

28 쇼펜하우어는 『의지와 표상으로서의 세계』 1편에서와는 달리 2편의 1장 "관념론자적인 근본입장"(Zur idealistischen Grundansicht)에서는 표상세계에 대한 자신의 입장이 관념론적이라는 점을 인정하고 있다. Arthur Schopenhauer, *Die Welt als Wille und Vorstellung II*, Frankfurt am Main und Leipzig 1996, 11쪽 이하 참고(이하 WWV II로 표기).

일 수 있는지의 문제가 발생한다. 왜냐하면 주관이 실제로 존재하는 세계와는 다른 방식으로 표상할 수 있기 때문이다. 관념론자에 대한 실재론자들의 비판은 바로 이 점과 관련되어 있다. 특히 이것은 표상을 지칭하는 객관이라는 용어가 주관의 상관 개념이라는 점에서 더 문제가 된다.

그러나 표상으로서의 세계를 주장하는 쇼펜하우어는 관념론에 대한 실재론자들의 비판에 대해서 의문을 갖는다. 왜냐하면 주관에 의존하지 않고 독립적으로 존재하는 세계의 실재성이 과연 무슨 의미가 있는지 물을 수 있기 때문이다. 인식주관 없이 그러한 실재 세계를 상상하는 것은 무의미할 것이기 때문이다. 이미 충분근거율이 주관과 객관 사이가 아니라 오로지 객관으로서의 표상들 사이에만 적용된다는 쇼펜하우어의 주장은 이 점을 뒷받침해 준다. 물론 경험적으로 말하자면 인식주관 없이도 세계는 실제로 존재할 것이지만, 세계를 인식한다는 것은 인식주관 없이는 불가능하기 때문이다. 이때 인식주관과 독립적으로 존재하는 세계는 무의미할 것이라는 점이 드러나는데, 여기에서 외부세계의 실재성에 대한 관념론자들의 입장이 정당성을 얻게 될 것이다.[29]

29 세계를 표상으로서 파악하는 쇼펜하우어는 표상세계에 대한 인식이 어떻게 이루어지는지를 밝히는 것을 우선적인 목표로 하지만 궁극적인 목표는 표상세계 너머의 의지로서의 세계를 제시하는 것이다. 그에 따르면 세계는 단순한 표상 이상의 세계이기 때문이다.

4) 직관적 인식과 추상적 인식

쇼펜하우어는 인식의 대상이 표상세계라는 점을 강조한다. 그는 이 표상세계에 대한 인식을 두 가지로 구분하는데, 하나는 추상적 인식abstrakte Erkenntnis이고 다른 하나는 직관적 인식intuitive Erkenntnis이다. 먼저 추상적 인식은 이성 인식Vernunfterkenntnis인데, 추상적 인식은 이성의 작용에 의해서 이루어지는 인식이기 때문이다. 쇼펜하우어는 추상적 인식을 이끄는 이성의 역할을 다음과 같이 설명한다. 첫째, 추상적 인식을 가능하게 하는 이성은 오성에 의해서 주어진 것을 인식하는 것이다. 둘째, 이성은 인식 작용을 확대하지 않고 단지 새로운 형태로 변형시키는 역할을 한다. 그렇기 때문에 쇼펜하우어는 "이성은 직관적이고 구체적으로 인식된 것을 추상적이고 보편적으로 인식하게 하는 것"[30]이라고 규정한다. 여기에서 이성은 추상적이고 보편적인 인식을 만들어 내는 반면, 오성은 직관적이고 구체적인 인식을 만들어 낸다.

쇼펜하우어에 따르면 추상적 인식은 직관적 인식과 달리 인식이 지속적이고 복잡한 경우에 적용된다. 오성에 의한 직관적 인식이 개별적이고 가까운 것에 관계하는 것과는 달리 이성에 의한 추상적 인식은 보다 복잡하고 광범위한 영역에 걸쳐서 지식을 만들어 내기 때문이다. 쇼펜하우어는 이 점을 설명하기 위해서 건물 짓는 것을

30 아르투어 쇼펜하우어(홍성광 옮김), 『의지와 표상으로서의 세계』, 120쪽.

예로 든다. 그는 이성에 의한 추상적인 개념들을 통해서 건물을 지을 수 있다고 말한다. 직관적 인식은 현재 바로 앞에 직접적으로 주어져 있는 것에만 주목하기 때문에 이것만으로는 집을 지을 수 없다. 따라서 순간적이고 직접적인 직관적 인식을 넘어서 사물에 대한 전체적인 인식을 제공하는 추상적 인식이 건물을 지을 때 필요하다. 물론 직관적 인식을 통해서 건물의 특정한 부분에 필요한 기계장치와 원리를 발견할 수는 있다. 그러나 건물의 전체를 완성하기 위해서는 직관적 인식으로는 충분하지 않다는 것이 쇼펜하우어의 생각이다.

여기에서 추상적 인식의 특징은 "전달성"과 "고정성"이라고 할 수 있다. 쇼펜하우어는 이런 이유에서 다음과 같이 말한다. "어떤 사람은 자연적인 물체의 변화와 운동의 인과관계를 단순한 오성으로 직접적이고 직관적으로 인식하고, 그러한 인식에 완전히 만족할지 모르지만, 그것을 전달하려면 그 인식이 개념으로 고정된 후에야 가능하다."[31] 추상적 인식이 제공하는 개념을 통해서 다양하게 변화하는 사태를 고정시키고 비로소 타인에게 전달할 수 있기 때문이다. 이에 반해 직관적 인식은 특정한 현상을 아주 정확하고 섬세하게 인식할 수 있지만, 이러한 인식을 일반화시키거나 다양한 상황으로 확장시킬 수는 없다.

그러나 쇼펜하우어는 추상적 인식이 직관적 인식보다 우월하다

31 아르투어 쇼펜하우어(홍성광 옮김), 『의지와 표상으로서의 세계』, 123쪽 이하.

고 보지 않는다. 오히려 그는 직관적 인식의 가치를 적극적으로 강조한다. 비록 추상적 개념이 전체적이고 다양한 상황을 이해하는 데에는 도움이 될 수 있지만, 직관적인 인식이 가져오는 섬세하고 치밀한 인식에는 결코 미치지 못하기 때문이다. 이런 이유에서 쇼펜하우어는 추상적 인식이 제공하는 개념을 모자이크를 구성하는 돌로 비유한다. "모자이크가 아무리 정교하게 되어 있어도 언제나 돌이 경계를 이루고 있기 때문에 어떤 색조에서 다른 색조로 원활히 넘어갈 수 없는 것과 같다."[32] 특히 여기에서 쇼펜하우어는 모든 형태의 예술 행위가 개념에서 나오는 것이 아니라 직관에서 나온다는 점을 강조한다. 즉 개념은 예술에 대해서 아무런 역할을 하지 못한다는 것이다. 예를 들면 바흐의 무반주 첼로 협주곡을 연주하는 연주자의 선율과 멜로디는 결코 개념적으로 파악되는 것이 아니라 직관적으로 파악해야만 그 의미를 느낄 수 있다. 이런 이유에서 쇼펜하우어는 "개념은 예술에 대해서는 아무것도 낳지 못한다"[33]라고 말한다.

쇼펜하우어에 따르면 추상적 인식과 직관적 인식은 서로 연관성을 갖고 있다. 추상적 인식은 직관적 인식에 근거를 두고 있지만, 그렇다고 해서 직관적 인식과 추상적 인식이 반드시 일치한다고 말할 수는 없다. "추상적 지식은 직관적 표상의 반영이어서, 이러한 표상

32 아르투어 쇼펜하우어(홍성광 옮김), 『의지와 표상으로서의 세계』, 125쪽.
33 아르투어 쇼펜하우어(홍성광 옮김), 『의지와 표상으로서의 세계』, 126쪽.

에 근거하고 있지만, 추상적 지식이 어디에서나 직관적 표상을 대신할 정도로 서로 일치하는 것은 결코 아니고, 오히려 둘은 아주 정확하게 서로 상응하지는 않는다."[34] 여기에서 쇼펜하우어는 직관적 인식과 추상적 인식의 차이점을 강조한다. 추상적 인식은 표상에 근거한 개념을 통해서 지식을 만들어 낸다. 쇼펜하우어에 의하면 "지식은 다른 방식으로 인식된 것을 이성이라는 개념 속에 고정시켜 놓은 추상적 인식이다."[35] 이런 이유에서 쇼펜하우어는 모든 지식은 "이성의 제약"[36]을 받고 있다고 주장한다. 그러나 우리는 추상적 인식이 수동적이라는 점을 간과해서는 안 된다. 왜냐하면, 이성이 제공하는 개념은 이미 표상에 대한 직관을 전제로 하기 때문이다. 직관에 의해서 얻어진 표상들 다음에야 비로소 개념이 생기는 것이기 때문에, 여기에서 우리는 이성 자체만으로는 인식을 만들어 낼 수 없다는 점을 주목해야 한다. 이런 이유에서 쇼펜하우어는 "이성이 자기 자신을 통해서 갖고 있는 것은 그의 행동Operieren의 내용이 없는 형식Form뿐이다"[37]라고 비판한다. 이 점은 마치 칸트가 직관 없는 개념은 공허하다고 지적한 것과 같은 맥락이다.

34 아르투어 쇼펜하우어(홍성광 옮김), 『의지와 표상으로서의 세계』, 128쪽.
35 아르투어 쇼펜하우어(홍성광 옮김), 『의지와 표상으로서의 세계』, 116쪽.
36 아르투어 쇼펜하우어(홍성광 옮김), 『의지와 표상으로서의 세계』, 116쪽.
37 아르투어 쇼펜하우어(홍성광 옮김), 『의지와 표상으로서의 세계』, 115쪽.

5) 이성과 학문의 한계

쇼펜하우어는 『의지와 표상으로서의 세계』 1권의 후반부에서 이성의 역할을 비판적으로 다룬다. 앞서 언급했듯이 추상적 인식은 개념을 형성하고 지식을 정초한다는 고유한 특성을 갖는다. 쇼펜하우어는 이성이 학문의 정초에 중요한 역할을 한다는 점을 강조하는데, 이때에 학문은 사물에 대한 부분적인 인식에서 시작하여 개념을 통해서 체계적이고 전체적인 인식을 구축하는 것이다. 그러나 쇼펜하우어는 추상적인 개념들을 다루는 이성과 학문의 역할이 지닌 한계를 분명하게 제시한다.

쇼펜하우어는 니체처럼 전통철학이 제시한 이성의 역할을 비판하지만, 그와는 다르게 이성의 역할과 오성의 역할을 명확하게 구분한다. 니체는 이성의 작용이 힘에의 의지에 근거한다는 점에서 모든 인식행위를 보다 많은 힘을 얻기 위한 것으로 간주한다. 쇼펜하우어도 이성의 작용이 의지에 기여한다는 점에서는 니체와 입장을 같이한다. 그러나 쇼펜하우어는 우리가 세계를 표상세계로 파악한다는 점을 주목하고 이러한 표상세계를 인식하는 방식을 구분하면서 이성의 역할과 한계를 자세하게 설명하고 있다.

쇼펜하우어에 따르면 학문이 인식의 확실성 자체를 보증하거나 증명하지는 않는다. 왜냐하면 "학문성은 확실성에 있는 것이 아니고, 보편적인 원리에서 특수한 원리로 단계적으로 내려가는 방법을 토대로 한 인식의 체계적인 형식에 있는 것"[38]이기 때문이다. 학문이 개념을 결합하여 지식을 제공하지만, 학문의 토대가 되는 것을 증명하지는 못하기 때문이다. 오히려 쇼펜하우어는 학문의 토대가 되는 것은 증명된 것이 아니라는 점을 강조한다. 이런 점에서 쇼펜하우어는 다음과 같이 말한다. "… 모든 학문의 증명은 거슬러 올라가면 직관적인 것에, 그러니까 더 이상 증명될 수 없는 것에 부딪치게 된다. 반성Reflexion의 세계 전체는 직관적인 세계에 기초를 두고 뿌리내리고 있기 때문이다. 모든 궁극적, 즉 근원적인 명증성은 직관적인 명증성이다."[39] 다시 말해 이성이 제공하는 개념들을 통해서 학문 일반이 구축되지만, 학문의 근원적인 토대는 직관적인 인식에 근거를 두고 있다.

직관은 표상으로서 주어진 존재에 직접적으로 관계하지만, 이성의 추상적 사유는 직관에 근거한다는 점에서 이성의 역할은 수동적이라고 할 수 있다. 또한 이성은 직관과는 달리 지식의 체계와 전체성을 확보할 수 있지만, 그것이 제공하는 개념들과 추론들은 우리에게 오류를 가져올 수 있다는 점이 부각된다. 쇼펜하우어는 칸트가 『순수이성비판』의 선험적 변증론에서 이성의 잘못된 추리로 인해서 생겨나는 세 가지의 선험적 이념을 비판한 것처럼 이성에 의한 추론은 오류를 가져올 수 있으며, 이러한 오류의 가능성 때문에 학문의

38 아르투어 쇼펜하우어(홍성광 옮김), 『의지와 표상으로서의 세계』, 137쪽.

39 아르투어 쇼펜하우어(홍성광 옮김), 『의지와 표상으로서의 세계』, 139쪽. 이어서 쇼펜하우어는 다음과 같이 말한다. "모든 개념은 직관적 표상에 대한 극히 간접적인 관계를 가질지라도 거기에서만 가치와 존재를 갖는다." 앞의 책, 같은 곳.

역할에 대한 의문을 제기할 수 있다고 본다. 쇼펜하우어는 학문들 중에서 모범이 되는 수학의 명증성은 증명에 근거하는 것이 아니라 사실은 "직접적인 직관"에 의존한다는 점을 강조하면서 이성의 역할에 근거한 학문의 한계를 강조한다. 물론 직관에 의해서 주어진 것에 근거하는 이성이 정초하는 학문의 확실성을 완전히 부정할 수는 없다. 그러나 쇼펜하우어에 따르면 이러한 학문은 상대적인 확실성만을 제공해 줄 뿐이다. 학문의 토대를 제공해 주는 전제는 어떤 식으로든 직관에 의존하기 때문이다. 특히 쇼펜하우어는 이성뿐만 아니라 오성도 대상을 잘못 인식하여 가상을 만들어 낼 수 있다는 점을 인정하는데, 그렇기 때문에 학문의 확실성은 우리가 생각하는 것보다 더욱 불완전한 것일 수 있다.

이런 이유에서 쇼펜하우어는 학문을 철학과 예술 아래에 놓고 있다. 즉 그는 철학과 예술을 학문보다 우월한 것으로 평가한다. 비록 학문은 직관과 개념에 근거하여 표상들의 결합을 체계적으로 설명할 수 있지만, 이러한 학문은 표상 자체가 무엇인지를 설명하지 못하기 때문이다. 이런 점에서 쇼펜하우어는 다음과 같이 말한다. "학문들의 내용에 대해 일반적으로 말하자면, 이것은 본래 언제나 근거율에 의해서 그리고 근거율을 통해서만 타당하고 의미를 갖는 '왜 Warum'를 실마리로 한 세계의 현상들의 관계이다."[40]

니체가 『비극의 탄생』에서 소크라테스에서부터 시작된 이론적 인

40 아르투어 쇼펜하우어(홍성광 옮김), 『의지와 표상으로서의 세계』, 161쪽.

간에 의해서 만들어진 개념화된 학문이 비극적 사유를 통해서 드러난 삶과 세계의 역동성을 제거해 버렸다고 비판하는 것처럼, 쇼펜하우어도 학문에 대해서 그 한계를 분명하게 제시한다. 모든 학문은 그것이 근거율에 의존하고 표상세계와 관계하기 때문에 표상세계의 근거에 대해서는 알려 줄 수가 없다. 쇼펜하우어는 이런 이유에서 다음과 같이 말한다. "근거율은 현상들의 결합을 설명하지만, 현상 자체를 설명하지는 않는다."[41] 근거율이 모든 학문에게 통용되는 설명의 원리라는 점을 강조하는 쇼펜하우어는 이를 통해서 학문의 역할과 한계를 분명하게 제시한다. 비록 근거율이 표상들의 결합을 설명해 주는 원리이기는 하지만 이러한 설명은 표상 너머에는 적용되지 않기 때문이다. 즉 모든 학문은 단지 표상의 학문일 뿐이다.

쇼펜하우어의 학문이론은 연역추리와 귀납추리를 통해서 학문의 형태를 구분한다. 수학과 순수자연과학 그리고 논리학은 공통적으로 전제에서 귀결로 나아가는 연역 체계를 특징으로 하고 있다. 이러한 연역적 학문은 개념에 바탕을 둔 논리적 증명과 추론을 통해서 학문의 체계를 구축한다. 그러나 쇼펜하우어는 이처럼 연역 체계에 근거한 학문들이 전제에서 귀결로 나아가는 과정에서 형식적인 확실성을 제공할 수는 있지만 이러한 확실성이 상대적인 확실성일 뿐이라는 점을 강조한다.

반면에 귀납추리에 근거하는 자연과학들은 개별적인 사례에서

41 아르투어 쇼펜하우어(홍성광 옮김),『의지와 표상으로서의 세계』, 163쪽.

출발하여 일반화하는 과정으로 나아간다. 그러나 쇼펜하우어는 이러한 귀납추리에 근거한 설명도 상대적일 뿐이라는 점을 지적한다. 귀납추리는 "… 하나의 근거를 암시하는 많은 귀결에서 근거가 확실한 것으로 가정되는 것이다. 하지만 사례들을 모두 모을 수 없으므로, 이 경우에 진리는 무조건 확실하다고 할 수 없다. 그런데 감각적 직관과 대부분의 경험을 통해 얻은 모든 인식은 이러한 종류의 진리만을 가질 뿐이다."[42]

이처럼 연역추리에서 출발하든 또는 귀납추리에서 출발하든 모든 학문이 궁극적으로는 자신의 전제를 설명하지 못한다는 주장에서 쇼펜하우어는 학문과 구분되는 철학의 역할을 다음과 같이 부각시킨다. "철학은 고유한 특성을 지니고 있어서, 그것은 어떤 것도 결코 아는 것으로 전제하지 않고 모든 것이 철학에서는 같은 정도로 생소하고 문제가 된다. 또한 현상들의 관계뿐만 아니라 현상 자체도 문제가 되고, 다른 학문들이 모든 것을 거기에 환원시키고 만족하고 있는 근거율 자체도 문제가 된다. … 학문이 전제로 삼고 그 설명의 근거로 삼으며 한계로 설정하는 것이야말로 철학 본래의 문제이며, 그런 한에서 학문이 끝나는 곳에서 철학이 되기 때문이다."[43]

현상과 물자체의 구분을 칸트의 가장 큰 업적으로 평가하는 쇼펜하우어는 학문 일반이 현상세계, 즉 표상세계에만 관계한다는 점을

42 아르투어 쇼펜하우어(홍성광 옮김), 『의지와 표상으로서의 세계』, 156쪽.
43 아르투어 쇼펜하우어(홍성광 옮김), 『의지와 표상으로서의 세계』, 163쪽.

강조하면서 학문의 한계를 분명하게 제시한다. 즉 모든 형태의 학문은 근거율에 의해서 세계를 표상으로서만 파악한다는 점이 쇼펜하우어가 제시하는 학문의 한계이다. 이러한 표상의 근거에 대해서 학문은 물음을 제기할 수 없는데, 이러한 물음을 가능하게 하는 근거율은 현상으로서의 세계, 즉 표상세계 너머에는 적용될 수 없기 때문이다. 쇼펜하우어는 이런 점에서 『의지와 표상으로서의 세계』 2편에서 다음과 같이 말한다. "왜냐하면 세계의 수수께끼의 궁극적인 해결은 현상들에 관해서가 아니라 반드시 단지 물자체에 관해서 말해야만 하기 때문이다."[44]

2 | 니체의 인식론

1) 인식과 학문비판

니체는 『비극의 탄생』에서부터 새로운 철학의 정초를 시도한다. 철학적인 저서로서는 다소 낯선 제목이 말해 주듯이, 이 저서는 전통철학에 대한 비판과 철학의 본질에 대한 니체의 새로운 해석을 잘

44 아르투어 쇼펜하우어(홍성광 옮김), 『의지와 표상으로서의 세계』, 184쪽.

드러내 준다. 『비극의 탄생』은 세계와 인간의 삶에 대한 니체의 새로운 인식을 드러내 주는 서곡이라고 할 수 있다. 『비극의 탄생』에서 그리스비극의 정신을 통해서 제시되는 비극적 사유는 인간과 세계에 대한 새로운 해석을 제공하기 때문이다. 특히 니체는 아폴론적인 것과 디오니소스적인 것에 의해서 주어진 꿈과 도취를 통해서 인간과 세계에 대한 새로운 해석을 제공한다. 나아가서 니체는 비극의 기원에 대한 근원적인 고찰을 통해서 모든 사물의 근저에 놓여 있는 디오니소스적 생명력을 포착하여 세계에 대한 진정한 인식이 무엇인지를 제시한다. 니체는 비극의 정신을 통해서 진정한 진리, 즉 존재의 불합리와 공포를 그대로 드러내 주는 실존의 진리를 우리에게 제시하려고 한다.

비극이 이성과 학문을 통해 다가갈 수 없는 삶의 본질을 이해하기 위해서 중요한 역할을 제공한다고 보는 쇼펜하우어처럼, 니체도 비극적 사유가 가져다주는 세계에 대한 깊은 인식은 결코 이론적이고 추상적인 인식을 통해서, 즉 전통철학이 신뢰하는 이성을 통해서는 도달할 수 없다고 주장한다. 니체가 "아폴론적 형상의 세계 속에 스스로를 늘 새롭게 표출시키는 디오니소스적 합창"[45]으로 이해하는 그리스비극은 비극적 신화이기 때문에 이성에 근거한 "미학적 소크라테스주의aesthetischer Sokratismus"를 통해서는 이해할 수 없는 것이다. 여기에서 니체는 비극적 신화의 가치를 다음과 같이 강조한

45 프리드리히 니체(이진우 옮김), 『비극의 탄생·반시대적 고찰』, 책세상, 2012, 73쪽.

다. "비극적 신화는 아폴론적 예술 영역과는 가상과 관조에 대한 충만한 기쁨을 공유하면서, 동시에 이 기쁨을 부정하고 가시적 가상세계의 파괴에서 보다 높은 만족을 얻는다."[46]

그러나 니체에 따르면 소크라테스는 그리스비극의 의미를 오해해서 단지 비합리적인 것으로 평가했다. 소크라테스는 비극이 결과 없는 원인 그리고 원인 없는 결과로 이루어진 것이라고 생각하는데, 그는 비극이 결코 진리를 말하지 않는다고 주장한다. 이러한 소크라테스의 생각은 예술을 멀리해야 한다고 주장하는 플라톤의 입장으로까지 이어진다. 그러나 니체는 비극에 대한 이 같은 오해가 세계의 본질에 대한 왜곡된 인식을 가져오고 결국 서양의 사유를 데카당스에 빠트리게 된다고 비판한다. 이처럼 소크라테스가 비극의 진정한 본질을 외면하면서 인간과 세계의 본질에 대한 근원적인 통찰은 사라지게 되었다는 것이 니체의 지적이다.

소크라테스와 같은 이론적 인간은 세계를 인과성에 집착해서 해석하며, 인간에게 형이상학적 망상을 심어 놓는다. 그러나 니체에 따르면 이러한 망상은 "사유는 인과성의 실마리를 따라 존재의 가

46 프리드리히 니체(이진우 옮김),『비극의 탄생·반시대적 고찰』, 173쪽. 니체에 따르면 비극적 사유의 본질은 아폴론적인 것을 통해서 드러나는 개체의 형상을 극복하여 세계의 불협화음적인 모습을 받아들이는 것이다. 추한 것과 부조화한 것으로 이루어진 실존의 고통을 디오니소스적 도취를 통해서 가감 없이 받아들이는 것이야말로 비극적 사유의 본질이다. 니체는 이러한 그리스비극을 각인하는 것인 아폴론적인 것과 디오니소스적인 것이 서로 작용하여 삶을 고양시킨다고 본다. 그러나 이러한 두 가지의 근원적인 예술충동이 서로 분열되면서 결국 그리스비극은 몰락하게 된다. 프리드리히 니체(이진우 옮김),『비극의 탄생·반시대적 고찰』, 169쪽 참고.

장 깊은 심연에까지 이를 수 있으며, 사유가 존재를 인식할 수 있을 뿐만 아니라 심지어 수정할 능력이 있다는 흔들림 없이 확고한 믿음"[47]일 뿐이다. 유한한 인간의 삶 속에서 주어지는 비극을 감당할 수 없었던 소크라테스는 비극이 폭로하는 인간의 유한성과 삶의 고통으로부터 도피하려고 한다. 이론적 인간인 소크라테스는 인식과 학문을 통해 이러한 인간의 실존을 회피하려고 하였을 뿐이다. 여기에서 니체는 소크라테스를 "학문의 사제"[48]라고 지칭한다. 이 학문의 사제는 형이상학적 망상에 사로잡혀 '학문하는 인간'으로 하여금 보편화된 지식욕을 고취시키고자 한다. 니체는 이 점에 대해서 다음과 같이 말한다. "그런데 이 보편화된 지식욕 때문에 사상의 공동 그물망이 전 지구상을 뒤덮게 되고, 게다가 태양계 전체의 법칙을 세울 수 있는 전망도 보여 준다."[49]

쇼펜하우어와 마찬가지로 니체도 소크라테스 이래로 전통철학이 제시한 학문의 역할에 대해 부정적으로 평가한다. 심지어 니체는 "학문은 악을 미덕으로 승화시킨다!"[50]라고 주장한다. 학문의 유

47 프리드리히 니체(이진우 옮김), 『비극의 탄생·반시대적 고찰』, 117쪽.

48 프리드리히 니체(이진우 옮김), 『비극의 탄생·반시대적 고찰』, 117쪽.

49 프리드리히 니체(이진우 옮김), 『비극의 탄생·반시대적 고찰』, 117쪽 이하.

50 프리드리히 니체(안성찬·홍사현 옮김), 『즐거운 학문·메시나에서의 전원시』, 책세상, 2005, 665쪽. 그러나 학문에 대한 니체의 이러한 비판에도 불구하고 니체는 진정한 학문의 역할을 제시하려고 노력한다. 이 같은 학문에 대한 관심과 문제의식은 다음과 같은 니체의 언급에서 잘 드러난다. "내가 학자라고 할 수 있는가? 나는 힘들기만 하다. 나는 쓰러진다, 쓰러진다, 계속해서— 바닥에 닿을 때까지." 프리드리히 니체(안성찬·홍사현 옮김), 『즐거운 학문·메시나에서의 전원시』, 698쪽.

한성을 강조하는 쇼펜하우어처럼 니체는 학문의 본질에 대한 비판적인 논의를 전개한다. 이를 위해서 니체는『비극의 탄생』에서 학문의 기원에 대한 심도 있는 논의를 전개한다. 그는 그리스비극과 비극적 사유를 바탕으로 학문의 역할이 무엇인지 그리고 그 본질이 무엇인지를 문제 삼는다. 이런 점에서 니체는 다음과 같이 물음을 제기한다. "그리고 학문 자체와 우리의 학문은 —그렇다, 삶의 증상으로 간주한다면 모든 학문은 도대체 무엇을 의미하는가? 무엇을 위하여, 조금 더 가혹하게 말하자면, 무엇에 의해서— 모든 학문은 존재하는가? 어떤가? 학문은 어쩌면 염세주의에 대한 공포와 도피에 불과한 것은 아닌가? 진리에 대한 하나의 멋진 정당방위가 아닌가? 그리고 도덕적으로 말해서 비겁함과 거짓과 같은 것은 아닌가? 반도덕적으로 말한다면 교활함이 아닌가?"[51] 니체의 이러한 물음은 전통철학에서 규정하는 학문의 본질과 역할이 과연 정당한 것인지를 묻는 것이다.

니체는 학문의 이념 속에 숨어 있는 낙관주의적인 인식 욕구를 꿰뚫어 보는 "자유로운 눈"을 가져야 한다는 것을 강조한다. 즉 인간의 삶과 세계의 본질을 드러내 주는 비극의 정신을 외면하는 학문과 인식을 극복할 것을 강조한다. 왜냐하면 학문과 인식은 세계의 본질을 묘사하는 것이 아니라 단지 현상만을 설명해 주기 때문이다. 이러한 비판은 학문과 인식을 구성하는 개념은 결코 사물의 본

51 프리드리히 니체(이진우 옮김),『비극의 탄생·반시대적 고찰』, 11쪽.

질을 파악할 수 없다는 데서 비롯된다. 개념에 대한 이러한 니체의 비판은 쇼펜하우어의 입장과 연결된다. 니체에 따르면 "개념들은 관조로부터 추상화된 형식, 즉 사물에서 벗겨 낸 겉껍질만을 가지고 있어서 추상적인 것에 불과한 것이다."[52] 앞서 쇼펜하우어도 개념은 추상적인 것이며 직관에 의존하는 것이라는 점을 밝히고 있다. 니체는 이처럼 개념에 의존하는 학문은 그가 비극적 사유를 통해서 드러내려고 했던 삶과 세계에 대한 근본경험, 즉 "영원한 상실의 비가적 고통elegische Schmerz eines ewigen Verlustes"[53]을 드러내 주지 못한다고 비판한다.

니체는 『비극의 탄생』에 대한 "자기비판의 시도"에서 『비극의 탄생』에서 제기하려고 했던 문제가 바로 학문의 문제라는 점을 강조한다. "내가 당시 깨닫게 된 것은 두렵고 위험한 것이었다. 그것은 황소라고까지는 할 수 없지만, 뿔이 달린 문제였으며, 아무튼 하나의 새로운 문제였다. 오늘이라면 나는 그것이 학문의 문제 자체였다고 말할 것이다."[54] 니체의 이러한 학문비판은 후기의 저서에까지 이어진다. 니체는 『차라투스트라는 이렇게 말했다』에서는 다음

52 프리드리히 니체(이진우 옮김), 『비극의 탄생·반시대적 고찰』, 125쪽. 니체는 개념이 결코 사물의 본질을 묘사할 수 없다고 말한다. 이러한 니체의 주장은 개념에서 출발하는 학문이 세계의 본질을 파악하는 것이 어렵다는 점을 말해 준다. 개념적 사유를 평가절하하는 니체의 입장은 음악에 대한 적극적인 평가에서 잘 드러난다. 니체는 인간 내면의 다양한 감정을 무수히 많은 선율 속에서 표현하는 음악이 "모든 형체들에 앞서 존재하는 가장 내밀한 핵심, 사물의 심장을 제공한다"(앞의 책, 같은 곳)는 점을 강조하고 있다.

53 프리드리히 니체(이진우 옮김), 『비극의 탄생·반시대적 고찰』, 145쪽.

54 프리드리히 니체(이진우 옮김), 『비극의 탄생·반시대적 고찰』, 11쪽.

과 같이 학문을 비판한다. "나는 학자들의 집을 떠났고, 나오면서 문을 쾅 하고 닫아 버렸던 것이다. 나의 영혼은 굶주린 채 너무 오랫동안 학자들의 식탁에 앉아 있었다. 나는 그들과는 달라서 호두를 깨듯이 인식에 도달하는 훈련을 받지 못했다. 나는 자유를 사랑하고 신선한 대지 위의 공기를 사랑한다. 나는 학자들의 지위와 권위 위에서 잠들기보다는 차라리 황소 가죽 위에서 잠들고 싶다. … 그러나 학자들은 차가운 그늘 속에 차갑게 앉아 있다. 그들은 모든 일에 있어서 관조하는 자가 되려고 하며, 태양이 내리쬐는 계단에 앉기를 회피한다."[55]

니체에 따르면 학문이 우리에게 가져오는 결과는 삶을 고통스럽게 만들 뿐이다. 우리가 학문에 사로잡힐수록 오히려 삶의 의미를 왜곡시킨다는 것이다. 이러한 니체의 입장은 학문이 끝나는 곳에서 철학이 시작된다는 쇼펜하우어의 입장과 같은 것이라고 할 수 있다. 니체는 학문을 하는 학자들을 가리켜서 '유리장갑'을 끼고 독을 제조하는 사람으로 규정한다. 니체의 학문비판은 무엇보다도 인식의 역할에 대한 부정적인 시각에서 비롯된다. 인식의 유한성에 대한 이러한 비판은 이성의 역할에 대한 비판에서 비롯된다. 앞서 언급한 소크라테스와 같은 이론적인 인간이 신뢰하는 이성은 허구적인 것이다. 끊임없이 개체의 생성과 소멸로 이루어지는 생동하는 세계 앞에서 이성은 무력한 것이기 때문이다. 이성에 의한 세계인

55 프리드리히 니체(장희창 옮김), 『차라투스트라는 이렇게 말했다』, 민음사, 2017, 221쪽.

식은 생성으로 각인되는 세계에 대한 피상적인 해석이기 때문이다. 이성이 인식의 보편성과 필연성을 보증해 준다고 해도 이러한 보편성과 필연성은 단지 개념일 뿐이며, 실제로 세계에서는 찾아볼 수는 없다.

특히 니체는 어떤 개념이 주어지는 것은 동일하지 않은 것을 동일화하는 과정에서 생겨날 뿐이라고 지적한다. 이성은 이러한 개념을 통해서 사물을 규정한다. 그러나 이때에 개념은 사물이 지닌 수많은 특성들을 획일적으로 규정할 뿐이다. 여기에서 니체는 다음과 같이 개념을 비판한다. "우리는 하나의 개념을 이런 과정[비동일적인 것의 동일화 —필자 추가]을 통해서만 획득하는데, 나중에는 마치 '인간'이란 개념이 사실이나 되는 것처럼 만든다. 하지만 인간의 개념은 다만 우리의 모든 개별 특성들이 제외되면서 형성된 것일 뿐이다. 우리는 자연이 그러한 개념에 따라 움직인다고 전제한다. 이때 자연은 한번 의인화된다. 또한 개념도 의인화된 상태이다. 우리에게 개념을 제공하는 것은 개별적인 것을 무시하는 것이고 여기에서 우리의 인식이 시작한다. 표제화 속에서, 유를 편성하면서. 그러나 그러한 것에 사물의 본질이 조응하지는 않는다. 인식 과정은 사물의 본질을 알아맞히지 못한다."[56]

56 프리드리히 니체(이상엽 옮김), 『유고(1872년 여름~1874년 말): 모든 것은 진정한 정점에서 그리고 하나로 만난다 외』, 책세상, 2002, 102쪽 이하. 니체는 다른 곳에서는 다음과 같이 개념의 역할을 비판한다. "개념은 동일하지 않은 것을 동일화하는 것에서 생성한다. 즉 어떤 동일한 것이 존재한다는 기만을 통해, 동일성을 전제함으로써, 그러니까 잘못된 직

개념에 근거한 사물의 인식은 우리에게 사물의 실제적인 존재 방식에 대한 설명을 제시할 수 없다. 여기에서 니체는 개념을 통해서 주어지는 세계의 인식에 대해 다음과 같이 비판한다. "내 생각에 우리는 우리가 아는 것만 본다. 우리의 눈은 무수한 형태들을 취급하는 동안 끊임없는 연습을 한다. ―상을 이루는 가장 큰 부분은 감각에 의한 인상이 아니라, 상상력이 만들어 내는 산물이다. 감각들로부터는 단지 몇몇 소수의 동기나 모티브가 선택될 뿐, 상이 만들어지는 것은 그다음이다."[57]

인식은 이성이 개념을 통해서 세계를 추상화하는 과정이며 은유를 통해서 세계를 의인화하는 과정일 뿐이다. 이러한 추상화와 의인화의 과정에서 사물이 지닌 개별적이고 구체적인 성질은 제거되고 은유를 통해서 변형된 사물의 모습이 드러날 뿐이다. 이런 점에서 니체는 다음과 같이 말한다. "인식은 가장 선호된 은유 안에서의 작업일 뿐이다. 즉 더 이상 모방으로서 지각되지 않는 모방이다. 그러므로 인식은 당연히 진리의 왕국으로 진입할 수 없다."[58] 니체에 따르면 이러한 추상화와 의인화 그리고 은유는 인간의 사유 작용이며, 이것은 인간이 사물의 존재를 규정하는 방식일 뿐이다. 이성에

관을 통해." 프리드리히 니체(이상엽 옮김), 『유고(1872년 여름~1874년 말): 모든 것은 진정한 정점에서 그리고 하나로 만난다 외』, 171쪽.

57 프리드리히 니체(안성찬·홍사현 옮김), 『즐거운 학문·메시나에서의 전원시』, 428쪽.

58 프리드리히 니체(이상엽 옮김), 『유고(1872년 여름~1874년 말): 모든 것은 진정한 정점에서 그리고 하나로 만난다 외』, 99쪽.

서 출발하는 이러한 사유 작용은 사물 자체를 우리에게 드러내 줄 수 없다. 왜냐하면, 사유 작용은 사물을 인간의 눈에 비친 모습으로 규정하는 행위이기 때문이다. 비록 이러한 사유가 개념을 사용하지만, 그 개념 자체도 역시 인간의 고안물에 불과한 것이다. "말하자면 우리의 사유는 표제화하는 것이고 이름을 붙이는 것이다. 그러니까 그것은 인간의 자의를 초래하는 것이지 사물 자체를 표현하는 것이 아니다."[59]

니체는 이러한 사유가 의존하는 논리학을 비판한다. 논리학은 서로 비슷한 것을 동일한 것으로 규정하는 것인데, 이러한 논리학의 시도는 본래 그 자체로 동일한 것이 없다는 점에서 기만적인 것이다. 여기에서 니체는 논리학의 기원은 오히려 비논리적인 것이라고 비판한다. 니체는 논리학을 다음과 같이 비판한다. "현재 우리의 두뇌 속에서 이루어지는 논리적 사유와 추론의 진행 과정은 개별적으로는 그 자체로서 전적으로 비논리적이고 부당한 충동들의 진행 과정 및 투쟁과 일치한다."[60] 논리학에 대한 비판은 니체뿐만 아니라

59 프리드리히 니체(이상엽 옮김), 『유고(1872년 여름~1874년 말): 모든 것은 진정한 정점에서 그리고 하나로 만난다 외』, 37쪽. 니체는 즐거운 학문에서 인식의 기원을 다음과 같이 설명하고 있다. "철학자는 세계를 "이념"으로 환원시키고는 세계를 '인식했다'는 망상을 품는다. 아, 이것은 이 '이념'이 그에게 친숙하고 익숙하기 때문이 아닐까? … 이것이야말로 오류 중의 오류이다!" 프리드리히 니체(안성찬·홍사현 옮김), 『즐거운 학문·메시나에서의 전원시』, 343쪽 이하.

60 프리드리히 니체(안성찬·홍사현 옮김), 『즐거운 학문·메시나에서의 전원시』, 189쪽. 니체는 인간의 의식과 논리의 역할을 다음과 같이 비판한다. "우리의 의식적 사유의 논리는 우리의 유기체, 우리의 개별적 몸 기관이 그와 같은 것을 필요로 한 저 사유의 조야하고 가볍게 된 형식일 뿐이다." 프리드리히 니체(김정현 옮김), 『유고(1884년 가을~1885년 가

쇼펜하우어에서도 잘 드러난다. 쇼펜하우어는 아무리 논리학에 정통한 사람이라고 할지라도 실제적인 삶의 상황에서는 논리적으로 주장하지 않는다는 점을 들어 논리학의 추상성을 비판한다.[61]

니체는 사유로서의 인식행위가 왜 이루어지는가를 문제 삼는다. 그는 왜 우리가 어떤 것을 인식하려고 하는지를 물으면서 다음과 같이 주장한다. "인식에 대한 우리의 요구는 바로 이러한 친숙한 것에 대한 요구가 아닐까? 모든 낯선 것, 익숙하지 않은 것, 의심스러운 것 안에서 우리를 더 이상 불안하게 하지 않는 어떤 것을 찾아내려는 의지가 아닐까? 우리로 하여금 인식하도록 만드는 것은 두려움의 본능이 아닐까?"[62] 니체에 따르면 인식행위는 자신과 이질적으로 존재하는 사물들에 대한 인간의 두려움을 극복하려는 행위이다. 그러나 이러한 인식을 구성하는 요소들이 인간의 존재 방식을 왜곡시킨다. 니체는 인식을 구성하는 개념, 이념, 범주, 언어를 다음과 같이 비판한다. "이념은 항상 철학자의 '피'를 빨아먹으며 살아왔고, 철학자의 감각을, 더 나아가 심지어, 사람들이 우리를 믿어 준다면, 철학자의 '심장'도 먹어치운다. … 이 말로 내가 지칭하고자 하는 것은 범주들, 형식들, 언어들이다."[63]

니체는 인식비판과 관련하여 전통철학에서의 진리 개념을 비판

을): 시와 단편들 외』, 책세상, 2004, 243쪽.

61 아르투어 쇼펜하우어(홍성광 옮김),『의지와 표상으로서의 세계』, 106쪽.

62 프리드리히 니체(안성찬·홍사현 옮김),『즐거운 학문·메시나에서의 전원시』, 343쪽.

63 프리드리히 니체(안성찬·홍사현 옮김),『즐거운 학문·메시나에서의 전원시』, 378쪽.

한다. 그는 전통철학이 추구하는 진리는 다른 것이 아니라 인간이 바라본 사물의 모습을 개념에 종속시키는 것 그리고 개념 속에 보관하는 것이라고 비판한다. 전통철학에서의 진리는 인간의 세계경험을 개념으로 포장하기 위한 것이다. 앞서 언급했듯이 개념의 역할을 비판하는 니체의 입장은 진리의 문제에 대해서도 비판적이다. 비극적 사유를 통해서 세계가 조화롭지 않은 것 그리고 불협화음적이라는 점을 폭로하는 니체는 개념을 통해서는 세계의 본질을 파악할 수 없다고 생각한다. 특히 예술가-형이상학Artisten-Metaphysik을 통해서 고통스러운 세계의 실존을 견뎌 내려는 니체의 입장에서 진리는 결코 개념들을 통해서 얻어지는 것이 아니다.[64]

전통철학에서 진리는 보통 지성과 사물의 일치로 규정된다. 그런데 이러한 진리 개념은 인식과 존재의 긴밀한 연관성을 전제한다. 그리고 또한 이것은 사유와 존재의 전적인 동일성을 가정한다. 그러나 니체는 파르메니데스의 존재론을 비판하면서 사유와 존재의 동일성을 문제 삼는다. 니체는 다음과 같이 말한다. "사유 자체는 본래 하나인 것을 떼어 놓는 그러한 행위이다. 도처에 가상성이 있으며, 사유에서도 이미 셀 수 있는 다양성이 있다. 현실 속에는 덧붙일 만한 것이 없으며, 나눌 만한 것도 없고, 부분적인 사물은 전체와

64 개념에 사로잡혀 사물들의 형상을 부여하는 것은 개체화된 세계만을 바라보는 시각이다. 개체와 형상에 사로잡힌 아폴론적인 것만을 통해서는 이러한 개체화된 세계 너머에 존재하는, 생성하면서 파괴하는 세계를 경험할 수 없다.

같지 않다."[65] 니체에게서 사유와 존재의 동일성을 언급한다는 것은 공허한 것인데, 그는 이와 관련해서 다음과 같이 되묻는다. "우리는 존재의 내용을 사유에서 발견할 수 있는가?"[66]

학문은 사유와 존재의 동일성을 신뢰하며 개념을 통해서 사물의 본질을 규정하려고 한다. 지성과 사물의 일치로서의 전통적인 진리 이해는 이러한 학문의 의도에 부합하는 것이다. 그러나 니체는 개념에 근거한 학문이 사물의 본질을 파악할 수 없다는 점을 강조한다. 왜냐하면, 학문의 대상은 사물 자체가 아니라 '인간화된 사물'일 뿐이기 때문이다. 학문이 개념을 통해서 파악하는 것은 인간화된 어떤 것이지 사물 자체가 아니기 때문이다. 진리는 사물의 본질과 관계하는 것이 아니다. 니체는 학문이 사물의 인간화라는 점에서 그리고 삶과 인식이 모순된다는 점에서 우리가 진리와 함께할 수 없다는 점을 강조한다. "우리 인간은 진리와 더불어 살아갈 수 있는 능력이 없는 것으로 보인다. 우리의 유기체는 진리에 반대되도록 만들어져 있는 듯하다. 유기체의 보다 높은 모든 기능, 즉 감각적 지각과 모든 종류의 감성은 태곳적에 체화된 저 근원적 오류들을 지닌

65 프리드리히 니체(김정현 옮김), 『유고(1884년 가을~1885년 가을): 시와 단편들 외』, 487쪽.

66 프리드리히 니체(이상엽 옮김), 『유고(1872년 여름~1874년 말): 모든 것은 진정한 정점에서 그리고 하나로 만난다 외』, 172쪽. 사유와 존재의 일치가 지닌 어려움은 니체의 다음과 같은 언급에서 충분히 예측할 수 있다. "생각과 말. —사람은 자신의 생각조차도 완전히 말로 표현할 수 없다." 프리드리히 니체(안성찬·홍사현 옮김), 『즐거운 학문·메시나에서의 전원시』, 243쪽.

채 작동하고 있다."[67]

2) 관점주의

니체는 세계가 끊임없이 생성하고 변화한다고 보는데, 이러한 입장은 인식론적으로 독특한 주장을 제시하게 한다. 앞서 언급했듯이, 학문, 이성, 개념은 세계를 획일적으로 규정한다. 그러나 니체가 말하는 생성의 세계는 역동적으로 변화하는 세계이다. 니체에 따르면 세계를 현상과 물자체로 구분하는 칸트의 주장은 공허한 것이다. 특히 야코비F.H. Jacobi가 칸트의 물자체 개념을 비판했듯이, 니체도 물자체 개념을 다음과 같이 비판한다. "세계는 … '세계 자체Welt an sich'로서 존재하지 않는다. 세계는 본질적으로 관계-세계Relations-Welt이다. 세계는 상황에 따라서, 각각의 점Punkt에 의해서 다양한 모습을 지닌다."[68] 이처럼 니체는 세계가 그 자체로 독립적으로 존재하는 것이 아니라 다양한 방식으로 자신의 존재를 드러낸다는 점을 강조한다. 즉 세계는 그 자체로 불변하는 것이 아니라 다양한 관점에서 자신의 존재를 드러낸다. 니체는 세계가 결코 폐쇄적이거나 완결된 어떤 것일 수 없다고 보는데, 인간이 경험하는 세계는 다양한 모습으로 드러나는 세계이기 때문이다. 이런 점에서 니체는 다

67 프리드리히 니체(안성찬·홍사현 옮김), 『즐거운 학문·메시나에서의 전원시』, 185쪽 이하.

68 Friedrich Nietzsche, *Nachgelassene Fragmente 1887-1889*, in: Kritische Studienausgabe, Bd. 13, München 1988, 271쪽.

음과 같이 말한다. "… 이 세계의 전체적 성격은 영원한 카오스이다. 필연성이 결여되어 있다는 의미에서가 아니라, 질서, 조직 구조, 형식, 미, 지혜, 그 밖에 우리가 심미적 인간성이라고 부르는 것이 결여되어 있다는 의미에서이다."[69]

표상세계가 지닌 상대성을 강조하는 쇼펜하우어처럼, 니체는 세계에 대한 획일적인 인식은 불가능하다고 주장한다. 특히 니체는 세계를 다양한 관점에서 해석할 수 있다는 점을 강조한다. 세계를 다양성 속에서 파악하는 니체의 인식론적인 입장은 관점주의 Perspektivismus이다. 관점주의는 세계를 생성으로서 파악하는 니체의 입장을 잘 드러내 준다. 이러한 관점주의는 전통철학이 전제하는 획일적인 진리의 존재를 부정한다. 니체는 이런 점에서 다음과 같이 말한다. "다양한 눈들이 있다. 스핑크스도 역시 다양한 눈을 가지고 있다. 따라서 다양한 '진리'들이 존재한다. 그러므로 어떠한 진리도 존재하지 않는다."[70] 이 인용문에서 스핑크스가 다양한 눈을 갖고 있다는 말은 인간과 사물의 관계를 바라보는 다양한 방식이 존재한다는 것을 의미한다. 여기에서 다양한 진리가 존재한다는 말과 어떠한 진리도 존재하지 않는다는 말은 서로 모순적인 표현이 아니라 인간과 사물의 관계를 다양한 방식으로 해석할 수 있다는 것을 강조하는 것이다.

69 프리드리히 니체(안성찬·홍사현 옮김), 『즐거운 학문·메시나에서의 전원시』, 184쪽.
70 프리드리히 니체(김정현 옮김), 『유고(1884년 가을 ~1885년 가을): 시와 단편들 외』, 289쪽.

니체의 관점주의는 전통철학의 전제들을 해체한다. 관점주의는 무엇보다도 전통철학이 제시하였던 인간에 대한 이해를 부정한다. 특히 세계를 인식하는 것과 관련된 인간에 대한 허구적인 규정들을 거부한다. 세계에 대한 전통철학의 해석이 가져온 혼란은 인간에 대한 잘못된 이해에 기인하기 때문이다. 니체가 관점주의를 통해서 바라보는 세계는 플라톤의 이데아세계처럼 경험세계를 넘어선 초월적인 세계가 아니다. 그것은 지금-여기를 살아가는 인간이 마주하는 구체적인 삶의 세계이다. 니체에 따르면 인간의 삶이 매번 새로운 의미를 필요로 하듯이 세계는 다양한 관점을 통해서 자신의 존재를 드러내고 있다. 세계는 안과 밖으로 나뉘어 있는 것도 아니고 그렇다고 다른 어떤 것에 의존하지 않고 스스로 존재하는 실체로서의 세계도 아니다. 세계는 끊임없이 생성·소멸하면서 새로운 관점들에 의해서 파악되는 세계인 것이다.

영속적인 실체, 사물이 지속적으로 존재한다는 것, 동일한 사물이 존재한다는 것을 부정하는 니체는 세계를 바라보는 새로운 입장을 제시한다. 이처럼 끊임없이 생성·변화하는 세계를 소위 순수주관, 절대정신, 인식 자체에 의해서 파악할 수는 없다. 니체는 전통철학에서 만들어 놓은 이 같은 개념들은 공허한 것이라고 비판한다. 이러한 개념들은 세계를 획일적인 관점으로만 파악하는데, 이러한 관점은 사물을 경험하는 다양한 방식을 부정한다. 니체는 이러한 획일적인 관점이 허구적인 것이며, 모순적인 것이라고 비판한다. 이러한 관점은 인간을 "순수하고 의지가 없고 고통이 없고 무시간적인 인식주관"[71]으로 규정하기 때문이다.

니체는 모든 형태의 인식은 인간이 자신의 본능과 욕망을 드러내는 과정이라는 점을 강조한다. 쇼펜하우어가 인식을 의지의 작용과 연결시키듯이 니체도 인간의 욕망을 실현하는 형태로서 인식을 바라본다. 세계에 대한 인식은 각자의 삶을 표현하는 관점에서 시작된다. 니체는 인식의 출발점은 결국 각자적인 삶의 방식에서 주어진다는 점을 강조한다. 그에 따르면 특정한 관점이 없는 인식과 삶은 존재할 수 없다. 하나의 주관 또는 모든 주관을 통일하는 하나의 원리는 존재하지 않는다. 그렇기 때문에 세계에 대한 획일적인 해석은 존재하지 않는다. 니체는 이러한 획일적인 인식이 존재하지 않는다는 점을 다음과 같이 설명한다. "따라서 여기에서 눈이 요구하는 바는 언제나 불합리와 이해할 수 없는 것이다. 오직 관점주의적으로 보는 것만이, 오직 관점주의적인 '인식'만이 존재한다. 우리가 한 사태에 대해 좀 더 많은 정서로 하여금 말하게 하면 할수록, 우리가 그와 같은 사태에 대해 좀 더 많은 눈이나 다양한 눈을 맞추면 맞출수록, 이러한 사태에 대한 우리의 '개념'이나 '객관성'은 더욱 완벽해질 것이다. 그러나 의지를 모두 제거하고, 정서를 남김없이 떼어낸다는 것은, 우리가 그것을 할 수 있다고 가정해도, 어떻게 할 수 있단 말인가?"[72]

71 프리드리히 니체(김정현 옮김), 『선악의 저편·도덕의 계보』, 책세상, 2014, 483쪽.

72 프리드리히 니체(김정현 옮김), 『선악의 저편·도덕의 계보』, 83쪽.

니체는 관점주의를 통해서 전통적인 인식론이 제시하는 근본적인 출발점을 해체한다. 그는 근대철학에서 전개된 앎의 확실성에 대한 집착은 허구적인 것이라고 비판한다. 특히 데카르트가 추구한 명석판명한 앎이나 칸트가 추구하는 보편타당한 인식은 불가능한 것이다. 왜냐하면, 우리가 경험하는 세계는 고정된 세계가 아니라 끊임없이 생성하는 세계이며 주관 자체도 변하는 것이고 심지어는 다양한 주관이 존재할 수 있기 때문이다. 여기에서 인간과 세계의 관계는 특정한 관점에서만 파악할 수 없다. 그만큼 인간의 세계 경험은 복잡한 것이며, 인간을 이해하는 것도 단순한 것이 아니라고 할 수 있다. 니체는 이런 점에서 다음과 같이 말한다. "'인식'이라는 말 자체가 의미를 지니려면 세계는 인식 가능해야 한다. 그러나 세계는 다르게 해석될 수 있으며, 배후에 숨겨진 의미도 없고, 수많은 의미들의 '관점주의'가 있다."[73]

니체의 관점주의는 실증주의를 비판한다. 확증된 사실에 학문적인 가치를 부여하는 실증주의가 인간과 세계의 관계를 고착시킨다고 보기 때문이다. 이와 관련하여 니체는 다음과 같이 말한다. "'오로지 사실만 있다'는, 현상에 머무르는 실증주의에 대항해 나는 이렇게 말할 것이다. 아니다, 사실이 있는 것이 아니라 해석이 있을 뿐이다. 우리는 사실 '자체'를 확인할 수 없다. 그렇게 하려는 것 자체

73 프리드리히 니체(이진우 옮김), 『유고(1885년 가을~1887년 가을): 원래 나는 나를 어느 정도 나 자신에게서 보호해 주고 외』, 책세상, 2005, 383쪽.

가 터무니없을지 모른다. 너희는 '모두가 주관적이다'라고 말한다. 그러나 그것 자체가 해석이며, "주체"는 주어진 것이 아니라 덧붙여-꾸며 내진 것, 배후에-숨어 있는 것이다."[74]

우리가 살아가면서 느끼듯이 인간이 경험하는 세계는 삶과 인식이 모순을 일으키는 장소이며 끊임없는 변화를 가져온다. 힘에의 의지를 본질로 하는 인간은 끊임없이 자신의 존재를 드러내며, 세계 역시 생성하는 세계이다. 니체는 이전의 철학자들이 인간과 세계가 끊임없이 생성·변화한다는 점을 망각했다는 점을 지적한다. 여기에서 그는 철학자들의 유전적 결함을 지적하는데, 그것은 철학자들이 인간과 세계를 무의식중에 불변하는 존재 그리고 영원한 존재로 간주한다는 점이다. 특히 니체는 불멸하는 인간존재를 상정하고 인간을 모든 사물의 척도라고 생각하는 철학자들의 태도를 비판한다. 이 철학자들은 자신의 시대에만 통용되는 특정한 관점에서 인간을 파악할 뿐이다. 여기에서 특정한 시대에 주어진 인간과 세계에 대한 해석이 다른 시대에는 받아들여지지 않는다는 점을 간과해서는 안 된다. 니체는 이 점을 다음과 같이 강조한다. "역사적 감각의 결여는 모든 철학자가 지닌 유전적 결함이다. … 그들은 인간이 생성되어 왔고, 사실과 인식능력 역시 생성되어 왔다는 점을 알려고 하지 않는다."[75]

74 프리드리히 니체(이진우 옮김), 『유고(1885년 가을~1887년 가을): 원래 나는 나를 어느 정도 나 자신에게서 보호해 주고 외』, 383쪽.

75 프리드리히 니체(김미기 옮김), 『인간적인 너무나 인간적인 I』, 책세상, 2001, 24쪽 이하.

이처럼 절대적 진리나 세계에 대한 완결된 설명이 존재하지 않기 때문에, 우리가 주목할 것은 다양한 주관의 다양한 관점이다. 인간은 더 이상 순수주관이나 순수의식이 아니라 구체적으로 그때마다 주어지는 삶을 살아가는 각자적인 개별자일 뿐이다. 그렇기 때문에 세계를 바라보는 하나의 관점 또는 통일적인 입장은 존재할 수 없다. 여기에서 니체는 불변의 존재를 상정하는 플라톤철학을 비판한다. "플라톤이 그랬던 것처럼, 정신과 선에 대해 말한다는 것은 확실히 진리를 전복하고 모든 생명의 근본 조건인 관점주의적인 것을 스스로 부인함을 의미했다."[76] 관점주의에 따르면 그것이 인간이든 세계이든 불변하는 것은 존재하지 않는다.

니체의 관점주의적 입장은 인식의 상대성과 나아가 유한성을 강조한다. 그에 따르면 인간의 이성 그리고 인간의 언어는 유한한 것이다. 그렇기 때문에 이성을 통해서 세계의 본질을 파악하고 언어가 이러한 세계의 본질을 드러내 줄 수 있다는 생각은 잘못된 것이다. 니체는 『아침놀』에서 이 점을 다음과 같이 강조한다. "이성— 어떻게 이성이 세계에 나타나게 되었는가? 당연히 비이성적인 방법을 통해, 즉 하나의 우연을 통해 세계에 나타난 것이다. 사람들이 이 우연에 대해 알고자 한다면 수수께끼에 대한 답을 생각할 때처럼 추측해야 할 것이다."[77]

76 프리드리히 니체(김정현 옮김), 『선악의 저편·도덕의 계보』, 10쪽.
77 프리드리히 니체(박찬국 옮김), 『아침놀』, 책세상, 2017, 141쪽.

여기에서 니체가 관점주의를 통해서 강조하고자 하는 것은 인간의 세계경험이 지속적으로 끊임없이 수행되어야 한다는 점이다. 세계가 지속적으로 생성하듯이, 그러한 세계에 대한 경험도 계속해서 새롭게 제시되어야 한다. 관점주의는 생성의 세계를 이끌어 가는 획일적인 법칙은 존재하지 않는다는 점을 말해 준다. 관점주의에 따르면 세계에 접근하는 다양한 관점이 존재한다. 이러한 관점은 특정한 시간과 공간에 얽매이지 않고 자유롭게 역동적으로 세계에 대한 다양한 경험을 우리에게 가져다준다. 니체의 관점주의는 전통철학에서처럼 세계를 목적론적으로 또는 기계론적으로 해석하는 방식을 해체한다. 니체에게는 오로지 세계에 대한 관점주의적인 해석만이 허용될 뿐이다.

3) 해석으로서의 세계

니체의 인식론은 전통철학이 왜곡한 인간과 세계에 대한 다양한 해석의 가능성을 제공해 준다. 니체에 따르면 전통철학은 인간과 세계 사이의 역동적인 관계를 단조롭게 만들었으며 그러한 단조로움을 통해서 인간과 세계의 관계를 변형시켰다. 니체는 이런 이유에서 다음과 같이 말한다. "나는 이것을 깨닫게 되었다. 우리가 얼마나 이상하게 사물과 인간을 단순화하는 가운데 살고 있는지! 우리가 얼마나 힘들이지 않고 편하게 이 일을 했고, 감각에는 피상적인 관찰을 위한 자유 출입증을, 그리고 사고에는 가장 말도 안 되고 경솔한 비약과 오판을 위한 자유 출입증을 만들어 주었는지!"[78]

니체는 전통형이상학이 규정한 인간과 세계의 왜곡된 주장들이 가져온 결과들을 비판한다. 특히 전통형이상학이 만든 이원론에 의해서 인간의 현사실적인 삶이 부정되고 나아가서 초월적 세계를 상정하면서 인간의 세계경험은 변질되어 버렸다. 참된 세계, 본질세계, 불변하는 세계와 같은 표현들은 형이상학에 의해서 오염된 추상적인 개념들일 뿐이며 의미 있는 세계경험을 가로막는다는 것이 니체의 지적이다. 소위 계보학적 사유를 통해서 모든 가치와 인식이 끊임없이 생성되는 것임을 선포하는 니체는 인간의 세계경험이 지금-여기에서 새롭게 시작된다는 점을 강조한다.

니체는 모든 것을 이미 완결된 것으로 전제하거나 또는 궁극적인 완성의 단계로 이끌어 가려는 모든 시도를 비판한다. 니체는 확정된 사실Tatsache이 존재하지 않고 단지 해석만이 존재한다고 주장하면서 전통철학에서의 고정된 세계관을 해체한다. 모든 존재와 가치를 이미 완결된 것 또는 특정한 목적을 지닌 것으로 보는 것은 결코 허용되지 않는다. 니체가 신의 죽음의 선포와 계보학적 사유를 통해서 강조하는 것은 주어진 모든 가치와 세계관에 대한 해체의 필요성이다. 모든 가치와 세계는 인간의 삶에 기여해야 하기 때문에 새롭게 해석되어야 한다. 그러나 사람들은 주어진 가치에 집착하여 새로운 가치를 찾으려 하지 않는다. 니체는 이처럼 전통이 제시한

78 프리드리히 니체(안성찬·홍사현 옮김), 『즐거운 학문·메시나에서의 전원시』, 664쪽.

고정된 세계에 사로잡힌 사람들의 삶을 다음과 같이 비판한다. "'본래부터 모든 것은 정지해 있다.' 이것은 그야말로 겨울의 가르침이고 불모의 시기에 어울리는 말이며, 겨울잠을 자는 자들과 난로 주위에 쪼그리고 있는 자들에게는 좋은 위안이다."[79]

니체는 『차라투스트라는 이렇게 말했다』에서 강물 위에 있는 다리를 받치고 있는 기둥과 난간들을 언급하면서 사물들의 모든 가치와 개념들이 고정되어 있다고 주장하는 사람들을 비판한다. 그리고 차라투스트라를 통하여 만물이 끊임없이 생성·소멸하기 때문에 흐르는 강물처럼 가치들이 새롭게 만들어져야 한다는 점을 강조한다. 니체는 사납게 날뛰는 황소처럼 분노의 뿔로 기존의 고정가치와 개념들을 깨뜨려야 한다는 것을 강조한다.[80] 여기에서 니체는 파르메니데스 이래로 불변하는 세계 그리고 불변하는 가치를 상정해 왔던 철학의 흐름을 비판한다. 또한 니체는 기계론, 원자론, 목적론과 같은 폐쇄적인 세계 설명을 거부한다. 특히 니체는 필연성, 실재성, 보편성 그리고 당위라는 용어가 더 이상 우리의 세계경험에 적용되어서는 안 된다는 점을 강조한다. 니체는 이런 점에서 다음과 같이 말한다. "여기에서 우리는 '필연성'과 '법칙'이라는 두 개의 대중적인 개념을 제거한다. 필연성 개념은 그릇된 강요를, 법칙 개념은 그릇

79 프리드리히 니체(장희창 옮김), 『차라투스트라는 이렇게 말했다』, 356쪽.

80 특히 여기에서 니체는 선과 악을 구분하는 것을 받아들이지 않는다. 이러한 구분은 망상일 뿐이며 모든 것이 새롭게 변하는 세계에서 허용될 수 없다는 점을 강조한다. 프리드리히 니체(장희창 옮김), 『차라투스트라는 이렇게 말했다』, 위의 책, 같은 곳 참고.

된 자유를 세계로 밀어 넣는다. … 마찬가지로 사물은 필연성의 강제하에서 행동하지 않는다."[81] 니체는 모든 존재의 본질이 힘에의 의지라고 주장하면서, 세계는 끊임없이 힘의 상승을 드러내며 변화한다고 말한다. 존재하는 것 자체가 힘에의 의지이고 이러한 힘에의 의지가 모든 존재를 끊임없이 대립과 갈등 속으로 가져가면서 새로운 단계로 이끌어 가기 때문이다. 그렇기 때문에 세계는 끊임없이 해석을 필요로 한다. 이런 점에서 힘에의 의지가 지배하는 세계는 해석의 세계인 것이다.

니체에 따르면 이전의 철학자들이 제시한 목적론과 기계론은 왜곡된 인간과 세계에 대한 설정에 의해서 만들어진 잘못된 해석이다. 특히 니체는 기계론에 대해서 다음과 같이 비판한다. "질료, 원자, 압력과 충돌이라는 기계론의 온갖 전제들은 '사실 자체'가 아니다. 오히려 심적 허구들의 도움을 받은 해석들이다."[82] 니체에 따르면 기계론뿐만 아니라 목적론도 특정한 방식으로 이해된 세계해석일 뿐이다. 물론 이처럼 세계경험을 하나의 해석으로 파악하는 니체의 입장이 전통철학이 제시하는 세계에 대한 해석들을 옹호한다는 것은 아니다. 니체는 전통철학이 인간과 세계의 존재특성을 잘

81 프리드리히 니체(백승영 옮김), 『유고(1888년 초~1889년 1월 초): 생성과 존재 외』, 책세상, 2004, 66쪽.

82 프리드리히 니체(백승영 옮김), 『유고(1888년 초~1889년 1월 초): 생성과 존재 외』, 72쪽. 니체에 따르면 기계론을 각인하는 역학은 힘에의 의지에 의해서 나타나는 것들에 대한 단순한 기호에 불과한데, 이런 점에서 기계론은 세계의 존재특성을 궁극적으로 드러내지 못한다.

못 파악했다고 보기 때문이다.

니체는 해석 개념을 통해서 전통철학이 다루었던 다양한 주제들을 비판한다. 여기에서 인간과 세계에 대한 폐쇄적이고 추상적인 설명과 초월적인 세계에 대한 갈망을 버리고 새로운 삶의 방식에 대한 가능성을 제시하는 것이 해석으로서의 세계경험이 의미하는 것이다. 또한 해석으로서의 세계를 경험하는 것은 데카당스로서의 세계, 허무주의로서의 세계를 극복하는 것이다. 즉 소크라테스 이후의 철학자들이 제시한 주장들이 가져온 데카당스를 극복하려는 것이 바로 해석으로서의 세계경험이다. 니체는 이런 점에서 다음과 같이 말한다. "진정한 그리스철학자들은 소크라테스 이전 철학자들이다. 소크라테스와 더불어 무언가가 변했다."[83] 니체는 이론적 인간인 소크라테스가 인간과 세계의 경험을 왜곡시켰다고 보는데, 여기에서 그는 소크라테스가 아니라 소크라테스 이전의 철학에 관심을 드러낸다.

니체에 따르면 해석은 넘치는 힘에의 의지에 대한 동경이며 그것의 실현이라고 할 수 있다. 즉 해석하는 행위 자체가 힘에의 의지가 적극적으로 드러나는 방식인 것이다. 또한 해석은 니체가 그리스비극에서 강조하는 디오니소스적 긍정으로서의 삶의 역동적인 모습을 불러일으키는 행위이며 운명적인 사건이기도 하다. 이러한 해석은 개체화 원리에 사로잡혀 있는 비극적 인간이 고통을 견뎌 내는

83 프리드리히 니체(백승영 옮김), 『유고(1888년 초~1889년 1월 초): 생성과 존재 외』, 92쪽.

힘을 제공할 수 있다. 고통과 파멸 속에서도 자신의 삶을 포기하지 않게 하는 것이 바로 해석이기 때문이다. 즉 인간은 해석하면서 그리고 해석하기 때문에 고통스러운 삶 앞에서 당당할 수 있다. 해석의 역할은 삶을 긍정하게 하는 것이다. 그러나 니체에 따르면 아무나 세계를 해석할 수는 없다. 니체는 유한자이기 때문에 소멸하면서도 자신의 삶을 칭송할 수 있고 여전히 동경할 수 있는 정신의 소유자들만이 세계를 해석할 수 있다고 말한다. 해석이라는 근원적인 행위는 눈앞의 세계와의 단순한 만남이 아니라 모든 유한한 존재자를 관통하는 삶의 원리이며 바로 힘에의 의지인 것이다. 모든 존재자의 존재특성을 규정하는 힘에의 의지가 바로 해석인 것이다.

여기에서 해석은 주어진 것, 즉 주어진 세계에 대한 수동적인 순응이 아니라 저항이며, 나아가서 새로운 것을 창조하려는 인간의 근원적인 충동이다. 이러한 해석은 전통형이상학의 배후에 자리 잡고 있는 종교적인 인간의 극복을 의미한다. 즉 해석하는 인간은 대지에서의 인간의 현사실적인 삶을 부정하고 오로지 피안의 세계에 모든 가치의 출발점을 설정하는 것을 극복함을 의미한다. 니체에 따르면 피안의 세계에 기원을 두고 있는 모든 종교적-도덕적 가치로부터의 해방을 의미하는 것이 바로 해석이라는 능동적인 행위이다. 이러한 해석은 이성, 도덕, 종교를 통해서 경험할 수 없었던 삶의 구체적인 의미들을 드러내 준다. 즉 데카당스의 인간이었던 우리로 하여금 삶의 적나라한 특성을 직시하게 하는 것이 바로 해석이다. 그런 점에서 해석은 새로운 삶의 체험을 가능하게 한다.

그런데 여기에서 주목할 것은 해석은 외부에 있는 세계에 대한 해석뿐만 아니라 내부세계의 경험, 즉 인간 자신의 원초적인 본성에 대한 경험을 가능하게 한다는 점이다. 해석을 통해서 이전의 철학에서 파악하지 못했던 인간의 내면세계에 대해 성찰할 수 있기 때문이다. 전통철학에서 실체, 주관, 자아로서 파악된 인간이해를 해체하고 단편적이고 비연속적이며, 대상화되지 않는 역동적인 인간 내면의 세계에 대한 탐험을 가능하게 하는 것이 바로 해석이다. 이러한 해석은 피상적인 인간이해를 세계경험의 출발점으로 규정했던 모든 시도들을 해체한다. 왜냐하면 인간 내면의 세계 자체도 끊임없이 해석되어야 하기 때문이다. 근원을 알 수 없는 힘에의 의지를 향한 강렬한 충동이 인간존재에 대한 해석을 요청하기 때문이다. 해석에 근거한 니체의 이러한 인간이해는 날조된 허구의 세계에 사로잡혀 있는 상태에서 벗어나서 세계를 새롭게 해석해 갈 것을 요청한다.

니체에 따르면 세계 그 자체는 존재하지 않는다. 또한 해석된 세계도 지속적으로 존재하지 않는다. 이러한 세계해석은 쇼펜하우어가 표상으로서의 세계를 충분근거율에 의해서 파악한 것과는 다르다고 할 수 있다. 니체에게 세계는 그때마다 다양한 방식으로 해석된 방식으로 존재할 뿐이다. 물론 이러한 입장은 세계경험의 가능성을 부정하는 것이 아니다. 단지 그러한 경험의 방식이 지니는 다양성을 강조하는 것이다. 세계의 해석은 바로 세계를 다양한 방식으로 경험하는 것을 의미하기 때문이다. 니체는 1888년 초의 유고에서 해석된 세계의 특징을 다음과 같이 설명한다. "세계는 본질적으로 관계-세계Relations-Welt이다. 경우에 따라서 세계는 각각의 지점에 따라 다양한 모습을 갖는다. 세계의 존재는 본질적으로 각각의 지점에 따라 다르다. 세계는 각각의 지점을 압박하며, 각각의 지점들에 저항한다— 그리고 이것들의 총체는 모든 경우에 전혀 일치하지 않는다."[84] 여기에서 주목할 것은 관계-세계라는 용어는 세계가 인과법칙에 의해서 파악된다는 것을 의미하지 않는다는 점이다. 니체는 인간과 세계를 그리스의 비극정신으로부터 해석하면서 전통철학이 세계를 인과적으로 설명한다는 점을 비판한다. 끊임없이 생성하는 세계는 명확한 원인과 결과의 연결 고리를 형성하지 않기 때문이다. 이런 점에서 니체는 "인과적 해석은 착각이다"[85]라고 주장한다. 세계는 끊임없이 변화하면서 존재할 뿐이다.

니체에 따르면 해석은 단순히 텍스트를 해석하는 행위가 아니라 유한한 인간에게 부여된 실존의 방식이다. 인간은 해석하면서 자신을 둘러싸고 있는 세계를 경험하고 그 속에서 실존하기 때문이다. 해석이라는 행위는 유한한 인간에 결핍의 상태로 주어지는 세계를 새롭게 만들어 가는 행위이다. 해석이라는 적극적인 행위는 예술

84 프리드리히 니체(백승영 옮김), 『유고(1888년 초~1889년 1월 초): 생성과 존재 외』, 83쪽.

85 프리드리히 니체(백승영 옮김), 『유고(1888년 초~1889년 1월 초): 생성과 존재 외』, 88쪽. 니체는 다음과 같이 말한다. "… 우리는 … 어떤 것에 대해서, 무엇이 그러한 '결과를 낳는지'에 대해 미리 말할 수 있는 입장에 있지는 않다." 니체는 아리스토텔레스에게서의 작용인(causa efficiens)과 목적인(causa finalis) 개념을 비판한다. 니체는 작용인과 목적인을 기본적으로 동일한 것으로 간주한다.

충동이 살기 위해서 가상Schein을 만들어 내는 것처럼 세계를 새롭게 창조하는 행위인 것이다. 니체에 따르면 해석은 우리를 엄습해 오는 삶의 데카당스에 맞서 싸우는 것이며 나아가 우리의 삶을 초월적인 것, 피안의 것에 종속시키는 것에서 해방시키는 투쟁적인 행위이다. 도덕과 종교, 허무주의 그리고 삶의 아나키즘에서 벗어나게 하는 것이 바로 해석이다. 따라서 해석은 유한한 인간이 살아가기 위한 생리적 충동이라고 할 수 있다. 즉 해석은 삶을 욕망하는 인간의 근원적인 충동이라고 할 수 있다.

해석으로서의 세계는 전통철학이 제시한 참된 세계와 가상세계의 대립을 허용하지 않는다. 니체는 '참된 세계'를 비판한다. 그 이유는 인간에게 이러한 참된 세계를 파악할 수 있는 어떠한 인식기관이 주어져 있지 않기 때문이다.[86] 니체는 여기에서 참된 세계와 가상세계의 대립을 설정하는 것이 무엇인가를 묻고 있다. 니체는 이렇게 서로 대립하는 세계가 과연 실제로 존재하는지를 묻고 있다. 니체는 이런 점에서 다음과 같이 말한다. "참된 세계를 없애 버리는 것이 결정적으로 중요하다. 참된 세계는, 바로 우리 자신인 세계에 대한 엄청난 의심자이며 가치폄하자이다. 그것은 이제껏 삶에 대한 우리의 가장 위험한 암살 행위였다."[87] 여기에서 '참된' 그리고 '가상

86 니체는 다음과 같이 말한다. "하나의 참된 세계 —이 세계는 학문이 바라는 대로일지도 모른다. 하지만 분명한 것은 우리는 이 세계에 대한 어떤 인식기관도 갖고 있지 않다는 것이다." 프리드리히 니체(백승영 옮김), 『유고(1888년 초~1889년 1월 초): 생성과 존재 외』, 94쪽.

적'이라는 표현을 구분하는 데 중요한 것은 '그 자체'라는 표현인데, 니체는 이러한 그 자체라는 표현을 비판한다. 어떤 것이 그 자체로 존재한다는 것은 비록 그것이 존재한다고 해도 인간으로서는 알 수 없는 것이다.[88] 왜냐하면, 어떤 것이든지 인간이 경험하는 존재는 주관적으로 제약된 것이기 때문이다. 이런 이유에서 니체는 "우리는 '존재', '사물'이라는 개념을 항상 관계 개념으로서만 가질 뿐이다"[89]라고 말한다.

이처럼 해석으로서의 세계를 강조하는 니체의 입장은 세계에 대한 경험이 유한하다는 것을 말해 준다. 인간이 경험하는 세계는 그 자체가 아니라 인간이 파악할 수 있는 한에서만 경험될 수 있기 때문이다. 여기에서 니체는 근대의 주관성철학이 인식주관에게 부여하는 절대적인 권한을 인정하지 않는다. 그는 인식행위가 지닌 역할과 한계를 분명하게 제시한다. 이때에 해석으로서의 세계를 언급하는 것은 인식의 유한성만을 강조하기 위한 것이 아니라 삶의 방식, 정확히 말하자면 힘에의 의지를 드러내는 방식으로서 세계를 경험한다는 점을 드러내기 위해서이다. 이러한 해석은 사실의 문제가 아니라 권리의 문제이며, 인간이 살아가기 위한 숙명적인 존재 방

87 프리드리히 니체(백승영 옮김), 『유고(1888년 초~1889년 1월 초): 생성과 존재 외』, 96쪽. 여기에서 니체는 참된 세계를 상정하는 것은 도덕적 가치평가를 정당화하기 위한 것이라는 점을 강조한다.

88 이 점은 진리가 존재한다고 해서 인간이 그것을 알 수 없다고 주장하는 고대 그리스의 소피스트 고르기아스의 입장과 비교할 수 있다.

89 프리드리히 니체(백승영 옮김), 『유고(1888년 초~1889년 1월 초): 생성과 존재 외』, 95쪽.

식이라고 할 수 있다. 인간은 해석하기 때문에 존재한다. 해석된 세계는 바로 인간의 삶인 것이다. 인간은 이렇게 해석된 세계 또는 해석되어야 하는 세계에서 살아간다는 것이 니체의 생각이다. 그렇기 때문에 세계를 해석하는 것은 바로 인간이 실존하는 유일한 방식이라고 할 수 있다. 여기에서 이러한 니체의 입장을 데카르트의 명제에 빗대어서 말하자면 '나는 해석한다. 그러므로 나는 존재한다'라고 할 수 있다.

4) 언어의 기원과 세계경험

니체에게 언어는 중요한 문제이다. 그의 전통해체의 철학은 특히 철학에서 언어가 차지하는 역할에 주목하기 때문이다. 쇼펜하우어는 『의지와 표상으로서의 세계』에서 언어가 이성의 첫 번째 산물이라는 점을 강조하면서 언어는 다른 사람에게 자신의 고유한 생각을 전달하는 역할을 한다는 점을 강조한다.[90] 특히 쇼펜하우어는 이러한 언어가 학문, 문화, 문명을 구성하는 중요한 역할을 한다는 점을 강조한다. 그러나 쇼펜하우어와 달리 니체는 계보학적 사유를 바탕으로 언어의 기원과 역할에 대해서 비판적인 물음을 제기한다. 우리는 먼저 언어에 대한 니체의 직접적인 논의를 「언어의 기원에 관하여」라는 짧은 글에서 찾아볼 수 있다. 이 글은 원래 1869~1870년

90 아르투어 쇼펜하우어(홍성광 옮김), 『의지와 표상으로서의 세계』, 94쪽.

에 행해진 라틴어 문법 강의의 일부분인데, 이 짧은 글에서 언어에 대한 논의의 필요성을 강조하는 니체의 입장이 잘 드러나 있다. 이 글은 언어 자체의 본질에 대한 직접적인 논의라기보다 언어의 기원과 본질에 대한 물음을 제기하는 것이 필요하다는 점을 제시해 주고 있다.

니체는 전통철학이 제시한 언어의 기원과 역할에 대해서 문제를 제기한다. 물론 이것은 언어의 중요성을 부정하는 것을 의미하지 않는다. 인간이 세계를 경험하는 것은 언어를 통해서 가능하기 때문이다. 그러나 니체는 언어의 기원과 역할에 대한 전통철학의 설명들을 거부한다. 특히 니체는 전통철학이 신화적-종교적인 배경에서 그리고 형이상학적 가정 아래에서 인간과 언어 그리고 사물의 관계를 설명하는 것을 비판한다. 특히 니체는 구약성서에서 언어의 기원에 대해서 설명하는 것을 비판한다. 구약성서에는 신과 인간이 같은 언어를 사용한다는 점, 신과 인간은 사물들에게 이름을 부여한다는 점이 언급된다. 니체에 따르면 이러한 구약성서의 언어이해에서 드러나는 것은 언어를 이미 사물 이전에 존재하는 것으로 가정한다는 점이다. 이러한 해석에 따르면 언어의 기원은 사물들의 존재 자체로부터 설명할 수 없다. 왜냐하면 언어 자체는 이미 사물들의 존재의 근거가 되기 때문이다. 니체는 이러한 언어이해를 비판한다.

니체는 사물의 본성을 통해서 언어의 기원을 설명하는 것은 불가능하다고 본다.[91] 왜냐하면 각각의 사물 자체가 언어를 갖는 것이 아니라 인간이 사물에게 특정한 언어적 표시, 즉 이름을 부여하는 것이기 때문이다. 즉 인간은 자의적으로 사물들에게 이름을 부여한다. 니체는 『아침놀』에서 우회적으로 인간의 자의적인 언어 사용을 다음과 같이 비판한다. "인간이 모든 사물에 성性을 부여했을 때 인간은 자신이 유희한다고 생각하지 않고 깊은 통찰을 얻었다고 생각했다."[92] 언어는 사물들에 대한 인간의 특정한 관심을 드러내는 것이지 결코 사물 그 자체를 드러내 주지 않는다. 예를 들어 독일어로 나무Baum를 남성으로 그리고 꽃Blume을 여성으로 성을 표기하는 것은 이 단어가 사물 자체와 관련이 있기 때문이 아니라 사물에 대한 인간의 관심을 드러내기 위한 것이다. 사물 자체는 어떤 경우에도 성을 지니고 있지 않다. 특히 동일한 사물에 대해서 다양한 나라의 언어가 서로 다르게 표현한다는 점도 언어가 사물 자체의 존재를 드러내 주지 않는다는 점을 설명해 준다. 언어는 인간이 사물들로 이루어진 세계를 자신의 방식으로 경험하기 위해 만들어 낸 자의적인 장치인 것이다.

언어의 기원에 대한 니체의 해석에 따르면 언어가 만들어진 것인지 아니면 이미 자연적으로 존재하는 것인지에 대한 논쟁은 무의미한 것이다. 니체에 따르면 인간은 자신과 사물과의 관계를 드러내

91 프리드리히 니체(김기선 옮김), 『언어의 기원에 관하여·이러한 맥락에 관한 추정·플라톤의 대화연구입문·플라톤 이전의 철학자들·아리스토텔레스 수사학 I·유고(1864년 가을~1868년 봄): 예수의 생애에 관하여 외』, 책세상, 2003, 19쪽.

92 프리드리히 니체(박찬국 옮김), 『아침놀』, 21쪽.

기 위해 언어를 만들어 내며 이것은 자연스러운 삶의 방식이다. 물론 언어는 개인의 단순한 견해나 이해관계를 드러내는 것에 그치지는 않는다. 의사소통을 가능하게 하는 언어적인 표현은 즉흥적이거나 일시적인 것이 아니기 때문이다. 니체는 언어가 인간의 삶의 방식이라는 점에서 그리고 의사소통을 이끌어 간다는 점에서 언어의 존재에 대해서 다음과 같이 말한다. "언어는 개개인의 작업이기에는 너무 복잡하고, 집단의 작업이기에는 너무 통일적인 것으로, 그것은 하나의 온전한 유기체이다."[93]

니체는「비도덕적인 의미에서의 진리와 거짓에 관하여」에서 언어의 기원에 대한 존재론적 해석을 제시하고 있다. 언어는 우리가 사물들을 경험할 때 생기는 신경 자극이 특정한 상Bild으로 되고 이것이 음성으로 나타난 것이다. 언어의 발생은 신경 자극을 특정한 단어로 드러내는 과정인 것이다. 그러나 이때에 니체는 특정한 단어가 사물의 존재를 보증하는 것이 아니라고 주장한다. 한 단어와 한 사물의 관계는 본래적으로 존재하는 관계가 아니라 인간의 자의적인 세계해석, 즉 은유의 산물인 것이다.[94] 여기에서 언어의 탄생은 사물에 대한 인간화에 의해서 비롯된다는 것이 밝혀진다. 이에 따

93 프리드리히 니체(김기선 옮김),『언어의 기원에 관하여·이러한 맥락에 관한 추정·플라톤의 대화연구입문·플라톤 이전의 철학자들·아리스토텔레스 수사학 I·유고(1864년 가을~1868년 봄): 예수의 생애에 관하여 외』, 17쪽.

94 니체의 이러한 입장은 전통철학이 추구한 진리의 존재에 대한 회의를 가져온다. 전통철학에서 진리는 사물과 지성의 일치라고 규정하였으나 이때의 일치는 니체에 따르면 불가능한 것이다. 우리는 사물 자체가 무엇인지를 알 수 없기 때문이다.

르면 모든 언어적 표현들은 사물에 대한 인간의 관심을 드러내 주는 것이다. 그렇기 때문에 우리는 사물과 언어 사이에 본래 일치나 밀접한 대응 관계가 존재한다고 말해서는 안 된다. 니체는 언어와 사물 사이의 대응 관계를 우회적으로 비판하면서 다음과 같이 말한다. "어떤 사물의 소리, 이름과 외양, 유효성, 관습적 척도와 무게 등 원래 의복처럼 사물에 덧입혀진 것일 뿐 그것의 본질은 물론 피부에도 낯선 것들이 그것에 대한 믿음과 세대를 거친 성장을 통해 그 사물에 유착되고 동화되어 몸 자체가 되어 버리는 것이다. 처음에 가상이었던 것이 결국 본질이 되어 본질로서 작용한다."[95]

인간과 세계, 엄밀히 말하자면 주관과 객관 사이에 인과관계가 존재하지 않는다고 보는 것처럼, 니체는 언어적 표현과 사물 사이의 인과관계를 인정하지 않는다. 비록 언어가 사물의 존재를 지칭하지만, 이것은 인간의 자의적인 행위일 뿐이다. 니체의 언어이해는 인간의 세계경험에 대한 인과적인 해석을 비판하는 것과 긴밀하게 연결된다. 그에 따르면 인과법칙 자체는 생성하는 세계에 대한 획일적인 설명일 뿐이다. 니체는 끊임없이 생성하고 변화하는 세계에서 원인과 결과를 구분하는 것 자체가 가능한지에 대해서 회의적으로 생각한다. 사물 자체의 인식에 대해 회의적인 니체의 입장은 사물들을 결합시키는 원리인 인과법칙의 역할뿐만 아니라 그것의 존재에 대해서도 회의적이다. 특히 원인과 결과를 연결시키는 어떤 것

95 프리드리히 니체(안성찬·홍사현 옮김), 『즐거운 학문·메시나에서의 전원시』, 128쪽.

이 존재한다는 믿음은 언어와 사물의 관계를 왜곡하는 것에서 비롯되었다는 것이 니체의 지적이다.

니체는 여기에서 오히려 언어와 사물 사이에 불연속점이 존재한다는 점을 강조한다. 물론 이러한 주장은 언어의 역할을 부정하는 것으로 이해해서는 안 된다. 언어의 역할에 대한 엄격한 기준을 제시하려는 것이 니체의 의도이기 때문이다. 니체는 우리가 언어를 통해서 사물을 의인화하는 것이 가져오는 문제점을 드러내려고 한다. 특히 여기에서 전통철학이 야기한 자연의 인간화를 비판하는 니체는 언어를 통해서 사물들을 인간화하는 것의 위험성을 주목한다.

니체의 언어 개념을 이해하는 데 중요한 것은 은유Metapher라는 용어이다. 인간이 언어를 사용하는 것은 사물에 대한 자신의 관계를 비유적으로 드러내기 위한 것이다. 우리는 나무라는 단어를 사용함으로써 실제로 우리 앞에 존재하는 나무를 경험한다고 생각한다. 비록 이때에 나무라는 용어가 실제로 우리 앞에 서 있는 대상으로서의 나무를 그대로 묘사하지는 않지만, 앞에 놓여 있는 대상으로서의 나무에 대한 우리의 관계를 비유적으로 드러내 준다. 즉 나무라고 발음되는 단어는 다른 사물과 구분되면서 우리 눈앞에 서 있는 대상에 대한 은유로서 그 대상에 대한 나의 관계를 드러내 준다. 니체는 모든 언어는 사물과의 관계를 설정하기 위한 은유라는 점을 망각해서는 안 된다고 본다.

이러한 니체의 언어이해는 앞서 언급했듯이, 세계경험으로서의 해석을 중요하게 간주하는 것과 연결된다. 해석이 인간의 세계경험을 다양한 방식으로 드러내 주는 것처럼, 은유로서의 언어의 존재는 사물에 대한 다양한 관계설정이 지속적으로 필요하다는 것을 말해준다. 인간의 삶이 새로운 세계경험을 필요로 하듯이, 인간의 언어 사용은 끊임없이 사물과의 관계를 발굴해 내는 것이다. 그러나 이러한 관계는 사물 자체에 놓여 있는 것이 아니라 인간의 관심에 의해서 주어진다.

여기에서 은유는 사물 자체가 아니라 사물을 특정한 방식으로 경험하는 인간의 시선을 사물에 투영시키는 행위이다. 예를 들어 인간이 특정한 소리를 언어로 표현하는 행위도 은유의 본성을 드러내준다. 인간이 묘사하는 특정한 소리에 대한 언어적인 표현이 비록 실제로 특정한 소리와 같지 않을지라도 규칙적이고 반복적으로 그 용어를 사용함으로써 특정한 소리를 지시하기 때문이다. 그러나 이때에 간과해서 안 될 것은 은유로서의 언어는 사물이 실제로 그렇게 존재하는지에 대한 보증을 제공하지 않는다는 점이다. 은유는 엄밀하게 말하자면 같지 않은 것을 같은 것으로 간주하는 것이기 때문이다. 그렇기 때문에 은유로서의 언어 사용은 사물의 본질에 대한 설명으로 이어지지 않는다. 이런 점에서 은유에 근거한 언어의 기원에 대한 설명은 언어의 역할에 회의를 갖게 할 수 있다. 그러나 니체는 은유로서의 언어를 논의하면서 무엇보다도 사물에 대한 관계를 개념적으로 고정시키는 전통철학의 입장을 비판하고자 한다. 니체는 여기에서 은유로서의 언어는 인간이 세계의 중심이 아니며 사물과의 관계는 확정된 것이 아니라 끊임없이 새롭게 제시되어야만 한다는 점을 부각시키려고 한다. 은유로서의 언어는 끊임없이 새로운 세계에 대한 해석을 제공하는 것이다. 인간의 언어 사용은 각자의 삶의 경험을 구축하는 것이며 세계를 해석하는 행위이다.

명석판명한 앎 또는 보편타당한 인식의 허구성을 폭로하고 사물 자체에 대한 인식의 가능성을 전적으로 부정하는 니체에 따르면 이제 언어의 역할도 탈형이상학적으로 설명되어야 한다. 니체는 언어의 발생 기원에 대한 논의를 통해서 언어의 생성 과정에서 침투된 종교적이고 도덕적인 그리고 형이상학적인 선입견들을 제거하려고 한다. 인간의 언어 사용에 대한 논의는 초월적 세계, 도덕적 가치 그리고 신의 존재와 관련되어서는 안 된다. 니체는 이 같은 언어의 기원에 대한 논의를 통해서 전통철학을 해체하는 작업을 수행하는데, 여기에서 언어에 대한 니체의 입장은 언어의 '탈마법화'라고 부를 수 있다. 언어의 탈마법화는 인간과 세계에 대한 형이상학적 가정들을 해체하여 새로운 해석의 지평을 제시해 준다.

그러나 언어에 대한 니체의 이러한 이해와 평가는 언어의 중요성만을 강조하는 것이 아니다. 그는 언어의 한계를 분명하게 제시하기 때문이다. 오히려 그는 언어에 의해서 세계가 쉽게 왜곡될 수 있다는 점을 지적하고 있다. "말이 우리에게 장애가 된다! ―태곳적의 사람들은 어떤 단어를 제시했을 때 어떤 발견이 이루어졌다고 믿었다. 사실은 전혀 그렇지 않았다! 그들은 어떤 문제에 부딪혔다. 그런데 [하나의 단어를 만들어 냄으로써] 그것을 해결했다고 착각한 그들은 사실 해결을 막는 장애물을 만들어 낸 것이다. 현재 우리는 모든 인식에서 돌처럼 단단하고 영구히 전해져 오는 말들에 걸려 넘어질 수 밖에 없다. 그리고 그런 경우에는 단어가 아니라 다리가 부러지기가 쉽다."[96]

특히 니체는 언어의 기원에 관한 논의를 바탕으로 개념의 역할에 대해서 비판적인 입장을 제시한다. 우리는 사물에 대한 경험을 다양한 단어들을 통해서 드러내는데, 이때에 다양하게 표현되는 단어들의 사용을 이끌어 가는 것이 개념이다. 이러한 개념은 서로 다른 단어들에게 일정한 질서를 제공하고 인간의 세계경험에 대한 통일적인 관점을 제공한다. 그러나 니체에 따르면 비록 개념이 단어들의 통일성을 제공하고 의미를 확정하지만 이러한 개념이 사물의 실제적인 존재 방식을 보증할 수는 없다. 왜냐하면, 개념 자체는 사물에서 직접적으로 유래한 것이 아니라 사물에 대한 인간의 임의적인 경험에서 비롯되기 때문이다. 니체는 이 점에 주목하여 「비도덕적인 의미에서의 진리와 거짓에 대하여」에서 "모든 개념은 같지-않은 것을 동일화하는 것Gleichsetzen을 통해서 생겨난다"라고 말한다.[97] 개념은 서로 다른 사물들의 존재 방식을 같은 것으로 규정해 버린다.

96 프리드리히 니체(박찬국 옮김), 『아침놀』, 61쪽 이하. 예를 들면 우리가 사용하는 전체라는 용어는 결코 실제적으로 경험할 수 없는 용어이다. 인간의 삶이 시공간적으로 유한하기 때문에 우리는 어떤 것의 전체를 경험할 수 없다.

97 Friedrich Nietzsche, *Nachgelassene Schriften 1870-1873*, in: Kritische Gesamtausgabe, Bd. III-2, Berlin · New York 1973, 374쪽. 니체에 따르면 예를 들어서 '인간' 또는 '인간적'이라는 개념은 수많은 개별적인 사람들에 대한 개별적인 경험을 평균화, 동일화시켜서 생겨난다.

그러나 니체에 따르면 어떤 두 개의 사물이 서로 완전히 같다는 것은 불가능하다. 다양한 사물들이 서로 같다는 것을 드러내 주는 동일성Identität이라는 개념은 사물 자체에 존재하는 것이 아니라 인간이 특정한 사물을 자의적인 방식으로 경험하면서 만들어 낸 것이기 때문이다.

니체에 따르면 사물을 경험하는 인간의 정신적인 작용이 개념들을 만들어 낸다.[98] 개념은 우리가 가진 사물의 경험에 대한 하나의 관점일 뿐이며 해석이라고 할 수 있다. 이러한 관점과 해석의 정당성은, 즉 개념의 정당성은 사물에 대한 우리의 임의적인 경험을 유지시켜 주는 한에서 허용될 뿐이다. 그러나 니체는 사물에 대한 수많은 언어적 표현들이 사물과는 상관없이 인간의 주관적인 관심만을 투영시키면서 사물 자체와 거리를 두게 하고 이러한 표현들이 개념 아래 포섭됨으로써 사물과 더욱더 거리를 두게 된다고 비판한다. 개념들은 더욱 거칠게 사물들의 존재를 묘사하면서 언어 사용의 정당성을 인간 쪽으로 옮겨 놓아 버린다. 그렇기 때문에 우리가 직접적으로 바라보는 세계 또는 사물 자체와 개념에 의해서 파악된 세계는 구분되어야 한다. 언어 또는 언어 사용은 세계를 인간의 자

98 Friedrich Nietzsche, *Nachgelassene Fragmente Anfang 1888 bis Anfang Januar 1889*, in: Kritische Gesamtausgabe, Bd. VIII-3, Berlin · New York 1972, 224쪽 참고. 사물의 존재에 대한 자의적인 경험 그리고 환원 방식으로서의 언어에 대한 논의는 Matthias Lutz-Bachmann(hrsg.), *Über Friedrich Nietzsche. Eine Einführung in seine Philosophie*, Frankfurt am Main 1985, 67쪽 이하 참고.

의적인 경험 속으로 환원시키는 과정일 뿐이라고 할 수 있다.

전통철학은 이러한 개념의 역할을 범주Kategorie로 정형화하면서 적극적으로 옹호하고 있다. 니체에 의하면 전통철학에서 범주란 사물의 본질에 대한 논의의 정당성을 부여하는 것이다. 예를 들면 인과성이라는 범주는 일상세계에서 우리가 경험하는 수많은 사물의 관계를 설명하는 토대를 제공해 준다. 그러나 이러한 인과성의 범주는 원인과 결과에 대한 일상적인 믿음을 정형화시킨 것에 불과한 것이다. 인과성의 범주가 사물들에 대한 경험을 인과적으로 만들어 주는 것이 아니라 사물들의 관계를 인과적으로 설명하려는 인간의 의도 또는 그러한 인과관계가 존재한다는 인간의 믿음 때문에 비로소 생겨날 뿐이다. 잘 알려지지 않은 것을 알려진 것 또는 익숙한 것으로 환원시키려는 인간의 욕망이 사물의 인과성을 만들어 낸다.

니체에 따르면 언어를 구성하는 음성, 문자, 개념, 문법, 진리는 모두 인간의 은유 행위이다. 은유로서의 언어는 한편으로는 힘에의 의지를 드러내는 현상이며 동물과 다른 인간의 존재특성을 확인할 수 있게 한다. 인간은 언어를 사용하면서 자신 밖에 있는 사물들의 세계를 자신의 세계로 만들어 가기 때문이다. 다른 한편으로 언어는 사물에 대한 경험에서 주어진 주관적인 자극을 특정한 상Bild으로 변화시키고 이것을 소리로 구체화한다. 그러나 이러한 언어 생성의 과정은 비록 사물과 함께 시작하지만, 사물 자체와 관련된 것이 아니라 인간의 내면적인 작업에 의해서 이루어진다. 여기에서 언어는 사물의 존재를 내면화하는 작업이라고 할 수 있다. 이 점은 특히 가치세계에 대한 언어적 표현에서 잘 드러난다. 예를 들면 선, 악, 양심, 정의, 자유와 같은 개념들은 사물 자체가 아니라 인간 내면세계의 경험을 드러내 주는 용어들이기 때문이다. 그렇기 때문에 사물의 인간화를 야기하는 언어 사용을 통해서 사물의 본질을 파악하는 것은 불가능한 것이다. 언어를 통해서 주어지는 사물에 대한 경험은 전적으로 인간화된 것이기 때문이다. 여기에서 니체는 사물 자체에 대한 언어의 관계가 자의적일 뿐만 아니라 언어와 언어 사이의 관계에 대한 설명도 자의적일 수밖에 없다는 점을 지적한다. 언어의 기원에서 살펴보자면 사물 또는 대상에 대한 언어의 관계가 인간에 의해서 자의적으로 주어지기 때문에, 다양한 언어들로 구성되는 언어적 표현들에 대한 해석도 자의적이라고 할 수 있다. 이런 점에서 본다면 특정한 사물에 대해서 진술하고 있는 특정한 사람의 언어적 표현들을 명확하게 이해하는 것은 어려운 일이라고 할 수 있다.

니체의 이와 같은 언어이해는 우리에게 언어의 이중적인 의미를 제시해 준다. 언어의 기원에 대한 탈형이상학적인 고찰을 통해서 주어지는 이러한 역할은 언어가 지닌 유한성과 중요성이다. 한편으로 언어는 사물 자체에 관계하지 않고 인간이 경험하는 사물과 관계한다는 점에서 언어의 역할은 태생적으로 한계를 지닌다. 즉 여기에서 언어를 통한 세계경험의 유한성이 드러난다. 그러나 다른 한편으로 인간은 오로지 언어를 통해서만 세계에 대한 경험을 획득한다는 점에서 그것의 역할을 인정할 수밖에 없다. 비록 언어가 세계 자체를 우리에게 드러내 주지는 않지만 그러한 세계에 대한 우리의 경험을 제시해 주기 때문이다. 니체는 이렇게 언어의 이중성에 주목하면서 전통철학이 언어에 부여한 선입견들과 왜곡된 믿음들을 해체한다.

제3장

자연철학

자연의 본질에 대한 쇼펜하우어와 니체의 논의는 전통철학에 대한 이들의 독창적인 입장을 잘 드러내 준다. 쇼펜하우어는 세계의 본질을 의지로 규정하는데, 여기에서 모든 자연현상을 예외 없이 의지의 객관화Objektivation des Willens로서 이해한다. 우리가 일상에서 경험하는 다양한 자연현상은 다른 것이 아니라 의지가 자신을 객관화한 것, 즉 의지의 현상인 것이다. 즉 의지가 자신을 드러낸 것이 자연이다. 그런데 쇼펜하우어는 이러한 의지의 존재특성을 인과법칙을 통해서 설명할 수 없다고 주장하는데, 왜냐하면 인과법칙은 표상세계에만 적용되기 때문이다. 쇼펜하우어의 자연철학에서는 전통철학에서 자연을 이해하는 데 중요한 역할을 했던 목적론과 기계론은 더 이상 역할을 하지 못한다. 자연현상을 목적론적으로 그리고 기계론적으로 파악하는 것은 세계에 대한 피상적인 이해에 불과한 것이다.

쇼펜하우어는 의지의 적극적인 현상으로서의 자연을 특정한 법칙이나 원리를 통해서 설명하는 것을 비판한다. 쇼펜하우어는 소위 "원인학적인 설명"을 통해서는 자연의 본질에 대해 논의할 수 없다고 보기 때문이다. 자연의 본질을 의지로 파악하는 쇼펜하우어에 따르면 자연은 질서 있고 조화로운 상태에 있는 것이 아니다. 자연을 구성하는 수많은 개체는 맹목적인 의지의 지배를 받기 때문에 끊임없이 갈등과 변화 속에 놓여 있다. 여기에서 오히려 쇼펜하우어는 이러한 갈등적인 자연의 상태가 충동적이고 맹목적인 의지의 자연스러운 현상이라는 점을 강조한다. 쇼펜하우어는 특히 전통철학에서 왜곡되었던 몸Leib의 적극적인 의미를 제시하면서 자연은 인간과 마찬가지로 생명력을 가진 역동적인 존재라는 점을 부각시킨다.

니체 역시 자연에 대한 적극적인 해석을 통해서 전통철학과는 다른 입장을 제시하고 있다. 쇼펜하우어와 마찬가지로 니체도 몸의 중요성을 강조한다. 특히 니체는 전통철학에서 왜곡된 몸의 존재론적 의미를 부각시키면서 몸의 의미를 평가절하했던 그리스도교적 자연관을 해체하여 자연의 역동적인 의미들을 제시한다. 여기에서 니체는 몸이 정신과 구분되는 것이 아니라 오히려 정신이 거주하는 터전이며 '큰 이성'이라는 점을 강조한다. 이러한 몸의 역동성은 힘에의 의지가 드러난 것이다. 니체는 이를 바탕으로 자연에 대한 적극적인 해석을 제시한다.

니체에 의하면 모든 자연현상은 힘에의 의지를 반영하고 있다. 쇼펜하우어가 자연을 의지의 객관화로서 설명하듯이, 니체도 자연현상을 힘에의 의지를 통해서 설명한다. 쇼펜하우어와 마찬가지로 니체는 자연현상이 특정한 인과적 법칙으로 환원될 수 없는 역동적인 것이라는 점을 강조한다. 여기에서 니체는 전통철학이 제시한 자연이해를 비판하는데, 그에 따르면 이러한 자연이해는 '자연의 인간화'에 불과한 것이다. 니체는 자연을 다른 관점에서 바라보아야 한다고 주장한다. 여기에서 니체는 '인간의 자연화'가 필요하다는 점을 역설한다. 인간의 자연화는 인과법칙의 역할에 대한 비판에서 비롯된다. 쇼펜하우어가 인과법칙의 적용 범위를 표상세계에 제한시키면서 인과법칙을 비판하는 것처럼, 니체 역시 자연현상을 인과법칙으로 설명하는 것을 문제 삼는다. 니체에 따르면 자연 자체는 끊임없는 힘의 상승과 하강 운동이 전개되는 역동적인 장소이다. 이러한 자연은 더 이상 특정한 종교적 신념이나 의인화된 해석을 통해 이해해서는 안 된다. 그렇기 때문에 니체는 자연의 인간화가 아니라 인간의 자연화를 강조하면서 이러한 자연의 적극적인 존재 의미를 제시한다.

1 | 쇼펜하우어의 자연철학

1) 목적론과 기계론비판

쇼펜하우어의 자연철학은 전통철학에서 제시한 자연이해를 해체한다. 그는 자연에 대한 새로운 해석을 시도하는데, 자연에 대한 쇼펜하우어의 이러한 관심은 그가 이미 괴팅겐대학 재학 시절부터 철학뿐만 아니라 당시의 생리학, 물리학, 의학 등에 관심을 가졌다는 점에서도 확인된다. 특히 자연에 대한 이 같은 관심은 쇼펜하우어가 베를린대학에서 사강사 자격을 얻기 위해 1820년 3월 23일에 시험 강연한 주제가 "다양한 원인의 네 가지 종류에 대하여Über die vier verschiedenen Arten der Ursachen"였다는 사실에서 그리고 이어지는 학기의 강의 내용의 네 가지 주제 중 하나가 "자연의 형이상학Metaphysik der Natur"이었다는 사실에서 잘 드러난다.[99]

의지형이상학을 바탕으로 전개되는 쇼펜하우어의 자연에 대한 이해는 한편으로는 표상의 측면에서 그리고 다른 한편에서는 의지의 측면에서 논의할 수 있다. 앞서 쇼펜하우어의 인식론은 세계를 충분근거율에 의해서 파악되는 표상세계로 규정하였는데, 자연은 이러한 표상세계로서의 특징을 지니고 있다. 왜냐하면 우리는 자연에서 일어나는 다양한 현상을 충분근거율에 의해서 설명하기 때문이다. 그러나 쇼펜하우어에 따르면 자연세계를 표상으로 해석하는 것은 자연의 본질에 대한 피상적인 이해를 제공할 뿐이다. 쇼펜하우어의 자연해석은 자연을 표상세계로 해석하는 것에만 머무르

99 사강사로서 취임하여 고지되는 첫 학기의 강의는 "Die Vorlesung über die gesammte Philosophie"이며, 이것은 각각 1부인 "Theorie des Vorstellens, Denkens und Erkennens", 2부인 "Metaphysik der Natur", 3부인 "Metaphysik des Schönen", 4부인 "Metaphysik der Sitten"으로 구성되어 있다.

지 않는다. 쇼펜하우어는 여기에서 자연을 의지로서, 즉 정확히 말하자면 의지의 드러남으로서 파악한다. 그에 따르면 자연의 본질은 의지의 현상인 것이다. 즉 자연은 다른 것이 아니라 표상화된 의지인 것이다. 그런데 여기에서 주목할 것은 표상과 의지라는 용어가 쇼펜하우어의 자연 개념을 이원화하는 것으로 해석해서는 안 된다는 점이다. 왜냐하면 쇼펜하우어가 제시하는 자연이해의 근본적인 특성은 일원론적이기 때문이다.[100]

이러한 자연이해는 쇼펜하우어로 하여금 니체와 마찬가지로 전통철학을 각인해 왔던 두 가지의 세계관, 즉 목적론과 기계론을 비판하게 한다. 쇼펜하우어는 『의지와 표상으로서의 세계』 1편의 26장과 27장에서 원인학을 비판하면서 자연에 대한 독창적인 해석을 제시하는데, 이것은 목적론과 기계론에 대한 비판이다. 쇼펜하우어는 베를린대학 사강사 시절에 고지한 강의록의 일부분인 『자연의 형이상학』에서 "아리스토텔레스주의자와 데카르트주의자의 잘못된 자연-관점Falsche Natur-Ansichten der Aristoteliker und eben so falsche der Kartesianer"이라는 제목 아래 아리스토텔레스와 데카르트의 자연관에 대한 비판을 전개하고 있다.[101]

[100] 자연에 대한 쇼펜하우어의 일원론적인 입장에 대해서는 Robert Jan Berg, *Objektiver Idealismus und Voluntarismus in der Metaphysik Schellings und Schopenhauers*, Würzburg 2003, 204쪽 이하 참고.

[101] Arthur Schopenhauer(Hrsg. Volker Spierling), *Metaphysik der Natur*, München 1984, 133쪽 참고.

자연을 형상과 질료의 결합으로 설명하는 아리스토텔레스의 입장은 비록 서양철학에서 오랫동안 영향을 끼쳤지만, 쇼펜하우어는 이러한 설명을 받아들일 수 없다고 비판한다. 또한 쇼펜하우어에 따르면 데카르트는 정신과 물질을 엄밀하게 구분하면서 "철학적 방법의 혁명Revolution der philosophischen Methode"[102]을 이루었지만 그럼에도 자연을 단지 연장res extensa과 운동에 의해서 설명하면서 자연의 생명력을 제거해 버렸다고 비판한다. 이 같은 아리스토텔레스와 데카르트의 자연이해에 대한 비판은 서양철학의 자연이해를 각인하는 목적론과 기계론에 대한 비판으로 이어진다.

쇼펜하우어의 목적론비판은 『의지와 표상으로서의 세계』 1편뿐만 아니라 2편에서 더욱 구체적이고 체계적으로 전개되는데, 특히 그는 『의지와 표상으로서의 세계』 2편의 36장의 "목적론에 대하여Zur Teleologie"에서 이 논의를 수행한다. 전통철학에서의 목적론은 인간의 삶뿐만 아니라 자연의 생성과 변화가 세계에 부여된 목적을 실현하는 과정이라고 주장한다. 목적이라는 의미의 그리스어 telos는 호머의 서사시에서는 현실화Realisierung나 실현된 것das Verwirklichtsein을 의미한다. 즉, 목적론은 자연에서 사물들의 존재가 완전하게 실현된다는 것을 주장한다.

이러한 목적론은 인간과 세계를 통일성 속에서 파악하려는 시도인데, 이것은 고대 그리스인들의 세계관에서도 나타난다. 고대 그

102 Arthur Schopenhauer(Hrsg. Volker Spierling), *Metaphysik der Natur*, 135쪽.

리스인들은 인간의 삶과 자연의 흐름을 주재하는 힘을 지닌 신들을 상정했다. 따라서 고대 그리스철학자들의 세계이해는 이러한 신들의 존재에 영향을 받았는데, 이것은 엘레아학파의 파르메니데스가 여신인 테미스Themis와 정의의 여신인 디케Dike의 영향으로 철학적 진리 탐구의 길을 걷게 되었다는 점에서도 잘 나타난다. 물론 이러한 그리스인들의 신은 그리스도교에서처럼 강력한 존재는 아니었지만, 인간에게 불안의 대상이거나 숭배의 대상이 되었다. 물론 일부 고대 그리스의 신들은, 예를 들면 아테네, 헤르메스, 아폴론, 아르테미스와 같은 신들은 월등한 능력으로 세계를 자신의 방식으로 이끌어 가려 한다. 고대 그리스인들에게서는 인간과 자연세계에 대한 신들의 지배 방식이 부각되면서 목적론이 강화되었다.

인간과 자연세계에 대한 신들의 관여는 고대 그리스인들로 하여금 인간의 삶뿐만 아니라 세계의 생성, 변화의 과정이 일정하게 질서 지어졌다는 생각을 갖게 하였다. 그리스 초기의 신화적인 사유는 점점 인간과 자연세계의 관계에 주목하게 되면서, 신의 존재특성에 대해서도 추상적인 특징들을 부여하게 된다.[103] 크세노폰은『소크라테스에 대한 회상』에서 인간뿐만 아니라 나아가 국가사회와 자연이 합목적적으로 이루어졌다는 점을 강조한다. 또한 플라톤은『파이돈』97d-e에서 자연에 대한 목적론적인 설명을 제시하기도 한

103 이후에 아리스토텔레스는 신을 부동의 동자 또는 순수사유와 같은 방식으로 추상화한다.

다.[104] 물론 『티마이오스』 같은 곳에서는 구체적으로 목적telos이라는 표현이 명확하게 드러나지는 않지만 생성된 모든 것은 원인을 가진다는 『티마이오스』의 주장은 자연에 대한 목적론적인 해석을 언급하는 것으로 해석할 수 있다.

그러나 목적이라는 용어에 대한 적극적인 설명은 아리스토텔레스의 『형이상학』 V에서 비로소 나타난다. 여기에서 목적은 '궁극적인 목적'(to hou heneka eschaton, 1021 b30)을 의미한다. 이에 따르면 자연세계는 아무런 목적 없이 그때마다 우연하게 존재하는 것이 아니라 반드시 그렇게 존재하게 된 원인이 있으며, 그렇기 때문에 자연의 모든 생성·변화는 특정한 목적에 이르거나 그것을 실현하는 방식으로 진행된다. 아리스토텔레스는 이 과정을 설명하기 위해서 가능태dynamis와 현실태energeia라는 용어를 도입한다. 여기에서 사물에게 주어진 가능성이 구체적으로 현실태로 실현되는 과정은 그 사물이 목적에 도달하는 것으로 이해된다. 아리스토텔레스에 따르면 이러한 목적 개념은 개별적인 사물들 —그것이 무기체이든 유기체이든지 간에— 의 생성·변화뿐만 아니라 전 우주의 생성·변화를 설명할 수 있는 개념이다.

아리스토텔레스의 목적 개념은 이후에 다양한 형태로 전개되면서 서양철학의 흐름을 각인한다. 물론 엄밀하게 말하자면 이러한 목적 개념이 그리스도교에서의 창조 개념의 의미를 적극적으로 옹

104 Platon, *Phaidon*, in: Platon Werke, Bd. 3, Darmstadt 2011, 139쪽.

호하지는 않지만, 이것은 이후에 신플라톤주의를 거쳐서 교부철학 그리고 스콜라철학으로 이어지는 중세 철학의 중요한 구성요소와 논의 주제로 자리 잡게 된다.

그러나 쇼펜하우어는 목적론을 비판하면서 유기적 생명체와 우주 전체의 "무한한 합목적성unendliche Zweckmäßigkeit"을 상정하는 것은 잘못된 전제라고 주장한다. 쇼펜하우어에 따르면 지성이 세계를 파악하는 방식은 표상인데, 우리는 근거율에 의해서 이러한 표상들을 일정한 법칙성 또는 규칙성 속에서 결합시킬 수 있다. 그러나 이러한 표상들의 결합은 자연 자체의 결합이 아니라 인식주관에 의해서 파악된 표상들을 결합시키는 임의적이고 이차적인 행위일 뿐이다. 여기에서 쇼펜하우어는 우리가 표상된 대상들을 결합시키는 행위를 자연 자체로까지 적용시킬 권한을 갖고 있지 않다고 본다. 목적론에 대해서 비판적인 니체와 마찬가지로 쇼펜하우어는 목적 개념을 신뢰하여 자연의 합목적성을 주장하는 것은 인간인식의 기원 및 그 한계를 오해하는 데서 비롯된 것이라고 지적한다. 인간의 인식능력은 시간과 공간 그리고 인과법칙을 통해서 파악되는 표상세계에만 적용될 수 있기 때문이다. 특히 모든 형태의 무기체와 유기체들의 본질이 의지라는 점에서 그리고 맹목적인 의지의 지배를 받는다는 점에서 자연에서의 목적론을 수용할 수 없다는 것이 쇼펜하우어의 입장이다.[105]

105 Arthur Schopenhauer, WWV II, 423쪽 이하 참고.

물론 쇼펜하우어는 아리스토텔레스가 원인 개념을 두 가지 종류로, 즉 작용인causa efficiens과 목적인causa finalis으로 구분한다는 점을 주목한다. 쇼펜하우어의 설명에 따르면 우선 작용인은 이것을 통해서 어떤 것이 존재하는 것이고, 목적인은 그것 때문에 어떤 것이 존재하게 하는 것이다. 그런데 여기에서 쇼펜하우어는 목적인이 어떤 존재에게 작용하는 것이지만 그 존재는 이러한 목적인을 인식할 수 없다는 점을 강조한다.[106] 그렇기 때문에 우리가 목적인을 자연현상 전반에 적용시킬 수 있다고 말하는 것은 잘못된 주장이다. 이런 점에서 쇼펜하우어는 루크레티우스Lucretius나 스피노자와 같은 철학자가 자연을 목적론적으로 설명하지 않는다는 점을 강조한다.[107]

특히 쇼펜하우어는 스피노자의 목적론비판에 주목하는데, 스피노자는 자신의 저서 『에티카Etica』에서 모든 형태의 목적론이 물리-신학Physikotheologie일 뿐이라고 비판한다.[108] 스피노자의 이러한 목적론비판은 목적인이라는 개념이 인간의 고안물일 뿐이라는 점에 그 근거를 두고 있다. 쇼펜하우어에 따르면 스피노자가 중세적인 구분인 능산적 자연natura naturans과 소산적 자연natura naturata이라는 개념을 사용하는 것도 이러한 목적론을 비판하기 위한 것이다.

목적론에 대한 쇼펜하우어의 비판은 기계론에 대한 비판으로도

106 Arthur Schopenhauer, WWV II, 429쪽.

107 Arthur Schopenhauer, WWV II, 437쪽 참고.

108 이러한 물리신학은 이신론의 형태로 목적론을 정당화한다. 여기에서 쇼펜하우어는 물리신학적인 자연해석은 칸트에 의해서 단호하게 비판된다는 점을 강조한다.

이어진다. 앞서 언급했듯이, 쇼펜하우어는 목적인과 작용인을 구분하는데, 목적인에 주목하여 자연을 목적론적으로 해석하는 입장은 중세의 그리스도교에서 정점에 도달한다. 그러나 근대가 도래함에 따라서 점점 이러한 목적론적인 자연해석은 쇠퇴하고 작용인 개념에 주목하는 기계론적 자연해석이 등장하게 된다. 그러나 쇼펜하우어는 이러한 기계론도 목적론과 마찬가지로 원인학Ätiologie일 뿐이며 자연을 단지 표상으로서 파악하려는 시도일 뿐이라고 비판한다. 이런 점에서 쇼펜하우어는 다음과 같이 말한다. "그런데 어디서나 원인과 결과의 인식을 주된 대상으로 하는 자연과학의 모든 부분은 본래 원인학이라 할 수 있다."[109]

기계론은 시간과 공간 그리고 인과율에 의해서 표상을 규정하려는 방식이다. 그러나 이처럼 원인학으로서의 기계론은 "단순한 관계, 어떤 표상의 다른 표상에 대한 관계, 즉 아무런 내용이 없는 형식을 보여 주는 데 지나지 않는다."[110] 근대의 자연과학이 시도하는 자연에 대한 기계론적인 설명은 궁극적으로 자연현상 속에서 드러나는 것이 무엇인지를 제시할 수 없다. 쇼펜하우어의 주장에 따르면 기계론을 포함한 모든 원인학적 입장은 "[자연의] 현상 방식을 규

109 아르투어 쇼펜하우어(홍성광 옮김), 『의지와 표상으로서의 세계』, 183쪽. 쇼펜하우어는 이러한 원인학의 한계를 다음과 같이 지적한다. "그런데 원인학도 결국은 상태들이 공간과 시간 속에서 나타날 때 따르는 법칙적인 질서를 증명하고, 모든 경우에 어떤 현상이 이 시간과 장소에서 필연적으로 나타날 수밖에 없는가를 가르치는 데 불과하다." 아르투어 쇼펜하우어(홍성광 옮김), 『의지와 표상으로서의 세계』, 184쪽.

110 아르투어 쇼펜하우어(홍성광 옮김), 『의지와 표상으로서의 세계』, 220쪽.

정할 뿐, 현상하는 것은 규정하지 않고, 형식을 규정할 뿐 내용을 규정하지는 않는다."[111] 근대에 전개된 역학과 물리학 그리고 화학의 작업은 자연이 시간과 공간 속에서 특정한 방식으로 나타나는 것을 형식적으로 규정할 뿐이다. 쇼펜하우어는 이러한 자연과학의 토대를 제공하는 기계론이 세계를 표상으로서만 파악할 뿐 자연의 심오한 본질에 대해 아무런 내용을 제시해 주지 못한다고 비판한다.

쇼펜하우어는 다양한 분야의 자연과학을 관통하는 기계론적 사고의 근본 특징은 환원주의라고 지적한다. 이런 점에서 그는 다음과 같이 말한다. "물론 어느 시대이든 목적을 잘못 판단한 원인학은 모든 유기적 생명을 화학적 현상이나 전기에 환원하려 했고, 모든 화학적 현상, 즉 성질을 다시 기계적 현상 —원자의 형태를 통한 작용— 에 환원하려고 했다."[112]

기계론에 대한 쇼펜하우어의 비판적인 입장은 당시에 나타난 유물론에 대한 비판으로 이어진다.[113] 쇼펜하우어의 비판은 유물론이 기계론과 마찬가지로 자연현상이 지닌 내적인 생명력과 활동성을 간과한다는 점을 향한다. "유물론은 먼저 우둔하게도 생명력을 부정하고, 생명현상들을 물리적이고 화학적인 힘으로 설명하려고 하

111 아르투어 쇼펜하우어(홍성광 옮김), 『의지와 표상으로서의 세계』, 221쪽.

112 아르투어 쇼펜하우어(홍성광 옮김), 『의지와 표상으로서의 세계』, 222쪽.

113 이런 쇼펜하우어의 유물론비판에도 불구하고 그의 추종자인 Julius Frauenstädt는 쇼펜하우어를 "관념주의적인 유물론자"(idealistischer Materialist)라고 부른다. Volker Spierling(Hrsg.), *Materialien zu Schopenhauers "Die Welt als Wille und Vorstellung"*, Frankfurt am Main 1984, 347쪽 참고.

며, 그런데 이들 힘을 다시 물질의 기계적인 작용으로, 즉 몽상의 소산이 원자의 위치, 형태 및 운동으로 생기는 것이라고 보며, 그리하여 자연의 모든 힘을 유물론의 '물자체'인 충격과 반동으로 환원하고자 한다."[114] 기계론과 마찬가지로 유물론도 환원주의적 방법론에 따라 자연의 역동적인 모습을 간과한다는 지적이다.

쇼펜하우어의 자연철학은 이처럼 목적론과 기계론 그리고 유물론이 왜곡된 자연해석을 제시할 뿐이라고 비판한다. 그렇기 때문에 쇼펜하우어는 자연을 올바르게 설명하려면 다른 방식이 제시되어야 한다고 생각한다. 이와 관련하여 쇼펜하우어는 다음과 같이 말한다. "자연 속의 모든 사물에는 근거를 들 수 없고, 설명할 수 없으며, 더 이상 원인을 찾을 수 없는 무언가가 있기 때문이다."[115] 여기에서 쇼펜하우어는 의지 개념을 통해서 자연의 본질을 논의한다.

2) 몸과 의지

니체와 마찬가지로 쇼펜하우어의 자연철학은 전통철학에서 제시한 정신과 물질, 영혼과 육체와 같은 이분법에 대해서 문제를 제기한다. 특히 몸 개념에 대한 논의는 이후에 니체철학에서 그랬던 것처럼 쇼펜하우어의 자연철학에서 매우 중요한 주제로 자리 잡는다.

114 아르투어 쇼펜하우어(홍성광 옮김), 『의지와 표상으로서의 세계』, 223쪽.
115 아르투어 쇼펜하우어(홍성광 옮김), 『의지와 표상으로서의 세계』, 225쪽.

쇼펜하우어는 니체와 함께 전통철학에서 왜곡된 몸 개념을 새롭게 해석하면서 정신과 물질 또는 영혼과 육체와 같은 이분법적 사고를 해체한다.

영혼 또는 정신의 우월성을 강조했던 플라톤 이래의 서양철학에서 물질은 유한한 것으로서 항상 부정적인 것으로 평가되었다. 플라톤이 『파이돈』을 통해서 전해 주는 내용에 의하면 육체, 물질은 가변적인 반면, 정신 또는 영혼은 불멸하는 존재이다.[116] 플라톤은 여기에서 네 가지의 방식으로 영혼의 불멸성을 제시하는데, 그것은 각각 윤회설에 의한 논증(『파이돈』, 70c-72d), 상기에 의한 논증(『파이돈』, 72e-77b), 유사성의 논증(『파이돈』, 78b-80c), 존재론적 불멸성 논증(『파이돈』, 102a-107a)이다. 플라톤의 철학은 이처럼 영혼의 불멸성을 주목하면서 육체, 물질에 대한 소극적인 해석을 제시한다. 육체는 "영혼의 무덤soma sema"이라는 격언을 통해서 드러나는 몸에 대한 부정적인 해석은 이후에 신플라톤주의자들, 예를 들면 플로티노스처럼 물질로부터 벗어나서 영혼과 정신의 단계를 거쳐서 일자to hen에게로 나아가야 한다는 입장으로 이어진다. 이러한 영혼의 존재론적 우월성은 영혼의 불멸성을 강조하는 중세 그리스도교에 의해서 더

116 영혼의 우월성과 적극적인 역할에 대한 플라톤의 언급은 『파이돈』 이외에 『파이드로스』, 『노모이』 등에서도 드러난다. 『파이돈』에서는 영혼이 삶을 이끌어 가는 것으로 그리고 영원한 것을 인식할 수 있는 이성의 원천으로, 『노모이』에서는 스스로 움직일 수 있는 운동으로 그리고 『국가론』에서는 영혼의 세 가지 구성 부분이 논의된다. 이들 저작에서 영혼의 불멸성은 플라톤철학의 기본적 입장으로 드러난다. 이에 대한 논의는 Michael Erler, *Platon*, München 2006, 139쪽 이하 참고.

욱 강화된다.

물질에 대한 이러한 평가절하는 근대철학자 데카르트에게서 잘 드러난다. 데카르트는 세계를 정신과 물질로 구분하고, 정신의 속성을 사유res cogitans 그리고 물질의 속성을 연장res extensa으로 규정한다. 물론 이러한 데카르트의 입장이 당시 근대의 이념에 알맞게 자연에 대한 인간의 적극적인 관심을 드러내고 있다는 것은 사실이다. 그러나 데카르트의 실체 규정에 의해서 정신과 물질은 서로 배타적인 것으로 해석되고, 이러한 배타적인 관계설정은 몸을 지니면서 사유하는 인간을 이해하는 데 많은 어려움을 야기한다. 특히 데카르트의 실체 규정을 엄격하게 해석하면 할수록 자연현상을 인과적으로 설정하는 인간의 인식능력 전반에 회의적일 수밖에 없다. 왜냐하면, 인간의 정신이 어떻게 배타적이고 이질적인 물질에 대해서 알 수 있을까 하는 물음이 제기되기 때문이다. 그럼에도 불구하고 데카르트는 『성찰』에서 밀랍의 예를 들면서 물질적 대상을 이해하는 인간정신의 우월성과 권리를 강조하는데, 이것은 결국에 정신과 물질의 대립을 극단화하게 된다.

쇼펜하우어는 『의지와 표상으로서의 세계』에서 구체적으로 언급하지는 않지만, 데카르트의 극단적인 이원론의 문제점을 해결하려고 했던 말브랑슈의 기회원인론을 언급하면서 우회적으로 데카르트철학을 비판하고 있다.[117] 우리가 정신과 물질이 실체라는 규정에

117 아르투어 쇼펜하우어(홍성광 옮김), 『의지와 표상으로서의 세계』, 245쪽 참고. 데카르트

엄격하게 머문다면 정신과 물질 사이에는 엄밀한 의미에서 인과율을 적용시킬 수 없기 때문이다. 또한 우리는 인간의 정신이 물질에 대해서 우월성을 지닌다는 주장도 할 수 없게 된다. 왜냐하면 서로 이질적인 것은 어떤 식으로든 비교할 수 없기 때문이다. 이러한 쇼펜하우어의 비판은 데카르트에서 적극적으로 시작되는 주관성철학의 출발점을 위태롭게 하는 것이라고 볼 수 있다.

쇼펜하우어는 공허한 인식주관을 비판한다. 그는 『의지와 표상으로서의 세계』 18장에서 마치 "몸은 없고 날개만 가진 천사"를 상정하는 것처럼 완전히 비물질적인 인식주관을 생각하는 것은 공허한 것이라고 지적한다. 물론 이러한 인식주관은 충분근거율에 의해서 세계를 표상으로서 파악하지만, 이때의 주관은 결코 표상세계 너머로 나아가지 못한다. 쇼펜하우어는 이러한 인식주관의 존재론적 근거를 제시하는데, 여기에서 인식주관의 등장은 구체적인 세계에 뿌리를 두고 관계를 맺으면서 개별자로서 살아가는 인간에서 비롯된다. 이러한 인간은 시간과 공간의 제약 속에서 몸을 지니고 있는 구체적인 존재인 것이다. 이처럼 인식주관을 몸과 연결시키는 쇼펜하우어의 입장은 근대의 주관성철학을 각인하는 인식주관의 존재론적 기원을 밝혀 줄 뿐만 아니라 그가 강조하는 자연철학의 본질, 즉

적 이원론의 문제를 가장 적극적으로 비판하는 철학자는 하이데거이다. 그는 『존재와 시간』(1927)에서 인간을 세계-내-존재(In-der-Welt-sein)로 규정하면서 데카르트의 이원론을 극복하려고 시도한다. 하이데거는 세계-내-존재를 현존재의 근본 구성 틀로서 규정한다. 이 점에 대해서는 Martin Heidegger, *Sein und Zeit*, Tübingen 1986, 52쪽 이하 참고.

의지의 존재를 우리에게 드러내 주는 역할을 한다.

그러나 쇼펜하우어에 따르면 이러한 몸의 존재는 우리에게 쉽게 드러나지는 않는다. 쇼펜하우어는 몸이 드러나는 상이한 이중의 방식에 주목한다. 먼저 첫 번째 방식은 몸이 표상으로서 인식주관에게 나타나는 방식이다. 그리고 두 번째 방식은 몸이 개별적인 인간에게 의지의 객관화로서 나타나는 것이다. 첫 번째 방식은 우리가 자신의 몸을 표상으로 경험하는 것을 말하고 두 번째 방식은 몸을 의지의 드러남으로 경험한다는 것을 말해 준다. 먼저 몸이 표상으로서 나타난다는 것은 구체적인 한 인간의 몸이 인식하는 주관에게 표상세계의 다른 대상들처럼 표상으로서 경험된다는 것을 의미한다. 다양한 표상들을 인식하는 오성은 몸을 —타인의 몸뿐만 아니라 자신의 몸도— 표상으로서 파악한다. 우리가 우리 앞에 있는 타인의 존재를 우선적으로 그의 외형적인 모습, 즉 몸을 통해 경험하는 것처럼, 인식주관은 자신의 몸을 다른 객관 중 하나의 객관으로서 표상한다. 그러나 쇼펜하우어에 따르면 이때에 몸을 단지 표상으로서 경험하는 것은 그가 몸의 경험을 통해서 주장하고자 하는 바를 제대로 드러내지 못한다. 몸을 여러 객관 중 하나의 객관으로서 파악하는 것은 세계를 단지 표상으로서 해석하는 방식이기 때문이다. 이처럼 몸을 인식주관의 대상으로 파악하는 것은 앞서 언급한 데카르트철학과 다른 것이 아니다.

『의지와 표상으로서의 세계』의 첫 부분부터 표상의 본질을 설명하면서 우회적으로 표상 너머의 세계를 상정하는 쇼펜하우어의 입장에서는 몸을 의지로서, 정확히 말하자면 "의지의 객관성Objektivität des Willens"으로 파악하여야 한다. 즉 몸은 객관화된 의지이며, 그렇기 때문에 표상과는 다른 방식으로 세계를 경험하게 한다. 인간의 몸은 정신보다 열등한 대상이 아니며 다양한 방식으로 의지를 적극적으로 드러내 주는 역할을 한다. 쇼펜하우어가 이처럼 몸을 객관화된 의지로서 규정하는 것은 한편으로는 이전 철학과는 달리 몸의 존재론적인 의미를 적극적으로 드러내기 위한 것이고, 다른 한편으로는 칸트철학에서의 현상과 물자체의 구분이 가져오는 단절을 극복하기 위한 것이다. 실제로 이와 관련하여 쇼펜하우어는『의지와 표상으로서의 세계』2편의 2권 18장의 제목을 "물자체의 인식 가능성Von der Erkennbarkeit des Dinges an sich"이라고 붙이고 있다.[118] 물론 이 제목은 물자체인 의지가 인식의 대상이라는 점을 강조하기 위한 것은 아니다. 왜냐하면 인식은 표상세계와 관계할 뿐이기 때문이다. 오히려 인식이 의지에 종속된다는 점이 제목을 이렇게 붙이는 이유라는 것을 간과해서는 안 된다.

여기에서 의지의 존재는 이전 철학에서의 인식 방식을 통해서가 아니라 새로운 인식 방식에 의해서 파악할 수 있다. 쇼펜하우어는

118 Arthur Schopenhauer, WWV II, 247쪽. 쇼펜하우어철학에서의 표상과 의지의 구분을 칸트철학에서의 현상과 물자체의 구분과 같은 것이라고 보기는 어렵지만, 쇼펜하우어는 자신의 철학 체계를 통일적으로 이해시키기 위하여 이러한 비교를 제시한다. 여기에서 쇼펜하우어는 자신의 철학의 특징을 물자체가 바로 의지라는 점을 분명히 한 것이라고 말한다.

『충분근거율의 네 가지 뿌리에 대하여』에서 인식이 대상(표상)에 관계한다는 점을 인정하지만 이때에 대상을 인식하는 주관은 이러한 인식행위를 통해서 자기 스스로를 인식의 대상으로 삼을 수는 없다는 점을 강조한다. 비록 인식주관은 모든 대상을 표상으로 파악할 수 있지만 자기 자신은 표상으로 파악할 수 없기 때문이다. 따라서 인식주관에 대한 인식은 다른 방식으로 이루어져야 한다. 이런 점에서 쇼펜하우어는 다음과 같이 말한다. "따라서 주체는 자신을 인식하는 것으로서가 아니라 오직 의욕하는 것Wollendes으로 인식한다. 왜냐하면 인식의 주체인 표상하는 나는 모든 표상들의 필연적 상관개념으로서 표상들의 조건이므로 결코 스스로 표상이나 객체가 될 수 없기 때문이다."[119]

쇼펜하우어는 주관이 인식한다는 사실 자체에 대한 인식 불가능성을 부각시키는데, 이것은 표상세계의 너머, 즉 의지의 세계에 도달하기 위해서는 새로운 인식 방식이 필요하다는 것을 말해 주고 있다. 쇼펜하우어는 몸에 대한 적극적인 논의를 통해서 표상세계 너머 의지의 존재를 드러내려고 한다. 그러나 이러한 쇼펜하우어의 주장을 받아들이기는 쉽지 않다. 물질, 몸에 대한 정신의 우월성을 강조하는 근대의 주관성철학의 입장에서는 몸을 주관에 대한 객관과는 다른 것으로 파악하는 쇼펜하우어의 주장을 받아들이기 어려울 것이다. 특히 쇼펜하우어가 주장하는 몸을 경험하는 상이한 두

119 아르투어 쇼펜하우어(김미영 옮김), 『충족이유율의 네 겹의 뿌리에 관하여』, 178쪽.

가지 방식은 받아들이기 어려워 보인다.

그러나 이러한 우려에도 불구하고 쇼펜하우어는 몸을 의지로서 경험하는 것이 자신의 철학의 출발점이라는 점을 강조한다. 쇼펜하우어는 몸의 적극적인 의미를 강조하면서 의지의 존재를 우리에게 제시하는데, 몸은 의지를 인식하기 위한 조건이기 때문이다. 이런 점에서 쇼펜하우어는 다음과 같이 단호하게 주장한다. "의지의 행위와 몸의 행위는 인과성의 끈으로 결합되어 객관적으로 인식된 두 개의 서로 다른 상태가 아니고, 원인과 결과의 관계에 있는 것도 아니며, 그것들은 하나의 동일한 것으로 전적으로 서로 다른 방식으로 주어져 있을 뿐이다. 하나는 직접적으로 주어지고, 다른 하나는 직관 속에서 오성에 대해 주어지는 것이다. 몸의 행위는 객관화된, 즉 직관 속에 나타난 의지의 행위와 다름없다."[120]

쇼펜하우어는 몸이 의지의 드러남이라는 점을 몇 가지 구체적인 예를 들어서 설명하는데, 그것은 우리가 일상에서 쉽게 경험하는 현상이다. 우리가 배가 고플 때 일어나는 위의 움직임이나 우리가 무엇인가에 놀랐을 때 심장의 박동이 급격하게 빨라지는 것은 바로 의지의 작용 때문이다. 쇼펜하우어에 따르면 이뿐만 아니라 몸의 모든 구체적인 현상에서 이러한 의지의 작용이 드러난다. "나아가서 몸과 의지의 동일성은 특히 모든 격렬하고 과도한 의지의 움직임, 즉 모든 정서가 전적으로 직접 몸과 그것의 내부기관에 충격을 주어

120 아르투어 쇼펜하우어(홍성광 옮김), 『의지와 표상으로서의 세계』, 189쪽.

그 기관이 활기차게 기능을 수행하는 것을 방해하는 데서도 드러난다."[121] 쇼펜하우어는 몸과 의지 사이의 긴밀한 작용에 주목한다. 몸의 특정 부분에 주어지는 작용이 즉각적으로 고통이나 쾌감을 야기하거나 반대로 의지의 격정적인 변화, 예를 들면 급격한 분노나 흥분이 우리 몸의 작용에 직접적으로 영향을 준다는 것이다. 쇼펜하우어는 나아가서 특정한 도구가 그것을 만든 사람의 의도를 적극적으로 반영해 주듯이, 몸의 각 부분은 의지를 가시적으로 드러내 준다는 점에서 몸의 합목적성Zweckmäßigkeit, 즉 "몸의 목적론적 설명 가능성die teleologische Erklärbarkeit des Leibes"을 제시한다.[122] 이에 따르면 모든 몸의 존재와 작용은 의지의 객관화로서 이해되어야 한다.

자연세계에서 각각의 생명체에 주어진 몸의 고유한 형태들은 그들의 방식대로 객관화된 의지의 존재를 드러내 준다. 몸은 그것이 인간의 것이든 아니면 다른 생명체의 것이든 의지가 자신의 존재를 드러내는 것이라고 할 수 있다. 쇼펜하우어는 이러한 몸과 의지의 관계를 설명하는 것을 동기Motiv에 의해서 설명하는 것과 구분한다. 물론 동기는 쇼펜하우어가 박사학위논문인 『충분근거율의 네 가지 뿌리에 관하여』에서 인간의 행동을 설명하는 중요한 근거율이다.

121 아르투어 쇼펜하우어(홍성광 옮김), 『의지와 표상으로서의 세계』, 190쪽 이하.

122 아르투어 쇼펜하우어(홍성광 옮김), 『의지와 표상으로서의 세계』, 201쪽. 흥미롭게도 쇼펜하우어는 개개인의 체형도 개개인에게 고유한 의지, 즉 개인의 성격에 부합한다고 주장한다. 이것은 몸의 존재 방식과 의지 사이에 합목적인 연결 고리가 존재한다는 것을 의미한다. 앞의 책, 같은 곳 참조.

쇼펜하우어는 우리가 경험하는 표상세계에서의 표상의 종류를 네 가지로 나누고 각각 생성의 근거율, 인식의 근거율, 존재의 근거율, 행위의 근거율로 구분한다. 그는 이 중에서 마지막에 있는 행위의 근거율에 주목하는데, 이것은 나머지 다른 근거율과 다른 것이기 때문이다. 행위의 근거율은 인간의 특정한 행동은 특정한 동기가 주어질 때 일어난다는 것을 말해 준다. 그러나 이때의 동기는 몸을 단지 표상으로 파악하는 것이다. 쇼펜하우어는 의지가 이러한 동기의 작용 방식을 지배한다는 점에서 동기를 통해서 몸과 의지의 관계를 설명하는 것은 적절하지 않다고 말한다.

쇼펜하우어는 몸과 의지의 동일성을 파악하는 것은 아주 특별한 인식이라고 규정하는데, 이러한 인식을 통해 얻어지는 진리를 "철학적 진리philosophische Wahrheit"라고 부른다. 철학적 진리는 다른 형태의 진리들, 즉 논리적 진리, 경험적 진리, 선험적 진리, 초논리적 진리와는 전혀 다른 것인데, 이 철학적 진리는 몸이 의지라는 사실을 단호하게 제시해 준다.[123]

쇼펜하우어에 따르면 몸의 경험을 통해 의지의 존재를 경험하는 것은 외부세계의 실재성에 대한 전통철학에서의 논의를 새롭게 해 준다. 몸의 경험을 통해서 의지의 존재를 인정한다는 것은 외부세계의 실재성의 문제와 관련하여 극단적인 유아론Solipsismus을 비판

123 아르투어 쇼펜하우어(홍성광 옮김), 『의지와 표상으로서의 세계』, 192쪽 참고. 철학적 진리 이외의 다른 진리들은 의지의 세계에 대한 어떠한 인식도 제공할 수 없다.

하는 것이다. 쇼펜하우어는 이러한 유아론을 "이론적인 이기주의 theoretischer Egoismus"라고 규정한다. 그는 여기에 속하는 철학자가 누구인지를 밝히지는 않지만, 주관적 관념론을 주장했던 피히테를 지칭하는 것으로 보인다. 쇼펜하우어는 이러한 유아론이 가져오는 외부세계의 실재성에 대한 회의주의적인 입장을 넘어서 의지의 세계로 나아가야 한다고 주장한다.[124] 여기에서 쇼펜하우어가 외부세계의 실재성 문제와 관련하여 극단적인 형태의 유아론을 이기주의로 규정하는 것은 몸의 경험이 인식주관 밖에 존재하는 세계를 경험하게 하고 나아가서 타자의 존재에 대한 경험으로 이어지게 한다고 보기 때문이다.[125]

3) 자연에서의 의지

쇼펜하우어철학은 자연에 대한 적극적인 해석을 전개한다. 이것은 그가 의학을 비롯하여 자연과학 전반에 많은 관심을 가졌다는 점에서뿐만 아니라 구체적으로 자연을 의지의 객관화 현상으로 파악하는 것에서 비롯된다. 여기에서 쇼펜하우어는 몸의 이중적인 경

124 아르투어 쇼펜하우어(홍성광 옮김), 『의지와 표상으로서의 세계』, 195쪽 참고.

125 이처럼 자신의 몸 경험을 통해서 타자의 존재를 유비적으로 기술하는 것은 후설이 『데카르트적 성찰』에서 제시하는 타자에 대한 논의와 비교해 볼 수 있다. 후설은 이 책에서 선험적 자아가 어떻게 유심론에서 벗어나서 타자의 존재를 경험하는지의 문제를 논의하고 있다.

험 방식을 구분하면서 객관화된 의지로서의 몸의 경험이 이전 철학과는 다르게 자연현상을 적극적으로 설명할 수 있다는 점을 강조한다. 즉 그는 자연을 주관의 인식대상으로 규정하는 것이 아니라 의지가 자신을 드러내는 역동적인 현상으로 파악한다.[126] 이런 이유에서 쇼펜하우어는 다음과 같이 말한다. "… 우리가 우리 자신의 몸의 본질과 작용에 대해 갖고 있는 두 가지 전혀 이질적인 방식으로 주어진 이중의 인식이 이제 와서 명백히 밝혀졌으므로, 앞으로는 이러한 인식을 자연에서의 모든 현상의 본질을 이해하는 하나의 열쇠로 사용할 것이다."[127]

자연에 대한 쇼펜하우어의 논의는 자연과학의 다양한 주제들을 의지 현상을 통해서, 즉 자연 속에서 객관화되는 의지를 통해서 설명할 수 있다는 입장에서 비롯된다. 쇼펜하우어는 『의지와 표상으로서의 세계』 1편의 2권에서 자연현상을 의지와 연결시켜 집중적으로 고찰하고 있다. 그는 1836년에 『자연에서의 의지에 대하여』를 발표하는데, 여기에서는 "생리학과 병리학Physiologie und Pathologie", "비교해부학Vergleichende Anatomie", "식물생리학Pflanzen-Physiologie", "물리천

126 Robert Jan Berg는 셸링의 객관적 관념론과 쇼펜하우어의 의지주의(Voluntarismus)를 비교하면서 이들 철학의 연관성에 주목한다. 특히 그는 자연에 대한 쇼펜하우어와 셸링의 주장에서 연관성을 강조한다. "쇼펜하우어의 의지형이상학적인 일원론은 셸링의 자연철학과 공통점을 갖는 자연에 대한 관점, 즉 자연을 하나의 살아 있는 유기체로 바라보는 관점을 개시한다." Robert Jan Berg, *Objektiver Idealismus und Voluntarismus in der Metaphysik Schellings und Schopenhauers*, 202쪽.

127 아르투어 쇼펜하우어(홍성광 옮김), 『의지와 표상으로서의 세계』, 195쪽.

문학Physische Astronomie” 등을 논의하고 있다. 이러한 논의에서 우리는 당시의 자연과학에 대한 쇼펜하우어의 관심과 함께 자연철학에 대한 그의 독창적인 입장들을 읽어 낼 수 있다. 그리고 여기에서 논의된 내용들은 쇼펜하우어가 1854년『의지와 표상으로서의 세계』2편에서 제시하는 자연에 대한 논의에서 부분적으로 반영되기도 한다. 이뿐만 아니라 쇼펜하우어는『소품과 부록』에서는 “철학과 자연과학을 위하여Zur Philosophie und Wissenschaft der Natur”라는 주제로 다양한 자연과학의 주제를 자신의 의지철학과 연관지어 논의하고 있다.[128]

쇼펜하우어의 자연철학은 전통형이상학에 의해서 왜곡되었던 자연에 대한 새로운 해석을 전개한다. 슈피얼링Volker Spierling은 쇼펜하우어의 자연철학이 지닌 핵심을 다음과 같이 세 가지로 요약한다.[129] 첫째, 자연의 본질은 의지이다. 둘째, 의지와 몸은 동일한 것이다. 셋째, 인식은 몸의 일부분, 즉 두뇌의 한 기능일 뿐이다. 쇼펜하우어는『자연에서의 의지에 대하여』에서 자신의 철학이 지닌 근본 특징Grundzug은 전통철학에서 불멸하는 것으로 여겨졌던 정신 또는 지성이 아니라 의지라는 점을 제시하는 것이라고 주장한다. 여기에서 지성은 의지에 종속된 것이라는 점이 강조된다. 쇼펜하우어는 이런 점에서 다음과 같이 말한다. “이러한 지성은 이차적인 것das Sekundäre이고, 유기체보다 나중의 것das Spätere이며, 단순한 두뇌작용으로서,

128 Arthur Schopenhauer, *Parerga und Paralipomena II*, in: Zürcher Ausgabe, Bd. 9, Zürich 1977, 115-193쪽 참고.

129 Volker Spierling, *Arthur Schopenhauer*, Hamburg 2002, 98쪽.

유기체에 제약된 것이다."[130]

쇼펜하우어는 『의지와 표상으로서의 세계』 1편 2권의 19장에서 몸 이외의 세계, 즉 물질세계에 어떤 실재성을 부여해야 하는지의 문제를 논의하는데, 여기에서 그의 주장을 다음과 같이 요약할 수 있다. 우리가 알고 있는 것은 의지와 표상의 세계이다. 우리가 표상으로서 경험하는 물질세계에 최고의 실재성을 부여하려고 한다면 물질세계에 우리의 몸이 지닌 실재성을 부여해야 하는데, 여기에서 몸이 의지의 드러남이라는 점을 고려한다면 물질세계는 의지로서 경험되어야 한다. 이 같은 입장에 따르면 물질세계에서 일어나는 모든 현상은 의지의 드러남 이외에 다른 것이 아니다. 몸의 실재성은 의지이기 때문에 물질세계의 실재성도 의지인 것이다.[131]

그러나 이러한 주장은 쇼펜하우어가 전제하는 몸의 이중적인 존재 방식을 인정하지 않을 경우에는 —앞서 언급한 이론적인 이기주의자의 경우처럼— 수용하기가 어렵다. 몸을 표상으로서 경험하거나 또는 의지로서 경험한다는 선언적인 주장을 받아들이기는 어려워 보인다. 왜냐하면 몸을 표상으로서 파악하는 것을 넘어서 의지로서 파악하는 것은 쉽지 않기 때문이다. 특히 이때에 몸이 의지의 현상이라는 것을 증명하는 것은 여전히 어려워 보인다.

쇼펜하우어는 『의지와 표상으로서의 세계』 22장에서는 이와 다른

130 Arthur Schopenhauer, *Parerga und Paralipomena II*, in: Zürcher Ausgabe, Bd. 9, 219쪽.

131 아르투어 쇼펜하우어(홍성광 옮김), 『의지와 표상으로서의 세계』, 196쪽 참고.

방식으로 의지의 존재를 설명한다. 그는 추상적인 인식이 아니라 직접적인 인식을 강조하면서 의지의 존재를 설명하려고 한다. 쇼펜하우어에 따르면 자연을 이끌어 가는 본질적인 어떤 것이 존재하고 그것이 자연의 일부분인 인간에게서도 발견되는데, 이것을 지칭하는 적절한 표현이 의지이다. 즉 의지가 세계의 본질이라면 그 세계의 구성원인 인간존재에서도 의지는 드러나야만 한다. 물론 이러한 의지가 이미 알려진 방식으로 이해되어서는 안 된다. 이때의 의지는 어떤 추상적인 개념이 아니라 세계의 본질에 대한 "직접적인 인식unmittelbare Erkenntnis"을 통해서 가능하기 때문이다. 직접적인 인식은 눈앞의 대상만을 인식하는 것이 아니라 다양한 개체들 속에 드러나는 의지를 파악하는 것이다. 쇼펜하우어는 직접적인 인식의 중요성을 다음과 같이 강조한다. "플라톤이 자주 지적한 것처럼, 상이한 현상들 속에서 동일한 것을 인식하고, 유사한 것 속에서 상이한 것을 인식하는 것이야말로 철학에 대한 조건이다."[132]

쇼펜하우어는 의지 개념이 역동적인 것이라는 점을 다음과 같이 부각시킨다. "여태까지 의지라는 개념이 힘이라는 개념에 포함되어 있었지만, 반면에 나는 이를 반대로 돌려, 자연 속에 있는 모든 힘을 의지로 생각하려고 한다."[133] 자연 속에서 매 순간 일어나는 모든 현상들은 의지의 드러남이다. 예를 들면 계절이 바뀌는 일, 무르익은

132 아르투어 쇼펜하우어(홍성광 옮김), 『의지와 표상으로서의 세계』, 204쪽 이하.
133 아르투어 쇼펜하우어(홍성광 옮김), 『의지와 표상으로서의 세계』, 206쪽.

나무의 열매들이 땅에 떨어지는 것, 동물들의 다양하고 독특한 행동들, 인간의 삶에서 일어나는 다양한 행동들, 이 모두가 의지의 드러남인 것이다. 쇼펜하우어는 스피노자의 예를 언급하면서 의지의 역할을 강조한다. 스피노자는 충격에 의해서 공중을 날아가는 돌이 만약 의식을 가졌다고 한다면 자신의 고유한 의지로 공중을 날아간다고 생각할 것이라고 말한다. 쇼펜하우어는 이 예를 통해서 인간의 행동뿐만 아니라 돌을 비롯한 자연의 모든 사물이 의지에 의해서 움직인다는 주장을 전개한다. 이것은 마치 인간의 행동이 의지에 의해서 이루어지는 것처럼 자연의 움직임도 의지에 의해서 일어난다는 점을 설명하기 위한 예인 것이다.[134] 쇼펜하우어는 여기에서 의지와 자연현상이 확고하게 연결되어 있다고 본다.

모든 자연현상은 의지의 현상, 즉 의지의 객관화라는 주장은 쇼펜하우어의 자연철학의 중심축을 이루고 있다. 이렇게 자연현상과 의지의 객관화를 연결시키는 쇼펜하우어의 입장은 목적론과 기계론을 비판하는 것과 관련이 있다. 목적론과 기계론은 의지가 객관화된 자연의 단호하면서도 생동감 있는 모습을 드러낼 수 없다. 목적론은 수많은 자연현상 사이에 놓여 있는 갈등과 대립 그리고 분열의 모습을 적극적으로 드러내기에는 적절하지 않은 것이다. 또한

134 Arthur Schopenhauer(Hrsg. Volker Spierling), *Metaphysik der Natur*, 142쪽 참고. 물론 스피노자의 입장에서 돌의 비유는 돌을 움직이게 하는 필연성과 개인의 의지의 필연성을 동일한 것으로 파악함으로써 정신의 질서와 물질의 질서가 동일한 것이라는 점을 드러내기 위한 것이다. 즉 정신과 물질을 실체가 아니라 속성으로 파악하기 위한 것이다.

쇼펜하우어는 기계론자들이 자연현상을 특정한 기계적인 결합과 법칙으로 설명하려는 태도도 자연에서 드러나는 넘치는 생명력을 외면해 버리는 것이라고 비판한다. 자연현상을 특정한 시간과 공간적인 제약에서 법칙적으로 관찰하는 이러한 입장은 자연을 단지 '죽은 자연'으로 만들어 버릴 뿐이다. 특히 쇼펜하우어는 생명현상과 관련하여 생리학의 입장을 기본적으로는 옹호하지만 그러한 생리학의 입장도 의지의 드러남을 부분적으로만 설명해 준다고 본다.

쇼펜하우어는 몸이 의지라는 확신을 얻은 사람은 "전체 자연의 가장 심오한 본질을 인식하는 열쇠"[135]를 얻게 된다고 말한다. 이러한 열쇠를 얻은 사람은 "… 식물 속에서 작용하고 존재하는 힘까지도, 그러니까 결정이 생기게 하는 힘, 자석을 북극으로 향하게 하는 힘, 이질적인 금속이 부딪쳐 충돌할 때 그에게 전해지는 힘, 물질의 친화력에서 도망치고 찾으며, 분리시키고 합일시키는 것으로 나타나는 힘, 그러니까, 마지막으로 심지어 모든 물질에 강력하게 작용하여 돌을 지면으로, 지구를 태양으로 끌어당기는 중력마저도, 이 모든 것은 현상만을 놓고 보면 서로 다르지만, 내적인 본질로 보면 같은 것으로 인식"[136]하게 된다. 여기에서 모든 자연현상은 의지의 작용으로 설명된다.

칸트는 자연을 객관으로서, 즉 인식주관의 대상으로서 규정한다.

135 아르투어 쇼펜하우어(홍성광 옮김), 『의지와 표상으로서의 세계』, 203쪽.
136 아르투어 쇼펜하우어(홍성광 옮김), 『의지와 표상으로서의 세계』, 203쪽.

이러한 칸트의 자연 개념은 연장된 실체로서 자연을 규정하는 데카르트의 자연이해를 크게 벗어나지 못한다. 그 이유는 앞서 언급했듯이 물질에 대한 정신의 우월성이 그 배후에 자리 잡고 있기 때문이다. 비록 쇼펜하우어는 칸트가 현상과 물자체를 구분한 것을 긍정적으로 평가하지만, 자연에 대한 이러한 해석은 그로 하여금 칸트철학과 거리를 두게 한다. 특히 쇼펜하우어가 물자체가 의지라는 점을 알지 못했다고 칸트를 비판할 때, 이 물자체는 엄밀하게 말하자면 칸트적인 의미에서 현상에 대립하는 물자체라는 의미가 아니라 사물의 본래적인 존재라는 의미에서 사용된다. 왜냐하면 쇼펜하우어가 궁극적으로 제시하고자 하는 것은 세계가 의지의 현상이라는 점을 드러내는 것이기 때문이다.[137] 그런데 쇼펜하우어가 종종 의지를 물자체로 비유하는 것은 —물론 현상과 물자체의 구분을 통해서 전통철학에서 논의된 인식과 존재의 문제점을 극복하려는 칸트의 의도를 고려해야 할 것이지만— 현상과 대립하는 것을 넘어서 세계의 역동적인 통일성을 드러내려는 의도에서 비롯된다.

칸트에게서 대상의 대상성이 주관의 주관성과 긴밀한 관계를 갖는 이유는 자연을 인식의 대상으로서 규정하기 때문이다. 그러나 쇼펜하우어는 자연이 의지 자체의 드러남이라고 주장한다. 이러한 자연은 정신에 종속되거나 정신보다 저급한 대상이 아니라 의지가

137 여기에서 슈피얼링은 쇼펜하우어가 차용하는 물자체라는 용어는 현상에 대한 "상대적인 물자체"일 뿐이라고 지적한다. Arthur Schopenhauer(Hrsg. Volker Spierling), *Metaphysik der Natur*, 48쪽 참고.

자신을 드러내는 유일하고 적극적인 과정이라고 할 수 있다. 자연 자체는 의지를 적극적으로 드러내는 것 외에 다른 목적을 갖지 않는다. 그렇기 때문에 의지의 드러남 자체인 자연은 단순한 표상이나 현상으로서 이해되어서는 안 된다. 이러한 쇼펜하우어의 자연이해는 자연에 대한 단순한 현상주의적 해석을 비판하며 의지의 현상인 자연 너머에 또 다른 초월적 배후세계를 상정하는 것을 배척한다. 자연은 단순히 물질의 결합체가 아니라 생명력을 지닌 존재인 것이다. 쇼펜하우어의 자연철학은 의지형이상학에서 출발하여 자연의 생명력을 적극적으로 표현하고자 한다. 여기에서 쇼펜하우어는 자연과학에서의 인과법칙이나 특정한 종교의 교리 그리고 형이상학적 사변에 의해서 왜곡되었던 자연의 현실성을 적극적으로 제시하려고 한다.

4) 의지의 객관화와 이념

쇼펜하우어는 의지의 객관성, 의지의 객관화, 객관화된 의지라는 표현을 사용하면서 자연 속에서 의지가 자신을 드러내는 과정을 서술하고 있다. 이러한 의지의 객관화는 "의지의 형이상학적 통일성Metaphysische Einheit des Willens"을 전제하고 있다. 쇼펜하우어는 의지의 객관화라는 용어를 통해서 다양한 자연현상을 통일적으로 설명하려고 한다. 아주 작은 미미한 돌과 식물에서부터 인간에게 이르기까지 의지는 자신을 다양한 방식으로 객관화한다. 쇼펜하우어는

『자연의 형이상학』에서 이러한 의지의 객관화가 가져오는 다양한 현상을 가리키면서, 이것을 "의지의 마법Magie des Willens"이라고 부르기도 한다.[138]

쇼펜하우어는 『의지와 표상으로서의 세계』 1권의 21장에서 의지의 객관화를 다음과 같이 설명한다. "모든 표상, 모든 객관은 의지가 현상으로 나타난 것, 가시적으로 된 것, 객관화된 것이다. 의지는 모든 개체와 아울러 전체의 가장 심오한 부분이자 핵심이다. 의지는 맹목적으로 작용하는 모든 자연력 속에 나타나고, 인간의 숙고된 행동에서도 나타난다. 그런데 이 둘의 커다란 차이는 나타나는 정도의 차이일 뿐이지, 나타나는 것의 본질적인 차이는 아니다."[139] 의지의 객관화에 대한 이러한 언급에서 의지가 자연 전체 그리고 인간의 모든 행동에 관여한다는 것을 알 수 있다.

그런데 의지의 객관화는 의지가 자신의 존재를 상실하거나 또는 플로티노스가 말하는 일자의 유출에서처럼 정신, 영혼, 물질의 단계를 거치면서 일자와의 관계가 희석되지 않는다. 오히려 의지의 객관화는 모든 자연 속에서 의지가 적극적으로 드러나게 해 준다. 물론 이때에 쇼펜하우어가 강조하듯이, 각각의 개체들에게서 나타나는 차이는 의지가 드러나는 방식의 차이일 뿐 의지가 관여하거나 관여하지 않는 것에서 오는 차이가 아니다. 여기에서 인간의 행동이나

138 Arthur Schopenhauer(Hrsg. Volker Spierling), *Metaphysik der Natur*, 144쪽 참고.
139 아르투어 쇼펜하우어(홍성광 옮김), 『의지와 표상으로서의 세계』, 204쪽.

동물과 식물의 행동 그리고 무기체의 작용 속에서 똑같이 의지가 드러난다는 점은 부인할 수 없다. 여기에서 의지의 객관화라는 표현은 자연 전체가 의지의 적극적인 드러남이라는 것을 확인해 준다.

그런데 이때에 주목할 것은 이러한 객관화의 과정에서 다양한 단계가 존재한다는 점이다. 쇼펜하우어는 『자연의 형이상학』 11장에서 의지의 객관화 단계를 설명하면서 플라톤의 이데아를 언급하고 있다. 그는 플라톤의 이데아가 시간과 공간에 얽매이지 않으면서 개별적인 사물들의 원형이 되는 것처럼 의지의 객관화에서 각각의 개체들에 대해서 플라톤적인 이념들이 이러한 역할을 한다고 주장한다. 즉 의지가 객관화되는 각각의 단계들은 플라톤의 이데아와 같은 역할을 한다는 주장이다. 그러나 쇼펜하우어는 플라톤의 이데아 개념이 중세를 거쳐 근대에서, 특히 로크철학과 그리고 칸트철학에서 왜곡되었다고 비판한다. 쇼펜하우어에 따르면 이데아 개념은 추상적인 것이 아니라 직관적인 것이다. 이러한 이데아는 추상작용이 아니라 직관성Anschaulichkeit을 통해서 자신을 드러낸다. 그러나 쇼펜하우어가 이처럼 이데아의 직관성을 강조하는 이유는 그것이 초월적인 세계나 물자체와 관련된 것이 아니라 의지가 객관화되는 과정에서 시간과 공간 속에서 생겨나는 개체들에 관계한다는 점을 드러내기 위한 것이다.

쇼펜하우어는 플라톤의 이데아 개념과 칸트의 이념을 주목하면서 의지와 표상 사이에 이념을 위치시킨다. 여기에서 이념은 세계를 의지와 표상으로 분리시키는 것이 아니라 서로를 긴밀하게 연결시키는 역할을 한다.[140] 이념은 플라톤의 이데아처럼 그 자신은 변하지 않지만, 시간과 공간이라는 개체화의 원리에 의해서 개체들을 다양성 속에서 존재하게 한다. 이때에 의지는 이념을 통해서 개별적인 존재에게서 자신을 드러낸다. 그러나 우리는 여기에서 이념이 어떻게 개체들을 다양한 방식으로 존재하게 하는지 물을 수 있을 것이다. 특히 우리는 개체화 원리에 영향을 받지 않는 이념이 다양하게 존재한다는 점, 예를 들면 인간의 이념, 동물의 이념, 식물의 이념, 더 나아가서 세분화되는 다양한 개체들의 이념이 존재한다는 점을 어떻게 받아들여야 하는지 의문을 갖게 된다. 의지와 표상 사이에 존재하는 이념이 개체화의 원리에 지배를 받는 다양성을 지닌다는 점은 설명하기 어려운 것이다. 쇼펜하우어는 이념의 의미를 플라톤적인 이데아의 의미에서 받아들인다는 점을 강조하지만[141] 이러한 입장은 그가 과연 플라톤의 이데아를 올바르게 이해했는가 하는 의문을 갖게 한다. 의지의 객관화에서 이념의 존재를 언급하는 것은 의지의 드러남을 설명하려는 것이라는 정도로 이해할 수 있을 뿐이다.

쇼펜하우어는 자연 전체의 본질을 파악하기 위해서는 의지의 객관화에 주목해야 한다고 본다. 여기에서 우리는 의지가 객관화된 것을 두 가지로 구분할 수 있다. 하나는 비유기체적인 자연이고, 다

[140] Robert Jan Berg, *Objektiver Idealismus und Voluntarismus in der Metaphysik Schellings und Schopenhauers*, 204쪽 이하 참고.

[141] Arthur Schopenhauer(Hrsg. Volker Spierling), *Metaphysik der Natur*, 146쪽 참고.

른 하나는 유기체적인 자연이다. 쇼펜하우어는 의지의 객관화에서 비유기체적인 단계에서 가장 낮은 단계를 이루고 있는 것을 자연력Naturkräfte이라고 규정한다. 중력, 자기력, 척력, 인력, 불가입성 Undurchdringlichkeit, 고체성Starrheit, 화학적 특성 등이 이러한 자연력이다. 이 모든 것들은 동물과 인간의 다양한 행동들처럼 의지의 현상, 즉 객관화된 의지이다. 그런데 자연력에 대한 언급에서 흥미로운 것은 이러한 자연력을 그 자체가 원인이나 결과인 것으로 생각해서는 안 된다는 점이다. 자연력은 어떤 결과의 원인이나 어떤 원인의 결과가 아니다. 이러한 자연력은 "모든 원인들과 결과들의 조건들 Bedingungen aller Ursachen und Wirkungen"[142]이기 때문이다. 자연력 자체는 원인과 결과의 연결 고리에서 벗어나 있다는 것, 즉 근거율에서 벗어나 있다는 것이 쇼펜하우어의 주장이다. 우리는 의지가 객관화된 모든 것은 시간과 공간의 제약 속에 놓이게 되므로 근거율에 영향을 받아야 하지만 자연력에는 왜 근거율이 적용되지 않는가라는 의문을 가질 수 있다. 쇼펜하우어는 이 문제에 대해서 명확한 설명을 제시하지는 않는다. 그는 이러한 자연력을 이해할 수 있는 길을 우회적으로 언급하는데 그것은 다음과 같다. "그리고 자연의 모든 물체들에서 나타나는 규명할 수 없는 힘들은 정도의 차이만 있을 뿐 성질상 내 안의 의지와 동일하다는 것을 인식해야 한다."[143]

142 Arthur Schopenhauer(Hrsg. Volker Spierling), *Metaphysik der Natur*, 148쪽.
143 아르투어 쇼펜하우어(홍성광 옮김), 『의지와 표상으로서의 세계』, 228쪽.

쇼펜하우어는 자연력이 지배하는 무기체의 세계뿐만 아니라 유기체의 세계도 의지의 드러남이라고 주장한다. 우리가 자연에서 경험하는 식물들과 동물들 모두 의지의 발현인 것이다. 그러나 앞서 언급했듯이, 무기체보다 유기체 속에 의지가 더 들어 있다든가 더 직접적으로 관계하는 것은 아니다. 의지가 객관화된 것은 모두 동일하게 의지를 드러내고 있기 때문이다. 비록 쇼펜하우어가 강조하듯이 의지의 객관화에는 무한한 등급이 존재하지만 이러한 등급은 의지가 드러나는 정도가 아니라 의지가 드러나는 방식에 의해서만 구분될 뿐이다. 만약 우리가 객관화의 단계에서 드러난 각각의 존재를 서로 구분한다면 그것은 의지 자체가 구분되기 때문이 아니라 우리가 근거율에 의해서 마치 각각의 개체가 서로 구분되는 것처럼 파악하기 때문이다. 의지는 어떤 식으로든 다원성과 관계하지 않는다.

쇼펜하우어에 따르면 모든 무기체와 유기체적인 자연이 의지를 드러낸다. 세계 속에 존재하는 각각의 개체들은 의지의 발현이라는 점에서 고유한 존재 의미를 갖고 있다. 이 점은 쇼펜하우어의 다음과 같은 언급에서 잘 드러난다. "그 때문에 또한 사람들은, 사실 불가능한 일이긴 하지만, 단 하나의 존재가, 그것이 아무리 미미한 것이라 하더라도 완전히 절멸한다면 그와 함께 세계 전체가 몰락할 수밖에 없다고 주장할 수 있을지도 모른다."[144] 쇼펜하우어의 이러한

144 아르투어 쇼펜하우어(홍성광 옮김), 『의지와 표상으로서의 세계』, 232쪽.

언급은 의지가 객관화된 세계의 동근원성을 잘 드러내 준다. 이런 점에서 쇼펜하우어는 다음과 같이 말한다. "새벽의 여명도 대낮의 관성도 햇빛이라는 이름을 공유하듯이, 무기계나 인간의 경우에도 의지라는 이름을 붙이지 않으면 안 된다. 그리고 이 의지야말로 세계에서 모든 사물의 존재 그 자체이며, 모든 현상의 유일무이한 핵심을 나타내는 것이다."[145]

이러한 쇼펜하우어의 입장에 따르면 자연에서의 전체와 부분에 대한 논쟁은 허용할 수 없다. 왜냐하면 의지의 객관화는 그것이 다수이든 소수이든 또는 전체이든 부분이든 의지의 현상 속에서 통일되기 때문이다. 이런 점에서 쇼펜하우어는 다음과 같이 주장한다. "그렇기 때문에 우리가 어떤 개별적인 사물에 머물러 있더라도 아무것도 잃는 게 없으며, 그리고 참된 지혜도 무한한 세계를 측정함으로써, 또는 보다 이치에 닿게 말한다면 무한한 세계를 몸소 돌아다닌다고 해서 얻어지는 게 아니라, 오히려 참된 지혜는 개별적인 사물의 참되고 원래적인 본질을 완전히 인식하고 이해하는 법을 배우려고 하면서, 어떤 개별적인 사물을 철저히 탐구함으로써 얻어지는 것이다."[146]

그런데 우리가 주목할 것은 의지의 객관화에서 나타나는 유기체적인 자연의 다양한 존재들의 차이를 구분해 주는 개성Individualität이

145 아르투어 쇼펜하우어(홍성광 옮김), 『의지와 표상으로서의 세계』, 216쪽.
146 아르투어 쇼펜하우어(홍성광 옮김), 『의지와 표상으로서의 세계』, 233쪽 이하.

다. 앞서 언급한 자연력에는 이러한 개성이 존재하지 않는다. 쇼펜하우어는 식물뿐만 아니라 동물들에게도 이러한 개성은 좀처럼 나타나지 않는다고 본다. 물론 쇼펜하우어는 『자연의 형이상학』에서 동물들에게서 특정한 개성이 발견되지만, 이것은 종의 성격일 뿐이라고 설명한다. 즉, 모든 동물들은 단지 종의 성격Gattungs-Charakter을 지닐 뿐이다.[147] 이때, 하등동물일수록 개체로서의 개별적인 성격의 흔적은 사라지게 되고 종의 일반적인 성격이 드러나게 된다. 이것은 하등동물보다 고등동물일수록 동일한 종에서의 다양성이 더 강하게 나타난다는 것을 의미한다.

의지가 객관화된 세계에서 그 어떤 존재보다도 인간이 강한 개성을 갖고 있지만 동물과 식물 그리고 무기체들에게서는 개성이 적게 드러난다. 이런 점에서 쇼펜하우어는 다음과 같이 주장한다. "… 인간과 거리가 먼 동물이 될수록 점점 더 개별적 특질의 흔적이 사라지고, 결국 식물은 개체의 고유한 성격을 완전히 상실하게 되어, 단지 토양이나 기후의 좋고 나쁜 외부적 영향이나 다른 우연한 조건으로 완전히 설명될 수밖에 없는 것이다."[148] 예를 들면 식물이나 동물은 —물론 이들 사이에도 차이가 분명히 존재하지만— 적당한 환경과 대상이 주어지면 삶을 이어 나가지만, 인간의 경우에는 각자가 아주 섬세하게 구분되는 삶의 환경을 필요로 한다. 인간은 동일한

147 Arthur Schopenhauer(Hrsg. Volker Spierling), *Metaphysik der Natur*, 150쪽.
148 아르투어 쇼펜하우어(홍성광 옮김), 『의지와 표상으로서의 세계』, 237쪽.

환경에 대해서도 각자의 개성에 의해서 서로 다르게 영향을 받을 수 있기 때문이다. 각각의 개별적인 인간이 지닌 다양한 성격들은 이러한 개성의 존재를 잘 드러내 준다. 특히 결혼의 경우를 생각해 보면 이 점을 잘 이해할 수 있을 것이다. 결혼하려는 사람은 결혼상대자를 아주 신중하게 선택하지만 이러한 선택을 통해서 자신의 개성에 들어맞는 상대자를 발견하기는 아주 어렵기 때문이다.

5) 자연에서 인간의 위치

모든 자연현상은 의지가 객관화된 것이다. 이러한 자연이해는 자연을 물질과 물질의 상호작용으로 파악하는 유물론이나 기계론을 배격하는 것이다. 쇼펜하우어는 자연을 의지의 현상으로 파악함으로써 자연에게 생명력을 부여하고 있다. 자연은 의지가 지배하며 자연에서의 모든 개체의 삶은 의지의 현상으로 드러난다. 그러나 쇼펜하우어에 따르면 인간은 자연 속에서 독특한 위치에 놓여 있다. 물론 인간이 의지의 객관화 과정에 놓여 있다는 점에서 그리고 모든 존재가 의지의 지배를 받는다는 점에서는 인간과 다른 개체들 사이에 서로 차이점은 없다고 할 수 있을 것이다. 특히 쇼펜하우어가 이성을 인간이 다른 존재와 구분되는 특징으로 간주하는 전통철학을 비판한다는 점에서 인간존재는 다른 생명체들과 다를 바가 없다고 생각할 수 있다. 그러나 개체화 원리와 충분근거율에 지배를 받는 정도의 차이에 따라서 인간과 다른 개체들 사이에는 차이가 존재한다.

쇼펜하우어는 이러한 의지의 객관화 과정을 낮은 단계에서 높은 단계로 구분하는데, 무기물들의 세계, 식물과 동물의 세계 그리고 인간의 세계가 존재한다. 각 단계의 개체들은 객관화된 의지를 통해서 고유한 존재 방식을 갖게 된다. 이러한 다양한 존재 방식들은 개체화 원리를 통해서 설명할 수 있는데, 의지의 객관화 단계에서 낮은 단계에 위치할수록 개체들의 존재 방식은 단순하게 의지의 지배를 받는다. 반면에 의지의 객관화 단계에서 높은 곳에 위치할수록 개체들의 존재 방식은 복잡하고 갈등적으로 나타나게 된다. 무기체는 물론이고 유기체라고 하더라도 단순한 기관으로 이루어진 개체들은 고유한 개성들이 희박하며 비록 개성이 존재한다고 하더라도 단순한 형태로 드러날 뿐이다.

이에 반해서 인간의 개성은 아주 독특한 방식으로 드러난다. 물론 쇼펜하우어는 전통철학에서처럼 인간존재를 다른 생명체에 비해 절대적인 우월성을 지닌 존재로 규정하지는 않는다. 왜냐하면, 인간도 다른 개체들과 마찬가지로 의지의 객관화 단계에 놓여 있기 때문이다. 그러나 인간은 다른 개체와는 다른 존재특성을 갖고 있다. 각각의 인간에게는 하등동물을 이끌어 가는 종의 일반적인 성격은 사라지고 각자의 고유한 존재특성, 즉 개성이 드러난다. 인간의 개성은 자신의 존재를 타인과 명확하게 구별하는 역할을 하며 심지어는 그렇기 때문에 더욱더 자신의 존재를 살려는 의지에 사로잡히게 만든다.

그런데 여기에서 주목할 것은 쇼펜하우어가 이렇게 인간의 개성을 강조하는 것이 다른 개체에 대한 인간존재의 우월성을 강조하기 위한 것은 아니라는 점이다. 쇼펜하우어가 현대철학에서 언급하는 인간중심주의의 극복을 명시적으로 언급하지는 않지만, 의지의 객관화 과정을 통해서 인간과 다른 모든 존재를 동근원적으로 파악한다는 점에서 인간중심주의를 벗어난다는 점을 알 수 있다. 특히 인간뿐만 아니라 모든 존재가 개체화 원리의 지배를 받는다는 점을 강조하는 쇼펜하우어의 입장에서는 인간의 우월성을 인정할 수 없다. 왜냐하면, 모든 개체가 의지의 지배를 받는다는 점에서 서로 같은 존재 상황에 처해 있기 때문이다.

그러나 인간은 맹목적인 의지와의 관계에서 볼 때 다른 존재와는 다른 상황에 처해 있다는 것은 분명하다. 인간이 다른 개체들과는 달리 아주 섬세한 개성, 즉 성격을 가진다는 점에서 알 수 있듯이, 각각의 인간에게서 나타나는 살려는 의지는 각자의 삶을 불안정하게 만든다. 이것은 같은 상황이라고 할지라도 다른 개체와는 달리 인간의 삶이 더 고통스러울 수 있다는 것을 의미한다. 이런 점에서 본다면 인간은 의지의 객관화 과정에서 가장 불안정한 위치에 놓여 있는 존재라고 할 수 있다. 인간이 다른 개체들과 달리 이성을 사용하고 학문을 구축하지만, 그의 삶은 더 혼란스럽고 고통스럽다고 할 수 있다. 왜냐하면, 낮은 단계에서의 의지의 객관화에서 보다 높은 단계로 의지의 객관화가 진행될수록 개체들의 존재 방식은 복잡해지고 갈등적이기 때문이다. 의지의 객관화 단계를 삼각형으로 비유한다면, 아래에서부터 무기물, 식물, 동물 그리고 마지막으로 인간이라는 개체가 위치한다. 물론 무기물의 단계에서도 살려는 의지가 작용하지만 이러한 의지는 위로 올라갈수록 더욱 강렬하게 작용하기 때문에 개체들의 삶은 더욱더 투쟁적인 것이 된다. 쇼펜하우어에 따르면 인간은 그 어떤 존재보다도 더 강하게 의지의 지배를 받는다. 이러한 의지의 지배 때문에 의지의 객관화 단계에서 높은 단계에 있는 개체들의 삶을 위한 투쟁과 갈등은 더욱 커질 수밖에 없다.

쇼펜하우어는 자연 전체를 살려는 의지에 의해 지배받는 것으로 파악한다. 의지의 객관화의 낮은 단계에서부터 높은 단계에 이르기까지 자연은 각자의 살려는 의지를 실현하려는 투쟁의 장소일 뿐이다. 쇼펜하우어는 자연세계에서 일어나는 이 같은 갈등적인 상황을 다음과 같이 강조한다. "그리하여 우리는 자연의 도처에서 다툼, 싸움, 승리의 교체를 보게 되고, 바로 그 점에서 의지의 본질적인 자기 자신과의 분열을 계속해서 보다 명백하게 인식할 것이다. 의지의 객관화의 모든 단계는 다른 단계와 물질, 공간, 시간을 놓고 다툰다. 인과성을 실마리로 해서, 기계적이고 물리적이며, 화학적이고 유기적인 현상들은 각기 자신의 이념을 드러내고 싶어 어떻게든 현상으로 나타나려고 애쓰면서, 지속적인 물질은 계속해서 형태를 바꾸지 않으면 안 된다. 자연 전체에서 이러한 다툼이 벌어질 수 있고, 그러니까 자연은 사실 그런 다툼을 통해서만 다시 존재한다."[149]

쇼펜하우어의 자연철학은 의지가 현상하는 모든 곳에서 끊임없이 대립과 갈등이 존재한다는 점을 강조하는데, 이것은 의지 자체가 지닌 특성, 즉 궁극적인 목표의 결여 그리고 자기분열적인 구조 때문이다. 여기에서 자연세계는 의지를 그대로 드러내기 때문에 언제나 갈등적이고 투쟁적일 수밖에 없다. 쇼펜하우어는 이러한 자연해석 속에서 전통철학과는 달리 자연에서의 인간존재를 불완전하고 유한한 존재로 규정한다.

2
니체의 자연철학

1) 그리스도교적 세계관 비판

니체의 자연철학적인 문제의식은 그가 그리스도교의 세계관을 거부하는 것에서 잘 드러난다. 그리스도교적인 세계관을 관통하고 있는 육체, 감각, 물질에 대한 배타적인 태도는 니체로 하여금 그리스도교에 영향받은 세계관 전체를 비판하게 한다. 물론 니체의 그리스도교비판은 무엇보다도 왜곡된 인간의 가치에 대한 비판에서 시작되지만 이와 더불어 인간의 삶을 지탱해 주는 자연에 대한 왜곡

149 아르투어 쇼펜하우어(홍성광 옮김), 『의지와 표상으로서의 세계』, 260쪽.

된 시각을 바로잡기 위한 것이기도 하다.

니체는 신의 죽음을 선포하면서 새로운 세계의 질서와 존재 방식을 제시한다. 이러한 신의 죽음은 서양의 역사를 지배했던 인식과 존재의 관점을 해체하는 작업이기도 하다. 니체는 신의 죽음을 선포하면서 인간과 세계의 관계를 새롭게 해석한다. 무엇보다도 신의 죽음은 자연을 신의 피조물로 규정했던 세계관을 해체하는데, 이러한 니체의 작업은 인간을 세계의 중심으로 간주하는 것을 비판한다. 이러한 신의 죽음은 한편으로는 인간의 왜곡된 가치를 회복시키려는 시도이고, 다른 한편으로는 지금까지 인간에 의해서 왜곡된 자연의 적극적인 의미를 회복시키는 역할을 한다.

니체는 이미 『비극의 탄생』에서 '디오니소스적인 것'을 통해서 인간과 세계에 대한 새로운 해석의 필요성을 부각시키고 있다. 여기에서 디오니소스적인 것이라는 표현은 우선적으로 비극의 기원을 밝혀 주고 나아가 삶을 고양시키는 "예술가-형이상학"을 구축하는 것을 의미하는데, 이를 통해서 인간과 자연의 근원에 대한 새로운 논의를 가능하게 한다. 특히 우리는 이와 관련하여 니체가 디오니소스적인 것을 반그리스도교적인 것으로 이해한다는 점에 주목해야 한다. 니체는 반그리스도교인의 진정한 이름은 다른 것이 아니라 '디오니소스적인 것'이라고 말하기 때문이다. 여기에서 디오니소스적인 것은 그리스의 비극적 사유를 넘어서 감각, 본능, 충동, 대립, 이율배반적인 삶의 모습을 나타내 주는 니체의 고유한 사유장치라고 할 수 있다. 그리고 니체가 말하는 차라투스트라 또는 초인의 모습이 이미 디오니소스적인 것이라는 표현 속에서 드러난다는 점도 주목해야 한다. 디오니소스적인 것은 '지금-여기'에서의 삶을 부정하는 의지를 해체하는 것이다. 니체의 디오니소스적인 것은 살려는 의지의 부정을 강조하는 쇼펜하우어와는 다른 길을 걷게 한다. 디오니소스적인 것에 대한 논의에서 드러나는 입장은 피안의 세계가 아니라 지금-여기의 세계를 긍정하는 것인데, 이 점은 니체의 자연이해를 위한 출발점을 제시해 준다.

자연에 대한 니체의 새로운 해석은 우선적으로 그리스도교 또는 종교 일반에 의해서 왜곡된 자연관을 해체하는 데서 시작한다. 니체는 자연에 특정한 종교적인 목적을 설정하는 것을 거부한다. 그리스도교를 비롯하여 세계의 창조자로서의 신을 가정하는 대부분의 종교가 목적론을 옹호하기 때문이다. 이 점은 쇼펜하우어의 자연해석이 목적론을 배격하는 것과 비슷한 것이다. 쇼펜하우어와 니체의 이 같은 목적론비판은 인간에 대한 왜곡된 해석과 자연이해를 극복하려는 것으로 이해할 수 있다.

니체의 자연철학에 대한 논의는 인간에 대한 비판적인 이해와 함께 전개된다. 니체는 "자연의 인간화"를 말하면서 자연에 대한 왜곡된 이해를 비판하고 "인간의 자연화"를 통해서 인간과 자연의 관계를 올바르게 제시하려고 한다. 이런 점에서 그리스도교에 대한 비판은 자연의 새로운 해석일 뿐만 아니라 소위 "인간의 자기왜소화die Selbstverkleinerung des Menschen"[150]를 극복하려는 시도이기도 하다.

여기에서 니체는 바울에 의해서 설정된 그리스도교의 세계관을 해체한다. 정확히 말하자면 바울에 의해서 정립된 그리스도교의 정신이 세계의 본질을 변질시켜 버렸다는 것이 니체의 비판이다. 세계의 중심축이 지금-여기의 세계에서 피안의 세계, 즉 영원의 세계로 옮겨져 버렸다는 것이다.[151] 바울의 그리스도교에 의하면 현실세계, 즉 지금-여기의 세계는 실재적인 세계가 아니다. 니체에 의하면 이러한 그리스도교의 세계관은 자연의 본질뿐만 아니라 감성, 본능, 몸을 통해서 설명되어야 하는 인간의 존재까지도 파괴해 버리고 말았다.

바울에 의한 이러한 현실세계의 부정은 다른 한편으로는 신에 의해서 창조된 세계의 유한성을 인정하면서 목적론적인 세계해석을 조장하도록 한다. 이러한 세계관에 따르면 자연은 유한한 존재이며 자연의 모든 존재는 자연 자체를 위한 것이 아니라 신의 존재를 드러내기 위한 수단인 것이다. 이러한 입장에 따르면 모든 자연의 존재 목적은 결코 자연 자체에 놓여 있지 않다. 그러나 니체는 이러한 목적론적인 자연이해를 "우주정당화이론"이라고 비판한다.[152]

니체에 따르면 그리스도교가 옹호하는 목적론적인 자연관은 피안의 세계에 대한 동경에 찬 나머지 자신을 둘러싸고 있는 구체적인 삶의 지평을 망각하는 것이다. 그리스도교에 내재된 목적론은 겉으

150 프리드리히 니체(김정현 옮김), 『선악의 저편·도덕의 계보』, 531쪽 참고.
151 프리드리히 니체(백승영 옮김), 『바그너의 경우·우상의 황혼·안티크리스트·이 사람을 보라·디오니소스 송가·니체 대 바그너』, 책세상, 2002, 273쪽 참고.
152 프리드리히 니체(이진우 옮김), 『비극의 탄생·반시대적 고찰』, 230쪽 참고.

로 보기에는 세계에 일정한 의미를 부여하는 것처럼 보이지만 실제로는 우리가 살아가는 세계를 무의미한 것으로 평가절하시킬 뿐이다. 특히 그리스도교는 인간존재의 본질을 불멸하는 영혼으로 규정하면서 모든 자연의 존재를 단지 물질들의 결합체로 환원시켜 버린다. 이뿐만 아니라 그리스도교의 도덕은 인간의 본성에 대한 부정적인 규정과 한계설정을 통해서 자연에 대한 올바른 해석의 길을 차단시켜 버린다. 여기에서 그리스도교는 자연의 질서를 도덕적 질서로 대체해 버린다. 즉 그리스도교는 자연에서의 삶과 결부된 인간의 본능을 부정해 버림으로써 자연을 극복할 것을 요청한다. 니체는 『비극의 탄생』에서 이러한 그리스도교적 세계이해에 사로잡힌 사람들에게 다음과 같이 말한다. "그대들은 우선 차안의 현세적 위로의 예술부터 배워야 한다."[153]

니체는 그리스도교에 의해서 왜곡된 인간의 이해가 왜곡된 자연의 이해를 가져온다고 비판한다. 니체의 자연철학은 무엇보다도 자연의 인간화를 문제 삼는데, 그에 따르면 지금까지의 자연에 대한 해석은 전적으로 인간중심적인 것이었다. 그렇기 때문에 니체는 『우상의 황혼』에서 다음과 같이 말한다. "인간이 세계를 인간화시킨 것이다. 이것이 전부이다."[154] 자연의 인간화에 대한 니체의 이러한 비판은 종교비판과 연결되는데, 그는 모든 종교 발생의 기원을 인간

153 프리드리히 니체(이진우 옮김), 『비극의 탄생 · 반시대적 고찰』, 22쪽.
154 프리드리히 니체(백승영 옮김), 『바그너의 경우 · 우상의 황혼 · 안티크리스트 · 이 사람을 보라 · 디오니소스 송가 · 니체 대 바그너』, 157쪽.

에게서 찾고 있기 때문이다. 여기에서 니체는 인간이 만들어 낸 종교뿐만 아니라 인간이 제시하는 모든 형태의 자연에 대한 규정들을 비판한다. 신의 존재를 가정하고 신에 의해서 부여된 질서와 법칙에 따라 움직이는 자연을 상정하는 것은 바로 자연의 인간화의 대표적인 예라고 할 수 있다.

그리스도교에 의해서 규정된 자연에 대한 니체의 비판은 이보다 앞선 사상가인 포이어바흐의 감성적 인간학sinnliche Anthropologie이 제시하는 입장과 연관성을 갖고 있다. 포이어바흐 역시 종교로부터의 인간과 자연의 해방을 추구하기 때문이다. 알려졌듯이, 포이어바흐는 『그리스도교의 본질das Wesen des Christentums』(1841), 『종교의 본질에 대하여Vorlesungen über das Wesen der Religion』에서 인간과 자연의 탈종교화를 선포한다. 특히 포이어바흐는 한때 하이델베르크대학 신학과에 입학하여 그리스도교 신학연구에 몰두했지만, 곧바로 실망하게 되고 철학으로 관심을 돌리게 된다. 그는 베를린대학에서 헤겔의 강의를 들으면서 헤겔의 절대자철학에 영향을 받는다. 그러나 1831년 헤겔의 죽음 이후에 청년 헤겔파에서 활동하면서 당시의 국가를 옹호하던 그리스도교에 대한 비판을 전개한다. 포이어바흐에 따르면 모든 형태의 종교의 출발점은 인간의 의존감정Abhängigkeitsgefühl이다. 이 감정은 당연히 인간의 유한성에서 시작된다. 인간이 자신의 존재에 대해서 유한한 감정을 느끼게 될수록 이러한 유한성을 극복하기 위해서, 즉 자신의 소외로부터 벗어나기 위해서 어떤 완전한 존재를 표상하게 된다. 이러한 결과로 만들어진 것이 바로 신의 존재이며 영혼의 불멸성이라는 개념이다.

포이어바흐는 「죽음과 불멸성에 대한 사유Gedanken über Tod und Unsterblichkeit」(1830)에서 감성에 근거하지 않은 인간이해를 해체하면서 인간과 자연에 대한 모든 종교적 환상들을 극복할 것을 강조하고 있다. 포이어바흐는 자연이 종교적 상징체계에 귀속되는 것이 아니라 오히려 거꾸로 모든 종교적인 상징들이 자연으로부터 유래한다고 주장한다. 포이어바흐는 이 점을 다음과 같이 강조한다. "이제 우리는 지금까지 논한 결과로 세계의 본질 및 특성이 신의 본질 및 특성과 똑같고, 신은 세계와 구분되지 않으며, 신은 세계의 추상화된 개념에 불과하고, 신은 사유 속의 세계이며 세계는 현실 속의 신 또는 현실적인 신에 불과하고, 신의 무한성은 세계의 무한성으로부터만, 신의 영원성은 세계의 영원성으로부터만, 신의 힘과 영광은 자연의 힘과 영광으로부터만 추출되었고 발생했고 연역되었다는 것을 알게 되지 않는가?"[155]

포이어바흐에 따르면 우리는 인간존재의 감성적 기원에 대한 망각 때문에 종교에 종속된다. 종교에 사로잡혀 신의 존재를 보편적 본질로 사유하면서 "다양한 감성적 본질의 차이와 특성"[156]을 파악하지 못하기 때문에 인간과 자연의 본질은 왜곡된다. 그러나 포이어바흐에게 보편적 본질은 실재하지 않는 것이고 이것은 인간의 극

155 루트비히 포이어바흐(강대석 옮김), 『종교의 본질에 대하여』, 한길사, 2009, 184쪽.

156 루트비히 포이어바흐(강대석 옮김), 『종교의 본질에 대하여』, 185쪽.

단적인 추상화 작업의 결과일 뿐이다. 추상화는 다른 것이 아니라 인간의 소외를 야기할 뿐이다. 여기에서 포이어바흐는 추상화된 그리스도교적 신학과 철학이 자연의 본래적인 의미를 전도시킨다고 비판한다.[157]

니체가 포이어바흐를 알게 된 것은 듀링Dühring을 통해서 그리고 쇼펜하우어와 바그너를 통해서이다. 물론 니체가 자신의 철학에서 포이어바흐의 철학을 적극적으로 언급하지는 않지만, 청년 헤겔파였던 슈트라우스David Strauß의 『예수의 생애』와 함께 포이어바흐의 중요한 저서인 『그리스도교의 본질』은 니체에게 많은 영향을 주었다. 이 점은 니체가 자신의 조카인 안젤름Anselm에게 보낸 편지에서 포이어바흐를 언급했다는 점에서도 잘 알 수 있다.[158]

니체가 그리스도교의 세계관을 비판하는 것은 목적론이 왜곡된 인간이해에 근거한 세계해석이라고 보기 때문이다. 특히 자연에서의 모든 과정이 신에 의해서 설정된 목적을 실현하는 것이라면 인간의 삶에서 일어나는 고통스러운 사건들을 어떻게 정당화할 수 있겠는가 하고 물을 수밖에 없다는 것이 니체의 생각이다. 또한 만약 자

157 루트비히 포이어바흐(강대석 옮김), 『종교의 본질에 대하여』, 187쪽 참고. 포이어바흐는 이러한 추상화 작업에 의한 자연 질서의 전도에 대해서 다음과 같이 설명한다. "인간은 추상능력을 매개로 하여 자연과 현실에서 비슷하고 동일하고 공통적인 것을 끄집어내며 그것을 비슷하거나 비슷한 본질을 가진 사물로 분리시키고 그것을 이제 이 사물과 구분되는 독자적인 본질로 만들어 버린다." 앞의 책, 같은 곳.

158 Hennig Ottmann(Hrsg.), *Nietzsche Handbuch. Leben-Werk-Wirkung*, Stuttgart · Weimar 2011, 414쪽 참고.

연에 설정해 놓은 목적이 인간이 아니라 신을 위한 것이라고 한다면 과연 우리가 그것을 어떻게 받아들일 수 있겠는가 하는 것이 니체가 제기하는 물음이다. 니체는 이러한 물음에 답하기 위해 종교가 단지 인간의 유한성을 강조하는 것은 옳지 않다고 말한다. 니체는 만약 종교에서 말하는 것처럼 인간이 그렇게 유한하다면 과연 신이 부여한 목적을 어떻게 알 수 있겠는가 하고 반문한다.[159] 즉 인간이 이해할 수 없는 세계의 목적은 존재할 수 없다는 것이 니체의 주장이다. 여기에서 니체는 그리스도교의 세계관이 설정해 놓은 목적론적인 자연이해를 거부한다.[160]

2) 세계경험과 몸

니체는 쇼펜하우어의 의지형이상학을 수용하면서 자연에 대한 새로운 해석을 전개한다. 특히 몸Leib에 대한 니체의 관심은 그의 독창적인 인식론적 입장과 형이상학적 입장 그리고 윤리학적 입장과 함께 전통철학과의 결별을 고하는 것이며 새로운 철학의 도래를 예고하는 것이다. 이미 쇼펜하우어가 몸을 의지의 현상으로 규정하면

159 프리드리히 니체(박찬국 옮김), 『아침놀』, 147쪽 이하 참고.

160 니체는 『선악의 저편』에서 이러한 목적론 대신에 생리학적 입장에서 자연 속에서의 모든 유기체의 기본적인 본능이 자신의 생명을 유지하고 자신의 생명을 발산하는 것을 특징으로 한다는 점을 강조하는데, 자연은 이러한 자기보존의 충동을 드러낼 뿐이다. 니체는 이러한 충동을 힘에의 의지(Wille zur Macht)라고 부른다. 프리드리히 니체(김정현 옮김), 『선악의 저편·도덕의 계보』, 31쪽.

서 전통철학에서 부정적으로 언급되었던 몸에 대한 적극적인 의미와 역할을 강조했던 것처럼, 니체의 몸에 대한 이해도 우리로 하여금 새로운 세계경험을 가능하게 한다.

몸에 대한 니체의 관심은 이미 『비극의 탄생』에서부터 나타난다. 물론 니체가 이곳에서 몸 또는 몸성Leiblichkeit이라는 표현을 직접적으로 그리고 적극적으로 사용하지는 않는다. 니체가 디오니소스적인 것이라는 표현으로 드러내는 비극적 사유는 여러 가지 의미를 갖고 있지만, 그중의 하나는 바로 인간의 몸성에 대한 언급이다. 디오니소스는 개체화의 원리에 의해서 그 의미가 퇴색되는 개체의 존재의미를 회복시키면서 세계와의 조화를 가져오게 한다. 인간은 디오니소스적인 것의 경험 속에서 자신의 존재를 인식하게 되고 세계와 합일하게 된다. 니체가 『비극의 탄생』에서 디오니소스적인 것을 통해서 드러내려는 것은 개체화의 원리가 사라진 뒤에 다가오는 세계경험이다. 니체는 이 점을 다음과 같이 설명한다. "마치 마야의 베일이 갈가리 찢어져 신비로운 '근원적 일자' 앞에서 조각조각 펄럭이고 있는 것처럼 자신의 이웃과 하나가 됨을 느낄 것이다."[161]

니체는 쇼펜하우어가 근거율에서 벗어날 때 주어지는 세계경험의 혼란스러움을 전율Grausen로 표현하는 것에 주목하면서 디오니소스적인 도취에서 주어지는 세계경험을 다음과 같이 언급한다. "만약 개체화의 원리가 깨졌을 때 인간의 가장 깊은 근저로부터, 즉 자

161 프리드리히 니체(이진우 옮김), 『비극의 탄생·반시대적 고찰』, 34쪽.

연으로부터 솟구쳐 나오는 환희에 찬 황홀Verzückung을 이 전율과 함께 받아들인다면, 우리는 디오니소스적인 것의 본질을 엿볼 수 있다."[162] 니체에 따르면 디오니소스적인 것의 경험은 근원적인 모순과 고통 속에서 인간으로 하여금 개체화 원리에 사로잡힌 주관성을 포기하게 한다. 디오니소스적인 것은 주관성이 하나의 망상일 뿐이며 "신비한 자기포기와 합일상태"[163]를 통해서 세계를 경험하게 한다. 디오니소스적인 것은 소크라테스와 같은 이론적 인간이 제시하는 세계경험의 단절을 극복하고 "개인으로서가 아니라, 하나의 살아 있는 것으로서 우리는 하나의 살아 있는 것의 생식 욕구와 하나로 용해되어 있다"[164]는 것을 깨닫게 한다.

이러한 디오니소스적인 것의 경험은 세계해석의 새로운 방향을 제시하게 한다. 니체에 따르면 디오니소스적인 황홀경이 가져오는 고통은 우리의 존재가 무엇인지를 자각하게 한다. 여기에서 죽어야 할 운명을 지닌 유한한 존재이지만 실존의 고통 속에서도 삶을 긍정하며 살아가야 하는 자로서 인간의 존재 의미가 드러나게 된다. 삶에게 끊임없이 주어지는 투쟁, 고통, 파괴가 인간에게 주어진 운명이라는 점을 원초적으로 받아들이게 한다. 우리는 이러한 경험 속에서 세계를 새롭게 해석하게 된다.

니체가 시도하는 새로운 세계해석의 단초는 몸 또는 몸성이다.

162 프리드리히 니체(이진우 옮김), 『비극의 탄생·반시대적 고찰』, 33쪽.
163 프리드리히 니체(이진우 옮김), 『비극의 탄생·반시대적 고찰』, 52쪽.
164 프리드리히 니체(이진우 옮김), 『비극의 탄생·반시대적 고찰』, 128쪽.

이러한 몸의 개념이 적극적으로 언급되는 곳은 『차라투스트라는 이렇게 말했다』 1부 "세계 너머의 세계를 믿는 자들에 관하여Von den Hinterweltlern"에서 그리고 "몸을 경멸하는 자들에 관하여Von den Verächtern des Leibes"에서이다. 30세에 고향을 떠난 지 10년 동안 지치지 않고 고독 속에서 살아왔던 차라투스트라가 산에서 내려오면서 고지되는 니체의 새로운 세계해석은 무엇보다도 초월적인 세계 또는 피안의 세계를 가정하는 것을 비판한다. 니체는 『차라투스트라는 이렇게 말했다』에서 신의 죽음을 전제로 신의 존재에 얽매인 삶의 방식을 비판한다. 니체는 차라투스트라조차도 한때 신의 존재를 믿고 피안의 세계를 동경했던 적이 있다는 점을 언급한다. "차라투스트라도 한때는 세계 너머의 세계를 믿는 모든 자들과 마찬가지로 인간의 피안에 대한 망상을 품은 적이 있었다. 그때 세계란 고뇌하고 번민하는 신의 작품으로 보였던 것이다."[165] 차라투스트라도 처음에는 신이 세계를 깊은 사려와 호의 속에서 만들었을 것이라고 생각한다. 유한한 인간은 쉽게 신의 존재를 믿기 때문이다. 그러나 이때의 차라투스트라는 고독의 의미를 경험하지 못했으며 세계의 심원한 본질을 파악하지 못했을 때이다. 이제 니체는 산을 내려오는 차라투스트라를 통해서 이러한 피안의 세계는 허구이며 신의 존재도 "인간의 작품이자 인간의 망상"[166]이라는 사실을 폭로한다.

165 프리드리히 니체(장희창 옮김), 『차라투스트라는 이렇게 말했다』, 44쪽.
166 프리드리히 니체(장희창 옮김), 『차라투스트라는 이렇게 말했다』, 45쪽.

니체는 좀 더 근원적으로 이러한 피안의 세계를 동경하는 이유를 분석한다. 여기에서 니체는 피안의 세계를 동경하게 만든 신은 사실, 인간이라고 주장한다. 니체는 신은 다른 것이 아니라 인간존재의 "초라한 한 조각"[167]일 뿐이라고 주장한다. 무엇인가를 원하지만, 그곳에 도달할 수 없는 인간의 무력감, 고통과 무능함이 신과 피안의 세계를 만들어 냈던 것이다. 그런데 여기에서 제기되는 물음은 왜 인간은 그렇게 고통과 무력감을 느끼는가 하는 것이다. 니체에 따르면 인간은 몸과 대지로부터 달아났기 때문에 이러한 상황에 처하게 되었다. 인간은 어리석은 정신의 유혹에 의해서 자신의 존재의 근원인 몸을 외면해 버리고 이웃고 대지로부터 벗어나서 피안의 세계로 향하고자 했던 것이다. 그러나 인간이 자신의 몸을 망각하고 대지로부터 도망하여 도달하려고 했던 피안의 세계는 "탈인간화된 비인간적인 세계die entmenschte unmenschliche Welt"[168]일 뿐이다. 이러한 허구적인 세계 속에서 인간존재는 자신을 상실해 버린다는 것이 니체의 지적이다.

인간은 자신의 불행과 고통으로부터 벗어나려고 하지만 결코 그들의 이상향에 도달하지 못한다. 니체에 따르면 그들의 '별'은 너무나 멀리 떨어져 있었기 때문에 에움길을 만들어 내게 된다. 이들은 자신의 몸을 병들게 하며 존재의 심연인 대지를 황량하게 만들어 버

167 프리드리히 니체(장희창 옮김), 『차라투스트라는 이렇게 말했다』, 45쪽.
168 프리드리히 니체(장희창 옮김), 『차라투스트라는 이렇게 말했다』, 46쪽.

린다. 피안의 세계에 대한 막연한 동경 속에서 그들의 몸은 병들어 버리고 더 이상 몸은 대지의 의미를 드러내 주지 못한다. 이러한 상황은 니체에게는 하나의 '데카당스'라고 할 수 있는데, 그것은 인간 스스로 자신의 삶을 파괴시켜 버리는 것을 의미한다.

니체의 세계해석에서 몸이 중심이라는 점은『차라투스트라는 이렇게 말했다』의 "몸을 경멸하는 자들에 관하여"에서 잘 드러난다. 니체는 이곳에서 깨어 있는 사람der Erwachte, 알고 있는 사람der Wissende을 통해서 몸의 중요성을 다음과 같이 제시한다. "몸이 전적으로 나이며, 그 밖의 아무것도 아니다. 그리고 영혼은 몸에 있는 어떤 것을 위한 단어일 뿐이다."[169] 여기에서 깨어 있는 사람, 알고 있는 사람은 쇼펜하우어를 연상시키기에 충분하다. 앞서 언급했듯이, 쇼펜하우어는 인간의 이성을 몸, 정확히 말하자면 두뇌의 작용에 불과하다고 말하기 때문이다. 니체는 몸과 이성의 관계에 대한 쇼펜하우어의 견해를 어떤 식으로든 받아들인 것이 분명하다. 여기에서 몸이 일차적이라고 한다면 정신과 영혼은 이차적인 존재일 뿐이다. 니체에 의하면 창조하는 몸이 이러한 정신을 만들어 낸다.

니체는 이처럼 몸의 의미를 강조하면서 이성의 역할을 비판한다. 니체는 이러한 몸을 "커다란 이성grosse Vernunft"이라고 부른다. 이처럼 몸을 이성과 연결시키는 것은 의외라고 할 수 있겠지만 이것은 이전 철학에서의 이성과 비교하여 몸의 적극적인 의미를 제시하려는 의

169 프리드리히 니체(장희창 옮김),『차라투스트라는 이렇게 말했다』, 50쪽.

도 때문이다. 반면에 니체는 전통철학에서의 이성을 "작은 이성kleine Vernunft"이라고 부른다. 니체에 따르면 정신, 이성, 영혼이라는 이름으로 불리는 것들은 모두 몸의 도구일 뿐이다. 근대 주관성철학의 단초로 놓여 있는 자아(Ich)도 커다란 이성, 즉 몸의 부산물일 뿐이다. 니체가 이렇게 말하는 것은 정신, 이성, 영혼으로 각인된 자아의 역할이 소극적이며 수동적이라는 점을 제시하기 위한 것이다.

그런데 몸에 대한 니체의 관심은 이성주의자뿐만 아니라 감각을 신뢰하는 경험주의자들의 입장을 비판하게 만든다. 그에 따르면 감각이 느끼는 것은 결코 사물의 존재를 올바르게 드러내 주지 않는다. 일상적으로 우리는 감각이 파악한 방식대로 사물이 존재할 것처럼 생각한다. 그러나 니체는 이에 대해 정신뿐만 아니라 감각도 몸의 도구에 불과하다는 점을 강조한다. 니체에 따르면 근대의 합리론자와 경험론자들이 세계해석의 출발점으로 삼았던 이성과 감각은 몸의 부수적인 기능에 불과한 것이다. 따라서 이성의 우월성이나 감각의 우월성을 주장하는 것은 받아들일 수 없다. 인식과 관련한 이성과 감각의 역할은 몸에 의해서 주어질 뿐이다. 여기에서 니체가 커다란 이성으로서의 몸을 언급하면서 제시하고자 하는 것은 무엇보다도 몸의 능동적인 역할이다. 이 점을 그는 다음과 같이 비유적으로 설명한다. "이 커다란 이성은 자아를 말하지 않고 자아를 행동한다."[170]

170 프리드리히 니체(장희창 옮김), 『차라투스트라는 이렇게 말했다』, 51쪽.

니체는 이러한 몸의 의미를 드러내기 위하여 자기Selbst라는 개념을 사용한다. 앞서 말한 자아는 인간으로 하여금 자신의 몸을 망각하게 하고 피안세계를 갈망하게 한다. 그러나 자아와 달리 니체가 강조하는 자기는 바로 커다란 이성인 몸 자신을 의미한다. 몸으로서의 자기는 자아를 지배할 뿐만 아니라 감각과 정신을 이끌어 가는 능동적인 존재이다. 니체는 다음과 같이 말한다. "형제여, 그대의 사상과 감정의 배후에는 강력한 명령자, 알려지지 않은 현자가 있으니, 그 이름이 자기이다. 그것은 그대의 몸속에 살고 있고, 그것은 바로 그대의 몸이다."[171]

니체는 몸에 대한 이러한 적극적인 해석을 통해서 서양철학을 각인하는 정신과 물질의 이분법을 극복하려고 한다. 또한 니체는 몸의 복권을 통해서 전통철학에 의해서 왜곡되었던 세계를 새롭게 해석하는 지평을 제공한다. 특히 새로운 몸의 해석을 통해서 주어지는 세계이해의 지평은 니체가 새로운 인간존재로 제시하는 초인Übermensch을 등장하게 한다. 여기에서 몸을 경멸하는 자, 몸을 버리고 정신, 이성, 영혼에 사로잡힌 자는 더 이상 아무것도 창조할 수 없는 몰락하는 자, 데카당스적인 인간으로 그려질 뿐이다. 이 점은 니체의 다음과 같은 언급에서 잘 드러난다. "나는 그대들의 길을 가지 않는다, 그대들 몸을 경멸하는 자들이여! 그대들은 나에게는 결

171 프리드리히 니체(장희창 옮김), 『차라투스트라는 이렇게 말했다』, 51쪽. 니체에 따르면 이러한 자기는 "자아를 이끄는 끈이며 자아가 갖고 있는 개념들을 귓속말로 알려 주는 자"[프리드리히 니체(장희창 옮김), 『차라투스트라는 이렇게 말했다』, 52쪽]이다.

코 초인에 이르는 다리가 아니다!"[172]

3) 인과법칙의 한계

쇼펜하우어와 마찬가지로 니체는 전통철학에서 중요한 역할을 했던 목적론과 기계론을 해체하면서 새롭게 자연을 해석한다. 여기에서 니체가 강조하는 몸, 특히 인간에게 부여하는 몸성은 자연과의 관계를 적극적으로 해석하도록 한다. 니체에 따르면 자연의 본질은 독일관념론이나 낭만주의가 제시했던 그런 것이 아니다. 니체는 자연이 정복의 대상이거나 인간과 조화로운 관계를 유지할 수 있는 그런 대상이라고 생각하지 않는다. 왜냐하면, 니체는 무엇보다도 자연에 대한 인간의 두려움과 자연이 지닌 광폭함을 주목하기 때문이다. 자연이 개체로서의 인간을 언제든지 파멸시킬 수 있다는 점을 강조하는 쇼펜하우어처럼 니체 또한 인간에 대한 자연의 배타적 관계를 주목하기 때문이다.

니체는 신의 존재나 내세에 대한 동경이 자연에 대한 공포에서 생겨난 것임을 누구보다도 잘 알고 있다. 유한한 인간은 자연이 야기하는 공포로부터 벗어나기 위해 자연에 대한 인간적인 설명을 시도한다. 니체에 따르면 인과법칙의 존재를 믿는 것은 한편으로는 자연을 지배하려는 것이지만 다른 편으로 보면 자연에 대한 두려

172 프리드리히 니체(장희창 옮김),『차라투스트라는 이렇게 말했다』, 53쪽.

움을 극복하기 위한 것이다. 니체는 이 점을 다음과 같이 설명한다. "소위 인과-본능은 단지 익숙하지 않은 것 앞에서의 공포에 지나지 않으며, 그 익숙하지 않은 것 안에서 무언가 알려져 있는 것을 발견하려는 시도인 것이다."[173] 인간은 두려움에서 벗어나려고 어떤 식으로든 자연이 왜 그리고 어떻게 존재하는지에 대해서 알려고 한다. 이런 점에서 니체는 다음과 같이 말한다. "우리는 무엇인가가 왜 변화했는지를 설명하기 위해서 사물을 찾는다. 심지어 원자조차 그렇게 덧붙여져서 고안된 '사물'이자 '근본적 주체Ursubjekt'인 것이다."[174]

우리는 니체의 자연이해가 지닌 특성을 그의 인과법칙비판에서 확인할 수 있다. 쇼펜하우어가 인과법칙의 사용을 오로지 표상세계에 제한하는 것과는 다르게 니체는 인과법칙 자체에 대해서 의문을 제기한다. 니체에 따르면 인과법칙은 인간이 자연을 임의적으로 해석하는 것이라고 본다. 따라서 인과법칙은 자연의 존재를 밝혀내는 것이 아니라 자연에서 자신의 존재를 확인하고자 하는 인간의 충동이라고 볼 수 있다. 니체에 따르면 인간은 자연에 대해서 자신이 잘 알고 있다고 믿고 싶어 하는 심리적인 충동에서 인과법칙을 만들어 낸다. 이런 이유에서 니체는 다음과 같이 말한다. "사람들이 놀라서 불안해하며, 자신을 유지시킬 수 있는, 알려진 무엇인가를 원한다."[175]

173 프리드리히 니체(백승영 옮김), 『유고(1888년 초~1889년 1월 초): 생성과 존재 외』, 89쪽.
174 프리드리히 니체(백승영 옮김), 『유고(1888년 초~1889년 1월 초): 생성과 존재 외』, 88쪽.
175 프리드리히 니체(백승영 옮김), 『유고(1888년 초~1889년 1월 초): 생성과 존재 외』, 89쪽.

인과법칙의 기원에 대한 이러한 심리학적인 설명 방식은 니체 이전의 철학자인 흄에게서도 찾아볼 수 있다. 물론 흄은 니체처럼 인과법칙에 대해서 극단적인 태도를 취하지 않는다. 흄은 인과법칙이 일상생활에서 경험하는 습관의 산물일 뿐이라는 점을 강조한다. 특히 우리가 인과법칙에 대해서 부여하는 원인과 결과 사이의 '필연적인 결합'은 존재하지 않는다는 것이 흄의 지적이다. 이를 통해서 흄은 인과적 추론의 정당성을 문제 삼으면서 인과적 추론이 이성에 근거하는 것이 아니라 사실은 인간의 상상력에 의해서 만들어진 것이라고 주장한다.[176] 그러나 인과관계의 믿음에 대한 니체의 비판은 더욱더 단호하게 이루어진다. 그는 자연현상의 인과성에 대한 믿음은 "원시적 신화Urmythologie"[177]일 뿐이라고 비판한다.

사실 인과성의 문제는 자연의 해석뿐만 아니라 모든 인간의 삶을 해석하는 데 있어서 중요한 문제이다. 인식의 문제, 도덕의 문제, 종교의 문제, 자연법칙의 문제들을 관통하고 있는 근원적인 것이 바로 인과성의 문제이기 때문이다. 어떤 점에서 보자면 철학의 역사는 존재하는 모든 것 사이에서 원인과 결과 —비록 그것이 필연적인 것이 아니더라도— 의 관계를 설정하고 이에 대해서 설명하는 것이라고 할 수 있다. 고대 그리스에서 만물의 근원적인 구성요소인 '아르케'를 생각해 냈던 탈레스의 철학 그리고 대립 속에 놓여 있는 사물

176 서양근대철학회 엮음, 『서양근대철학』, 창작과 비평사, 2001, 270쪽 이하 참고.

177 Friedrich Nietzsche, *Nachgelassene Fragmente(Herbst 1881)*, in: Kritische Gesamtausgabe, Bd. V-2, Berlin 1973, 485쪽.

들의 변화를 빚과 보상의 관계로 설명하는 아낙시만드로스의 철학은 세계 내에서의 다양한 현상들을 인과적으로 설명하려는 시도로 이해할 수 있다.

그런데 우리가 인과법칙의 정당성을 확보하는 것은 쉽지 않아 보인다. 쇼펜하우어가 강조하듯이, 충분근거율을 주관과 객관 사이에 적용할 수 없다는 점을 고려한다면, 인과관계를 인식하는 주체로서의 인간이 경험하는 인식대상으로서의 객관 사이에 적용시키는 것은 세계에 대한 인식주관의 임의적인 관계설정일 수 있기 때문이다. 여기에서 우리가 인식하는 바대로 사물이 실제로 그렇게 존재한다는 것을 어떻게 보증할 수 있으며 나아가서 이러한 자의적인 인간의 행위가 세계의 존재 방식을 왜곡시키는 것이 아닐까 하는 의문을 제기할 수 있다. 특히 여전히 사유와 존재의 관계를 논의하는 것에 대한 의문이 남아 있는 한에서 인과법칙의 역할에 대한 회의적인 입장이 제기될 수밖에 없다. 인과법칙에 대한 이러한 불신은 사유와 존재의 변증법적 연결 고리를 확신한 헤겔을 비판했던 포이어바흐의 입장과 맥을 같이한다. 포이어바흐는 헤겔을 비판하면서 사유가 존재에서 생기지만 존재는 결코 사유에서 나오지 않는다는 점을 강조한다.[178]

앞서 우리가 목적론비판에서 살펴보았듯이, 신의 존재를 상정하

178 안현수, 『인간적 유물론: 포이에르바하의 헤겔비판과 마르크스에 미친 영향』, 서광사, 1991, 72쪽 참고.

여 세계현상을 설명하면서 모든 사물의 존재에 목적을 설정하는 것도 인과관계의 변형된 형태로 볼 수 있다. 특히 '자기원인causa sui'으로서의 신의 존재를 상정하는 것은 자연세계의 다양한 현상들 사이의 인과적 계열을 고려하지 않고서는 언급될 수 없다. 또한 도덕적 행위의 정당성을 언급하는 것도 도덕규범들 사이의 인과적 연관성을 고려함으로써 비로소 가능한 것이다. 인간의 어떤 행동이 실제로 의도했던 특정한 결과를 가져오지 않는다고 하더라도 그 결과는 동기로서의 어떤 것과 인과적인 형태의 연결 고리를 필요로 하기 때문이다. 여기에서 도덕은 가장 선한 존재로서의 신과 인간행위의 인과적 결합을 설정하기까지 한다.

그러나 니체는 이러한 형태의 인과관계설정을 거부한다. 그는 인간의 인식과 행위를 설명하는 것뿐만 아니라 자연현상도 인과법칙을 통해서 올바르게 설명할 수 없다고 본다. 세계를 끊임없는 해석의 과정으로 파악하는 것에서 알 수 있듯이, 니체는 자연현상에 원인과 결과의 결합이라는 거친 연결 고리를 적용시키는 것이 정당한지 의문을 제기한다. 세계에 대한 인과적인 해석은 앞서 언급한 흄의 경우처럼 우리의 일상생활에서의 지속적인 경험, 즉 습관을 투영시킨 것이다. 인간은 자신의 눈앞에서 일어난 현상들을 습관적으로 인과적으로 연결시키길 바란다. 흄에 따르면 이러한 연관 지음이 반복될수록 특정한 현상에 대한 인과성에 대한 신념들이 강화된다. 그러나 니체에 따르면 인과법칙은 "가장 습관화된 설명들die gewöhnlichsten Erklärungen"[179]일 뿐이다.

니체는 『아침놀』에서 자연현상을 인과법칙에 의해서 설명하려는 모든 시도를 다음과 같이 단호하게 비판한다. "'원인과 결과!' —우리의 지성은 하나의 거울인데, 이 거울 위에서 규칙성을 보여 주는 어떤 사건이 일어난다. 어떤 특정한 사물이 항상 다른 특정한 사물을 뒤따라온다. 우리가 이것들을 인지하고 명명하려 할 때, 우리 어리석은 자들은!, 그것들을 원인과 결과라고 명명한다."[180] 니체는 자연세계의 끊임없는 생성Werden을 강조하면서 자연을 특정한 법칙성으로 파악하는 것을 허용하지 않는다. 우리가 언급하는 수많은 자연법칙은 자연현상 그 자체가 아니라 사실은 우리가 경험하는 자연현상들을 우리의 방식으로 결합한 것이다. 이러한 현상들 사이의 관계는 자연현상을 바라보는 우리의 시각을 충실하게 반영해 줄 뿐이다. 마치 거미가 자신의 의도대로 거미줄의 형태를 만들어 내듯

179 프리드리히 니체(백승영 옮김), 『바그너의 경우·우상의 황혼·안티크리스트·이 사람을 보라·디오니소스 송가·니체 대 바그너』, 136쪽.

180 프리드리히 니체(박찬국 옮김), 『아침놀』, 141쪽 이하. 특히 니체는 원인 개념을 이성적으로 설명하는 것이 불가능하다는 점을 밝혀낸 흄의 노력을 의미 있게 평가한다. 그러나 니체는 이러한 과정에서 흄 자신도 원인 개념의 근거를 묻는 방식으로 잘못을 범한다는 점을 지적한다. "흄은(칸트의 용어로 말하면) 어떤 권리로 그것이 상상하는지 자신에게 해명과 대답을 주는 이성을 요청한다. 즉 그 무엇이 창조될 수 있으며, 만일 그것이 세워진다면, 이를 통해 또한 다른 그 무엇이 필연적으로 세워져야만 한다는 것이다. 왜냐하면 이것이 말하는 바는 원인 개념이기 때문이다. 선험적으로, 개념적으로 그러한 연관 등을 생각하는 것은 이성으로는 완전히 불가능하다는 것을 그는 모순 없이 증명했다. —그러나 논증의 권리에 대한 근거를 묻는 것은 어리석은 일이었다. 그는 자신이 시험하고자 했던 행동을 했다." 프리드리히 니체(김정현 옮김), 『유고(1884년 가을~1885년 가을): 시와 단편들 외』, 218쪽. 여기에서 니체는 이성이 원인 개념을 설명할 수 없다는 점을 흄이 적절하게 밝혀냈지만, 궁극적으로 세계의 원인을 상정한다는 점에서 비판받아야 한다고 말한다.

이, 인간이 경험하는 방식대로 자연현상을 법칙으로 만들어 내는 것이다. 인과법칙은 실제로 자연이 인과법칙의 설명처럼 움직이는지를 확인해 줄 수 없다.

인과법칙의 역할에 대한 니체의 비판은 쇼펜하우어와 함께 인과법칙을 통해서 세계의 본질을 명확하게 제시하려고 했던 전통철학의 시도에 대한 비판을 잘 드러내 준다. 이미 쇼펜하우어도 이러한 인과법칙이 —쇼펜하우어는 인과법칙을 포괄적으로 충분근거율이라고 부르는데— 단지 표상세계에만 적용될 뿐 결코 사물 자체, 즉 물자체의 세계에는 적용되지 않는다는 점을 강조한다. 왜냐하면, 시간과 공간을 벗어난 곳에서 인과관계는 성립할 수 없기 때문이다. 시간과 공간 속에 주어지는 세계는 표상세계일 뿐이며, 이 표상세계는 사물 자체의 세계가 아니라 우리가 바라보는 관점이 반영된 세계, 다시 말하자면 인간에 의해서 제약된 세계이기 때문이다. 이러한 쇼펜하우어의 입장은 니체에게도 적용된다. 니체에 따르면 이러한 자연법칙에 대한 전적인 신뢰는 인간의 '미신Aberglaube'일 뿐이다.[181] 자연법칙을 만든 사람은 인간 자신이기 때문이다.

4) 자연의 인간화와 인간의 자연화

니체는 소크라테스 이후부터 전개된 전통철학에서의 자연해석을

181 프리드리히 니체(김미기 옮김),『인간적인 너무나 인간적인 II』, 책세상, 2017, 27쪽 참고.

"자연의 인간화Vermenschlichung der Natur"라고 규정한다. 특정한 개념들과 법칙으로 이루어진 자연이해를 통해서 자연 자체가 드러나는 것이 아니라 오히려 인간의 욕망이 자연에 그대로 투영될 뿐이다. 니체에 따르면 이러한 자연해석에는 인간중심주의가 그대로 반영되어 있을 뿐이다. 그러나 이러한 인간중심주의는 자연에 대한 오만일 뿐이다. 그렇기 때문에 니체는 『도덕의 계보』에서 다음과 같이 말한다. "오늘날 자연에 대한 우리의 전체적인 태도Stellung, 기계들과 사려 깊지 못한 기술자와 엔지니어의 발명Ingenier-Erfindsamkeit을 도움으로 하는 자연-지배는 오만hybris이다."[182] 니체에 따르면 이러한 오만은 자연에 대한 우리의 태도에서뿐만 아니라 신에 대한 우리의 태도 —왜냐하면 니체는 신의 존재를 상정하는 것은 인간의 의지를 반영한 것이라고 보기 때문에— 에서 그리고 인과법칙이라는 그물망 속에 숨겨져 있는 목적이나 도덕규범으로 세계를 파악하려는 태도에서도 발견된다.

앞서 인과법칙에 의한 자연해석이 주관적인 신념에 기인한다고 비판한 것처럼 니체는 객관성에 대해서도 마찬가지로 비판한다. 특히 니체는 『반시대적 고찰』에서 객관성Objektivität을 문제 삼으면서 근대인들의 사유를 다음과 같이 비판한다. "근대인이 자랑하는 강점으로 관심을 돌려, 그가 유명한 역사적 '객관성' 때문에 자신이 강하

182 프리드리히 니체(김정현 옮김), 『선악의 저편·도덕의 계보』, 474쪽. 니체는 정작 이러한 오만은 우리에 대한 오만이며 우리의 존재를 왜곡시키는 결과를 야기할 뿐이라고 지적한다. 앞의 책, 같은 곳 참고.

다고, 다시 말해 정당하다고, 다른 시대의 사람보다 더 정당하다고 말할 수 있는 권리가 있는가라는 괴로운 질문을 하자."[183] 근대인들은 객관성이 진리를 보증해 주며 세계에 대한 그들의 설명을 정당화해 준다고 생각하지만, 니체는 과연 이러한 객관성의 근원이 어디에 있는지를 진지하게 묻는다. 여기에서 니체는 객관성을 자연해석에 적용시키는 것뿐만 아니라 역사를 기술하는 것에 적용시키는 것 또한 비판한다.

니체에 따르면 객관성에 대한 신념은 "하나의 신화, 하나의 나쁜 신화"[184]일 뿐이다. 객관적인 관점은 주관적인 것의 영역에 속한다. 왜냐하면, 객관성도 자연을 바라보는 인간의 시각이 반영된 것이기 때문이다. 따라서 객관성은 주관성의 외면적 포장에 불과한 것이라고 할 수 있다. 그것은 주관적인 충동이 꾸며 낸 것이다. 그렇기 때문에 니체는 이러한 객관성에 근거하여 학문을 발전시키려고 한 19세기의 유럽인들을 비판한다. "19세기의 오만한 유럽인이여, 그대는 제정신이 아니구나! 너의 지식은 자연을 완성하는 것이 아니라 너의 자연을 죽이는 것이다. … 너의 삶에는 어떤 받침목도 존재하지 않는다. 있다면 단지 거미줄인데, 그것마저도 너의 인식이 붙잡을 때마다 찢겨 나간다."[185]

물론 니체는 자연탐구의 출발점이 인간이라는 점을 부인하지는

183 프리드리히 니체(이진우 옮김), 『비극의 탄생·반시대적 고찰』, 333쪽.
184 프리드리히 니체(이진우 옮김), 『비극의 탄생·반시대적 고찰』, 338쪽.
185 프리드리히 니체(이진우 옮김), 『비극의 탄생·반시대적 고찰』, 364쪽.

않는다. 그러나 이때에 인간에 대한 이해가 올바른지를 문제 삼는다. 니체에 따르면 전통철학이 전개한 자연의 인간화는 인간에 대한 왜곡된 이해 때문에 자연의 본질을 변질시키기 때문이다. 그렇기 때문에 니체는 근대부터 본격적으로 전개되었던 과학적 사유를 단호하게 비판한다. "과학적으로 탐구되고 계속해서 연구될 수 있는 세계-해석만이, 수를 세고, 계산하고, 무게를 달고, 눈으로 보고, 손으로 쥐는 것 외에는 아무것도 용납하지 않는 세계-해석만이 정당하다는 주장은 정신병이나 바보가 아니라면 우둔함이나 단순함의 소치이다."[186] 니체는 과학적 설명이 자연에 대한 가장 빈곤한 해석일 뿐이라고 비판한다. 그렇기 때문에 인간이 자연을 지배하려는 근대에 행해졌던 그리고 현재에도 여전히 진행되고 있는 시도를 오만한 것이라고 비판한다. 앞서 언급했던 인과법칙의 존재를 가정하는 것 그리고 자연의 목적을 가정하는 것이 바로 이러한 오만의 대표적인 예이다.

전통철학이 전제하는 인간의 능력에 대해서 의문을 제기하는 니체는 특히 인간의 사유능력을 신뢰하지 않는다. 그는 사유행위가 과연 무엇을 보증해 줄 수 있는지를 의심한다. "사유라는 개념을 나

186 프리드리히 니체(안성찬 · 홍사현 옮김), 『즐거운 학문·메시나에서의 전원시』, 380쪽. 니체는 특히 여기에서 물리학을 다음과 같이 비판한다. "물리학에는 스스로를 위한 눈과 손가락이 있으며, 자기 자신을 위한 외관과 이해 가능성을 가지고 있다. 이것은 근본적으로 천민의 취향을 지니고 있는 시대에 매력적인 힘으로, 설득력 있게 확신에 찬 힘으로 작용한다." 프리드리히 니체(김정현 옮김), 『선악의 저편·도덕의 계보』, 32쪽.

는 어디서 얻게 되는가? 나는 왜 원인과 결과를 믿는가? 나에 대해, 더구나 원인으로서의 나에 관해, 그리고 결국에는 사유의 원인으로서의 나에 관해 나에게 말할 권리를 주는 것은 무엇인가? '나는 생각한다. 그리고 이것이 적어도 참이고, 현실이며 확실하다는 사실을 알고 있다'라고 말하는 사람의 행위에서처럼, 일종의 인식의 직관에 의존하여 저 형이상학적 물음에 바로 대답하는 용기를 내는 사람은, 오늘날 한 사람의 철학자에게서 하나의 웃음과 두 개의 의문부호를 이미 발견하게 될 것이다."[187]

여기에서 자연의 인간화에 대한 니체의 비판은 자연으로의 회귀를 주장하는 루소의 주장을 떠올릴 수 있을 것이다. 실제로 니체는 『우상의 황혼』에서 루소의 "자연으로 돌아가라"라는 말을 직접 사용한다. 그러나 자연의 인간화를 비판하는 니체의 입장은 루소가 주장하는 자연으로의 회귀와는 구분되어야 한다. 니체는 『반시대적 고찰』에서 서양에서 새로운 시대의 흐름을 이끌었던 사람으로서 루소를 평가하지만, 자연으로의 당위적인 회귀를 외쳤던 '루소적 인간'은 비판한다. 니체는 신성한 자연을 외치는 루소의 입장은 자연뿐만 아니라 인간 자신을 경멸하는 것이라고 비판한다. 루소가 말하는 자연으로의 회귀는 자연의 인간화 과정을 걸었던 전통철학에

187 프리드리히 니체(김정현 옮김), 『선악의 저편·도덕의 계보』, 35쪽. 니체는 데카르트의 "나는 생각한다"라는 언명이 정당하지 않다고 지적한다. 왜냐하면, 니체는 데카르트의 언명이 '나'가 주어이고 '생각한다'가 술어이며, 나라는 주어가 생각한다는 술어의 조건이라고 주장한다고 보기 때문이다.

서처럼 인간에 대한 해석을 왜곡시켜 또다시 자연을 오해하게 만들 뿐이다. 왜냐하면, 인간이나 자연 둘 중의 어느 하나에 비중을 두는 세계해석은 인간과 자연 사이에 놓여 있는 진정한 관계를 단절시켜 버리기 때문이다.

니체는 루소가 "신성한 자연"을 외치는 것이 근대적인 인간에 의해서 왜곡된 자연을 복원시키는 것이 아니라 오히려 있어야 할 자연으로부터 멀리 벗어난 부자연스러운 것이라고 지적한다. 한마디로 루소의 자연에로의 회귀는 불손한 의도에서 선포되었다는 설명이다.[188] 왜냐하면, 인류문명의 초기에 자연현상은 인간에게 두려움의 대상이었기 때문이다. 이때에 자연은 '악한 자연'으로 이해되었다. 따라서 인류의 문명은 이러한 악한 자연을 극복하는 데 관심을 두었는데, 루소가 말하는 선한 자연은 실제로는 악한 자연일 뿐이다. 그러나 니체에 따르면 자연을 악한 자연으로 바라보는 것뿐만 아니라 선한 자연으로 가정하는 것도 자연을 그 자체로가 아니라 인간의 관점에서 해석하는 것이다. 즉 이 모든 것이 자연의 인간화인 것이다. 니체에 따르면 자연 자체는 악하지도 선하지도 않다.[189]

188 프리드리히 니체(백승영 옮김), 『바그너의 경우·우상의 황혼·안티크리스트·이 사람을 보라·디오니소스 송가·니체 대 바그너』, 141쪽 참고.

189 니체는 이런 이유에서 자연에 합치하는 삶을 강조하는 스토아적인 자연해석을 비판한다. 자연은 스토아철학자들이 생각한 것처럼 고상하게 호의적인 것이 아니라고 보기 때문이다. 특히 니체는 스토아철학자들의 무관심과 자연의 내적 본성을 연결시키려는 태도를 비판한다. 니체는 이런 점에서 다음과 같이 말한다. "자연은 한없이 낭비하고, 한없이 냉담하며, 의도와 배려가 없으며, 자비와 공정함도 없고, 풍요롭지만 동시에 황량하고 불확실하다. 그대들은 무관심 자체를 힘이라고 생각해 보라. 그대들은 어떻게 이 무

자연의 인간화 대신에 니체가 주장하는 것은 인간의 자연화이다. 물론 이러한 전환은 단순한 방향전환, 즉 인간에서 자연을 중심으로 논의한다는 형식적인 변화를 의미하지 않는다. 또한 이것은 전통철학에서 행해졌던 자연의 인간화에서 인간에 의한 자연의 지배를 보상하기 위해서 이제 자연에 의한 인간의 지배를 허용하는 것을 의미하지도 않는다. 니체가 인간의 자연화를 통해서 주장하려는 것은 자연과 인간 중에 어느 한쪽을 선택하거나 강조하는 것이 아니다. 그렇다고 교양적인 의미에서 자연의 가치를 다시 한번 생각해 보자는 그런 의미도 아니다. 또한 인간의 자연화는 스토아철학에서 볼 수 있는 인간과 자연의 조화로운 상태에 대한 막연한 동경을 의미하지도 않는다. 앞서 언급했듯이, 자연의 존재 방식은 그렇게 조화로운 상태에 있지 않기 때문이다. 쇼펜하우어가 자연을 맹목적인 살려는 의지가 드러나는 곳으로 묘사하듯이, 니체도 자연을 힘에의 의지가 드러나면서 충돌하고 갈등을 겪는 곳으로 파악한다. 니체에 따르면 자연의 움직임을 조화롭게 생각하는 것은 하나의 의인화의 결과일 뿐이다. 여기에서 니체의 생성의 철학이 존재하는 모든 것의 투쟁적이고 대립적인 상태를 기본적인 전제로 삼고 있다는 점을 간과해서는 안 될 것이다.

관심에 따라 살 수 있을 것인가?" 프리드리히 니체(김정현 옮김),『선악의 저편·도덕의 계보』, 23쪽 이하 참고.

5) 힘에의 의지로서의 자연

니체의 자연철학은 근대의 인식론적 특징인 주관의 주관성에 대한 비판을 바탕으로 하는데, 이것은 자연을 주관에 대한 객관으로서 파악하는 것을 거부하기 때문이다. 근대적 인식론의 태도는 자연을 주관에 거슬러 있는 대상으로서 규정한다. 그러나 니체는 이러한 주관성에 대한 집착을 벗어나서 자연의 해방을 선포한다. 특히 니체는 인간의 이성에게 더 이상 자연의 본질을 파악할 수 있는 자격을 부여하지 않는다. 이성은 영원한 생성으로서의 세계를 파악할 수 없다. 왜냐하면, 자연은 그것을 바라보는 인간의 특정한 입장으로 설명할 수 없는 역동적인 전체이기 때문이다. 스피노자가 자연의 역동성을 "능산적 자연natura naturans"이라고 규정하듯이, 자연의 존재는 인간의 인식을 통해서는 파악할 수 없는 역동성을 지닌 것이다. 자연은 굳이 인간의 관점에서 표현하자면 수많은 존재의 측면을 갖고 있다고 말해야 한다. 그렇기 때문에 세계는 끊임없이 새롭게 해석되어야 한다는 것이 니체의 입장이다. 이런 점에서 니체는 『즐거운 학문』에서 "세계가 무한한 해석을 자체 내에 내포하고 있다"라고 말한다.[190]

자연은 카오스적인 것이며 더 이상 주체로서의 인간에 의해서 규

190 프리드리히 니체(이진우 옮김), 『비극의 탄생·반시대적 고찰』, 381쪽.

정되는 것이 아니다.[191] 자연은 더 이상 인간화되어서는 안 된다. 그렇기 때문에 니체는 자연의 탈인간화를 추구한다.[192] 자연은 인간을 포함해서 모든 존재를 이끌어 가는 역동적인 힘 자체이며 내적으로는 끊임없이 투쟁적으로 자신을 드러내는 생성 자체이다. 니체에게 자연은 더 이상 고정되고 지속적으로 머물러 있는 것이 아니다.

전통형이상학에 대한 니체의 단호한 태도는 이처럼 자연에 대한 새로운 이해를 시도하게 한다. 니체는 힘에의 의지라는 말로 이러한 자연의 역동적인 모습을 드러낸다. 앞에서 니체의 인식론을 살펴보면서 인식과 힘에의 의지의 연관성을 언급했는데, 이때의 힘에의 의지가 이제는 자연해석에 적용된다. 니체는 인식 작용을 힘에의 의지로서 파악하는 것처럼 자연의 모든 현상을 힘의 발현, 즉 힘에의 의지의 전개로서 파악한다. 자연은 힘에의 의지 그 이외에 다른 것이 아니다. 끊임없이 일어나는 생성과 변화 그리고 개체들 사이의 갈등을 통해서 자연을 이끌어 가는 것이 힘에의 의지이다. 이런 점에서 니체의 자연철학은 자연에서의 힘에의 의지를 설명하는 것이라고 할 수 있다. 힘에의 의지로서의 자연해석은 니체가 더 이상 존재의 형이상학이 아니라 생성의 형이상학을 전개한다는 것을

191 이 점은 하이데거의 다음과 같은 언급에서 잘 드러난다. "세계 전체를 '카오스'로 보는 표상은 니체에게는 존재자 전체의 '인간화'를 막기 위한 것이다." 마르틴 하이데거(박찬국 옮김), 『니체 I』, 도서출판 길, 2010, 341쪽.

192 그러나 하이데거는 니체의 탈인간화를 위한 시도 자체도 일종의 인간화일 뿐이라고 비판한다. 마르틴 하이데거(박찬국 옮김), 『니체 I』, 349쪽.

말해 준다. 생성에게 존재의 성격을 각인하는 것이 바로 힘에의 의지이기 때문이다. 이러한 힘에의 의지는 생성의 세계를 이끄는 존재 원리인 것이다.

그러나 이러한 니체의 입장에 대한 비판이 제기되기도 한다. 하이데거는 니체의 이러한 입장을 비판적으로 평가한다. 하이데거는 힘에의 의지가 "현존성으로 생성을 항존화하는 것"[193]이라고 평가한다. 하이데거의 이러한 표현은 니체 역시 퓌지스physis로서의 존재를 근대형이상학의 틀 안에서 바라보고 있다는 평가에 근거하고 있다. 그러나 이 같은 하이데거의 해석과는 달리 생성에게 존재의 성격을 각인하려는 니체의 자연철학은 진정한 존재야말로 생성하는 것이라는 점 그리고 이러한 생성의 본질이 힘에의 의지라는 점을 말해 준다. 여기에서 생성에게 존재의 성격을 각인하는 것이라는 표현은 세계를 힘에의 의지로서 역동적으로 파악하는 니체의 의도를 드러내 준다.

여기에서 힘에의 의지의 드러남으로서 자연을 파악하는 것은 더 이상 세계를 실체로서 파악하지 않는다는 점을 명확히 해 준다. 쇼펜하우어가 자연을 단순히 연장res extensa으로서 규정하는 데카르트

193 마르틴 하이데거(박찬국 옮김), 『니체 I』, 620쪽. 하이데거는 이런 점에서 다음과 같이 말한다. "형이상학적으로 다양하게 해석된 존재 자체는 진리의 본질에서 현성(wesen)한다. 그러나 이렇게 모든 것을 지탱하는 진리에 대한 물음은, 니체에 의해서 서양의 형이상학이 완성된 여기에서는 지금까지와 마찬가지로 제기되고 있지 않을 뿐만 아니라 물을 만한 가치가 있는가와 관련해서도 전적으로 파묻혀 있기 때문에, 이러한 형이상학의 완성은 하나의 종말이 된다." 마르틴 하이데거(박찬국 옮김), 『니체 I』, 621쪽.

적인 입장을 거부하면서 자연을 의지의 역동적인 현상으로 규정하는 것처럼, 니체는 세계를 고정된 실체가 아니라 끊임없이 생성과 소멸을 반복하는 유기적인 전체로서 파악하기 때문이다. 세계경험의 다양성을 드러내 주는 관점주의에 근거한 니체의 자연이해는 자연을 더 이상 단순히 연장으로서가 아니라 생명력 있는 것으로 이해한다. 니체에 따르면 근대철학에서 언급되는 생명력 없는 자연은 기계론이 가져온 왜곡된 세계해석일 뿐이다. 자연은 인간의 삶이 주어지는 생명력 있는 공간이다. 여기에서 니체는 모든 존재의 본능과 보다 나은 존재를 위한 욕망을 드러내는 힘에의 의지를 실현하는 공간으로서의 자연을 해석한다.

니체에 따르면 자연에서의 모든 개체는 보다 많은 힘에의 의지를 쟁취하고자 끊임없이 변화한다. 그러나 여기에서 주목할 점은 이러한 변화가 진보나 발전을 의미하지 않는다는 것이다. 니체 역시 자연과 역사의 진보를 부정한다. 니체의 입장은 자연은 특정한 목표를 향하는 것이 아니라 매 순간 자신의 존재에 충실하면서 힘에의 의지를 드러낼 뿐이기 때문이다. 이러한 자연의 변화는 특정한 시간이나 특정한 공간에서 일어나는 것이 아니다. 왜냐하면 힘에의 의지의 발현으로서의 자연의 변화는 끊임없이 전개되기 때문이다. 이러한 자연의 변화와 생성은 특정한 법칙성으로 표현할 수 없는데, 자연의 생성·변화는 영원한 카오스Chaos이기 때문이다.

제4장

윤리학

쇼펜하우어와 니체는 인간의 행동을 특징짓는 윤리 규범에 대한 새로운 해석을 제시한다. 니체와 마찬가지로 쇼펜하우어는 전통철학에서 논의되었던 윤리적 가치들의 정당성에 대해 의문을 제기한다. 특히 쇼펜하우어는 당위Sollen에 근거한 칸트의 형식주의적인 윤리학을 비판하는데, 이 윤리학이 인간의 본성에 대한 잘못된 이해에서 비롯되었다고 보기 때문이다. 전통철학은 인간을 이성적인 존재로 규정하면서 인간을 도덕적인 존재로 규정하지만, 쇼펜하우어에 따르면 이것은 살려는 의지의 지배를 받는 인간의 존재특성을 간과한 것이다. 특히 전통윤리학에서는 인간의 자유의지를 주장하고 나아가서 불멸하는 영혼 그리고 신의 존재를 언급하지만, 이것은 결코 윤리학의 출발점을 제공할 수 없다. 살려는 의지의 지배를 받는 인간의 현사실적인 삶은 생존을 위하여 얼마든지 타인의 존재를 파괴할 수 있기 때문이다. 인간은 결코 타인의 존재를 우선적으로 고려하는 이타적인 존재가 아니라 자신의 존재를 위해서는 세계까지도 파멸시킬 수 있는 이기적인 존재이기 때문이다.

쇼펜하우어는 인간의 행위를 동기Motiv의 근거율을 통해서 설명하지만, 그러나 이때의 동기는 다른 것이 아니라 살려는 의지가 드러난 것이라는 점을 주목해야 한다. 이 점을 고려하지 않고 동기만을 통해서는 인간의 윤리적 행동을 설명할 수 없다. 여기에서 쇼펜하우어는 동정심Mitleid을 윤리적 행위의 출발점으로 제시한다. 그런데 이때의 동정심은 타인의 고통스러운 존재에 대한 감정적인 관심이나 배려가 아니라 맹목적인 의지가 인간존재를 지배할 때 생겨나는 고통에 대한 형이상학적 통찰을 통해서 얻어지는 실천적인 삶의 태도이다. 그런데 이때에 주목할 것은 이러한 동정심은 인간뿐만 아니라 의지의 지배를 받는 모든 개체에 대해서 가져야 할 삶의 태도라는 점이다. 이것은 쇼펜하우어가 윤리적 행위를 인간뿐만 아니라 모든 존재자에게로 확장시키고 있다는 것을 말해 준다. 쇼펜하우어의 윤리학은 특정한 종교의 교리를 위한 행동지침이거나 인간존재만을 위한 것이 아니라 의지의 지배 때문에 고통스러운 삶을 살아가는 모든 개체에게 적용되어야 한다.

쇼펜하우어와 마찬가지로 니체는 서양철학이 제시한 도덕적 가치들의 계보를 파헤친다. 니체는 도덕의 기원에 대한 계보학적인 논의를 통해서 전통철학이 제시한 도덕을 해체한다. 특히 니체는 선악의 이분법에 근거한 전통적인 도덕규범들을 문제 삼으면서 도덕적 행위들이 어떻게 가능한지를 고찰한다. 니체의 주장에 의하면 선과 악의 기원은 그리스도교에 의해서 왜곡된 것이며 약자들의 원한감정Ressentiment에서 비롯된다.

니체에 따르면 약자들은 강자에 대한 복수심 속에서 지금-여기의 현실세계를 부정하고 결국 피안의 세계로 눈을 돌리면서 도덕 가치의 정당성을 확보하려고 한다. 그러나 니체는 진정한 도덕의 가치는 종교적인 이데올로기나 인간의 현사실적인 삶에 대한 외면에서 주어지는 것이 아니라 자기 스스로 삶의 가치를 창조할 때 주어진다고 주장한다. 의미 있는 삶을 위해 힘에의 의지를 적극적으로 드러내는 행위가 진정한 도덕의 가치인데, 니체는 이러한 도덕을 주인도덕Herrenmoral이라고 부른다. 니체는 이와 반대되는 도덕을 노예도덕이라고 부른다.

원한감정에 사로잡혀서 인간행위의 가치를 피안의 세계에 두는 노예도덕과는 달리 주인도덕은 인간으로 하여금 자신의 삶에 대한 엄격한 거리감을 유지하면서 끊임없이 새로운 가치를 창조하는 역동적인 행위를 수행하도록 한다. 니체는 도덕의 본질을 이렇게 이해하면서 쇼펜하우어의 동정심의 윤리와 거리를 둔다. 특히 니체는 동정심을 강조하는 쇼펜하우어의 윤리학을 "금욕주의적 이상asketisches Ideal"으로 규정하면서 비판한다. 니체에 따르면 진정한 윤리적 행위는 오로지 스스로 자신의 삶의 가치를 만들어 내는 주권적 인간으로서의 초인적인 삶에서 확인할 수 있다. 진정한 도덕은 복수심에 사로잡혀 있는 우리를 초인의 삶으로 이끄는 가치전도의 도덕이라고 할 수 있다.

1
쇼펜하우어의 윤리학

1) 칸트윤리학 비판

쇼펜하우어는 『의지와 표상으로서의 세계』 1권에서는 인식론, 2권에서는 존재론 또는 자연철학, 3권에서는 예술철학을 다루고, 4권에서는 살려는 의지가 지배하는 세계에서 인간이 어떻게 행동해야 하는지의 문제를 다루고 있다. 4권에서는 특히 윤리학의 중요한 문제들을 논의하고 있다. 그러나 쇼펜하우어는 『의지와 표상으로서의 세계』 4권이 시작되는 53장에서 자신이 의무론Pflichtenlehre이나 당위법칙을 설파하는 것은 아니라는 점을 강조하면서 일반적인 윤리학과는 다른 입장을 제시한다는 점을 분명히 한다. 여기에서 논의되는 내용은 윤리학뿐만 아니라 쇼펜하우어의 의지형이상학의 특징을 잘 드러내 주기도 한다.

쇼펜하우어는 인간행위에 있어서 당위Sollen를 말하는 것에 거부감을 드러내고 있다. 당위의 절대성 또는 무제약적 당위unbedingtes Sollen를 주장하는 윤리학의 이론들을 허구적인 것이라고 보기 때문이다. 당위에 대한 쇼펜하우어의 비판적인 입장은 다음의 언급에서 잘 드러난다. “우리는 어떤 일이 있더라도 결코 당위에 대해서는 언급하지 않을 것이다. 그와 같은 것은 어린이들이나 유치한 상태에 있는 민족한테나 말할 일이지, 성숙하게 된 시대의 완전한 교양을 몸에 익힌 사람들에게는 말할 것이 못 되기 때문이다."[194]

니체와 마찬가지로 쇼펜하우어는 전통적인 윤리학의 출발점을 비판한다. 니체가 선악의 기원을 계보학적으로 밝혀내면서 도덕 가치의 기원을 새롭게 제시하는 것처럼 쇼펜하우어도 도덕의 토대에 대해서 물음을 제기한다. 특히 쇼펜하우어는 칸트의 윤리학에 대해서 비판적인 태도를 취한다. 그는 1830년 덴마크 왕립학술원die Königlich Dänischen Societät der Wissenschaften에 응모한 현상 논문인 「도덕의 토대에 관하여Über die Grundlage der Moral」에서 칸트의 윤리학이 제시하는 근본 주장들을 비판한다.[195] 특히 정언명령을 바탕으로 인간의 행동에 대한 윤리적인 도식을 제공하는 칸트의 시도는 받아들일 수 없다는 것이 쇼펜하우어의 입장이다. 이런 점에서 쇼펜하우어는 다음과 같이 칸트철학 자체를 비판한다. "우리의 철학은 칸트의 위대한 학설과는 달리, 근거율을 그것의 일반적인 표현으로 삼는 현상형식들을 높이뛰기의 장대를 이용하여, 그것으로 유일하게 그 형식들에 의미를 부여하는 현상 자체를 뛰어넘고, 공허한 허구들의 무한한 영역에 도달하려고 하지는 않을 것이다."[196] 쇼펜하우어는 칸트가 말하는 당위적인 윤리학은 공허한 것이며 실제로 인간의 삶에서 실행

194 아르투어 쇼펜하우어(홍성광 옮김), 『의지와 표상으로서의 세계』, 457쪽.

195 Arthur Schopenhauer, *Über die Grundlage der Moral*, in: Züricher Ausgabe, Bd. 6, Zürich 1977, 157쪽 이하 참고.

196 아르투어 쇼펜하우어(홍성광 옮김), 『의지와 표상으로서의 세계』, 457쪽 이하.

할 수 없다고 본다. 그것은 마치 실천이성이 마련해 주는 진공 속에서의 움직임을 실현하려는 것일 뿐이다. 비른바허Dieter Birnbacher는 쇼펜하우어의 윤리학이 칸트의 정언명령을 거부한다는 점을 강조하는데, 특히 쇼펜하우어가 모든 인간행위의 규범성Normativität을 비판한다는 점을 주목한다. 여기에서 비른바허는 "일반적으로 특정한 도덕적인 근거율들을 요구하거나 또는 정언명령으로 가정하는 것은 윤리학의 과제가 아니다"[197]라고 말한다.

알려졌듯이, 칸트는 도덕규범의 보편성을 강조한다. 즉 윤리 규범은 개인이 처한 특정한 상황을 고려해서는 안 되고 어떤 경우에도 통용되는 보편타당한 것이어야 한다. 만약 윤리 규범이 특정한 상황에서 특정한 사람에게만 통용된다면 윤리 행위의 정당성을 확보할 수 없기 때문이다. 이런 점에서 윤리적 행동은 즉흥성과 일시성 그리고 우연성을 특징으로 해서는 안 된다. 그러나 쇼펜하우어에 따르면 이러한 정언명령에 근거한 윤리학은 "신학적 도덕theologische Moral"[198]일 뿐이다. 쇼펜하우어는 이 점을 다음과 같이 설명한다. "의무론으로서의 정언명령적인 형태의 윤리학의 파악, 그리고 의무들의 충족과 훼손으로서의 인간행동의 도덕적인 가치 또는 도덕적인 무가치의 사유는 당위와 함께, 오로지 신학적인 도덕 그리고 그

197 Dieter Birnbacher, *Schopenhauer*, Stuttgart 2009, 117쪽.

198 Arthur Schopenhauer, *Über die Grundlage der Moral*, in: Züricher Ausgabe, Bd. 6, 164쪽 참고.

다음으로 십계명으로부터 생겨난다."[199]

칸트는 도덕적 정언명령을 수행하기 위해 필요한 세 가지 전제를 언급하는데, 그것은 의지의 자유, 영혼의 불멸성 그리고 신의 존재이다. 칸트에 따르면 이성의 도덕적인 사용을 정초하기 위해서 필요한 것이 바로 이 세 가지이다. 먼저 의지의 자유는 인간의 행동이 어떤 상황에서도 외부적인 조건들에 종속되어서는 안 된다는 것을 의미한다. 왜냐하면 한 사람의 행위가 도덕적일 수 있는 것은 그의 행위가 자율적일 때 비로소 가능하기 때문이다. 의지의 자유와 행위의 자율성Autonomie은 실천이성의 실현을 위해서 중요한 것이다. 또한 영혼의 불멸성과 신의 존재는 칸트가 『순수이성비판』의 "선험적 변증론transzendentale Dialektik"에서 순수이성의 영역에서는 증명할 수 없는 문제로 다루었지만, 실천이성의 사용과 관련하여서는 그 존재의 필요성을 요청하고 있다. 칸트에 따르면 영혼의 불멸성의 문제, 세계의 문제, 신의 존재에 대한 문제는 각각 합리적 심리학, 합리적 우주론, 합리적 신학이 다루었던 주제인데, 이것은 순수이성의 영역에서는 논의될 수 없다. 왜냐하면, 순수이성은 현상 속에서 주어진 대상들에만 관계하기 때문이다. 칸트는 이 세 가지를 선험적 이념transzendentale Idee이라고 부른다. 이러한 이념들은 개념과 달리 인식을 가져다주지 않는다.[200] 그러나 칸트는 이러한 이념들이 실천이성의

199 Arthur Schopenhauer, *Über die Grundlage der Moral*, in: Züricher Ausgabe, Bd. 6, 164쪽.

200 물론 이러한 이념이 현상계에서의 인식에 대해서 구성적인 사용이 아니라 규제적 사용을 갖는다는 점을 간과해서는 안 된다. 이념의 이러한 규제적 사용은 인식을 체계화하는

사용과 관련해서 중요한 의미를 지닌다는 점을 강조한다.

여기에서 칸트가 영혼의 불멸성과 신의 존재를 요청하는 것은 도덕의 문제를 종교의 문제와 연결시키려는 것이 아니라 정언명령으로서의 도덕규범의 구속력을 확보하려는 의도를 반영하는 것이다. 칸트가 이후에 『이성의 한계 내에서의 종교』(1793)에서 밝히듯이 인간의 도덕은 결코 그 어떤 종교를 요구하지 않기 때문이다.

칸트는 인간의 모든 행동이 준칙Maxime에 의해서 수행된다고 말하는데, 이것은 인간이 행동하기 위한 "주관적인 원칙das subjektive Prinzip"이다. 그러나 이때에 주관적이라는 말을 개인의 임의적이고 즉흥적인 원칙으로 이해해서는 안 된다. 왜냐하면 그것은 "의지의 일반적인 규정allgemeine Bestimmung des Willens"이기 때문이다. 칸트는 여기에서 실천이성의 근본 법칙을 다음과 같이 제시한다. "너의 의지의 준칙이 항상 동시에 보편적인 입법의 원리로서 통용될 수 있도록 그렇게 행동하라."[201] 칸트의 이러한 원칙에 따르면 특정한 상황에서 거짓말을 하는 경우는 정당한 윤리적 행동으로 받아들일 수 없다. 왜냐하면 특정한 상황에서만 의미 있게 받아들여지는 거짓말은 다른 상황에서는 그러한 가치를 요구할 수 없기 때문이다. 이럴 경우에는 보편적 규범성이 결여되기 때문이다. 이러한 형태의 거짓말은

역할을 하기 때문이다.

201 Immanuel Kant, *Kritik der praktischen Vernunft*, in: Werke in zehn Bänden, Bd. 6, Darmstadt 1983, 140쪽. 독일어 원문은 다음과 같다. "Handle so, daß die Maxime deines Willens jederzeit zugleich als Prinzip einer allgemeinen Gesetzgebung gelten könne."

정언명령이 아니라 가언적 명령일 뿐이다.

그러나 쇼펜하우어는 칸트의 정언명령의 윤리학을 비판한다. 특히 그는 칸트의 『실천이성비판』과 『도덕형이상학의 정초Grundlegung zur Metaphysik der Sitten』에서의 주장들을 비판한다. 쇼펜하우어는 이성의 자기비판적 능력에 근거한 칸트의 인식이론을 비판하듯이, 형식적인 정언명령에 근거한 칸트의 윤리학을 비판한다. '선의지'를 지닌 인간에게 실천이성의 정언명령을 부과하는 칸트와는 달리 쇼펜하우어는 인간의 본질에 대한 염세주의적 해석을 바탕으로 윤리의 문제를 논의하기 때문이다. 물론 쇼펜하우어의 입장에서 보자면 인간의 모든 행동은 근거율에 의해서 파악되지 않는 의지의 지배를 받기 때문에, 여기에서 인간행동의 규범적인 형태를 논의하는 것은 어려운 일이다. 비록 쇼펜하우어는 네 가지의 충분근거율 중에서 행위의 근거율인 동기를 통해서 인간의 행동을 설명하지만, 이것은 인간의 행동을 표상으로서 파악할 때에만 적용할 수 있다. 인간의 행동은 본질적으로 의지에 지배를 받는다는 점에서 특정한 동기로서 설명하기는 어렵기 때문이다.

쇼펜하우어는 의지를 설명하기 위하여 칸트의 물자체라는 표현을 빌려서 사용하지만, 칸트의 윤리학에 대해서는 엄격하게 거리를 두고 있다. 인간이 자율적으로 실천이성의 명령을 수행할 수 있다는 칸트의 생각은 허구라고 보기 때문이다. 이성은 본능을 위한 도구로 간주하는 니체처럼[202] 쇼펜하우어는 실천이성의 명령이 살려는 의지에 의해서 이끌려 가는 인간의 행동에 영향을 주기 어렵다고 생각한다. 쇼펜하우어에 따르면 인간의 행동을 보편타당한 입법의 원리로서 규정하려는 생각은 인간과 세계의 본성을 올바르게 이해하지 못하기 때문에 생겨난다. 우리가 경험하는 세계를 가능한 세계 중에서 가장 나쁜 세계로 규정하는 쇼펜하우어에게서는 칸트의 윤리학뿐만 아니라 그 어떤 형태의 윤리적인 행동을 기대할 수 없을 것처럼 보인다.

칸트윤리학에 대한 쇼펜하우어의 비판은 인간존재가 불멸하는 영혼을 지닌 존재라는 주장을 부인하게 한다. 칸트는 인간의 윤리적 행동을 완성하기 위해서 불멸하는 영혼의 존재를 강조하지만, 쇼펜하우어는 영혼을 불멸하는 것으로 보는 것을 비판한다. 개체로서의 인간의 삶은 의지가 객관화된 것이며, 의지가 개체를 필요로 하는 한에서 개체의 존재 의미가 주어지기 때문이다. 의지가 객관화된 것으로서 개체는 항상 개체화의 원리에 사로잡혀 있는데, 이 개체화의 원리는 특정한 시간과 공간에 의해서 하나인 의지가 다양성 속에서 자신을 드러내는 원리이다. 표상세계 내의 모든 존재는 개체화의 원리에 사로잡혀 있다. 만약 어떤 존재가 개체화의 원리에 지배를 받지 않는다면 그것은 우리가 경험하는 세계에서 존재할 수 없다.

따라서 모든 개체의 유한성을 강조하는 쇼펜하우어의 이 같은 입장은 칸트가 요청하는 불멸하는 영혼의 존재를 받아들이지 않는다.

202 프리드리히 니체(김정현 옮김),『선악의 저편·도덕의 계보』, 146쪽 참고.

다른 존재와 마찬가지로 인간도 특정한 시간과 공간의 제약 속에서 개체로서 존재할 뿐이기 때문이다. 비록 살려는 의지를 본질로 하는 개체의 입장에서 이러한 유한성을 극복하고자 하지만 어떤 식으로든 개체화의 원리를 벗어날 수 없다. 쇼펜하우어는 『의지와 표상으로서의 세계』 57장에서 이러한 인간의 유한성을 다음과 같이 언급한다. "인식을 통해 비춰지는 모든 단계에서 의지는 개체로서 나타난다. 무한한 공간과 무한한 시간에서 인간 개체는 자신을 유한한 크기로, 따라서 무한한 공간과 시간에 비해 실로 미미한 크기로서, 그 속에 던져진 것으로 생각하고, 그러한 무제한성 때문에 인간 개체의 현존에는 결코 절대적인 언제와 어디는 없고, 단지 상대적인 언제와 어디만 있을 뿐이다."[203]

쇼펜하우어는 신의 존재를 상정하는 것도 비판한다. 물론 쇼펜하우어는 인간의 유한성에서 생겨나는 근원적인 불안과 고통을 극복하기 위해 종교가 생겨난다는 점을 부인하지는 않는다. 그러나 종교에 대한 맹목적인 의존은 결코 유한한 삶의 현사실성에 대한 불안을 제거하는 근원적인 해결책이 될 수 없다고 본다. 특히 쇼펜하우어는 인간의 도덕적인 행위를 위하여 신의 존재를 상정하는 것에 대해 회의적이다. 물론 신의 존재를 갈망하는 인간의 태도에서 유한하고 불안한 삶에 대한 절박한 마음을 읽어 낼 수는 있지만, 절대적인 존재로서 신을 규정하는 행위는 무의미한 것이다. 완전한 자

203 아르투어 쇼펜하우어(홍성광 옮김), 『의지와 표상으로서의 세계』, 516쪽.

또는 절대자로서의 신을 생각해 내는 것은 바로 인간이기 때문이다. 이런 점에서 쇼펜하우어는 다음과 같이 단호하게 말한다. "외부의 힘이 이러한 의지를 변화시키거나 없앨 수 없듯이, 어떤 낯선 힘이 그 의지의 현상인 삶에서 생기는 고통으로부터 의지를 해방시킬 수 없다. 모든 문제에서 그렇듯이 주된 문제에서 인간은 언제나 자기 자신에게 의존하는 수밖에 없다. 인간은 자신의 의지력만이 초래할 수 있는 것을 신들에게 구걸하고 아부하여 얻기 위해 헛되이 신들을 만든다."[204] 여기에서 쇼펜하우어는 신의 존재를 상정하고 그러한 신에 의해서 인간의 도덕적인 행위와 세계의 구원이 가능하다고 보는 낙관적인 입장을 "인류의 이루 말할 수 없는 고뇌에 대한 쓰라린 조롱ein bitterer Hohn über die namenlosen Leiden der Menschheit"이라고 비판한다.[205]

2) 인간의 자유의지

윤리학의 중요한 논쟁점 중 하나는 인간이 자유의지를 갖고 있는가의 문제이다. 이것은 칸트의 윤리학이 도덕규범의 실천은 자유를 실현하는 것이라고 주장하는 것에서도 잘 드러난다. 칸트에 따르면 현상세계는 필연성Notwendigkeit이 지배하지만 이와 달리 도덕의 세계

204 아르투어 쇼펜하우어(홍성광 옮김), 『의지와 표상으로서의 세계』, 539쪽 이하.
205 아르투어 쇼펜하우어(홍성광 옮김), 『의지와 표상으로서의 세계』, 540쪽.

는 자유Freiheit가 지배한다. 그는 자유의지를 바탕으로 인간의 도덕 행위를 기술하는데, 이 자유의지의 문제는 쇼펜하우어에게도 도덕의 중요한 문제이다. 쇼펜하우어는 「도덕의 토대에 관하여」에서 칸트를 비판하면서 새로운 도덕의 토대를 정초하는데, 자유의지에 대한 구체적인 논의는 또 다른 현상 논문인 「인간의지의 자유에 대하여」(1839)에서 다루고 있다. 이 밖에 자유의지와 관련된 논의는 『의지와 표상으로서의 세계』 1편의 55장, 『의지와 표상으로서의 세계』 2편의 47장 그리고 『소품과 부록』 2권의 8장에서 확인할 수 있다.

쇼펜하우어는 「인간의지의 자유에 대하여」에서 세 가지 종류의 자유를 구분하고 있는데, 그것은 각각 물리적인 자유, 지적인 자유intellektuelle Freiheit, 도덕적인 자유이다.[206] 먼저 물리적 자유는 물질적인 장애가 결여된 상태를 의미한다. 예를 들어 자유로운 공간, 자유로운 시간과 같이 우리를 방해하는 제약들이 부재Abwesenheit할 때 주어지는 자유가 물리적인 자유이다. 또한 지적인 자유는 우리가 생각을 할 때 그것이 자발적인지 아니면 자발적이지 않은지를 말할 때 적용되는 자유이다. 그러나 쇼펜하우어는 이때의 지적인 자유를 물리적인 자유와 유사한 것으로 이해한다. 다음으로는 도덕적 자유인데, 물리적인 자유가 물질에 의한 장애에 관계하는 반면에 도덕적인 자유는 위협, 약속, 위험과 같은 동기를 통해서 주어지는 제약이 없는 상태에서의 자유를 말한다.

206 Arthur Schopenhauer, *Über die Grundlage der Moral*, in: Züricher Ausgabe, Bd. 6, 43쪽.

쇼펜하우어는 이러한 구분을 통해서 자유를 "모든 필연성의 부재die Abwesenheit aller Notwendigkeit"[207]라고 규정한다. 그런데 이때의 필연성은 충분근거율에서 생겨나는 것을 의미하는데, 따라서 자유는 충분근거율에 얽매이지 않는 것을 의미한다. 즉 인간의 자유는 충분근거율에서 벗어난 상태에 있다는 것을 의미한다.

쇼펜하우어는 전통철학에서 인간의 행동이 자유로운지를 논의할 때 중요한 역할을 한 "행위들은 존재를 뒤따른다operari sequitur esse"라 말을 새롭게 해석한다. 그는 행위가 존재에서 생겨난다는 말 자체는 중요한 것으로 받아들인다. 그러나 쇼펜하우어는 존재와 행위의 본질을 전통철학과는 다르게 규정하면서 이 입장을 비판한다. 특히 쇼펜하우어는 존재를 필연성으로 그리고 행위를 자유로운 것으로 규정하는 것을 비판한다. 오히려 그는 인간의 행위가 필연성을 특징으로 하고 존재는 자유를 특징으로 한다고 주장한다. 이런 점에서 쇼펜하우어는 다음과 같이 말한다. "오로지 존재 속에만 자유가 놓여 있다."[208] 쇼펜하우어의 이 같은 주장은 중요한 귀결을 가져오는데, 그것은 인간의 행동이 자유롭지 않다는 사실이다. 왜냐하면 인간의 모든 행동은 그의 존재, 즉 의지를 반영할 뿐이기 때문이다. 즉 의지는 맹목적이고 이러한 의지가 개체에게 살려는 의지로서 드러나면서 모든 개체의 행동은 의지의 지배를 받기 때문이다. 모든

207 Arthur Schopenhauer, *Über die Grundlage der Moral*, in: Züricher Ausgabe, Bd. 6, 47쪽.
208 Arthur Schopenhauer, *Über die Grundlage der Moral*, in: Züricher Ausgabe, Bd. 6, 138쪽.

개체의 삶은 맹목적인 살려는 의지의 지배를 받기 때문에 개체들의 행동은 의지의 지배를 받는다. 특정한 상황에서의 개체들의 행동은 자유로운 것이 아니라 단지 의지의 드러남일 뿐이다.

쇼펜하우어는 인간의 행위를 자유롭다고 해석하는 전통철학을 비판하는데, 여기에서 그는 자유의지의 존재를 단호하게 부정한다. 인간의 모든 행동은 필연적으로 의지의 지배를 받기 때문이다. 쇼펜하우어에 따르면 의지 자체는 자유롭지만 이러한 의지에 지배되는 개체로서의 인간의 행동은 결코 자유로울 수가 없다. 여기에서 쇼펜하우어는 인간의 행동이 충분근거율의 하나인 행위의 근거율, 즉 동기에 의해 필연성 속에서 설명된다는 점을 강조한다. 동기는 다른 것이 아니라 인간의 행동에 적용되는 인과법칙이라고 할 수 있다. 왜냐하면 표상으로서의 세계를 제약하는 충분근거율은 자연뿐만 아니라 인간의 행동에도 예외 없이 적용되기 때문이다. 따라서 세계의 본질인 의지 자체는 자유롭지만, 그 의지의 현상인 인간의 행동은 자유롭지 않다. 충분근거율은 의지의 세계에는 적용되지 않고 의지가 객관화된 표상의 세계에만 적용되기 때문이다. 밖으로 드러난 인간의 행동은 표상세계에 속하기 때문에 충분근거율이 필연적으로 적용된다는 것이다. 이런 점에서 쇼펜하우어는 "근거율의 무제한적 타당성die unbeschränkte Gültigkeit des Satzes vom Grunde"을 강조한다.[209]

209 아르투어 쇼펜하우어(홍성광 옮김), 『의지와 표상으로서의 세계』, 479쪽.

의지 자체는 자유롭지만, 그것의 현상인 표상세계는 그렇지 않다는 입장은 쇼펜하우어의 윤리학 전반에도 적용된다. 그가 노르웨이 학술원에 응모한 현상 논문인 「인간의지의 자유에 대하여」에서 제시하는 기본적인 주장이 바로 이것이다. 이와 관련하여 쇼펜하우어는 『의지와 표상으로서의 세계』에서는 다음과 같이 설명한다. "인간은 자유로운 의지의 현상이긴 하지만 결코 자유롭지 않다. 바로 그 의지의 자유로운 의욕으로부터 인간은 이미 결정된 현상이기 때문이다."[210] 쇼펜하우어는 여기에서 충분근거율에 얽매이지 않은 의지의 자유를 개체에까지 적용시켜 인간의 행동이 자유롭다고 착각하는 것을 비판하고 있다. 특히 쇼펜하우어는 인간의 행위를 자유를 실현하는 것으로 파악하고 윤리학을 자유를 위한 법칙을 제시하는 것이라고 보는 전통철학의 입장을 비판한다. 쇼펜하우어에 따르면 "의지를 자유롭다고 말하고, 그러면서 의지가 의욕해야 하는 경우 따르는 법칙을 규정하는 것은 명백한 모순"[211]이다.

쇼펜하우어가 인간의 행동에서 의지의 자유를 부정하는 결정적인 이유는 『의지와 표상으로서의 세계』 55장에서 잘 드러난다. 그에 따르면 "개별적인 행위에 자유가 있다는 가상은 지성이 의지에 대해 별개의 위치"[212]에 있다는 오해에서 비롯된다. 왜냐하면, 개인의 행동

210 아르투어 쇼펜하우어(홍성광 옮김), 『의지와 표상으로서의 세계』, 482쪽.

211 아르투어 쇼펜하우어(홍성광 옮김), 『의지와 표상으로서의 세계』, 457쪽. 쇼펜하우어는 '자유'를 위한 '법칙'을 생각하는 것은 "나무로 된 철"을 말하는 것과 같다고 비판한다.

212 아르투어 쇼펜하우어(홍성광 옮김), 『의지와 표상으로서의 세계』, 485쪽. 여기에서 쇼펜

은 모두 의지의 지배를 받는데도 불구하고, 인간의 지성은 의지와의 이러한 관계를 고려하지 않으면서 의지가 객관화된 것인 자신의 존재를 망각하게 되어 결국 인간의 행동이 자유롭다고 생각하기 때문이다. 여기에서 지성은 우리로 하여금 어떤 행위에서의 선택이 가능하며 이것이 우리 자신에 의해서 이루어진다고 착각하게 만든다.

쇼펜하우어는 인간의 행위와 의지의 관계를 설명하기 위해서 칸트가 행한 성격의 구분, 즉 예지적 성격der intelligible Charakter과 경험적 성격der empirische Charakter의 구분을 언급한다. 쇼펜하우어에 따르면 예지적 성격은 의지가 경험세계에서의 개인의 행동들을 이끌어 가는 성격이다. 경험세계에서 드러나는 인간의 다양한 행동들은 예지적 성격에서 보자면 의지 자신의 표현이다. 즉 다양한 방식으로 드러나는 인간의 구체적인 행동들은 궁극적으로는 의지의 현상인 것이다. 쇼펜하우어는 여기에서 인간의 모든 행동은 이러한 의지의 드러남이기 때문에 예지적 성격에 의해서 인간의 행동이 지배를 받는다고 주장한다. 즉 칸트와는 달리 이러한 예지적 성격은 인간의 자유로운 행위 가능성을 말해 주는 것이 아니며 오히려 인간의 모든 행위가 의지에 의해서 필연적으로 지배를 받는다고 강조한다.

하우어는 지성이 두뇌작용의 산물이며 그렇기 때문에 의지에 종속된 것이라는 점을 다음과 같이 강조한다. "지성은 참된 결정을 타인의 의지의 결정을 기다리는 것처럼 수동적으로 긴장된 호기심을 가지고 기다린다. … 지성이 할 수 있는 일이라는 것은 동기의 속성을 모든 면에서 면밀하게 비추어 볼 수 있을 뿐이지만, 의지 자체를 규정할 수는 없다. 지성은 의지에 결코 접근할 수 없을뿐더러, 우리가 보았듯이, 의지를 탐구할 수 없기 때문이다." 아르투어 쇼펜하우어(홍성광 옮김), 『의지와 표상으로서의 세계』, 486쪽 이하.

이와 달리 경험적 성격은 인간의 개별적인 행위의 선택을 가능하게 한다. 물론 경험적 성격만을 고려한다면 인간의 행동은 자유로운 것처럼 보인다. 그러나 여기에서 우리는 경험적 성격이 예지적 성격에 의해 지배를 받는다는 점을 간과해서는 안 된다. 인간의 지성은 인간의 행동 자체만을 보고 이것이 자유로운 것이라는 가상을 갖게 되지만 결국 이러한 경험적 성격이 예지적 성격에 의해서 지배된다는 것을 알게 된다. 그런데 이때에 경험적 성격 속에서 예지적 성격이 드러나는 과정은 개체로서의 인간에게는 억압적인 것일 수밖에 없다. 인간에게서 드러나는 경험적 성격은 예지적 성격이 표상세계에서 고유한 방식으로 드러나는 것인데, 이것은 의지가 자신을 드러내는 과정일 뿐이지 결코 인간의 자유로운 행위를 의미하지 않기 때문이다.

쇼펜하우어는 동물과 달리 인간은 의지가 행동 속에서 드러나는 여러 가지의 동기들 중에서 특정한 동기를 선택하는 것이 가능하다는 점을 인정하지만, 이러한 선택 결정Wahlentscheidung을 잘못 생각해서 의지의 자유라고 생각해서는 안 된다는 점을 강조한다. 왜냐하면 이러한 선택 결정은 의지 자체가 아니라 의지를 실행하는 가능한 동기 중의 하나를 선택하는 것이며 이때의 선택은 자유로운 것이 아니라 역시 의지에 지배받는 것이기 때문이다.[213]

213 아르투어 쇼펜하우어(홍성광 옮김), 『의지와 표상으로서의 세계』, 495쪽 참고. 쇼펜하우어는 동물보다 인간이 더 동기(Motiv)의 지배를 받는다고 주장한다. 왜냐하면 현재만을 생각하는 동물과 달리 인간은 과거와 미래까지도 고려하는 추상적인 사유에 사로잡혀서

쇼펜하우어는 인간의 행동이 자유로운 의지의 결정이라는 주장이 인간의 본질에 대한 오해에서 비롯된다고 본다. "의지의 경험적인 자유, 즉 아무런 영향을 받지 않는 자유로운 의지 결정이라는 주장은, 인간의 본질을 근원적으로는 인식하는 존재, 그러니까 본래로는 추상적으로 사유하는 존재일지도 모르고, 이것의 결과로 비로소 의욕하는 존재일지도 모르는 하나의 영혼으로 간주하는 것과 아주 밀접한 관계가 있다."[214] 특히 불멸하는 영혼의 존재를 가정하는 인간이해는 인간의 행위를 자유로운 것으로 오해하게 만든다. 쇼펜하우어에 따르면 이러한 오해는 특히 인식과 의지의 관계를 왜곡하기 때문에 생겨난다.

쇼펜하우어에 따르면, 의지가 근원적인 것이고 인식은 단지 이러한 의지의 의욕을 통해서 부수적으로 주어지는 것인데, 전통철학은 오히려 인식이 우선적인 것이고 의욕이 나중에 생겨난다고 본다. 이에 대해서 쇼펜하우어는 다음과 같이 주장한다. "의지는 최초이자 근원적인 것이고, 인식은 단순히 덧붙여져, 의지의 도구로서 의지의 현상에 속하는 것이다."[215] 여기에서 쇼펜하우어는 데카르트와 스피노자가 의지를 사유 작용Denkakt으로 간주하였고, 이것이 이들로 하여금 인간의 의지를 인식의 결과라고 보는 잘못을 범하게 했다고 비판한다. 이처럼 인식이 자유롭게 의지를 이끌어 낸다는 생

동기에 더 얽매이기 때문이다.

214 아르투어 쇼펜하우어(홍성광 옮김), 『의지와 표상으로서의 세계』, 488쪽.

215 아르투어 쇼펜하우어(홍성광 옮김), 『의지와 표상으로서의 세계』, 488쪽.

각은 자유의지라는 개념을 자의적으로 만들어 내게 된다. 쇼펜하우어는 이에 대해서 다음과 같이 주장한다. "그러므로 의지의 자유는 본래 인간은 인식의 빛에 비추어진 자기 자신의 작품이라는 데에 그 본질이 있다. … 그렇기 때문에 인간은 이러저러한 존재라고 결정할 수 없고, 또한 다른 사람이 될 수도 없으며, 최종적으로 자신이고, 연속적으로 자신이 무엇인지를 인식하는 것이다."[216]

쇼펜하우어는 의지가 개인의 행동에 동기로서 작용하고 이러한 동기는 법칙적으로 각 개인의 행동을 이끌어 가기 때문에, 의지의 자유는 존재할 수 없다고 본다. 이런 점에서 쇼펜하우어는 다음과 같이 주장한다. "… 의지는 그 자체로, 현상을 떠나서는 자유롭다고, 즉 전능하다고 칭할 수는 있지만, 인식에 의해 비춰진 의지의 개별적인 현상 속에서는, 그러므로 인간과 동물 속에서는 동기를 통해 규정되어 있고, 이 동기에 대해서는 그때마다의 성격이 언제나 같은 방식으로 법칙에 따라 필연적으로 반응하는 것을 알 수 있다."[217]

3) 인간의 이기적 본성

쇼펜하우어는 인간의 행동이 이기적이라는 점을 강조한다. 이기주의는 인간의 근원적인 존재특성이다. 의지의 객관화 속에서 주어

216 아르투어 쇼펜하우어(홍성광 옮김), 『의지와 표상으로서의 세계』, 489쪽.
217 아르투어 쇼펜하우어(홍성광 옮김), 『의지와 표상으로서의 세계』, 500쪽.

진 개체들은 보다 적극적으로 의지를 드러내기 위해서 다른 개체들과 경쟁하게 되는데, 이러한 갈등은 인간에게서 더욱 격렬하게 드러난다. 이런 점에서 쇼펜하우어는 다음과 같이 말한다. "… 전체 자연 속에는 의지의 객관화의 모든 단계에서, 필연적으로 모든 유의 개체들 사이에 끊임없는 투쟁이 있으며, 바로 이로 인해 살려는 의지의 자기 자신에 대한 내적인 투쟁이 나타나 있었다."[218] 하나인 의지가 시간과 공간이라는 개체화의 원리에 의해 객관화되는 과정에서 개체들은 서로 투쟁한다. 여기에서 각각의 개체들은 자신의 존재를 유지하기 위해 이기적일 수밖에 없는데, 이러한 이기주의는 의지의 객관화 단계에 속하는 모든 개체에게서 발견되지만, 의지의 객관화의 단계에서 가장 높은 위치에 있는 인간에게서 더욱 두드러지게 나타난다.

인간은 자신의 살려는 의지를 적극적으로 드러내려고 한다. 니체가 힘에의 의지를 모든 존재를 각인하는 존재특성으로 규정하듯이, 쇼펜하우어도 살려는 의지가 개체들의 삶을 지배한다는 점을 인정한다. 살려는 의지가 드러나는 과정에서 다른 개체의 삶이 파괴될 수도 있다. 인간의 이러한 이기적인 본성은 모든 개체가 의지의 지배를 받는 한에서 제거될 수는 없다. 이기적인 본성은 도덕적 가르침이나 사회적 규제를 통해서도 쉽게 제거될 수는 없다. 쇼펜하우어는 이런 이유에서 다음과 같이 말한다. "인간이 본래 일반적으로

218 아르투어 쇼펜하우어(홍성광 옮김), 『의지와 표상으로서의 세계』, 549쪽.

의욕하는 것, 인간의 가장 내적인 본질의 노력과 그 노력에 따라 그가 추구하는 목표, 이것을 우리는 그에게 외적으로 영향을 주는 것과 가르침을 통해서는 결코 더는 변화시킬 수 없다."[219] 이처럼 인간의 행동에 영향을 주는 것은 구체적인 동기이지만 이러한 동기가 의지 자체를 변화시킬 수는 없다는 것이 쇼펜하우어의 주장이다. 동기는 의지 자체가 아니라 기껏해야 의지가 드러나는 방향 또는 방식을 변화시키는 소극적인 역할을 할 뿐이다. 쇼펜하우어는 이 점을 "의욕을 배울 수는 없다"는 세네카의 주장을 인용하여 강조하고 있다. 그렇기 때문에 의지에 의해서 필연적으로 야기되는 인간의 이기적인 본성을 변화시키는 것은 어려운 것이다.

시간과 공간이라는 개체화의 원리에 의해서 다양화된 개체들은 서로 각자의 존재를 보존하기 위해서, 즉 각자에게 부여된 살려는 의지를 더 충실하게 구현하기 위해서 이기적으로 살아간다. 그러나 개체들의 존재 방식을 각인하는 다양성과 차이성은 각 개체들의 존재 자체를 불안정하게 하고 결국 서로 대립하는 존재로 만들어 버린다. 한 개체는 다른 개체 속에서 동일한 의지가 현상한 것이라는 점을 인식하지 못하고 결국 그 개체가 자신의 존재를 위협하는 것으로 생각하기 때문이다. 여기에서 개체화의 원리가 가져오는 개체들의 다양성은 개체들의 관계를 대립적인 것으로, 배타적인 것으로 만들어 버린다. "… 사람은 모두 자신을 위해 모든 것을 의욕하고, 모든

219 아르투어 쇼펜하우어(홍성광 옮김),『의지와 표상으로서의 세계』, 491쪽.

것을 소유하려고 하고, 적어도 지배하려고 하며, 자기에게 저항하는 것을 절멸시키려고 한다."[220]

쇼펜하우어에 따르면 인간의 삶은 자기중심적인 것을 기본 원칙으로 삼는다. 각각의 인간은 서로 의지, 즉 살려는 의지에 사로잡혀 있기 때문이다. 여기에서 세계의 중심은 각각의 개인 자신이 된다. 개별적인 인간에게 다원화된 의지는 세계의 통일성이 아니라 단지 자신만의 세계를 바라보게 만든다. 여기에서 각각의 인간은 세계인식의 유일한 출발점이 되고, 따라서 다른 개체와 세계의 존재는 오로지 이러한 주관의 표상 속에서만 존재하게 된다. 눈앞에 있는 세계는 세계의 유일한 담지자Träger인 자신에게 의존한다고 생각한다. 이런 점에서 쇼펜하우어는 "… 무한한 세계에서 전적으로 보잘것없고 무로 축소되는 모든 개체는 그럼에도 자신을 세계의 중심점으로 삼고, 자신의 존재와 안녕을 우선적으로 고려하고, 그러니까 자연적인 입장에서 다른 모든 것을 이러한 것에 희생할 용의가 있으며, 바다의 물 한 방울인 자기 자신을 단지 좀 더 오래 유지하기 위해서는, 세계도 멸망시킬 용의가 있다"[221]고 말한다.

이기주의는 자신을 세계의 중심으로 생각하게 한다. 자기 자신만이 삶의 중심이며 가치판단의 척도라고 생각한다. 인간이 자신의 존재를 유지하기 위해서는 세계 전체를 파멸시킬 수 있다는 점에서

220 아르투어 쇼펜하우어(홍성광 옮김), 『의지와 표상으로서의 세계』, 549쪽.
221 아르투어 쇼펜하우어(홍성광 옮김), 『의지와 표상으로서의 세계』, 550쪽.

이기주의의 본질이 잘 드러난다. 이기주의자의 입장에서는 자신의 존재를 유지하는 일이 세계에서 가장 중요한 일이기 때문이다. 이런 점에서 쇼펜하우어는 다음과 같이 말한다. "누구도 자신이 아는 사람이 죽어도 그 사람이 개인적으로 별로 관계가 없는 사람이면 대수롭지 않은 일로 치부하는 반면, 자신의 죽음을 세계의 종말이라고 간주한다."[222]

쇼펜하우어가 인간의 삶을 염세주의적으로 해석하는 이유는 인간의 이기적인 본성 때문이기도 하다. 모든 개체는 자신의 존재를 보존하는 일을 최우선적으로 생각하기 때문에 타인과의 삶은 항상 갈등적이고 따라서 모든 형태의 삶을 부정적으로 볼 수밖에 없다. 이런 점에서 이기주의는 의지가 객관화된 모든 세계를 실제적으로 이끌어 가는 원리라고 할 수 있다.

쇼펜하우어에 따르면 의지의 객관화 정도에 따라 이기주의의 정도가 다르게 나타난다. 식물이나 동물보다 인간의 이기적인 특성이 더 강하게 드러난다. "최고 높은 수준에 올라간 의식, 즉 인간의 의식에서는 인식, 고통, 기쁨과 마찬가지로 이기심도 가장 높은 정도에 도달하는 것이 분명하고, 이러한 이기심에 제약받은 개체들의 충돌은 엄청나게 나타날 것이 틀림없다."[223]

쇼펜하우어는 홉스가 『리바이어던Leviathan』의 1장에서 인간존재

222 아르투어 쇼펜하우어(홍성광 옮김), 『의지와 표상으로서의 세계』, 551쪽.
223 아르투어 쇼펜하우어(홍성광 옮김), 『의지와 표상으로서의 세계』, 551쪽.

의 근본적인 존재특성을 "만인에 대한 만인의 투쟁bellum omnium contra omnes"으로 묘사하는 것을 주목하면서 인간의 삶이 지닌 갈등적 상태를 주목한다. 물론 쇼펜하우어는 홉스의 이 표현이 인간세계뿐만 아니라 모든 존재 영역에 적용된다는 것을 전제하고 있다. 이러한 이기주의적 성향 때문에 만족은 개체의 삶에서는 도달할 수 없으며 이런 점에서 특히 인간의 삶은 본래부터 행복과는 멀리 떨어져 있다. 이러한 갈등적 상황에서 벗어나기 위해서 사회계약을 강조했던 홉스와는 달리 쇼펜하우어는 인간의 삶이 벗어나기 어려운 이기주의의 늪에 빠져 있다고 주장한다. 이런 점에서 쇼펜하우어는 "삶은 이미 모든 성향으로 보면, 참된 행복을 맛볼 수 없으며, 본질적으로 다양한 모습을 한 고뇌이며, 전적으로 불행한 상태라는 것을 선천적으로 확신"[224]할 수밖에 없다고 말한다.

인간의 삶에 대한 좌절감은 인간존재가 오로지 자신의 존재만을 보존하려는 극단적으로 이기적인 본성에 의해서 타인의 존재를 고통스럽게 하기 때문에 생겨난다. 단지 호기심에 의해서, 또는 사소한 이익을 위해서 의식적이든 무의식적이든 타인의 모든 존재를 파괴할 수 있다는 점이 더욱 인간의 삶을 두렵게 만든다. 쇼펜하우어에 따르면 인간의 이기주의적인 본성 때문에 "그 자신이 가지고 싶어 하는 것을 다들 남에게서 빼앗으려고 할 뿐만 아니라, 심지어 어떤 사람은 자신의 편안함Wohlsein을 사소하게 증가시키기 위하여 다

224 아르투어 쇼펜하우어(홍성광 옮김), 『의지와 표상으로서의 세계』, 536쪽.

른 사람의 행복이나 삶 전체를 파괴하는 일이 자주 생긴다."[225]

이기주의는 자신의 개체에 나타난 의지를 긍정하지만 다른 개체에 나타나는 의지를 부정하는 것이다. 이러한 이기주의는 모든 개체의 삶을 지배하는 근본정서이면서 동시에 모든 개체의 투쟁을 야기하는 촉진제이기도 하다. 또한 이것은 개체화의 원리가 적극적으로 전개되는 것을 말해 주는 표시이기도 하다. 그러나 쇼펜하우어는 이러한 이기주의가 "마르지 않는 고통의 원천eine unversiegbare Quelle des Leidens"이라는 점을 분명하게 지적한다.[226] 여기에서 그의 윤리학은 이기주의의 극복을 우선적인 목표로 제시하게 된다.

4) 동정심의 윤리

쇼펜하우어의 윤리학은 동정심의 윤리학이다. 동정심은 도덕적인 규범이나 명령이 아니라 세계의 본질과 삶에 대한 근원적인 통찰에서 비로소 주어지는 상태이다. 또한 동정심은 개념에 의한 추상적인 인식을 통해서 주어지는 것이 아니라 의지에 의해서 이끌려 가는 삶의 본질을 통찰할 때 비로소 주어진다. 동정심은 자신의 삶이 처한 상황에 대한 근원적인 통찰 그리고 타인의 존재가 처한 운명적인 상황에 대한 적극적인 공감Mitempfinden에서 생겨난다. 우리가 개

225 아르투어 쇼펜하우어(홍성광 옮김), 『의지와 표상으로서의 세계』, 552쪽.
226 아르투어 쇼펜하우어(홍성광 옮김), 『의지와 표상으로서의 세계』, 552쪽 참고.

체화의 원리가 가져온 모든 존재의 기만을 간파한다면 동정심을 갖게 된다. 쇼펜하우어에 따르면 개체화의 원리의 본질을 미미하게 파악하면 정의감이 생기고 만약 개체화의 원리의 본질을 완전하게 간파한다면 동정심이 생긴다. 그러나 개체화의 원리에 의해서 가려진 세계, 즉 표상세계에서 개체성에 사로잡힌 삶을 추구하는 경우에는 결코 이러한 동정심을 가질 수 없다. 동정심은 표상세계를 넘어서서 의지 자체의 본질을 직시할 때 비로소 주어지기 때문이다.

니체는 이러한 동정심에 대해 부정적이다. 왜냐하면 동정심을 강조하는 것은 힘에의 의지를 약화시킬 수 있기 때문이다. 그러나 쇼펜하우어에게서 동정심은 인간의 삶을 개체화의 원리가 야기하는 고통으로부터 벗어나게 하는 역할을 한다. 그러나 여기에서 중요한 것은 쇼펜하우어가 말하는 동정심이 결코 심리적인 상태와 관련된 것이 아니라는 점이다. 이에 따르면 고통받는 사람을 목격할 때 생기는 배려의 마음과 같은 것은 진정한 동정심이라고 할 수 없다. 쇼펜하우어가 말하는 동정심을 비판하는 니체는 이 점을 간과한 것처럼 보인다. 또한 쇼펜하우어가 말하는 동정심은 그것이 구체적인 삶의 경험에 관계한다는 점에서 칸트의 정언명령과도 구분된다. 이미 언급했듯이, 쇼펜하우어는 칸트의 형식주의 윤리학 또는 동기주의 윤리학을 비판한다. 그는 특히 칸트가 『실천이성비판』에서 동정심에 대해서 논의한 것을 비판한다. 칸트는 동정심이라는 감정이 실천이성의 명령을 방해할 수 있다고 보는데, 쇼펜하우어는 이처럼 동정심을 단순한 감정으로 해석하는 칸트를 비판한다.

동정심은 단순한 감정이 아니라 세계의 적나라한 본성에 대한 통찰에서 비로소 주어진다. 그것도 개별적인 현상에 대한 것이 아니라 현상 전체, 즉 개체화의 원리가 지배하는 세계 전체에 대한 통찰에서 생겨난다. 이런 점에서 쇼펜하우어는 동정심이 특정한 타인에 대해서만 필요한 것이 아니라 모든 존재에 대한 동정심이라는 점을 강조한다. 이러한 동정심은 무엇보다도 자기애Selbstsucht를 벗어나는 것을 의미한다. 그렇기 때문에 쇼펜하우어는 "이기주의적인 동기부여의 부재die Abwesenheit aller egoistischen Motivation가 모든 윤리적인 행동의 기준"[227]이라고 말한다.

여기에서 쇼펜하우어는 흥미롭게도 울음과 동정심을 연결시켜 설명하고 있다. 그에 따르면 울 수 있는 사람이 동정심을 가질 수 있는 사람이다. 반면에 냉혹한 인간이나 상상력이 없는 인간은 쉽게 울지 않는데, 이들에게 동정심이 결여되어 있기 때문이다. 그러나 쇼펜하우어는 우는 것에서 드러나는 동정심도 사실은 자신에 대한 동정심일 뿐이라고 말한다. 예를 들어 아는 사람이 죽었을 때 우는 것은 죽은 사람 자체를 위한 것이라기보다 인간이 지닌 유한성에 대한 슬픔 때문이며, 이러한 슬픔이 자기 자신에 대해 동정심을 느끼게 한다는 것이다.[228]

그런데 우리가 주목할 것은 동정심은 단순히 타인의 고통을 덜어

227 Arthur Schopenhauer, *Über die Grundlage der Moral*, in: Züricher Ausgabe, Bd. 6, 244쪽.
228 아르투어 쇼펜하우어(홍성광 옮김),『의지와 표상으로서의 세계』, 620쪽 참고.

주거나 고통을 느끼는 것이 아니라는 점이다. 따라서 동정심은 타인을 위한 이타적인 행동으로만 규정될 수 없다. 물론 쇼펜하우어는 동정심이 일종의 사랑이라는 점을 부인하지 않는다. 그러나 동정심은 타인에 대한 일상적인 의미에서의 사랑과는 구분되어야 한다. 특히 동정심은 특정한 대상에 대한 사랑의 감정과는 구분된다. 이런 이유에서 쇼펜하우어는 사랑을 에로스eros와 아가페agape로 구분한다. 에로스로서의 사랑은 자기애일 뿐이며 개체화의 원리에 사로잡혀 있는 사랑일 뿐이다. 반면에 아가페로서의 사랑은 개체화의 원리를 부정하는 사랑인데, 쇼펜하우어는 이것이야말로 진정한 동정심이라고 부른다.[229]

여기에서 쇼펜하우어윤리학의 토대인 동정심은 세계에 대한 존재론적-형이상학적 성찰에 근거하고 있음을 알 수 있다. 왜냐하면 동정심은 단지 자신의 이기주의를 극복하는 것만을 의미하지 않기 때문이다. 물론 동정심의 출발점은 이기주의의 극복에서 시작된다. 그렇기 때문에 쇼펜하우어는 「도덕의 토대에 대하여」에서 동정심이 "이기적이지 않은 행위의 원천"[230]이라는 점을 강조한다. 그러나 쇼펜하우어는 이것을 넘어서 동정심을 인간의 모든 세계경험에 적용해야 한다는 것을 강조한다. 동정심을 갖게 되는 인간은 더 이상 살려는 의지의 지배에 의해서 세계를 경험하지 않는다. 이런 점

229 아르투어 쇼펜하우어(홍성광 옮김), 『의지와 표상으로서의 세계』, 618쪽 참고.

230 Arthur Schopenhauer, *Über die Grundlage der Moral*, in: Züricher Ausgabe, Bd. 6, 305쪽.

에서 쇼펜하우어는 『의지와 표상으로서의 세계』 2편 47장에서 동정심을 "모든 존재의 형이상학적 동일성의 직접적이고 직관적인 인식 unmittelbare und intuitive Erkenntniß der metaphysische Identität aller Wesen"이라고 규정한다.[231] 쇼펜하우어는 이러한 인식이 가져오는 상태를 『의지와 표상으로서의 세계』 1편의 68장에서 다음과 같이 상세하게 설명한다. "그런데 이렇게 개체화의 원리를 간파하고, 의지가 모든 현상에서 동일하다는 것을 아주 분명히 직접 인식하게 되면 그러한 인식은 즉각 의지에 계속적인 영향을 미칠 것이다. 말하자면 어떤 사람의 눈앞에 마야의 베일, 즉 개체화의 원리가 확실하게 드러나서, 그가 자신과 남을 더 이상 이기적으로 구별하지 않고, 자신의 고통처럼 남의 고통에 커다란 관심을 가지며, 그럼으로써 언제라도 남을 도울 마음을 가질 뿐만 아니라 자신을 희생하여 남을 구할 수 있을 때 기꺼이 자기 자신을 희생할 용의가 있다면, 그 결과로 자연스럽게 모든 존재 중에서 자기를, 자신의 가장 내적이고 진실한 자신을 인식하는 그런 사람은 모든 생물의 무한한 고통도 자신의 고통으로 간주하고, 전 세계의 고통도 분명 자신의 것으로 받아들일 것이다. 그에게는 어떤 고통도 자신과 무관하지 않다."[232]

동정심은 개체에 매여 있는 삶에서 벗어나서 세계 전체를 인식하고 개체화의 원리가 이 전체세계를 갈등과 대립으로 이끌어 간다는

231 Arthur Schopenhauer, WWV II, 770쪽 참고.

232 아르투어 쇼펜하우어(홍성광 옮김), 『의지와 표상으로서의 세계』, 621쪽 이하.

점을 깨닫는 것에서 가능하다. 따라서 개별적인 사물과의 관계 속에서 자신의 이익만을 추구하는 사람에게서 이러한 동정심을 발견할 수는 없다. 이와 달리 동정심을 가진 사람은 "전체를 인식하고, 전체의 본질을 파악하며, 그것이 끊임없이 소멸하고, 헛된 노력을 계속하며, 내적인 투쟁과 지속적인 고통에 사로잡혀 있다는 것을 알고, 어디를 보더라도 고통을 받고 있는 인류와 동물, 사라져 가는 세계를 본다."[233]

그러나 쇼펜하우어의 동정심의 윤리학은 이처럼 세계조망이나 관조에만 머물러 있는 것이 아니라 적극적이고 구체적인 행동을 요청하고 있다. 이와 관련하여 비른바허는 쇼펜하우어의 동정심의 윤리학이 구체적으로 두 가지의 행동 원리를 적극적으로 제시한다고 본다.[234] 하나는 정의Gerechtigkiet의 원칙이고, 다른 하나는 인간애Menschenliebe의 원칙이다. 여기에서 정의의 원칙은 "다른 사람에게 부당하게 행동하지 말라neminem laede"로 그리고 인류애의 원칙은 "네가 할 수 있는 한 모든 사람을 도와라omnes quantum potes juva"라는 말로 요약할 수 있다.

쇼펜하우어가 말하는 동정심은 궁극적으로 인간만을 위한 것이

233 아르투어 쇼펜하우어(홍성광 옮김),『의지와 표상으로서의 세계』, 622쪽.

234 Dieter Birnbacher, *Schopenhauer*, 117쪽. 그러나 비른바허는 여기에서 쇼펜하우어의 동정심의 윤리학과 관련하여 개인에 대한 즉흥적인 동정심에서 모든 존재에 대한 동정심으로 보편화하는 것이 과연 가능한지 의문을 제기한다. Dieter Birnbacher, *Schopenhauer*, 120쪽 참고. 비른바허가 파악하는 이 두 가지의 원칙 자체만을 보면 쇼펜하우어의 윤리학은 칸트의 정언명령과 특별히 구분되지 않는다고 할 수 있다.

아니다. 특정한 개인에 대한 동정심이 아니라 인류 전체 그리고 나아가서 존재 전체에 대한 동정심을 강조한다. 동정심은 모든 존재, 즉 개체화의 원리에 의해서 지배를 받는 모든 존재에게 해당된다. 특히 여기에서 쇼펜하우어는 동물들에 대한 동정심을 강조한다.[235] 즉 인간의 윤리적 행동은 인간에게만 통용되는 것이 아니라 동물들, 결국 개체화의 원리에 의해서 지배되는 모든 존재에게 행해져야 한다는 것을 강조한다.

쇼펜하우어는 동정심이 지닌 윤리적 가치 및 형이상학적 근거에 대해서 언급하지만 이러한 동정심에 도달하기는 쉽지 않다는 것을 인정한다. 쇼펜하우어에 따르면 인간의 행동을 이끌어 가는 세 가지의 근본 동인Grundtriebfeder이 있는데, 그것은 동정심과 이기주의 그리고 악함Bosheit이다. 이기주의와 악함은 모든 인간이 쉽게 가질 수 있는 행위의 동인이다. 인간은 쉽게 나쁜 행동을 하고 자기의 이익을 얻기 위해 이기적인 행동을 한다. 쇼펜하우어는 동정심의 경우에는 다른 두 가지의 동인과는 달리 후천적으로 어렵게 얻어진다고 말한다. 특히 쇼펜하우어는 이러한 동정심이 지속적으로 유지되는 것이 어렵다는 점을 강조하는데, 여기에서 동정심의 완전한 획득은 결국 의지의 부정, 살려는 의지의 부정을 통해서야 가능할 뿐이다.

동정심은 개체화 원리를 철저하게 부정하는 인간존재에게만 주

235 쇼펜하우어의 윤리학은 이 점에서 이전의 윤리학에서 다루지 않았던 동물윤리의 중요성을 부각시키고 있다.

어지는 존재론적인 사건이다. 그것은 자신의 존재뿐만 아니라 타자의 존재가 지닌 의미를 통찰하게 하고 동시에 세계가 얼마만큼 의지에 의해서 지배되고 있는가를 깨닫게 해 주는 사건이다. 쇼펜하우어는 이러한 동정심이 윤리학의 형이상학적 토대라는 점을 강조한다. 왜냐하면, 동정심은 고통스러운 개체의 삶에 존재의 의미를 부여하는 고귀한 행위이며 타자를 위한 희생적인 삶의 태도이기 때문이다. 순간에 얻어진 행복과 가치가 다른 순간에는 소멸해 버리고 더 큰 상실감으로 다시 채워지는 인간의 삶 속에서 이러한 동정심은 삶을 견뎌 내게 하는 근원 현상Urphänomen이라고 할 수 있다. 동정심에 근거한 쇼펜하우어의 윤리학은 그의 형이상학의 정초를 통해서 적극적으로 이해된다. 이런 점에서 동정심은 쇼펜하우어에게 윤리학뿐만 아니라 그의 형이상학을 정초하는 데 중요한 역할을 한다.

2 | 니체의 윤리학

1) 칸트윤리학 비판

쇼펜하우어가 「도덕의 토대에 관하여」와 「인간의지의 자유에 대하여」에서 도덕의 문제를 다루는 것처럼, 니체는 『선악의 저편』과

『도덕의 계보』에서 도덕의 문제를 심층적으로 다룬다. 니체는 『선악의 저편』 5장 "도덕의 자연사"에서 "오늘날 유럽에서의 도덕은 무리 동물의 도덕이다"[236]라고 말하는데, 여기에서 도덕을 바라보는 그의 입장이 잘 드러나고 있다. 니체에 따르면 도덕의 가치는 다수를 위한 것이 아니라 고귀한 인간의 삶을 가능하게 하는 것이며 우리를 초인으로의 길로 이끌어 주는 것이다.

니체는 『선악의 저편』과 『도덕의 계보』를 중심으로 자신의 독창적인 도덕해체의 작업을 전개한다. 전통철학에 대해서 제기되었던 니체의 비판적인 입장들은 도덕에 대한 독창적인 문제 제기와 비판으로 이어진다. 도덕의 가치에 대한 니체의 비판은 단순한 비판이 아니라 도덕 자체를 거부하는 것이라고 말하는 편이 좋을 듯하다. 쇼펜하우어가 전통철학이 제시한 도덕의 원리들을 비판하고 살려는 의지의 부정에 근거한 도덕의 출발점을 언급하는 것과는 달리 니체는 도덕 자체의 출발점에 대해서 의문을 제기한다. 이런 점에서 니체는 『선악의 저편』에서 다음과 같이 주장한다. "이상하게 들릴지 모르겠지만, 지금까지의 모든 '도덕학'에는 아직 도덕의 문제 자체가 결여되어 있었다. 여기에서는 문제가 될 만한 것이 있을 것인가 하는 의심이 없었던 것이다. 철학자들이 '도덕의 정초'라고 부르고 스스로 요구했던 것은, 올바른 빛에 비추어 보자면, 현재 유행하는 도덕에 대한 훌륭한 믿음의 현학적인 한 형식일 뿐이며, 그것을

236 프리드리히 니체(김정현 옮김), 『선악의 저편·도덕의 계보』, 161쪽.

표현하는 새로운 수단이다. 다시 말해 특정한 도덕성 안에 있는 사실 그 자체이며, 심지어는 궁극적으로 이러한 도덕이 문제시될 수도 있다는 사실에 대한 일종의 부정이다."[237] 니체에 따르면 기존의 도덕은 이미 주어진 도덕의 가치에 대한 긍정일 뿐이며 누구도 이러한 도덕 가치의 정당성에 문제를 제기하거나 도덕의 기원에 대한 진정한 논의를 시도하지 않았다.

그러나 '자유로운 정신'을 추구하는 니체에게 도덕비판은 그의 철학의 중요한 출발점이라고 할 수 있다. 그렇기 때문에 니체는 다음과 같이 말한다. "다른 도리가 없다. 우리는 이웃을 위한 헌신과 희생의 감정, 자기환멸의 도덕 전체를 가차 없이 해명하고 법정에 세워야 한다."[238] 이런 점에서 니체는 쇼펜하우어의 윤리학과도 거리를 둔다. 니체는 쇼펜하우어가 『도덕의 근본문제들』에서 도덕을 정초하는 근본 명제로서 '누구도 해치지 말라neminem laede', '가능한 한 많은 사람을 도와라immo omnes, quantum potes, juva'라는 명제를 언급하는 것을 비판한다. 니체는 이러한 명제가 지금까지 윤리학의 토대로 제공되어 왔다는 점을 인정한다. 그러나 니체는 "힘에의 의지를 본질로 하는 이 세계 속에서 이 명제가 얼마나 무미건조한 거짓이고 감상적인지를 한번 절실하게 느낀 사람"[239]은 이 명제의 허구성을 비판할 수밖에 없다고 말한다. 물론 여기에서 쇼펜하우어가 위의 명

237 프리드리히 니체(김정현 옮김), 『선악의 저편 · 도덕의 계보』, 138쪽.
238 프리드리히 니체(김정현 옮김), 『선악의 저편 · 도덕의 계보』, 62쪽.
239 프리드리히 니체(김정현 옮김), 『선악의 저편 · 도덕의 계보』, 139쪽.

제를 언급하는 이유가 무엇인지 그리고 그것이 실제로 얼마만큼 가능하다고 생각하는지를 살펴볼 필요가 있지만, 니체는 전통 속에서 주어진 이러한 형태의 도덕원리의 정초가 과연 정당한지를 문제 삼는다. 신의 죽음을 통해서 전통철학을 해체하듯이, 니체는 기존의 도덕 가치의 정당성을 문제 삼으면서 삶과 세계의 도덕적 정당화를 비판한다. 이런 점에서 니체는 도덕철학자들을 다음과 같이 비판한다. "도덕철학자들은 도덕적 사실들을 단지 조야하게만 자의적으로 발췌하거나 우연하게 요약한 것으로만 알아 왔고, … 도덕의 본래적인 문제들을 전혀 보지 못했다."[240]

니체의 도덕비판은 무엇보다도 칸트의 윤리학으로 향한다. 그에 따르면 칸트의 도덕이 제시하는 방향성은 "나에게 존경할 만한 것이 있다는 점은, 그것은 내가 복종할 수 있다는 사실이다"[241]라는 말에서 잘 드러난다. 정언명령을 강조하는 칸트에게 도덕의 가치는 이처럼 복종, 억압, 강제로 이루어졌으며 이때에 도덕은 인간의 삶을 억압하는 원리로 작용한다는 것이 니체의 비판이다. 따라서 실천이성의 명령으로서 도덕을 정초한 칸트의 시도는 니체가 추구하는 자유로운 정신을 위해서는 결코 바람직하지 않다.

칸트는 『실천이성비판Kritik der praktischen Vernunft』(1788)이 출판되기 이전인 1785년 『도덕형이상학의 정초Grundlegung zur Metaphysik der Sitten』

240 프리드리히 니체(김정현 옮김), 『선악의 저편·도덕의 계보』, 138쪽.

241 프리드리히 니체(김정현 옮김), 『선악의 저편·도덕의 계보』, 140쪽.

를 통해서 도덕이론의 기본적인 입장들을 제시한다. 칸트는 이 책에서 도덕적으로 제약을 받지 않는 선Gut이 무엇인지 그리고 우리가 어떤 것을 도덕적으로 선 또는 악이라고 부를 때 관계하는 것이 무엇인지를 논의한다. 그러나 니체는 『도덕형이상학의 정초』의 근본전제인 "선의지ein guter Wille"의 존재를 단호하게 부정한다. 그에 따르면 인간이 선의지를 추구한다는 칸트의 생각은 본능에 사로잡힌 인간의 삶을 외면하는 공허한 해석일 뿐이기 때문이다. 니체는 선의지가 아니라 힘에의 의지가 인간의 모든 행위의 출발점이라고 주장한다. 니체에 따르면 이러한 의지는 그 자체로 선하거나 악한 것이 아니라 단지 끊임없이 힘을 의욕할 뿐이다.

니체는 칸트가 주장하는 도덕법칙의 정언명령적인 특성을 부정한다. 이러한 니체의 비판은 인간이 이성적인 존재이며 당위Sollen로서 주어진 것을 의욕한다는 주장을 거부하는 것을 의미한다. 비록 인간이 이성적인 존재라고 하더라도 인간이 당위적인 정언명령을 받아들여야 한다는 의무는 실현될 수 없기 때문이다. 예를 들어 거짓말을 해서는 안 된다는 도덕 명령을 수긍한다고 하더라도 실제로 그것을 수행하는 것은 별개의 문제이다. 특히 니체는 칸트가 추구하는 도덕 행위의 보편화에 대해서 회의적으로 생각한다. 보편타당한 인식의 가능성을 부정하는 니체는 모든 사람을 위한 보편타당한 행동이 가능하다는 칸트의 주장을 비판한다. 니체는 한 사람의 행동이 다른 사람이 원하는 방식으로 이루어지는 것이 쉽지 않다고 보는데, 왜냐하면 개인 각자의 행동에 대한 평가가 서로 다를 수 있기 때문이다.

니체는 칸트의 정언명령에 내재된 도덕적 행위의 당위성이 도덕적으로 올바른 행동이 무엇인지를 알려 줄 수 있다는 점 그리고 선한 행동과 악한 행동을 명확하게 구분해 줄 수 있다는 점에 대해 의문을 제기한다. 물론 칸트가 결과론적인 입장에서가 아니라 선의지에 주목하면서 선한 행동을 논의한다는 점을 고려하더라도 인간의 행동에 대한 다양한 평가가 존재한다는 점은 도덕적 행위의 당위성이 공허한 것이 아닐까 하는 의문을 갖게 한다. 선한 의지에서 이루어진 행동이 선한 결과를 가져온다는 것을 보증하기 어렵기 때문이다. 일상에서의 구체적인 경험들은 이것이 어렵다는 점을 잘 말해준다. 여기에서 인간다운 삶의 가치를 선과 악의 이분법에서 벗어나는 것에서 찾고 있는 니체에게 진정한 도덕적 행위는 칸트와는 다른 의미를 갖게 된다.

니체에 따르면 칸트의 정언명령이 그려 내는 도덕의 세계는 허구의 세계일 뿐이다. 정언명령이 가정한 것처럼 각각의 인간의 개별적인 행동들을 보편화하는 것은 불가능하다. 앞서 니체가 세계를 인식하는 방식으로 관점주의를 강조하는 것처럼 인간존재는 각각의 삶을 반영시키는 입장을 가지는데, 이것은 가치의 문제에도 적용되기 때문에 사람들의 행동이 모두 똑같은 의미를 지닐 수는 없다. 우리가 일상의 경험에서도 알 수 있듯이, 사람들이 각자 자기만의 방식으로 세계를 바라본다는 점에서 칸트의 정언명령은 수용하기 어려운 것이다. 우리가 살아가면서 다른 사람들과의 갈등을 경험한다면 얼마나 많은 사람들이 자기만의 세계 속에서 살고 있는지를 알게 될 것이다. 오히려 니체는 자기만의 도덕 가치, 자기만의 정언명령에 따를 것을 강조하고 있다. 니체는 칸트를 다음과 같이 비판한다. "'덕', '의무', '선 그 자체', 비개인성과 보편타당성이라는 성격을 갖는 선 —이것은 삶의 몰락과 삶의 최후의 소진과 쾨니히스베르크의 중국주의가 표명하는 환영들이다."[242]

니체는 칸트의 정언명령을 오히려 "삶에 위험한 것"으로 간주한다. 삶이 원하는 행위를 전개하는 것이 올바른 행위이다. 니체는 타인을 위해서 자신을 희생하는 이타주의를 특징으로 하는 도덕의 가능성에 대해서 회의적으로 바라본다. 그렇기 때문에 니체는 『우상의 황혼』에서 이타적이고 이기심을 억압하는 형태의 도덕을 "데카당스 도덕"[243]이라고 비판하고 있다. 이런 점에서 종교뿐만 아니라 도덕도 "오류의 심리학"[244]에 속한다. 특히 도덕적 행위의 출발점이 되는 자유의지는 종교와 도덕이 만들어 낸 허구적인 장치일 뿐이다. 오히려 니체는 칸트와 달리 자유의지의 개념이 인간의 행위를 단죄하기 위한 목적에서 만들어진 것이라고 비판한다. 자유의지에 근거한 도덕규범은 모든 창조적인 행위와 생성으로서의 세계를 억

242 프리드리히 니체(백승영 옮김), 『바그너의 경우·우상의 황혼·안티크리스트·이 사람을 보라·디오니소스 송가·니체 대 바그너』, 225쪽.
243 프리드리히 니체(백승영 옮김), 『바그너의 경우·우상의 황혼·안티크리스트·이 사람을 보라·디오니소스 송가·니체 대 바그너』, 170쪽.
244 프리드리히 니체(백승영 옮김), 『바그너의 경우·우상의 황혼·안티크리스트·이 사람을 보라·디오니소스 송가·니체 대 바그너』, 121쪽.

압하기 위한 장치일 뿐이다. 자유의지는 도덕적인 세계질서를 구축하기 위해서 만들어 낸 가상적 장치인 것이다.

니체는 여기에서 끊임없는 가치의 전도를 의미 있는 삶의 출발점으로 제시하면서 모든 인간의 행동에서 연역될 수 있는 '행위의 범주표'를 제시하려는 칸트의 형식주의적인 윤리학을 비판한다. 이처럼 도덕적 세계질서를 부정하는 니체는 우리가 살아가는 세계가 힘에의 의지, 즉 삶을 위해 보다 많은 힘을 추구하는 의욕 이외에 다른 것이 아니라고 주장한다.

룀프Georg Römpp는 이처럼 니체가 제시하는 윤리학을 '동일하지 않음Ungleichheit'과 자기애Selbstzucht라는 용어를 통해서 특징짓는다. 반면에 그는 칸트의 윤리학이 지닌 특징을 '보편화Universalisierung'로 규정하면서 니체의 입장과 대비시킨다.[245] 이런 점에서 보면 니체와 칸트의 윤리학 사이에는 서로 이어질 수 없는 단절이 있음이 분명하게 드러난다. 이들 사이의 근원적인 차이는 개인이 구체적으로 실천할 수 없는 추상적인 의무Pflicht는 니체에게 무의미한 것이며 오로지 개인의 삶에 의미와 가치를 부여하는 것이 도덕적인 행동으로 평가될 수 있다는 점이다. 이런 점에서 룀프는 다음과 같이 말한다. "니체

245 Georg Römpp, *Nietzsche leicht gemacht. Eine Einführung in sein Denken*, Köln Wien Weimar 2013, 71쪽 참고. 니체는 『차라투스트라는 이렇게 말했다』에서 자기애에 대해서 다음과 같이 말한다. "그대들의 이웃을 언제나 자신처럼 사랑하라. 하지만 우선 자기 자신을 사랑하는 자가 되도록 하라!" 프리드리히 니체(장희창 옮김), 『차라투스트라는 이렇게 말했다』, 304쪽.

는 개인적인 선호Vorlieben를 간과하는 토대 위에서의 칸트의 이성적인 윤리학의 정초를 반대할 뿐만 아니라 보편적이기를 요구하는 모든 윤리학을 반대하는 것이 분명하다."[246]

2) 도덕의 기원

니체는 삶의 의미를 왜곡시키는 모든 도덕적 편견과 가치들을 비판한다. 도덕에 대한 비판적인 태도는 다음의 언급에서 잘 드러난다. "도덕이라는 가장 신성한 이름과 가치 정식들 밑에 어떤 것이 숨겨져 있는지를 이해한다. 황폐해진 삶과 종말에의 의지와 큰 권태가 거기에 숨겨져 있다는 것을. 도덕은 삶을 부정한다."[247] 쇼펜하우어는 도덕의 토대가 동정심이며 나아가서 의지의 부정이라는 점을 강조하는데, 니체는 오히려 도덕이 삶을 부정하는 것이라고 비판한다. 니체는 힘에의 의지를 드러내는 삶을 거부하는 모든 형태의 도덕 가치를 거부하는데, 여기에서 니체는 의지를 부정하려는 쇼펜하우어의 도덕 개념과 거리를 둔다.

니체는 전통철학이 정초한 도덕의 기원이 과연 무엇인지를 살펴보려고 시도한다. 니체는 전통 속에서 주어진 도덕이 인간의 삶을 데카당스의 상태로 이끈 원인이라고 생각한다. 특히 그는 그리스도

246 Georg Römpp, *Nietzsche leicht gemacht. Eine Einführung in sein Denken*, 75쪽.
247 프리드리히 니체(백승영 옮김), 『바그너의 경우·우상의 황혼·안티크리스트·이 사람을 보라·디오니소스 송가·니체 대 바그너』, 12쪽.

교의 사제들에 의해서 만들어진 도덕규범들이 철저하게 현실세계를 부정하고 인간으로 하여금 피안의 세계로 눈을 돌리게 한다고 본다. 그렇기 때문에 니체는 도덕의 해체를 선포한다. 이러한 해체의 작업은 지금까지 통용되는 도덕 가치의 기원을 문제 삼으면서 이루어진다. 이러한 도덕의 해체작업은 도덕이 왜곡시킨 삶의 가치를 회복시키기 위한 시도이다.

니체는 『도덕의 계보』에서 도덕의 기원에 대한 해석을 시도한다. 이때에 도덕의 기원에 대한 물음은 전통철학과의 대결을 의미한다. 니체 자신도 이 책에서 논의되는 내용들의 갈등적인 요소를 암시하면서 이 책을 "하나의 논쟁서eine Streitschrift"라고 규정한다. 니체는 『선악의 저편』에서 종교와 도덕적 선입견에 사로잡힌 근대성에 대한 비판을 다루는 것과는 달리 『도덕의 계보』에서는 전통철학이 제시한 도덕의 기원을 계보학적으로 분석하면서 도덕의 가치가 무엇인지에 대한 근원적인 물음을 제기한다.

『도덕의 계보』는 모두 세 편의 논문으로 구성되어 있는데, 첫 번째 논문에서는 선과 악 그리고 좋음과 나쁨에 대해서 논의한다. 두 번째 논문에서는 죄, 양심의 가책에 대해서 그리고 마지막으로 세 번째 논문에서는 금욕주의적 이상에 대해서 논의한다. 니체는 이 세 개의 논문에서 전통 속에서 주어진 도덕이 우리에게 실제로 어떤 역할을 해 왔는지를 고찰하는데, 그는 여기에서 모든 도덕의 규범들을 구성해 온 도덕의 가치들에 대해서 의심해 볼 것을 요구한다. "사람들은 이러한 '가치들'의 가치를 주어진 것으로, 사실로서, 모든 문제 제기를 넘어서 있는 것으로 받아들였다. 사람들은 지금까지도 '선한 사람'을 '악한 사람'보다 훨씬 더 가치가 있다고 평가하는 일이나, 대체로 인간이라는 것을(인간의 미래를 포함하여) 촉진하고, 인간에게 공리, 번영을 가져온다는 의미에서 훨씬 더 가치가 있다고 평가하는 일에 조금도 의심하거나 동요하지 않았다. 만약 그 반대가 진리라고 한다면, 사정은 어떠할까?"[248]

여기에서 니체가 우선적으로 문제 삼는 것은 선Gut과 악Böse이라는 개념이다. 니체는 도덕의 발생사를 다루면서 선과 악의 개념을 좋음과 나쁨의 개념과 연결시키는데, 그에 따르면 전통에서의 도덕은 모든 도덕적 가치를 구성하는 선의 개념을 좋음에서 유래한 것으로 그리고 악의 개념을 나쁨에서 유래한 것으로 규정한다. 그러나 니체는 이러한 구분을 받아들이지 않는다. 특히 니체는 선악에 대한 이러한 통속적인 구분을 비판하는데, 이 점은 『아침놀』의 다음과 같은 언급에서 잘 나타난다. "모든 도덕의 기원이 다음과 같은 혐오스럽고 왜소한 추론에 있는 것은 아닐까? '나에게 해로운 것은 악한 것(그 자체로 해로운 것)이다. 나에게 이로운 것은 선한 것(그 자체로 기분을 좋게 하고 유익한 것)이다. 나에게 한 번 또는 몇 번 해를 입히는 것은 그 자체로 적대적인 것이다. 나에게 한 번 또는 몇 번 이익을 주는 것은 그 자체로 우호적인 것이다.' 아, 수치스러운 기원이여!"[249]

248 프리드리히 니체(김정현 옮김), 『선악의 저편·도덕의 계보』, 345쪽.
249 프리드리히 니체(박찬국 옮김), 『아침놀』, 111쪽.

니체는 이와 같은 통속적인 도덕의 기원을 극복하기 위하여 『도덕의 계보』에서 좋음이라는 가치의 기원을 심층적으로 분석한다. 우선 사람들은 좋음이라는 개념을 비이기적인 행위로 받아들이는데, 니체는 이러한 해석에 이의를 제기한다. 그는 좋음이라는 개념의 발생 과정에서 그 의미가 왜곡되었다고 주장한다. 특히 니체는 좋음을 유용한 것이라고 해석하는 것을 단호하게 비판한다. 즉 그는 선과 악의 기원이 유용성에 있다는 해석을 비판한다. 왜냐하면 한 인간에게 진정한 좋음의 상태는 "온갖 타산적인 영리함이나 공리적 계산이 전제하는 저 미온적인 것"[250]과는 다른 것이기 때문이다. 전통철학에서는 좋음이 최고로 가치 있는 것이고, 여기에서 그 자체로 가치가 있는 것은 비이기적인 공리성Nützlichkeit을 의미한다. 그러나 니체는 이러한 가설은 허구적이며 심리학적 모순이라는 병을 드러내 줄 뿐이라고 비판한다. 여기에서 공리성, 합목적성과 같은 표현들은 좋음의 의미를 왜곡시킬 뿐이다.

도덕의 발생이라는 관점에서 보면 좋음은 나에게 유용한 것이고 나쁨은 나에게 손해를 끼치는 것이다. 이런 경우에 선과 악은 어떤 행위가 나에게 유용한지 아닌지에 의존하게 된다. 니체는 이러한 공리성이 과거뿐만 아니라 앞으로도 더욱 확고하게 인간의 도덕감정을 이끌어 갈 것이라고 본다. "이러한 공리성은 오히려 어느 시대나 경험하는 일상적인 것이었으며 부단히 언제나 새롭게 강조되어

250 프리드리히 니체(김정현 옮김), 『선악의 저편·도덕의 계보』, 354쪽.

온 것이었다. 따라서 그것은 의식에서 사라져 버리는 대신, 즉 잊혀지게 되는 대신, 더욱 확실하게 의식에 새기지 않으면 안 되었다."[251]

그러나 니체에 따르면 어원학적으로 볼 때 좋음이라는 개념은 본래 '귀족적인' 또는 '고귀한'이라는 의미를 가졌다. 즉 고귀한 사람이 자신이 원하는 대로 삶을 살아가는 방식을 표현하는 것이 좋음이라는 말의 기원이다. 또한 나쁨Schlecht이라는 말도 악한 것이라는 의미가 아니라 단지 단순한 것, 저급한 것이라는 의미를 지녔을 뿐이었다. 여기에서는 소박한 평민들의 삶이 Schlecht라는 독일어로 표현되었을 뿐이다. 물론 이때 독일어 Schlecht가 고귀한, 귀족적인이라는 의미의 독일어 Gut과 대립하는 의미를 지녔던 것은 사실이다. 그러나 니체는 이처럼 단순했던 좋음과 나쁨의 의미가 변질되어 오늘날처럼 선과 악이라는 극단적인 가치의 대립형태가 되어 버렸다고 지적한다.

니체에 따르면 고귀한 또는 귀족적인이라는 의미를 지닌 좋음이라는 말의 의미를 극단적으로 전도시킨 것은 바로 유대인의 사제계급이다. 이들은 고귀한 존재, 강력한 존재, 탁월한 존재가 좋은 것, 선한 것이 아니라 비천한 자, 가난한 자, 고통을 당하는 자가 좋은 것, 즉 선한 사람으로 평가한다. 이제 고귀한 자, 강한 자는 나쁜 존재로 간주된다. 이런 이유에서 니체는 "유대인과 더불어 도덕에서

251 프리드리히 니체(김정현 옮김), 『선악의 저편·도덕의 계보』, 355쪽.

의 노예반란이 시작된다"[252]라고 주장한다. 유대인들을 통해서 고귀한 것과 단순한 것이라는 의미를 지닌 좋음과 나쁨의 고유한 의미들이 선한 것과 악한 것으로 변형되기 때문이다. 심지어 여기에서 고귀한 사람이 나쁜 사람으로 전도되고 오히려 고귀하고 강한 사람에 대해 원한을 가진 사람이 좋은 사람으로 간주된다. 이런 이유에서 니체는 원한에 사로잡힌 사람을 다음과 같이 비판한다. "고귀한 인간은 자기 자신에 대해 신뢰와 개방성을 가지고 살아가는 데 반해 … 원한을 지닌 인간은 정직하지도 순박하지도 않으며 자기 자신에 대해서 진지하지도 솔직하지도 않다. 그의 영혼은 곁눈질을 한다. 그의 정신은 은신처, 샛길, 뒷문을 좋아한다."[253] 이처럼 원한감정을 지닌 인간에 의해서 '악한 사람'이 생겨나고 이에 대한 대립물로서 '선한 사람'이 생겨나게 된다.

니체의 이러한 설명에서 주목할 것은 원래 고귀한 인간의 삶에 관계하는 좋음의 경우에는 단순한 것으로서의 나쁨을 배타적으로 평가하지 않았다는 점이다. 그러나 원한에 사로잡힌 전도된 도덕은 나쁨을 악으로 규정하고 어떤 식으로든 비난하고 그리고 극복해야 할 것으로 변형시킨다. 니체에 따르면 고귀한 인간들에게 나쁨은 결코 원한에서 생겨난 악Böse과는 다른 것이었다. 고귀한 인간의 삶을 지칭하는 좋음은 결코 단순한, 비천함을 의미하는 나쁨을 배제하

252 프리드리히 니체(김정현 옮김), 『선악의 저편·도덕의 계보』, 364쪽.
253 프리드리히 니체(김정현 옮김), 『선악의 저편·도덕의 계보』, 369쪽 이하.

지 않았다는 것이다. 그러나 원한이 만들어 낸 도덕에서는 이전에 고귀한 인간이 누렸던 좋음을 악함으로 전도시켜 버린다. 이렇게 좋음과 나쁨이 선과 악의 대립으로 변형되면서 결국은 천민화된 도덕이 생겨난다. 니체는 천민의 도덕 속에서 삶의 왜곡과 부정을 확인할 수밖에 없다고 본다.

니체에 따르면 이러한 좋음과 나쁨, 선과 악의 대립은 수천 년간 이어진 고통스러운 싸움이었다. 특히 이 대립은 도덕이라는 이름 아래에서 인간들의 삶을 고통스럽게 만든 것이었다. 이런 이유에서 니체는 좋음과 나쁨이 전도되었다는 점뿐만 아니라 좋음과 나쁨이 상대적이라는 점을 통해서 전통도덕의 문제점을 지적한다. 여기에서 니체는 맹금류의 예를 든다. 양들은 맹금류를 나쁜 존재라고 규정한다. 왜냐하면 맹금류는 자신들의 생명을 빼앗아 가기 때문이다. 여기에서 양들은 원한감정 때문에 맹금류를 나쁜 존재로 그리고 자신들을 좋은 존재로 규정한다. 그런데 이와 달리 맹금류는 양들을 좋은 존재라고 생각한다. 왜냐하면, 양들은 자신에게 먹이를 제공하기 때문이다. 그렇다고 해서 맹금류는 생존을 위해서 양을 먹이로 삼는 자신들을 나쁜 존재라고 생각하지 않는다. 이렇게 좋음과 나쁨이 상대적으로 다르게 규정되기 때문에 니체는 원한감정이 규정하는 선과 악의 개념이 도덕의 확고한 원리가 될 수 있는지를 문제 삼는다.

니체는 『도덕의 계보』 두 번째 논문에서 양심의 가책das schlechte Gewissen을 논의한다. 죄의식das Bewußtsein der Schuld으로서의 양심의 가책은 도덕의 중요한 구성요소가 된다. 그러나 니체는 이 문제를 다시 한번 계보학적인 입장에서 다루고 있다. 니체는 죄의 개념이 원래 채무를 지는 것schulden이라는 물질적인 개념에서 유래했다는 점을 강조한다. 그에 따르면 죄, 양심, 의무와 같은 도덕의 개념들의 기원은 채권자와 채무자 사이를 규정하는 채무법에 의해서 생겨났다. 특히 니체는 로마시대의 채무법에 주목하면서 죄와 양심의 기원을 설명한다. 이러한 설명에 따르면 죄는 채무를 진 자가 정신적인 고통뿐만 아니라 육체적인 고통을 감내해야 한다는 것을 의미하는 것으로 해석된다. 죄의 개념은, 정확히 말하자면 죄의식은 고통을 통해서 채무를 보상하는 행위를 정당화하게 한다. 여기에서 죄는 고통을 의미하게 되고, 죄를 범한 자는 고통을, 즉 형벌을 받게 된다.

그런데 니체는 이처럼 죄의식뿐만 아니라 양심의 가책도 선험적으로 주어진 도덕감정이 아니라고 본다. 원한감정에 근거한 인간의 상상에 의해서 선과 악의 극단적 대립이 만들어진 것처럼, 인간의 자기부정적인 심리 현상인 양심의 가책도 인간이 필요에 의해서 만들어 낸 것이라고 주장한다. 양심의 가책은 어떤 일이 생각지 않게 나쁘게 되었다는 느낌을 들게 하는 것이지, 그런 일을 해서는 안 된다는 것을 의미하지 않는다. 인간이 양심의 가책을 느끼는 이유는 "자기비판을 하는 가운데 일종의 개선을 가져온다는 점"[254] 때문

254 프리드리히 니체(김정현 옮김), 『선악의 저편·도덕의 계보』, 430쪽.

이다. 니체에 따르면 양심의 가책은 "약속할 수 있는 동물"로서의 인간이 자신을 둘러싸고 있는 사회에서의 계약관계를 투명하게 하려는 의도에서 강조된 것이다. 즉 채권자가 채무자에게 보상을 쉽게 받기 위해서 양심의 가책을 강조하였는데, 니체는 죄, 양심, 의무와 같은 개념이 모두 이러한 채무법에서 생겨났다고 주장한다. 그것은 오로지 채무자에 대한 채권자의 권리를 주장하고 빚을 보상하기 위한 목적에서 발생한 것이었다. 니체는 이러한 채무관계가 이후에는 개인과 개인 사이 그리고 개인과 사회에서의 관계뿐만 아니라 종교에서 인간과 신의 관계를 규정해 버린다고 주장한다.

그러나 니체는 이러한 기원을 지닌 양심의 가책이라는 개념이 인간의 자연스러운 본성을 왜곡시키고 심지어는 병든 존재로 만들어 버린다고 비판한다. 니체는 이 점을 다음과 같이 설명한다. "그러나 이와 더불어 인류가 오늘날까지 치유하지 못하고 있는 가장 크고도 무시무시한 병, 즉 인간의 인간에 대한, 자기 자신에 대한 고통이라는 병이 야기되었던 것이다. 이것은 인간이 동물적인 과거를 강제로 떼어 놓은 결과이며, 말하자면 새로운 상태나 생존조건으로 뛰어들어 추락한 결과이고, 지금까지 자신의 힘과 쾌락과 공포의 기반이었던 오래된 본능에 선전포고한 결과이다."[255]

니체에 따르면 양심의 가책은 하나의 병일 뿐이다. 이러한 양심의 가책은 '인간의 내면화Verinnerlichung des Menschen'의 산물이다. 자신

255 프리드리히 니체(김정현 옮김), 『선악의 저편·도덕의 계보』, 432쪽.

의 본능을 밖으로 드러내면서 만족을 느껴야 하는 인간이 오히려 자신의 내부로 향하면서 자기를 억압하고 파괴하는데, 이것이 양심의 가책의 기원이다. 여기에서 양심의 가책을 느끼는 것 또는 강요하는 것은 "거칠고 자유롭게 방황하는 인간의 저 본능을 모두 거꾸로 돌려 인간 자신을 향하게 하는 일"[256]이다. 니체에 의하면 "적의, 잔인함과 박해, 습격이나 변혁이나 파괴에 대한 쾌감 —그러한 본능을 소유한 자에게서 이 모든 것이 스스로에게 방향을 돌리는 것, 이것이 '양심의 가책'의 기원이다."[257] 이러한 내면화에 의한 양심의 가책으로 인하여 "인류가 오늘날까지 치유하지 못하고 있는 가장 크고도 무시무시한 병, 즉 인간의 인간에 대한, 자기 자신에 대한 고통이라는 병"[258]이 생겨나게 된다. 양심의 가책은 다른 것이 아니라 "자기를 학대하는 의지der Wille zur Selbstmisshandlung"일 뿐이며 이것은 비이기적인 것의 가치 그리고 공리성을 가져오는 전제이다.[259] 그렇기 때문에 니체는 이러한 양심의 가책이 인간의 삶을 억압하고 파괴하는 무서운 병이라고 본다.

니체에 따르면 이러한 양심의 가책은 모든 인간의 삶을 얽어매고 압박하는 도덕적이고 종교적인 원리로 작용한다. 니체는 양심의 가책에 대해 "지상에서 그처럼 비참한 감정, 그와 같이 납처럼 무거운

256 프리드리히 니체(김정현 옮김), 『선악의 저편·도덕의 계보』, 431쪽.
257 프리드리히 니체(김정현 옮김), 『선악의 저편·도덕의 계보』, 431쪽 이하.
258 프리드리히 니체(김정현 옮김), 『선악의 저편·도덕의 계보』, 432쪽.
259 프리드리히 니체(김정현 옮김), 『선악의 저편·도덕의 계보』, 436쪽 참고.

불쾌감"[260]은 없다고 비판한다. 이런 점에서 니체는 다음과 같이 말한다. "외부의 적과 저항이 없어지고, 관습의 억누르는 협소함과 규칙성 속에 처박혀 성급하게 스스로를 찢고 박해하고 물어뜯고 흥분시키고 학대했던 인간, 자신의 감옥의 창살에 부딪혀 상처투성이가 되고 사람들이 '길들이고자' 한 이 동물, 스스로 모험과 고문대와 불안하고 위험한 야만상태를 만들 수밖에 없었던 이 궁핍한 자, 황야의 향수에 지쳐 있는 쇠약해진 자 —이 바보, 그리워하면서 절망하는 이 죄인이 '양심의 가책'을 발명한 자가 된 것이다."[261]

종교가 좋음과 나쁨이라는 개념을 선과 악의 극단적인 대립 개념으로 변질시켜 버린 것처럼 니체는 종교가 죄의식과 양심의 가책 개념이 생겨나는 데에 결정적인 영향을 주었다고 본다. 종교는 인간으로 하여금 죄의식과 양심의 가책에 사로잡히게 하여 주어진 삶을 부정적으로 바라보게 하고 결국은 신에게 의존하게 만들어 버렸다. 특히 그리스도교는 인간의 죄 때문에 신이 자신을 희생한다는 주장을 통해서 고통받는 인간의 마음을 사로잡게 된다. "양심의 가책을 지닌 이러한 인간은 자기 고문을 소름끼칠 정도의 냉혹함과 준엄함으로 몰고 가기 위해, 종교적 전제를 자기 것으로 만들었다."[262] 이런

260 프리드리히 니체(김정현 옮김),『선악의 저편·도덕의 계보』, 431쪽.
261 프리드리히 니체(김정현 옮김),『선악의 저편·도덕의 계보』, 432쪽.
262 프리드리히 니체(김정현 옮김),『선악의 저편·도덕의 계보』, 442쪽. 니체는 그리스도교가 신의 존재를 상정하여 인간 자신을 억압하는 장치로 사용한 것과는 달리 고대 그리스인들은 자신들의 고귀한 존재가치를 신의 존재에 투영시키면서 신의 존재를 자신들을 위하여 이용했다고 말한다. 그리스인들의 삶에서는 죄의식과 양심의 가책이 존재하지 않

이유에서 니체는 만일 그리스도교가 아니라 무신론이 유럽 문명을 지배했다면 죄의식과 양심의 가책이 사람들을 고통스럽게 만들지 않았을 것이라고 주장한다.

니체는 『도덕의 계보』에서 도덕의 기원을 밝혀내면서 인간의 자연적인 성향, 즉 본능을 나쁜 것으로 간주하면서 양심의 가책이 만들어진다는 점을 강조한다. 그리고 이러한 양심의 가책은 인간을 더욱더 수동적으로 만들고 본능을 억압하는 장치로 역할을 하게 된다. 그렇기 때문에 인간 자신의 고귀함과 탁월함에 대한 생각은 사라지고 자신의 본능에 대해 적대적으로 된다. 여기에서 도덕은 결국 인간의 자기경멸과 자기억압의 방식으로 전락해 버리고 자연적인 본능을 부정하는 억압적인 장치로 남게 된다. 도덕에 대한 이러한 니체의 입장은 쇼펜하우어와 거리를 두게 하는데, 왜냐하면 쇼펜하우어의 도덕은 니체와 달리 동정심, 자기부정, 자기희생을 강조하기 때문이다. 니체는 쇼펜하우어철학의 목표를 본능으로 가득찬 삶의 부정이라고 보기 때문에 그의 철학을 허무주의와 데카당스에 이르는 우회로일 뿐이라고 비판한다. 니체에 따르면 "본능적으로 자기 자신에게 해로운 것을 선택하는 것, '이해관계 없는' 동기에 유혹되는 것은 거의 데카당스의 공식을 제공하는 것이나 다름이 없다."[263]

으며 신은 인간에게 원한을 품거나 악의를 갖지 않는다는 것이 니체의 해석이다. 프리드리히 니체(김정현 옮김), 『선악의 저편·도덕의 계보』, 445쪽 참고.

263 프리드리히 니체(백승영 옮김), 『바그너의 경우·우상의 황혼·안티크리스트·이 사람을

3) 원한감정

니체는 『도덕의 계보』에서 도덕의 기원을 논의하면서 원한감정 Ressentiment에 대해서 언급한다. 원한감정이라는 용어는 도덕의 발생을 설명해 주는 중요한 개념이며, 인간이 지닌 도덕감정의 기원을 잘 드러내 준다. 원한감정이라는 용어는 『도덕의 계보』 제1 논문의 10번에서 언급된다. 니체가 말하는 원한감정이라는 말은 이후에 막스 베버의 종교사회학에서 유대교와 관련하여 사용되기도 한다. 또한 철학적 인간학을 정초한 막스 셸러 역시 『도덕의 구성 속에서의 원한감정Das Ressentiment im Aufbau der Moralen』에서 이러한 원한감정에 대해서 언급하고 있다. 또한 프랑스의 니체해석자인 들뢰즈는 이러한 원한감정을 반응적인 원리reaktives Prinzip로 규정하기도 한다.

모든 형태의 객관적인 도덕 가치를 부정하고 도덕적 행위를 가치의 해석으로 바라보는 니체의 입장에서는 도덕 가치를 만들어 내는 근본적인 이유가 무엇인지를 밝혀내는 것이 중요하다. 앞서 언급했듯이, 니체는 계보학적 사유를 통해서 선과 악의 기원이 무엇인지를 밝혀내고 이를 통해서 전도된 도덕을 해체하고자 한다. 그래서 니체는 본능을 억압하고 의미 있는 삶의 시선을 지금-여기의 세계가 아니라 피안의 세계로 향하게 하는 것이 어떻게 생겨나는지에 대한 성찰을 시도한다. 여기에서 니체는 도덕감정의 기원이 무엇인지를

보라·디오니소스 송가·니체 대 바그너』, 171쪽.

탐구하는데, 이것이 바로 원한감정이다. 그렇다면 이러한 원한감정의 기원은 무엇인가? 우선적으로 원한감정은 강자에 대해 약자가 갖는 반감에서 비롯된다고 할 수 있다.

물론 니체는 강자들도 원한감정을 가진다는 점을 인정한다. 그러나 강자의 원한감정은 순간적으로 그리고 직접적으로 드러나는 반면에 약자들의 원한감정은 우회적이며 간접적으로 그리고 지속적으로 드러난다는 점에서 구분된다. 이러한 약자들의 원한감정은 "복수의 정신"이 된다. 원한감정은 일종의 복수심에서 생겨난 감정이다. 그런데 여기에서 주목할 것은 원한감정이 단순한 심리적인 현상을 지칭하지 않는다는 점이다. 원한의 감정은 단순히 경멸이나 비난의 감정을 의미하지 않는다. 원한감정은 약자들의 존재 원리라고 할 수 있다. 만약 원한감정이 존재하지 않는다면 약자들은 존재할 수 없다. 원한감정은 약자들의 삶의 방식이라고 할 수 있다. 강자들이 매 순간 힘에의 의지를 통해서 자신의 존재를 확인하는 반면 약자들은 자신들의 상처받고 상실된 존재감을 원한감정으로 채우면서 살아간다. 이런 점에서 원한감정은 약자에게는 반드시 필요한 생존의 원리라고 할 수 있다.

그런데 원한감정은 약자들의 삶을 변화시킨다. 약자들은 강자와는 달리 수동적인 삶을 살아가야만 한다. 강자와의 경쟁에서 이기지 못하고 강자가 취하고 남겨 놓은 것으로만 자신들의 삶을 연명해야 하기 때문이다. 그러나 이때 원한감정은 약자들로 하여금 그들의 삶의 의미를, 정확히 말하자면 삶의 가치를 전도시키는 역할을 한다. 니체는 원한감정 속에서 약자들의 삶의 특성이 변하는 것을 다음과 같이 설명한다. "은폐된 모든 것을 그는[약자] 자신의 세계로, 자신의 안정으로, 자신을 생기 있게 만드는 것으로 여긴다. 그는 침묵하는 법, 잊어버리지 않는 법, 기다리는 법, 잠정적으로 자신을 왜소하게 만들고 굴종하는 법을 알고 있다. 원한을 지닌 이러한 인간종족들은 결국 반드시 어떤 고귀한 종족보다도 훨씬 더 영리하게 된다."[264]

니체는 원한감정에 사로잡힌 약자들의 삶에서 삶의 데카당스를 읽어 낸다. 고귀한 인간인 강자의 원한감정은 강렬하지만 지속되지 않으며, 사물들의 존재를 왜곡시키지도 않는다. 그렇기 때문에 강자의 원한감정은 문제가 되지 않는다. "고귀한 인간의 원한감정 자체는, 그것이 나타나는 일이 있을지라도, 바로 잇달아 오는 반작용으로 수행되고 약해지기 때문에 해독을 끼치지 않는다."[265] 이와 달리 약자의 원한감정은 서서히 단순한 감정 이상의 것으로 변질되어 원한감정의 도덕을 만들어 낸다. 원한감정의 도덕은 좋음과 나쁨의 의미를 선과 악의 대립으로 변질시키고 고귀한 삶에 대한 도덕적 가치를 전도시킨다. 이러한 원한감정은 고귀한 사람, 좋은 사람, 강한 사람을 적대자로 간주하고 악한 사람으로 만들어 버린다. 그리고 결국 원한감정은 도덕의 가치체계를 전도시킨다. 이러한 도덕 가치

264 프리드리히 니체(김정현 옮김), 『선악의 저편·도덕의 계보』, 370쪽.
265 프리드리히 니체(김정현 옮김), 『선악의 저편·도덕의 계보』, 370쪽.

의 전도가 오랫동안 개인과 사회로부터의 억압과 소외 속에서 살아온 약자들의 원한감정이 추구하는 궁극적인 목표이다.

니체에 따르면 원한감정은 삶에 대한 모든 가치평가를 변형시킨다. 좋음과 나쁨의 가치는 전도되고 오로지 강자에 대한 복수심만이 강조된다. 단지 생존하려는 의지는 원한감정을 통해서 약자들로 하여금 새로운 세계로 눈을 돌리게 한다. 즉 원한감정에 사로잡힌 인간은 지금 주어진 방식의 삶을 부정하고 피안의 세계로 눈을 돌리게 한다. 원한감정은 약자로 하여금 자신이 경험한 상실감과 불안 그리고 몰락의 감정을 피안의 세계에서 회복할 수 있다는 신념을 만들어 낸다. 이러한 신념 속에서 인간의 삶은 무한한 것으로 확장된다. 특정한 시간과 공간 속에서 주어지는 인간의 삶이 영원한 것으로 변해 버린다. 이때에 약자의 원한감정은 지금-여기에서의 삶을 거스르는 태도를 근본특성으로 갖게 된다. 이제 원한감정은 전도된 세계를 창조하게 된다. 그러나 니체에 따르면 이러한 행위는 원한감정을 지닌 사람의 본능과 삶에 대한 의지를 마비시키고 회피하는 행위일 뿐이다. 니체에 따르면 원한감정이 강해질수록 지금-여기의 세계로부터 더 멀어질 뿐이다. 원한감정은 인간의 자연적이고 본능적인 삶을 부정하며 결국 금욕주의적 이상에 사로잡히게 만든다.

니체는 계보학적 사유를 통해서 전통 속에서 주어진 도덕, 특히 그리스도교의 영향 속에서 설정된 도덕의 실체를 파헤치는데, 그에 따르면 원한감정이 이러한 도덕감정을 관통하는 근본 정서이다. 니체는 원한감정에 의해서 지금-여기의 삶으로부터 도피하는 삶을 주장하는 것은 심리적인 오해라고 비판한다. 원한감정이 그려 내는 것은 "오랫동안 이해될 수 없었고, 오랫동안 그 자체로 표시될 수 없었던 그 무엇에 관한 심리적인 오해"[266]일 뿐이다. 여기에서 그 무엇은 다른 것이 아니라 삶 자체이다. 니체에 따르면 삶 자체는 고통스러운 것이며 따라서 우리에게 필요한 것은 그것을 끊임없이 극복하는 과정이다. 그러나 이러한 극복의 과정은 피안으로의 도피를 의미하지 않는다. 삶의 한가운데서 생겨나는 원한감정은 그것이 피안세계로의 도피로 이어지는 한에서, 즉 금욕주의적 이상Ideal을 갈망하는 한에서 삶을 퇴화시키는 수단이며 기교일 뿐이다.

니체는 원한감정 속에서 단지 삶을 보존하기 위한 생리학을 발견한다. 원한감정을 느끼는 자 그리고 원한감정을 극대화하는 자는 자신의 삶을 보전하려는 충동을 가진 자이기 때문이다. 이런 점에서 보자면 원한감정에 근거한 모든 도덕의 이상은 삶의 생리학적인 표현인 것이다. 그러나 니체에 따르면 이러한 생리학은 오히려 삶을 병들게 하는 데카당스의 생리학일 뿐이다. 원한감정은 약자들이 겪는 고통과 상실감을 다른 종류의 격렬한 감정을 통해서 상쇄시키거나 마비시키려는 생리학적인 충동이 된다. 니체는 이들 원한감정을 가진 자들, 그래서 증오와 복수심에 사로잡힌 자들을 다음과 같이 비판한다. "이들 생리적으로 실패한 자들이자 벌레 먹은 자들, 이

266 프리드리히 니체(김정현 옮김), 『선악의 저편·도덕의 계보』, 484쪽.

들 모두는 원한의 인간들이며, 지하의 복수에 완전히 몸을 떠는 토양이며, 행복한 자들에 대해 감정을 터뜨릴 때에도, 또한 복수의 가면무도회를 할 때에도, 복수의 구실을 만드는 데도, 지치지 않고 싫증을 모르는 자들이다."[267]

니체는 원한감정에 사로잡힌 사람이 만들어 내는 두 가지 종류의 가장 나쁜 전염병을 언급하는데, 하나는 인간에 대한 커다란 혐오der grosse Ekel이고 다른 하나는 커다란 동정das grosse Mitleid이다. 니체는 이것들은 "마지막 의지der letzte Wille"일 뿐이며 우리에게 허무주의를 가져올 뿐이라고 지적한다.[268] 우리를 허무주의로 이끄는 원한감정은 방향을 지속적으로 변경하면서 자신들이 겪는 삶의 고통이 자신 때문이 아니라 다른 어떤 것 때문에 생겨난다고 믿으면서 스스로를 위로한다. 그러나 니체에 따르면 원한감정이 가져오는 이 같은 위로는 삶의 고통을 치료하는 치료제가 될 수 없다. 쇼펜하우어가 복수라는 수단은 결코 인간이 경험하는 부당함을 해결해 주지 못한다는 점을 강조하는 것처럼, 니체도 이러한 원한감정이 고통받는 인간의 삶을 위로해 줄 수 없다는 점을 강조한다. 오히려 니체는 원한감정의 극복이 인간의 삶을 가치 있게 만든다고 주장한다.

267 프리드리히 니체(김정현 옮김), 『선악의 저편·도덕의 계보』, 490쪽.

268 프리드리히 니체(김정현 옮김), 『선악의 저편·도덕의 계보』, 486쪽 이하 참고.

4) 주인도덕과 노예도덕

니체는 도덕을 두 가지 유형으로 구분한다. 그는 『선악의 저편』 9장 "고귀함이란 무엇인가?"에서 주인도덕Herren-Moral과 노예도덕Sklaven-Moral을 구분한다. 니체는 다음과 같이 말한다. "도덕적인 가치 구분은 피지배종족과 다르다는 것을 쾌감으로 의식하게 된 어떤 지배종족 사이에서 생겨나거나, 아니면 여러 등급의 피지배자들, 노예들, 예속자들 사이에서 발생했다."[269] 그런데 여기에서 주인과 노예라는 표현은 단순히 지배층과 피지배계층을 지칭하는 것이 아니라, 도덕적 행위의 능동성이나 자율성과 관련이 있다는 점을 주목해야 한다. 또한 이러한 주인도덕과 노예도덕의 구분은 도덕의 문제뿐만 아니라 문화 현상 전반을 이해하는 데도 적용된다. 즉 인류의 역사와 문화 현상은 이 두 가지 형태의 도덕이 나타나는 과정으로 이해할 수 있다. 주인도덕과 노예도덕은 서로 다양한 형태로 병존하거나 서로 뒤섞이거나 또는 대립적으로 나타나서 인간의 행동을 이끌어 간다. 그렇기 때문에 니체는 주인도덕과 노예도덕의 관계를 통해서 서양의 역사와 문화 현상을 설명할 수 있다고 본다.

주인도덕은 고귀한 인간이 지닌 도덕이며 삶의 태도이다. "고귀한 부류의 인간은 스스로를 가치를 결정하는 자라고 느낀다. 그에게는 타인에게 인정받는 것이 필요하지 않다. … 그는 대체로 자신

269 프리드리히 니체(김정현 옮김), 『선악의 저편 · 도덕의 계보』, 275쪽.

을 사물에 처음으로 영예를 부여하는 사람으로 알고 있다. 그는 가치를 창조하는 자이다."[270] 주인도덕을 지닌 고귀한 인간은 "충만한 감정과 넘쳐흐르고자 하는 힘의 느낌, 고도로 긴장된 행복과 베풀어 주고 싶어 하는 부유함의 의식"[271]을 지닌 인간이다. 여기에서 고귀한 인간은 우선적으로 자신을 지배할 수 있는 자라는 점에 주목해야 한다. 이 점은 고귀한 인간이 단순히 약자를 억압하거나 고통스럽게 만드는 존재가 아니라는 점을 말해 준다. 그렇기 때문에 주인도덕은 단지 사회의 지배자층을 위한 도덕을 의미하지 않는다. 니체는 고귀한 사람을 다음과 같이 설명한다. "고귀한 인간은 자기 안에 있는 강자를 존경하며, 또한 자기 자신을 지배할 힘이 있는 자, 말하고 침묵하는 법을 아는 자, 기꺼이 자신에 대해 준엄하고 엄격하며 모든 준엄하고 엄격한 것에 경의를 표하는 자를 존경한다."[272]

주인도덕을 지닌 인간은 자신에 대해서 엄격하고 끊임없는 비판을 수행하는 인간이다. 이런 이유에서 니체는 무리, 대중, 사회를 비판한다. 물론 여기에서 주인도덕을 수행하는 고귀한 인간이 과연 타인을 도울 수 있을까 하고 의문을 제기할 수 있다. 과연 대중적인 삶을 거부하는 고귀한 사람의 주인도덕이 도덕으로서의 역할을 할 수 있을까 하는 의문이 생기기 때문이다. 니체도 이 점을 고려하면서 다음과 같이 말한다. "이처럼 생각하는 고귀한 사람이나 용기 있

270 프리드리히 니체(김정현 옮김), 『선악의 저편·도덕의 계보』, 276쪽.
271 프리드리히 니체(김정현 옮김), 『선악의 저편·도덕의 계보』, 276쪽.
272 프리드리히 니체(김정현 옮김), 『선악의 저편·도덕의 계보』, 276쪽.

는 사람들은 다만 타인에 대한 동정이나 행위에서 또는 무관심 속에서만 도덕적인 것의 특징을 보는 도덕에서 가장 멀리 떨어져 있는 것이다."[273] 이 언급에서 주목할 것은 주인도덕을 지닌 고귀한 인간이 타인과의 관계를 배제하지는 않는다는 점이다.

니체가 강조하는 것은 주인도덕은 노예도덕과는 달리 도덕적 행위의 동기를 인간에 대한 연민이나 유한한 존재로 규정하는 것에서 찾지 않는다는 점이다. 고귀한 인간도 당연히 타인을 도울 수 있다. 그러나 이때에 타인을 돕는 이유는 다른 것이다. "고귀한 사람 역시 불행한 사람을 돕지만, 그러나 어떤 동정심에서가 아니라, 오히려 넘치는 힘이 낳은 충동에서 돕는 것이다."[274] 여기에서 고귀한 인간의 주인도덕이 모든 형태의 동정심으로부터 벗어나 있다는 점을 간과해서는 안 된다. 이 점은 쇼펜하우어가 동정심을 통해서 타인에 대한 윤리적인 행동이 생겨난다는 것을 주장하는 것과는 다르다. 주인도덕의 입장에서 보면 타인에 대한 감정적인 동정심이 아니라 강한 자기 자신에 대한 확신에서 타인에 대한 윤리적인 행위가 이루어진다. 여기에서 니체가 주인도덕을 통해서 드러내려고 하는 것은 타인에 대한 공감이나 동정심이 잘못하면 타인의 존재에 대한 평가절하나 타인에 대한 자신의 우월감으로 나타날 수 있다는 점이다. 이러한 도덕은 오히려 타인의 존재를 훼손할 수 있기 때문이다.

273 프리드리히 니체(김정현 옮김), 『선악의 저편·도덕의 계보』, 277쪽.
274 프리드리히 니체(김정현 옮김), 『선악의 저편·도덕의 계보』, 276쪽.

그렇기 때문에 니체는 강자들은, 즉 고귀한 인간들은 존경하는 법을 아는 사람이라는 점을 강조한다. 물론 이때의 존경은 약자의 약함을 존경하는 것이 아니라 자신의 존재를 스스로 이끌어 가는 것에 대한 존경인 것이다.

이에 반해서 노예도덕은 "박해받은 자, 억압받은 자, 고통받는 자, 자유롭지 못한 자, 스스로에 대해 확신이 없는 자, 피로에 지친 자"[275] 들의 도덕이다. 헤겔이 『정신현상학』에서 인정투쟁Anerkennungskampf을 둘러싼 주인과 노예 사이의 변증법적 관계를 언급하듯이, 니체도 주인도덕에 대해 노예도덕이 생겨난다는 것을 언급한다. 여기에서 노예도덕은 고귀한 사람의 삶에 대한 원한감정을 반영해 주는 도덕이다. 여기에서 노예라는 표현은 인간의 삶에 대해서 염세주의적인 해석을 갖고 있는 사람들을 의미한다. 노예들에게 현실세계의 삶은 전적으로 고통스러운 것이며 그 어떤 식으로든 결코 행복을 찾아볼 수 없다. 그렇기 때문에 노예들은 힘에의 의지를 본질로 하는 현실세계로부터 도피하려고 한다.

니체에 따르면 노예들은 자기확신과 끊임없는 극복의 과정을 회피하면서 세계로부터 자신들의 삶을 고립시킨다. 노예들은 지금-여기의 현실세계를 긍정하는 가치를 만들어 내지 못한다. 그들은 이미 주어진 가치에 종속되면서 역설적으로 자신들의 삶을 비참한 것으로 느낄 뿐이다. 따라서 필요한 가치를 스스로 만들어 낸다

275 프리드리히 니체(김정현 옮김), 『선악의 저편·도덕의 계보』, 278쪽.

는 것은 노예들에게는 불가능한 일이다. 비록 스스로 가치를 만들어 낸다고 하더라도 그들은 그것이 다른 사람에 의해서 받아들여지기를 원한다. 노예도덕은 타인에 의존적인 도덕일 뿐이다. 이처럼 노예들에게 자신의 고유한 가치정립의 행위는 존재하지 않기 때문에 노예들은 스스로 가치의 입법자가 되지 못한다. 여기에서 니체는 노예들이 "가치를 스스로 설정하는 데 전혀 익숙하지 못하며, 그들의 주인이 그에게 부여한 것 이상의 어떤 다른 가치도 스스로에게 부여하지 못했다"[276]고 말한다. 노예들은 힘에 대한 무력감을 느끼면서 결국 자신의 삶을 부정하게 된다.

그러나 노예들은 고귀한 사람인 강자를 부정하면서 자신들의 도덕을 만들어 낸다. 이때 노예들에게서는 "동정심, 도움을 주는 호의적인 손, 따뜻한 마음, 인내, 근면, 겸손, 친절이 칭송된다."[277] 이러한 가치들은 주인도덕에게는 무의미한 것이지만 노예도덕에서는 중요한 가치로 작용한다. 왜냐하면 이러한 가치들은 노예들의 억압된 삶을 지켜 줄 것처럼 보이기 때문이다. 노예들은 자신과 그리고 타인과의 끊임없는 투쟁을 통해서 삶의 조건들을 개선시켜 나가고 극복하는 길을 포기해 버린다. 니체는 이러한 노예도덕 속에 숨어 있는 집요하고 은밀한 의도를 간과하지 않는다. 그는 노예도덕이 단지 소극적이고 나약한 도덕이라고 보지 않는다. 왜냐하면 노예도덕

276 프리드리히 니체(김정현 옮김), 『선악의 저편·도덕의 계보』, 280쪽.
277 프리드리히 니체(김정현 옮김), 『선악의 저편·도덕의 계보』, 278쪽.

은 오히려 선과 악의 가치를 전도시키고 지금-여기의 현실세계를 부정하며 피안의 세계를 삶의 중심으로 만들어 버리기 때문이다.

노예들의 사유방식은 극단적으로 전도된 세계를 만들어 내며 모든 삶의 가치를 전도시킨다. 이제 주인도덕에서 선한 인간으로 규정된 것이 악한 사람으로 변질되어 버린다. 반대로 주인도덕이 나쁜 것으로 받아들인 것은 선한 것, 가치 있는 것으로 변형된다. 노예도덕에 의한 이러한 가치의 변형 또는 왜곡은 궁극적으로 선과 악의 대립을 극단적인 형태로 만들어 버리며 결국 현실세계 전체를 부정적으로 해석하게 만든다. 노예도덕은 이로부터 선악의 이분법을 만들어 버리며 선한 행위와 악한 행위의 대립이 모든 삶을 관통하게 된다. 즉 삶을 선악의 이분법으로 들여다보게 되고 의미 있는 삶은 단지 생존의 형식으로 변질되어 버린다. 이제는 생존과 유용성이 도덕의 우선적인 척도가 된다. 여기에서 좀 더 고귀하고, 좀 더 섬세한 것은 오로지 유용한 것으로 변질된다. 그렇기 때문에 인간의 생존을 제약하는 가치들은 허구적인 것으로 간주되며, 의미 있는 것들은 무의미한 것 그리고 무가치한 것으로 전도된다. 노예들은 강자들에게 몸을 숙이지만 이와 동시에 자신들의 원한감정을 극대화시킨다. 노예들은 자기왜소화를 통해 강자에 의해서 주어진 억압을 최소화한다. 이제 노예들은 혼자서 자신의 삶을 살아가는 강자들과 달리 서로 모여서 무리를 이루고 다수가 된다. 이렇게 무리가 된 노예들은 억압받고 강제된 자신들의 존재감을 폭발시킬 정도로 강력하게 세력을 형성한다. 그리고 노예들은 원한감정을 통해서 모든 도덕의 가치를 전도시킨다. 즉 그들은 이제 주인도덕 위에 노예도덕을 새롭게 정립한다.

여기에서 니체가 유용성에 근거한 도덕이나 비이기적인 도덕을 비판하는 것 그리고 본능을 억압하는 도덕 가치들을 비판하는 것은 그의 도덕이론이 단지 이기주의만을 옹호한다는 것을 의미하지 않는다.[278] 니체는 도덕의 진정한 가치는 이기주의와 이타주의 중에서 어떤 하나를 택하는 것의 문제가 아니라고 본다. 니체에게 중요한 것은 오로지 도덕을 통한 자기극복이기 때문이다. 어떤 형태의 도덕이든지 간에 인간의 과잉보호나 쇠퇴를 벗어나서 자기극복을 가능하게 하는 것이 진정한 도덕의 역할이다. 특히 니체는 열악한 삶의 조건들에 맞서 새로운 삶의 상황들을 만들어 가려는 노력을 통해서 비로소 인간의 삶이 의미를 갖게 된다고 본다. 즉 "불리한 조건들과 끊임없이 투쟁하는 것"[279]이야말로 니체가 의미를 부여한 삶의 덕목이다.

이러한 주인도덕은 모든 가치의 절대성을 부정하고 상대성을 인정한다. 주인도덕은 자기 자신의 존재를 고양시키는 한에서 삶의 다양성을 인정한다. 니체는 『차라투스트라는 이렇게 말했다』에서 다음과 같이 강조한다. "한 민족에게 선이라고 여겨지는 많은 것들

278 니체는 이기주의가 고귀한 인간의 본질에 속한다고 말하지만 이와 동시에 고귀한 인간은 자기와 동등한 권리를 가진 사람이 존재한다는 사실을 인정한다는 점을 강조한다. 프리드리히 니체(김정현 옮김), 『선악의 저편·도덕의 계보』, 288쪽.

279 프리드리히 니체(김정현 옮김), 『선악의 저편·도덕의 계보』, 283쪽.

이 다른 민족에게는 웃음거리나 치욕으로 여겨지는 것을 나는 보았다. 많은 것들이 여기에서는 악이라고 불리고 저기에서는 자줏빛 영광으로 장식됨을 보았다."[280] 주인도덕의 입장에서 보면 가치의 해석자는 다수나 전체가 아니라 개인들이며 그것은 각자의 힘에의 의지를 드러내는 과정인 것이다.

주인도덕을 전개하는 고귀한 자, 즉 강자들도 노예들과 마찬가지로 자신의 삶에서 고통을 느낀다. 니체에 따르면 오히려 고귀한 자들은 노예들보다 삶의 고통을 더 느끼게 된다. 왜냐하면 고귀한 자들에게 세계에서의 삶은 끊임없이 힘에의 의지를 관철시키는 것이기 때문이다. 끊임없이 가치를 만들어 내야 하는 것이 고귀한 인간에게 주어진 과제이기 때문이다. 그러나 고귀한 인간은 이러한 고통을 다른 사람에게 전가시키거나 또는 다른 사람으로부터 동정을 얻으려고 하지 않는다. 무리를 지어 서로를 위로하면서 동정심 속에서 하루하루의 삶을 이어 나가는 노예들과는 달리 의무를 다른 사람에게까지 미루지 않고 자신의 책임을 양도하지 않는 사람이 고귀한 인간이며 주인도덕을 지닌 인간인 것이다.

고귀한 인간은 스스로 고통과 싸우면서 자신만의 삶을 살아가는

280 프리드리히 니체(장희창 옮김), 『차라투스트라는 이렇게 말했다』, 98쪽. 니체는 다음과 같이 말한다. "인간은 자신을 보존하기 위해 우선 사물에다가 가치를 부여했다. 인간은 먼저 사물에다가 의미를, 그 인간적인 의미를 부여했던 것이다. 그리하여 인간은 자기 스스로를 인간, 즉 평가하는 자라고 부른다." 프리드리히 니체(장희창 옮김), 『차라투스트라는 이렇게 말했다』, 100쪽.

존재이다. 니체는 이런 이유에서 "고귀한 영혼은 자기 자신에 대한 경외심을 가지고 있다"[281]고 말한다. 주인도덕을 지닌 사람은 끊임없이 다가오는 삶의 고독을 견뎌 내는 자이며 그런 점에서 자신의 세계에서 새로운 가치의 창조자가 된다. 니체는 이 같은 주인도덕과 노예도덕의 구분을 통해서 인간의 삶을 획일적으로 이끄는 가치체계는 존재하지 않으며 그렇기 때문에 인간은 각자 자신의 삶을 고양시키는 방식으로 새로운 가치를 창조해야만 하는 존재라는 점을 강조한다. 니체는 이를 통해서 자신만의 가치체계를 정초하는 과정에서 일어나는 충동과 고통들에 직면해 물러서거나 회피하지 않고 단호하게 살아가는 삶의 방식에서 생겨나는 고귀한 인간의 삶을 높이 평가한다. 니체에 따르면 도덕의 존재근거는 규범의 준수나 의무의 수행이 아니라 스스로의 삶을 의미 있게 해 주는 가치창조의 행위인 것이다.

5) 거리의 파토스

니체는『선악의 저편』과『도덕의 계보』에서 거리의 파토스Pathos der Distanz라는 표현을 사용한다. 비록 니체가 거리의 파토스라는 표현을 자주 사용하지는 않지만, 이것은 니체철학의 특징을 잘 드러내 주는 용어이다. 거리의 파토스는 니체철학의 다양한 입장, 즉 인식

281 프리드리히 니체(김정현 옮김),『선악의 저편·도덕의 계보』, 305쪽.

론적 입장, 존재론적 입장, 형이상학적 입장, 윤리적 입장을 드러내 주는 용어이다. 거리의 파토스는 물자체Ding an sich로서의 사물, 실체, 불멸하는 영혼을 비판하고 사물에 대한 다양한 관점, 생성세계에 대한 적극적인 긍정, 획일적 가치의 극복을 시도하는 니체의 입장을 잘 드러내 준다.

니체는 『도덕의 계보』에서 거리의 파토스는 고귀한 인간에게 "가치를 창조하고 가치의 이름을 새기는 권리"[282]를 가져다준다고 말한다. 거리의 파토스는 우선적으로 고귀한 사람이 비천한 사람, 즉 노예들과의 차이에서 느끼는 감정으로 파악된다. 니체에 따르면 거리의 파토스는 "좀 더 높은 지배 종족이 좀 더 하위의 종족, 즉 하층민에게 가지고 있는 지속적이고 지배적인 전체 감정과 근본 감정"[283]이다. 그러나 고귀한 사람을 관통하는 이러한 근본 감정은 인간의 행동과 가치를 통해 온갖 이익을 가져오도록 계산하거나 판단하는 것을 의미하지 않는다. 거리의 파토스라는 근본 감정은 유용성과 원한감정을 바탕으로 하는 노예들의 삶의 방식으로는 경험할 수 없기 때문이다.

니체는 『선악의 저편』 9장 "고귀함이란 무엇인가?"에서도 거리의 파토스를 언급하고 있다. 그런데 여기에서 거리의 파토스라는 말은 인간의 삶의 형태의 고양이나 삶을 억압하는 것으로부터의

282 프리드리히 니체(김정현 옮김), 『선악의 저편·도덕의 계보』, 354쪽.
283 프리드리히 니체(김정현 옮김), 『선악의 저편·도덕의 계보』, 354쪽.

거리-확장Distanz-Erweiterung 그리고 도덕적인 형식을 탈도덕적으로 übermoralisch 받아들이는 것을 의미한다. 이때에 거리감을 지닌다는 것은 다른 것이 아니라 "인간의 자기극복Selbst-Überwindung des Menschen"을 의미한다.[284] 특히 여기에서 주목할 것은 거리의 파토스는 타인과의 거리감뿐만 아니라 자신과의 거리감을 유지하는 것을 의미한다는 점이다. 그러나 니체에 따르면 자기 자신과의 이러한 거리 유지는 즉흥적이거나 우연적인 것이 아니라 삶의 과정에서 지속적으로 그리고 끊임없이 이루어지는 엄격하고 절도 있는 삶의 행위이다.

니체는 이러한 거리의 파토스가 다른 것이 아니라 차이의 파토스라는 점을 강조한다. 동일성에서 차이성으로의 이행이 니체철학을 관통하는 근본입장이라는 것에서 알 수 있듯이, 거리의 파토스는 모든 존재 사이에 놓여 있는 차이를 적극적으로 드러내는 것을 의미하기 때문이다. 거리의 파토스는 사물과 사물 사이, 인간과 인간 사이 그리고 사물과 인간 사이의 서로 다름 또는 차이를 드러내 주는 행위이다. 여기에서 거리의 파토스는 서양철학을 이끌어 왔던 동일성 Identität에 대한 집착에서 벗어나려는 시도라고 할 수 있다.

그런데 이러한 차이로서의 거리의 파토스는 인간의 평등을 강조하는 획일적인 삶의 방식을 비판하게 한다. 쇼펜하우어는 개체로서의 모든 인간이 살려는 의지에 지배를 받기 때문에 평등이라는 개념을 언급하는 것이 적절하지 않다고 보는데, 이와 마찬가지로 니체도

284 프리드리히 니체(김정현 옮김), 『선악의 저편·도덕의 계보』, 271쪽 참고.

평등이라는 개념의 허구성을 비판한다. 니체는 모든 사람을 평등하게 대우하라는 주장을 받아들이지 않는다. 왜냐하면, 인간의 진정한 존재는 오히려 서로 다름 속에서, 즉 타인과는 다른 삶의 방식과 가치를 추구하는 것에서 주어지기 때문이다. 니체에 따르면 보편적인 인간존재나 평등한 인간의 존재를 가정하는 것은 다양한 의미의 지평 속에서 전개되는 삶을 왜곡시킬 뿐이다. 존재하는 모든 것을 생성 속에서 파악하는 니체는 평등한 인간을 생각하는 것이 의미 있는 삶을 파괴할 뿐이라고 본다. 이런 이유에서 니체는 『차라투스트라는 이렇게 말했다』에서 다음과 같이 말한다. "나는 평등을 설교하는 이러한 자들과 뒤섞이거나 혼동되고 싶지 않다. 정의가 내게 '인간은 평등하지 않다'라고 말하기 때문이다."[285]

그러나 니체가 말하는 거리의 파토스가 고귀한 사람과 비천한 사람을 구분하는 특정한 계급사회를 옹호한다는 것은 아니다. 오히려 니체는 이러한 계급사회가 차이 두기로서의 거리의 파토스를 부정하는 것이라고 비판한다. 또한 니체가 거리의 파토스를 통해서 말하고자 하는 것은 사물과 가치에 대한 서로 다른 해석과 경험을 통해서 자신의 고유한 삶을 드러내야 한다는 점이다. 모든 존재의 존재특성으로서의 힘에의 의지가 말해 주듯이, 인간은 거리의 파토스

285 프리드리히 니체(장희창 옮김), 『차라투스트라는 이렇게 말했다』, 175쪽. 니체는 이처럼 평등을 강요하는 것이 복수심에서 생겨난 것이라고 주장한다. 그에 따르면 평등에의 의지는 소외된 사람들이 자신의 소외를 보상받고 복수하기 위해 만들어 낸 장치이다. 프리드리히 니체(장희창 옮김), 『차라투스트라는 이렇게 말했다』, 173쪽 참고.

속에서 자신의 고유한 삶을 표현하기 때문이다.

특히 니체는 거리의 파토스를 강조하면서 전체주의나 사회주의 그리고 민족주의나 민주주의와 같은 이데올로기들을 비판한다. 인간의 각자적인 고유성이 제거되고 획일적인 삶을 강요하는 이러한 세계관은 허용될 수 없다는 것이 니체의 입장이다. 이러한 비판은 사회는 결코 동일한 개인들로 구성된 것이 아니라는 니체의 입장을 명확히 해 준다. 니체해석자인 지멜은 니체의 이러한 입장이 "모든 사회적인 세계관에 대해서 화해할 수 없는 대립"[286]을 강조하는 것이라고 이해한다. 니체에게는 인간과 사회 그리고 역사를 이끌어가는 하나의 원리 또는 통일적인 원리는 존재하지 않으며, 따라서 공통적인 목적도 존재하지 않기 때문이다.

여기에서 우리가 주목할 것은 평등 개념에 대한 니체의 비판이 근대의 주관성철학에서 주목하지 못했던 타자의 존재에 대해 관심을 갖게 한다는 점이다. 니체는 객관에 대한 주관의 역할을 강조한 나머지 주관들 사이의 관계에 대해 관심을 갖지 못했던 주관성철학을 비판하면서 서로 다른 방식으로 존재하는 모든 주관의 차별적인 존재 방식을 주목하기 때문이다. 이 점은 동일성에서 차이성으로 철학적 사유의 축을 이동시키려는 니체철학의 특징을 잘 드러내 주고 있다.

286 Georg Simmel, *Schopenhauer und Nietzsche*, 236쪽.

제5장

형이상학

쇼펜하우어와 니체의 형이상학은 의지를 인간과 세계의 본질로 규정한다. 여기에서 의지는 인간의 삶을 이끌어 갈 뿐만 아니라 모든 사물의 존재를 구성하는 것이다. 특히 쇼펜하우어가 주장하는 살려는 의지Wille zum Leben는 모든 개체의 존재를 각인하는 형이상학적 원리이다. 그에 따르면 세계는 의지의 현상 이외에 다른 것이 아니다. 세계를 의지의 현상으로 파악하는 쇼펜하우어의 입장은 이후에 니체의 형이상학에 영향을 준다. 세계를 힘에의 의지로 파악하는 니체의 입장은 쇼펜하우어의 살려는 의지로부터 영향을 받은 것이다. 그러나 쇼펜하우어의 의지형이상학은 맹목적으로 개체들의 존재를 지배하는 살려는 의지가 궁극적으로는 모든 존재를 갈등 속에 빠뜨리고 삶 자체를 고통스럽게 한다는 점을 강조한다. 그렇기 때문에 살려는 의지에 의해서 인간의 삶과 세계를 설명하는 쇼펜하우어에게서는 이전의 철학에서 볼 수 있는 인간의 삶에 대한 낙관적인 태도를 읽어 낼 수 없다. 살려는 의지는 맹목적이고 충동적이기 때문에 이러한 의지에 사로잡힌 개체들의 삶은 전적으로 갈등 속에 있고 고통스럽기 때문이다. 살려는 의지는 인간으로 하여금 철저하게 개체화 원리에 사로잡혀 살아가게 만든다. 쇼펜하우어는 개체화 원리principium individuationis가 오히려 개체들 사이의 갈등을 심화시키고 삶 자체를 불행하게 만든다는 점을 강조한다. 이런 이유에서 쇼펜하우어의 철학은 염세주의적 특성을 지니게 된다.

쇼펜하우어의 형이상학은 의지가 세계를 지배한다고 보지만 역설적으로 살려는 의지로부터 벗어날 것을 강조한다. 살려는 의지가 야기하는 고통스러운 삶의 상태에서 벗어나는 것이 쇼펜하우어의 형이상학이 제시하는 과제라고 할 수 있다. 쇼펜하우어의 형이상학은 이러한 의지를 부정하는 길을 제시한다. 쇼펜하우어는 우선 이념의 관조를 통해서 일시적으로나마 의지의 지배로부터 벗어날 수 있음을 강조한다. 그러나 쇼펜하우어는 이념을 통한 의지의 부정이 일시적이라는 점을 강조한다. 그렇기 때문에 여기에서 근원적인 의지의 부정이 요구된다. 이를 위해서는 개체화 원리가 가져오는 고통을 통찰하면서 동정심을 가져야 하고 결국에는 우리 눈앞에 펼쳐진 세계의 다원성이 사실은 허구에 불과하다는 점을 통찰해야만 한다. 쇼펜하우어에 따르면 살려는 의지가 존재하는 한 삶은 어떤 식으로든 고통스럽기 때문에 어떤 형태로든 개체성에 사로잡힌 삶을 부정하는 것이 필요하다.

니체의 형이상학은 쇼펜하우어의 의지형이상학의 영향을 받는다. 그러나 니체는 쇼펜하우어와는 달리 살려는 의지가 야기하는 삶의 고통스러운 상황을 외면하지 않는다. 니체는 고대 그리스인들의 삶을 각인했던 비극적 사유를 통해서 유한한 인간이 지닌 고통스러운 실존의 상황에 주목한다. 인간은 전통철학에서 말하는 것처럼 불멸의 영혼으로 이루어진 존재도 아니며 자신의 삶을 살아가는 데 적합한 환경에 놓여 있는 존재도 아니다. 이런 점에서 니체는 인간을 이성적인 동물로 규정하고 세계의 합목적성에 대한 신뢰 속에서 인간의 삶을 낙관적으로 규정하는 전통형이상학을 비판한다. 인간 존재의 불완전하고 고통스러운 상태에 대한 니체의 이러한 해석은 쇼펜하우어의 입장에 영향을 받은 것이라고 볼 수 있다. 그러나 니체는 쇼펜하우어와 달리 유한한 인간에게 주어진 고통스러운 삶 자체를 긍정할 것을 요구한다. 특히 니체는 운명애amor fati를 강조하면서 주어진 삶을 거부하고 피안으로 향하는 삶의 태도를 비판한다. 여기에서 니체는 쇼펜하우어와 다른 길을 간다.

니체는 개체들의 존재를 고통스럽게 만드는 살려는 의지를 부정할 것을 강조하는 쇼펜하우어와 달리 모든 존재를 이끌어 가는 힘에의 의지를 적극적으로 긍정할 것을 요구한다. 힘에의 의지를 긍정함으로써 인간은 자신을 둘러싼 삶의 지평인 대지 위에서 자기초극의 삶을 살아가야 한다. 힘에의 의지를 긍정하는 것은 신의 죽음으로 인해 다가오는 모든 형태의 허무주의Nihilismus를 극복하는 초인의 삶을 의미한다. 니체는 끊임없이 힘에의 의지를 강화시키는 초인의 삶을 영원회귀사상을 통해서 그려 내고 있다. 여기에서 영원한 삶의 긍정을 노래하는 니체의 형이상학은 살려는 의지로부터 거리감을 두고 끊임없이 개체성에 사로잡힌 삶에서 벗어날 것을 강조하는 쇼펜하우어의 형이상학과는 다른 길을 선택하게 된다.

1 쇼펜하우어의 형이상학

1) 염세주의

쇼펜하우어는 새로운 형이상학의 정초를 시도한다. 그는 전통철학이 제시한 모든 형이상학의 가정들과 형식들을 해체하여 진정한 형이상학의 출발점이 무엇인지를 제시하려고 한다. 쇼펜하우어는 박사학위논문인 「충분근거율의 네 가지 뿌리에 관하여」에서뿐만 아니라 그의 주저인 『의지와 표상으로서의 세계』에서 형이상학의 토대를 제시하고 있다. 쇼펜하우어가 정초하는 형이상학의 특징들은 베를린대학에서 1820년부터 고지된 강의의 제목에서도 잘 드러난다. 이 강의는 처음에는 "전체철학 또는 세계의 본질과 인간정신에 관한 이론Die gesamte Philosophie oder die Lehre vom Wesen der Welt und dem menschlichen Geiste"이라고 고지된다. 이 제목은 그의 철학이 인간과 세계의 본질에 대해서 논의한다는 것을 말해 준다. 물론 이 강의 제목은 이후에 매번 다양한 형태로 바뀌면서 1831년 겨울학기까지 고지된다. 예를 들면 1821년 여름학기에는 "전체철학, 즉 세계와 인간정신의 본질에 대한 인식의 근본이론Die Grundlehren der gesamten Philosophie, d.i. der Erkenntniß vom Wesen der Welt und des menschlichen Geistes"이라는 제목으로 바뀌어서 고지된다. 쇼펜하우어가 이탈리아 여행 때문에 비워두었던 1822년에서 1826년 사이의 시기를 제외하고는 지속적으로 제목이 바뀌면서 강의가 고지된다. 그러나 우리는 강의 제목이 변경되었음에도 불구하고 쇼펜하우어의 철학이 인간과 세계의 본질을 통찰하는 형이상학을 구축하려 한다는 점을 알 수 있다.

쇼펜하우어의 형이상학이 주목하는 것은 이전의 철학자들처럼 소위 학學으로서의 형이상학Metaphysik als Wissenschaft을 구축하는 것이 아니라 오히려 학문의 근거인 인간의 삶 그리고 세계경험을 논의하는 것이다. 이런 점에서 볼 때 쇼펜하우어가 추구하는 형이상학은 학문 자체와는 거리를 두는 것이라고 할 수 있다. 이 점은 쇼펜하우어가 『의지와 표상으로서의 세계』에서 학문이 "끝나는 곳에서 철학이 시작된다"라고 말하는 것에서 잘 드러난다. 쇼펜하우어가 생각하는 철학은 근대철학에서 이해된 것과는 다른 의미에서의 형이상학인데, 그것은 개념과 학문 이전에 우선적으로 주어진 인간의 삶과 세계의 근원을 파악하려는 인간존재의 숙명적인 활동이다. 그렇기 때문에 형이상학은 현상 자체에만 주목하는 것이 아니라 이러한 현상을 가능하게 하는 그 어떤 것에 대해서 물음을 제기하여야 하며 이것은 인간과 세계의 내적인 본질에 대한 물음으로 이어져야 한다. 쇼펜하우어에 따르면 끊임없이 생성하고 소멸하는 모든 존재를 지배하는 근원적인 것, 즉 의지Wille의 본질과 그러한 의지의 존재 방식에 대해 묻는 것이 바로 형이상학의 출발점이다.

인간의 삶과 역사에 대해서 낙관적이었던 당대의 철학적 분위기와 달리 쇼펜하우어의 철학은 염세주의Pessimismus를 특징으로 한다. 즉 쇼펜하우어의 형이상학은 염세주의를 출발점으로 삼는다. 이미 쇼펜하우어가 어릴 적에 아버지와의 유럽여행에서 목격하였던 삶의 고통스러운 모습들은 그의 형이상학에 그대로 반영된다. 실제로 쇼펜하우어는 17세 때에 자신이 삶의 고통에 깊이 사로잡혀 있었다는 점을 언급하기도 한다.[287] 쇼펜하우어는 1811년 9월 8일 자신의 어머니에게 보내는 편지에서도 인간의 세계가 우연과 오류로 가득 차 있다는 점을 호소하고 있다. 쇼펜하우어는 1828년의 글인 「비망록Adversaria」에서는 자신의 철학이 염세주의라는 것을 고백하기도 한다.[288]

많은 해석자들은 쇼펜하우어의 철학을 염세주의로 평가하고 있다. 특히 쇼펜하우어철학에 영향을 받은 니체까지도 쇼펜하우어를 대표적인 염세주의자로 규정한다. 그런데 이렇게 쇼펜하우어의 철학을 염세주의로 평가하는 데에는 우리가 살고 있는 세계가 가능한 세계 중에서 가장 나쁜 세계라고 보았던 쇼펜하우어의 생각이 영향을 끼쳤다고 할 수 있다. 아마도 어릴 적부터 목격한 수많은 고통스러운 삶의 광경들이 쇼펜하우어로 하여금 삶을 부정적으로 바라보

287 Arthur Schopenhauer, *Der handschriftliche Nachlaß*, Bd. 4-I, München 1985, 96쪽 참고.

288 Arthur Schopenhauer, *Der handschriftliche Nachlaß*, Bd. 3, München 1985, 464쪽 참고. 이에 반해서 쇼펜하우어는 모든 범신론은 낙관주의라는 점을 강조한다.

게 만들었을 것이다.

그러나 무엇보다 중요한 것은 염세주의적인 요소를 쇼펜하우어의 철학 원리 자체에서 확인할 수 있다는 것인데, 모든 개체가 의지의 객관화 과정에서 개체화 원리에 의해 지속적인 갈등과 대립 속에 내던져 있다는 점이 바로 그것이다. 모든 개체가 충동적이고 맹목적인 의지의 지배를 받는다는 점에서 개체들이 서로 조화로운 삶을 살아간다는 것은 불가능한 일이다. 쇼펜하우어에 의하면 자연 전체가 의지에 의해서 지배되기 때문에 자연의 합목적성이나 조화로운 상태를 생각할 수 없다. 항상 충동적이고 갈등을 야기하는 살려는 의지가 매 순간 개체들의 존재를 이끌어 간다는 점에서 개체들 사이의 갈등은 피할 수 없기 때문이다. 오히려 살려는 의지의 입장에서 본다면 개체들 사이의 대립과 투쟁은 개체들의 근본적인 존재 방식이라고 볼 수 있다. 여기에서 염세주의는 쇼펜하우어철학의 출발점을 제시한다고 할 수 있다.

우리가 주목할 것은 염세주의가 어떤 정서적인 상태를 의미하지 않는다는 점이다. 하르트만은 1891년 자신의 책 『염세주의』에서 염세주의의 기원과 근본 주장들을 상세하게 논의한다. 그는 여기에서 염세주의가 "삶에 대한 객관적인 이해의 결과와 판단이 아니라 주관적인 우울함Missmut이나 개인적인 불쾌함Übellaunigkeit의 산물"이라는 가정을 비판한다.[289] 이러한 하르트만의 지적은 쇼펜하우어의 철

289 Eduard von Hartmann, *Pessimismus. Zur Geschichte und Begründung*, Leipzig 1891, XV쪽.

학을 논의할 때 간과해서는 안 되는데, 왜냐하면 쇼펜하우어의 염세주의는 삶과 세계에 대한 개인의 정서적인 해석이 아니라 인간의 삶과 세계에 대한 형이상학적 성찰을 의미하기 때문이다. 하르트만은 나아가서 흥미롭게도 이러한 염세주의가 칸트철학에서도 발견된다고 주장한다.[290] 특히 그는 칸트를 근대에서 염세주의를 주장한 사람으로서 평가한다. 하르트만은 칸트가 인식비판을 통해서 이성의 한계를 설정하고 물자체에 대한 앎의 불가능성을 강조한 것을 '철학적 염세주의'라고 간주한다. 물론 이러한 하르트만의 입장에 대해서는 많은 비판의 여지가 있지만, 염세주의의 문제를 철학의 중요한 문제로 바라본다는 점에서 주목해 볼 필요가 있다.

우리가 쇼펜하우어를 염세주의자로 해석할 때 간과해서는 안 될 것은 이러한 염세주의가 단순한 회의주의Skeptisismus와는 다르다는 점이다. 이러한 회의주의는 고대의 퓌론학파의 주장에서 볼 수 있듯이 세계의 본질에 대한 인식의 가능성을 부정하는 것이다. 인간은 자신과 세계의 본질에 대해서 어떤 식으로든 앎을 확보할 수 없다는 것이 회의주의자들의 기본입장이다. 회의주의는 진리의 인식 가능성을 부정한다. 그러나 쇼펜하우어가 말하는 염세주의는 이러한 회의주의와는 구분되어야 한다. 쇼펜하우어의 염세주의는 인간과 세계가 충동적이고 자기분열적인 의지에 의해서 지배되기 때문

290 Eduard von Hartmann, *Pessimismus. Zur Geschichte und Begründung*, XIV쪽 참고. 물론 하르트만은 칸트철학 전부에서가 아니라 일부에서 이러한 염세주의적 성향을 읽어 내고 있다.

에 세계에서의 삶을 낙관적으로 설명할 수 없다는 것이다. 회의주의에서와는 달리 염세주의에서는 세계의 인식 불가능성이 아니라 인간과 세계가 맹목적인 의지에 지배를 받으며, 따라서 모든 개체의 삶이 고통스럽다는 점이 강조된다.

쇼펜하우어는 염세주의를 통해서 인간의 근원적인 존재특성과 세계에서의 개체들이 처한 상황들을 제시해 주고 있다. 특히 염세주의는 인간과 세계의 본질에 대한 새로운 해석들을 제시해 준다. 이러한 염세주의는 우리에게 무엇보다도 "… 개체는 현상에 불과하고, 근거율, 즉 개별화의 원리에 매몰되어 있는 인식을 통해 존재할 뿐"[291]이라는 사실을 말해 준다. 또한 염세주의는 개체의 현사실성 Faktizität을 적나라하게 설명해 주는데, 그것은 모든 개체가 끊임없이 생성하고 소멸한다는 것을 의미한다. 의지는 자신을 객관화하면서 개체화 원리를 통해서 수많은 개체들이 생성과 소멸을 경험하게 하는데, 개체는 전적으로 의지의 지배를 받기 때문이다. 의지가 자의적으로 자신을 드러내는 과정에서 비로소 생겨나는 것이 개체들의 삶이고 또한 의지가 자의적으로 자기 자신을 분열시킬 때 이 개체들은 죽음을 경험하게 된다. 여기에서 쇼펜하우어의 염세주의는 개체들의 삶과 죽음이 전적으로 의지에 매여 있다는 점을 알려 준다.

염세주의는 이뿐만 아니라 이러한 의지의 충동적이고 자기파괴적인 특성에 의해서 개체들의 삶을 고통 속으로 내몰아 간다는 점을

291 아르투어 쇼펜하우어(홍성광 옮김), 『의지와 표상으로서의 세계』, 461쪽.

알려 준다. 의지는 개체가 어떤 식으로 존재하든지 개의치 않고 언제라도 개체들의 삶을 종말에 이르게 할 수 있다. 쇼펜하우어의 염세주의가 궁극적으로 제시하려고 하는 것은 모든 개체의 존재는 갈등 속에서 살아가다가 결국 소멸할 수밖에 없다는 점이다. 즉 염세주의는 개체들의 삶이 지닌 유한성과 갈등상태를 우리에게 제시해 준다.

쇼펜하우어가 말하는 염세주의는 단순히 인간의 삶과 세계의 존재를 부정하는 것을 의미하지 않는다. 오히려 염세주의는 삶의 갈등적인 구조 그리고 개체들의 삶이 지닌 유한성과 불안정성 속에서 우리가 어떤 태도를 지니고 살아가야 할지를 성찰하도록 한다. 인간의 유한성에 주목하는 염세주의는 우리로 하여금 피안의 세계로 도피하는 것이 아니라 고통스러운 세계에서 어떻게 인간이 실존할 수 있는지를 숙고하도록 하기 때문이다. 또한 염세주의는 인간뿐만 아니라 모든 개체의 존재 방식에 대한 성찰을 가능하게 한다. 쇼펜하우어는 염세주의를 통해서 시간과 공간의 유한성 속에서 펼쳐지는 개체들의 삶이 처한 존재론적인 상황을 드러내 준다.

우리는 여기에서 염세주의를 단순히 삶을 부정하는 것이 아니라 오히려 유한한 삶에 대한 적극적인 관심을 불러일으키는 것으로 이해해야 한다. 운명적으로 주어진 인간의 갈등적인 삶과 세계 속에서 취해야 할 삶의 태도에 대한 성찰의 계기를 제시하는 것이 염세주의의 역할이다. 쇼펜하우어에 따르면 이러한 염세주의는 인간뿐만 아니라 모든 개체의 삶의 본질에 대한 심오한 성찰의 필요성을 드러내 준다. 염세주의는 쇼펜하우어의 형이상학을 특징짓는 근본 토대라고 할 수 있다.

2) 살려는 의지와 고통

쇼펜하우어의 형이상학은 의지의 본성이 무엇인지를 논의한다. 의지는 인간뿐만 아니라 세계의 모든 존재를 지배하는 원리라는 것이 쇼펜하우어의 근본입장이다. 앞서 언급했듯이, 의지는 칸트의 물자체와 같은 것이며 그렇기 때문에 개념에 의한 인식대상이 아니다. 왜냐하면 의지는 시간과 공간 밖에 있으며 따라서 인식의 대상이 될 수 없기 때문이다. 이러한 의지의 존재는 개념에 의한 인식이 아니라 전혀 다른 형태의 방식, 즉 몸의 경험을 통해서 확인할 수 있다. 쇼펜하우어는 이러한 몸을 통해서 세계 내의 개체들을 관찰한다면 모든 개체의 존재가 의지의 현상이라는 것을 알 수 있다고 말한다. 여기에서 쇼펜하우어는 다음과 같이 말한다. "동일한 의지가 우리 인간에게도 여러 가지로 맹목적으로 작용한다. 인식에 의해 인도되지 않는 우리 몸의 모든 기능, 몸의 모든 생명적이고 식물적인 과정, 즉 소화, 혈액순환, 분비, 성장, 재생에 작용하고 있다. 몸의 활동뿐만 아니라 몸 자체가 앞에서 증명한 것처럼, 전적으로 의지 현상이고, 객관화된 의지이며, 구체적인 의지이다. 이때 이러한 의지가 인식에 의해 인도되지 않고, 동기에 따라 규정되지도 않으며, 이 경우 자극이라 불리는 원인에 따라 맹목적으로 작용하지만,

그 때문에 몸속에서 일어나는 모든 것은 의지를 통해 일어난다는 것은 틀림없다."[292]

원래 의지는 "인식이 없고, 오로지 맹목적이고 제어할 수 없는 충동"[293]이다. 그런데 이러한 의지가 개체에게서 드러난 현상이 바로 '삶'이다. 그렇기 때문에 개체들의 삶은 시간적으로 그리고 공간적으로 제약된 현상일 뿐이며 전적으로 의지의 지배를 받는다. 그런데 여기에서 주목할 것은 의지가 지배하는 개체들의 삶은 의지의 존재특성이 그렇듯이 맹목적이고 충동적이라는 점이다. 개체들의 삶은 충동적인 의지가 지배하기 때문이다. 여기에서 쇼펜하우어는 모든 개체가 맹목적인 살려는 의지에 사로잡혀 있다고 주장한다. 맹목적으로 작용하는 살려는 의지는 쇼펜하우어로 하여금 염세주의를 주장하게 만드는 중요한 요소이다. 그런데 맹목적인 살려는 의지는 개념에 의한 추상적인 인식으로는 파악될 수 없다. 이처럼 인식되지 않는 맹목적인 의지가 모든 개체의 삶을 이끌어 간다는 입장은 이후에 힘에의 의지를 주장하는 니체를 거쳐 프로이트에 이르러 무의식Unbewußtsein과 쾌락 원리Lustprinzip에 영향을 끼치게 된다.

개체들의 삶은 의지의 현상이라는 점에서 의지의 특성을 그대로 반영한다. 이런 이유에서 쇼펜하우어는 다음과 같이 말한다. "그리

292 아르투어 쇼펜하우어(홍성광 옮김), 『의지와 표상으로서의 세계』, 211쪽.

293 의지가 지성에 의해서 파악되지 않는 이유는 지성은 의지가 밖으로 드러난 행위를 동기에 의해서 파악할 뿐 의지 자체를 파악할 수 없기 때문이다. 아르투어 쇼펜하우어(홍성광 옮김), 『의지와 표상으로서의 세계』, 487쪽 참고.

고 삶은 표상에 대해 그 의욕이 나타난 것에 불과하기 때문에, 의지가 의욕하는 것은 언제나 삶이다."[294] 표상세계가 그렇듯이 개체들의 삶은 전적으로 의지의 드러남이다. 인간의 삶뿐만 아니라 모든 개체의 삶도 의지를 비추는 거울일 뿐이다. 여기에서 모든 형태의 삶은 의지의 맹목성과 충동을 그대로 반영한다. 쇼펜하우어가 의지를 맹목적이고 제어할 수 없는 충동이라고 규정하는 것이 개체들의 삶에도 그대로 적용된다. 여기에서 삶 자체도 맹목적이고 충동적인 것이다. 즉 삶이 의지의 지배를 받는 한에서 그것은 맹목적이며 충동적인 것이 될 수밖에 없다.

삶이 의지의 현상이라는 주장은 다음과 같은 의미를 지닌다. 첫째, 의지가 현상으로 나타나는 개체화의 원리는 모든 개체의 삶을 지배한다. 이것은 개체들의 삶이 시간과 공간에 사로잡혀 있다는 것, 즉 개체들의 삶은 생성과 소멸의 과정을 겪을 수밖에 없다는 것을 의미한다. 의지 자체는 영원히 존재하지만, 개체들의 삶은 반드시 종말을 맞이할 수밖에 없다. 이 점은 개체의 존재가 의지의 '현상'에 불과하다는 사실에 기인한다. 의지의 현상은 끊임없이 변화하는 것인데, 이에 따라 이러한 변화 속에서 개체들의 삶도 끊임없이 생성하고 소멸한다. 둘째, 의지의 입장에서 개체들의 삶을 보자면 그것은 아주 사소한 것이다. 개체들의 존재는 일시적인 의지의 현상에 불과한 것이며 따라서 특정한 순간에 나타났다가 사라져 버릴 뿐

294 아르투어 쇼펜하우어(홍성광 옮김), 『의지와 표상으로서의 세계』, 461쪽.

이다. 어떤 개체라 하더라도 그것의 삶은 이러한 덧없음과 유한성에서 벗어날 수 없다.

그러나 의지의 입장에서 보자면 개체들의 유한성은 의지의 드러남을 위해서 아무런 장애가 되지 않는다. 오히려 맹목적인 의지 자신은 지금까지 자신의 존재를 드러냈던 개체를 버리고 또다시 새로운 개체를 통해서 자신의 존재를 유지하게 된다. 의지에게 개체 자체는 의미가 없고 단지 개체를 통해서 자신의 존재를 유지한다는 점이 중요할 뿐이다. 따라서 의지에게는 특정한 개체의 삶은 아무래도 상관이 없는 것이다. 의지는 자신이 필요로 하는 개체의 삶을 유지시키고 그 쓰임새가 없어지면 언제라도 주저 없이 폐기시켜 버린다. 맹목적인 살려는 의지는 개체의 생성과 소멸 속에서 존재의 균형을 맞추고 자신을 보존하기 때문이다. 여기에서 개체의 생성과 소멸은 오로지 의지가 자신을 드러내는 방식일 뿐 개체의 존재 자체, 개체의 삶과는 상관이 없다. 이런 이유에서 쇼펜하우어는 개체의 존재는 오로지 현재적이라고 말한다. "현재만이 모든 삶의 형식이고, 결코 삶에서 빼앗아 갈 수 없는 삶의 확실한 소유물이다."[295]

그러나 개체의 존재에 대한 이러한 의지의 일방적인 관계설정은 개체의 입장에서 보자면 개체의 존재 자체를 공허하게 만든다. 왜냐하면 개체의 삶은 언제든지 의지의 필요에 의해서 소멸될 수 있기 때문이다. 비록 일정 기간 동안 삶이 지속되더라도 개체는 자신의

295 아르투어 쇼펜하우어(홍성광 옮김), 『의지와 표상으로서의 세계』, 466쪽.

삶을 마음대로 이끌어 갈 수는 없다. 쇼펜하우어에 따르면 모든 개체가 의욕하는 삶 자체는 실제로는 의지에 종속된 현상일 뿐이다. 개체와 의지의 관계는 인간의 삶에도 그대로 적용되기 때문이다. 인간의 삶은 전통철학에서 부여했던 그러한 가치를 지니지 못한다. 여기에서 인간의 삶에 대한 낙관적인 평가나 역사의 발전에 대한 기대는 허용되지 않는다. 의지가 끊임없이 새로운 개체를 통해서 자신의 존재를 드러내는 삶은 일시적인 것이고 낙관적으로 볼 수 없기 때문이다.

여기에서 개체로서의 인간의 삶은 역시 하나의 개체인 다른 인간의 삶과 갈등을 겪을 수밖에 없다. 그런데 이러한 갈등은 일시적이거나 우연한 것이 아니라 개체로서의 인간이 살아 있는 한, 즉 맹목적인 살려는 의지의 지배를 받는 한 지속될 수밖에 없다. 그렇기 때문에 세계 내에서의 모든 개체의 삶은 갈등적이라고 할 수 있다. 고대 그리스의 철학자 헤라클레이토스가 만물이 갈등, 대립상태에 있다고 말한 것처럼 개체들의 존재 방식은 철저하게 투쟁적이다. 이 점에 국한해서는 니체도 쇼펜하우어의 입장에 동의할 것이다. 왜냐하면, 니체에게도 개체들은 끊임없이 자신의 존재를 위해서 다른 존재와 갈등을 겪기 때문이다.

여기에서 쇼펜하우어의 형이상학은 고통의 문제에 주목한다. 앞서 언급한 맹목적인 살려는 의지 때문에 개체들의 삶은 본래부터 고통 속에 내던져져 있다. 쇼펜하우어의 형이상학은 이러한 고통이 가져오는 삶의 적나라한 모습을 제시하고 나아가 고통을 어떻게 극복할 수 있는지를 논의하려고 한다. 인간은 이러한 고통을 회피하거나 견뎌 내려고 하지만 오히려 이 과정에서 고통이 더욱 커지거나 또 다른 고통을 야기하게 된다. 뿐만 아니라 비록 나의 고통이 줄어든다고 하더라도 이러한 고통의 감소는 오히려 타인의 고통을 증가시킬 수도 있다.

이처럼 고통을 야기하는 개체들 사이의 갈등은 모든 존재에게서 확인된다. 즉 개체들 사이에서의 갈등은 인간에게서뿐만 아니라 무기물에서 유기체에 이르기까지 모든 개체에게서 나타난다. 쇼펜하우어는 이러한 개체들의 갈등상태를 다음과 같이 묘사한다. "따라서 삶과 죽음을 둘러싼 투쟁이 쉬지 않고 계속된다. 사실 이러한 투쟁에서 주로 저항이 생기고, 이러한 저항을 통해 모든 사물의 가장 내적인 본질을 이루는 노력Streben이 도처에서 저지되고, 헛되이 밀치고 나아가지만, 그래도 그 삶은 자신의 본질을 버리지는 못하고, 이러한 현상이 소멸할 때까지 근근이 존속되거나, 결국 다른 현상이 그 자리를 차지하고 물질을 탐내며 움켜잡는다."[296]

쇼펜하우어에 따르면 하등동물보다는 고등동물이 훨씬 더 큰 고통을 느낀다. 특히 인간의 삶은 그 어떤 존재보다도 더 고통스러운 것이라고 할 수 있다. 왜냐하면, 인간은 현재에만 집착하는 다른 존재와는 달리 직관적인 표상이나 직접적인 감정에 사로잡힐 뿐만 아니라 추상적인 사유능력에 의해서 과거나 심지어 아직 다가오지 않

296 아르투어 쇼펜하우어(홍성광 옮김), 『의지와 표상으로서의 세계』, 513쪽.

은 미래에 대해서도 걱정하기 때문이다. 이에 따라 고통의 양과 강도는 더욱 커지게 된다. 다시 말해 인간의 삶은 이러한 사유능력 때문에 동물의 삶보다 훨씬 고통스러운 것이다. 예를 들면 우리는 수십 년 전에 일어났던 일들을 지금까지도 생각하고 그 일 때문에 고통스러워한다. 또한 우리는 아직 일어나지도 않은 미래의 일을 미리 걱정하면서 고통스러워하기도 한다. 이에 반해 동물들의 삶은 현재적인 것에만 얽매여 있기 때문에 인간보다는 덜 고통스럽다고 할 수 있다.

그런데 여기에서 주목할 점은 고통의 경우에 육체적인 고통보다 정신적인 고통이 더 큰 영향을 준다는 것이다. 쇼펜하우어는 정신적인 고통이 너무 클 경우에 오히려 육체적인 고통을 전혀 느끼지 못할 수도 있다고 말한다. 이런 점에서 쇼펜하우어는 다음과 같이 말한다. "사실 육체적인 고통보다 훨씬 심한 정신적인 고통은 육체적인 고통을 느끼지 못하게 만들기 때문에, 절망에 빠진 사람이나, 병적인 불쾌감에 초췌해진 사람은, 비록 그가 전에 쾌적한 상태에 있을 때는 자살 생각만 해도 몸서리를 쳤다 하더라도 자살을 범하기가 매우 쉽다. 이와 마찬가지로 근심과 열정, 따라서 생각의 유희는 종종 육체적인 고통보다도 더욱 몸을 소모시킨다."[297]

고통의 강도를 고려해 보면 육체의 고통보다도 정신적인 고통이

297 아르투어 쇼펜하우어(홍성광 옮김), 『의지와 표상으로서의 세계』, 498쪽. 쇼펜하우어에 따르면 우리가 삶의 한가운데서 경험하는 공허함(Leere)과 권태(Langeweile)도 이러한 고통에 속한다.

더 크다는 것이 쇼펜하우어의 생각이다. 아마도 이렇게 주장하는 이유는 정신적인 고통의 대상이 현재뿐만 아니라 과거나 미래에까지 연결된다고 보았기 때문일 것이다. 쇼펜하우어는 이와 달리 발이 어떤 물체에 부딪쳤을 때 생기는 육체적인 고통은 그 물체가 사라지면 얼마 지나지 않아 사라진다고 말한다. 그렇기 때문에 쇼펜하우어는 "사람들을 불안하게 하는 것은 사물 자체가 아니라 사물에 대한 생각이다"라는 에픽테토스의 말을 강조하고 있다. 사물 자체가 아니라 사물에 대한 인간의 마음가짐이 인간을 불안하게 하거나 고통스럽게 한다는 것이다. 여기에서 우리가 주목할 것은 고통이 육체적인 것보다는 정신적인 것에 의존한다는 점인데, 이것은 나중에 쇼펜하우어가 고통을 극복하는 길을 논의할 때 중요한 요소가 된다.

동물들은 자신들의 행동에 있어서 개체적인 성격보다는 주로 종Gattung의 특성을 반영한다. 그러나 이와 달리 인간은 종의 특성뿐만 아니라 개인적인 성격을 좀 더 드러내려고 행동하기 때문에 고통이 커질 수밖에 없다. 왜냐하면, 개인은 고유한 성격을 드러내는 과정에서 다른 사람과의 갈등을 겪을 수밖에 없기 때문이다. 우리는 일상에서 어떤 사람이 다른 사람보다 더 좋은 성격을 지니고 있다는 것을 경험할 수 있다. 어떤 사람이 좋은 성격을 지니고 있다면 나쁜 성격을 지닌 사람과는 달리 사람들을 덜 고통스럽게 할 것이라고 생각한다. 그러나 쇼펜하우어에 따르면 인간의 모든 경험적 성격은 전적으로 "예지적 성격의 시간적인 표현"[298]에 불과하기 때문에 비록 어떤 사람이 겉보기에 또는 일시적으로 좋은 성격을 지닌다고 할지라도 궁극적으로는 타인의 삶을 고통스럽게 만들게 된다. 그렇기 때문에 살려는 의지가 지배하는 현상세계에서는 끊임없이 고통이 생겨나고 모든 개체의 삶은 어떤 방식으로든 갈등적일 수밖에 없다.

어쩌다 얻어진 잠시의 만족은 다시 새로운 고통을 유발하게 되고 여기에서 인간의 삶은 고통스러운 익시온의 수레바퀴처럼 떠밀려 가게 된다. 쇼펜하우어는 "모든 개인의 삶은, 그것을 전체적이고 일반적으로 개괄하고 가장 의미심장한 특징만을 끄집어내서 보면, 본래 언제나 하나의 비극Trauerspiel이다"[299]라고 말한다. 인간의 모든 삶을 세밀하게 관찰하면 어떤 경우에도 지속적인 기쁨이나 행복은 존재하지 않는다. 인간의 실존은 삶이 고통의 늪에서 벗어나지 못하고 있음을 발견하게 한다. 쇼펜하우어는 이런 이유에서 "모든 삶의 역사는 고통의 역사"[300]라고 선포한다. 여기에서 쇼펜하우어의 형이상학은 이러한 고통의 극복을 최우선적인 과제로 삼는다.

298 아르투어 쇼펜하우어(홍성광 옮김), 『의지와 표상으로서의 세계』, 499쪽. 쇼펜하우어는 칸트가 인간의 성격을 예지적 성격과 경험적 성격으로 구분하는 것을 받아들인다. 그러나 칸트와 달리 쇼펜하우어는 예지적 성격이 의지 자체가 지닌 맹목적이고 충동적인 특성을 드러내 준다고 본다. 반면에 경험적 성격은 특정한 시공간 속에서 드러나는 개체의 존재특성을 드러내 준다. 여기에서 예지적 성격이 경험적 성격을 드러내 주지는 않지만 예지적 성격은 직간접적으로 경험적 성격 속에서 드러난다. 이런 점에서 보면 개체에게서 드러나는 경험적 성격은 개체에게 고유한 것이 아니라 단지 의지를 드러내 주는 방식에 불과하다고 할 수 있다.

299 아르투어 쇼펜하우어(홍성광 옮김), 『의지와 표상으로서의 세계』, 534쪽.

300 아르투어 쇼펜하우어(홍성광 옮김), 『의지와 표상으로서의 세계』, 536쪽.

쇼펜하우어에 따르면 이러한 고통은 죽음에 대한 두려움에서도 생겨난다. 유한한 인간은 누구라도 자신의 현존재가 죽음 이후에 소멸하는 것에 대해 불안해한다. 현재에만 주목하여 살아가는 동물들과는 달리 인간은 죽은 뒤에 자신의 존재가 사라지는 것을 두려워하기 때문이다. 그러나 쇼펜하우어는 의지가 객관화된 것인 삶이 현재에만 존재할 뿐이라는 점을 강조한다. 왜냐하면 모든 삶의 존재근거는 현재이기 때문이다. 의지가 객관화된 개체로서 삶을 살아가는 인간은 죽은 뒤에는 살아 있는 동안에 자신을 둘러싸고 있던 개체성이 사라지기 때문에 자신이 더 이상 존재하지 않게 될 것을 두려워할 필요가 없다. 개체의 죽음은 자신의 존재가 소멸한 것을 인지할 수 있는 의식 또는 주관도 소멸시켜 버리기 때문이다. 쇼펜하우어에 따르면 죽음은 모든 "개체성이 잊혀지는 잠"[301]인 것이다.

3) 고통의 극복과 이념조망

쇼펜하우어는 인간의 삶이 지닌 이루 말할 수 없는 고통을 직시하면서 이러한 고통을 극복할 수 있는 길을 제시한다. 그는 우선적으로 예술에서 이러한 길을 발견한다. 『의지와 표상으로서의 세계』 3권에서 예술을 통해 살려는 의지가 야기하는 고통을 벗어나는 방식이 논의되는데, 여기에서 예술의 본질에 대한 형이상학적 논의

301 아르투어 쇼펜하우어(홍성광 옮김), 『의지와 표상으로서의 세계』, 465쪽.

가 제시된다. 니체가 『비극의 탄생』에서 예술가-형이상학을 각인하는 디오니소스적 사유를 통해서 고통스러운 삶을 고양시켜 나가는 길을 제시하듯이, 쇼펜하우어도 예술을 통해 삶의 고통을 극복하는 길을 제시한다. 예술이 이러한 삶의 고통을 극복하게 해 준다는 점에서 예술은 쇼펜하우어가 추구하는 형이상학의 중요한 부분이라고 할 수 있다. 쇼펜하우어에게는 고통을 극복하는 것이 형이상학의 중요한 과제이기 때문이다. 니체와 마찬가지로 쇼펜하우어에게 예술은 인간과 세계의 본질에 대한 형이상학적 성찰을 가능하게 한다.

쇼펜하우어는 『의지와 표상으로서의 세계』 1권에서 인식주관이 충분근거율을 통해서 세계를 표상으로서, 즉 주관에 대한 객관으로서 파악한다는 것을 언급하고, 2권에서는 의지가 개체화 원리를 통해서 객관화된 것이 자연이라는 점을 강조한다. 특히 의지는 객관화의 과정에서 다양한 단계를 거쳐서 특정한 개체 속에서 드러나는데, 이때 의지가 드러나는 다양한 단계는 개체와는 다른 것이고 또한 의지 자체와도 다른 것이다. 쇼펜하우어는 의지의 객관화 과정에서 드러나는 각각의 단계를 플라톤의 이데아 개념과 연관 지어 이념Idee이라고 부른다.

『의지와 표상으로서의 세계』 2권에서 제시되는 이념의 역할은 개체화 원리에 의해서 다양한 방식으로 존재하는 개체들의 공통적인 존재특성을 드러내 주는 것이었다. 그러나 이제 3권에서 이념은 충동적인 살려는 의지가 가져오는 고통에서 벗어나게 하는 역할을 한다. 이것은 어떻게 가능한가? 이 물음에 대한 답변의 실마리는 다음의 언급에서 확인할 수 있다. “이념이 나타나는 개체는 수없이 많고, 끊임없이 생성하고 사라지지만, 이념은 같은 이념으로서 언제나 변하지 않으며, 근거율은 이념에 대해서는 아무런 의미도 갖지 않는다.”[302]

개체화 원리가 특정한 시간과 공간 속에서 다양한 개체들을 존재하게 하고 이 개체들 속에서 맹목적인 살려는 의지가 다양한 방식으로 드러나면서 지속적으로 고통을 야기하는데, 이러한 상황에서 우리가 이념을 관조하게 되면 개체들의 동근원성을 간파할 수 있다. 여기에서 우리는 이념의 이중적인 역할을 언급할 수 있다. 한편으로 이념은 의지의 객관화 과정에서 다양한 개체들의 존재를 가능케 하는 사다리의 역할을 한다는 점이고, 다른 한편으로는 개체들의 동근원성을 관조하면서 개체들의 다수성과 차이를 넘어서 개체들 사이의 갈등, 따라서 개체로 존재하는 것이 가져오는 고통을 벗어나게 하는 역할을 한다는 점이다. 여기에서 주목할 것은 이념은 충분근거율의 영향을 받지 않는다는 점이다. 비록 이념은 의지 자체는 아니지만 의지와 마찬가지로 이념도 충분근거율이 적용되는 대상이 아니라는 점을 주목해야 한다. 쇼펜하우어가 말하고자 하는 것은 이념의 존재는 개체들의 다양성이 허구적이라는 점을 알게 한다는 점이다. 이것은 서로 다른 개체들이 실제로는 하나의 의지에서 생

302 아르투어 쇼펜하우어(홍성광 옮김), 『의지와 표상으로서의 세계』, 289쪽.

겨났다는 것을 알려 준다.

그런데 여기에서 쇼펜하우어가 의지를 칸트의 물자체와 같은 것으로 간주하는 것과 이념을 플라톤의 이데아와 연결시키는 것을 받아들이기란 쉽지 않다. 특히 이념의 역할에 대한 쇼펜하우어의 설명은 애매한 것처럼 보인다. 쇼펜하우어는 앞서 언급했듯이, 이념이라는 표현을 플라톤의 이데아와 같은 것으로 사용하는데, 이것은 다원성 속에서 파악되는 개체들과 이러한 개체들의 원형으로서 이념의 관계를 드러내 주기 위한 것이다. 쇼펜하우어는 개체들에 대한 이념의 관계를 플라톤에서 개별적인 사물들에 대한 원형으로서의 이데아의 관계와 같은 것처럼 생각한다. 그러나 의지와 의지의 객관화 과정에 놓여 있는 이념의 역할이 구분되듯이, 의지로서의 물자체와 이념으로서의 이데아는 동일한 것으로 간주하기는 어려워 보인다. 비록 쇼펜하우어는 이데아와 물자체를 언급하는 플라톤과 칸트의 주장이 "내적인 의미가 완전히 동일"[303]하다고 말하지만, 그가 의지와 이념을 구분한다는 점에서 플라톤과 칸트철학의 동일성을 언급하는 것은 받아들이기 어렵다. 만약 칸트와 플라톤의 주장이 내적으로 일치한다고 보는 주장을 받아들인다면 의지와 이념을

303 쇼펜하우어는 플라톤과 칸트에 대해서 "위대한 두 사상가의 학설의 내적인 의미와 내용을 충실하고도 진지하게 숙고한다면, 두 위대한 철학자가 아주 잘 일치한다는 것"을 알 수 있다고 말한다. 아르투어 쇼펜하우어(홍성광 옮김), 『의지와 표상으로서의 세계』, 295쪽 참고. 그러나 이러한 언급에도 불구하고 『의지와 표상으로서의 세계』 31장의 끝에서는 플라톤과 칸트철학의 연관성에 대해서는 다양한 입장이 있다는 점을 강조하고 있다. 아르투어 쇼펜하우어(홍성광 옮김), 『의지와 표상으로서의 세계』, 296쪽 참고.

구분하는 쇼펜하우어의 철학이 설득력을 잃을 수도 있기 때문이다.

그러나 이런 문제점도 불구하고 쇼펜하우어철학에서 이념이 맹목적인 살려는 의지에 대해 수행하는 역할은 분명하다. 쇼펜하우어는 객관화된 세계, 즉 표상세계에서 이념이 개체들에 대해서 이데아의 역할을 한다는 점을 강조한다. 이념은 의지의 "직접적인 객관화"이기 때문에 모든 개체의 다양성을 벗어나 있다. 그리고 이념은 변화와 다수성에서 벗어나 있기 때문에, 즉 개체화 원리를 벗어나 있기 때문에 표상 자체에 대해서는 영원한 것, 즉 이데아와 같은 것이라고 할 수 있다. 여기에서 개체들의 다수성에서 비롯되는 삶의 갈등과 고통을 벗어나기 위해서는 이념을 인식하는 것이 필요하다는 주장은 설득력이 있는 것처럼 보인다.

이처럼 이념을 인식하는 것은 특정한 개체를 표상으로서 인식하는 것과는 다르다. 왜냐하면 이념의 인식은 충분근거율을 벗어나서 비로소 가능하기 때문이다. 이러한 쇼펜하우어의 입장과는 달리 관점주의를 주장하는 니체의 입장에서 사물에 대한 획일적인 해석이 불가능하기 때문에 다양한 사물들을 관통하는 동근원성으로서의 이념을 파악하는 것은 불가능하거나 무의미한 것으로 보일 것이다. 그러나 살려는 의지의 부정을 주장하는 쇼펜하우어는 이념의 관조를 통해서 고통스러운 삶으로부터 벗어날 수 있다고 보고 있다.

쇼펜하우어에 따르면 이념을 인식하는 주관은 더 이상 개체성에 사로잡힌 주관이어서는 안 된다. 이념을 조망하기 위해서는 주관에서 큰 변화가 일어나야 한다. 즉 주관은 충분근거율에 종속된 인식을 벗어나서 개체들의 다양성을 동일성 속에서 파악할 수 있어야 한다. 쇼펜하우어는 이 점을 다음과 같이 설명한다. "… 개별적인 사물을 일반적으로 인식하다가 이념을 인식하는 것으로 이행하는 것이 가능하긴 하지만, 예외적으로 고찰할 수 있는 이러한 일은, 인식이 의지에 봉사하는 데서 벗어나고 바로 그것을 통해서 주관은 단순히 개인적인 주관이기를 그만두고, 이제 의지가 없는 순수한 인식주관이 되면서 갑자기 일어난다."[304]

이념의 조망을 위해서는 인식주관이 '순수인식주관'으로 변해야 한다. 이렇게 순수인식주관으로 변화된 주관은 개체화 원리에 사로잡혀 개체들을 파악하지 않고 개체들의 동일성을 주목한다. 예를 들면 순수인식주관의 상태에서는 다양한 사람들에 대한 각각의 개별적인 관계설정들이 사라지고 대신에 인간 자체에 대한 직관으로 이어진다. 즉 순수인식주관은 이제 개별적인 인간에 대한 관심에서 벗어나 인간존재를 이념으로서 파악하게 된다.

쇼펜하우어는 이러한 이념의 인식을 직관의 상태 또는 관조 Kontemplation라고도 부른다. 순수인식주관으로 변화한 주관은 이제 의지의 직접적인 객관성으로서의 이념을 관조한다. 이때의 주관은 서로 대립적이고 갈등적인 개체들 속에서 드러나는 의지의 맹목적인 활동을 간파하고 개체들로 하여금 고통을 일으키는 모든 관계로부터 벗어나게 한다. 이러한 이념의 관조 속에서 개체들의 존재를

304 아르투어 쇼펜하우어(홍성광 옮김), 『의지와 표상으로서의 세계』, 302쪽 이하.

고통으로 이끌어 가는 다양성은 사라져 버린다. 개체로서의 인식주관은 개별적인 사물의 다양성에 주목하지만 이와 달리 순수인식주관에 도달하면 다양성 이전의 상태, 즉 이념을 관조하기 때문이다. 순수인식주관은 개체들의 다양성을 넘어 개체들의 단일성을 바라보게 된다. 쇼펜하우어는 이러한 순수인식주관에 대해서 다음과 같이 설명한다. "인식하는 개체 자체와 그 개체에 의해서 인식된 개별적인 사물은 항상 언제 어디서나 존재하고, 원인과 결과의 연쇄 고리들이다. 순수인식주관과 그 상관 개념인 이념은 근거율의 모든 형식으로부터 벗어났다. 즉 시간, 공간, 인식하는 개체, 인식되는 개체, 이것들은 순수한 인식주관과 이념에 대해 아무런 의미를 갖지 않는다."[305]

쇼펜하우어에 따르면 이념은 의지와 표상 사이에 위치한다. 의지의 입장에서 보자면 이념은 표상세계에서 자신의 존재를 드러내 주는 사다리가 된다. 반면에 표상의 측면에서 보자면 이념은 개체화 원리에 사로잡힌 표상세계의 다수성이 사실은 실재하는 것이 아니라는 점을 깨닫게 한다. 이념의 조망은 우리로 하여금 근거율에 얽매여서 개체성에 사로잡혀 있는 상태에서 벗어나게 하기 때문이다. 이 점은 쇼펜하우어의 다음과 같은 언급에서 잘 드러난다. "그러나 의지의 객관화의 모든 단계 중에 본질적인 것만이 이념을 이룰 뿐이고, 반면에 이념이 전개되어 근거율의 형태로 갈라져 다양한 현상으

305 아르투어 쇼펜하우어(홍성광 옮김), 『의지와 표상으로서의 세계』, 305쪽.

로 나타나는 것은 비본질적이고, 단지 개체의 인식 방식에 존재하고 있을 뿐이며, 또한 개체에 대해서만 실재성을 지닐 뿐이다."[306]

예술가-형이상학을 강조하면서 삶의 새로운 광학을 제공하는 예술의 역할을 강조하는 니체처럼 쇼펜하우어도 예술의 역할을 높이 평가한다. 쇼펜하우어에 따르면 예술Kunst은 이념의 조망을 가능하게 한다. 예술은 이념의 단순한 현상인 개체들이 아니라 이념을 인식하게 하는 형이상학적인 활동이라고 할 수 있다. 물론 예술은 다루는 소재에 따라서 다양한 형태의 장르가 존재한다. 그러나 어떤 형태의 예술일지라도 그 목표는 이념의 관조라는 점이 간과되어서는 안 된다. 이념을 관조하는 예술은 시간의 흐름과 공간의 변화를 멈추게 하고 개체들을 서로 다른 것으로 보는 것을 중지시키고 개체의 다양성에서 유래하는 고통스러운 존재의 수레바퀴를 멈추게 한다. 이러한 상태에서 개체들에 대한 의지의 지배가 일시적으로 중지된다.

물론 예술은 우선적으로 특정한 개체들을 대상으로 삼는데, 여기에서 이러한 대상들이 지닌 고유한 특성들을 다양한 방식으로 묘사하고 이들 사이에 존재하는 관계들을 표현하는 것이 예술의 행위이다. 그러나 쇼펜하우어는 예술의 진정한 대상은 개체 자체가 아니라 이념이라는 것을 강조한다. "예술은 순수관조에 의해서 파악된 영원한 이념, 즉 세계의 모든 현상의 본질적인 것과 영속적인 것을

306 아르투어 쇼펜하우어(홍성광 옮김), 『의지와 표상으로서의 세계』, 309쪽 이하.

재현한다. … 예술의 유일한 기원은 이념을 인식하는 것이고, 예술의 유일한 목적은 이러한 인식을 전달하는 것이다."[307]

이러한 이념의 관조는 진정한 예술가, 즉 천재Genie에 의해서 이루어진다. 진정한 예술가로서의 천재는 근거율에 사로잡힌 개체성에 주목하지 않고 이념만을 관조한다. 천재로서의 진정한 예술가는 하나의 사물을 직관하면서 사물 전체의 이념을 관조할 수 있다. 천재의 존재특성은 탁월한 관조능력에 있기 때문이다. 쇼펜하우어에 따르면 이러한 관조는 다른 것이 아니라 "자기 자신과 자신의 관계를 완전히 잊는 것"[308]을 의미하며, 따라서 사물과의 관계에서 사물의 존재를 특정한 관점에서만 해석하게 만드는 자신을 포기하는 것을 의미한다. 이념의 관조는 의지가 개체들을 지배하는 것에 저항하는 것이며 인식과 존재가 의지에 봉사하는 것을 부정하는 행위이다.

그러나 여기에서 간과해서 안 될 것은 이념의 관조가 단지 충동적이거나 일시적인 행위가 아니라 "지속적이고 사려분별을 동반하는 것"[309]이라는 점이다. 이념의 인식은 추상적인 것이 아니라 직관

307 아르투어 쇼펜하우어(홍성광 옮김), 『의지와 표상으로서의 세계』, 314쪽. 노이바우어는 쇼펜하우어에게서 예술의 역할을 다음과 같이 설명한다. "예술은 모두 다 우리에게 삶의 고유성과 진실성을 드러내 준다. 삶의 고유하고 참된 모습은 늘 객관적이고 주관적인 우연의 안개에 가려져 있기 마련인데, 예술의 역할은 오로지 이 안개를 걷어 내는 데 있다." 한스 요아힘 노이바우어(박규호 옮김), 『염세철학자의 유쾌한 삶: 쇼펜하우어에게 배우는 삶의 여유』, 문학의 문학, 2012, 175쪽.

308 아르투어 쇼펜하우어(홍성광 옮김), 『의지와 표상으로서의 세계』, 315쪽.

309 아르투어 쇼펜하우어(홍성광 옮김), 『의지와 표상으로서의 세계』, 316쪽.

적이며 구체적으로 경험한 현실을 넘어서려는 적극적인 행위이다. 쇼펜하우어에 따르면 다양한 개별적인 대상에 대한 무관심 때문에 이념을 관조하려는 사람은 자신의 실제적인 생활에 대해서는 위태롭다고 할 수 있다. 천재는 현재 주어진 구체적인 사물에 관심을 갖지 않으므로 자신의 삶 속에서 불안정한 상태에 놓이게 된다. 그러나 천재는 이념을 관조하면서 의지의 봉사에서 벗어난다. 이와 달리 사물이 자신에 대해 어떤 관계나 의미를 부여할 경우에만 주목하는 일상인은 항상 사물들의 존재를 근거율과 연결시켜 파악하고 자신의 방식으로 사물에 대한 관계를 규정해 버린다. 따라서 일상인은 의욕의 자극을 적극적으로 받게 되고 오로지 동기에 의해서 사물들의 관계를 파악할 뿐이다. 그렇기 때문에 일상인은 하나의 사물을 깊게 그리고 지속적으로 인식하지 못하고 끊임없이 새로운 사물에 대해 관심을 갖게 되고 결국 왜곡된 세계이해에 사로잡히게 된다.

이처럼 이념을 관조하는 예술의 본질은 직관적 인식을 특징으로 하며 이성적 인식이나 추상적 인식을 통해서는 도달할 수 없다. 여기에서 쇼펜하우어는 위대한 천재들이 이성적인 능력보다는 격정 속에서 그리고 직관적으로 자신의 예술작품을 만들어 낸다는 점을 강조한다. 쇼펜하우어는 이와 관련하여 다음과 같이 말한다. "감성과 오성이 받는 직관적인 것의 극히 강렬한 인상이 단조로운 개념을 압도해 버리므로, 행동은 더 이상 개념에 의해서가 아니라 직관적인 것의 인상에 의존하기 때문에, 바로 그 때문에 행동이 비이성적으로 된다."[310]

그런데 여기에서 주목할 것은 이념의 조망이 단지 예술작품을 통해서만 이루어지는 것이 아니라는 점이다. 물론 쇼펜하우어는 예술작품을 통해서 더 쉽게 이념을 인식할 수 있다는 것을 인정한다. 왜냐하면, 예술가는 자신이 파악한 이념을 예술작품 속에서 직접적으로 그리고 적극적으로 드러내기 때문이다. 예를 들면 괴테는 『파우스트』에서 파우스트 박사의 삶과 고뇌 속에서 드러나는 이념을 통해서 앎에 대한 욕망이 인간의 삶에 가져오는 결과가 무엇인지를 우리에게 제시해 주고 있다. 그런데 쇼펜하우어에 따르면 이념은 쉽지는 않지만, 예술작품에서뿐만 아니라 자연이나 일상생활에서도 조망할 수 있다. 왜냐하면 이념은 그것이 의지의 객관화 과정에서 개체들의 근본형식으로 작용한다는 점에서 현실세계의 곳곳에서 드러나기 때문이다. 이것은 일상의 삶에서도 개체들의 다양성을 극복할 때 이념의 조망이 가능하다는 것을 말해 준다.

쇼펜하우어에 따르면 이념의 관조는 인식이 의지에 기여하는 것을 부정하는 순수인식주관의 상태에 도달하면 가능하다. 우리는 순수인식주관이 될 때 "세계를 보는 하나의 눈"이 된다. 우리는 이념의

310 아르투어 쇼펜하우어(홍성광 옮김), 『의지와 표상으로서의 세계』, 322쪽. 쇼펜하우어는 천재의 이념인식이 비이성적이며 직관적이라는 점에서 천재성과 광기가 서로 일정한 연관성을 갖고 있다고 주장한다. 쇼펜하우어는 "광기가 섞이지 않은 천재는 없었다"라는 아리스토텔레스의 말을 인용하면서 이 점을 강조한다. 아르투어 쇼펜하우어(홍성광 옮김), 『의지와 표상으로서의 세계』, 323쪽 참고.

관조를 통해서 개체들의 차이성을 지양하고 의지에 이끌려 가는 모든 개체의 삶을 고통스러운 것으로 바라보게 된다. 순수인식주관이 수행하는 이념의 관조는 개체의 존재를 사로잡고 있는 의지의 욕망으로부터 벗어나게 하고 의지에 사로잡히지 않는 존재 방식에 도달하게 한다. 쇼펜하우어는 이처럼 이념을 관조하는 상태를 아름다운 자연이 우리에게 펼쳐져서 주관이나 의지의 지배에서 벗어난 상태에 비유하고 있다. 우리는 자연의 위대함과 변화무쌍함에 매료되어 모든 개체성이 잊히는 숭고의 상태에서도 이러한 이념을 관조할 수 있다.

이처럼 순수인식주관이 세계에서 이념만을 조망한다면 의지로서의 세계는 사라져 버릴 것이다. 이념조망의 상태에서 순수인식주관은 객관(대상)과 하나가 되고 이때 맹목적인 살려는 의지는 사라지게 된다. 쇼펜하우어에 따르면 이러한 상태는 "의지에 봉사하는 것으로부터 인식 작용이 해방되는 것이고, 개체로서의 자아를 잊는 것이며, 의지를 순수하고 의지가 없으며, 시간을 초월한, 모든 관계들과 무관한 인식주관으로 승격하는 것이다."[311]

그러나 이렇게 이념의 관조를 통해서 주어지는 의지로부터의 벗어남이 지속될 수는 없다. 왜냐하면 의지에 사로잡히지 않는 관조의 상태는 새롭게 다가오는 특정한 개체에 대한 관계 속에서 사라져 버리고 다시 맹목적인 살려는 의지의 지배를 받는 주관의 상태로 되

311 아르투어 쇼펜하우어(홍성광 옮김), 『의지와 표상으로서의 세계』, 337쪽.

돌아가기 때문이다. 즉 개체성에 사로잡힌 인식주관은 감각기관을 통해서 특정한 사물을 경험하고 여기에서 또다시 의지의 지배를 받게 된다.[312] 이념을 조망하는 미적 관조와 숭고함의 경험이 사라지게 되면 주관은 살려는 의지에 이끌려 불안을 느끼게 되고 다시금 개체성에 사로잡히게 된다. 여기에서 쇼펜하우어는 인간의 이중적인 존재 방식을 인정하는데, 인간은 한편으로는 "의욕의 격하고 어두운 충동"이며 그리고 다른 한편으로는 "순수한 인식 작용의 영원하고 자유로우며 명랑한 주관"인 것이다.[313]

4) 금욕주의

쇼펜하우어는 세계의 본질이 의지라는 점을 강조한다. 그렇기 때문에 그에 따르면 모든 것은 의지의 지배를 받는다. 그러나 쇼펜하우어는 동시에 이러한 의지를 부정하는 방식에 대해서도 논의한다. 왜냐하면, 맹목적인 의지는 개체들의 삶을 고통스럽게 만들기 때문이다. 니체는 힘에의 의지가 고통스러운 삶에서 삶의 고양과 힘의

312 쇼펜하우어는 여기에서 흥미롭게도 다섯 가지의 감각기관이 의지의 지배를 받는 정도를 구분하고 있다. 먼저 시각은 의지와 직접적으로 관련이 없다고 주장한다. 다음으로 청각의 경우에는 특정한 음이 고통을 일으키며 특정한 감정의 상태를 불러올 수 있다는 점에서 의지와의 관련성을 강조하고 있다. 촉감은 이들에 비해 의지의 영향을 더 받을 수 있다고 본다. 쇼펜하우어는 이에 반해서 후각과 미각은 강력하게 의지의 지배를 받는다고 주장한다. 그렇기 때문에 이들 감각은 "가장 고상하지 못한 감각"이라고 평가한다. 아르투어 쇼펜하우어(홍성광 옮김),『의지와 표상으로서의 세계』, 338쪽 참고.

313 아르투어 쇼펜하우어(홍성광 옮김),『의지와 표상으로서의 세계』, 343쪽 참고.

감정을 고취시킨다고 보지만 이와 달리 쇼펜하우어는 한 개체가 의지의 지배를 받을수록 그 개체의 삶은 고통스럽게 되고 다른 개체의 고통을 야기한다고 본다. 특히 인간의 경우에 의지의 객관화 단계에서 가장 높은 단계에 위치하며 그렇기 때문에 맹목적인 살려는 의지는 더욱 세분화되고 따라서 더 큰 고통을 가져오게 된다. 이런 점에서 다른 어떤 개체보다도 인간에게서 이기적인 존재특성을 갖는 살려는 의지는 아주 강렬하게 드러난다고 할 수 있다. 어떤 방식으로든 다른 사람을 희생시켜서 자신의 존재를 드러내고 유지하려는 것이 인간존재이기 때문이다. 쇼펜하우어에 따르면 이러한 인간의 존재상태는 홉스에서처럼 "만인에 대한 만인의 투쟁"으로 규정할 수 있다. 그러나 홉스와는 달리 쇼펜하우어의 입장에서 보자면, 인간이 계약을 통해 사회적 관계를 설정한다고 하더라도 인간의 삶에 드리워진 고통은 쉽게 제거될 수 없다.

쇼펜하우어의 철학적 염세주의는 니체와는 달리 이러한 고통을 극복하는 길을 모색하게 하는데, 여기에서 제시되는 길이 바로 금욕Askese이란 방식이다. 니체는 『도덕의 계보』에서 쇼펜하우어의 철학을 금욕주의Asketismus라고 비판한다. 니체에 따르면 쇼펜하우어는 금욕주의적 이상asketisches Ideal을 추구하였던 사람이며,[314] 이러한 금욕주의는 오히려 삶을 허무주의에 빠트리는 것이라고 비판한다. 그러나

314 니체가 금욕주의를 비판하는 주된 이유는 금욕주의적 이상이 "삶을 보존하기 위한 기교"이기 때문이다. 프리드리히 니체(김정현 옮김), 『선악의 저편·도덕의 계보』, 484쪽 참고.

니체의 이러한 평가와는 달리 금욕이라는 용어는 고통스러운 삶에서 벗어나게 해 준다.

쇼펜하우어가 말하는 금욕은 그의 철학적 염세주의에서 주어지는 필연적인 귀결이라고 할 수 있다. 개체의 다수성이라는 허구를 간파하지 못한 표상세계에서의 삶은 지속적으로 고통에 사로잡혀 있다. 여기에서 금욕은 끊임없이 고통을 야기하는 삶을 거부하기 위한 시도라고 할 수 있다. 쇼펜하우어에 따르면 금욕은 맹목적인 의지에 사로잡힌 삶이 얼마나 고통스러운가를 적극적으로 인식할 때 비로소 생겨나는 삶의 방식이다. 그런데 여기에서 주목할 것은 이러한 금욕이 삶의 포기 또는 삶으로부터의 도피가 아니라는 점이다. 쇼펜하우어가 자살을 의지의 부정이 아니라 오히려 의지의 긍정으로 보듯이, 금욕을 단순히 삶의 부정으로 해석해서는 안 된다.

우리는 여기에서 금욕의 출발점을 생각해 보아야 하는데, 쇼펜하우어에 따르면 금욕은 인간의 삶과 세계의 본질에 대한 형이상학적 성찰에서 비로소 주어진다. 즉 금욕을 위한 동기는 삶의 내적인 구조가 고통스러울 수밖에 없다는 점을 깊게 인식한 경우에 비로소 부여될 수 있다. 쇼펜하우어가 천재성을 지닌 사람이 삶에서 더 큰 고통을 느낀다는 점을 강조하듯이, 금욕은 맹목적인 의지가 이끌어 가는 삶의 근원에 대해 성찰하는 사람에게만 가능한 것이다.

쇼펜하우어에 따르면 인간은 죽음에 대한 공포 때문에 삶에 집착한다. 그러나 삶에 대한 이러한 집착은 더욱 큰 고통을 야기하게 된다. 일상인들의 삶은 고통과 공허함과 권태로움으로 가득 차 있다.

쇼펜하우어는 일상인들의 삶의 모습을 다음과 같이 묘사한다. "대다수의 사람들의 삶을 밖에서 보면 얼마나 무의미하고 보잘것없게 흘러가고, 안에서 갖는 느낌으로도 얼마나 숨 막히고 제정신이 아니게 흘러가는지 실로 믿을 수 없을 정도이다. 이들의 삶은 빛바랜 동경이자 괴로움이고, 보잘것없는 일련의 생각을 품고 인생의 네 계절을 거치며 죽음을 향해 꿈결처럼 비트적거리며 걸어가는 것이다."[315]

쇼펜하우어의 금욕주의는 모든 형태의 행복주의를 부정한다. 인간은 자신의 삶에서 행복을 경험할 수 없기 때문이다. 잠시 주어진 삶의 만족은 또 다른 고통에 의해서 대체되고 나의 만족은 타인의 고통을 야기할 뿐이다. 라이프니츠가 『변신론』 1권 8장에서 말하는 "가능한 세계 중의 이러한 최상의 세계"를 부정하는 쇼펜하우어에게는 의지의 어떠한 충족도 또다시 고통을 가져올 뿐이다. 쇼펜하우어는 오히려 "인생은 엉터리 물건이 다 그렇듯이 겉모습은 거짓된 빛깔을 띠고 있고, 고통스러운 것은 언제나 감추어져 있다"[316]라고 말한다.

금욕은 인간 스스로 맹목적인 살려는 의지가 가져오는 고통을 극복하려는 세계인식이다. 그런데 여기에서 주목할 것은 금욕을 수행하는 주체가 인간 자신이라는 점이다. 그렇기 때문에 쇼펜하우어

315 아르투어 쇼펜하우어(홍성광 옮김), 『의지와 표상으로서의 세계』, 533쪽.

316 아르투어 쇼펜하우어(홍성광 옮김), 『의지와 표상으로서의 세계』, 539쪽. 쇼펜하우어는 여기에서 낙관주의를 "비양심적인 사유방식"이라고 비판한다. 아르투어 쇼펜하우어(홍성광 옮김), 『의지와 표상으로서의 세계』, 540쪽 참고.

는 "… 어떤 낯선 힘이 그 의지의 현상인 삶에서 생기는 고통으로부터 의지를 해방시킬 수 없다"[317]는 점을 강조하는데, 이것은 인간 스스로가 고통의 문제를 해결해야 한다는 것을 의미한다. 특정한 종교에서처럼 신의 존재나 은총을 통해서 이러한 고통으로부터 벗어나는 것은 불가능하다. 쇼펜하우어는 이런 이유에서 인간과 세계를 신이 지배한다고 가정하는 구약성서의 세계해석을 비판한다. 인간의 운명은 인간 스스로 결정할 수밖에 없다는 것이 쇼펜하우어의 생각이다. 쇼펜하우어는 수많은 종교에서 언급되는 은둔자, 순교자, 성자들은 신의 은총이 아니라 자신들의 마음속에서 스스로 살려는 의지를 소멸시켰기 때문에 삶의 고뇌로부터 벗어날 수 있었다는 점을 강조한다.

그런데 여기에서 쇼펜하우어가 말하는 금욕을 새로운 도덕원리로 해석해서는 안 된다. 또한 이러한 금욕은 단순한 이타주의를 의미하지도 않는다. 금욕은 의지의 부정을 추구하는 것인데, 이것은 동시에 몸의 부정을 의미한다. 왜냐하면, 의지의 긍정은 몸의 긍정을 의미하기 때문이다. 이런 점에서 쇼펜하우어는 다음과 같이 말한다. "모든 다양한 의지 행위의 근본 주제는 건강한 몸의 존재와 떼어 내서 생각할 수 없는 욕구의 충족인데, 그 욕구는 이미 몸속에서 자신을 표현하고, 개체의 유지와 종족 번식 때문에 생기는 것이다."[318] 쇼펜하우어가 『의지와 표상으로서의 세계』 6장에서 몸은 의

317 아르투어 쇼펜하우어(홍성광 옮김), 『의지와 표상으로서의 세계』, 539쪽 이하.

지가 객관화된 것이라고 주장하듯이, 의지의 작용은 몸의 다양한 욕구를 통해서 드러나게 된다.[319] 그렇기 때문에 의지를 부정하는 금욕은 몸을 부정하는 것을 의미한다. 몸은 의지의 현상이기 때문이다.

우리는 몸에 깃든 욕구를 실현하기 위해 타인의 현존을 부정하고 그 존재를 제거하려고 한다. 여기에서 몸의 욕구를 부정하는 것은 의지의 긍정이 가져오는 고통을 극복하는 데 중요한 역할을 한다. 그런데 우리는 만약 이러한 몸이 소멸해 버린다면 맹목적인 살려는 의지도 사라져 버릴 것이라고 생각할 수 있다. 그러나 쇼펜하우어는 그렇게 생각하지 않는다. 왜냐하면, 의지는 몸을 부정하면서까지도 자신의 존재를 드러내기 때문이다. 즉 개체의 소멸에도 불구하고 살려는 의지는 여전히 새로운 개체를 통해서 자신의 존재를 드러내기 때문이다. 따라서 쇼펜하우어가 말하는 금욕은 단지 몸 자체의 부정을 의미하는 것이 아니라 몸에 의해서 드리워지는 의지의 작용을 극복하는 것에 주된 목적이 있다. 여기에서 금욕은 단지 몸에 대한 거부가 아니라 맹목적인 의지의 지배에 대한 저항이라는 점을 주목해야 한다.

금욕은 개체의 몸성Leiblichkeit을 부정할 뿐만 아니라 개체의 다수성을 부정한다. 금욕은 "… 개체화의 원리나 그것을 통해 세워진 자

318 아르투어 쇼펜하우어(홍성광 옮김), 『의지와 표상으로서의 세계』, 541쪽.

319 쇼펜하우어에 따르면 의지와 몸의 긴밀한 연관성을 드러내 주는 것이 바로 성욕이다. 성적 충동을 통해서 의지는 서로 다른 개체 속에서 지속적으로 자신의 존재를 드러낸다.

신과 타인 사이의 구별은 헛된 것"[320]이라는 사실을 깨닫게 한다. 하나의 개체에 깃든 의지는 다른 개체들의 존재를 부정하면서 자신의 살려는 의지를 더 강화시킨다. 의지는 그 자체로 갈등적이지만, 각각의 개체로서의 인간은 이 점을 간파하지 못하고 자신의 존재만을 유지하려고 한다. "그 때문에 사람은 모두 자신을 위해 모든 것을 의욕하고, 모든 것을 소유하려고 하고, 적어도 지배하려고 하며, 자기에게 저항하는 것을 절멸시키려고 한다."[321] 그래서 결국 개체들 사이에서는 끊임없이 갈등이 생겨난다. 이것은 우리가 개체의 다수성을 실제로 존재하는 것으로 간주하기 때문에 이런 일이 생겨난다.

쇼펜하우어는 금욕이 이러한 개체들의 갈등을 극복하게 한다고 본다. 금욕 역시 이념의 관조에서처럼 개체의 다수성을 부정하는 것과 관련이 있지만, 이것을 넘어서서 적극적으로 살려는 의지를 부정하는 행위이다. 금욕은 개체들의 동일성을 간파하고 맹목적인 살려는 의지와 투쟁하면서 끊임없이 인간과 세계에 대한 형이상학적 성찰을 수행하는 작업인 것이다. 이러한 금욕은 수동적이고 추상적인 것이 아니라 고통 속에 사로잡혀 있는 인간의 숙명을 벗어나려는 능동적인 행위라고 할 수 있다. 여기에서 금욕을 수행한다는 것은 개체로서의 인간에게 주어진 행복과 불행에 사로잡히지 않고 단호하게 의지와 투쟁한다는 것을 의미한다. 금욕을 수행하는 사람은

320 아르투어 쇼펜하우어(홍성광 옮김), 『의지와 표상으로서의 세계』, 602쪽.
321 아르투어 쇼펜하우어(홍성광 옮김), 『의지와 표상으로서의 세계』, 549쪽.

나와 타인 사이의 차이를 "무상한 기만적인 현상"[322]으로 간주하고 모든 인간존재, 그리고 나아가서 모든 생명체의 동근원성을 적극적으로 받아들인다.

쇼펜하우어는 금욕에 이르는 인식이 추상적인 것이 아니라 구체적으로 행동을 가져오는 직관적이고 적극적인 인식이라는 점을 강조한다. 쇼펜하우어는 금욕을 행하는 사람을 다음과 같이 묘사한다. "그[금욕하는 사람]는 전체를 인식하고, 전체의 본질을 파악하며, 그것이 끊임없이 소멸하고, 헛된 노력을 계속하며, 내적인 투쟁과 지속적인 고통에 사로잡혀 있다는 것을 알고, 어디를 보더라도 고통을 받고 있는 인류와 동물, 사라져 가는 세계를 본다."[323] 순간적인 쾌락과 안녕이 가져오는 위로를 거부하고 마야의 너울에 가려진 의지의 의도를 간파하고 현상세계 속으로 드러나는 의지의 방향을 되돌리는 것이 금욕의 역할이다. 이러한 금욕의 구체적인 예를 들자면 "자발적이고 의도적인 가난"[324]이라고 할 수 있다.

그런데 쇼펜하우어는 금욕을 행하는 사람은 단지 타인을 사랑하거나 자신을 부정하는 것만이 아니라 의지가 객관화된 현상세계 자체를 부정하는 사람이라는 점을 강조한다. 금욕을 행하는 사람은 세계의 본질에 대한 통찰을 통해서 의지가 의욕하는 모든 것으로부터 벗어나고자 하기 때문이다. 금욕은 살려는 의지 자체를 부정하

322 아르투어 쇼펜하우어(홍성광 옮김), 『의지와 표상으로서의 세계』, 612쪽.
323 아르투어 쇼펜하우어(홍성광 옮김), 『의지와 표상으로서의 세계』, 622쪽.
324 아르투어 쇼펜하우어(홍성광 옮김), 『의지와 표상으로서의 세계』, 626쪽.

기 때문에 자신에 대한 모욕이나 비난도 무관심으로 대하고 일체의 배타적인 행위에도 저항하지 않게 한다. 왜냐하면 금욕은 의지의 의욕 속에서 갈등적으로 드러나는 현상세계의 모든 존재로부터 벗어나는 것이기 때문이다. 쇼펜하우어는 이러한 금욕의 상태를 다음과 같이 설명한다. "본질적으로 다름 아닌 의지의 현상으로서, 그는 무엇인가를 의욕하는 것을 그치고, 그의 의지가 무엇인가에 집착하지 않도록 주의하며, 모든 사물에 최대한 무관심하려고 애쓴다."[325]

금욕하는 사람은 의지 자체를 부정하면서 자신의 몸에게 빠듯하게 영양을 공급하면서 의지를 부정하는 정도를 더욱 강화한다. 그는 결핍과 고통을 통해 살려는 의지의 지배를 극복하려고 한다. 물론 이렇게 철저하게 금욕하는 사람도 결국 죽음에 이르겠지만 이때에 단지 개체성에 사로잡힌 다른 사람들의 죽음에서처럼 남아 있는 살려는 의지가 또 다른 개체에게로 옮겨 가지는 않는다. 쇼펜하우어에 따르면 이처럼 금욕을 통해서 죽음을 맞이하는 사람에게는 의지가 지배하는 세계가 사라져 버리게 된다.

쇼펜하우어는 이러한 금욕이 쉽지는 않지만 실제로 도달할 수 있다고 본다. 그는 실제로 힌두교, 불교 그리고 그리스도교의 성자들이 이러한 금욕의 상태에 도달한다는 점을 강조한다. 우리에게 알려진 수많은 성자들의 고행은 바로 이러한 금욕이 적극적으로 실현되는 상태를 말해 준다.[326] 쇼펜하우어에 따르면 서로 다른 시간과

325 아르투어 쇼펜하우어(홍성광 옮김), 『의지와 표상으로서의 세계』, 624쪽.

공간 속에서 생겨난 다양한 종교에서 공통적으로 금욕이 중요한 목표로 제시되는 것은 이들 종교가 모두 살려는 의지에 의해서 야기되는 고통을 극복하려고 하기 때문이다. 즉 이들 종교는 맹목적인 의지가 세계를 지배하고 이것 때문에 삶의 고통이 생겨난다는 점을 직시하고 있다는 것을 말해 준다. 쇼펜하우어는 그리스도교이든 힌두교이든 또는 불교이든 공통적으로 인간과 세계의 불완전한 상태와 고통스러운 모습을 제시해 주고 그것을 극복하려 한다는 점을 강조한다.

5) 의지의 부정

쇼펜하우어철학이 추구하는 것은 맹목적인 의지의 지배로부터 벗어나는 것이다. 그러나 이때의 벗어남은 일시적인 것이 아니라 완전하고 영원하게 벗어나는 것을 의미한다. 니체가 보다 많은 힘에의 의지를 추구할 것을 강조하는 것과는 달리 쇼펜하우어는 의지의 부정을 강조한다. 쇼펜하우어에 따르면 인간의 참된 모습은 세

326 모든 종교에서의 금욕적인 삶에 대한 쇼펜하우어의 긍정적인 평가는 특정한 종교만을 옹호하는 것이 아니라 종교의 다원성을 인정한다는 것을 의미한다. 인간과 세계의 본질에 대한 깊은 통찰, 추상적인 인식이 아니라 직관적인 인식에서 우러나오는 행위인 금욕은 어떤 형태의 종교에서든지 정당하다는 것이 쇼펜하우어의 입장이다. 여기에서 다양한 교리와 삶의 방식에도 불구하고 모든 종교를 관통하는 내적 삶과 노력들은 의지의 부정이라는 점에서 서로 일치한다는 것이 쇼펜하우어의 입장이다. 아르투어 쇼펜하우어(홍성광 옮김), 『의지와 표상으로서의 세계』, 637쪽 참고.

계정복자Welteroberer가 아니라 세계극복자Weltüberwinder이다.[327] 이러한 세계극복자는 살려는 의지를 부정하고 개체성에 대한 집착에서 벗어나 금욕을 수행하는 사람이다. 그러나 세계극복자는 세계를 부정하는 사람 또는 삶 자체를 부정하는 사람으로 이해해서는 안 된다. 이러한 세계극복자에게는 내면적 세계가 새롭게 펼쳐지기 때문이다. 그러나 이때의 세계는 더 이상 맹목적인 의지에 의해 지배를 받지 않는 세계이다. 살려는 의지를 부정하는 사람에게 세계는 "흔들림 없는 평온함unerschütterlicher Friede", "깊은 평정tiefe Ruhe", "내면적인 명랑함innige Heiterkeit"의 세계로 다가오기 때문이다.[328]

여기에서 쇼펜하우어는 살려는 의지를 부정하는 길을 두 가지로 구분하고 있다. 물론 이 두 가지의 길이 완전히 다른 것은 아니지만, 이 둘은 고통과 관계하는 방식에 따라 서로 구분된다. 쇼펜하우어는 앞서 언급한 금욕이 의지의 부정의 첫 번째 길이라고 말한다. 금욕은 의지의 부정을 구체적으로 실행하는 단계이다. 그러나 이러한 금욕이 완전하게 의지를 제거해 주는 것은 아니다. 즉 한번 제거된 의지는 영원히 생겨나지 않는 것이 아니라 끊임없이 우리에게 다가와서 삶을 지배한다. 쇼펜하우어는 이러한 의지의 부정이 끊임없이 시도되어야 한다고 주장하는데, 그 이유는 "몸이 살아 있는 한 살려는 의지 전체도 그 가능성에 따라 존재하고, 항시 현실 속에 들어가

327 아르투어 쇼펜하우어(홍성광 옮김), 『의지와 표상으로서의 세계』, 632쪽 참고.
328 아르투어 쇼펜하우어(홍성광 옮김), 『의지와 표상으로서의 세계』, 638쪽 참고.

서 새로이 온통 격정에 사로잡혀 불타오르려고 하기 때문이다."[329]

쇼펜하우어는 의지를 부정하는 두 번째 길을 언급하는데, 그것은 자발적으로 고통스러운 삶을 살아가는 것, 즉 고행Selbstkasteiung이다. 금욕과 고통스러운 삶을 추구하는 고행의 길은 의지를 부정한다는 점에서는 같지만, 그것을 실행하는 방식에서는 구분된다. 쇼펜하우어에 따르면 두 가지 방법 모두 살려는 의지가 공허한 것이라는 인식에서 출발하지만, 금욕의 길은 "개체화 원리를 통찰Durchschauung하여 단순하고 순수하게 인식된 고통das erkannte Leiden을 자기 것으로 만드는 것"[330]을 통해서 도달하는 것이다. 금욕의 상태는 세계 전체의 고통을 인식하면서 주어진다. 이에 반해서 고통스러운 삶을 사는 것인 고행은 "직접적으로 스스로 느껴진 고통"[331]을 통해 살려는 의지의 덧없음을 매 순간 체험하는 길이다. 우리는 비극에서의 주인공들이 자발적으로 고통을 감내하면서 살아가다가 결국 완전한 체념의 상태에 도달하여 자신의 삶을 마감하는 것에서 이러한 고행을 확인할 수 있다. 금욕과 고행은 둘 다 의지에서 벗어나기 위해서 중요하지만, 고통에 대응하는 방식에서 구분된다. 그러나 살려는 의지의 지배를 벗어나기 위해서는 둘 다 필요하다. 여기에서 쇼펜하우어는 금욕을 돛Segel을 달고 항하는 것으로 그리고 고행은 노Ruder를 저어 항해하는 것으로 비유하고 있다.

329 아르투어 쇼펜하우어(홍성광 옮김), 『의지와 표상으로서의 세계』, 640쪽.
330 아르투어 쇼펜하우어(홍성광 옮김), 『의지와 표상으로서의 세계』, 650쪽.
331 아르투어 쇼펜하우어(홍성광 옮김), 『의지와 표상으로서의 세계』, 650쪽.

쇼펜하우어는 이러한 의지의 부정 없이는 우리의 삶이 끊임없는 고통에 사로잡히게 될 것이라고 말한다. "참된 행복, 즉 삶과 고통으로부터의 구원은 의지의 완전한 부정 없이는 생각할 수 없다. 거기에 도달하기까지는 모두 다름 아닌 이러한 의지 그 자체에 불과하고, 그 의지의 현상은 덧없는 존재이고, 언제나 헛되고, 늘 공허한 노력이며, 모두 불가항력적으로 똑같이 속해 있는, 우리가 묘사한 고뇌에 가득한 세계이다."[332]

그런데 여기에서 주목할 것은 이처럼 의지를 부정하는 것이 스스로 삶을 거부하는 행위, 즉 자살Selbstmord과는 다르다는 점이다. 쇼펜하우어는 자살이 겉으로 보기에는 한 인간의 자유로운 선택에 의한 것 같지만 그것은 오히려 맹목적인 살려는 의지에 이끌려 가는 행위일 뿐이라고 본다. 즉 자살은 의지의 부정과는 아주 거리가 먼 것이다. 자살은 살려는 의지의 적극적인 긍정일 뿐이다. 왜냐하면 자살하는 사람은 자신이 처한 상황을 받아들일 수 없기 때문에 죽음을 선택하지만, 이것은 실제로는 다른 형태의 삶을 갈망하기 때문이다. 즉 그는 견딜 수 없는 현재의 고통스러운 상황을 벗어남을 통해서 자신의 존재를 긍정하려고 하기 때문에 자살이라는 극단적인 형태로 살려는 의지를 드러낸다. 여기에서 쇼펜하우어는 "사실 자살자는 의욕하는 것을 멈출 수 없기 때문에 사는 것을 멈추는 것이다"[333]라고 말한다. 자살하려고 하는 사람은 자신의 삶이 전적으로

332 아르투어 쇼펜하우어(홍성광 옮김), 『의지와 표상으로서의 세계』, 650쪽.

맹목적인 살려는 의지에 사로잡혀 끊임없이 쾌락과 행복을 얻으려고 하지만 그것을 얻지 못하기 때문에 주어진 삶에 대해서 고통을 느끼게 된다. 이러한 욕망이 지속될수록 고통을 느끼게 되고 이 고통을 견딜 수 없어서 결국 자살을 하게 된다. 그러나 이러한 자살은 의지 자체를 부정하는 것이 아니라 개체로서의 자기 존재만을 부정할 뿐이다. 그러므로 자살하는 사람은 실제로는 살려는 의지를 긍정하는 사람이라고 볼 수 있다. 여기에서 쇼펜하우어는 "의지의 부정과는 아주 거리가 먼 이러한 자살은 의지를 강력하게 긍정하는 현상이다"[334]라고 말한다. 자살은 살려는 의지가 아니라 단지 의지의 개별적인 현상인 개체성을 부정하는 행위인데, 이런 점에서 자살은 "전적으로 무익하고 어리석은 행위"[335]이다. 쇼펜하우어에 따르면 이러한 자살은 살려는 의지가 지닌 자기모순적인 특징을 잘 드러내 줄 뿐이다. 왜냐하면 맹목적인 의지는 개체들이 서로를 파괴하게 만들 뿐만 아니라 동일한 개체의 존재까지도 아무렇지 않게 파괴하도록 하기 때문이다.

우리는 여기에서 의지의 부정이 가능하다고 주장하는 쇼펜하우어의 입장을 비판할 수 있다. 왜냐하면 모든 존재가 의지에 의해서 지배를 받는다는 것이 쇼펜하우어의 형이상학적 전제인데, 이러한 의지를 부정하는 자유가 인간에게 주어질 수 없는 것처럼 보이기 때

333 아르투어 쇼펜하우어(홍성광 옮김), 『의지와 표상으로서의 세계』, 653쪽.
334 아르투어 쇼펜하우어(홍성광 옮김), 『의지와 표상으로서의 세계』, 652쪽.
335 아르투어 쇼펜하우어(홍성광 옮김), 『의지와 표상으로서의 세계』, 653쪽.

문이다. 쇼펜하우어는 살려는 의지에 사로잡혀 사는 개체로서의 인간과 이러한 개체화 원리를 간파하여 살려는 의지를 부정하는 인간 사이의 모순을 인정한다. 그러나 쇼펜하우어는 인간과 세계에 대한 인식의 변화를 통해서 이러한 모순의 극복이 가능하다고 주장한다. 여기에서 쇼펜하우어는 예외적으로 살려는 의지를 부정할 수 있는 유일한 자유가 인간에게 주어질 수 있다는 것을 강조한다. 물론 이렇게 살려는 의지를 부정하는 자유는 모든 사람에게 주어진 것이 아니라 앞서 말한 통찰, 즉 개체화 원리가 가져오는 다양성이 허구라는 점과 맹목적인 살려는 의지가 끊임없이 고통을 가져올 뿐이라는 점을 인식할 경우에만 주어진다.

쇼펜하우어는 인간과 세계의 본래적인 모습에 대한 성찰을 통해서 "의지의 자기폐기Selbstaufhebung des Willens"가 가능하다고 주장한다. 쇼펜하우어철학이 제시하는 궁극적인 과제는 바로 이러한 의지의 자기폐기이다. 쇼펜하우어에 따르면 의지의 자기폐기는 새로운 주장이 아니라 이미 모든 종교에서 강조했던 것이다. 예를 들면 그리스도교의 본래의 교리나 불교의 교리는 본질상 모두 이러한 의지의 부정을 근본과제로 삼고 있다.

여기에서 의지가 부정된 상태는 아무것도 존재하지 않는 세계라고 할 수 있다. 그렇기 때문에 일상적인 삶을 살아가는 우리는 의지의 부정이 가져오는 것은 무의 세계일 뿐이라고 생각할 것이다. 그러나 쇼펜하우어는 이렇게 우리가 일상적으로 생각하는 무의 세계는 의지의 부정에서 다가오는 무Nichts의 진정한 의미를 왜곡시킨다고 본다. 쇼펜하우어는 무를 절대적인 무와 상대적인 무로 구분하는데, 그에 따르면 절대적인 무는 불가능한 것이다. 쇼펜하우어는 유한한 인간이 절대적인 무, 즉 완전한 무를 생각할 수 없다는 입장이다. 절대적인 무는 개념적으로 보면 무이기 때문에 실제로는 존재할 수 없다. 절대적인 무는 불가능하다는 것이 쇼펜하우어의 입장이다. 이에 반해서 쇼펜하우어는 무의 상대성을 강조한다. 왜냐하면, 어떤 것이 무라고 하더라도 그것은 다른 관점에서 고찰하면 어떤 것을 포함하고 있기 때문이다.[336] 살려는 의지를 부정한 뒤에 남는 세계는 세계의 절멸이 아니라 맹목적인 의지에 의해서 왜곡된 세계경험이 사라진 세계인 것이다.

상대적인 무의 입장에서 보자면 어떤 것이 없다는 것은 반대로 어떤 다른 것이 존재한다는 것을 의미한다. 쇼펜하우어는 동일한 것은 동일한 것에 의해서만 인식된다는 엠페도클레스의 주장을 비판한다. 이러한 견해는 의지의 부정에서 주어지는 무의 세계 속에서 드러나는 새로운 존재 방식을 알려 줄 수 없기 때문이다. 맹목적인 살려는 의지에 사로잡힌 일상인이 의지가 부정된 무의 상태를 이해할 수는 없다. 이런 이유에서 쇼펜하우어는 다음과 같이 말한다. "그런데도 철학이 의지의 부정으로서 소극적으로만 표현할 수 있는 것에 대해 어떻게든 적극적인 인식을 얻으려고 우리가 정말 고집한

336 쇼펜하우어는 심지어 무의 문제와 관련하여 논리학에서의 모순 개념도 상대적인 것이라고 주장한다. 아르투어 쇼펜하우어(홍성광 옮김), 『의지와 표상으로서의 세계』, 668쪽 참고.

다면, 우리에게는 의지의 완전한 부정에 도달한 모든 사람들이 경험한 열락, 환희, 깨달음, 신과의 합일 등으로 불리는 상태를 참조하도록 하는 수밖에 없다."[337]

살려는 의지에 이끌려 살아가는 우리는 이러한 무의 세계를 경험할 수 없다. 왜냐하면, 무를 경험한다는 것은 의지를, 즉 살려는 의지를 포기한다는 것이기 때문이다. 우리는 의지가 없으면 개체도 세계도 우리에게서 완전히 사라져 버린다고 생각하기 때문이다. 우리는 살려는 의지의 부정은 세계의 완전한 소멸이라고 생각하게 된다. 그렇기 때문에 살려는 의지에 사로잡힌 우리는 이러한 무로부터 도피하려고 한다. 쇼펜하우어에 따르면 "우리가 너무나 무를 싫어하는 것은, 우리가 삶을 너무나 의욕하고, 우리는 이러한 의지에 불과하며, 바로 그 의지 말고는 아무것도 모른다는 것에 대한 다른 표현에 지나지 않는다."[338]

그러나 쇼펜하우어가 말하는 무의 세계는 개체화 원리, 근거율, 살려는 의지가 사라진 세계를 의미한다. 삶과 세계의 본질이 무엇인지를 성찰한 사람에게는, 즉 살려는 의지를 부정하는 사람에게는 이러한 세계는 오히려 신비롭게 모든 존재가 동일성 속에서 드러나게 되는 조화로운 세계로 다가온다. 이러한 세계는 더 이상 표상의 세계도 아니며 의지의 세계도 아닌 것이다. 이런 이유에서 쇼펜하

337 아르투어 쇼펜하우어(홍성광 옮김), 『의지와 표상으로서의 세계』, 669쪽.
338 아르투어 쇼펜하우어(홍성광 옮김), 『의지와 표상으로서의 세계』, 670쪽.

우어는 『의지와 표상으로서의 세계』에서 다음과 같이 주장한다. "우리는 오히려 의지가 완전히 없어진 뒤에 남아 있는 것이 여전히 의지로 충만한 모든 사람에게는 사실 아무것도 아니라는 점을 솔직하게 고백한다. 그러나 거꾸로 의지가 방향을 바꾸고 스스로를 부정한 사람들에게 무Nichts는 모든 태양과 은하수와 함께 그렇게 실재하는 우리의 세계인 것이다."[339]

이렇게 이해된 무의 세계는 표상세계 그리고 의지세계를 벗어나서 존재하는 초월적인 세계를 의미하지 않는다. 무의 세계는 표상과 의지로서의 세계에서 의지를 부정할 때 주어지는 지금-여기의 세계인 것이다. 여기에서 의지의 부정이 세계 자체의 부정이 아니라 세계를 경험하는 방식의 변화와 관련이 있다는 점을 간과해서는 안 된다. 앞서 자살이 의지를 부정하는 것이 아니라 오히려 살려는 의지를 적극적으로 긍정하는 것이었듯이, 쇼펜하우어가 추구하는 의지의 부정은 맹목적인 살려는 의지에 사로잡혀 있는 것을 부정하는 삶의 방식과 세계경험의 방식으로 이해해야 한다.

이런 점에서 의지의 부정에 의해서 주어지는 무의 세계는 아무것도 존재하지 않는 절대적인 무의 상태가 아니라 맹목적인 의지의 지배가 사라진 상태를 의미한다. 의지의 부정이 남겨 놓은 무의 세계에서는 이제 주관과 객관의 구분도 없고, 근거율과 개체화 원리 그리고 궁극적으로는 살려는 의지가 사라지고 표상의 세계와 의지의

339 아르투어 쇼펜하우어(홍성광 옮김), 『의지와 표상으로서의 세계』, 671쪽.

세계도 사라져 버린다. 이러한 무의 세계에서 우리가 경험하는 것은 "모든 이성보다 높은 평화, 대양처럼 완전히 고요한 마음, 깊은 평정, 흔들림 없는 확신과 명랑함"[340]이다. 쇼펜하우어의 형이상학은 이처럼 의지의 부정을 통해서 모든 존재가 새롭게 드러나는 세계를 우리에게 제시하고자 한다.

2 | 니체의 형이상학

1) 가치의 가치전도

쇼펜하우어가 의지의 형이상학을 통해서 전통형이상학을 해체하듯이, 니체 역시 전통형이상학의 해체를 시도한다. 스스로 디오니소스의 제자를 자처하는 니체는 전통형이상학의 뿌리를 파헤쳐 그 정당성을 확인해 보고자 한다. 물론 니체가 형이상학 자체를 부정하지는 않는다. 니체에게도 형이상학이 존재한다. 힘에의 의지와 영원회귀 그리고 신의 죽음, 초인과 같은 개념들은 니체의 형이상학을 구성하는 중요한 요소이다. 그러나 니체가 제시하는 형이상학의

340 아르투어 쇼펜하우어(홍성광 옮김), 『의지와 표상으로서의 세계』, 671쪽.

전제와 목표는 전통형이상학의 것과는 다른 것이다.

니체의 형이상학이 지닌 특징을 잘 표현해 주는 용어는 "가치전도Umwerthung"라는 말이다. 니체가 강조하는 신의 죽음, 초인, 힘에의 의지, 영원회귀사상은 모두 가치전도와 관련이 있다. 니체는 모든 가치의 전도를 통해서 전통형이상학을 해체하여 새로운 사유의 지평을 제시하고자 한다. 니체의 가치전도의 철학은 인간에게 "위대한 정오"를 제공한다. 니체는 『이 사람을 보라』에서 이러한 과제를 다음과 같이 강조한다. "내 과제는 인류 최고의 자기성찰의 순간이 위대한 정오를 준비하는 것이다. 이때 인류는 과거를 회고하고 미래를 내다보면서, 우연과 사제의 지배에서 벗어나 '왜?', '무슨 목적으로?'라는 질문을 최초로 전체적으로 제기할 것이다."[341]

모든 가치의 가치전도라는 용어는 1884년도의 유고에서 언급된다. 본래 니체가 출간을 계획했던 『영원회귀의 철학Philosophie der ewigen Wiederkunft』의 부제목으로 가치전도가 언급된다. 니체는 이후에 자신의 저술계획에서 제한적으로 언급하다가 『안티크리스트』의 본문에서 모든 가치의 전도를 언급한다.[342] 『안티크리스트』의 내용은 그리스도교가 만들어 놓은 형이상학과 도덕을 해체하는 것과 관련이 있는데, 모든 가치의 전도라는 표현은 그리스도교의 가치를 비판하는

341 프리드리히 니체(백승영 옮김), 『바그너의 경우·우상의 황혼·안티크리스트·이 사람을 보라·디오니소스 송가·니체 대 바그너』, 415쪽.

342 프리드리히 니체(백승영 옮김), 『바그너의 경우·우상의 황혼·안티크리스트·이 사람을 보라·디오니소스 송가·니체 대 바그너』, 318쪽.

니체의 입장을 잘 드러내 준다. 또한 니체는 『이 사람을 보라』에서 "세상을 경련하게 만들고 부수어 버리는 가치전도라는 번갯불"[343]을 언급하면서 가치전도의 의미에 대해서 논의한다.

가치전도는 인간의 삶과 세계에 대한 성찰에서 필연적으로 나오는 귀결이다. 니체는 『도덕의 계보』에서 도덕 가치의 정당성을 문제 삼듯이, 가치전도를 통해서 이제까지의 삶을 이끌어 왔던 가치의 기원이 정당한지를 진지하게 묻는다. 가치전도는 데카당스의 도덕과 종말에의 의지가 지배해 온 삶의 방식을 문제 삼는다. 니체는 『이 사람을 보라』에서 가치전도의 필요성과 정당성을 다음과 같이 제시한다. "이상적 세계가 날조되었던 바로 그 정도만큼, 실재의 가치와 의미와 진실성은 사라져 버렸다 … '참된 세계'와 '가상세계' ―사실대로 말하자면. 날조된 세계와 실재 … 이상이라는 거짓말은 이제껏 실재에 대한 저주였고, 이 거짓에 의해 인류의 가장 심층적인 본능마저도 부정직해지고 그릇되어 버려― 인류는 그들의 성장과 미래와 미래에 대한 고도의 권리를 보장해 줄 수 있는 가치와는 정반대되는 가치를 숭배하기에 이르렀다."[344] 특히 니체는 관점주의에 근거해서 획일적인 사실이 아니라 해석의 다양성을 강조하면서 세계 자체, 아름다움 자체, 선 자체를 상정하는 전통철학을 비판한다. 니

343 프리드리히 니체(백승영 옮김), 『바그너의 경우·우상의 황혼·안티크리스트·이 사람을 보라·디오니소스 송가·니체 대 바그너』, 454쪽.

344 프리드리히 니체(백승영 옮김), 『바그너의 경우·우상의 황혼·안티크리스트·이 사람을 보라·디오니소스 송가·니체 대 바그너』, 324쪽.

체의 이러한 가치전도의 철학은 무엇보다도 참된 세계와 가상세계의 대립을 극복하게 한다. 『비극의 탄생』에서 인간이 실존의 고통을 견뎌 내기 위해서 아름다운 가상을 필요로 한다는 점이 강조되듯이, 참된 세계와 가상세계의 관계는 가치평가에 의해서 새롭게 설정될 수 있기 때문이다.[345]

니체가 이렇게 가치전도를 주장하는 이유는 그리스도교가 가져온 병폐를 극복하는 것과도 관련이 있다. 고대 그리스의 비극정신이 그리스인들에게 진정한 삶의 의미와 건강을 가져다준 것과는 달리 그리스도교는 인간의 삶을 병들게 만들었다. 그는 인간을 병들게 만드는 것이 그리스도교의 본질이라고 주장한다. 피안세계에서의 인간의 구원을 강조하는 그리스도교가 제시하는 삶의 방식은 현실에서의 인간을 병들게 만든다는 것이다. 인간의 본능을 부정하고 내세를 향해 나아가게 하는 그리스도교가 그려 내는 '종교적 인간'에 대한 믿음은 하나의 "데카당스"일 뿐이다. 여기에서 니체는 다음과 같이 말한다. "종교적 인간의 '내면세계'는 과민하고 소진한 자들의 '내면세계'와 혼동할 정도로 유사하다; 그리스도교가 모든 가치 중 최고의 가치로서 인류의 머리 위에 걸어 놓은 '가장 드높은' 상태들은 간질과 유사하다."[346] 니체에 따르면 그리스도교의 모든 교리는

345 하이데거는 참된 세계와 가상세계라는 구분은 존재자에 대한 서양의 사유에서 주어진다고 본다. 또한 그는 이 두 세계의 구분은 서양형이상학을 지탱하는 근본구조라고 평가한다. 마르틴 하이데거(박찬국 옮김), 『니체 I』, 514쪽 참고.

346 프리드리히 니체(백승영 옮김), 『바그너의 경우 · 우상의 황혼 · 안티크리스트 · 이 사람을

건강한 자와 건강한 삶에 적대적인 것이다. 이러한 가치전도는 "그리스도교적 가치의 전도"[347]라고 할 수 있다.

니체에 따르면 건강할 용기와 삶을 병들게 하는 것들을 경멸할 용기를 지닌 자가 가치전도를 수행할 수 있다. 육체를 부정하고 불멸하는 영혼의 존재를 가정하는 종교적 인간을 비판하고 경멸하는 자가 가치전도를 수행한다. 그런데 이러한 가치전도는 종교적 인간뿐만 아니라 모든 유형의 데카당스를 비판한다. 도처에서 인간존재를 왜소한 인간, 즉 마지막 인간으로 만들어 버리는 모든 사유체계를 극복하려는 것이 가치전도의 목적이다. 니체에 따르면 지금까지의 세계를 이끌어 왔던 삶의 방식들, 예를 들면, 그리스도교문화, 민족주의, 계몽주의, 민주주의, 공리주의, 사회주의는 인간의 삶을 병들게 하는 몰락하는 가치체계일 뿐이다. 니체의 가치전도는 이제 이러한 가치를 몰가치로서 규정하고 새로운 가치세계를 창조한다. 니체는 자신의 고유한 삶을 스스로 창조해 나가는 차라투스트라처럼 모든 인간이 자신의 삶을 위해 새로운 가치를 창조할 것을 바란다. 이를 위해서는 먼저 모든 가치의 가치전도가 수행되어야 한다.

가치전도는 궁극적으로 삶의 긍정을 위한 탁월한 사유장치이다. 즉 인간적인 너무나 인간적인 삶을 제공하려는 것이 니체의 가치전도의 목표이다. 이러한 가치전도는 허무주의와 염세주의를 극복하

보라·디오니소스 송가·니체 대 바그너』, 291쪽.

347 프리드리히 니체(백승영 옮김), 『바그너의 경우·우상의 황혼·안티크리스트·이 사람을 보라·디오니소스 송가·니체 대 바그너』, 315쪽.

는 것이라고 할 수 있다. 『비극의 탄생』에서 아폴론적인 것과 디오니소스적인 것의 대립을 통일시키는 그리스비극정신의 이해를 통해 염세주의를 극복하는 것처럼 가치전도는 삶을 부정하는 기존의 가치체계를 해체하여 새로운 가치를 정초하려는 시도이다.

니체에 따르면 전통형이상학이 제시한 가치는 삶의 부정, 육체의 경멸, 죄의식을 강화시키는 것이다. 이때에 인간의 이성이 강조되었지만, 이성의 역할은 오히려 인간의 자기소외를 야기할 뿐이다.[348] 이와 달리 니체가 말하는 가치전도는 삶을 낯설게 하거나 삶으로부터 도피하게 하는 모든 삶의 태도를 거부한다. 즉 가치전도는 삶을 몰가치화하는 모든 가치를 거부한다. 니체는 다음과 같이 말한다. "'신', '영혼', '덕', '죄', '피안', '진리', '영생' 등의 모든 개념이 … 하지만 그런 것들에서 인간 본성의 위대함과 '신성'이 찾아졌던 것이다. … 정치문제, 사회조직의 문제, 교육문제가 모두 그 토대에 이르기까지 위조되었다."[349]

하이데거의 해석에 따르면 니체철학의 중요한 목표는 새로운 가치정립이다. 여기에서 하이데거는 니체에 의해서 '가치'라는 용어가 철학적으로 심도 있게 다루어진다는 점을 주목한다. 특히 하이데거

348 니체는 『이 사람을 보라』에서 다음과 같이 말한다. "…자기망각, 자기오해, 자기약화, 자기협소화, 자기평범화가 이성적인 것 자체가 된다." 프리드리히 니체(백승영 옮김), 『바그너의 경우·우상의 황혼·안티크리스트·이 사람을 보라·디오니소스 송가·니체 대 바그너』, 369쪽.

349 프리드리히 니체(백승영 옮김), 『바그너의 경우·우상의 황혼·안티크리스트·이 사람을 보라·디오니소스 송가·니체 대 바그너』, 371쪽 이하.

는 가치전도를 니체의 핵심사상인 힘에의 의지와 연결시켜 다음과 같이 해석한다. “니체에게 ‘가치’라는 말은 본질적 의미를 갖는다. 그러한 사실은 힘에의 의지로의 사유 행보에 니체가 부여한 부제인 ‘모든 가치의 전도의 시도’라는 말에서 단적으로 나타난다. 니체에게 가치는 생의 조건, 즉 생이 ‘생’으로 존재하기 위한 조건을 의미한다.”[350] 가치는 삶을 가능하게 하며 비가치Unwert는 삶을 억압하고 부정하는 것이다. 그러나 하이데거가 말하는 생의 조건인 가치는 일상적인 의미에서의 생물학적 조건 또는 생리학적 조건을 의미하지 않는다. 삶의 조건은 단지 삶을 보존하는 것을 의미하지 않는다. 삶의 조건은 삶을 상승시키고 강화시키는 것을 의미하기 때문이다. 가치는 삶의 상승을 가능하게 하여 힘에의 의지를 강화시킨다는 것이다. 이러한 해석에 따르면 니체가 말하는 가치전도는 삶을 상승시키기 위한 “자기초월Über-sich-hinaus”의 시도라고 할 수 있다.[351]

그러나 삶의 상승으로서의 가치전도는 전통철학이 제시한 것처럼 피안의 세계에 대한 동경이나 인간에 대한 낡은 해석을 정당화하지 않는다. 니체의 가치전도는 도덕과 종교 그리고 왜곡된 역사의식에 의해서 변질된 세계를 부정한다. 가치전도는 기존의 세계를 부정하게 된다. 앞서 니체가 강조했듯이 가치전도는 삶과 세계에 대한 관점주의적인 조망을 통해서 세계를 새롭게 창조하는 것이

350 마르틴 하이데거(박찬국 옮김), 『니체 I』, 468쪽.
351 마르틴 하이데거(박찬국 옮김), 『니체 I』, 468쪽.

다. 즉 가치전도는 자기보존이 아니라 자기극복으로서의 창조인 것이다. 이러한 창조는 다른 것이 아니라 삶을 지배해 왔던 기존의 조건들을 새롭게 규정하는 것인데, 이 점을 하이데거는 다음과 같이 설명한다. "새로운 가치정립은 '생'을 다르게 전망하는 조건들을 정립하는 것을 의미한다. … 오히려 생 자체의 본질을, 그리고 그와 함께, 즉 본질적 결과로서 생 자체를 위해서 상응하는 전망적 조건들을 새롭게 규정하는 것이 중요하다."[352] 이러한 가치전도는 정지되어 있는 존재의 세계가 아니라 생성의 세계가 가져오는 삶의 가치, 즉 공포와 파괴 그리고 고통을 포함하는 "생성에 대한 영원한 기쁨 그 자체"[353]에 도달하게 해 준다.

니체의 가치전도는 모든 형태의 이상주의를 비판한다. 삶에 대한 공허한 해석을 제시하는 모든 이상Ideal을 비판하는 것이 가치전도가 목표로 하는 것이기 때문이다. 니체는 『인간적인 너무나 인간적인』에서 인간에 대한 모든 이상주의적인 해석으로부터의 해방을 촉구하고 있다. 그는 『이 사람을 보라』에서 『인간적인 너무나 인간적인』의 내용이 이상주의를 극복하는 것이라는 점을 강조한다. 니체는 『인간적인 너무나 인간적인』이 "너희가 이상적인 것들을 보는 곳에서, 나는— 인간적인, 아아, 인간적인 것만을 본다"[354]는 것을 말해

352 마르틴 하이데거(박찬국 옮김), 『니체 I』, 470쪽.
353 프리드리히 니체(백승영 옮김), 『바그너의 경우·우상의 황혼·안티크리스트·이 사람을 보라·디오니소스 송가·니체 대 바그너』, 393쪽.
354 프리드리히 니체(백승영 옮김), 『바그너의 경우·우상의 황혼·안티크리스트·이 사람을

준다고 생각한다. 자유정신을 위한 책이라고 할 수 있는『인간적인 너무나 인간적인』은 인간이 이상주의에 의해서 잃어버린 자신을 스스로 되찾아 가는 과정을 그려 내고 있다는 점에서 니체의 가치전도의 의미를 잘 드러내 준다. 사실 니체가 가치전도를 시도하는 것은 이상주의가 야기한 삶의 피폐화 때문이다. 이러한 이상주의는 이론적 인간을 상정하였던 소크라테스에서 부터 플라톤과 아리스토텔레스를 거쳐 전개된 형이상학적 욕구 속에서 존재해 왔다. 여기에서 가치전도는 인류의 삶에 깃든 이러한 형이상학적 욕구를 해체시키는 것을 목표로 한다고 할 수 있다.

니체가 사용하는 가치전도라는 표현은 그의 형이상학이 지닌 특징을 잘 드러내고 있다. 가치전도는 인식, 논리, 도덕, 종교, 예술의 영역에서 지금까지의 최고가치라고 불렸던 것에 대한 전반적인 비판을 의미하기 때문이다. 이러한 가치전도의 철학은 무엇이 서양철학의 출발점을 제공하였는지 그리고 서양철학의 흐름을 이끌어 갔던 동력이 무엇인지, 또한 서양철학이 추구하는 궁극적인 목표가 무엇인지를 비판적으로 논의하게 한다. 가치전도의 문제는 전통형이상학을 해체하여 새로운 철학을 정초하려는 니체철학을 구성하는 중심문제라고 할 수 있다.

보라·디오니소스 송가·니체 대 바그너』, 404쪽.

2) 대지의 철학

니체의 형이상학은 대지의 형이상학Metaphysik der Erde이라고 규정할 수 있다. 쇼펜하우어가 몸에 대한 논의를 통해 의지의 형이상학을 전개하면서 전통형이상학을 비판하듯이, 니체는 전통철학이 부정적으로 해석하였던 지금-여기의 세계를 '대지'라고 부르면서 적극적으로 논의한다. 그런데 이때에 대지라는 용어는 단순히 사물들이 모여 있는 상태로서의 세계를 의미하는 것이 아니라 몸을 지닌 인간이 구체적으로 경험하는 삶의 지평을 의미한다. 이러한 삶의 지평으로서의 대지는 피안의 세계, 물자체와 대립되는 차안의 세계나 현상세계를 의미하지 않는다. 대지의 세계는 플라톤철학이 이데아세계와 대립하는 것으로서 규정하는 유한하고 불완전한 세계를 의미하지 않는다. 주지하듯이, 플라톤철학은 현실세계를 이데아의 세계보다 열등하고 유한한 것, 심지어는 존재해서는 안 될 것으로 규정하는데, 니체에 따르면 이러한 전통이 서양형이상학의 흐름을 지배해 왔다. 그렇기 때문에 이제까지의 형이상학은 경험세계를 초월하거나 부정하는 것을 중요한 과제로 삼아 왔다. 이 과정에서 인간과 세계에 대한 이원론적 해석이 자리를 잡게 되고 인식론과 존재론 그리고 가치론을 지배하게 된다. 특히 근대철학에서 정초된 주관성철학의 확고한 틀은 이러한 이원론을 강화시킨다는 것이 니체의 주장이다. 그렇기 때문에 니체는 대지의 개념을 제시하면서 이러한 이원론을 극복하려고 한다.

니체는 『차라투스트라는 이렇게 말했다』의 "배후세계를 믿는 자들에 대하여"에서 그리고 "몸을 경멸하는 자들에 대하여"에서 자신의 대지 개념의 배경을 우회적으로 언급한다. 배후세계를 믿는 자Hinterweltler는 초월적 세계의 존재를 가정하고 그 세계를 동경하는 사람들을 의미한다. 이러한 동경은 자기망각에 빠져 있는 인간에게 숙명적이다. 세계 너머의 세계를 믿는 자는 신이 존재하며, 세계를 신이 창조했지만 이러한 세계가 불완전하다고 생각한다. 니체는 차라투스트라의 말을 통해서 자신도 이렇게 생각했던 적이 있음을 다음과 같이 고백한다. "이 세계, 영원히 불완전한 세계, 영원한 모순의 모사이며 그나마도 불완전한 모사. 이러한 세계를 만든 불완전한 창조자에게 주어진 도취적 쾌락. 나에게는 한때 세계가 이렇게 보였다."[355]

니체에 따르면 이처럼 피안의 세계에 대한 동경은 신의 존재와 지금-여기의 현실세계가 불완전한 것이라고 믿는 데서 비롯된다. 그러나 니체는 이러한 믿음을 비판하는데, 그에게 신의 존재는 "인간의 작품이자 인간의 망상"[356]일 뿐이다. 신의 존재는 유한한 인간이 만들어 낸 것이며 인간의 초라한 모습을 그대로 반영해 줄 뿐이다. 여기에서 니체는 인간에 의해 창조된 신은 인간의 소외된 모습을 반영해 줄 뿐이라고 비판한다. 배후세계 또는 피안의 세계는 유

355 프리드리히 니체(장희창 옮김), 『차라투스트라는 이렇게 말했다』, 45쪽.
356 프리드리히 니체(장희창 옮김), 『차라투스트라는 이렇게 말했다』, 45쪽.

한한 인간이 만들어 낸 것일 뿐이다. 세계에서 고통을 겪는 인간의 무기력함과 삶에 대한 극단적인 피로감이 피안의 세계를 창조해 낸 것이다. 그러나 이러한 피안의 세계는 "탈인간화된 비인간적인 세계"[357]일 뿐이다. 니체는 유한한 인간이 소멸하지 않고 영원히 존재한다면 모든 존재가 갈등을 겪지 않고 평화롭게 살아갈 수 있는 피안의 세계가 어떻게 존재할 수 있겠는가 하고 물음을 제기한다. 결코 그런 세계는 존재할 수 없다. 적어도 지금-여기에서의 삶을 살아가는 유한한 인간은 그런 세계에서의 삶을 누릴 수 없다.

니체는 여기에서 차라투스트라를 통해서 허구적인 세계이해를 해체하고자 한다. 니체는 우선 인간으로 하여금 솔직해질 것을 요구한다. 인간이 자신의 본래 모습을 바라보는 존재가 된다면 자신의 몸과 대지를 찬양할 수밖에 없기 때문이다. 니체는 다음과 같이 말한다. "나의 자아는 내게 새로운 긍지를 가르쳤다. 그리고 나는 그 긍지를 인간들에게 가르친다. 더 이상 천상의 일들의 모래밭에 머리를 감추는 것이 아니라 자유롭게 고개를 쳐드는 긍지를 가르친다. 대지에 의미를 부여하는 대지의 머리를!"[358] 니체는 자신의 존재를 자각하지 못하고 살아가는 사람들이 몸과 대지를 경멸하게 되고 결국 피안의 세계를 날조해 낸다고 주장한다. 반면에 인간이 자신의 존재에 충실할수록 자신의 유한성을 발견하지만, 오히려 이러

357 프리드리히 니체(장희창 옮김), 『차라투스트라는 이렇게 말했다』, 46쪽.
358 프리드리히 니체(장희창 옮김), 『차라투스트라는 이렇게 말했다』, 47쪽.

한 유한성은 자신에게 주어진 삶에 대해 애착을 갖게 한다. 그러나 유한한 자신의 삶을 받아들이지 않는 자, 병든 자들은 이 세계로부터 달아나 아득히 먼 곳에 피안의 세계를 만들어 낸다. 우리는 자신의 모습을 외면해 버리는 병을 치유하고 세계를 새롭게 경험해야 한다. 즉 세계를 대지로서 경험해야 한다. 그렇기 때문에 니체는 "대지는 이제 치유의 장소가 되어야 한다"[359]고 주장한다.

니체는 인간의 몸Leib에 대한 올바른 이해가 대지의 의미를 드러내 준다고 본다. 그러나 이때의 몸은 전통철학에서 파악하듯이 정신과 대립하는 열등한 것으로서의 몸이 아니라 인간의 존재를 그대로 드러내 주는 전체로서의 몸이다. 니체는 유고에서 몸에 대해서 다음과 같이 말한다. "인간의 몸이란, 그것에서 모든 유기적 생성의 가장 멀고도 가장 가까운 과거가 다시 생생하게 그리고 생명을 갖고 살아 있게 되며, 그것을 통해, 그것을 완전히 넘어서 들어 본 적 없는 거대한 흐름이 흘러가는 거처럼 보이게 된다. 몸은 낡은 '영혼'보다 훨씬 놀라운 사상인 것이다."[360] 인간에게 몸은 모든 것이다. 시간과 공간에 얽매여 있는 구체적인 현실성으로서의 이러한 몸이야말로 유일하게 세계를 경험할 수 있다. 몸은 이제 전통철학에서처럼 병든 것, 불완전한 것이 아니라 인간을 인간으로서 존재하게 하는 것이며 인간 자체인 것이다. 니체에게 세계는 다른 것이 아니라 몸

359 프리드리히 니체(장희창 옮김), 『차라투스트라는 이렇게 말했다』, 135쪽.
360 프리드리히 니체(김정현 옮김), 『유고(1884년 가을~1885년 가을): 시와 단편들 외』, 377쪽.

자체인 것이다.

니체는 『차라투스트라는 이렇게 말했다』의 "몸을 경멸하는 자들에 대하여"에서는 이러한 몸을 커다란 이성grosse Vernunft이라고 부른다. 니체는 전통철학에서 인간을 특징지었던 '이성'을 작은 이성이라고 규정하는 반면 몸을 이제는 커다란 이성이라고 부른다. 몸은 이성의 근거일 뿐만 아니라 세계의 근원적인 근거이며 모든 감정과 사유를 지배하는 "강력한 명령자"이다. 여기에서 니체는 다음과 같이 말한다. "나는 전적으로 몸이며, 그 밖의 아무것도 아니다. 그리고 영혼은 몸에 속하는 그 어떤 것을 표현하는 말에 지나지 않는다."[361]

니체의 대지의 철학은 전통형이상학이 왜곡한 몸의 역할을 재평가함으로써 새로운 형이상학을 정초한다. 인간이 인간적인 삶을 사는 것은 몸을 지닌 자로서 대지에서 살아가는 것이다. 니체는 몸과 대지를 긍정함으로써 인간의 삶을 모든 억압과 소외로부터 해방시키고자 한다. 그리스비극이 소멸되고 소크라테스적 인간이 가져온 세계로부터의 인간의 고립을 극복하는 것이 니체가 바라는 것이다. 니체는 모든 가책과 무력감으로부터 벗어나 삶을 살아가려고 한다. 삶의 데카당스를 극복하여 삶을 그 자체로 긍정하고자 한다. 삶을 긍정하는 고귀한 인간인 초인은 다른 것이 아니라 몸과 대지를 사랑하는 자이다. 다양한 형태로 주어진 삶의 긍정, 즉 힘에의 의지로 각

361 프리드리히 니체(장희창 옮김), 『차라투스트라는 이렇게 말했다』, 50쪽.

인되는 삶을 적극적으로 긍정하는 것이 니체의 형이상학에게 주어진 과제이기 때문이다.

니체의 대지의 철학에서 『비극의 탄생』에서 강조한 디오니소스적인 것의 의미가 적극적으로 제시된다. 디오니소스적인 것은 꿈과 도취, 현상과 물자체 사이에 놓여 있는 근원적인 관계를 통해서 우리가 살아가는 세계가 하나라는 것을 말해 준다. 근원적 일자로서의 디오니소스는 세계가 끊임없이 생성·소멸하는 것이라는 점, 즉 모든 존재는 끊임없이 생성한다는 것을 드러내 준다. 또한 대지의 철학은 진리가 가상보다 더 가치가 있다는 주장을 해체시키며 끊임없이 생성하는 세계의 모습들을 드러내 준다. 이러한 대지는 기존의 철학에서 시도했던 도덕적인 세계를 의미하지 않는다. 대지의 세계는 선악의 '저편'에 있는 세계이다.

대지로서의 세계는 더 이상 인식주관에 의해서 파악되는 객관의 세계가 아니라 인간의 삶을 드러나게 하는 생성의 공간이다. 또한 대지의 세계는 더 이상 인과법칙으로 설명할 수 없는 카오스적인 세계이다. 인식을 산출해 내는 범주표에 의해서 파악할 수 없는 세계가 바로 대지이다. 대지로서의 세계는 이성이 아니라 파토스에 의해서, 즉 디오니소스적 격정 속에서 주어지는 세계이기 때문이다. 이런 이유에서 니체는 자연의 합법칙성을 부정한다. 쇼펜하우어가 자연의 합목적성을 의지가 객관화되는 과정일 뿐이며 자연의 모든 사건과 현상들이 실제로는 의지에 의해서 지배를 받는다는 점을 강조하는 것처럼 니체도 합목적성이라는 개념을 통해서 대지의 세계를 파악할 수 없다고 지적한다. 쇼펜하우어와 마찬가지로 니체에 따르면 자연의 합법칙성은 세계에 대한 인간의 자의적인 해석일 뿐이다.

니체가 말하는 대지는 근대의 자연과학이 대상으로 삼는 자연이 아니다. 대지의 세계는 오로지 인간의 유한성에 대한 실존적인 자각과 디오니소스적인 격정 속에서 자신을 드러내기 때문이다. 니체에 따르면 생성하는 모든 것은 몰락을 준비해야만 한다는 고통스러운 실존의 목소리를 듣는 자만이 이러한 대지의 의미를 알아차릴 수 있다. 힘에의 의지로 가득 찬 삶의 디오니소스적인 긍정이 비로소 이러한 대지를 경험하게 만들기 때문이다.

니체는 대지에서의 삶이 무조건 행복한 것이 아니라고 본다. 대지의 세계에서도 생성과 소멸, 고통과 파괴는 여전히 존재하기 때문이다. 오히려 이러한 것들이 대지의 구성요건이라는 점에서 더욱더 그렇다고 할 수 있다. 그리스인의 진정한 비극 경험이 말해 주듯이, 니체에 따르면 "삶 속으로 몰려들고 부딪치는 수없이 많은 실존 형식들을 보면서 또 세계의지Weltwille의 넘쳐나는 생산성을 접하면서 우리는 투쟁, 고통, 현상의 파괴가 필연적인 것 같다고 생각한다."[362]

니체가 『비극의 탄생』에서 "고대 그리스의 실존"[363]을 강조하듯이, 대지에서의 삶은 유한한 인간이 자신의 부조리한 삶을 긍정하는 것

362 프리드리히 니체(이진우 옮김), 『비극의 탄생·반시대적 고찰』, 128쪽.
363 프리드리히 니체(이진우 옮김), 『비극의 탄생·반시대적 고찰』, 179쪽 참고.

을 의미한다. 니체가 말하는 그리스적 실존은 가장 나쁜 세계에서의 실존까지도 정당화할 수 있는 삶의 태도인데, 이것은 디오니소스적 파토스를 그 내용으로 한다. 대지에서의 삶은 우리로 하여금 피안의 세계로 향하는 시선을 차단시키고 적나라한 실존의 고통이 드러나는 지금-여기의 세계에로 시선을 고정시킨다. 대지에서의 삶은 순간과 영원을 화해시키고 다양성과 동일성을 매개시키는 디오니소스적인 현상이라고 할 수 있다. 디오니소스적 현상으로서의 대지에서의 삶은 생성 속에서 이루어지는 개체의 끊임없는 갈등과 변화를 드러내며 새롭게 존재를 만들어 가는 행위인 것이다.

니체가 말하는 대지는 결코 개념적 사유에 의해서 파악할 수 없다. 대지의 철학은 개념으로 추상화될 수 없는 역동적인 디오니소스적 삶의 현상을 우리에게 드러내 주기 때문이다. 니체는 이런 의미에서 다음과 같이 말한다. "디오니소스적 현상은 우리에게 항상 새롭게 반복되는 개체세계의 유희적 건설과 파괴를 근원적 쾌락의 분출로서 드러낸다. 이는, 신비로운 사람 헤라클레이토스가, 장난으로 돌을 이리저리 옮겨 놓고 모래 더미를 세웠다가 부수는 어린아이를 세계를 형성하는 힘에 비유한 것과 같은 방식으로 이루어진다."[364]

니체가 『비극의 탄생』에서 이론적 인간이 비극의 본질을 파악할 수 없다는 점을 강조하는 것처럼, 인간의 실존을 비극적으로 고양

364 프리드리히 니체(이진우 옮김), 『비극의 탄생 · 반시대적 고찰』, 176쪽.

시키는 대지의 경험은 단순한 개념적인 설명을 통해 주어지지 않는다. 이미 언급했듯이, 인식에 대한 니체의 부정적인 평가에 따르면 대지는 추상적 인식으로는 경험할 수 없는 세계이다. 특히 니체는 인식의 나무는 생명의 나무가 아니라고 말하면서[365] 우회적으로 인식을 비판하는데, 그는 세계가 이성적으로 파악될 수 없다는 점을 강조한다. 대지는 유한한 인간의 실존적 고통 속에서 '육화된 세계'이기 때문이다.

대지의 세계는 본능으로 다가갈 수 있는 세계이다. 이러한 대지의 경험은 인간의 본능을 충실하게 만드는 것이다. 이전 철학에서와는 달리 인간의 본능을 적극적으로 드러내게 하는 것이 바로 대지이다. 대지는 인간의 본능을 실현하기 위한 지평으로 이해해야 한다. 대지는 더 이상 피안의 세계보다 열등한 것이나 단순한 모사물이 아니라 인간이 살아가면서 자신의 본능에 충실할 수 있는 삶의 영양분을 제공해 준다. 대지는 이론적 인간의 추상적인 인식을 위해서 주어진 것이 아니라 강렬한 본능으로 이루어진 인간의 생리학적 요구를 실현시키는 삶의 터전인 것이다.

대지에서의 삶은 이론과 실천이라는 피상적인 구별을 벗어날 때 다가온다. 이러한 대지의 경험은 세계를 해석하는 데 있어서 정신과 물질이라는 이분법을 해체할 때 주어지는 세계경험이다. 여기에서 대지의 철학은 인간이 피와 살로 이루어진 존재이며 육화된 존재

365 프리드리히 니체(김미기 옮김), 『인간적인 너무나 인간적인 II』, 221쪽.

라는 점을 상기시켜 준다. "기묘한 단순화와 위조"[366] 속에서 살아온 인간에게 자신의 존재가 지닌 경이로움을 선물하는 것이 바로 대지의 의미이다. 그러나 니체에 따르면 이러한 대지로서의 세계는 대중들을 위해서 주어진 세계가 아니다. 대중들은 피안의 세계를 갈망하기 때문이다. 천민적 본능을 지닌 대중들에게 대지는 다가오지 않는다. 여기에서 니체는 신의 죽음과 허무주의를 경험하고 자유로운 정신에 도달한 자만이 "단순화되고, 철저히 인위적이고, 적당히 가공되고, 적당히 위조된 세계"[367]를 해체하고 비로소 대지를 사랑하게 된다고 말한다. 획일적인 가치를 부정하고 새롭게 창조하는 고귀한 정신을 가진 사람에게 대지의 세계가 다가오기 때문이다. 진정으로 삶을 사랑하는 자에게 주어지는 세계가 바로 대지의 세계인 것이다.

3) 생성세계와 영원회귀

니체는 깊이 있는 것은 가면을 사랑한다고 말한다.[368] 이것은 세계의 심오한 모습은 쉽게 드러나지 않는다는 것을 의미한다. 니체에 따르면 삶과 세계는 우리에게 쉽게 자신의 모습을 드러내지 않는다. 고대 그리스의 철학자 헤라클레이토스가 "자연은 숨는 것을 좋

366 프리드리히 니체(김정현 옮김), 『선악의 저편·도덕의 계보』, 49쪽.
367 프리드리히 니체(김정현 옮김), 『선악의 저편·도덕의 계보』, 50쪽.
368 프리드리히 니체(김정현 옮김), 『선악의 저편·도덕의 계보』, 70쪽 이하 참고.

아한다"고 말했듯이, 니체 또한 세계가 가면을 쓰고 끊임없이 자신의 모습을 숨긴다고 본다. 이런 이유에서 니체는 수많은 은유와 가정을 통해서 인간의 삶과 세계의 의미들을 드러내려고 한다. 차라투스트라를 통해서 고지되는 동일한 것의 영원한 회귀ewige Wiederkehr des Gleichen는 니체의 이러한 입장을 잘 드러내 준다.

니체는 영원회귀사상이 1881년 8월 실바플라나 호수에서 산책을 하다가 떠올랐다고 고백하는데, 이것을 '인간과 시간을 넘어서는 6000피트'라는 말로 설명한다. 니체는 가장 무거운 사상인 영원회귀사상을 통해서 인간과 세계가 어떻게 존재하는지를 우리에게 고지한다. 초인사상처럼 차라투스트라에 의해서 고지되는 영원회귀사상은 니체의 형이상학이 지닌 가장 핵심적인 입장을 제시해 준다. 특히 초인 개념과 함께 영원회귀사상은 인간이 세계에서 어떻게 살아가야 하는지를 잘 보여 준다는 점에서 내적으로 긴밀한 관계를 맺고 있다.

니체는『즐거운 학문』341번에서 영원회귀사상을 고지한다. 하이데거의 해석에 따르면 이때 '즐거운 학문'이라는 표현은 동일한 것의 영원한 회귀를 설파하는 것을 말한다. "'즐거운 학문'은 니체에게서는 철학, 보다 정확히 말하자면 동일한 것의 영원회귀를 자신의 근본사상으로 설파하는 철학을 가리키는 이름과 다름없다."[369] 니체는 영원회귀사상을『즐거운 학문』에서 다음과 같이 설명한다. "최대

369 마르틴 하이데거(박찬국 옮김),『니체 I』, 266쪽.

의 중량, 어느 날 낮, 혹은 어느 날 밤에 악령이 너의 가장 깊은 고독 속으로 살며시 찾아들어 이렇게 말한다면 그대는 어떻게 하겠는가. 네가 지금 살고 있고, 살아왔던 이 삶을 너는 다시 한번 살아야만 하고, 또 무수히 반복해서 살아야만 할 것이다; 거기에 새로운 것이란 없으며, 모든 고통, 모든 쾌락, 모든 사상과 탄식, 네 삶에서 이루 말할 수 없이 크고 작은 모든 것들이 네게 다시 찾아올 것이다. 모든 것이 같은 차례와 순서로— 나무들 사이의 이 거미와 달빛, 그리고 이 순간과 바로 나 자신도."[370]

니체는 영원회귀사상을 통해서 자신의 사상을 완성하고자 한다. 그러나 니체가 가장 무거운 사상이라고 말하는 것처럼 영원회귀사상을 해석하는 것은 쉽지 않다. 우리는 이러한 영원회귀사상을 일종의 결정론이나 허무주의라고 생각할 수 있을 것이다. 또는 모든 것이 동일하다는 주장에서 새로운 형태의 영혼불멸설을 떠올릴 수도 있을 것이다. 그러나 니체는 이러한 해석을 거부한다. 니체에 따르면 영원회귀사상은 우선적으로 다음과 같은 점을 말해 준다. 지금 존재하는 모든 것은 이미 존재했던 것이고 따라서 세계에서 새로운 것, 새롭게 만들어진 것은 없다. 모든 형태의 생성과 소멸이 이미 존재했던 것이며, 따라서 지금의 존재나 앞으로의 존재도 이미 존재했던 것과 똑같이 존재할 뿐이다. 우리가 살아가는 세계에서 새로운 시작이라는 것은 없으며 모든 것이 이미 존재했었던 것이다.

370 프리드리히 니체(안성찬·홍사현 옮김), 『즐거운 학문·메시나에서의 전원시』, 314쪽 이하.

니체는 영원회귀사상이 『차라투스트라는 이렇게 말했다』의 근본 사상이며 인간이 도달할 수 있는 "최고의 긍정형식"이라는 점을 강조한다. 이것은 영원회귀사상이 지금-여기 주어진 세계에 대한 전적인 긍정이란 것을 의미한다. 그러나 이것은 삶을 왜곡시키고 고통스럽게 하는 낡은 가치의 긍정을 의미하지 않는다. 새로운 가치를 창조하는 출발점이 지금-여기의 세계라는 점에서 주어진 세계를 긍정하는 것이다. 영원회귀사상은 유한하지만, 우리가 살아갈 수밖에 없는 삶의 지평으로서의 모든 존재를 긍정한다. 니체는 『선악의 저편』에서 모든 도덕의 피안에서 세계를 관조하는 사람은 세계를 긍정하는 사람이 될 수밖에 없다는 점을 강조한다. 니체는 이러한 세계긍정을 통해서 영원회귀사상이 지닌 의미들을 제시한다. 지금-여기의 세계를 긍정하는 인간은 "과거에 존재했고 현재 존재하는 것과 타협하고 화합하는 법을 배워 왔을 뿐만 아니라, 과거에 그렇게 존재했고, 현재도 그렇게 존재하는 방식대로 그것을 다시 갖고자 하는 것이다. 자기 자신에 대해서뿐만 아니라 인생이라는 전체 작품과 연극에 대해서, 이러한 연극에 대해서뿐만 아니라 근본적으로 바로 이러한 연극이 필요한 —필요하게 만든— 사람에 대해 영원을 넘어 지치지 않고 다시 한번da capo을 외치면서 말이다."[371]

세계가 순환한다는 생각은 이미 고대에서부터 신화와 종교 그리고 철학에서 다양한 방식으로 논의되어 왔다. 영혼의 윤회나 자연

371 프리드리히 니체(김정현 옮김), 『선악의 저편·도덕의 계보』, 93쪽.

의 순환은 철학뿐만 아니라 도덕이나 종교적인 주제로서 빈번하게 논의되었던 것이다. 그러나 니체가 말하는 영원회귀는 단순한 순환론이나 결정론과는 구분되어야 하는데, 이것은 유한한 인간의 삶과 세계에 대한 새로운 인식을 요청하기 때문이다. 여기에서 영원회귀사상은 전통철학, 특히 근대철학이 제시한 이념들을 해체한다. 영원회귀사상은 민주주의, 사회주의, 실증주의, 자연주의와 같은 이데올로기를 부정하는 운동이기도 하다. 또한 영원회귀사상은 인간과 사물 사이의 왜곡된 관계를 극복하여 원래대로 되돌려 놓으려는 시도이다.

모든 사물의 회귀를 말하는 영원회귀사상은 인간의 삶을 왜곡시키는 이념들을 해체하기 위한 사유실험이라고 할 수 있다. 니체는 이러한 사유실험을 『차라투스트라는 이렇게 말했다』의 "치유되고 있는 자"에서 다음과 같이 설명한다. "모든 것은 가고, 모든 것은 되돌아온다. 존재의 수레바퀴는 영원히 굴러간다. 모든 것은 죽고, 모든 것은 다시 꽃피어 난다. 존재의 세월은 영원히 흘러간다. 모든 것은 꺾이고, 모든 것은 새로이 이어진다. 존재의 동일한 집이 영원히 세워진다. 모든 것은 헤어지고, 모든 것은 다시 인사를 나눈다. 존재의 둥근 고리는 영원히 자기 자신에게 충실하다. 모든 순간에 존재는 시작한다. 모든 '여기'를 중심으로 '저기'라는 공이 회전한다. 중심은 어디에나 있다. 영원의 오솔길은 굽어 있다."[372]

372 프리드리히 니체(장희창 옮김), 『차라투스트라는 이렇게 말했다』, 383쪽.

이 인용문은 영원회귀사상의 핵심을 가장 잘 드러내 준다. 하이데거는 영원회귀사상이 이보다 더 아름답게 묘사된 곳은 없다고 평가한다. 그러나 이러한 아름다운 표현 속에서 니체는 자신의 고뇌에 찬 사상을 드러내고 있다. 니체는 차라투스트라의 동물들을 통하여 자신이 통찰한 존재의 심연을 우리에게 드러내 주고 있다. 여기에서 니체가 제시하는 주장은 다음과 같이 요약할 수 있다. 첫째, 모든 존재는 생성과 소멸 속에 내던져 있다. 영원회귀사상은 전통철학에서 말하는 소위 실체Substanz와 같은 것을 단호하게 부정한다. 또한 이러한 입장은 시간과 공간을 벗어난 초월적인 세계를 거부한다. 니체는 생성·소멸하지 않는 영원한 존재를 상정하는 것을 허용하지 않는다. 모든 것이 가고 모든 것이 되돌아온다는 말에서 '되돌아옴'은 어떤 것이 지속적으로 존재한다는 것이 아니라 영원히 흘러가는 존재의 흐름, 즉 생성의 지속을 의미한다. 물론 여기에서 되돌아오는 것은 이미 흘러갔던 것이 똑같이 그대로 돌아온다는 것을 의미하지 않는다. 이때의 되돌아옴은 단순한 '반복'이 아니기 때문이다. 되돌아온다는 것은 지금-여기의 경험세계가 모든 것이라는 점을 강조하기 위한 '은유적 표현'이다. 그렇기 때문에 되돌아옴은 그 어떤 형태의 순환론이나 결정론과 관련이 없다. 이것은 존재의 수레바퀴가 영원히 굴러간다는 말에서 알 수 있듯이, 세계의 끊임없는 생성·변화를 강조하는 표현이기 때문이다. 둘째, 모든 것이 꺾이고 새롭게 이어진다는 말과 존재의 동일한 집이 영원히 세워진다는 것은 삶의 단순한 반복이나 공허함을 드러내기 위한 표현이 아니라는 점이다. 이러한 표현들은 세계가, 즉 세계 내에서의 존재가 영원하지는 않지만, 끊임없이 새로운 방식으로 존재를 드러낸다는 점을 말해 준다. 특히 존재의 동일한 집이 영원히 세워진다는 말은, 모든 사물은 새롭게 변화하면서 자신의 존재를 드러낸다는 것을 의미한다. 물론 이때 사물의 존재는 동일한 방식이 아니라 매 순간 새로운 형태로의 변화를 통해서 자신의 존재를 드러낸다. 셋째, 모든 순간에 존재가 시작된다는 것은 진정한 존재의 의미는 끊임없는 변화 속에서 드러난다는 입장이다. 따라서 지속적인 존재는 허구적이며 그렇기 때문에 매 순간 새롭게 자신의 존재를 드러낼 수밖에 없다는 것을 의미한다. 넷째, 중심은 도처에 있다는 말은 영원회귀가 이 세계에서의 존재가치를 적극적으로 긍정한다는 것을 말해 준다. 즉 영원회귀사상은 전통철학에서처럼 존재하는 것의 가치를 특정한 관점에서 평가하는 것을 벗어나서 각각의 존재를 그 자체로 의미 있는 것으로서 긍정한다는 것을 말해 준다. 여기에서 중심이 곳곳에 있다는 주장은 생성하고 소멸하는 유한한 존재의 의미를 극대화하려는 니체의 의도를 드러내 주고 있다.

여기에서 "만약 모든 것이 되돌아온다면 모든 결단과 모든 노력 그리고 상승에 대한 모든 의지는 아무래도 좋은 것이 되어 버리며 이런 교설로부터는 단지 권태가 생기고 최종적으로는 생의 부정이 생긴다"[373]고 볼 수 있을 것이다. 그러나 하이데거는 이러한 영원회

373 마르틴 하이데거(박찬국 옮김), 『니체 I』, 303쪽.

귀사상을 삶을 부정하는 허무주의로 오해해서는 안 된다고 말한다. 사상들 중의 사상인 영원회귀는 생성 속에서 드러나는 유한한 삶의 적극적인 긍정을 강조한다. 하이데거에 따르면 영원회귀는 "극단적인 고통과 그것의 가장 유쾌한 환희에서 긍정하는 방향"[374]으로 삶을 이끌어 가는 것이다.

그런데 여기에서 주목할 것은 니체가 영원회귀사상에서 순간 Augenblick의 의미를 적극적으로 강조한다는 점이다. 니체에 따르면 순간은 영원회귀의 형이상학의 비밀을 풀 수 있는 중요한 실마리이다. 『차라투스트라는 이렇게 말했다』에서 난쟁이는 과거로 향하는 영원의 오솔길과 미래로 향하는 영원의 오솔길을 바라보지만, 이 두 가지의 길이 순간 속에서 서로 만난다는 점을 알아채지 못한다. 이에 반해서 차라투스트라는 이 순간 속에서 삶의 격렬한 투쟁이 일어나며 이를 통해서 모든 존재가 자신의 본래적인 모습을 드러낸다는 점을 간파한다. 차라투스트라는 이러한 순간이 가장 무거운 것이며 동시에 존재의 신비를 드러내 주는 전율이라는 점을 고지한다. 하이데거의 해석에 따르면 영원회귀사상은 '순간의 영원성'을 드러내 주며 짧고 덧없는 삶을 황금빛으로 변하게 하는 역할을 한다. 하이데거는 이 점을 다음과 같이 설명한다. "생성의 베일은 존재자 전체의 진리로서의 회귀이며 정오의 태양은 그림자가 가장 짧은 순간이며 가장 밝은 밝음이며 영원의 상징이다."[375]

374 마르틴 하이데거(박찬국 옮김), 『니체 I』, 280쪽.

하이데거는 니체의 영원회귀사상이 염세주의와 낙관주의를 극복하는 것이라고 해석한다. 영원회귀사상은 최대의 중력 속에서 드러나는 삶의 적극적인 의미를 드러내 주기 때문이다. 또한 영원회귀사상은 니체가 삶의 본래적인 모습을 폭로해 주는 표현인 "비극이 시작된다Incipit tragoedia"는 것을 알려 준다. 니체는 영원회귀사상을 통해서 전통형이상학에 의해서 왜곡된 삶의 비극적인 모습을 드러내기 때문이다. 니체가 가장 깊은 고독 속에서 드러나는 비극적 사유에 삶의 적극적인 의미를 부여하듯이, 영원회귀사상은 염세주의와 낙관주의의 대립구도 속에서 가려진 삶의 진정한 의미를 '순간' 속에서 드러내 준다.

4) 비극적 사유

니체의 형이상학은 비극의 정신을 적극적으로 반영한다. 특히 하이데거는 니체형이상학의 중심사상인 영원회귀가 비극적 사유와 깊은 관련을 맺고 있다는 점을 강조한다. 여기에서 하이데거는 영

375 마르틴 하이데거(박찬국 옮김), 『니체 I』, 310쪽. 니체는 끊임없는 생성 속에서 존재가 자신의 의미를 드러내는 이러한 영원회귀사상을 '지성'이 파악할 수는 없다고 말한다. 니체는 여기에서 지성의 역할을 다음과 같이 비판한다. "우리의 지성은 변화를 파악하도록 만들어지지 않았다. 이 지성이 추구하는 것은 경직된 보편성을 증명하는 것이고, 이것은 지성이 형상들로부터 유래한 때문이다. 모든 철학자들의 목표는 영원한 지속을 증명하는 것이다. 그 속에서 지성은 자신만의 형식과 영향력을 느낄 수 있기 때문이다." 프리드리히 니체(안성찬 · 홍사현 옮김), 『즐거운 학문·메시나에서의 전원시』, 495쪽.

원회귀를 "비극이 시작된다"는 니체의 말과 연결시키고 있다. 하이데거는 이 점을 다음과 같이 설명한다. "최대의 무게로서 동일한 것의 영원회귀에 대한 사상은 가장 무거운 사상이다. 이러한 사상이 진정으로 사유될 경우에 어떤 일이 일어나는가? 니체는 이러한 물음에 … '비극이 시작된다'는 말로 답하고 있다."[376]

니체에게 있어서 비극의 경험은 존재의 심연으로 우리를 이끄는 실마리이다. 그런데 이때의 비극은 단지 예술의 한 장르가 아니라 사물과 인간을 피상적으로 규정하는 학문과 철학을 비판하는 장치이며 진정한 사유방식이다. 여기에서 비극적인 것은 아리스토텔레스의 비극에서처럼 단지 카타르시스(정화)를 의미하는 것이 아니라 왜곡된 사물의 본질을 꿰뚫어 보게 하는 탁월한 사유장치이다. 이런 점에서 하이데거는 "비극적인 것은 존재자의 형이상학적 본질에 속한다"[377]라고 말한다. 하이데거는 나아가서 비극이 영원회귀의 사상이 지닌 의미를 잘 드러내 준다고 본다. 삶의 최고의 긍정형식인 영원회귀는 고통스러운 삶일지라도 적극적으로 긍정하는 비극의 정신을 잘 드러내 주기 때문이다. 『비극의 탄생』은 새로운 형이상학을 정초하는 새로운 사유의 도래를 고지하는 작품이라고 할 수 있다.

비극정신은 우리에게 유한한 인간의 삶 속에서 드러나는 모순과

376 마르틴 하이데거(박찬국 옮김), 『니체 I』, 272쪽.
377 마르틴 하이데거(박찬국 옮김), 『니체 I』, 274쪽.

갈등을 전적으로 받아들여야 한다는 것을 말해 준다. 쇼펜하우어가 비극을 통해서 삶의 고통스러운 상황을 드러내는 것처럼, 니체도 비극으로부터 삶의 적나라한 모습을 드러내고자 한다. 특히 영원회귀 사상은 유한한 인간의 삶이 겪는 모든 것을 긍정해야 한다는 점에서 비극적 사유를 적극적으로 반영하고 있다. 니체는『비극의 탄생』에서 "비극의 신비스러운 가르침"을 언급하고 있다. 이러한 가르침은 다른 것이 아니라 "존재하는 모든 것은 하나라는 근본 인식, 개별화가 악의 원초적 근거라는 관점, 미와 예술은 기쁨을 주는 희망이며 다시 도래할 일치의 예감"[378]이다. 니체가 그리스비극을 통해서 드러내는 비극적 사유는 유한한 인간존재의 의미를 드러내 주는 탁월한 장치이다. 그리스비극에서 디오니소스적인 것을 통해서 드러나는 삶의 모순과 갈등 그리고 이를 통해서 알려지는 모든 존재자의 고통스러운 삶을 폭로하려는 것이 비극적 사유의 본질이다. 그러나 이러한 비극적 사유는 단지 삶의 고통을 회피하거나 부정하는 것이 아니라 적극적으로 받아들일 것을 요구한다. 니체는 삶의 고통을 회피하기 위해 그리스비극에서 디오니소스적인 것을 추방했던 에우리피데스를 비판하면서 디오니소스적인 격정을 삶에 끌어들인다. 비극적 사유는 모든 존재의 삶은 유한하고 불완전하며 그렇기 때문에 고통스러운 것이지만 이러한 고통을 디오니소스적인 도취 속에서 긍정하는 길을 제시한다.

378 프리드리히 니체(이진우 옮김),『비극의 탄생·반시대적 고찰』, 86쪽.

니체가 이처럼 비극에 주목하는 것은 인간의 삶과 세계의 존재가 이성적으로 그리고 논리적으로 설명될 수 없기 때문이다. 이성, 논리, 법칙과 같은 용어들은 결코 삶의 깊은 심연을 설명할 수 없기 때문이다. 여기에서 니체는 비극에서 드러나는 도취, 충동, 광기, 고통을 통해 이론적 인간에 의해서는 경험될 수 없는 삶의 심연을 드러내고자 한다. 니체가 생각하기에 차라투스트라를 통해서 고지되는 몸과 대지에 충실한 형이상학은 바로 이러한 삶의 심연을 드러내야만 한다. 견딜 수 없는 고통 속에서 자신의 존재 의미를 드러내는 삶의 모호한 모습들은 오로지 비극정신을 관통하는 디오니소스적 도취를 통해서만 포착될 수 있기 때문이다. 피상적인 인식능력인 이성과 논리는 결코 이러한 존재의 심연 속으로 우리를 이끌어 갈 수 없기 때문이다. 이런 이유에서 니체는 우리를 그리스의 비극정신에 주목하게 한다.

삶에 대한 깊은 성찰에서 주어지는 비극적 사유는 카오스적인 존재의 생성을 이끌어 가는 장치이다. 니체에 따르면 차라투스트라는 바로 이러한 비극적 사유를 지닌 인간이다. 특히 차라투스트라가 자신을 몰락하는 자라고 말한다는 점에서 우리는 비극적 사유의 특징을 잘 읽어 낼 수 있다. 그러나 이때의 몰락은 단순한 변질이나 소멸이 아니라 모든 존재자의 유한성과 그러한 존재자의 존재특성을 드러내 주는 현상이다. 몰락은 한마디로 비극적인 것을 우리에게 드러내 준다. 이처럼 몰락하는 자, 즉 비극적 사유를 할 수 있는 자만이 새로운 존재의 의미를 창조할 수 있기 때문이다. 하이데거에 의하면 차라투스트라는 "지금까지의 인간에 대해서 비극적 정신을 존재자 자체 안에 정립함으로써 비극을 개시하는 인간"[379]이 된다.

니체가 초인을 통해서 제시하는 세계는 오로지 비극적 사유에 의해서 경험하는 세계이다. 그런 점에서 초인은 다른 것이 아니라 비극적 사유, 즉 비극의 정신으로 가득 차 있는 인간이다. 반면에 일상적인 삶의 방식을 지닌 인간, 즉 마지막 인간은 이러한 비극적 사유를 회피한다. 왜소한 인간인 마지막 인간은 삶을 비극으로 이해하지 않기 때문이다. 정확히 말하자면 마지막 인간은 비극적인 삶을 받아들이지 않는다. 그렇기 때문에 마지막 인간은 자신에게 주어진 비극적인 삶에 대해 원한감정을 갖고 피안의 세계를 만들어 낸다. 비극적 사유는 인간으로 하여금 마지막 인간으로서가 아니라 대지 위에서 초인으로 살아가도록 이끌어 간다. 비극정신으로 가득 찬 초인은 기꺼이 이러한 삶을 끌어안는다. 초인은 비극적 사유 속에서 주어진 삶을 자신의 삶으로 만들어 간다.

이처럼 니체가 비극적 사유를 강조하는 것은 세계를 바라보는 고유한 입장 때문이다. 소크라테스에서 시작되는 학문적 인간, 즉 이론적 인간은 결코 생성·변화 속에서 드러나는 존재의 심연을 파악할 수 없다. 그렇기 때문에 니체는 학문 또는 학문으로서의 철학을 비판한다. 니체의 학문에 대한 비판은 사유와 존재의 동일성에 대한 믿음을 당연하게 생각하는 전통형이상학에 대한 비판을 의미한

379 마르틴 하이데거(박찬국 옮김), 『니체 I』, 277쪽.

다. 이러한 믿음은 "사유는 인과성의 실마리를 따라 존재의 가장 깊은 심연에까지 이를 수 있으며, 사유가 존재를 인식할 수 있을 뿐만 아니라 심지어 수정할 능력이 있다는 흔들림 없이 확고한 믿음"[380]이다. 그러나 이러한 믿음은 유한하게 주어지고 그마저도 고통스러운 삶으로부터 위안을 받기 위한 기만행위라는 것이 니체의 지적이다. 여기에서 사람들은 소크라테스를 학문의 사제로 만들었으며 이성과 논리학에 근거한 학문이라는 믿음체계는 지속적으로 인간의 삶과 세계를 가상과 오류에 사로잡히게 만들었다.

니체의 비극적 사유는 우리에게 주어진 세계를 더 이상 견딜 수 없을 때 터져 나오는 존재의 탄식이며 비극적 인식인 것이다. 비극적 사유는 디오니소스의 시선을 통해서 개별화의 원리에 의해서 가려져 있던 세계의 허구성을 폭로한다. 비극적 사유는 이제 "실존의 공포와 부조리, 흐트러진 질서와 비이성적 계획성, 간단히 말해 전체의 자연에 내재하는 무시무시한 고통에 대한 인식"[381]을 가져온다. 비극적 사유는 이를 통해서 "사물의 가장 내밀한 핵심에 이르는 길"[382]을 제시한다. 여기에서 비극적 사유를 이끌어 가는 디오니소스적인 것은 개념과 범주로 도달할 수 없는 사물의 내면세계로 우리를 인도한다. 디오니소스적인 예술로서의 비극적 사유는 "개체 원

380 프리드리히 니체(이진우 옮김), 『비극의 탄생·반시대적 고찰』, 117쪽.
381 프리드리히 니체(이진우 옮김), 『유고(1870년~1873년): 디오니소스적 세계관·비극적 사유의 탄생 외』, 책세상, 110쪽.
382 프리드리히 니체(이진우 옮김), 『비극의 탄생·반시대적 고찰』, 122쪽.

칙의 배후에 있는 전능한 의지, 모든 현상의 피안에서 모든 파멸에도 불구하고 존재하는 영원한 생명"[383]을 드러내 주기 때문이다. 비극적 사유는 모든 유한한 개체가 소멸할 수밖에 없다는 인식을 받아들이고 이러한 유한성 속에서 고유한 존재의 의미를 창조해 내려는 파토스이기 때문이다. 니체에 따르면 이러한 비극적 사유는 상실이라는 개체의 근원적인 고통을 긍정하는 적극적인 정신이기도 하다. 또한 비극적 사유는 니체가 『비극의 탄생』에서 강조하는 디오니소스적 현상을 드러내 준다. "디오니소스적인 현상은 우리에게 항상 새롭게 반복되는 개체세계의 유희적 건설과 파괴를 근원적 쾌락의 분출로서 드러낸다."[384]

삶을 긍정하는 비극적 사유는 『차라투스트라는 이렇게 말했다』에서 잘 드러난다. 니체가 정신의 세 가지 변화에서 정신이 낙타에서 사자로 그리고 마지막으로 어린아이가 되는 과정에서 어린아이의 정신을 "성스러운 긍정"[385]으로 묘사하는데, 이것은 비극적 사유의 특징을 잘 드러내 준다. 헤라클레이토스가 공깃돌 놀이를 하는 어린아이의 모습에서 생성하는 세계의 본질을 읽어 내는 것처럼, 니체는 어린아이의 순진무구하며 모든 것을 망각하고 창조하는 유희 속에서 바로 비극적 사유의 특징을 드러낸다. 이렇게 어린아이의 정신을 지닌 차라투스트라는 비극적 사유 속에서 인간과 세계를 새롭

383 프리드리히 니체(이진우 옮김), 『비극의 탄생·반시대적 고찰』, 127쪽.
384 프리드리히 니체(이진우 옮김), 『비극의 탄생·반시대적 고찰』, 176쪽.
385 프리드리히 니체(장희창 옮김), 『차라투스트라는 이렇게 말했다』, 38쪽.

게 해석한다. 비극적 사유는 인간이 목적이 아니라 과정 속에서 살아가는 존재이며 끊임없이 인간다움을 이해하는 존재이며 동시에 몰락Untergang하는 존재라는 점을 고지한다. 이러한 비극적 사유는 "가장 나쁜 세계"의 실존까지도 의미를 부여하는 삶의 방식이라고 할 수 있다. 비극적 사유는 일종의 불협화음이지만 우리에게 매 순간 다가오는 고통스러운 실존을 정당화한다. 비극적 사유는 반복되는 삶 속에서도 끊임없이 새로운 세계를 창조해 내는 고대 그리스인들의 실존으로 우리를 이끌어 간다.

비극적 사유는 우리가 앞서 영원회귀사상에서 영원이 순간 속에 머무른다는 점을 언급했듯이, 스쳐 지나가는 찰나적인 존재에게 생명력을 불어넣어 주는 사유이다. 비극적 사유는 신이 죽고 모든 허구적인 피안의 세계가 사라져 버리고 허무주의가 문밖에 서 있는 상실의 시대에서 삶을 살아가게 만드는 근원적 충동이라고 할 수 있다. 여기에서 니체는 허무주의에 사로잡힌 세계에서의 "실존의 공포와 부조리"를 주목한다. 비극적 사유는 끊임없이 생성과 소멸이 이어지는 밤과 낮 사이에서 유한한 인간의 실존을 드러내 준다. 그러나 여기에서 멈추지 않고 비극적 사유는 유한성과 실존의 고통을 승화시켜 삶의 무한한 긍정으로 이끈다. 그렇기 때문에 니체는 비극적 사유를 "새롭고 좀 더 차원 높은 실존의 수단"[386]으로 규정한다.

386 프리드리히 니체(이진우 옮김), 『유고(1870년~1873년): 디오니소스적 세계관·비극적 사유의 탄생 외』, 107쪽.

여기에서 니체는 『비극적 사유의 탄생』에서 비극적 사유를 "실존의 경악스러운 것과 부조리한 것에 관한 구토의 사상을 더불어 살아갈 수 있는 생각으로 변형시키는 것"[387]이라고 말한다.

니체의 형이상학을 특징짓는 비극적 사유는 탁월한 실존의 장치로서 인간의 현존재에게 주어진 삶의 제약과 한계를 극복하게 하며, 주어진 세계를 새롭게 창조하여 일상적인 세계를 변화시키는 역할을 한다. 비극적 사유는 전통형이상학이 가져온 삶의 왜곡과 오류를 제거하여 일상에서 드러나는 인간존재의 경악스럽고 부조리한 면을 직시하여 우리를 실존으로 이끌어 간다. 아폴론적이고 낙관적인 세계관이 견뎌 낼 수 없었던 유한한 인간의 삶과 끊임없는 생성·소멸의 세계를 그려 내는 것이 비극적 사유인 것이다. 따라서 비극적 사유는 니체가 신의 죽음, 허무주의, 관점주의, 힘에의 의지, 영원회귀사상을 통해서 완성하려는 형이상학을 관통하는 근원적 사유라고 할 수 있다.

비극적 사유는 니체의 예술의 형이상학적 특성을 드러내 주는 중요한 개념이다. 니체가 강조하는 소위 예술가-형이상학은 다름이 아니라 비극의 정신에 근거하고 있다. 예술가-형이상학은 세계를 바라보는 실존적 태도이다. 또한 예술가-형이상학은 예술이 특정한 대상에 대한 모방이 아니라 삶을 고양시키는 형이상학적 해석이

387 프리드리히 니체(이진우 옮김), 『유고(1870년~1873년): 디오니소스적 세계관·비극적 사유의 탄생 외』, 108쪽.

라는 것을 말해 준다. 하이데거는 이러한 예술가-형이상학에 대해서 다음과 같이 설명한다. "니체가 여기에서, 즉 존재자 전체를 형이상학적으로 사유하는 권역에서 예술에 대해 말할 때, 그는 잘 알려진 예술 장르라는 좁은 의미에서의 예술만을 의미하지는 않는다. 예술은 삶을 더 높은 가능성으로 변용하고 구속하는 모든 형식에 대한 명칭으로 간주된다. 철학도 이런 의미에서 '예술'이다. 따라서 니체에게는 가장 높은 가치가 예술이다라고 우리가 말하기를 원할 때, 이러한 진술은 '예술'이 형이상학적으로 파악될 경우에만 그리고 이 경우 동시에 어떠한 변용의 길들이 그때마다 우위를 차지하게 되는지가 결정되지 않은 채 열려 있을 경우에만 의미와 정당성을 지닌다."[388]

니체에게 예술은 유한한 인간이 공허하고 고통스러운 실존의 과정에서 창조해 내는 숭고한 행위이다. 그렇기 때문에 이제 예술은 더 이상 사물의 모방Mimesis이나 감정의 정화를 의미하지 않는다. 왜냐하면, 삶의 도상에서 한 인간이 자신의 불완전한 실존을 경험할 때 시작되는 것이 바로 예술경험이기 때문이다. 니체에 따르면 예술의 출발점은 인간의 실존에서 주어진다. 니체가 말하는 예술가-형이상학은 모든 형태의 니힐리즘을 극복하는 것이라고 할 수 있다. 유한한 삶이 가져오는 고통스러운 삶 속에서 자신의 존재를 드러내려는 힘에의 의지 속에서 인간은 예술을 경험하고 예술가가 된

388 마르틴 하이데거(박찬국 옮김), 『니체 I』, 584쪽.

다. 예술은 삶을 고양시키기 위한 근원적인 현상이다. 이러한 예술은 삶의 가치들을 관점주의적인 입장에서 만들어 내는 행위이다. 예술은 데카당스로부터 삶을 고양시키기 위한 충동에서 시작된다. 이런 이유에서 니체는 플라톤이 그려 내는 예술이해, 즉 환상과 열등한 것으로서의 예술이해를 거부한다. 여기에서 니체는 『힘에의 의지』 853번에서 "예술은 진리보다 더 많은 가치를 지닌다"라고 주장한다. 왜냐하면 예술은 이제까지 삶을 왜곡시키고 피안세계로의 시선을 조장했던 진리와는 달리 유한한 인간이 필요로 하는 가상을 창조해 내기 때문이다. 이런 이유에서 하이데거는 니체에게서 "예술은 진리보다 더 높은 '가치', 즉 '생'의 보다 근원적·관점적 조건이다"[389]라고 말한다.

5) 인간과 초인

니체의 형이상학은 전통을 비판하면서 새로운 인간이해를 제시하려고 한다. 여기에서 니체는 진정한 인간을 초인Übermensch으로 규정한다. 이러한 초인은 신의 죽음, 허무주의, 힘에의 의지, 영원회귀 사상을 통해서 고지되는 인간이다. 니체는 차라투스트라를 통해서 우리에게 초인의 존재를 고지한다. 니체의 철학은 인간이 초인이 되는 길을 제시한다. 디오니소스, 고귀한 인간, 어린아이로서의 초

389 마르틴 하이데거(박찬국 옮김), 『니체 I』, 478쪽.

인은 니체의 형이상학이 우리에게 제시하는 궁극적인 인간의 모습이라고 할 수 있다. 특히 니체가 신의 죽음으로 인해 도래하는 허무주의를 극복하기 위해 강조하는 것이 초인이다. 초인은 가치의 데카당스로부터 새로운 가치를 창조하는 인간이며, 실존의 고통 속에서도 삶을 긍정하는 인간이다. 쇼펜하우어가 맹목적인 살려는 의지에서 벗어나기 위해서 개체화 원리가 가져오는 허구적인 세계를 간파하는 더 나은 의식을 지닌 인간을 그려 내고 있듯이, 니체 또한 인간의 의식이 새로워져야 한다는 것을 강조한다. 니체는 신의 죽음 이후에 다가오는 커다란 위험, 즉 가치의 진공상태를 극복하기 위해 초인의 존재를 설파하기 때문이다. 신의 죽음은 초인의 도래를 위한 근본사건이라고 할 수 있다. 그러나 니체의 초인은 쇼펜하우어와 달리 의지를 부정하는 인간이 아니라 힘에의 의지를 적극적으로 구현하려는 인간이다. 초인은 허무주의에 사로잡혀 살아가는 마지막 인간과는 달리 힘에의 의지와 영원회귀사상을 통해서 새로운 가치를 창조하는 새로운 인간존재이다. 그렇기 때문에 니체는 우리에게 초인을 가르친다고 말한다. "그대들에게 초인을 가르치려 한다. 인간은 극복되어야 할 그 무엇이다. 그대들은 자신을 극복하기 위해 무엇을 했는가?"[390]

초인은 누구인가? 초인은 전통철학이 제시한 초월적인 세계에 대한 동경을 거부하는 자이다. 또한 초인은 이분법적 사유가 만들어

390 프리드리히 니체(장희창 옮김), 『차라투스트라는 이렇게 말했다』, 15쪽.

놓은 왜곡된 세계상Weltbild과 삶의 방식을 해체하는 자이다. 초인은 극복하는 자인 것이다. 그러나 이러한 극복은 이미 주어진 것을 극복하는 것뿐만 아니라 앞으로 다가올 것도 극복하는 것을 의미한다. 니체는 이러한 극복의 중요성을 다음과 같이 강조한다. "지금까지 모든 존재는 자신을 넘어서 그 무엇인가를 창조해 왔다. 그런데도 그대들은 이 거대한 밀물의 한가운데서 썰물이 되기를, 자신을 극복하기보다는 동물로 되돌아가기를 원하는가?"[391] 니체에 따르면 인간의 가치는 끊임없이 자신을 극복하는 것이다. 그러나 이러한 극복은 특정한 목표를 고정해 놓고 다가가는 것이 아니다. 오히려 극복하는 자로서의 초인은 특정한 목적 없이 끊임없이 새로운 가치를 창조하는 자이다. 이처럼 극복하는 자로서의 초인은 창조자, 즉 새로운 가치를 창조하는 자인 것이다.

니체는 이러한 초인을 "대지의 의미Sinn der Erde"라고 말한다. 초인은 대지에 충실한 자이다. 초인은 유한하지만, 끊임없이 새로운 삶이 생성하고 소멸하는 장소인 대지의 주인인 것이다. 앞서 언급했듯이, 니체는 대지라는 용어를 통해서 새로운 세계이해를 제시한다. 여기에서 니체는 대지를 언급하면서 전통철학의 해체를 수행한다. 초인을 대지의 의미라고 말하는 것은 기존의 세계와 삶의 방식을 부정하고 새롭게 자신의 세계와 삶을 창조한다는 것을 의미한다. 초인은 대지에 충실하며 비록 유한한 삶일지라도 삶을 경멸하

391 프리드리히 니체(장희창 옮김), 『차라투스트라는 이렇게 말했다』, 15쪽 이하.

는 자가 아니라 전적으로 긍정하는 자이다. 초인은 대지와 하나가 되어 살아가는 자인 것이다.

그러나 니체가 말하는 초인은 교양을 지니고 대중적인 가치를 추구하는 자가 아니다. 초인은 모든 대중적인 삶을 거부하기 때문이다. 니체에 따르면 대중적인 인간은 '마지막 인간'일 뿐이다. 극복하는 자, 창조하는 자로서의 초인은 대중적인 삶을 거부한다. 특히 니체는 인간이 무리 지어 사는 것을 비판하는데, 여기에서 당시의 교육과 교양의 이념을 비판한다. 대중을 위한 교육, 대중을 위한 교양 그리고 대중을 위한 문화는 허구적이며 삶의 데카당스일 뿐이다. 대중적인 인간은 자신의 고유한 삶의 가치를 실현하는 것이 아니라 평균적이고 일상적인 가치에 주목할 뿐이기 때문이다. 단순하게 자신의 본능을 충족시키고 현재에만 만족하는 삶을 추구하는 대중은 극복, 즉 자기초극을 알지 못한다. 대중들은 자기 스스로 세계를 바라보고 그 속에서 자신의 삶을 전개시키려는 고통스러운 노력을 회피하기 때문이다. 그들은 삶의 고통과 모순 그리고 좌절을 두려워하며 가능하다면 그러한 상태에서 벗어나려고 할 뿐이다. 마지막 인간은 단지 지속적으로 행복과 쾌락을 추구할 뿐이다. 마지막 인간은 초인의 삶을 거부한다. 그러나 니체는 이러한 대중적인 인간, 마지막 인간, 즉 데카당스의 인간이 아니라 초인의 삶을 주장한다.

마지막 인간이 고정된 목표, 변하지 않는 대상을 갈망하는 것과는 달리 초인은 끊임없이 변화하는 것을 사랑한다. 초인은 생성하는 세계를 적극적으로 긍정한다. 마지막 인간은 완성되어 고정된 가치에 자신의 삶을 묶어 놓으려고 하지만 초인은 끊임없는 생성의 세계에로 자신을 내던진다. 초인은 생성의 세계에서 특정한 목적을 부여하는 것을 거부하고 세계 속에서 일어나는 현상들의 필연적인 인과관계를 거부하는 자이다. 생성의 세계에서는 고정되고 불변하는 진리는 존재하지 않기 때문이다.

니체에 따르면 초인에게 진리는 세계를 끊임없이 해석하고 창조하는 과정 속에 있음을 의미한다. 초인에게 진리는 논리적이고 보편적인 것이 아니라 실존적이고 개별적인 가치창조인 것이다. 특히 관점주의가 말해 주듯이, 모든 사람에게 통용되는 진리는 존재하지 않는다. 진리도 가치의 한 형태이기 때문에 당연히 모든 사람을 위한 진리는 존재할 수 없다. 이런 입장에서 니체는 평등의 이념이나 보편적인 가치 규범을 거부한다. 이 점은 니체가 민주주의라는 대중적인 삶의 형태를 비판하는 데서 잘 드러난다. 니체가 민주주의를 비판하는 이유는 민주주의가 의지의 나약함을 만들어 낸다고 보기 때문이다.[392]

니체에게 초인은 인간의 완성된 상태를 의미하지 않는다. 이것은 실제로 초인이 되는 과정이 끊임없는 변화 속에 놓여 있다는 점을 말해 준다. 그러나 이러한 변화의 목적지는 정해져 있지 않다. 니체는 근대철학이 인간존재를 자아, 주체, 인격으로 규정하여 이해하는

392 프리드리히 니체(김정현 옮김), 『유고(1884년 가을~1885년 가을): 시와 단편들 외』, 308쪽. 니체는 민주주의뿐만 아니라 사회주의도 인간을 나약하게 만든다는 점에서 비판한다.

것과 달리 모든 가능성을 지닌 존재로 해석한다. 인간의 존재는 더 이상 실체Substanz와 같은 개념으로 설명할 수 없으며 생성하는 세계에서 개별적으로 고통스러운 실존을 수행하는 존재여야 한다. 니체는 인간이 짐승과 초인 사이에 놓여 있는 다리이며 밧줄이라고 표현한다. 이것은 인간이 넘어감Übergang과 몰락Untergang의 사이를 오가며 자신의 존재를 드러내야만 한다는 것을 의미한다.

여기에서 몰락은 일상적인 의미에서처럼 부정적인 것을 의미하지 않는다. 니체에 따르면 몰락은 소멸이나 무너짐을 의미하는 것이 아니라 삶을 왜곡시키고 억압하는 것을 무화시키는 것을 의미한다.[393] 이러한 왜곡된 가치와 삶의 몰락을 통해서 초인은 새로운 가치를 스스로 창조하게 된다. 인간은 주어진 가치에 사로잡힌 지금의 삶으로부터 몰락하면서 새로운 삶의 세계로 넘어간다. 인간은 이러한 넘어감과 몰락 사이를 끊임없이 반복해야만 한다. 그렇기 때문에 초인의 삶은 어떤 특정한 형태로 정형화시킬 수는 없다. 왜냐하면, 초인은 삶의 심연과 혼돈 속에서 끊임없이 자신의 존재를 그때마다 새롭게 드러내야 하기 때문이다. 여기에서 니체는 초인을 '번개Blitz'로 비유하고 있다.

니체의 초인 개념에 대한 해석은 형이상학적인 관점에서 논의되어야 한다. 일부 니체해석자들은 초인을 진화론에 근거한 생물학적

393 니체가 말하는 몰락의 다양한 의미에 대한 논의는 Karen Joisten, *Die Überwindung der Anthropozentrizität*, Würzburg 1994, 94쪽 이하 참고.

입장에서 논의하기도 한다. 물론 니체는 당시의 자연과학과 진화론에 많은 관심을 가졌지만, 초인을 생물학적 진화의 산물로 이해하지는 않는다. 이러한 해석은 인종차별주의를 옹호하는 잘못을 범하기도 한다. 또한 초인 개념을 정치적인 입장에서 논의하는 해석도 있다.[394] 초인이 힘에의 의지를 추구한다는 점에서, 즉 보다 많은 힘을 의욕한다는 점에서 정치적인 권력을 추구하는 인간존재로 해석할 수도 있을 것이다.

그러나 니체의 초인은 정신의 변화를 통해서 주어진다는 점, 모든 이데올로기적인 인간이해를 해체한다는 점 그리고 전통철학이 구축했던 인간중심주의를 극복한다는 점에서 이러한 해석들을 경계해야 한다. 전통비판과 새로운 가치창조자로서의 초인의 의미는 새로운 형이상학의 항해를 위한 니체의 여정 속에서 해석되어야 하기 때문이다. 초인은 니체철학을 각인하는 표현인 자유로운 정신을 대변하는 것이며 인간의 삶을 심연 속에서 통찰하는 것이다. 초인은 추상적인 개념과 논리가 아니라 몸과 대지Erde에 충실하며 자기초극을 통해서 새로운 가치의 세계를 창조하는 능동적인 인간이다. 여기에서 니체는 진정한 철학자로서의 초인이 '가치의 입법자'여야 한다고 주장한다.[395]

394 이러한 해석은 H. Heyse, *Idee und Existenz*, Hamburg 1935 참고. 정치적인 해석에는 이 밖에도 Baeumler의 해석이 있다.

395 프리드리히 니체(김정현 옮김), 『유고(1884년 가을~1885년 가을): 시와 단편들 외』, 437쪽 참고.

니체는 초인을 언급하면서 인간의 삶이 이전의 철학자들이 주장한 것처럼 논리적이거나 합목적적이지 않고 부조리하다는 점을 강조한다. 초인은 철학자들이 외면했던 지금-여기에서의 구체적인 삶에 주목한다. 그렇기 때문에 초인은 삶에 대해서 적대적인 모든 학문을 거부한다. 초인이 경험하는 세계는 이러한 학문을 통해서 결코 파악할 수 없는 세계이기 때문이다. 여기에서 니체는 초인이 경험하는 세계를 다음과 같이 상세하게 설명하고 있다. "이 세계는 곧 시작도 끝도 없는 거대한 힘이며, 커지지도 작아지지도 않으며, 소모되지 않고 오히려 전체로서는 그 크기가 변하지 않지만, 변화하는 하나의 확고한 청동 같은 양의 힘이며, 지출과 손해가 없지만, 이와 마찬가지로 증가도 수입도 없고, 자신의 경계인 '무'에 의해 둘러싸여 있는 가계운영이며, 흐릿해지거나 허비되어 없어지거나 무한히 확장되는 것이 아니라, 일정한 힘으로서 공간에 끼워 넣어지는 것인데, 이는 그 어느 곳이 '비어' 있을지도 모르는 공간 속이 아니라, 오히려 도처에 있는 힘이며, 힘들과 힘의 파동의 놀이로서 하나이자 동시에 '다수'이고, 여기에서 쌓이지만 동시에 저기에서는 줄어들고, 자기 안에서 휘몰아치며 밀려드는 힘들의 바다이며, 영원히 변화하며, 영원히 되돌아오고, 엄청난 회귀의 시간과 더불어, 자신의 형태가 빠져나가는 썰물과 밀려들어 오는 밀물로, 가장 간단한 것으로부터 가장 복잡한 것으로 움직이면서, 가장 고요한 것이나 가장 단단한 것, 가장 차가운 것으로부터 가장 작열하는 것이나 가장 조야한 것, 가장 자기모순적인 것으로 움직이고, 그다음에는 다시 충일한 것에서 단순한 것으로, 모순의 놀이로부터 조화의 즐거움으로 되돌아오고, 이러한 동일한 스스로의 궤도와 시간 속에서도 여전히 스스로를 긍정하면서, 영원히 반복해야만 하는 것으로서 스스로를 축복하면서, 어떠한 포만이나 권태나 피로도 모르는 생성이다."[396]

전통에 얽매이지 않고 스스로 원하는 삶의 가치들을 새롭게 만들어 나가는 인간인 초인은 이제까지 전통 속에서 제시된 인간이해가 얼마나 왜곡된 것인지를 폭로해 주고 인간의 현사실적인 삶이 지닌 의미들을 우리에게 고지해 준다. 특히 니체는 초인 개념을 통해서 가치창조자로서의 인간이 자신의 삶 속에서 스스로 도달해야 하는 실존의 지평을 우리에게 고지해 준다.

물론 이처럼 차라투스트라를 통해서 선포되는 초인의 존재는 이기적이고, 반사회적이며 반역사적인 모습을 지닌다고 비판할 수 있을 것이다. 심지어 니체 자신도 『이 사람을 보라』에서 초인은 데카당스적인 인간들이 '악마'라고 부를 것이라고 말하고 있다. 그러나 여기에서 니체의 초인 개념이 타인들 속에서 인간의 보편적 가치를 실현시키려는 것의 허구성을 지적하기 위한 것이라는 점을 고려한다면 초인에 대한 이러한 부정적인 평가는 수용하기 어려운 것이다. 니체에 따르면 이기적이지 않은 자, 자기 자신을 부정하는 자는

396 프리드리히 니체(김정현 옮김), 『유고(1884년 가을~1885년 가을): 시와 단편들 외』, 435쪽 이하.

다른 것이 아니라 "데카당스의 표지"[397]일 뿐이다. 특히 초인이 현실로부터 도피하려는 인간이 아니라는 점을 고려하면 이러한 비판은 적절하지 않다고 할 수 있다.

니체는 모든 인간존재가 초인이 될 수 있다고 생각하지는 않는다. 그러나 니체가 초인사상을 통해서 우리에게 제시하려는 분명한 점은 한 인간의 고귀한 가치는 결코 대중적인 삶의 방식을 통해서 부여될 수 없으며 오히려 인간존재 각자는 타자와의 거리감 속에서 서로에게 부여된 삶의 실존적 가치를 확립할 수 있다는 것이다. 그렇기 때문에 니체의 초인사상이 나치의 이데올로기를 조장했다는 해석은 수용할 수 없을 것이다. 니체의 초인사상은 철저하게 각자의 인간에게 주어진 실존적 가치를 만들어 내는 것을 목표로 하기 때문이다. 니체는 살려는 의지가 야기하는 타인의 고통에 대해서 동정심을 가지면서 타인에 대한 배려적인 삶을 강조하는 쇼펜하우어의 입장을 받아들이지 않는다. 또한 니체는 그리스도교 도덕이 인간을 도덕적인 존재로 규정하면서 모든 인류를 책임져야 한다는 자기기만에 빠져 있다고 비판하면서 그리스도교적 도덕이 강조하는 반자연적이고 반본능적인 삶을 비판한다. 이런 점에서 볼 때 초인의 존재는 탈개인화와 이웃사랑이라는 추상적인 규범이 가져온 인간의 가치하락을 극복하기 위한 것이라고 할 수 있다. 초인은 삶을 부

397 프리드리히 니체(백승영 옮김), 『바그너의 경우·우상의 황혼·안티크리스트·이 사람을 보라·디오니소스 송가·니체 대 바그너』, 467쪽.

정하는 모든 데카당스와 결별을 시도하는 자라고 할 수 있다.[398]

6) 운명애

우리가 알고 있듯이, 니체의 삶은 고통스러운 것이었다. 병 때문에 겪는 고통뿐만 아니라 자신의 시대에 결코 순응할 수 없었던 독창적인 정신세계가 가져온 삶의 상황은 니체에게 견뎌 내기 어려운 것이었기 때문이다. 그러나 니체는 이러한 삶을 외면하지 않았다. 그는 주어진 삶을 받아들이면서 이 위에서 자신의 삶을 새롭게 창조해 나간다. 여기에서 인간에게는 이중적인 과제가 부여된다. 한편으로는 주어진 삶의 조건을 외면하지 않는 것이고 다른 한편으로는 이러한 주어진 상황을 실존의 지평으로 삼아 자신의 삶을 전개시켜 나가는 것이다. 이러한 삶의 방식은 삶에 대한 적극적인 긍정에서 생겨난다. 그러나 니체에 따르면 이러한 삶의 긍정은 전통철학이 제시한 인간과 세계규정을 부정하는 데서 비로소 시작된다. 이

398 니체의 다음과 같은 주장은 초인이 극복하려는 것이 무엇인지를 잘 드러내 준다. “존재하는 유일무이한 이 세상을 탈가치화하기 위해—우리 지상의 현실을 위한 아무런 목표도, 아무런 이성도, 아무런 과제도 남기지 않기 위해! ‘영혼’ 개념, ‘정신’ 개념, 결국에는 ‘영혼의 불멸’ 개념도 고안되었다. 몸을 경멸하고, 몸을 병들게-‘성스럽게’-만들기 위해, 그리고 삶에서 당연히 중요한 것들 모두를, 즉 영양섭취, 주거지, 정신적인 섭생, 병의 치료, 청결, 기후 등의 문제들에 형편없이 경솔하게 대처하도록 하기 위해서! 건강 대신 ‘영혼의 구원’—이것은 참회의 경련과 구원의 히스테리 사이에서 오락가락하는 조울증적 광기이다!” 프리드리히 니체(백승영 옮김), 『바그너의 경우·우상의 황혼·안티크리스트·이 사람을 보라·디오니소스 송가·니체 대 바그너』, 467쪽.

제 인간은 불멸하는 영혼을 지니고 있지 않으며 더 이상 피안의 세계도 존재하지 않는다. 인간존재는 유한하며 세계의 존재는 지금-여기에 주어져 있을 뿐이다. 이처럼 존재의 유한성에 대한 자각이 이제 우리로 하여금 삶을 긍정하게 한다.

삶의 긍정에 대한 니체의 논의는 앞서 언급했던 영원회귀사상에서 잘 드러난다. 니체철학은 최고의 긍정형식으로서의 영원회귀를 통해서 삶에 대한 긍정을 주장한다. 이미 『비극의 탄생』에서부터 전개되는 니체의 철학함의 특징은 삶의 긍정에 있다고 할 수 있다. 왜냐하면 니체의 비극적 사유는 인간에게 닥친 삶의 상황이 어떤 것이든 간에 그 삶의 주인공은 각자 자신일 뿐이며 결국 자신의 삶을 긍정해야 한다는 것을 의미하기 때문이다. 이제 니체는 우리에게 삶에 대한 전적인 긍정으로서의 운명애amor fati를 고지한다. 그러나 여기에서 주목할 것은 운명애는 인간의 유한성에 대한 수동적인 수용이 아니라는 점에서 고통스러운 삶에 길들여지는 염세주의적인 삶의 태도와는 다르다는 점이다. 왜냐하면, 운명애는 수동적인 삶의 방식이 아니라 능동적이고 적극적인 삶의 방식을 의미하기 때문이다. 니체는 「니체 대 바그너」에서 이러한 운명애에 대해서 다음과 같이 말한다. "어떤 때보다 내 삶의 가장 어려웠던 시절에 더 깊이 감사해야 하지 않을까라고 나는 종종 자문했었다. 내 가장 내적인 본성이 가르쳐 주듯이, 높은 곳에서 바라보면 모든 것은 다 필연적이며, 거시경제적 의미에서는 모든 것은 다 그 자체로 유용하기도 하다— 그것들을 사람들은 견뎌야 할 뿐만 아니라 사랑해야 한다.

… 운명애. 이것이 내 가장 내적인 본성이다."[399]

니체가 이처럼 운명애를 통해서 그려 내는 삶의 긍정은 『차라투스트라는 이렇게 말했다』에서 언급하는 낙타의 정신과도 구분되어야 한다. 낙타의 정신을 지닌 인간은 삶 속에서 주어진 의무를 수동적으로 받아들이는 것으로서 오히려 삶의 긍정이 아니라 자신의 고유한 삶에 대한 체념이기 때문이다. 낙타의 정신을 지닌 인간은 주어진 삶에 얽매여서 자신을 억압하는 외부의 제약에 저항하지 못하기 때문에 어쩔 수 없이 처해진 운명을 받아들일 뿐이다. 니체에 따르면 이러한 낙타의 정신에서는 오히려 삶의 자기부정이 발견될 뿐이다. 그러나 이와 달리 운명애라는 말에서 모든 인간에게 주어진 숙명적인 삶의 조건 또는 상황, 변경할 수 없이 주어진 결정론적인 상황을 떠올려서는 안 된다.

물론 운명애사상은 유한한 인간에게 어떤 식으로든 삶의 출발점이 주어진다는 점을 부인하지 않는다. 그러나 운명애사상은 여기에 머무르는 것이 아니라 그렇게 주어진 삶을 새롭게 변화시키겠다는 의지를 적극적으로 반영한다. 그렇기 때문에 운명애는 고통스러운 삶에 대한 원한감정이 아니라 힘에의 의지라는 존재 감정을 드러내준다. 주어진 운명 속에서 새롭게 자신의 운명을 개척해 나가는 인간을 그려 내려는 것이 운명애사상이기 때문이다. 운명애는 유한한

399 프리드리히 니체(백승영 옮김), 『바그너의 경우·우상의 황혼·안티크리스트·이 사람을 보라·디오니소스 송가·니체 대 바그너』, 544쪽.

인간에게 주어진 삶의 조건을 우선적으로는 받아들이지만, 궁극적으로는 이러한 상황을 극복하여 자신의 고유한 세계를 전개하려는 삶의 태도이다. 이처럼 운명애는 제약된 삶의 조건들을 부정하면서 새로운 세계를 창조하는 적극적인 자기긍정의 삶을 드러내 준다. 여기에서 운명애는 주어진 삶에서 부여되는 억압에 대해서 부정하는 것Neinsagen과 자신의 삶을 긍정하는 것Jasagen 사이에서의 변증법적인 삶의 태도를 의미한다.

하이데거는 이처럼 운명애 속에서 자신의 삶을 살아간 사상가로서 니체를 다음과 같이 평가한다. "만일 니체가 어떠한 사상가도 아니었다면, 그가 은폐되어 있는 존재자의 한가운데서 물음을 던지면서 눈을 크게 뜨고 고독한 파수꾼으로서 확고하게 서 있지 않았다면, 또한 니체가 단지 '영원한 휴양객'으로서 동시대의 교양 있는 자들과 교양 없는 자들을 위해서 하나의 세계상과 세계구조를 수백 권의 책에서 모으고 정돈함으로써 그 앞에서 혹은 그 안에서 안식을 취하고 '모순들'을 조정하는 것에 그쳤다면, … 서술된 세계구상이 그를 심연의 가장자리에까지 데려갔다 할지라도 그 심연 앞에서 니체는 물론 눈을 감아야만 했을 것이다. 그러나 니체는 눈을 감지 않았다. 그는 그가 보아야만 했던 것을 향해서 나아갔으며 그의 사유의 마지막 2년 동안 이렇게 스스로 열려 있었고 실로 불가피했던 행보를 극단으로까지 밀고 나갔다."[400]

400 마르틴 하이데거(박찬국 옮김), 『니체 I』, 585쪽.

니체의 운명애사상에는 전통형이상학에 대한 비판이 전제되어 있다. 운명애는 지금까지 전통철학에서 가정했던 지속적인 존재, 불변하는 세계에 대한 허구성을 폭로하고 인간에게 주어진 세계를 새롭게 경험할 것을 요청하기 때문이다. 여기에서 운명애는 우리 앞에 펼쳐질 역동적이며 생성하는 세계경험을 예고하고 있다. 이러한 운명애는 우리로 하여금 "오히려 불확실한 것, 변화하는 것, 변할 수 있는 것, 다의적인 것이 우리의 세계이며, 위험한 세계이다"[401]라는 사실을 고백하게 한다. 자신에게 숙명적으로 주어진 삶을 체험하면서도 매번 다시 반복되고 예정된 삶에 얽매이는 것이 아니라 오히려 끊임없이 자신의 세계를 새롭게 창조해 나가는 삶의 방식이 운명애를 통해서 선포되어진다. 니체는 운명애사상을 통해서 우리로 하여금 모방과 순응 그리고 억압의 세계에서 벗어나 스스로 자신의 운명을 만들어 나가는 "새로운 오이디푸스"가 되길 바란다. 니체는 운명애를 통해서 신의 죽음 이후에 자신의 삶을 새롭게 창조하는 인간이 되길 바란다. 그리고 운명애는 우리로 하여금 자신의 삶에서 매 순간 새로운 세계를 창조해 내는 차라투스트라, 즉 초인이 되길 바란다.

니체에 따르면 이러한 운명애는 인간과 사물에 대한 새로운 해석을 제공한다. 고통스럽게 주어진 자신의 운명을 사랑한다는 것은 그러한 열악한 상황에서 자신을 되돌아보고 세계와의 관계를 새

401 프리드리히 니체(김정현 옮김), 『유고(1884년 가을~1885년 가을): 시와 단편들 외』, 500쪽.

롭게 설정하는 능동적인 행위를 말한다. 사람들이 보다 강하고 깊이 있게 자신의 삶을 통찰하는 것을 통해서 비로소 운명애가 언급될 수 있다. 니체의 표현대로 자신의 삶에 대하여 다시 한번da capo이라고 외칠 수 있는 상태가 바로 운명애인 것이다. 이러한 운명애는 니체가 "비극적 파토스"라고 부르는 "긍정의 파토스"[402]를 통해서 삶을 마주하려는 행위인 것이다. 여기에서 운명애는 유한한 삶에 대한 순수한 사랑이며 제약된 삶에서 비롯되는 모든 형태의 원한감정을 극복하는 행위를 의미한다. 그렇기 때문에 운명애는 인간이 위대해질 수 있다는 것을 드러내 주는 징표인 것이다.

이러한 운명애사상은 외부에서 주어진 삶의 조건 때문에 자신을 잃어버리는 불성실한 삶을 거부한다. 가치창조자로서의 인간이 자신에게 주어진 고유한 삶 자체를 직시하게 될 때 느끼는 숙명적인 감정이 바로 운명애의 출발점이다. 더 이상 다른 삶을 원할 수도 없고 그렇다고 주어진 삶을 회피하거나 뒤로 물러 설 수 없음을 직시하고 고통스럽지만 자신에게 고유하게 주어진 삶의 모습을 올바르게 바라볼 때 다가오는 존재의 감정이 바로 운명애인 것이다. 이러한 운명애는 비극 속에서 모든 존재의 생성과 소멸을 적극적으로 받아들이는 디오니소스의 정신을 반영해 준다. 운명애는 이제 우리로 하여금 '인간적인 너무나 인간적인 삶'을 주목하게 한다. 이러한 운

402 프리드리히 니체(백승영 옮김), 『바그너의 경우·우상의 황혼·안티크리스트·이 사람을 보라·디오니소스 송가·니체 대 바그너』, 420쪽.

명애는 진리, 인간 일반, 선과 악, 이성, 휴머니즘, 평등과 같은 이데올로기가 모두 허구라는 것을 깨달을 때 느끼는 감정이며 새로운 존재를 잉태하려는 숭고한 감정인 것이다. 또한 이러한 운명애는 우리가 지금까지 최고의 가치로서 평가해 왔던 것을 해체하고 새로운 삶의 가치를 창조하는 주인공이라는 것을 말해 준다. 운명애는 우리에게 주어진 삶의 가치가 지닌 소중함을 다시 한번 강조한다. 여기에서 니체의 운명애사상은 삶을 외면하거나 부정하기 위해서 피안의 세계를 상정하고 왜곡된 삶의 목적을 설정하는 모든 데카당스의 철학을 해체할 것을 요청한다. 모든 것을 허용하지만 그 어떤 것도 주어진 그대로 받아들이지 않는 디오니소스적 인간의 삶, 즉 초인의 삶이 운명애사상을 통해서 우리에게 고지된다.

글을 마치면서

지금까지 쇼펜하우어와 니체철학의 주장들을 인식론, 자연철학, 윤리학, 형이상학의 문제들을 중심으로 살펴보았다. 쇼펜하우어와 니체는 이성중심주의를 강조하는 전통철학을 비판하는데, 쇼펜하우어는 살려는 의지를 통해서 그리고 니체는 힘에의 의지를 통해서 인간의 삶과 세계의 관계를 새롭게 논의한다. 특히 쇼펜하우어와 니체는 인간의 몸성Leiblichkeit을 부정하고 이성을 전적으로 신뢰하는 전통철학의 사유방식을 해체하여 인간과 세계에 대한 새로운 해석들을 제시한다. 쇼펜하우어와 니체는 철학의 근본문제로서 '삶'이라는 현상에 주목하는데, 여기에서 이들은 유한한 인간의 삶이 경험하는 다양한 문제들에 대한 비판적 논의를 전개한다. 쇼펜하우어는 표상, 의지, 충분근거율, 개체화 원리, 의지의 객관화, 살려는 의지, 이념의 관조, 동정심, 고행, 의지의 부정과 같은 용어들을 통해 인간과 세계에 대한 자신의 철학을 전개한다. 니체 역시 신의 죽음, 관점주의, 초인, 힘에의 의지, 원한감정, 영원회귀, 거리의 파토스, 운명애와 같은 용어들을 통해 전통철학을 해체하면서 자신의 고유한 사유세계를 제시한다.

쇼펜하우어의 철학은 충분근거율을 통해서 얻어지는 표상세계에 대한 경험이 개념과 학문을 가능하게 하지만 이것은 피상적인 세계 인식일 뿐이라는 점을 강조한다. 쇼펜하우어에 따르면 표상세계는 의지가 객관화된 세계이며, 표상세계에서의 모든 존재는 전적으로 의지의 지배를 받는다. 쇼펜하우어의 철학은 이러한 의지가 지닌 특성들이 무엇인지를 밝혀내고 의지가 표상세계에서 드러나는 다양한 방식들에 대해서 논의한다. 여기에서 쇼펜하우어는 이러한 의지 때문에 모든 개체의 삶이 고통스럽다는 점을 강조하는데, 왜냐하면 의지는 자신의 존재를 드러내기 위해서 맹목적으로 개체들의 존재를 지배하기 때문이다. 그렇기 때문에 쇼펜하우어의 철학은 이러한 맹목적인 의지의 지배로부터 벗어날 것을 주장한다. 의지에 의해서 지배를 받는 고통스러운 삶을 벗어나는 것, 즉 살려는 의지를 부정하는 것이 쇼펜하우어의 철학이 우리에게 제시하는 중심주장이다.

이러한 쇼펜하우어의 주장은 니체철학의 형성에 영향을 끼친다. 그러나 니체는 이러한 쇼펜하우어의 영향을 넘어서 자신의 철학을 전개한다. 니체철학은 전통철학에서 언급한 초월적 세계를 부정하고 지금-여기에 놓여 있는 구체적인 삶에 충실하고자 한다. 니체는 전통철학에서 제시했던 세계해석을 해체하고 힘에의 의지를 통해서 끊임없이 생성하는 세계에서의 삶을 긍정한다. 니체에 따르면 모든 존재는 힘에의 의지를 강화하려고 하는데, 여기에서 의미 있는 삶은 다른 것이 아니라 힘에의 의지를 적극적으로 드러내는 것이다. 니체는 쇼펜하우어가 살려는 의지를 부정해야 한다고 주장하는 것과는 달리 모든 존재를 이끌어 가는 힘에의 의지를 적극적으로 긍정한다. 비록 모든 존재들이 서로 갈등 속에 놓이게 되더라도 힘에의 의지를 긍정하는 것은 모든 존재들이 추구해야 할 삶의 근원적인 가치라고 보기 때문이다. 여기에서 쇼펜하우어의 철학이 의지의 부정을 궁극적인 목표로서 제시한다는 점에서 힘에의 의지를 긍정하는 니체의 철학과는 구분되어야 한다.

그러나 의지가 세계를 구성하는 근본원리라는 점에서 쇼펜하우어와 니체의 철학은 긴밀한 연관성을 드러내 주고 있다. 이 점은 특히 쇼펜하우어와 니체가 자연에서 드러나는 의지 현상에 대해서 논의할 때 잘 드러난다. 쇼펜하우어에 따르면 자연은 의지가 객관화된 것이고 니체에게서 자연은 힘에의 의지가 드러난 것이다. 이들에게서 자연현상은 기계론이나 목적론 또는 종교적인 형태의 결정론으로는 설명할 수 없는 역동적이고 생명력을 지닌 것이다. 이러한 자연해석은 쇼펜하우어와 니체의 철학이 전통철학과 다르다는 점을 잘 드러내 준다. 그리고 이뿐만 아니라 쇼펜하우어와 니체의 철학은 의지의 개념을 중심으로 전통철학이 주장하는 다양한 가치들에 대한 비판을 전개한다. 특히 쇼펜하우어와 니체는 사물과 지성의 일치를 진리로 규정하거나 선악의 이분법에 근거해서 인간의 행위를 도덕적으로 규정하는 입장들을 해체한다.

쇼펜하우어와 니체의 철학은 삶에 대한 구체적인 논의에서 서로 다른 입장들을 제시하기도 하지만 이러한 차이에도 불구하고 이들의 철학은 전통형이상학을 해체하면서 세계 속에서 의지가 드러나는 다양한 측면들을 논의한다는 공통분모를 지니고 있다. 특히 쇼펜하우어와 니체의 철학은 왜곡된 삶을 회복시켜 인간과 세계의 관계를 새롭게 해석한다는 점에서 공통점을 찾아볼 수 있다. 여기에서 우리는 전통철학의 왜곡된 담론들 속에서 만들어진 인간과 세계 이해를 해체하면서 새로운 철학적 사유의 지평을 제시한다는 점에서 쇼펜하우어와 니체의 철학에 긍정적인 의미를 부여할 수 있을 것이다.

참고문헌

Berg, Robert Jan, *Objektiver Idealismus und Voluntarismus in der Metaphysik Schellings und Schopenhauers*, Würzburg 2003.

Birnbacher, Dieter, *Schopenhauer*, Stuttgart 2009.

Erler, Michael, *Platon*, München 2006.

Hartmann, Eduard von, *Pessimismus. Zur Geschichte und Begründung*, Leipzig 1891.

Heidegger, Martin, *Sein und Zeit*, Tübingen 1986.

Joisten, Karen, *Die Überwindung der Anthropozentrizität*, Würzburg 1994.

Kant, Immanuel, *Kritik der praktischen Vernunft*, in: Werke in zehn Bänden, Bd. 6, Darmstadt 1983.

Lutz-Bachmann, Matthias(Hrsg.), *Über Friedrich Nietzsche. Eine Einführung in seine Philosophie*, Frankfurt am Main 1985.

Nietzsche, Friedrich, *Genealogie der Moral*, in: Kritische Gesamtausgabe, Bd. VI-2, Berlin 1968.

________________, *Götzen-Dämmerung*, in: Kritische Gesamtausgabe, Bd. VI-3, Berlin 1969.

________________, *Morgenröte*, in: Kritische Gesamtausgabe, Bd. V-1, Berlin · New York 1971.

________________, *Nachgelassene Fragmente Anfang 1888 bis Anfang Januar 1889*, in: Kritische Gesamtausgabe, Bd. VIII-3, Berlin · New York 1972.

________________, *Unzeitgemässe Betrachtungen*, in: Kritische Gesamtausgabe, Bd. III-1, Berlin · New York 1972.

________________, *Nachgelassene Schriften 1870-1873*, in: Kritische Gesamtausgabe, Bd. III-2, Berlin · New York 1973.

________________, *Nachgelassene Fragmente(Herbst 1881)*, in: Kritische Gesamtausgabe, Bd. V-2, Berlin 1973.

________________, *Nachgelassene Fragmente 1887-1889*, in: Kritische Studienausgabe, Bd. 13, München 1988.

Ottmann, Hennig(Hrsg.), *Nietzsche Handbuch. Leben-Werk-Wirkung*, Stuttgart · Weimar 2011.

Pert, David, *Idee und Wille. Philosophische Untersuchungen zu Platon und Schopenhauer*, Hamburg 2010.

Platon, *Phaidon*, in: Platon Werke, Bd. 3, Darmstadt 2011.

Römpp, Georg, *Nietzsche leicht gemacht. Eine Einführung in sein Denken*, Köln · Wien · Weimar 2013.

Schopenhauer, Arthur, *Über die Grundlage der Moral*, in: Züricher Ausgabe, Bd. 6, Zürich 1977.

__________________, *Parerga und Paralipomena II*, in: Zürcher Ausgabe, Bd. 9, Zürich 1977.

Schopenhauer, Arthur(Hrsg. Volker Spierling), *Metaphysik der Natur*, München 1984.

Schopenhauer, Arthur, *Der handschriftliche Nachlaß*, Bd. 3, München 1985.

Schopenhauer, Arthur, *Der handschriftliche Nachlaß*, Bd. 4-I, München 1985.

Schopenhauer, Arthur, *Vorlesung über die gesamte Philosophie*, München 1986.

Schopenhauer, Arthur, *Die Welt als Wille und Vorstellung II*, Frankfurt am Main · Leipzig 1996.

Schubbe, Daniel · Matthias Koßler(Hrsg.), *Schopenhauer Handbuch*. Leben-Werk-Wirkung, Stuttgart 2018.

Simmel, Georg, *Schopenhauer und Nietzsche*, Leipzig 1920.

Spierling, Volker, *Arthur Schopenhauer*, Hamburg 2002.

노이바우어, 한스 요아힘(박규호 옮김), 『염세철학자의 유쾌한 삶: 쇼펜하우어에게 배우는 삶의 여유』, 문학의 문학, 2012.

니체, 프리드리히(이진우 옮김), 『유고(1870년~1873년): 디오니소스적 세계관 · 비극적 사유의 탄생 외』, 책세상, 2001.

______________(김미기 옮김), 『인간적인 너무나 인간적인 I』, 책세상, 2001.

______________(김미기 옮김), 『인간적인 너무나 인간적인 II』, 책세상, 2002.

______________(백승영 옮김), 『바그너의 경우 · 우상의 황혼 · 안티크리스트 · 이 사람을

보라·디오니소스 송가·니체 대 바그너』, 책세상, 2002.
______________(이상엽 옮김), 『유고(1872년 여름~1874년 말): 모든 것은 진정한 정점에서 그리고 하나로 만난다 외』, 책세상, 2002.
______________(김기선 옮김), 『언어의 기원에 관하여·이러한 맥락에 관한 추정·플라톤의 대화연구입문·플라톤 이전의 철학자들·아리스토텔레스 수사학 I·유고(1864년 가을~1868년 봄): 예수의 생애에 관하여 외』, 책세상, 2003.
______________(김정현 옮김), 『유고(1884년 가을~1885년 가을): 시와 단편들 외』, 책세상, 2004.
______________(백승영 옮김), 『유고(1888년 초~1889년 1월 초): 생성과 존재 외』, 책세상, 2004.
______________(안성찬·홍사현 옮김), 『즐거운 학문·메시나에서의 전원시』, 책세상, 2005.
______________(이진우 옮김), 『유고(1885년 가을~1887년 가을): 원래 나는 나를 어느 정도 나 자신에게서 보호해 주고 외』, 책세상, 2005.
______________(이진우 옮김), 『비극의 탄생·반시대적 고찰』, 책세상, 2012.
______________(김정현 옮김), 『선악의 저편·도덕의 계보』, 책세상, 2014.
______________(박찬국 옮김), 『아침놀』, 책세상, 2017.
______________(장희창 옮김), 『차라투스트라는 이렇게 말했다』, 민음사, 2017.
서양근대철학회 엮음, 『서양근대철학』, 창작과 비평사, 2001.
쇼펜하우어, 아르투어(홍성광 옮김), 『의지와 표상으로서의 세계』, 을유문화사, 2009.
__________________(김미영 옮김), 『충족이유율의 네 겹의 뿌리에 관하여』, 나남, 2010.
안현수, 『인간적 유물론: 포이에르바하의 헤겔비판과 마르크스에 미친 영향』, 서광사, 1991.
포이어바흐, 루트비히(강대석 옮김), 『종교의 본질에 대하여』, 한길사, 2009.
하이데거, 마르틴(박찬국 옮김), 『니체 I』, 도서출판 길, 2010.

쇼펜하우어 vs 니체